물류 및
공급사슬관리의
전략적 이해

김재일 남익현 박상욱 김수욱

博 英 社

머 리 말

나날이 글로벌화되고 급변하는 시장 환경 속에서 경쟁 우위를 점하기 위해서는 이제까지의 부분적이고 한계적인 경영 혁신 방법과는 다른 차원의 새로운 경영 혁신이 필요하다. 즉, 기업들은 경쟁력 있는 상품과 서비스를 공급할 수 있는 능력을 갖추고, 가치 창출의 원천이 되는 고객의 수요를 정확히 예측하여 변화하는 고객의 요구에 신속히 대응할 수 있는 능력을 갖추어야 한다. 이러한 능력을 갖추기 위해 기업들은 자사의 핵심 역량을 강화하는 내부적인 노력과 함께, 공급자 및 고객을 연결하는 전체 공급사슬을 통한 상품, 서비스 그리고 정보의 흐름을 총체적인 관점에서 통합하고 관리하는 것이 중요하며, 이는 글로벌 관점에서 공급사슬관리의 필요성을 부각시킨다. 이처럼 개별 기업의 효율화만으로는 경쟁 우위를 점하는 것이 어려워지면서, 이제 경쟁의 양상은 기업 대 기업의 경쟁을 넘어서 공급사슬 대 공급사슬의 경쟁으로 변화하고 있다.

공급사슬관리의 개념이 도입된 초기, 공급사슬관리는 단순히 물류의 발전된 개념으로만 인식되어 개별 기업의 수송, 재고관리, 구매 등 생산과 판매를 위한 상품의 이동 및 보관을 담당하는 하위적인 운영 활동에 초점이 맞추어져 논의되어 왔다. 이처럼 과거에는 총비용관리 위주의 공급사슬관리 개념이 학계와 실무에서 각광을 받아 왔으나 최근 들어서는 개별 기업을 넘어서, 기업과 직 · 간접적으로 연결된 공급사슬 전체의 물류 프로세스를 효율화함으로써 부분 최적화보다는 전체 최적화를 추구하는 개념으로 확장, 발전하고 있다. 특히 정보 기술의 발전으로 기업 내 부문간 정보 교환이 보다 용이하고 정보 교환의 비용 역시 현저하게 감소하게 되면서 이러한 통합적인 물류관리의 도입이 빠르게 확산되고 있고, 실제 기업의 물류 프로세스를 개선하는 데에도 크게 기여하고 있다. 이러한 배경하에 자사의 물류 효율 최적화뿐만 아니라 공급사슬 내의 참여 기업간 물류 프로세스 통합 관리에 초점을 둔 진정한 의미의 공급사슬관리의 개념이 기업 경영에 도입되기 시작하였으며, 최근 들어서는 물류의 통합을 넘어서 기업간 비즈니스 프로세스의 통합을 통해 공급사슬 전체가 마치 하나의 집합체와 같이 움직이도록 하는 수준에까지 도달하였다. 공급사슬의 공통 목적은 고객 만족을 극대화시키는 동시에 고객으로부터 최대의 구매를 유도함으로써 공급사슬 전체의 이익을 극대화하는 것이다. 이러한 목적을 달성하기 위해서는 공급사슬관리의 모든 구성요소가 유기적으로 결합되어 통일감 있게 움직여야 한다. 이러한 관점에서, 공급사슬관리는 업체간의 협력(Partnership)을 뛰어넘어 각각의 여러 구성원이 개별적이 아닌, 하나의 통일된 관점에서 밀접하게 움직일 수 있도록 공급자로부터 최종소비자까지의 전체적인 프로세스 및 시스템을 통합하여 관장하는 것이라 할 수 있다.

이처럼 이 책은 프로세스 통합, 시스템 통합의 관점에서 물류와 공급사슬관리 영역에서 다루어지는 이슈에 대해 총체적으로 배울 수 있도록 집필되었다는 점에서 기존 공급사슬관리 교재와 차별된다. 이 책은 총 4부로 구성되어 있으며, 1부에서는 물류와 공급사슬관리의 기본적인 개념에 대해 소개를 하였다. 2부, 3부에서는 물류와 공급사슬관리에서 생기는 전략적 이슈와 운영적 이슈에 대해 다루었으며, 마지막으로 4부에서는 공급사슬 통합과 성과평가에 대해 다루었다.

이 책은 다양한 독자층을 고려하여 기획되었다. 우선 경영학과 및 산업공학과에서 물류 및 공급사슬관리에 대해 본격적으로 다루는 석사 수준의 수업에서 교재로 사용될 수 있고, 그외 마케팅 및 생산운영관리 등의 과목에서 참고 교재로 사용될 수도 있다. 실무에서는 물류 및 공급사슬을 담당하는 모든 경영자 및 실무자에게 도움이 될 수 있는 내용을 많이 포함시켰다. 이 책이 나오기까지 자료 정리에서부터 교정에 이르기까지 제반 과정에서 수고를 아끼지 않은 연구실의 역대 조교들과 관련 과목을 수강하였던 많은 학생들, 그리고 격려와 도움을 주신 분들께 깊이 감사드린다. 그리고 행정적 업무를 잘 맡아 처리해주신 박영사 관계자 분들께도 감사의 마음을 표시하고자 한다. 이 모든 분들의 기대에 어긋나지 않도록 이 책이 물류 및 공급사슬관리 발전에 조금이나마 기여를 할 수 있기를 진심으로 기원한다.

2009년 2월

저자 일동

차 례

제 1 부 물류 및 공급사슬 관리개요

제 1 장 물류 및 공급사슬 관리의 전략적 포지셔닝

제 2 부 물류 및 공급사슬 관리의 전략적 이슈

제 2 장 전략적 공급자관계 관리

제 3 장 소비자가치와 고객관계 관리

제 4 장 물류네트워크 및 공급사슬 디자인

제 5 장　글로벌 공급사슬 관리

제 3 부 물류 및 공급사슬 관리의 운영적 이슈

제 6 장 수요관리

제 7 장 재고관리

제10장 물류 및 보관, 포장, 하역 및 입지

제 4 부 물류 및 공급사슬 통합과 성과평가

제11장 공급사슬 통합과 정보기술의 역할

제12장 공급사슬의 조직구조

제13장 공급사슬 프로세스 분석

제14장 성과평가

제 1 부

물류 및 공급사슬 관리개요

제 1 장　물류 및 공급사슬 관리의 전략적 포지셔닝

Chapter 01

물류 및 공급사슬 관리의 전략적 포지셔닝

제1절 서 론

제2절 물류 및 공급사슬 관리의 발달

제3절 공급사슬 관리의 개요

제4절 공급사슬 관리의 특징

제5절 공급사슬의 통합

제6절 공급사슬의 효율적 설계 및 운영

제7절 물류 및 공급사슬 관리의 전략적 포지셔닝

제8절 책의 구성

도입사례

Dell Computer의 가상적 통합

미국의 Dell 컴퓨터는 중간단계를 제거하고 시간적으로 축약된 공급사슬을 구축함으로써 가장 성공적인 기업 성장사례를 탄생시켰다. 컴퓨터 산업은 회사 내에서 모든 것을 생산하는 초기 단계에서 전문화의 단계를 지나 가상적 통합(virtual integration)의 단계로 접어들고 있다. Dell의 경영모델은 크게 세 가지 구성요소 즉, 원가 상의 우위, 고객과의 밀착, 가상적 통합으로 이루어진다. 가상적 통합은 수직적 통합과 전문화의 이점을 즉, 조정의 용이성과 원가 효율성을, 결합한 것으로 공급업자와의 통합과 소비자와의 통합을 동시에 추구한다. 따라서 과거의 엔지니어 중심의 사고 방식을 탈피하여, 고객 가치 증대에 초점을 두고 모든 의사결정이 이루어지게 된다.

Dell은 가상적 통합을 위해 적은 수의 공급업자와의 장기적 계약을 통해 대부분의 부품이나 서비스 인력 등을 아웃소싱하여 "Direct Business Model"이라 불리는 신속하고 유연한 구매, 생산, 판매 시스템을 구축하였다. 정보/통신 기술의 활용을 통해 이들과 실시간으로 정보를 공유할 수 있게 하며, 판매/서비스 인력을 활용하여 수요 예측의 정확도를 높였다. 따라서, 고객으로부터 주문을 받아 생산하는 풀생산 시스템(Pull System)을 도입하는 것이 가능해지고, 배달기간도 평균 5~6일로 줄어들었다. 효율적 정보/통신 시스템을 활용하여 JIT 시스템을 도입함으로써 재고의 회전율이 1년에 30회 이상으로 높아졌고, 가격경쟁력도 갖추게 되었을 뿐 아니라, 새로운 기술의 출현에 신속하게 반응할 수 있게 되었다.

또한, 매출의 90% 이상이 기관에 대한 것이라는 사실을 인식하고 이러한 기관 고객을 세심하게 관리하고, 시장 세분화를 통해 고객의 다양한 요구를 충족시키고자 한다. R&D그룹의 가장 중요한 임무는 고객이 원하는 것을 가장 잘 충족시킬 수 있는 적절한 기술을 시장으로부터 선택하여 조합하는 것이다. 가상적 통합은 공급사슬을 시간적으로 축약함으로써 높은 효율성과 변화에 대한 적극적인 반응을 동시에 추구하는 것이며, Dell은 대표적인 성공사례를 제공하고 있다. 1997년 Dell 컴퓨터는 P/E 비율 60, 5년 평균 연간 수익증가율 55%, 5년 평균 연간 주가 성장률 133%를 기록하며 매출액이 120억 달러에 이르는 회사로 급성장했다는 사실이 이를 입증하고 있다.

제 1 절 서 론

나날이 글로벌화되고 급변하는 시장 환경 속에서 경쟁 우위를 점하기 위하여 기업들은 이제까지의 부분적이고 한정적인 경영 혁신 방법과는 다른 차원의 새로운 경영 혁신을 추진하고 있다. 기업들은 경쟁력 있는 상품과 서비스를 공급할 수 있는 능력을 갖추고, 가치 창출의 원천이 되는 수요를 정확히 예측하여 변화하는 고객의 요구에 신속히 대응할 수 있는 능력을 갖추어야 한다. 이러한 능력을 갖추기 위해 기업의 핵심 역량을 강화하는 내부적인 노력뿐 아니라, 공급자 및 고객을 연결하는 재화 및 정보의 흐름을 효율적, 통합적으로 관리하는 물류 및 공급사슬 관리가 더욱 중요하게 되었다.

물류 및 공급사슬 관리에 대한 관심은 오랜 기간에 걸쳐 계속적으로 증가하고 있다. 그러면 이러한 관심 증가의 이유는 어디에 있는가? 이러한 이유 중 하나는 기업 물류비의 규모가 클 뿐만 아니라, 효율적인 물류 및 공급사슬 관리를 통해 많은 비용을 절감할 수 있다는 데에 있다. 미국 식품 산업의 예를 들어 보자. 1990년대초에 미국 식료품 산업에 대해 이루어진 한 조사는 시리얼 제품을 공장에서 슈퍼마켓까지 수송하는데 평균 104일이 걸리는 등 분배의 비효율성으로 인한 비용의 낭비가 매우 크다는 것을 보여주었다. 또한 추가적인 조사를 통해 식료품 분배 시스템의 불필요한 중간 단계를 제거함으로써 연간 분배 비용의 10%를 절감할 수 있다는 연구 결과가 보고되었는데 이것을 비용으로 환산하면 약 330억 달러에 이른다. 그러나 최근 물류 및 공급사슬 관리가 더욱더 큰 주목을 받게 된 것은 관련된 비용의 절대적 규모가 크다는 이유만에서는 아니다. 오히려 효율적인 물류 및 공급사슬 관리가 비용 감소뿐 아니라 고객에 대한 서비스 수준을 높임으로써 기업의 경쟁력을 높여줄 수 있다는 사실에 있다고도 할 수 있다.

일반적으로 고객에 대한 서비스 수준과 비용은 trade-off 관계에 있으나 기업은 효율적인 관리를 통해 높은 서비스 수준과 낮은 비용을 동시에 달성하려 하고 있다. 이러한 목적을 달성하기 위해서 물류시스템과 공급사슬의 효율적 설계와 운영을 통해 관련된 불확실성을 최소화 하는 것이 중요하다. 불확실성을 줄임으로써 기대되는 효과에는 재고 수준의 감소, 조달 시간(cycle time)의 단축 및 예측 가능성의 증대, 시장 변화에 대한 신속한 반응 등 여러 가지가 포함될 수 있다. 궁극적으로는, 필요한 물건을 필요한 시간에 필요한 양만큼 배달함으로써 최종 소비자의 만족도를 극대화 시킬 수 있게 된다.

제 2 절 물류 및 공급사슬 관리의 발달

북미 및 유럽의 선진 기업들이 기업 활동과 관련하여 물류에 대한 관심을 갖기 시작한 시점은 1950년대 중반부터라고 할 수 있다. 그러나 이때까지도 기업들은 물류 문제보다는 구매 문제에 더 관심을 가졌으며, 단지 물류 부문에서는 비용 절감을 통해 채산성을 향상시킬 수 있다고 인식하였을 뿐 그 중요성에 대해서는 실감하지 못하였다. 그 후 1970년대 이전까지 물류는 단순히 수송, 재고 관리 등 생산과 판매를 위한 상품의 이동 및 보관을 담당하는 하위적인 운영 활동으로 간주되었다. 따라서 이 시기는 수송비용과 재고비용간의 상쇄 효과를 염두에 둔 총비용 관리에 초점을 둔 시기라고 할 수 있다. 즉, 개별 물류 기능들을 통합함으로써 운송, 창고, 재고, 고객 서비스간의 상호작용을 더욱 밀접하게 관리하고, 각 기능을 최적화시키는 방법에 대해 관심을 가지게 되었다.

이러한 총비용 관리의 개념은 1980년대에 들어서서 기업 전체의 물류 프로세스를 효율화하여 부분 최적화보다는 전체 최적화를 추구하는 개념으로 확장, 발전하였다. 특히 정보 기술의 발전으로 기업 내 부문간 정보 교환이 보다 용이하게 되면서 이러한 통합적인 물류 관리의 도입이 빠르게 확산되었고 실제 기업의 물류 프로세스를 개선하는데 크게 기여한 것으로 나타났다. 그 후 1990년대에 들어서는 자사의 물류 효율 최적화뿐만 아니라 공급사슬 내의 참여 기업간 물류 프로세스 통합 관리에 초점을 둔 공급사슬 관리의 개념이 기업 경영에 도입되기 시작했다. 1990년대 중반 이후로는 세계 무역 자유화에 따른 기업들의 생산 및 판매의 세계화로 인하여 세계 각지에 산재해 있는 공급자로부터 최종 소비자에 이르기까지의 시간과 비용의 효율성을 제고하기 위한 수단으로서 물류 네트워크를 포함한 글로벌 공급사슬 관리의 중요성이 부각되기 시작하였다.

이와 같이 물류 및 공급사슬 관리는 독립적인 물류 운영에서 시작, 기업의 내부기능 통합을 거쳐 기업의 외부 통합에 이르는 과정을 통해 발전해 왔다. 이미 1980년대부터 북미와 유럽의 선진 기업들은 본격적으로 공급사슬 관리를 기업 전략에 융화시켜 추진해 왔다.

국내의 공급사슬 관리 수준은 선진국인 미국에 비해 5~10년 정도 늦은 것으로 보고되고 있다. 2000년대에 접어들어 국내 기업 중 극히 일부가 공급사슬 관리를 구축하고 있으며, 공급사슬 관리나 고객관계 관리(Customer Relationship Management: CRM)를 도입한 대부분의 업체가 전사적 자원관리시스템(ERP)을 도입한 업체들이다. 특히 관련 시스템을 도입한 기업들은 매출액 상위의 일부 대기업에 편중되어 있다.

아직 국내 기업들의 공급사슬 관리 도입은 선진국에 비해 미흡한 상태이나, 최근 대형 공급업체와 유통업체들을 중심으로 공급사슬 관리가 확산되면서 본격적인 구축 단계로 접어들고 있다. 원가 절감 차원에서 논의되었던 공급사슬 관리는 경쟁력 확보와 고객 서비스 향상의 측면에서 협력 업체와 공급사슬 전체의 수익 증대 방안으로 부상하고 있다. 우리나라 기업의 물류/공급사슬 관리 도입도 외국 선진국의 경우와 마찬가지로 시기와 목적에 따라 단계적으로 이루어지고 있다. 우리나라의 공급사슬/물류 관리의 발전 과정을 시대별로 구분해 보면 독립적 운영시기, 내부 통합시기, 외부 통합시기로 명명할 수 있다.

1. 독립적 운영 시기(80년대)

우리나라에서 물류의 중요성을 본격적으로 인식하기 시작한 때는 1980년부터이고, 이는 1970년대의 고도 경제 성장이 밑바탕이 되었다고 할 수 있다. 1970년대에 정부 주도에 의해 경제 성장이 고도화 되면서, 사회 간접 자본에 대한 정부의 투자도 활발히 이루어졌다. 이러한 사회 간접 자본을 바탕으로, 80년대 들어 물류 근대화가 본격적으로 시작되었다. 1980년대에 이르러 물류를 포함한 유통 근대화를 위한 제반 법규와 제도, 기반 시설이 보완되고 정비되었다. 즉, 1980년대에 들어와서 유통에 관한 기본 법규가 포괄적이고 전반적으로 제정, 보완되었으며 모든 기업에 있어 물류에 대한 관심은 더욱 높아지게 되었다. 즉, 물류 전담 부서의 설치, 물류 센터 및 배송 센터의 건립, 복합 수송 체계의 확립, 화물 터미널의 합리화, 항만, 공항 시설의 확충 정비, 교통 단지 설립의 추진 등이 진행되었다. 이 밖에 기업들은 수송, 하역, 포장, 보관 등 각 물류 활동에 대한 부분적인 합리화 추진 노력을 독자적으로 전개하였다.

이 시기 물류관리의 핵심은 급속한 영업 규모의 확대에 따른 물류 거점의 증설, 수송 수단의 확보 등 물류 하드웨어의 충실에 힘을 기울이면서 증대하는 물류량에 대한 대응과 물류 처리 능력의 확대였다. 동시에 고객의 기대 수준에 부응하면서 최소의 비용으로 상품을 유통시키는 것이었다. 다시 말하면 증가하는 물류량에 대한 대응과 고객 서비스 수준과 비용의 적절한 균형을 찾는 일을 중시하였으며, 특히 물류비 절감에 중점을 둔 시기라고 할 수 있다. 물류의 주요 과제는 물류의 각 활동에 대한 합리화를 추진하는 것이었다. 이 시기의 기업들은 일본 또는 선진국처럼 기업 경쟁력 강화 차원이 아닌, 기업 구조 조정 차원, 즉, 비용 절감과 인력 감축 차원에서 접근하여 물류관리를 도입하였다. 일반적으로 모든 기업에서 물류가 확대되었다기 보다는 물류 전문 업체의 계속적인 경영 합리화 전개와 컨테이너 및 팔레트 개발 그리고 물류 기기 제조업자의 물류 자동화를 위한 기기의 생산 등이 이루어졌다. 특히 포장과 하역에 있어서의 자동화 진전 등이 이 단계에서 이루어졌다.

2. 내부통합시기(90년대)

1990년을 전후로 한 급격한 물류 환경의 변화, 국내 유통 시장의 개방, 물류 인력의 부족, 급격한 교통 체증, 현대적 물류 시설의 부족, 물류비의 급증 등에 의해 물류의 정보화, 국제화, 효율화에 대한 대책이 시급해졌다. 특히 물류비의 증가율이 매출액의 증가율을 크게 상회하면서 효율적인 물류관리를 통한 원가 절감 문제가 심각하게 대두되었다. 이러한 국내외적인 물류 환경의 변화에 대처하기 위해 국가 경제적인 물류 정책의 차원에서 효율화가 추진되었으며, 수송 효율화에 관한 법규도 정비하였다. 학계에서도 물류에 대한 연구가 활발해지면서 한국로지스틱스학회(1992년)와 한국물류학회(1991년)가 각각 설립되었다. 1990년 이후, 물류 수급의 확대, 산업구조의 고도화에 따른 물류 서비스의 고도화, 소비자의 다양화 및 개별화, 물류 정보 시스템의 구축 및 물류 VAN(Value Added Network, 부가가치통신망)의 확산, 전략적 물류관리 시스템 기법의 개발과 도입이 이루어졌다.

80년대까지의 물류관리가 물류 기능의 부분적 합리화에 주안을 두었다면 90년대부터는 물류 시스템화에 그 목표를 두었다고 할 수 있다. 즉 전체적인 통합화, 즉 총비용 최적화(total cost approach)가 그 중심이 된 것이다. 이것은 물류비를 삭감하고 물류의 효율화를 실현하는 데는 물류 기능의 각 개별적인 활동의 물류비 감소가 아니라 물류 전 활동을 연결한 상태에서 비용을 개선하여 최저비용을 얻고자 한다는 데 있었다. 즉, 물류 환경 및 경쟁 기업의 변화와 함께 기업 내부의 물적 유통 활동을 통합할 필요성을 느껴 조달 및 생산 활동과 관련된 물적 유통 활동을 통합, 관리하는 형태를 취하게 된다. 이 시기는 물류 합리화의 시기로서 물류 합리화의 역할을 담당하는 전담 부서가 등장하고, 물류에 대한 시스템적인 대응이 행해졌으며, 물류비 삭감을 위한 활동이 적극적으로 이루어졌다. 이 시기는 물류가 양적인 측면에서 질적인 측면으로 전환하는 시기라고 할 수 있다. 물류 정보면에서는 수·발주와 출하 업무 등의 신속화 추진과 함께 온라인화가 적극적으로 도입되었다. 1990년대에는 물류관리 시스템, 물류 제도, 정보 시스템 등과 같이 소프트웨어적인 측면에서의 물류 효율화가 추진되었다. 기업들은 각 물류 활동의 합리화를 실현하고 이 합리화를 총체적으로 파악하여 물류 활동을 전개, 비용 절감과 채산성을 확보하고자 하였다.

3. 외부통합시기(2000년대)

1990년대 후반에 이르러 기업들은 제조 부문을 넘어 기업 외부로 시야를 돌리게 되었다. 공급 업체의 원자재 및 부품의 공급 능력이나 품질 수준이 고객의 욕구를 충족시키는 데 중요한 영향을 미치게 됨을 인식하기 시작한 것이다. 이에 따라 공급 업체에 대한 인식과 소싱 전략이 이슈화 되기 시작하였다. 이제 시장에서의 경쟁력은 고객이 원하는 제품을 고객이 원하는 방식으로 고객이 원하는 시간에 최소의 비용으로 어떻게 전달하는가에 달려 있다. 이러한 시장의 요구로 인해 기업 내부의 각 조직·기능별 관리로는 더 이상 경쟁력을 확보하지 못한다는 것을 인식, 자신의 조직뿐만 아니라 원자재 및 부품을 공급하는 공급 업체에서부터 생산 후 제품을 최종 고객에게 전달하는 모든 조직을 관리해야만 경쟁력이 확보될 수 있다는 인식하에 기업 외부의 공급업체와 소비자까지 연결, 통합하는 공급사슬 관리가 도입되었다. 90년대 말 IMF로 인한 경기 침체 이후 국내 SCM 시장은 본격적인 성장기로 접어들고 있다. 국내 SCM 시장은 경기침체에도 불구하고 2000년 3백억원에서 2001년 5백억원으로 60% 이상 급격히 성장하였고, 이후 본격적인 성장기로 접어들고 있다. 주요 시장은 연 매출 5천억원 이상의 대기업과 내부적인 프로세스 개선 작업을 시작한 중소기업을 중심으로 형성되고 있으며, 특히 이미 SCM을 구축한 대기업들이 중소 협력업체들에게 정보 및 물류 시스템의 통합을 요구함에 따라 대기업과 거래하고 있는 중소기업 위주로 소규모의 SCM 도입이 늘어날 것으로 예상되고 있다. 초기 SCM 솔루션 시장은 i2 Technology가 이끌었으나, 최근 SAP, EXE Tech, Oracle, Adexa, SLI, Zionex 등의 SCM 전문업체와 기존의 SI 업체들이 참여하여 시장이 더 확대되고 있다.

이제까지 삼성전자, 포스코, LG전자 등 대기업 위주로 ERP 시스템 구축 이후 SCM 도입이 추진되어 왔다. 90년대 후반부터 내부적인 프로세스 개선을 위해 ERP를 추진한 중소기업들은 이제 거래 관계를 맺고 있는 대기업 및 소규모 공급자와의 업무 프로세스 효율화를 위해 SCM에 관심을 두고 있다. 이러한 중소기업의 SCM 구축은 내부적 요구에 의해 자발적으로 이루어지기도 하지만, 대기업의 요청에 따라 수동적으로 이루어지고 있기도 하다. 이는 이미 SCM을 구축한 대기업들이 전체 공급사슬의 핵심기업(focal company)으로 활동하면서 전체 공급사슬을 하나로 통합하려는 움직임에 따른 것이다. 이러한 움직임에 따라서 기존에 외국의 대규모 솔루션 업체들에 의해 주도되던 국내 SCM 시장에서 점차 소규모 토종 SCM 구축 업체들의 활약이 두드러지고 있다. 이들 국내 SCM 구축 업체들은 비록 수주 금액은 크지 않지만 수요가 급증하고 있는 중소기업의 SCM에 초점을 맞춘 업체들이다. 중소기업은 업무 프로세스가 상대적으로 간단하며, 주로 거래하는 외부 대기업과 연계하여 SCM을 구축하기 때문에 소규모로 유연한 대응이 가능한 토종 SCM 업체들이 경쟁력이 있다. 2002년에 신규로 SCM을 도입한 기업들의 현황을 살펴보면 일부 대기업의 계열사를 제외하고 상대적으로 규모가 작은 기업들이 속해 있다. 또한 산업별로 SCM 도입을 살펴보면, 2002년까지 SCM 시장에서는 SCP(Supply Chain Planning, 공급사슬 계획)분야보다는 위험이 적고 ROI가 비교적 쉽게 드러나는 SCE(Supply Chain Execution, 공급사슬 실행) 분야인 WMS(창고관리시스템), TMS(수배송관리시스템), 물류관리 분야를 중심으로 활발하게 SCM이 도입되었다. 한편 산업별로 SCM 도입을 주도하는 부문은 초기에 물류, 제조 산업에서 유통, 제약, 식품 부문으로 점차 확대되고 있다.

비록 우리나라는 공급사슬 관리의 도입 역사가 10여 년 남짓으로 짧지만, 여러 사례를 통해 볼 때, 공급사슬 관리 도입의 효과는 금전적, 조직 전략적으로 막대함을 확인할 수 있었고, 이러한 효과로 인해 향후 공급사슬 관리를 도입하는 기업이 지속적으로 증가할 것으로 예상되고 있다. 근래의 정보기술 발달로 인해 공급사슬 관리는 새로운 발전 기회를 맞이하고 있으며, 이에 따라 과거에 하던 일을 더 효율적으로 할 수 있다거나 또는 과거에는 불가능했던 일들을 할 수 있게 됨으로써 공급사슬에서 추가적 또는 새로운 가치를 창출할 수 있는 기회를 만들 수 있게 되었다. 우리나라의 기업들도 국내의 발달된 IT 하부구조를 충분히 활용하여 구매, 생산, 유통의 효율성을 극대화 하고 고객의 요구에 즉각적으로 반응함으로써 고객 서비스를 극대화 할 수 있는 공급사슬 통합을 위해 더욱 노력을 정진해야 할 것이다.

제 3 절 공급사슬 관리의 개요

공급사슬의 개념이 탄생하기 이전, 기업의 경영자들은 '개별 기업'의 관점에서 자신들의 수익성을 극대화 하기 위해 노력하였다. 즉, 고객 충성도를 창출, 유지하기 위해 세부적인 시장 전략을 개발하고, '기업 내부'의 엔지니어링, 설계, 제조 등의 기능 부문을 강화하는 등 개별 기업의 경쟁력을 개선하기 위해 노력하였다. 또한 공급사슬 상에서 지배적인 영향력을 갖는 기업들의 경우에는 수직적 통합(Vertical Integration)에 의한 거대 기업의 구성을 통하여 조정의 용이성과 규모의 경제를 활용하여 시장을 지배하고자 하였다. 이후 다양한 생산 관리 기법들이 도입되고 제조 분야의 개선이 포화상태에 이르게 되었으며, 1990년대에 들어 경영자들은 공급 업체들로부터의 부품 및 서비스 투입이 고객의 욕구를 충족시키는 기업의 역량에 중요한 영향을 미친다는 것을 깨닫게 되었다. 이에 따라 공급 업체 관리와 아웃소싱 전략이 초점으로 부각되었다. 다른 한편으로는 양질의 제품을 생산하는 것만으로는 불충분하다는 사실이 널리 인식되기 시작했으며, 고객이 원하는 시간과 장소에, 고객이 원하는 방식으로, 고객이 원하는 양의 제품을 낮은 비용으로 전달해야 한다는 지금까지와는 차원이 다른 새로운 과제가 등장한 것이다.

이러한 변화가 주는 가장 큰 시사점은 자기 조직만을 잘 관리해서는 더 이상 경쟁력을 확보하지 못 한다는 것이다. 곧 자신의 개별 기업 이외에도, 투입 요소를 직 · 간접적으로 제공하는 모든 상류(upperstream) 조직의 네트워크와 제품을 최종 소비자에게 전달하고 사후 서비스를 제공하는 모든 하류(downstream) 조직의 네트워크까지 효율적으로 관리하여야만 기업의 경쟁력이 확보되는 것이다. 즉, 현대의 경쟁은 '기업 대 기업의 경쟁'이라기 보다는 '서로 연관된 기업군간의 경쟁'으로 특징지울 수 있다. 바로 이러한 인식으로부터 '공급사슬 관리'(Supply Chain Management)라고 하는 개념이 탄생되었다.

최근 정보 기술의 혁명적인 발전과 물류 네트워크를 포괄하는 '물류의 르네상스' 시대의 등장은 이러한 공급사슬 관리 과제의 해결에 큰 힘을 보태어주고 있으며, 새로이 부각되는 가상 통합(Virtual Integration), 가상 기업(Virtual Company) 등의 바탕이 되었다고 하겠다.

기업의 혁신 활동은 운영의 효율성과 고객 만족도 향상을 목적으로 지속적으로 추진되어 왔다. 그러나 이러한 기업 혁신 활동 결과 많은 기업들에게서 "생산성은 증대되었지만 수익성 향상은 없다"던지, "제조 부문에서는 재고가 크게 감축되었으나 유통 부문에서는 재고가 늘어 전체적인 효율성 면에서는 크게 변화가 없다"는 등의 문제점이 제기되고 있다. 이러한 현상은 혁신 활동이 기업 내 일부만의 최적화를 목표로 했거나, 개별 기업 내에서 국지적이고 제한적인 최적화를 목표로 하여 진행된 점이 주요 원인으로 평가되고 있다. 기업 내부에서의 혁신 노력은 기업 외부에서의 활동과 연계되어 전체의 최적화가 되지 않으면 그 성과가 극히 제한적이기 때문에 최근 기업의 경영자들이 공급사슬 관리를 최적화하기 위한 노력을 많이 하고 있는 것이다.

공급사슬 관리(Supply Chain Management)란 '기업 내 또는 기업간의 다양한 사업 활동의 프로세스를 부문간 · 부서간에 존재하는 벽을 넘어서 통합적으로 관리하는 것'을 의미한다. 즉, 수주에서부터 고객 납품에 이르기까지 조달, 생산, 유통 등의 공급의 흐름을 효율적으로 잘 관리하는 것이라 할 수 있다.

구체적으로는 이제까지 부문마다의 최적화, 기업마다의 최적화에 머물렀던 정보, 물류, 현금에 관련된 업무의 흐름을 공급사슬 전체의 관점에서 재검토하여 정보의 공유화와 비즈니스 프로세스의 근본적인 변혁을 꾀하여 공급사슬 전체의 효율성을 향상 시키려고 하는 경영 기법이다. 이는 자재 공급업체에서 소매에 이르는 모든 거래 파트너들 사이에 물리적 의미인 원료와 부품뿐만 아니라, 정보, 자금, 지식의 흐름 등을 통합적으로 관리 운영하여 불확실성을 줄이고 전체 최적화를 달성하여 궁극적으로 최소의 비용과 최고의 고객만족 달성을 목표로 한다.

공급사슬 관리는 기업을 확장된 시각에서 보는 것으로 서로 연관된 제조업자, 공급업자, 유통업자, 고객 등 모두가 고객이 원하는 제품과 서비스를 경제적, 시간적 차원에서 효율적으로 공급하기 위하여 공유된 자원의 활용을 최적화하는 것으로, 미국의 SCC(Supply Chain Council)은 공급사슬 관리를 "수주에서 대금 지불에 이르기까지 설비, 부품(A/S 부품 포함), 완제품의 흐름을 관리하는 전 프로세스와 관련하여 공급업체(하위 업체 포함), 제조, 판매, 분배, 고객과 관련 있는 모든 활동"을 의미한다고 정의하고 있다. 또한 오하이오 주립 대학 교수인 Bernard J. Lelonde는 공급사슬 관리는 "소싱(sourcing)에서부터 소비에 이르기까지 상품과 관련된 정보를 유기적으로 관리하여 고객 관계를 강화하고 경제적인 가치를 높이는 활동"으로 정의한다. 종합적으로 공급사슬 관리는 "공급사슬 상에 존재하는 기업 내외부의 유형, 무형의 자원을 총괄하여 공급사슬 전체의 효율성을 최대화 할 수 있도록 통합적으로 관리하는 혁신적인 관리 기법을 지속적으로 개발하는 것"이라고 정의할 수 있다.

SCM이 등장 및 관심을 끌게 된 배경을 〈표 1-1〉과 같이 기업 환경의 변화, 공급사슬 상의 문제, 정보 기술의 발전으로 나누어 살펴볼 수 있다.

최근의 경영 환경의 변화는 공급사슬의 효율적 관리의 필요성을 더욱 증대시키고 있다. 기업 활동의 세계에는 국경이 없다. 생산활동 자체가 국경을 넘어 전세계에서 이루어지는 것은 물론이고 비용 절감만 가능하다면 부품과 서비스를 세계 각국으로부터 조달한다. EU, NAFTA등의 초국가적 공동체들이 이미 결성되었고, Ford사의 'Ford 2000 Global Operation Reengineering Plan'과 같이 광역시장을 통합 관리하려는 기업들의 움직임도 활발하다. 최근 JIT(Just-In-Time)시스템의 도입도 활발해졌다. JIT시스템 도입과 함께 효율적 수송 및 정보 시스템이 필요하게 되었고, 의사결정에 있어서는 EDI나 인공위성 등을 통해 얻은 최신정보를 활용하게 되었다. 또한 공급사슬 상에 정보흐름의 비효율, 프로

표 1-1 • ABC SCM의 등장배경

기업환경의 변화	공급사슬 상의 문제	정보 기술의 발전
• 경쟁 우위 전략의 변화 • 기업의 핵심역량을 경쟁 우위 요소로 집중화(비핵심 부분은 아웃소싱 전략 활용가능)	• 정보 흐름의 문제 • 비효율적인 정보시스템의 사용 • 기능/조직간의 커뮤니케이션 장벽	• 업무 지원시스템의 발전 • ERP 등
• 산업의 글로벌화 • 고객의 제품 구입 채널: Single Multiple • 시장형태: 단일 국가 →다 국가	• 프로세스 설계의 문제 • 복잡한 네트워크 및 비효율적인 프로세스	• 인터넷/인트라넷의 발전 • 인터넷을 활용한 다양한 어플리케이션 개발로 업무의 신속화 및 효율화 가능(CALS/EC, EDI, EDMS, PDM 등)
• 최적화 활동으로의 전환 • 과거: 각 단일 기능의 최적화 • 현재: 전체 최적화를 우선 고려 단일기능의 최적화 추구	• 프로세스 운영상의 문제 • 조직간의 장벽 • 단순한 재고 정책 • 비효율적인 유통 구조	• H/W, S/W 기술의 발전 • 서버, DB, 운영 체제 등의 발전 • 저비용 고효율의 하드웨어 도입 가능

세스 설계와 운영상의 문제가 드러나기 시작했고, ERP 등의 업무 지원시스템과 인터넷, 인트라넷의 정보 기술이 비약적으로 발전하면서 공급사슬 관리의 중요성이 대두하였다. 정보 · 통신 기술은 갈수록 더 빠른 속도로 발전하고 있어 이러한 경향은 더욱 강화될 것으로 예상된다. 고객들 또한 과거처럼 소극적인 자세로 기업이 제공하는 제품 · 서비스를 받아들이는 것이 아니라 적극적인 방법으로 자신들의 다양한 욕구를 기업들이 충족시켜주길 기대하며 이러한 변화는 효율적 SCM의 중요성을 더욱 증대시키고 있다.

제조업체들은 종래에 라인, 공장, 또는 기업 내의 생산성 향상, 리드타임 단축, 원가 절감, 품질제고를 위하여 다양한 합리화 방안(리엔지니어링, 기업통합 및 정보화, 자동화 및 컴퓨터 통합생산(CIM) 구축 등)을 수행하였다. 그러나, 최근에는 제조단계 외부의 가치사슬 또는 공급사슬 관리를 더 중요하게 인식하게 되는 경향이 있다. 그 이유는 다음과 같다.

첫째, 부가가치의 60~70%가 제조 과정 외부의 공급사슬 상에서 발생한다. 미국의 경우 제조업의 물류비용은 업종에 따라 10~15%에 이른다. 일반적으로 고객이 주문 후 납품까지의 주문 사이클타임 중에서 순수 제조에 소요되는 시간보다 유통을 위하여 공급사슬 상에서 소요되는 시간이 훨씬 길다. 제조업체들이 공장자동화나 CIM구축을 위해 막대한 투자를 하고 있으나 고객서비스 수준을 높이는 데는 주문처리, 물류관리, 구매 조달 등에서의 개선이 더욱 큰 효과를 거둘 수도 있으며, 이 같은 노력은 적은 규모의 투자로 개선이 가능하다.

둘째, 부품 및 기자재 공급의 납기 및 품질의 불확실성과 수요 및 주문의 불확실성을 제조업체 내에서 수동적으로 흡수하여, 생산계획을 세우고 재고를 관리함으로써 리드타임을 단축하고 재고 및 재공품(work-in-process) 재고를 감축하는 데에는 한계가 있다. 따라서, 최근에는 이러한 외부로부터의 변동을 정보를 활용하여 저비용으로 감소시키는 적극적인 방안을 강구하게 되었다.

셋째, 생산, 부품 조달 및 구매, 보관 및 물류, 운송, 판매 및 유통 등의 기업 활동이 글로벌화 됨에 따라 공급사슬 상의 리드타임이 길어지고 불확실해졌다. 또한, 부품조달 비용, 인건비, 금융비용, 생산성, 운송 및 물류비용 등의 국가별 지역별 편차, 관세 및 환율과 수출입관련 법규의 국가별 차이, 지역별 제품 사양의 차이 등을 감안해야 하고 물류가 복잡하게 되었다. 이에 따라 글로벌한 공급사슬 및 물류의 합리적인 계획과 조정 통제가 중요하게 되었다. 어떤 주문을 언제 어디에서 어떻게 얼마나 만들고 어떻게 유통, 운송하고 부품조달을 어떻게 할 것인가에 대한 계획 및 의사결정, 실행 및 추적의 문제가 부각되고 있다.

넷째, 종래의 표준화된 제품을 대량 생산하여 고객에게 밀어내던 방식에서 탈피하여 고객의 다양한 요구에 맞추어 제조, 납품해야 하는 Mass Customization (대량고객화)이 보편화되고 있다. 이러한 Mass Customization에 따라 유통 대상 품목이 많아지고 재고 및 물류관리가 복잡해지며 주문관리, 생산계획, 정보관리 및 추적관리가 복잡해진다. 동시에 리드타임이 길어지고 불확실해지며 재고가 증가하고 주문충족도가 악화되는 등 공급사슬의 효율이 급속히 저하되게 되었다. 이에 따라 공급사슬관리의 중요성이 더욱 부각되게 되었다.

다섯째, 기업간의 경쟁이 치열해짐에 따라 비용 및 납기의 개선이 시급하게 되었다. 특히, 고객지향, 고객만족, 시장요구에 대한 적응을 위해 공급사슬의 혁신 요구가 증대되고 있다.

끝으로, 최근 ERP(Enterprise Resource Planning) 등에 의해 기업 내 프로세스가 정보화, 통합화 되고 EDI(Electronic Data Interchange), Internet 및 WEB, 전자상거래 등의 기술이 급속히 발전되고 있다. 이에 따라, 공급사슬간의 정보공유 및 전달과정을 혁신하고 공급사슬간의 프로세스를 적극적으로 통합할 수 있게 됨에 따라 관련 개념 및 기법의 보급이 확산되고 있다. 공급사슬 관리를 위해서는 공급사슬 관련 프로세스 및 제품설계를 혁신하는 공급사슬 리엔지니어링, 공급사슬 상의 업체간의 전략적 제휴, 공급사슬 관리를 위한 조직의 개선, 공급사슬간의 정보 공유 및 프로세스의 통합, 공급사슬 네트워크의 전략적 설계, 공급사슬 계획 및 관리 시스템 구축 등의 중요성이 증대되고 있다. 이들 각 방안들은 대개 공급사슬상의 부서 및 업체간에 정확한 정보를 신속하게 전달, 공유하고, 구매 조달, 운송 및 보관, 유통 및 판매 등의 업무 프로세스를 네트워크 및 정보기술에 의해 통합하는 작업을 수반한다.

기업 내부 제조 프로세스 이후에 발생되는 물류 비용은 제조업의 경우 업종에 따라 10~15%에 이르고 있어 기업 내부 가치사슬의 성과 개선 활동과 더불어 관련 기업 가치사슬과의 연계를 통한 공급사슬 관리 관점에서 추진되어야 생산성과 고객 서비스 수준 향상의 두 가지 목표를 동시에 달성할 수 있다. 공급사슬 관리는 부가가치 향상, 재고 절감, 비용 감소, 상거래방식 개선, 국제경영의 적응, 시장환경 변화 및 기업 핵심역량의 제고를 위하여 필수적인 요소로 인식되고 있다.

어느 특정 기업의 관점에서는 공급사슬 관리가 하나의 경영전략 툴로서 활용될 수 있다. 기존의 많은 경영전략의 툴과 마찬가지로, 공급사슬 관리도 기업 전체의 경영효율화를 추진하면서 기업생산성을 향상시키는 방안이라고 할 수 있다. 1800년대부터 산업사회의 가장 핵심적인 경쟁 수단이었던 분업화가 기업경영에 도입되면서 각 기능별(생산, 판매, 조직, 재무, 회계)로 운영되어 왔다. 그러나 1980년대와 1990년대에 접어들면서 기업 전체적인 관점에서 경쟁을 하게 되었고, 또한 한 국가의 범주를 넘어 글로벌화를 지향하게 되면서 다양한 형태의 경쟁상황에 직면하게 되었다. 예를 들면, 국내의 동종기업과 경쟁하면서 동시에 비관련 업종과도 경쟁을 하는 상황에 처하게 된 것이다. 세계적인 외국계 기업이 국내에 진출하게 되면, 국내 1위를 하는 기업이 막강한 외국기업과의 경쟁에서 상대적으로 열위에 빠지는 현상에 직면하게 된다.

그렇다면 공급사슬 관리가 왜 지금에서야 부각된 것일까? 거의 모든 새로운 전략들은 탁월한 창조력과 통찰력을 가진 몇몇의 혁신 주체들에 의해서 생성된다. 공급사슬 관리도 마찬가지로 1980년대에 생산과정의 효율화 도모 방식(e.g., Just-In-Time Production, Lean Production)과 1990년대에 판매 방식의 효율화 추진 방식(e.g., Quick Response, Efficient Consumer Response)들이 어우러지면

표 1-2 · 공급사슬 관리의 기능

전략: SCM Strategy	공급사슬 전체의 최적화 차원에서 공급사슬의 설계 및 개선전략을 수립하거나 현 공급사슬을 분석하여 최적운영을 위한 조달, 분배, 수·배송 정책 및 운영기준을 정립
계획: SCP (Supply Chain Planning)	수요예측, 글로벌 생산계획, 수·배송계획, 분배할당계획 등 공급사슬의 일상적 운영을 위한 최적화된 계획을 수립
실행: SCE (Supply Chain Execution)	창고, 수·배송관리 등 주로 현장물류의 효율화와 바코드, RF 등 Digital 정보도구와 인터페이스에 의한 현장물류관리를 담당

서 하나의 중요한 전략으로 새롭게 부각된 것이다. 이러한 개념들은 각각의 필요성에 따라 독립적으로 생성되어 활용되다가 1990년대 중반에 접어들면서 하나의 통합된 명칭이나 주제하에 공급사슬 관리(Supply Chain Management)로서 결집되었다. 다시 말하면, 공급사슬은 1800년대 이후 산업사회로 들어서면서 항상 존재해 왔으며, 1980년대 들어서서 미국의 전략 전문가들이 공급사슬을 기업의 관점에서 새롭게 인식하기 시작하면서 경영 전략의 툴로서 창안하게 된 것이다. 또한 컴퓨터가 메인프레임에서 PC 위주로 변화되면서 경영 전략과 정보 기술이 접목됨에 따라 새롭게 등장한 것이다.

공급사슬 관리의 기능은 크게 전략, 계획, 실행으로 나뉠 수 있으며 각각의 기능별로 여러 세부 기능들을 가지고 있다.

제 4 절 공급사슬 관리의 특징

SCM이 성공적이기 위해서는 실시간 정보를 활용하여 공급사슬상의 물적 흐름을 효율적으로 관리함으로써 낮은 비용과 높은 서비스 수준을 동시에 달성하여야 한다. 하지만 공급사슬을 효율적으로 관리하여 이러한 두 가지 목표를 동시에 달성하는 데에는 여러 가지 어려움이 따른다. 공급사슬에 존재하는 복잡성과 불확실성 때문이다. 공급사슬은 본질적으로 다단계의 의사결정이기 때문에 한 단계의 의사결정이 다른 단계의 의사결정에 영향을 미치며 그 효과를 예측하는 것이 매우 어렵다. 공급사슬에서 나타나는 '채찍효과(bullwhip effect)'로 인한 불확실성의 증대가 하나의 예가 될 수 있다.

채찍효과란 최종단계(소비자 수요)의 불확실성이 주문과정을 통해 상위단계로 올라가면서 증폭되는 현상이다. P&G사는 주력상품 중의 하나인 종이기저귀의 수요를 관찰하여, 최종 소비자들은 종이기저귀를 안정적으로 수요하지만, 공급사슬의 상위단계로 올라 갈수록 주문의 분산(variation)이 증폭된다는 것을 발견하였다. 즉, 도매상이 관찰하는 주문의 분산이 소매상의 그것보다 크다는 것을 발견하였다. 따라서, 공급사슬 상의 상위 단계가 실제의 소비자 수요 변화가 아니라 증폭된 수요의 변화(주문의 분산)에 반응하게 되면 과잉재고나 재고고갈로 인해 큰 비용을 감수해야만 하는 결과를 낳게 된다. 따라서 이러한 채찍효과의 악영향을 감소시키기 위해서는 공급사슬상의 각 조직들간에 수요 및 재고 수준에 대한 정보를 공유하거나, 수송 및 주문시스템의 효율성을 높이는 등의 노력이 필요하며, 채찍효과의 발생원인이 시스템 외적인 요인, 즉, 가격의 불확실성 또는 공급의 부족 등에 있는 경우에는 가격안정과 합리적인 할당원칙을 정하여 채찍효과의 발생원인을 제거하는 노력을 하여야 한다. 이 밖에도 급속하게 발달하고 있는 정보 · 통신 기술을 활용하여 공급사슬의 예측가능성, 즉, 하나의 의사결정이 다른 단계에 주는 영향을 예측할 수 있는 능력을 높일 수 있도록 공급사슬을 설계하는 것이 필요하다.

또 하나의 어려움은 공급사슬 관리가 성공적이기 위해서는 각 단계가 전체 시스템의 관점에서 시스템의 목표를 달성하는 방향으로 의사결정을 하도록 유도하여야 하나, 이에 따르는 단계들간의 이해조정이 매우 어렵다는 것이다. 즉, 공급사슬 상의 각 단계나 조직 내의 각 부서들은 자신들의 성과를 극대화한다는 목표 하에 의사결정을 내리는 데에 익숙해 있기 때문에 새로운 방식의 통합적 의사결정에 어려움을 겪고 있으며, 시스템 전체의 목표를 추구하는 것이 자신들의 이익에 위배될 수도 있다고 생각한다. 따라서 이들간의 이해를 조정할 수 있는 메커니즘이 필요하며, 이러한 메커니즘은 모든 이해 당사자들이 받아들일 수 있는 것이어야 한다.

하지만 시스템 전체 관점에서의 의사결정을 유도할 수 있는 적절한 단계별 평가기준을 만드는 것은 매우 어려운 일이며, 공급사슬 상의 이해 당사자들이 전체의 이익에 위배되는 행동을 하는 경우는 쉽게 찾을 수 있다. 전자제품을 생산하는 회사의 제품수리를 담당하는 서비스 센터를 예로 들어 보자. 이 회사가 서비스 센터의 성과평가 기준으로 고객의 서비스 요구에 반응하는 속도, 즉, 고객의 서비스 요구 중에서 서비스 센터가 가지고 있는 부품재고로 바로 충족시킨 서비스의 비율을 사용한다고 하자. 이 경우 각 서비스 센터가 자신에 대한 평가를 극대화 하기 위해서는 수리 요구가 갑자기 증가하는 것에 대비해서 평균적인 수요보다 훨씬 많은 부품재고를 유지하여야 할 것이다. 회사 전체의 입장에서 보면 이러한 서비스 센터의 의사결정은 회사의 부품재고를 증가시켜 재고유지 비용이 비합리적으로 커지는 결과를 낳는다. 이와 같은 비효율성을 제거하기 위해서는 참가자들의 자발적인 협력을 유도할 수 있는 단계별 성과평가 기준을 만들어야 하나 현실적으로 공급사슬 상의 각 단계나 부서들의 이해가 상충되는 경우가 많으므로 이러한 평가기준을 만드는 것은 매우 어려운 일이다.

앞에서 설명한 바와 같이, 공급사슬 관리가 효율적으로 이루어 지기 위해서는 공급사슬에 속해 있는 개인이나 조직이 과거와는 다른 방식으로 생각하고 행동해야 한다. 이를 위해서는 조직과 직무의 재설계가 필수적으로 이루어져야 하는데, 이 또한 진정한 공급사슬 관리의 수행이 어려움을 겪게 되는 큰 이유 중의 하나이다. 일반적으로 변화는 개인이나 조직에게 새로운 시스템에 적응하기 위한 추가적인 노력을 요구하기 때문에 이들로부터 저항을 받는 경우가 대부분이다. 따라서 변화에 대한 저항을 최소화할 수 있는 조직과, 직무의 재설계나 새로운 시스템에 적응시키기 위한 재교육이 요구되며, 또한 최종적으로는 이러한 저항을 넘어설 수 있는 최고 경영층의 강력한 의지가 필요하다.

이상에서 살펴본 공급사슬 관리의 특성들은 공급사슬 관리에 관심을 갖고 이를 수행하고자 하는 기업들이 공통적으로 겪는 어려움이라고 할 수 있다. 하지만 더욱 중요한 공급사슬 관리의 특성은 각 기업이 속해 있는 공급사슬의 특성에 차이가 있으며, 따라서 "어떠한 공급사슬의 설계 및 운영이 최선이냐?"라는 질문에 대한 유일한 답이 존재하지 않는다는 것이다.

각 기업에 맞는 공급사슬을 설계하기 위해서는 우선 그 기업의 수익과 비용 구조를 분석하여야 한다. 수익과 비용 분석을 통해 기업의 경쟁력에 가장 큰 영향을 미치는 요소를 찾아내고 이를 개선하여 경쟁력을 높이기 위해서 무엇을 하여야 하며, 공급사슬은 어떻게 설계하여야 하는지를 결정해야 하는 것이다. 예를 들면, 부패가 빨리 일어나는 식품을 공급하는 기업의 경우는 구입비용 절감보다 매출의 증대가 수익성에 대한 영향이 크므로, 구입비용을 낮추어 가격 경

그림 1-1 • 효율적 공급사슬의 설계절차

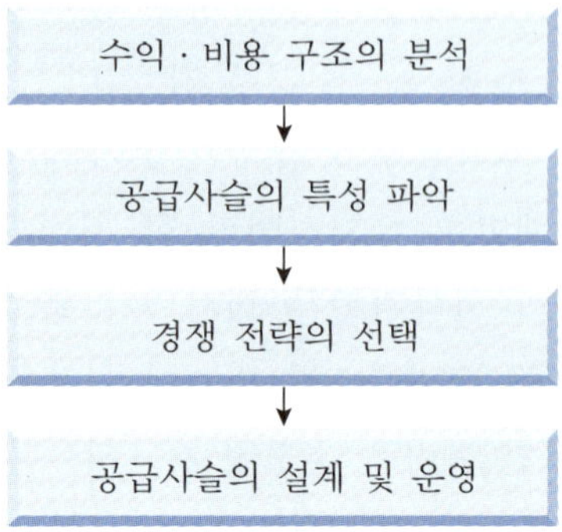

쟁력을 갖는 것도 중요하겠지만, 그 보다는 수요와 공급을 시간적 · 공간적으로 일치시켜 매출을 극대화 하는 것이 기업의 수익성을 높이는데 더 효과적인 방법이 될 수 있다. 따라서 이러한 기업은 수요의 변화에 탄력적으로 신속하게 반응할 수 있는 공급사슬을 설계하려 노력할 것이다.

반대로 컴퓨터를 조립, 판매하는 기업의 경우에는 기술의 급속한 발달로 인해 구입 부품의 진부화가 매우 빠르다는 특성을 갖고 있다. 즉, 일반적으로 컴퓨터 부품을 1년간 보유하면 구입원가 하락으로 인한 감가상각이 50%에 이른다고 한다. 따라서 이들 기업들은 자신의 경쟁력을 높이기 위해 부품재고를 최소화하는데 노력할 것이며, 이 경우 재고유지비용의 감소라는 장점뿐 아니라 새로운 기술이 시장에 출현했을 때 새 기술을 이용한 신제품을 시장에 빨리 선보일 수 있다는 장점 또한 갖는다. 이와 같이 볼 때, 효율적 공급사슬 관리를 위해서는 수익 · 비용 분석을 통해 공급사슬의 특성을 파악하는 것이 우선되어야 하며, 이를 바탕으로 경쟁 전략의 선택과 공급사슬의 설계가 이루어져야 할 것이다.

제5절 공급사슬의 통합

기업들은 자신들의 전략적 활동을 수행하기 위해서 어떻게 자원을 할당,

집중시킬지를 결정하게 된다. 여러 가지 요소들이 기업의 이러한 자원할당 방식에 영향을 미친다. 기술, 세계화, 경쟁상황과 같은 외부적인 요소들뿐만 아니라 관리 방식, 기업문화, 인적 자원, 생산설비와 같은 내부적인 요소들도 기업의 자원이용 방식에 영향을 미칠 수 있다. 물류/공급사슬 관리 역시 기업이 전략적인 활동을 수행하는 데 하나의 틀로서 활용될 수 있으며, 많은 기업들이 자신들의 가용자원을 물류/공급사슬 관리에 할당하고 있다. 이들 기업들은 궁극적으로는 물류/공급사슬 관리의 통합(Integrated Logistics Management)을 추구하게 되며, 이를 위한 과정은 일반적으로 유통에 집중(physical distribution focus)하는 단계, 내부 연결(internal linkages)의 단계, 외부 연결(external linkages)단계의 세 단계를 거친다.

많은 기업들이 첫 번째 단계인 유통 집중 단계에도 아직 미치지 못 하였다. 첫 단계에 들어선 다른 많은 기업들도 수년간 다음단계로 진입하지 못하는 경우가 많다. 기업의 의사결정 프로세스에 영향을 미치는 내 · 외부 요소들의 결합 정도가 이러한 다음 단계로의 진입 여부에 많은 영향을 미친다. 따라서, 물류/공급사슬 관리의 발달은, 마치 생물이 성장해가듯 기업들에게 자동적으로 혹은 자연스럽게 일어나는 현상이라기 보다는, 지난 40여 년간 이루어진 기업들의 사고 변화의 결과물로 보는 것이 바람직할 것이다.

세 단계의 발달 과정에 개념적인 기초가 되는 것은, 모든 제조 기업의 내부에

그림 1-2 • 물류/공급사슬 통합 수준의 발달

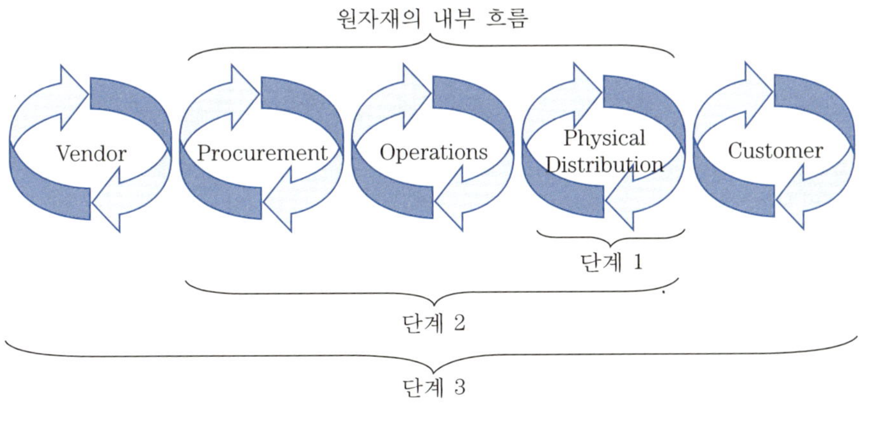

서 원자재는 대체로 세 개의 내부적인 흐름 루프를 거친다는 것이다. 이 루프는 조달(procurement), 운영(operations), 유통(physical distribution)으로 구성되어 있다.

조달(Procurement)은 원자재 공급자(Vendor)로부터 원자재를 공급받아 제조의 첫 단계(원자재 재가공 혹은 재포장)까지 이르는 과정이다. 그 다음으로 이어지는 운영(Operations)은 제조의 첫 단계부터 최종품으로 완성되기까지이며, 마지막으로 완제품이 소비자에게까지 전달되는 유통(Distribution)단계를 거친다.

평균적으로 기업 유동자산의 35%내지 50%를 재고가 차지하고 있다. 따라서, 유통/공급사슬의 통합은 재고량의 측면에서 계획하는 것이 바람직하며, 동시에 기업의 임원들은 적정 재고수준을 유지하는 것에 꾸준히 주의를 기울여야 한다. 대부분의 기업의 경우, 기업 총재고의 30%가 조달 단계에, 30%가 운영 단계에, 그리고 나머지 총재고의 40%가 유통 단계에 있는 것이 일반적이다. 재고는 내부 루프간의 완충 역할을 하게 되는데, 이러한 완충 역할은 외부의 공급자와 고객까지 확장되어서 기능하게 된다. 즉, 내부적으로 조달과 운영, 운영과 유통 사이에서 뿐만 아니라, 외부 루프로까지 확장되어 공급자나 고객과의 사이에서도 완충기능을 하는 것이다. 그 결과, 기업들은 재고자산 회전율을 훨씬 낮출 수 있게 된다. 이러한 효과를 갖는 물류/통합수준의 발달 정도는 크게 다음의 세 단계로 나눌 수 있다.

1. 제1단계: 유통의 통합

1950년대와 1960년대에 물류/공급사슬 통합의 제 1단계인 유통의 통합이 이루어졌다. 이 시기의 기업들은 최종품의 운송과 보관, 재고 관리, 고객 서비스, 그리고 고객에게 제품을 전달하는 것과 직접적으로 연관된 기능들을 통합하고자 하였다. 유통 관리는 가능한 최소의 비용으로 완제품이 고객의 기대를 충족시키도록 하는데 초점을 맞추고 있다. 따라서 기업의 기본적인 접근방식은 고객의 요구와 기업의 자원을 고려하여, 비용과 서비스 간의 적절한 균형점을 찾는 것(비용-고객 서비스의 관계곡선을 최적화하는 것)이었다. 대표적으로, 미국의 국가 유통관리 위원회(National Council of Physical Distribution Management)는 이러한 최적화 문제식의 접근방식에 초점을 두고 활발한 활동을 보인 단체이다.

통합 프로세스가 완제품 측면에서 제일 먼저 시작된 이유에는 세 가지가 있다. 이러한 이유는 물류/공급사슬 통합을 처음으로 시도해 보고자 하는 오늘날의 기업들에게도 여전히 유효하다. 첫째, 완제품은 기업이 관리하는 재고 중 가장 큰 비율을 차지하고 있다. 둘째, 완제품의 접근성과 가시성, 그리고 고객과의 빈번한 접촉 때문에, 완제품의 유통은 고객 서비스의 기대와 성과에 가장 직접적으로 영향을 끼친다. 마지막으로, 완제품을 관리함으로써 생산 프로세스 등에 위험을 끼치지 않고도 기업의 중요한 프로세스에 관여할 수 있게 된다. 즉, 유통 관리를 변경하는 것은 다른 기능들을 변경하는 것에 비해 비교적 낮은 위험으로 높은 성과를 기대할 수 있다는 것이다.

그러나 유통의 통합단계가 위와 같은 장점만 가지고 있는 것은 아니다. 이 첫 번째 단계가 갖는 한계는 다음과 같이 드러났다. 완제품 관리는 총 재고의 40%만을 관리하는 것일 뿐이라는 것이다. 즉, 완제품이 효율적으로 관리된다 하더라도, 재공품재고(WIP)나 원자재의 관리 부실로 인해 그 효과가 상쇄될 수 있는 경우가 발생할 수 있다.

오늘날, 물류의 개념과 그 실행이 이 유통통합의 첫 번째 단계를 기초로 하여 발전해 왔다 하더라도, 관리자들은 위와 같은 사항을 인식하고 있어야 할 것이다. 즉, 유통단계에 있는 완제품에만 초점을 맞추었을 때 다른 단계에서 문제가 발생할 수 있다는 것과, 비용과 고객서비스의 음의 상호 관계를 염두에 두어야 한다.

2. 제 2 단계: 내부 통합

제 2 단계의 핵심적인 개념은 원자재의 내부 흐름인 조달, 운영, 유통의 세 루프 중 두 개, 혹은 세 루프 전부를 연결시킨다는 것이다. 그렇게 함으로써, 기업 총 재고의 60% 내지 100%가 훨씬 더 효율적으로 관리될 수 있다. 이는, 유통만 통합함으로써 기업 총 재고의 불과 40%만 효율적으로 관리할 수 있는 1단계와 비교하면, 획기적인 변화라 할 수 있다. 물류가 항상 기업 내의 조직적인 변화를 반영하는 것은 아니지만, 기업이 내부 원자재 흐름의 세 루프간 가치 연결에 대해 어떠한 컨셉을 갖고 있는지는 반영하고 있다. 내부 연결을 진행함으로써 종종 이 세 루프간에서 완충 역할을 하던 재고가 사라지게 하는 결과를 초래하였다. 재고 흐름의 개념은 이러한 비즈니스 프로세스 실무자에 의해 개발되었다. 따라서, 재고의 흐름은 재고의 수평적인 움직임과, 원자재를 공급받았을 때부터 매출채권으로 기록될 때까지 재고의 측정을 포함하는 것으로 인식되었다. 이 시기 전까지는 대부분, 재고라는 것은 재고의 흐름(flow of inventory)이라기 보다는 재고의 수준(level of inventory)으로 보는 것이 일반적이었다. 많은 기업들에게서, 순수하게 경제적 주문량(EOQ: Economic-order-quantity)만을 고려하던 사고방식에서 재고의 흐름까지 고려하는 사고로의 변화가 나타났다. 물류 통합이 시작되었던 1980년대 중반에는 미국의 국가유통관리위원회가 물류관리위원회(Council of Logistics Management)로 이름을 변경, 유통보다는 물류에 초점을 맞추는 사고를 반영하였다. 이와 유사한 성격을 가진 전 세계의 단체들도 비슷한 움직임을 보였다.

3. 제 3 단계: 외부 통합

발달의 세 번째 단계인 외부 통합단계는, 물류의 개념을 내부적인 것뿐만 아니라, 외부적인 것에까지 확장하여 포함하는 것으로 변화시켰다. 기업들은 기업 외부에 존재하는 사항들까지 고려하기 시작하였고, 기업 외부에 존재하는 공급자와 소비자, 그리고 제 3자와의 관계에서도 효율성을 추구하기 시작하였다. 외부 통합을 이루어낸 기업의 대부분은 이러한 연결이 하나의 연결에서 시작하여 점차 여러 개의 연결로 확대되어 나간다는 것을 보여주었다. 즉, 처음에는 조립업자-고객의 연결에서 출발하여 공급자-조립업자-소비자의 여러 개의 연결로 발달하는 것이다. 이러한 기업들의 확장된 시각은 기업들에게 고객에게 가치를 전달하는 새로운 방법을 모색하도록 하는 기회를 제공하였다. 또한, 기업들이 인터페이스를 관리하는 데 있어 새로운, 혹은 향상된 기술들을 사용할 수 있게 하였다.

EDI(Electronic Data Interchange), JIT(Just-in-Time), DRP(Distribution Requirements Planning) 등이 개발되었다. 오늘날, 공격적인 기업들은 그들의 물류/공급사슬 효율성의 개념을 기업 외부에 있는 요소들까지 확장시킴으로써, 재고를 줄이고 가치를 향상시킬 수 있다. 예를 들면, 외부 연결 내에 존재하는 재고를 줄이는 것은 공급자들의 초과 재고에 대한 유지·관리 비용을 줄임으로써 원자재 가격을 낮추는 효과를 얻을 수 있다.

제 6 절 공급사슬의 효율적 설계 및 운영

물류 및 공급사슬 관리는 재고 및 수송 등의 물류비용, 구매비용 절감과 주문 · 조달의 불확실성, 변동을 최소화하여 생산계획을 합리화하고 납기 단축 및 정확성을 향상시켜 전체적인 생산의 효율성과 고객 만족을 달성할 수 있게 한다. 공급사슬 관리의 도입으로 기업은 내 · 외 협업체계의 강화를 통하여 획기적인 공급 · 조달기간 및 계획기간 단축을 통한 시장선점, 신속하고 유동성 있는 영업 · 생산 · 구매 전략수립을 통한 시장변화에 대한 대응력 강화, 공급망상의 자원의 효율적 활용과 불필요한 자원의 낭비요소 및 재고감축 등 많은 효과를 가져올 수 있다.

기업이 속해 있는 공급사슬은 다양한 특성을 가지며, 그 특성에 따라 서로 다른 경쟁 전략의 선택과 공급사슬의 설계가 이루어져야 한다. 그럼에도 불구하고 SCM의 성공 사례를 살펴보면 공통적으로 나타나는 특징들이 존재한다.

공급사슬의 효율적 설계와 운영을 위해서는, 첫째, 시스템의 목표를 명확히 정의하여 각 단계가 시스템의 목표를 달성하는 방향으로 의사결정을 내리게 유도한다. 채찍효과가 생기는 근본적 원인은 시스템 안의 각 구성원들이 자신의 이익을 극대화하는 방향으로 미시적 의사결정을 하기 때문이다. 따라서 통합적 의사결정을 통해 발생한 추가적 이익을 공평하게 분배함으로써 시스템의 이익을 최대화하도록 구성원들에게 동기부여를 하는 것이 무엇보다 중요하다.

둘째, 소비자의 서비스 수준 향상에 기여하는 성과측정치를 개발한다. 특히 JIT, QR(quick response), ECR(efficient consumer response) 등을 활용하여 세분화된 소비자 그룹의 요구를 잘 만족시킬 수 있는지를 측정하여야 한다. 배달주기나 수송량의 불확실성을 줄여야 공급업자, 생산자, 소비자 모두의 비용을 절감할 수 있다.

셋째, 'risk-pooling'을 통해 시스템과 관련된 불확실성을 최소화한다. risk-pooling은 시스템 내에 분포되어 있는 불확실성을 하나의 그릇에 모음으로써 시스템 전체의 불확실성을 줄이자는 것이 그 목적이다. 예를 들면 배달트럭이 각 소매상에 도달하여 그 소매상과 앞으로 방문할 소매상들의 재고 수준을 고려하여 할당량을 정하는 동적 재고할당 정책이나, 배달트럭이 중앙창고나 소매상을 떠나면서 앞으로 방문할 소매상들의 재고 수준을 고려하여 방문 순서를 정하는 동적 배달경로 정책을 활용하면 시스템의 불확실성을 감소시킬 수 있다. 또한, Benetton의 경우 처럼 먼저 옷을 완성시킨 후 색상별 주문량에 따라 염색을 하는 방식으로 최종 제품의 고객화 단계를 지연시킴으로써 비록 원가는 증가하더라도 재고를 줄이고 유연성을 증가시켜 궁극적인 비용 감소와 수익 증대를 달성한 예도 찾아 볼 수 있다.

넷째, 정보를 공유하고 공유된 정보를 의사결정에 적극적으로 활용한다. 즉, 물적 흐름과 정보의 흐름을 효과적으로 통합하는 것이 필요하다. Wal-Mart나 ToysRus는 재고를 정보로 대체한다는 개념을 도입하여, EDI나 인공위성을 통해 하위 단계의 수요 및 재고 정보를 모든 단계가 공유하여 의사결정에 반영함으로써 수요에 대한 반응시간을 최소화하였다.

다섯째, 정보의 공유와 통합적 의사결정이 이루어지는 것을 가능하게 하기 위해서는 부서간 협동을 유도하는 것이 매우 중요하다. 새로운 시스템의 도입에 있어 부서간 형평성을 유지하는 것이 가장 큰 어려움 중의 하나이다.

여섯째, 하부구조에 대한 과감한 투자를 수행하며 미래 확장 가능성에 대비할 수 있어야 한다. Wal-Mart의 경우 장기적 관점에서 지역분배센터(Regional Distribution Center)를 먼저 건설하고 그 주위에 소매점포를 위치시키는 방법을 사용하여, 초기 투자는 다른 경쟁기업에 비해 많이 들었으나 가장 효율적인 분배시스템을 소유한 기업이 될 수 있었으며, 이것이 미래 기업 경쟁력의 원천이 되었다.

일곱째, 아웃소싱을 적극적으로 활용하여 비용과 시간을 절감하는 것은 물론 기업의 경쟁력을 최대화하는 방향으로 자신의 자원과 외부 기업의 자원을 결합하여야 한다. Saturn의 경우 Ryder Trucks에게, National Semiconductor와 Laura Ashely의 경우는 Federal Express에게 수송부분을 아웃소싱하고 있다. 아웃소싱의 대상이 되는 기능을 선택할 때 기업의 핵심역량과 관련하여 중요하지 않다거나, 추가적 자본투자의 규모가 큰 것과 같은 기준을 사용하기보다는, 그 기능을 외부의 기업이 자신보다 더 잘 할 수 있는가의 기준을 사용하여 결정되

그림 1-3 · 공급사슬의 설계 및 운영원칙

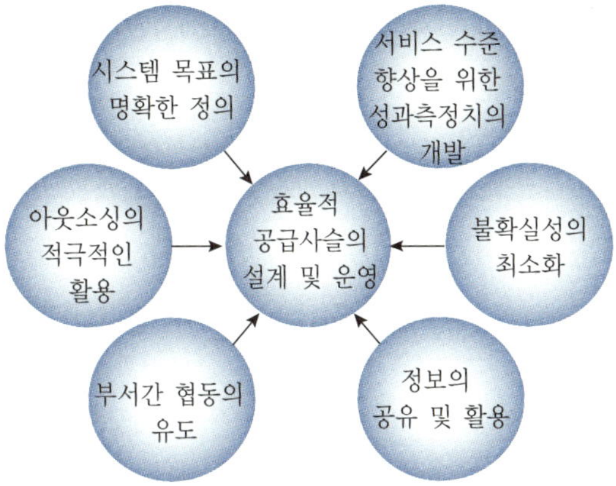

어야 할 것이다. General Motors가 대체부품 분배시스템의 설계와 운영을 Schneider에 아웃소싱한 것은 적절한 기준 사용의 예라고 할 수 있다.

제 7 절 물류 및 공급사슬 관리의 전략적 포지셔닝

1. 경쟁 전략(competitive strategy)

기업의 경쟁 전략은 기업이 그들의 생산한 재화나 서비스를 통해 고객들의 요구들 중 무엇을 충족시킬 것인가를 결정한다고 할 수 있다. 즉, 기업의 목표 고객이 원하는 것이 낮은 가격과 신속한 수요 충족이라면 규모의 경제와 효율적 유통 시스템의 구축을 통해 고객의 요구를 충족시킬 수 있을 것이며, 고객이 원하는 것이 낮은 가격보다는 고객화와 신속한 신제품 개발이라면 기업은 반응적인 공급사슬의 구축을 통해 경쟁력을 확보할 수 있다. 즉 경쟁 전략이란 고객이 무엇을 원하는가를 기준으로 수립되며 고객의 요구를 경쟁 기업보다 더 잘 충족시킴으로써 경쟁력을 확보할 수 있다. Dell 컴퓨터와 HP사의 경우 둘다 모두 PC를 생산하여 판매하지만 충족시키고자 하는 고객의 요구는 다르다고 할 수 있

표 1-3 • 경쟁의 네 가지 차원

경쟁의 차원	구성 요소
원 가	낮은 원가
품 질	최상의 품질 일관된 품질
시 간	배달 속도 정시 배달 개발 속도
유 연 성	고객화 다양성 물량 유연성

다. 즉, Dell 컴퓨터는 고객이 본인이 원하는 사양의 PC를 주문하면 신속하게 고객화된 다양한 PC를 생산하여 합리적인 가격에 고객에게 전달함으로써 경쟁력을 확보하고 있는 반면, HP의 경우 제한된 수의 PC 모델을 대량생산하여 낮은 가격에게 다수의 고객에게 판매함으로써 경쟁력을 확보하고 있다.

일반적으로 고객은 네 가지 경쟁의 차원, 즉 원가, 시간, 유연성, 품질에 대해 차별화된 기대 수준을 갖고 있으며 기업은 자신이 보유하고 있는 능력을 고려하여 어떤 특성을 갖고 있는 고객군의 요구를 충족시킬 것인가를 결정하여야 한다. 여기서 네 가지의 경쟁의 차원은 의미는 〈표 1-3〉에 요약되어 있다. 고객이 원하는 것과 기업이 제공하는 것이 일치하는 경우 고객의 만족도는 증가할 것이며 기업의 경쟁력도 증가하여 다른 기업과의 경쟁에서 살아남을 수 있을 것이다.

2. 경쟁 전략과 물류 및 공급사슬 전략의 조화

근래의 경영 환경을 살펴보면 기술의 급속한 발달과 고객 기대 수준의 향상에 따라 기업의 다양한 경쟁 차원에서의 성과 향상에 대한 요구가 크게 증가되고 있다. 이러한 높아진 기업에 대한 기대 수준을 충족시키기 위해 기업이 사용할 수 있는 경영 혁신 기법 중의 하나가 물류 및 공급사슬 관리라고 할 수 있으며 공급사슬 상에서 수행되는 활동이나 재화나 정보의 흐름을 통합적으로 관리함으로써 경쟁의 네 가지 모든 차원에서의 기업 성과를 동시에 증가시킬 수 있는 기회를 제공하고 있다. 공급사슬 전략은 자재의 조달, 생산, 수송, 유통, 서비스 등의 활동과 관련하여 어떤 활동들을 다른 활동들에 비해 더 잘할 것인가를 결정하는 것이라고 할 수 있다. 즉, 공습사슬 상의 여러 활동들이 기업의 시장반응 속도를 높여 효율적 주문 생산을 가능하게 하는 쪽으로 조정될 것인가 아니면 중간 단계를 제거하고 대량생산과 대량유통을 통하여 가격을 낮추어 공급사슬과 기업의 경쟁력을 제고할 것인가를 결정하는 것이 공급사슬 전략이다. 이와 관련하여 공급사슬 전략은 기업의 공급업자 관리 전략, 물류 전략, 생산전략 등을 포함하며, 재고, 수송, 생산, 공급사슬 상의 정보 흐름에 대한 의사결정의 방향을 제시한다.

앞에서 살펴본 바와 같이 공급사슬은 여러 개의 기능들과 단계들로 구성되어 있으며, 각각의 기능들과 단계들은 고객의 요구를 잘 충족시키기 위해서 나름대로의 전략을 수립한다. 이러한 전략들은 서로 독립되어 수립되어서는 안 되며 잘 조화되어 서로를 도와줄 수 있도록 수립되어야 기업, 더 나아가 공급사슬 전체가 성공할 수 있다.

공급사슬 전략을 경쟁 전략과 조화시키기 위해서는 우선 각 분할된 시장의 요구를 정확하게 파악하고, 기업이 선택할 수 있는 다양한 공급사슬 대안을 이해해야 하며, 이를 바탕으로 기업이 선택할 수 있는 시장과 공급사슬의 최선의 조합을 찾아내야 한다. 분할된 시장의 요구를 정확하게 파악하는 것은 기업으로 하여금 고객의 요구를 충족시키기 위해 들어가는 비용을 가늠하는 중요한 시발점을 제공하며, 다양한 공급사슬 대안과 고객의 요구를 비교하여 최적의 조합을 선택하여야 한다. 기존의 공급사슬과 목표시장의 요구가 불일치하는 경우 현재의 경쟁 전략을 수행할 수 있도록 공급사슬을 재구성하던가 아니면 기존의 경쟁 전략을 수정하여야 한다.

경쟁 전략과 기존의 공급사슬이 적절한 조합인가를 판단할 수 있는 이론적 틀은 그리 많이 제안되고 있지 않으나 Fisher(1997)의 연구가 대표적인 연구라고 할 수 있다. 다음에서는 이 연구의 내용을 간략히 소개하겠다.

3. 제품의 특성에 따른 차별화된 공급사슬 전략

공급사슬 관리에 대한 새롭고 혁신적인 아이디어가 쏟아져 나옴에도 불구

표 1-4 • 제품의 특성

	기 능 적	혁 신 적
수요의 양상	예측 가능	예측 어려움
제품수명 주기	2년 이상	3개월에서 1년
공헌 이익	5%에서 20%	20%에서 60%
제품 다양성	낮음(한 제품당 10에서 20가지 종류)	높음(종종 한 제품당 100만개 이상)
수요 예측시 발생하는 평균오류	10%	40%에서 100%
평균 재고율	1% 에서 2%	10%에서 40%
판매시즌 말 정상가격 대비 가격할인	0%	10%에서 25%
주문에서 생산시까지의 리드타임	6개월에서 1년	하루에서 2주

출처: Fisher(1997).

하고 왜 성과는 직접적으로 향상되지 않는 것일까? 회사 상황에 맞는 공급사슬을 찾는 관리자들의 결정에 있어서 적당한 프레임이 없기 때문이다. Fisher(1997)는 회사나 산업의 특성에 따라 공급사슬 전략이 차별화되어야 한다고 주장한다. 그는 이러한 특성을 기업이 생산하는 제품의 수요의 본질에서 찾았다. 수요를 결정하는 기준은 여러 가지 면이 있겠지만 분류화 시키면 크게 두 가지 카테고리, '기능적'(functional)인 것과 '혁신적'(innovative)인 것 중의 하나에 속하게 된다. 이 두 가지 서로 다른 특성을 갖는 수요는 서로 다른 경쟁의 우선 순위를 갖는다. 우선, 기능적 수요와 혁신적 수요를 구분해 보자. 기능적 수요를 가진 제품은 기본적인 필요를 만족시키는 것들이다. 이들은 안정적이고 예측 가능한 수요를 가지고 있을 뿐 아니라 제품수명주기가 긴 것이 특징이다. 이로 인해 경쟁이 치열해지고 이익이 낮아질 수밖에 없다. 이에 비해 혁신적 제품의 특징을 살펴보면 예측이 어려운 수요 패턴을 가짐에 비해 높은 이익 마진을 가질 수 있다. 또한 기능적 제품에 비해 제품 수명이 짧은 것도 특징이다. 기능적 제품과 혁신적 제품의 특징들을 표로 요약해 보면 〈표 1-4〉와 같다.

이 두 가지 수요는 기본적으로 다른 특성을 가지고 있기 때문에 서로 다른 성격의 공급사슬을 필요로 한다. 서로 다른 공급사슬의 성격을 이해하기 위해서는 먼저 공급사슬의 두 가지 기능을 이해하여야 한다. 공급사슬의 두 가지 기능으로는 물리적 기능(physical function)과 시장조정 기능(market mediation function)

표 1-5 • 제품의 특성

	물리적 효율 프로세서	시장 반응 프로세스
주요 목적	가장 낮은 가격으로 예측 가능한 수요를 효율적으로 공급	재고고갈, 할인판매를 최소화하면서 예측 불가능한 수요에 빠르게 대응하는 것
생산 초점	높은 효율을 유지하는 것	잉여 생산 능력 보유
재고 전략	높은 회전과 사슬에서의 재고를 줄이는 것	중간재나 완제품 형태의 버퍼를 배치하는 것
리드타임 초점	비용을 늘리지 않는 한 리드타임을 최소화	리드타임을 줄이는 데 과감한 투자
공급자 선택	비용과 질만을 보고 선택	스피드와 유연성, 질을 보고 선택
제품 디자인 전략	비용 최소화, 성능 최대화	가능한한 다양성을 늘리기 위하여 모듈 디자인 사용

출처: Fisher(1997).

이 있다. 먼저 물리적 기능은 원재료를 완제품으로 만드는 즉, 중간재를 공급사슬의 한 지점에서 다음 지점으로 옮기는 기능을 말한다. 시장 조정 기능이란 제품의 다양성과 고객의 수요의 다양성을 연결시켜 주는 역할을 의미한다. 이런 기능들을 충족시키지 못하였을 때 발생하는 비용도 서로 다르게 된다. 우선 물리적 기능을 수행하지 못하였을 경우에는 생산이나 운송, 혹은 재고 비용 등이 발생하게 된다. 반면 시장조정 기능을 만족시키지 못하였을 경우는 공급이 수요를 초과하여 손실을 보고 팔게 되거나 공급이 수요에 미치지 못해 판매기회를 상실하는 기회비용이 발생하는 경우가 발생하게 된다.

이 두 가지 기능에 따라 공급사슬의 프로세스를 두 가지로 나누어 볼 수 있다. 물리적 효율 프로세스(Physically Efficiency Process)와 시장 반응 프로세스(Market Responsiveness Process)로 나누어 볼 수 있는데 이 두 가지 프로세스의 특징을 살펴보면 다음 표와 같다.

최적의 공급사슬을 선택하는 데 있어서 두 번째 단계는 자사의 공급사슬을 이 두 가지 프로세스 중 어느 것에 초점을 맞출 것인가를 결정하는 것이다. 예측가능한 수요를 가지고 있는 기능적 제품의 경우 시장조정 기능은 쉽게 충족될 수 있다. 비교적 수요를 예측하기 쉽기 때문에 주문, 생산, 공급이 원활하기 때문이다. 하지만 혁신적 제품에서는 이것이 적용되기 어렵다. 수요 예측이 어려워 적게 생산하면 기회비용이 생기고 많이 생산하면 과잉 재고에 따른 비용이 발생하기 때문이다. 이런 제품에서 가장 중요한 것은 초기 수요 예측과 시장의 수요 변화에 따른 빠른 반응이다. 공급사슬 내에서만 정보의 흐름이 일어나는 것이 아니라 환경에 의해서도 영향을 받기 때문에 재고를 최소화하여 비용을 낮추는 것보다 수요 불확실성을 헤지하기 위한 속도와 유연성을 높이는 것이 비용을 최소화하고 수익을 극대화할 수 있는 관건이 된다. 이런 특징들이 명확함에도 불구하고 많은 회사들이 아직도 이 문제를 가지고 고민하고 있는데 그 이유는 두 가지 수요 특성을 모두 가진 제품들이 많기 때문이다. 자사가 따르는 전략에 따라 같은 제품이라 하더라도 효율성이 중요한 기능적 제품이 될 수도 있고 반응성이 중요한 혁신적 제품이 될 수도 있다.

그렇다면 기능적 제품의 공급사슬 전략을 예를 들어 설명해보자. Campbell Soup라는 수프 회사의 경우 지속적 보충(continuous-replenishment)이라는 프로그램을 이용하여 공급사슬의 효율성을 높였다. 이 회사는 수프라는 기본적인 기능적 제품을 판매하는 데 있어 재고 비용을 최소화하기 위하여 이 프로그램을 사용하였는데 주된 내용은 EDI를 이용하여 공급자와 소매상 간의 정보를 신속하게 공유할 수 있도록 하였다. 소매상은 매일 아침마다 자신의 재고 현황과 그 날 필요한 만큼의 물량을 EDI를 통하여 공급자에게 알리고 이를 통하여 공급자는 그에 맞는 물량을 전달하게 된다. 이렇게 하여 공급자와 소매상은 재고와 리드 타임을 줄여 낮은 비용을 달성함으로써 효과적으로 다른 기업들과 경쟁할 수 있었다.

이 프로그램을 실행하면서 Campbell사는 잦은 가격 인하 정책이 공급사슬의 효율성에 상당히 부정적인 영향을 미침을 알았다. Campbell은 사람들이 가격인하를 하는 동안 많은 양을 미리 사다 두고 나머지 기간에는 적은 양을 사는 것을 알았다. 이렇게 되면 수요가 갑자기 많아질 때는 재고가 부족하여 기회비용이 생기고 수요가 갑자기 적어지면 재고가 쌓이게 되어 비용이 발생한다. 이런 문제를 없애기 위하여 회사는 "everyday low price"라는 슬로건을 내걸고 인하가격과 인하하지 않을 당시 가격의 평균가격으로 항상 살 수 있도록 하는 정책으로 수요가 일정하게 되도록 하였다. 이 프로그램은 아주 가치 있는 교훈을 우리에게 준다. 기능적 제품은 가격에 민감하기 때문에 운영 효율성 제고를 통하여 비용과 재고를 감소시켜야 한다는 것이다. 또한 Campbell사의 지속적 보충 프로그램은 공급자와 소매상 간의 정보 공유로 서로 이익을 나누어 가지려는 경쟁관계에서 협력관계로 변화하게 되었다.

다음은 혁신적 제품의 공급사슬 전략을 살펴보자. 혁신적인 제품에서 가장 문제가 되는 것은 수요가 불확실하다는 것이다. 수요 불확실성의 대응 방안으로 회사들이 사용하는 네 가지 기법들을 살펴보자. 회사들은 이 중 하나만 쓰기도 하고 혹은 네 가지를 섞어 쓰기도 한다. 어쩌면 당연하게 들릴지도 모르겠지만 가장 첫 번째 방법은 불확실성, 즉 위험을 그냥 수용하는 것이다. 산업이 경쟁이 위험을 수용한 후에는 불확실성을 관리하기 위한 세 가지 방법들을 사용한다. 첫째가 '위험 감소'이다. 좀더 의미 있는 지표들을 찾아내어 불확실성을 줄이거나 같은 부품을 공유하는 다른 제품을 많이 가짐으로써 부품 수요를 좀더 예측 가능하게 만드는 것 등이 위험 감소에 속한다고 할 수 있다. 두 번째로는 '위험 회피'가 있다. 위험 회피는 제품의 차별화를 지연시켜 수요의 불확실성을 회피하는 방법이다. 이런 방법을 쓰고서도 아직 남아 있는 위험에 대해서는 완충 작용을 할 수 있는 재고나 잉여설비 등을 보유함으로써 불확실성을 헤지할 수 있다. 이런 대응 방안에 대한 예로써 National Bicycle의 사례를 들 수 있다. National Bicycle은 일본의 자전거 회사로 기능적 제품이었던 자전거를 혁신적 제품으로 변화시켜 성공시킨 기업이다. 이 기업은 대량 고객화(mass customization)라는 방법을 사용하여 수요의 불확실성을 감소시켰다. 다양한 색과 사이즈, 부품을 이용하여 2백만 개가 넘는 모형을 주문생산함으로써 고객화에 대한 고객의 욕구를 충족시켰다. 매장에서 고객으로부터 받은 주문을 공장에 팩스로 보내 숙련된 노동자들과 컴퓨터에 의해 통제되는 기계들을 사용하여 2주만에 자전거를 생산하여 배달하는 방법이다. 고객의 원하는 다양한 종류의 자전거를 상대적으로 저렴한 가격에 공급함으로써 몇 주 기다려야 하는 고객들의 불편을 상쇄할 수 있었다. 물론 이런 방법들이 약점이 없었던 것은 아니다. 우선 사람들이 자전거를 타지 않는 겨울에는 공장을 놀릴 수밖에 없었고, 대량 고객화는 필연적으로 비용이 많이 들 수밖에 없었다. 이 회사의 경우 주문생산 방식이 대량생산 방식에 비하여 3배나 비쌀 수밖에 없었지만 많은 고객들은 비싼 비용을 지불하고서도 고객화된 제품을 원했기 때문에 속도와 유연성을 추구하는 공급사슬 전략이 성공을 거둘 수 있었다.

제 8 절 책의 구성

본 책의 구성은 다음과 같이 총 4부로 구성되어 있다. 1부에서는 물류 및 공급사슬 관리의 개요를 물류 및 공급사슬 관리의 전략적 포지셔닝에 초점을 두고 설명하였다. 2부에서는 물류 및 공급사슬 관리의 전략적 이슈로서 전략적 제휴 및 외주 전략, 공급자관계 구축 및 관리, 소비자 가치와 고객관계 관리, 물류 네트워크 및 공급사슬 디자인, 글로벌 물류 및 공급사슬 관리 등에 대해 살펴본다. 3부에서는 물류 및 공급사슬 관리의 운영적 이슈로서 전통적인 물류관리 이슈인 수요관리, 재고관리, 운송, 구매 · 조달, 보관 · 포장 · 하역 및 시설 입지결정 등에 대해 살펴본다. 마지막으로 4부에서는 물류 및 공급사슬 통합과 성과평가와 관련하여 공급사슬 통합과 정보기술의 역할, 공습사슬 조직구조, 공급사슬 프로세스 분석, 성과평가 등에 대해 살펴본다.

요 약

공급사슬관리는 기업 및 기업이 속해 있는 공급사슬의 경쟁력을 향상시킬 수 있다는 사실로 인해 현대 기업전략의 핵심이 되고 있다. 경쟁환경이 급격히 변화한 상황 하에서, 이제 공급사슬관리는 기업에게 있어 선택의 차원이 아닌 필수가 되고 있다 해도 과언이 아니다. 즉, 현대 기업경영에 있어 경쟁은 더 이상 기업 대 기업이 아니라 공급사슬 대 공급사슬의 형태를 취하고 있다.

우리나라의 기업들도 1980년대 기업의 각 기능별 최적화가 추구되던 독립적 운영 시기, 1990년대 기업 내부 기능들의 통합을 통한 기업 의사결정 최적화를 도모하던 내부 통합 시기, 2000년도 이후 기업 외부의 공급업자와 고객을 포함하는 공급사슬 전체의 최적화를 추구하는 외부 통합 시기를 거치면서 지속적인 경쟁역량을 갖추기 위해서 적극적으로 공급사슬관리를 도입해 왔다.

공급사슬은 다양한 특성을 가지며, 그에 따라 서로 다른 경쟁전략을 선택하고 공급사슬을 설계하는 것이 바람직하다. 공급사슬의 효율적 설계와 운영을 위해서는 시스템의 목표를 명확히 정의하고, 적절한 성과측정치를 개발하며 시스템적인 불확실성을 최소화하며, 공급사슬 내의 구성원들이 정보를 공유하는 것이 중요하다. 또한, 기업의 경쟁전략과 공급사슬 전략을 조화함으로써 제품 특성에 따라 공급사슬 전략을 차별화 하는 것이 필요하다.

토의 사례

제품 차별화의 지연

고객의 다양한 요구에 맞추어 제조, 납품해야 하는 Mass Customization(대량고객화)이 보편화되고 있다. Mass Customization의 핵심은 개별 고객이 원하는 차별적인 제품이나 서비스를 대량생산의 효율성으로 제공하는 것이다. 그러나, Mass Customization은 대규모 생산이란 의미와 소규모 단위의 맞춤식 제품 · 서비스 제공이란 의미를 동시에 내포하고 있는 것이어서, 그 개념 자체로도 실제로 적용함에 있어 큰 한계점을 지니게 된다. 차별적인 제품과 서비스를 제공하는 동시에 적절한 원가를 유지하기 위해서는 새로운 생산기법이 요구되는데, HP는 특화된 맞춤 서비스를 위한 공정을 공급 네트워크에서 가능한 뒤로 늦춤으로써 차별적 제품과 원가절감에 성공하였다.

HP는 제품의 차별화를 가능한 공급사슬의 최종 단계로 미루기 위해 제품의 모듈화, 제조과정의 모듈화, 신속한 공급 네트워크 등 세 가지의 프로세스 변화를 추구했다. 제품 및 제조과정의 모듈화는 로지스틱스에서 모듈 조합에 의해 다양한 최종 제품을 필요한 만큼 적절히 조립하도록 하게 한다. HP는 최종제품에 공통적으로 사용되는 주요 부품이나 조립품을 표준화하고, 맞춤식 제품을 위한 조립은 최종 단계로 연기했다. 제조과정 역시 최종 제품에 공통으로 적용되는 과정을 표준화하고, 최종제품을 차별화하기 위한 과정을 분리하였다. 이러한 모듈화는 제조상의 문제점을 보다 더 쉽게 진단할 수 있게 하고, 궁극적으로 원가 절감과 재고 관리의 효율화를 꾀할 수 있게 한다.

HP는 신속한 맞춤 서비스를 위하여 공급 네트워크를 유연화 시켰는데, 제품의 수요 요구가 동질적인 지역에 유통센터를 설립하고, 유통센터에서 그 지역의 수요 요구에 맞는 최종제품을 직접 조립할 수 있게 하였다. 유통센터가 소비자들에게 근접해 있기 때문에 신속한 배달이 가능하며, 수요예측의 정확성이 높아지기 때문에 유통센터가 유지해야 하는 재고가 감소할 것이다. 또한 유통센터의 역내 진입으로 수입관세가 제거되고 수송 비용이 감소하여, HP의 ROA도 증가하였다.

HP사의 제품 차별화 지연(Postponement of product differentiation) 전략은 Outbound 로지스틱스에서 가급적 공용 부품을 사용하여, 모듈화 · 표준화된 반제품 상태로 생산 · 보관 · 운송하여 현지에 공급하고 최종 조립 및 제품의 차별화는 최종 소비자가 있는 현지에서 하도록 차별화 시점을 지연하여, 로지스틱스를 단순화시키는 방법으로 요약할 수 있다. 현실적으로 기업은 고객이 원하는 요구를 얼마만큼이나 충족시켜 줄 수 있는 상품을 만들 수 있는가에 따라 그 존폐 여부가 달려 있다. 초일류 기업으로 살아 남기 위한 생존 전략으로 Mass Customization을 시도하는 것은 지극히 당연한 것이다. HP의 Mass Customization방식은 지역별, 국가별 제품사양(전압, 폰트, 언어의 차이)에 대응하기에는 충분했지만 글로벌화에 따라 다양해져 가는 개개인의 차별화된 요구에 대응하기에는 한계가 있다. 계속되는 고객의 기호 변화와 시장의 세분화에 대처하기 위해 Mass Customization의 중요성은 증가하고 있으며 대량 생산이라는 예전의 생산자 중심 경영은 이제 더 이상 발붙일 곳이 없으리만큼 고객의 가치를 앞세운 수많은 제품과 기업 관련 정보들이 다양한 채널을 통해 쏟아져 나오고 있다. Mass Customization이 어떤 수준에서 받아들여지고 또 어떤 성과를 거두게 될지는 전적으로 기업 당사자의 접근 태도에 달려 있으며 Mass Customization의 시행 방법을 찾기에 앞서 시장 환경과 비즈니스 경쟁에서 일어나고 있는 변화에 대한 근본적인 이해를 갖는 것 역시 중요하다.

Q 토의문제

❶ 위의 사례에서 HP가 중요시하는 경쟁전략은 무엇인가?

❷ 공급사슬 관리가 고객에게 전달되는 가치를 어떻게 높일 수 있는지 위의 사례를 통해 설명하시오.

참고 문헌

박상욱, 「공급사슬 관리의 전략적 가치」, 서울대학교 전자상거래 지원센터, 2002.

Edward Feitzinger and Hau L. Lee, Mass Customization at Hewlett-Packard: The Power of Postponement, Harvard Business Review, January-February 1997.

James F.Roberson and William C.Copacino, The Logistics Handbook, The Free Press, 1994.

Joan Magretta, The Power of Virtual Integration; An Interview with Dell Computer' s Michael Dell, Harvard Business Review, March-April 1998.

Simchi-Levi, David, Philip Kaminsky, and Edith Simchi-Levi, Designing and Managing the Supply Chain, McGrow-Hill, 2003.

제 2 부

물류 및 공급사슬 관리의 전략적 이슈

제 2 장 전략적 공급자관계 관리
제 3 장 소비자가치와 고객관계 관리
제 4 장 물류네트워크 및 공급사슬 디자인
제 5 장 글로벌 공급사슬 관리

Chapter 02

전략적 공급자관계 관리

도입사례

유통업체 SCM사업 본궤도 · 물류 · 제조회사간 재고 · 판매 정보 공유

대형 유통업체를 중심으로 추진되어 온 SCM(Supply Chain Management: 공급망관리)사업이 본궤도에 올랐다.

LG유통, 롯데마그넷, 삼성테스코, 한국까르푸, 한화유통 등 주요 유통업체 대표들은 지난 3일 모임을 갖고 회사별로 3~4개 제조사와 전략적 제휴를 하고 연속상품보충(CR: Continuous Replenishment), 상품군관리(CM: Category Management) 등 SCM사업을 이달부터 본격 시행키로 합의했다.

한국SCM민관합동추진위원회(공동위원장: 산업자원부 김칠두 차관보, 신세계이마트 황경규 대표)의 주관으로 추진되는 이번 SCM사업은 정보기술을 활용, 유통 · 제조사간 재고 판매 등에 관한 정보를 공유하고 조직과 업무 프로세스를 개선하자는 것이다. 이를 통해 절감된 비용은 상품 가격 인하로 소비자들에게 돌려주는 데 초점을 맞추고 있다.

이번 합의로 한국까르푸는 오뚜기, 제일제당, 한국P&G 등 5개 제조사와 제휴하여 CMI(Co-Managed Inventory: 공동재고관리)사업을 벌인다. LG유통은 유한킴벌리(생리대, 기저귀), 제일제당(식용류, 세탁세제), 동서식품(커피류, 씨리얼)과 함께 유통현장에서 CM을 추진한다. 삼성테스코도 영등포점, 서부산점, 안산점, 김해점 등 6개 홈플러스 매장에서 한국P&G, 존슨앤존슨, 캘로그 등 3개사와 함께 이달부터 CM 실행에 돌입하기로 했다.

유통업체들은 지난 2월부터 제조업체들과 SCM 추진에 따른 ① 거래조건 합의, ② 표준EDI(전자문서교환) 및 바코드를 이용한 판매 및 재고정보 실시간 공유, ③ 무검품 실현을 위한 정보시스템 정비 등 사전준비를 끝냈다. 유통 · 제조사간 SCM사업이 성공적으로 추진되면 앞으로 제조업체는 실시간으로 전달되는 유통업체의 판매정보와 재고정보를 바탕으로 효과적인 마케팅 전략을 수립할 수 있게 된다. 또 수주에서 납품까지 걸리는 대기시간(Lead Time)과 비용도 10% 정도 줄어 제품 납품가격 및 소비자 판매가격 인하로 이어질 전망이다.

한국유통정보센터 N 상무는 "이번 SCM사업은 2000년부터 한국SCM민관합동추진위원회가 주관해온 시범사업의 성공사례를 기반으로 하고 있다"며, 앞으로 외국 유통업체들의 선진기술과 견줄 수 있는 모델이 발굴되면 우리 유통산업의 경쟁력이 크게 높아질 것"이라고 전망했다.

〈한국경제, 2002. 5. 6〉

제 1 절 서 론

기업들은 경쟁에서 살아남기 위해서 수많은 목표를 동시에 성공적으로 달성해 내야만 한다. 반면에, 이를 위한 자원은 한정되어 있기 마련이다. 이러한 상황에서 기업은 각 경영활동을 기업 내부에서 수행할 것인지, 아니면 외부의 다른 기업으로 하여금 수행하도록 할 것인지의 의사결정을 하게 된다.

기업이 일련의 경영활동을 수행하는 방법에는 구체적으로 ① 기업 내부에서의 수행, ② 인수 합병, ③ 견제적 거래, ④ 전략적 제휴 등이 있다. 기업 내부에서의 수행은 말 그대로 내부의 자원과 기술을 이용하여 기업 내부에서 수행하는 것이다. 이러한 활동이 기업의 핵심 역량 강화를 위해 꼭 필요한 활동 내부자원과 전문기술을 이용하는 방법이 가장 효과적이나, 그렇지 않을 경우에는 비효율을 야기할 수 있다. 인수 · 합병은 기업 내부에 필요한 자원이나 기술이 없을 경우 이를 보유하고 있는 다른 기업을 인수 · 합병하여 그 기업에 필요한 목적을 이행하도록 하는 방법이다. 물론 외부 기업을 인수한 기업이 특정 사업 기능을 수행하는 방법들에 대하여 전반적인 통제권을 가지고 있지만 일반적으로 인수비용의 발생과 이질적인 기업 문화 등의 문제가 발생할 수 있다. 성공한 기업을 인수하는 것은 어려울 뿐만 아니라 비용이 많이 든다. 또한 인수한 기업의 문화와 인수된 기업의 문화간에 충돌이 있을 수 있으며 동화 과정 중에 인수된 기업의 효과성을 잃을 수도 있다. 비교적 이러한 문제 없이도 기업이 목표로 하는 것을 획득할 수 있는 안전한 방법이 바로 외부의 다른 기업으로 하여금 수행하게 하는 외주전략(outsourcing)이다.

기업이 활용할 수 있는 자원은 점점 희소해지는 반면 기업들에게 요구되는 과업은 오히려 증대되면서, 핵심역량만을 경쟁우위 요소로 집중화하고 비핵심 부분은 기업 외부로 이전 하는 외주전략을 택하는 기업들이 증가하고 있다. 경영활동에 있어 필요한 모든 기능을 기업 내부에서 직접 수행하는 것이 항상 효율적이지만은 않다는 사실을 기업들이 인식하게 된 것이다. 모든 활동을 기업 내부에서 수행하기 위해 그에 필요한 자원과 지식, 기술을 기업 내부에 갖추려고 노력하는 대신, 특정 과업에 필요한 자원이나 기술, 지식을 가진 다른 기업들로 하여금 그 활동을 대신 수행하게 한다면 그것이 오히려 더 효율적인 방법이 될 수 있다.

외주전략을 택한 기업은 외주 거래의 대상이 되는 기업과의 관계를 어떠한 형태로 맺을지를 선택하여야 하는데, 이러한 공급자와의 관계 관리가 공급사슬 관리의 중요한 이슈 중 하나이다. 일반적인 외주 거래 관계의 형태로 들 수 있는 것이 세 번째의 견제적 거래와 네 번째 전략적 제휴이다. 기업간의 거래는 견제적 거래(arm's length transaction) 형태로 이루어지는 것이 대부분이나, 공급사슬의 장기적 최적의 중요성이 대두되면서 외주 기업과 전략적 제휴, 혹은 전략적 파트너십을 맺는 기업들이 증가하고 있다. 이 두 형태에 대한 자세한 설명은 3절에서 계속하기로 한다.

모든 기업의 목적은 고객 만족을 극대화 하고 고객에게 제공되는 서비스를 지속적으로 향상시키는 데 있다. 외주전략을 택한 기업의 경우 이러한 목적을 달성하는 데 있어 공급자에게 더욱 많은 부분을 의존하게 된다. 구체적으로, 〈그림 2-1〉과 같이 공급자는 기업의 구매 단계의 품질, 비용, 배달, 수량과 그 외의 기타 요소에 영향을 미치고, 이는 다시 기업이 고객에게 전달하는 제품이나 서비스의 품질과 비용, 배달, 수량 등에 영향을 주게 된다. 이에 따라 고객만족이 결정되며, 궁극적으로는 기업의 경쟁력까지 좌우되므로 공급자 관계 관

그림 2-1 • 고객서비스 투입

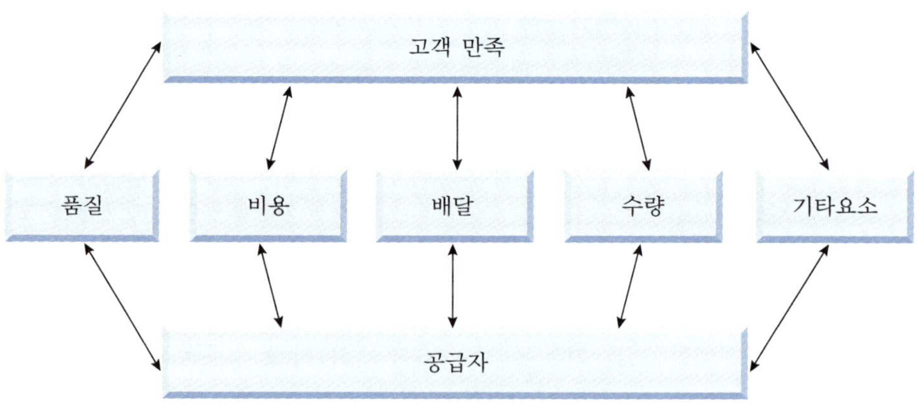

출처: Leenders, M. R., Purchasing and Supply Management.

리가 매우 중요하다 할 수 있다.

기업 내부활동의 일부와 의사결정의 책임을 외부에 이전하는 외주전략이 확산되면서 어느 공급자로부터 공급을 받을 것인지, 혹은 공급자와 어떠한 관계를 유지할 것인지를 결정하는 것이 매우 중요한 의사결정 문제로 부각하였다. 공급자와의 관계를 적절한 형태로 구축하고 유지하는 전략적인 공급자 관리는 고객만족, 더 나아가서는 기업의 경쟁력과 직결되는 문제이기 때문이다.

이러한 중요성에 따라, 제 2 장에서는 기업들이 외주전략을 선택하는 이유와 외주전략의 장단점에 대해 살펴보고, 성공적인 외주전략을 위하여 대상 기업과 어떠한 관계를 구축하고 유지하여야 하는지, 그리고 각 관계유형의 특징으로는 어떠한 것들이 있는지를 설명하기로 한다.

제 2 절 외주전략

전통적으로, 큰 규모의 기업일수록 대규모의 제조 설비를 보유하거나 후방통합(backward integration)을 통해 필요한 재화나 서비스를 직접 생산하는 것을 선호해 왔다. 대부분의 구매 결정은 기업 내부에서 생산되는 제품의 재료가 될 원자재 구매에 국한되었다. 그러나 경영환경의 변화로 유연성을 증대하고 핵심강점에 중점을 두며 고객에 좀더 가까이 가기 위해 외부에서 구매하는 선택을 하는 기업들이 증가하게 되었다.

외주란 일반적으로 외부의 기업으로 하여금 기업활동의 일부를 대신 수행하도록 하는 것을 말한다. 앞서 말한 효율성의 문제 때문에 기업들은 최종재화의 생산에 필요한 중간재 혹은 기업활동을 수행하는 데 필요한 서비스를 '직접 생산할 것인지 아니면 구매할 것인지(Make or Buy)'의 의사결정에 직면할 수밖에 없는데, 직접 생산하지 않고 대신 외부로부터 구매하기로 결정하는 것이 바로 외주전략이라 할 수 있다.

어느 한 기업이 모든 제품과 모든 서비스의 생산에 대해서 경쟁력을 갖는 것은 매우 드문 일이다. 기업 내부에서 생산해서 별 이득이 되지 않는 경쟁력 없는 제품이나 서비스를 외부의 공급자로부터 구매함으로써, 기업은 경영활동의 모든 측면에서 경쟁력을 갖추어야 하는 압박에서 벗어날 수 있다.

그렇다면, 기업들은 어떠한 경우에 직접 생산을 택하고, 어떠한 경우에 외주전략을 택하는지 구체적으로 살펴보도록 하자.

1. 생산 · 구매 의사결정

자재나 부품, 서비스를 직접 생산할 것인지 구매할 것인지는 조직의 경쟁력과 직결되는 전략적 의사결정이다.

많은 기업의 경우 비용상의 이점과 불충분한 생산능력, 전문성의 결여 그리고 품질 등의 이유 때문에 자재와 부품 혹은 서비스를 외부의 기업으로부터 구매하거나 외주를 준다.

첫째, 생산 비용은 외주를 택하는 가장 중요한 이유이며, 조직의 경쟁력에 중요하지 않은 부품에 대해서는 더욱 그러하다. 공급자가 동일한 품목을 대량으로 생산하여 다수의 사용자에게 공급하는 자재는 규모의 경제의 이점을 갖는다. 기업은 이러한 자재를 직접 생산하기보다는 외주전략을 택함으로써 비용 절감의 이점을 누릴 수 있다. 외주를 하는 대부분의 경우, 부품의 필요 수량이 충분히 많지 않기 때문에 자체 생산을 하기 위한 자본투자에 경제성이 없다. 대신, 여러 기업에 필요한 물량을 대량으로 생산하여 납품하는 공급자로부터 필요한 수량만큼을 구매함으로써 비용상의 이점을 가질 수 있는 것이다.

다음으로, 필요한 제품이나 부품을 생산할 수 있는 자원이나 생산능력을 기업 내부에 갖추지 못한 경우, 기업은 새로이 생산 설비를 갖추는 대신 외부로부터 구매하는 선택을 하게 된다. 또한 수요가 예상보다 갑자기 증가하여 내부 능력으로는 이를 충족시킬 수 없을 경우에도 기업은 외부로부터 필요량을 구매한다. 뿐만 아니라 기업이 특정 품목을 생산할 만한 기술과 전문성을 갖추지 못한 경우도 있을 수 있다. 또는 공급자가 공정이나 제품에 대한 특허를 보유하고 있어서 기업이 직접 생산하는 것이 불가능할 수도 있고 환경이나 안전기준을 충족시킬 수 없어서 생산하지 못하는 경우도 있다.

마지막으로, 기업은 보다 높은 품질의 부품이나 제품, 서비스를 얻기 위해 외주를 택하기도 한다. 공급자가 우량한 기술과 공정, 숙련된 작업자 그리고 규모의 경제 이점을 가지고 있어서 공급자로부터 부품을 구매하는 것이 품질면에

표 2-1 • 외주전략 이유의 변화

외주전략의 이유	
1995	1998[1)]
비용 절감 인원수 삭감 핵심 역량에 집중 중요하지 않은 지식이나 프로세스 기술의 습득 및 분산 재고와 취급 원자재의 최소화 개발과 생산 주기의 절감 효율성 향상	관리 및 운영 비용의 절감 기업 포커스의 향상 월드클래스 생산설비의 획득 다른 목적을 위한 가용 내부 자원의 확보 리엔지니어링의 이점을 가속화 자본금의 유연성과 이용 가능성을 높임 위험의 분산 현금 지원

출처: Leenders, M.R., Purchasing and Supply Management.

서 우수할 경우에는 외주를 하는 것이 유리하다.

기업이 외주전략을 택하는 일반적인 이유는 경영 환경에 따라 변화하기도 한다. 〈표 2-1〉과 같이, 외주전략이 활발히 확산되던 1980년대 후반과 1990년대 초반에는 기업들이 대규모의 다운사이징을 통한 비용 절감에 초점을 두고 외주전략을 택한 반면, 기업의 다운사이징이 어느 정도 완료된 1990년대 후반과 2000년대 초반부터는 노동시장의 변화에 따라 인재를 채용하는 것이 어려워지면서 필요한 기능을 외부로부터 끌어다 이용하려는 기업의 전략이 외주전략에 반영되기 시작하였다.

그러나 모든 기업에게 외주를 할 유인만 존재하는 것은 아니다. 기업은 특허기술의 보호, 경쟁력 있는 공급자의 부재, 품질관리의 용이, 리드타임, 수송, 창고비의 통제 가능 등의 이유에서 위와 같은 외주전략의 유인에도 불구하고 외주전략을 택하기 보다 자재나 부품, 서비스 등을 직접 생산하기도 한다.

자신이 개발한 설비, 제품, 공정이 경쟁우위를 위해 보호될 필요가 있다고 판단될 때, 기업은 기술이 공개되지 않도록 하기 위해 외주보다는 내부생산을 택한다. 이렇게 함으로써 경쟁 기업을 압박할 수도 있고 신제품을 시장에 먼저 출시할 수도 있다. 또한 우량 부품을 공급하는 공급자가 없거나 부품을 생산할 기술이나 역량을 갖춘 공급자가 없을 경우, 기업은 단기간이라도 그 부품을 직

1) Survey of Current and Potential Outsourcing End-Users, The Outsourcing Institute Membership, 1998, www.outsourcing.com

그림 2-2 · 생산 · 구매 의사결정

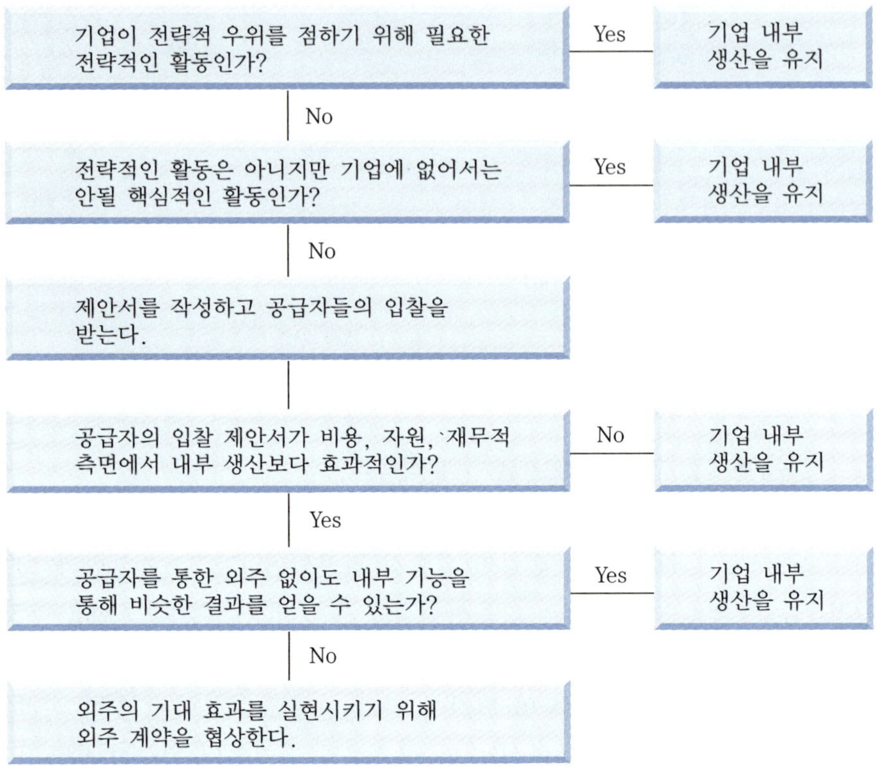

출처: Mary C. Lacity and Rudy Hirscheim, Information Systems Outsourcing, 1993.

접 생산할 수밖에 없다. 장기적으로는 그 부품을 생산할 신규 공급자나 기존 공급자를 개발할 수 있다. 기업이 자체 생산을 결정하는 또 다른 이유는 생산 공정에 대한 직접적인 통제가 가능하기 때문에 고품질의 부품을 생산할 수 있으며 배송 프로세스까지 통제할 수 있게 되어 리드타임과 물류비를 쉽게 관리할 수 있다는 데 있다.

생산 · 구매 의사결정은 여러 요인과 결합된 문제이다. 따라서 기업은 목표와 기업의 장기적인 전략에 기초하여 이러한 요인을 평가한 후에 외주를 줄 것인지 직접 생산할 것인지의 의사결정을 하여야 한다. 〈그림 2-2〉는 외주를 줄 것인지 말 것인지의 의사결정 플로우 차트이다.

2. 외주전략의 장단점

외주전략을 통해 기업이 얻을 수 있는 이점에는 다음과 같은 것이 있다.

1) 규모의 경제

앞 절에서 언급하였듯, 외주전략을 택하는 중요한 목적 중 하나가 공급자가 다른 여러 기업의 주문량을 생산함으로써 얻을 수 있는 규모의 경제를 통한 제조 원가의 감소이다. 실제로, 이러한 주문의 집적을 통해 공급자 기업은 원자재 구매와 제조에서 규모의 경제를 실현할 수 있어 구매자 기업이 개별적으로 생산하는 것 보다 낮은 단가로 부품이나 제품을 공급할 수 있다.

2) 리스크 풀링(Risk pooling) 효과

기업은 외주를 통해 수요의 불확실성을 외부의 공급자 기업에 전가시킬 수 있다. 공급자 기업이 갖는 이점은 그들이 다른 여러 구매 기업(buying companies)으로부터의 수요를 모은다는 것이며, 따라서 리스크 풀링 효과(risk-pooling effect)를 통해 불확실성을 줄일 수 있다. 이로 인해 공급자 기업은 자재의 재고수준을 낮게 유지하면서도 서비스 수준을 동일하게 유지하거나 오히려 더 높이는 것이 가능해 진다.

3) 자본 투자의 감소

외주전략의 다른 중요한 목적은 수요 불확실성을 공급자 기업에 전가하는 것뿐만이 아니라 자본 투자도 공급자에게 전가하는 것에 있다. 물론, 앞에서 설명하였듯 공급자 기업 역시 여러 기업에게 주문을 받기 때문에 높은 수준의 자본 투자를 하지 않아도 높은 서비스 수준의 유지가 가능하다.

4) 핵심 경쟁력에 집중

어느 것을 외주를 주고, 또 어느 것을 직접 생산할 것인지 결정함으로써, 기업은 핵심 강점에 집중할 수 있게 된다. 기업은 핵심적이지 않은 기능은 외주를 주는 대신, 경쟁 기업과 차별화 할 수 있는 특정 기술이나 지식 등에 집중하게 된다. 예를 들면, Nike사는 제조기능의 상당부분은 외주를 주고, 그 대신 혁신이나 마케팅, 유통과 판매에 집중한다.

5) 유연성의 증가

시장이 매우 빠르게 변화하고 경쟁이 치열해지는 오늘날의 경영 환경에서, 유연성은 기업의 생존에 매우 중요한 요소가 되고 있다. 유연성은 세가지 측면으로 나뉠 수 있는데, ① 고객 요구에 잘 반응할 수 있는 능력, ② 제품 개발 속도를 높이는 공급자의 기술적 지식을 이용할 수 있는 능력, ③ 신기술과 혁신에 접근할 수 있는 능력이 그것이다. 유연성은 기술 발전이 매우 빠르고 빈번하게 일어나는 하이테크 산업이나 제품수명주기가 짧은 패션 산업 등에 더욱 중요하다.

그러나 외주전략에 이러한 장점만 있는 것은 아니다. 이러한 이점의 이면에는 상당한 위험요소가 있는데 경쟁 기술의 상실, 상반되는 목표, 통제의 문제, 공급자 위험에의 노출 등이 그것이다.

6) 경쟁 기술의 상실

핵심적인 부분을 외주에 의존하게 되면 경쟁자에게 경쟁기술이 노출되기가 쉽다. 뿐만 아니라, 여러 가지 부품이나 자재를 다른 공급자들에게서 구매하게 되면 새로운 시야나 혁신에 무뎌질 수도 있다는 위험이 있다.

7) 상반되는 목표

공급 기업과 구매하는 기업은 보통 다른, 그리고 상충되는 목표를 갖고 있기 마련이다. 예를 들면, 구매 기업이 부품의 제조를 외부 기업에 외주를 줄 때에는 유연성을 증가시키는 것이 핵심 목표가 된다. 이는 필요에 따라 생산량을 조절함으로써 수요와 공급을 더 잘 맞추는 능력을 의미한다. 그러나 이러한 목표는 구매 기업과 안정적인 거래를 하기를 원하는 공급자의 장기적인 목표와는 상충되는 것이다. 이는 실제로 구매 기업보다 공급 기업에게 더 중요한 이슈인데, 공급자의 경우 구매자에 비해 상대적으로 이익률이 낮아 유연성보다는 원가 절감에 초점을 맞출 수밖에 없기 때문이다. 수요가 공급보다 많은 경우에는, 이러한 상충되는 목표는 공급자에게 유리하게 계약을 맺음으로써 그 합의점을 찾기도 한다. 최소 구매량을 계약서에 명기함으로써 장기적으로 안정적인 거래를 보장받는 것이 그 예이다. 그러나 성장이 둔화되고 수요가 감소하고 있어 공급자의 교섭력이 약화된 경우, 이러한 장기적인 거래는 구매 기업에게 큰 재무 위험으로 작용한다. 제품 설계 문제도 이와 같이 상반되는 목표가 될 수 있다. 유연성을 중요시 여기는 구매 기업은 제품 사양의 문제가 발생할 경우 이를 가능한 빨리 해결할 수 있기를 원하는 반면, 원가 절감에 초점을 두는 공급자는 이러한 문제에 늦게 반응할 가능성이 높다.

8) 통제의 문제

외주 기업을 완전하게 통제하는 것은 사실상 불가능하다. 때문에 생산 공정을 기업 내부에서 생산하는 것처럼 모니터링할 수 없어 품질의 문제가 발생할 수 있으며 납기일을 정확히 관리하는 것도 어렵다. 뿐만 아니라, 공급자에게 외주를 준다는 것은 새로운 제품이나 서비스의 출시를 기업 스스로의 전략에 따라 선택할 수 있는 능력을 포기하고 공급자에게 넘긴다는 것을 의미하기도 한다. 공급자의 상황에 따라서 부품을 납품받아 제품을 생산할 수밖에 없기 때문에 기업의 전략에 제약으로 작용할 위험이 있다.

9) 공급자 위험에의 노출

모든 기업은 재무 위험 등 여러 경영 위험을 갖고 있는데 공급자가 안고 있는 위험 역시 구매 기업에게는 제약이 될 수 있다. 또한 공급자의 외주 계약불이행, 제품 사양이나 수량의 미충족, 요구에 반응의 지연 등으로 인해 생산 일정에 차질을 빚게 될 수도 있다.

다음은 지금까지 살펴본 기업이 외주전략을 통하여 얻을 수 있는 이점과 위험요소를 정리한 표이다.

이러한 외주전략의 장점의 이면에 외주전략의 위험 요소는 항상 존재해 왔으며 앞으로도 그러할 것이다. 그러나 기업들이 외주 계약을 맺는 경험이 증가하고 외주 계약 내용을 상세화하면서 이러한 위험에 대처하는 능력이 향상되고 있다. 뿐만 아니라, 공급자와의 관계를 효과적으로 관리함으로써 위험 요소를

표 2-2 • 외주전략의 장점과 위험 요소

외주전략의 장점	외주전략의 위험 요소
규모의 경제를 통한 비용 절감 리스크 풀링 효과(Risk-pooling effect) 자본 투자의 감소 핵심 경쟁력에 집중 유연성의 증가	경쟁 기술의 상실 구매자-공급자의 목표의 상충 통제의 문제 공급자 위험에의 노출

사전에 예방하고 대처하는 것이 가능하다. 다음 절에서는 성공적인 외주전략을 위하여 공급자와의 관계를 어떻게 관리하여야 하는지 논의하도록 하겠다.

제 3 절 공급자관계 관리

기업은 외주전략을 택함으로 인해 비용 절감과 리스크 풀링 등의 이득을 얻을 수 있지만, 동시에 경쟁 기술을 상실하거나 공급자와의 목표가 상충되는 등의 위험 요소도 떠안게 된다. 따라서, 어떤 기업이 외부의 공급자로부터 부품이나 제품, 서비스를 구매하는 것은 단순한 재화와 금전의 교환 관계를 넘어서 고객 만족과 기업의 경쟁력에 영향을 미치는 매우 중요한 전략적 행위이다. 성공적인 외주전략을 위해 기업은 이러한 장점은 극대화 시키고 위험 요소에는 사전에 대비하여야 하는데, 이를 위해서는 공급자와의 관계를 적절하게 맺고 관리하는 것이 매우 중요하다.

1980년대에 일본 제조 기업들의 성공요인을 북미 기업들과 비교 연구하면서, 공급자와 구매자의 긴밀한 파트너십에 대한 관심이 높아졌다. 수많은 경영 관련 출판물과 연구물들은 공급사슬을 장기적으로 최적화 하기 위해서는 공급자관계를 단순히 구매-판매(buying-selling)의 단기적 관계로만 보던 관점에서 탈피하여 공급사슬 내의 기업간 상호 의존성이 더욱 높아져야 하며, 장기적이고

표 2-3 • 구매자-공급자 관계의 관점: 패러다임의 변화

전통적 관점	파트너십
최저 가격	파트너십 유지의 총 비용
제품명세서 중심	최종고객 중심
단기적	장기적
시장에 반응	기회의 극대화
문제발생 방지	조직 내 모든 부서와 최고 경영자가 관여
구매부서의 책임	장기적 전략에 의존(strategic)
단기적 목표에 의존(tactical)	구매자와 공급자는 장·단기의 계획을 공유
정보공유 정도가 낮음	위험과 기회를 공유

출처: Leenders, M.R., Purchasing and Supply Management.

전략적인 파트너십을 맺을 것을 권고해 왔다. 공급자와 긴밀한 관계를 유지하는 것이 고품질과 빠른 전달, 지속적인 개선의 핵심 중 하나라고 여겨지면서 Xerox, Motorola, IBM 등의 북미 기업들은 공급자와 장기적인 파트너십에 기반한 관계를 맺기 시작하였다.

그러나 모든 파트너십이 성공적인 것은 아니며, 또한 단기적인 관계가 모두 실패한 것도 아니므로 장기적인 파트너십 관계가 반드시 단기적인 관계보다 우월하다고 단정지을 수는 없다. 효율적인 공급사슬 관리를 위해서는 제품의 특성이나 시장의 환경을 고려하여 알맞은 공급자와의 관계를 맺어야 한다.

1. 공급자 관계의 유형

A 기업이 B 기업으로부터 부품을 구매하는 계약을 체결한다고 하자. A 기업은 부품의 생산에 필요한 정보를 B 기업과 공유할 것이고 이때에 비용과 시간이 소모된다. B 기업 역시 A 기업에 납품할 부품을 생산하기 위해 새로운 라인을 개설하거나 새로운 기술을 습득하는 데 비용과 시간을 소모해야 한다. 이처럼 구매자와 공급자는 서로와의 거래를 위해 비용과 시간 등을 투자하여야 하는데, 이를 '거래특유 자산투자'(transaction specific investment)라 한다. 이러한 거래특유 자산투자는 특정 기업과의 거래만을 위해서 투자한 자산이기 때문에, 다른 공급자나 구매자와의 거래에 이용하기 위해 전환하는 것이 불가능하거나 전환할 수 있다고 하여도 비용이 많이 든다는 특성을 갖는다. 따라서, 공급자와 구매자가 특정 거래를 위해서 얼마만큼의 특유 자산에 투자를 하였는가에 따라 기업이 그 거래에 종속되는 정도가 영향을 받게 되며, 이에 따라 두 기업이 맺게 되는 관계 유형 역시 달라진다.

Bensaou(1999)는 공급자와 구매자의 거래특유 자산투자 정도에 따라 구매자-공급자의 관계 유형을 〈그림 2-2〉와 같이 나누었다.

세로축은 구매자의 거래특유 자산투자를 나타내는 것으로, 유형의 투자와 무형의 투자를 모두 포함한다. 구매자의 유형의 투자에는 특정 공급자와의 거래를 위해 투자한 건물이나, 도구, 기계 등이 있다. 예를 들어, 공급자로부터 구매하는 특정 부품만을 처리하기 위해 어떤 도구나 기계를 구매하였다면 이는 다른 공급자와의 거래에는 쓰일 수 없는 거래특유 투자라 할 수 있다. 이러한 유

그림 2-3 • 거래특유 투자에 따른 구매자-공급자 관계 유형

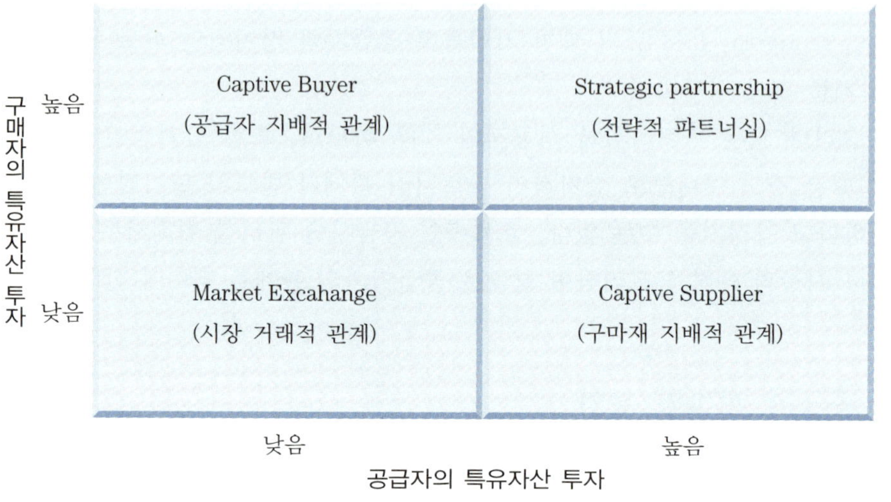

출처: Bensaou, 1999.

형의 투자뿐 아니라 구매자는 공급자와 계약을 맺기 위해서, 또는 공급자와 정보를 교환하기 위해서 사람과 시간, 노력 등을 쏟게 되는데 이는 무형의 거래특유 투자라 할 수 있다.

가로축은 공급자의 거래특유 자산투자이다. 이도 역시 유형의 것과 무형의 것으로 나뉘는데, 유형의 것에는 특정 구매자에게 외주받은 제품을 생산하기 위해 기존에 없던 생산 라인을 신설한다거나, 좀더 빨리 납품하기 위해 구매자와 가까운 위치에 창고를 짓는 것 등이 있을 수 있다. 공급자 역시 구매 기업의 사양 요구를 파악하기 위한 노력을 쏟거나 엔지니어를 보내는 등의 무형의 투자를 하게 된다.

구매자와 공급자의 거래특유 자산투자가 모두 높은 우측 상단의 셀은 전략적 파트너십 혹은 전략적 제휴 관계를 나타낸다. 경제학자들은 이러한 자산을 '믿을 수 있는 몰입'(credible commitment) 혹은 '담보'(hostage)라 하며, 실무에 있는 사람들은 이를 '진정한 몰입'(real commitment) 또는 '각자의 손을 서로에게 묶는 것'(tying their hands to each other)이라 표현하기도 한다. 이 경우, 구매자와 공급자 모두 상대방과의 거래에 많은 투자를 하였기 때문에 이 거래를 가능한

오랫동안 지속하기를 원한다. 만약 상대방과의 거래를 중단할 경우, 다른 공급자, 혹은 구매자를 찾는 비용과 노력을 새로이 소모해야 할 뿐만 아니라 기존의 거래를 위해 이미 투자한 거래특유 투자를 포기함으로써 매몰비용이 발생하게 된다. 따라서 전략적 파트너십 관계에 있는 구매자와 공급자 기업은 그 거래에 대한 종속 정도가 높다 할 수 있다. 해당 제품의 수요 성장성이 높으며, 시장구조의 불확실성으로 인해 지속적인 관계에 대한 동기가 강한 경우, 양 거래당사자는 모두 거래특유 자산에 많이 투자하게 된다. 구매자는 장기적인 관점에서 일정 능력을 갖춘 공급자와 긴밀한 거래관계를 구축하며 호혜적인 입장을 취하게 된다.

반대로, 구매자와 공급자의 거래특유 자산투자 정도가 모두 낮은 좌측 하단의 셀을 시장 거래적 관계(Market Exchange)라 한다. 이러한 관계에 있는 구매자-공급자 관계를 흔히 '견제적 거래 관계'(Arm's-length transaction relationship)라 하기도 한다. 특정 거래만을 위한 자산에 투자하는 것이 아니라, 범용의 자산을 이용하여 제품이나 서비스를 생산한다. 전략적 파트너십과는 반대로 그 거래를 위해 많은 투자를 하지 않았기 때문에 언제든지 더 좋은 조건을 제시하는 다른 기업과 새로운 거래를 맺는 것이 가능하다. 즉, 거래를 중단하여도 큰 손실이 없기 때문에 거래에 대한 충성도나 종속 정도가 낮은 것이다. 시장 거래적 관계에서 거래되는 제품의 형태는 기술적으로 간단하고, 특별한 제품혁신을 기대하기 힘든 경우가 대부분이다. 공급자는 특별히 구매업체에 의존성을 보이지 않는 것이 일반적이고, 구매자도 거래관계에서 공급자의 교체비용이 낮기 때문에 공급선의 교체가 쉽다고 할 수 있다.

구매자와 공급자의 거래특유 투자 정도가 비대칭적인 우측 하단과 좌측 상단의 셀을 각각 구매자 지배적 관계 혹은 공급자 열위 관계(captive supplier)와 공급자 지배적 관계 또는 구매자 열위 관계(captive buyer)라 한다.

구매자 지배적 관계는 구매자의 거래특유 자산에의 투자는 낮고, 공급자의 거래특유 자산투자는 높은 경우이다. 공급자의 입장에서는 거래관계의 유지를 위해서 많은 자본을 투자해야 하며, 수요의 급성장 및 해당 시장에서의 우선권 선점을 위하여 공급자간의 경쟁이 격심하게 된다.

공급자 지배적 관계는 구매자의 거래특유 자산투자가 높고, 공급자의 거래특유적 투자는 낮은 경우를 말한다. 제품 공급자들이 구매자에 대해 협상력 우위 상황에 있고, 이를 이용해 이익을 향유하고 있는 거래 관계이다. 이 경우 구매자가 현 공급자와의 거래관계를 청산하고 새로운 공급자와의 거래관계를 모색하는 것이 어려울 뿐만 아니라, 높은 비용을 수반하게 된다.

다시 말하면, 어느 한쪽에 비해 다른 한쪽이 거래특유 투자를 더 많이 한 경우, 투자 정도가 많은 쪽이 적은 쪽보다 열위에 있으며 거래에 더 종속될 수 밖에 없다. 반면 투자 정도가 적은 쪽은 더 유리한 위치에서 언제든지 다른 기업과 거래를 맺을 수 있어 거래에 대한 충성도가 낮다.

공급자관계를 나누는 또 다른 프레임워크 중 하나가 〈그림 2-4〉의 구매 포트폴리오 매트릭스[2]이다. 구매 포트폴리오 매트릭스는 구매자는 가능한 자신의 구매력을 극대화 하기 원할 것이라는 가정을 기초로 한다. 이러한 접근법은 거래 유형에 영향을 주는 핵심 요인으로서 구매자-공급자 관계에서의 구매 기업의 협상력과 구매 기업에게 단기적으로 제품을 공급할 능력과 공급할 의사가 있는 공급자 기업의 숫자가 중요하게 작용한다는 것을 상정하고 있다.

전략적 아이템은 거래에서 구매자의 협상력이 강하지만, 공급가능한 공급

그림 2-4 · 구매 포트폴리오 매트릭스

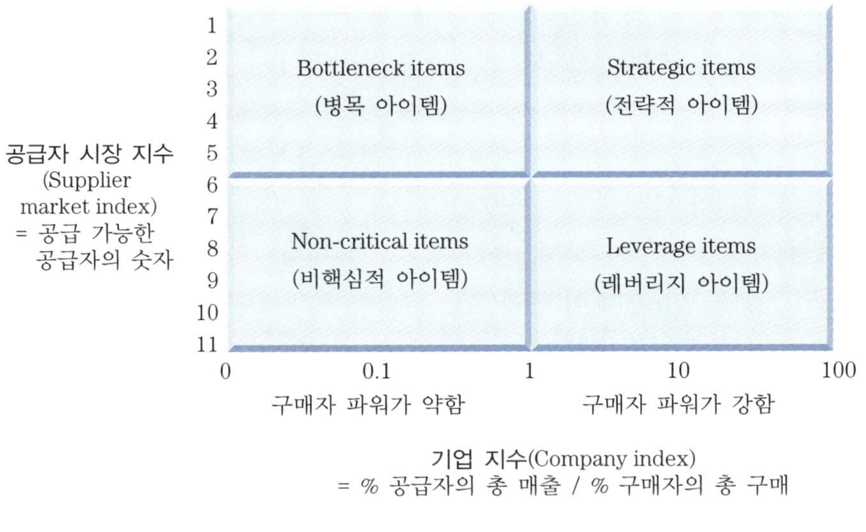

출처: Syson, 1992.

---

2) Syson, R. (1992) Improving Purchase Performance.

자는 소수에 불과한 경우이다. 이러한 상황에서, 구매 기업은 공급자를 거래에 참여시켜 장기적 공급선을 확보하기 위해 자신의 유리한 위치를 잘 이용하여야 한다.

구매자의 구매 파워가 약하며 공급 가능한 공급자의 수도 소수인 경우를 병목 아이템이라 한다. 이 상황에서 구매 기업의 목표는 추가적인 공급자들을 찾아 공급선을 다변화 하거나, 또는 이 병목 아이템을 대체할 제품을 찾거나, 가능하다면 새로운 제품에는 설계 단계에서부터 이러한 병목 아이템의 사용을 피하도록 함으로써 이러한 병목 아이템에 대한 의존성을 낮추는데 두어야 한다.

공급 가능한 공급자의 숫자는 많으나 구매 기업의 구매력이 약한 경우를 비핵심적 아이템이라 한다. 비핵심 아이템의 경우, 공급자 선택의 폭이 넓어 표준화된 부품에 대해서는 전통적인 구매 메커니즘에 따라 구매하는 것이 가능하다. 이러한 아이템들은 보통 공동으로 개발되지 않고, 상표가 중요하지 않으며(unbranded), 제품의 성능이나 안전에는 특별히 영향을 미치지 않고, 생산을 위해 특정 도구나 장비에 높게 투자하지 않아도 되는 특성을 갖고 있다.

공급 가능한 공급자의 수가 많으며 구매자의 구매 파워가 강한 경우, 구매자는 이러한 자신의 구매력을 이용하여 가격을 낮추거나 계약을 자신에게 유리하게 맺을 수 있다.

이 접근법은 구매자의 관점에서 공급자와의 관계를 나누었다는 점을 특징으로 한다. 또한 공급자 관계에서 '파워'라는 개념을 사용했다는 점에서 다소 최근의 경영 환경에 맞지 않다고 보는 견해도 있으나, 오늘날에도 많은 기업들의 의사결정에 적용되고 있다.

어떤 한 기업이 모든 공급자, 혹은 구매자와 동일한 유형의 관계를 맺고 있지는 않다. 주어진 개별 제품의 공급사슬 상황이나 제품의 특성, 시장 환경에 따라 적절한 관계 유형을 선택하게 된다. 예를 들어, 식료 잡화 소매업자는 키친 타월이나 수건 등의 자가 상표(private brand) 제품에 대해서는 최저 가격을 제시하는 생산자로부터 공급받는 견제적 공급자 관계를 맺는다. 가격 경쟁력이 가장 중요한 요소라고 판단되기 때문이다. 반면에, 다른 경쟁사에서는 제공하지 않는 차별화된 제품을 소비자에게 제공하기 위해 소비자의 선호가 높은 브랜드의 고급 베이커리나 레스토랑 등과는 전략적인 제휴를 맺음으로써 자신의 매장 내에서만 공급하도록 하는 계약을 맺기도 한다.

흔히 일본 기업들은 대부분 공급자와 긴밀한 파트너십을 맺고 있는 것으로 알려져 있으나, 이는 사실과 다르다. 예를 들어 일본의 자동차 제조업체는 그들의 모든 공급자와 동일한 관계를 유지하는 것이 아니라, 100내지 200여 개 이상의 OEM 생산자 중 10여 개 남짓한 업체와만 파트너십을 맺고 그 관계를 유지한다.

Bensaou가 제시한 네 유형의 관계 중, 구매자 지배적 관계와 공급자 지배적 관계는 거래 당사자 기업들의 선택에 의한 것이라기보다는 경쟁 상황이나 시장 환경의 영향에 따라 자연스럽게 맺어지는 형태라 할 수 있다. 따라서, 구매자 기업이 공급자와 거래를 맺음에 있어 어떠한 유형의 관계를 맺을 것인지를 선택하는 것은 보통 공급자와의 전략적 파트너십을 맺을 것이냐, 아니면 견제적 관계하에서 거래를 할 것이냐 사이의 의사결정이라 할 수 있다. 그렇다면, 기업들은 어떠한 경우에 전략적 파트너십을 맺어야 하며 어떠한 경우에 견제적 관계를 맺어야 하는지, 그리고 각 전략의 특성은 어떠한지 좀더 자세하게 알아보도록 하겠다.

2. 전략적 파트너십

전략적 파트너십은 두 기업이 위험과 보상을 공유함에 있어 다양한 형태로 발생하며, 목적 지향적이며 장기간의 파트너십을 지향한다. 보통 구매자의 최종 제품에 높은 부가가치를 더하거나 다른 경쟁 제품과 차별화 하는데 중요한 부분을 차지하는 고객화된 제품이나 부품의 거래일 경우 이러한 전략적 파트너십 관계를 맺는 경우가 많다.

일반적으로 기업간의 파트너십이라 함은 정보의 공유, 신뢰와 개방, 계획의 상호 조정, 상호 혜택과 위험의 분담, 상호 독립성의 인정, 목표의 공유, 기업 철학의 양립성 등으로 특징지을 수 있다. 이들 중, 가장 핵심적인 특성은 정보의 공유라 볼 수 있다. 예를 들면 공급 기업의 기술자는 구매기업의 기술자와 완벽한 제품 적합을 위해 제품의 설계 단계에서부터 계속적인 정보 공유와 조정을 하게 된다. 또한 구매기업의 판매 부서는 공급자가 최종 고객의 요구와 제품 전략을 명확히 이해할 수 있도록 하기 위해 공급기업의 판매, 개발 부서와 마케팅 정보를 공유하여야 한다.

표 2-4 • 파트너십 유형별 특성

파트너십 유형	활 동	상대적 지속 기간	활동의 범위
공조 (Cooperation)	작은 수의 공급자 장기적인 계약	단기	단일 기능에 국한
협력 (Coordination)	정보의 연계 WIP(재공품)의 연계 EDI(전자문서교환)의 연계	장기	여러 기능이 걸침
합작 (Collaboration)	공급사슬 통합 공동 계획 기술 공유	장기 (정해진 기간 없음)	파트너 기업을 자사의 확장으로 인식

출처: Harrison, C., Logistics Management and Strategy.

파트너십에는 크게 세 가지 유형이 있는데, 공조(cooperation)와 협력(coordination) 그리고 합작(collaboration)이 그것이다. 각 유형의 특성을 비교하면 〈표 2-4〉와 같다.

경제학적인 의미에서 다른 기업과 파트너십을 맺는다는 것은 보통 단기적 계약, 견제적 관계, 유사하거나 동일한 제품을 공급하는 기업이 많은 것 등으로 대표되는 오픈 마켓의 규칙에서 벗어나는 것을 의미한다.

전략적 파트너십을 선택하는 경우는 보통, 그 제품 혹은 부품이 고도로 고객화된 것이거나 그 제품을 생산하는 데 쓰이는 기술이 다른 제품의 생산에는 쓰이지 않는 매우 배타적인 것인 경우가 많다. 제품 생산의 후방으로 갈수록(upstream market) 성장은 매우 빠르지만 경쟁은 극심하다. 또한 혁신과 기술의 변화가 매우 빈번하기 때문에 산업 구조가 자주 변화하여 적절한 기술이나 표준을 선택함에 있어 불확실성이 매우 크다. 때문에 전략적 파트너십에 속한 파트너들은 거래특유 자산에 많은 투자를 함으로써 '각자의 손을 묶고' 긴밀하고 장기적인 관계를 맺고자 한다.

이러한 긴밀한 관계하에서, 파트너 당사자들은 정기적으로 정보를 교환하며, 공급 기업의 기술자가 구매 기업의 생산 설비를 자주 방문하여 기술적인 정보를 교환하기도 한다. 기술과 제품 설계가 매우 빠르게 변화함에 따라, 생산을 예측하고 계획하는 것이 어려워지면서, 파트너 기업간의 정보 공유는 더욱 중요해지고 있다.

전략적 파트너십을 선택함에 있어, 전략적 파트너십이 기업에 적절한지 평가하기 위해서는 파트너십을 맺음으로써 다음과 같은 사항들에 이득을 얻을 수 있을 것인지를 고려해야 한다.

1) 제품의 가치를 높이는가

적절한 기업과의 파트너십을 맺음으로써 존재하는 제품에 더 높은 가치를 부여하는 데 도움이 될 수 있다. 예를 들어, 시장에 출시되기까지의 시간이나 유통 시간, 또는 수리 시간을 단축하는 데 도움이 되는 파트너십은 고객이 인식하는 특정 기업의 가치를 높이게 된다. 유사하게, 상호 보완적인 제품 라인을 가진 기업들간의 파트너십은 두 기업 모두의 제품 가치를 높이는 효과를 얻을 수 있다.

2) 시장 접근을 향상시키는가

광고 효과를 얻거나 새로운 시장 채널에 대한 접근성을 높일 수 있는 파트너십도 매우 효과적이다. 예를 들면, 보완적인 소비재 제품을 생산하는 제조업자는 주요 소매 기업과 파트너십을 맺음으로써 시장에 더욱 가까이 접근할 수 있고, 경쟁자와는 차별된 광고 효과를 얻을 수 있으므로 판매량의 향상을 기대할 수 있다.

3) 운영 효율을 향상시키는가

적절한 기업간의 제휴는 시스템 비용을 절감하거나 싸이클 타임을 단축시킴으로써 그들의 운영을 향상시키는 데 도움이 된다. 이로 인해 생산 설비나 자원은 더욱 효율적, 효과적으로 운용된다. 예를 들어, 보완적인 계절 상품을 생산하는 기업은 창고 업자나 운송 업자와 계절을 주기로 계약을 맺음으로 인해 불필요한 계절에 창고나 배송 부서를 운영하는 데 드는 비용을 절감할 수 있다.

4) 기술적인 강점을 높일 수 있는가

기술을 공유하는 파트너십을 맺는 경우, 각 파트너 기업으로부터 새로운 기술을 도입함으로써 기술 향상을 꾀할 수 있다. 또한, 과거의 기술로부터 새로운 기술로 옮겨가는 것은 매우 어렵기 마련인데, 파트너 기업의 전문성을 통하여 새로운 기술로의 전이가 용이해질 수도 있다. 예를 들어, 공급자가 어떤 특정 고객과 거래하기 위해 정보 시스템을 향상시키고자 한다고 하자. 이 공급자는 이미 이 정보 시스템에 전문성을 가지고 있는 다른 기업과 파트너십을 맺음으로써 어려운 기술적 문제를 자신이 독자적으로 해결하는 것보다 쉽게 해결할 수 있다.

5) 전략적 성장에 도움이 되는가

시장 환경은 나날이 치열해져, 새로운 시장에 진입하는 것은 점점 어려워지고 있다. 대부분의 기회는 매우 높은 진입 장벽을 가지고 있는 것이 보통이다. 이러한 경우, 파트너십을 통하여 진입 장벽을 극복할 수 있는 자원과 기술을 획득함으로써, 새로운 기회에 접근하는 것이 보다 용이해질 수 있다.

6) 조직적 기술 향상에 도움이 되는가

전략적 파트너십을 통하여 기업은 조직 학습의 기회를 얻을 수 있다. 조직 내의 구성원들이 서로를 통해 학습하는 것을 넘어서서, 파트너십을 맺은 상대 기업으로부터 더 나은 경험을 학습함으로써 조직이 더욱 유연해질 수 있으며, 이를 통해 양 기업간의 파트너십이 더욱 성공적으로 발전해 나갈 수 있다.

7) 재무적인 강점을 쌓는 데 도움이 되는가

파트너십을 통하여 기업은 재무적인 강점을 획득하는 데 도움을 얻을 수 있다. 파트너십을 맺음으로써 수익은 향상되는 동시에 관리 비용은 파트너간에 분담될 수 있기 때문이다.

이외에도 기업들이 전략적 파트너십을 맺음으로써 얻을 수 있는 이점이 많다. 특정 기업과 장기의 전략적 파트너십을 맺음으로써 단기적인 관계에 비해 계약을 갱신하거나 새로운 계약을 맺어야 할 필요가 줄기 때문에, 계약을 맺을 때 마다 발생하는 유·무형의 비용을 줄일 수 있다. 또한 장기적인 신뢰 관계가 형성되므로 공급자나 공급사슬을 모니터하고 관리하는 비용도 절감할 수 있다. 뿐만 아니라, 리드타임과 생산 싸이클이 감소되어 효율성이 향상되고 장기적인 관점에서의 투자가 가능해진다.

그러나 파트너십을 맺을 때에 고려해야 할 사항이 이러한 이점에만 있는 것은 아니다. 기업은 파트너십을 맺음으로 인해 자신이 처할 수 있는 위험 역시 면밀히 평가하고 고려해야 한다. 기술 기반의 사회에서 새로운 기술에 대한 지적 재산권은 기업에게 매우 중요한 자산이다. 따라서 신기술에 대한 지적재산권을 지키는 것이 파트너십에 있어 중요한 고려 사항이 된다. 파트너 기업에 제공한 신기술이 경쟁 기업에 유출될 우려가 있으므로, 파트너십을 맺을 구매자 혹은 공급자가 앞으로의 경쟁 전략에 중요한 정보를 공유함에 있어 신뢰할 만한지를 주의깊게 평가하여야 한다. 이러한 위험 때문에, 파트너십을 맺을 경우 기업은 단기적 계약을 맺는 경우보다 상대 기업에 대해 더 많은 정보를 수집해야 하고 더 복잡한 선정 절차를 거쳐야만 한다. 또한 파트너 기업을 완벽하게 관리하고 모니터하는 것이 불가능하므로 때때로 파트너의 기회주의적 행동으로 인한 손해가 발생할 수도 있다. 이러한 기회주의는 장기적인 파트너십에서 요구되는 것과 단기적인 책략의 괴리에서 발생한다.

파트너십의 한계로 지적되는 것에는 다음과 같은 것들이 있다. 파트너십을 확립하는 데에는 많은 노력과 시간이 든다. 앞에서 지적한 기술 유출과 파트너 기업의 기회주의적인 행동의 가능성 때문에 그 기업의 정보를 단기적인 계약인 경우보다 훨씬 더 많이 수집하고 분석하여야 하며, 또 복잡한 평가를 거쳐 선정해야만 하기 때문이다. 또한 파트너 기업을 선정한 후에도 이질적인 기업 문화나 경영 방식에 적응하고 맞추는 데 많은 시간과 노력이 필요하다. 파트너십을 맺음으로써 기업은 시장에 존재할 수 있는 더 유리한 기회들을 이용할 수 있는 가능성을 한정할 수밖에 없다. 과연 장기적인 파트너십이 단기적인 시장 거래보다 유리한지 비용과 고객만족 관점에서 판단하여야 한다. 뿐만 아니라, 두 파트너 기업이 공동 개발을 할 경우, 그 기술에 대한 지적 소유권을 놓고 분쟁이 발생할 수 있다. 이는 특히 하이테크 산업에서 빈번히 발생되는 문제이다.

기업이 파트너십을 맺고자 할 때, 기업은 최근에 거래하고 있는 공급자들

표 2-5 • 파트너십의 이점과 위험 요소

파트너십의 이점	파트너십의 위험 요소
제품 가치 향상	기술 유출
시장 접근 향상	지적 재산권 소유 분쟁
운영 효율 향상	파트너 기업의 기회주의적 행동
기술 향상	선정 과정이 복잡
진입 장벽의 극복	시장 기회의 박탈
조직 학습	
재무적 이점	
계약 및 관리 비용의 절감	

그림 2-5 • 파트너십 구축의 경로

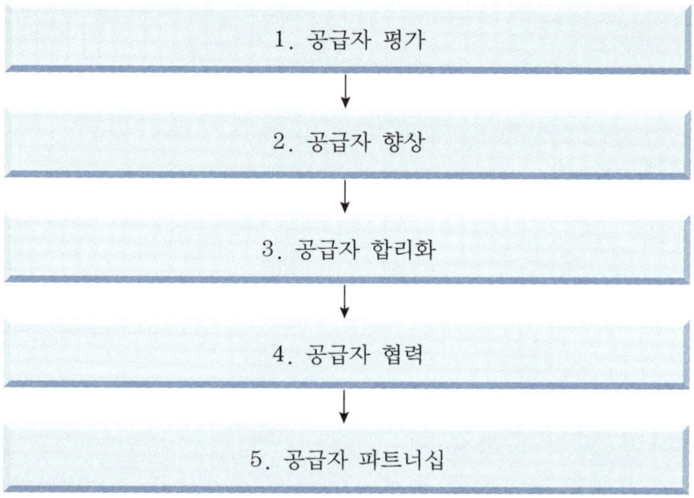

출처: Leenders, M.R., Purchasing and Supply Management

을 파트너 대상기업으로 인식하고, 그들 중에서 파트너를 맺을 기업을 선정하는 경우가 대부분이다. 일반적으로 단기의 구매자-공급자 관계에서 파트너십을 맺기까지 다음의 다섯 단계를 거치게 된다.

파트너십을 맺기로 결정한 기업은, 제일 먼저 최근 거래하고 있는 기업들을 대상으로 잠재적으로 파트너가 될 수 있는지 여부를 평가한다. 이 공급자들은 품질이나 수량, 가격, 서비스, 유연성 등의 기준 등을 만족시키기 위해 공급자 향상(supplier improvement) 과정을 거치게 되고, 이들 중 우수한 성과를 보인 공급자들만을 추려 공급자의 수를 줄이는 공급자 합리화(supplier rationalization)를 하게 된다. 이러한 과정을 거쳐 남겨진 소수의 공급자들과 시스템 적합, 커뮤니케이션, 중기적 몰입 등을 특징으로 하는 공급자 협력을 하게 되고, 이 관계가 전략적인 적합, 상호 지원, 지속적인 개선, 장기적인 몰입 등으로 발전하여 공급자 파트너십의 단계에 도달하게 된다.

전략적 제휴나 파트너십의 성공률은 40% 정도 되는 것으로 보고되어 왔다. 이러한 결과는 진정한 파트너십은 쉽게 창출되지 않으며 파트너십으로부터 좋은 결과를 얻기 위해서 해야 할 일이 많음을 보여준다.

표 2-6 • 성공적인 파트너십 구축 노력의 지표

- 공식적인 커뮤니케이션 프로세스
- 공급자의 성공에 대한 몰입
- 상호 이익
- 안정된 관계
- 공급자 성과에 대한 일관되고 구체적인 피드백
- 현실적인 기대
- 비즈니스 행위에 대한 종업원의 윤리적 책임
- 의미 있는 정보 공유
- 파트너 유지의 총 비용에 기초한 의사결정

출처: SEMATECH.

파트너십이 잘 구축되어 작동하고 있는지를 구매자의 관점에서 판단하는 기준을 정리하면 〈표 2-6〉과 같다..

파트너십 관계를 개발하는 데에는 시간이 필요하다. 그러나 몇몇의 기업들은 파트너십을 통하여 얻고자 하는 결과를 얻기에는 이러한 시간적 준비가 부족한 경우도 많다. Graham, Daugherty, Dudley는 3년에 걸친 파트너십 관계에 관한 연구 후에 기업들이 파트너십을 맺기 위해 적용하여야 할 여섯 가지 전략과 그 결과로 얻을 수 있는 여섯 가지 효과를 다음과 같이 정리하였다.[3)]

그렇다면 기업들은 어떠한 경우에 이런 전략적 파트너십 관계를 선택할까? 기업이 공급자와 맺는 관계 유형은 거래되는 제품의 속성과 기반 기술 그리고

표 2-7 • 파트너십의 전략과 효과

파트너십의 전략	파트너십의 효과
평균 배송 로트 사이즈의 감소 총공급자 수의 감소 구매 아이템당 이용된 구매처 수의 감소 평균 계약 기간의 연장 제조 공장으로의 평균 배송 횟수의 증가 품질보증 프로그램에 대한 공급자 관여의 증대	공급자의 운영 및 프로세스 품질의 향상 공급되는 제품 품질의 향상 공급자의 총비용의 감소 구매자의 총비용의 감소 구매자로 인한 정해진 납기일 변경에 대한 공급자의 대처 능력 공급자로 인한 정해진 납기일 변경에 대한 구매자의 대처 능력

3) T. Scott Graham, Patricia J. Daugherty, and William N. Dudley (1994) The Long-Term Strategic Impact of Purchasing Partnerships.

시장의 경쟁 정도, 시장에 존재하는 공급 가능한 공급자의 생산 능력 등에 의해 달라진다. 전략적 파트너십을 선택하는 것이 바람직한 경우를 이와 같은 맥락에서 제품과 시장, 파트너의 특성에 따라 나누어 살펴보면 다음과 같다.

우선, 전략적 파트너십을 맺는 것이 적절한 제품은 높은 수준의 고객화가 요구되며 구매자의 핵심 경쟁력에 직결되는 특성을 갖고 있는 것이 대부분이다. 높은 수준의 고객화가 요구되는 부품이나 제품을 생산하고 구매, 이용하기 위해서 구매자 공급자 모두 고객화된 제품의 생산에 특화된 설비 등에 많은 투자를 하여야 한다. 또한 구매자의 핵심 경쟁력에 직결되는 제품의 경우 장기적인 파트너로부터 공급받음으로써 높은 품질과 안정된 공급선을 확보하는 것이 바람직하다. 많은 자동차 제조업체의 경우, 핵심 부품인 모터는 파트너로부터 공급받는 것이 그 예가 된다. 또한 제품 생산의 핵심 프로세스에 견고한 상호 조정이 필요하거나 기술적으로 복잡한 부품인 경우 구체적인 정보까지 빈번하게 교환하는 전략적 파트너십을 맺는 것이 알맞다. 또한 새로운 기술에 의존하거나, 제품 혁신이나 설계 변경이 빈번히 발생하는 경우, 그리고 엔지니어의 전문성이 매우 중요하거나 대규모의 자본 투자가 필요한 제품의 경우에도 전략적인 파트너십을 맺는 것이 바람직하다.

다음으로 전략적 파트너십을 맺는 것이 유리한 시장의 속성은 다음과 같다. 매우 빠르게 성장하고 수요가 많은 시장, 그리고 경쟁이 매우 심하며 집중화 되어 있는 시장인 경우 전략적 파트너십을 맺는 것이 유리하다. 시장의 성장이 매우 빠르며 수요가 많은 경우, 기업은 전략적 파트너십을 통하여 안정된 공급 수량을 확보할 수 있다. 또한, 시장에서 어떠한 지배적인 사양이 존재하지 않아, 경쟁자가 자주 교체되는 경우에도 전략적 파트너십을 맺는 것이 바람직하다.

공급자 기업이 특정 기술에 대한 독점권을 가지고 있거나 뛰어난 연구 개발 능력을 보유한 경우, 기업은 이러한 공급자와 전략적 파트너십을 맺음으로써 신기술 제품에 접근할 수 있다.

위와 같은 제품과 시장, 파트너 기업의 특성을 가진 경우 전략적인 파트너십을 맺음으로써 제품의 가치를 향상하고 진입 장벽을 극복 하는 등의 여러 이점을 얻을 수 있다. 그러나 기업이 처한 환경이 이와 달라 전략적 파트너십이 적절하지 않다고 판단되는 경우, 기업은 전략적 파트너십 대신에 다른 적절한 관계를 선택하게 된다.

3. 견제적 공급자 관계

일본 기업의 성공 요인에 대해 관심을 갖게 되면서 전략적 파트너십이 모든 공급자 관리의 가장 바람직한 형태라고 여겨지기도 하였으나, 제품과 시장 등의 특성에 따라 구매자-공급자 관계를 다르게 선택하는 것이 바람직하다. 전략적 파트너십은 여러 이점을 갖고 있는 동시에 초기 구축비용과 유지비용이 많이 들고, 공급자가 비효율적이라 하더라도 다른 공급자로 전환하는 것이 어려운 등의 단점도 가지고 있기 때문이다.

앞서 설명하였듯, 고객화 수준이 높고 시장의 경쟁이 심한 경우 기업은 전략적 파트너십을 맺어 안정된 공급처를 확보하고 경쟁 우위를 점하게 되지만, 이와는 달리 표준화 된 제품의 거래일 경우, 혹은 시장이 매우 안정된 경우에는 시장 거래 혹은 견제적 거래 관계를 맺는 것이 바람직하다.

견제적 거래 관계는 구매자나 공급자 모두 거래특유 자산에 대한 투자가 높지 않은 것이 특징이다. 따라서 다른 거래로 옮겨 가는 것에 큰 비용이 들지 않으며, 매몰 비용도 적으므로 양측 모두 거래에 대한 충성도가 낮다. 새로운 관계를 맺고 끊고의 가장 중요한 요소는 공급자, 혹은 구매자가 제시하는 가격이며 거래의 지속 기간은 매우 단기적이다.

견제적 거래 관계가 바람직한 경우를 구체적으로 설명하면 다음과 같다.

거래되는 제품이나 부품이 고도로 표준화되고 기술이 성숙 단계에 있는 경우 파트너십을 맺는 것보다 가격에 의거한 견제적 거래 관계를 맺는 것이 바람직하다. 고도로 표준화된 제품이나 부품은 범용 기기에 의해 생산된다. 따라서 상대 기업과의 거래를 위해 새로이 대규모의 설비에 투자할 필요가 없다. 또한 표준화된 제품이나 부품은 특정 기업으로부터만 구매할 수 있는 것이 아니며, 거꾸로 특정 기업에게만 공급할 수 있는 것도 아니다. 따라서 언제든지 더욱 유리한 가격을 제시하는 다른 기업이 나타날 수 있으며, 구매자와 공급자 모두 자신에게 유리한 가격을 제시하는 기업과 새로이 거래를 맺을 수 있다. 이러한 새로운 거래로의 전환은 거래특유 자산투자가 적기 때문에 더욱 용이하다. 이러한 경우에 장기적인 파트너십을 맺어 두는 것은 오히려 유리한 기회를 바로 선점하는 데에 장애로 작용할 수도 있다. 이러한 제품들은 보통 제품수명주기 상에서 성숙기에 있어 제품 혁신이나 설계의 변화가 거의 일어나지 않거나 제품의 생산이 기술적으로 매우 간단한 경우가 많다. 또한 제조 프로세스가 복잡하다 하더라도 잘 구조화 되어 있는 경우에는 시장가격에 기초하여 단기적인 거래를 하는 것이 바람직하다.

제품이 이러한 속성을 가지고 있는 경우, 제조업자들은 원하는 제품이나 부품을 생산할 수 있는 공급자를 비교적 용이하게 찾을 수 있다. 이러한 사업들은 대부분 대규모의 자본투자를 필요로 하지 않기 때문에, 상위 시장(공급자 시장; upstream market)은 언제나 다수의 영세 규모의 공급자로 경쟁이 격심하다. 시장은 매우 안정적이거나 포화된 경우가 많다. 혹은, 수요가 감소하고 있는 시장에서 이러한 견제적 거래 관계를 맺는 것이 흔히 나타난다. 또한 공급자들은 특정 제품의 제조나 프로세스 기술에 대한 독점권을 가지고 있는 경우가 드물다.

자동차 제조업의 예를 들면, 핵심 부품인 모터는 전략적 파트너십을 맺어 공급받는 경우가 많다. 그러나 자동차 시트 등의 내부 장식 부품은 비교적 핵심적이지 않으며, 생산 기술이 단순하므로 자동차 제조업자의 목표는 비용을 절감하는 데 있다. 따라서 시트 등의 내부 장식 부품의 공급자와는 시장 가격에 근거한 견제적 거래 관계를 맺어 비용을 절감하게 된다.

이상의 제품과 시장, 그리고 공급자의 특성에 따른 전략적 파트너십과 견제적 거래 관계를 비교하면 〈표 2-8〉과 같다.

견제적 거래 관계 하에서는 정보교류가 매우 활발히 일어나는 전략적 파트너십과는 달리, 정보 교류가 매우 제한적이며, 거래 기간 동안 일어나는 정보 교류의 대부분은 계약 협상 시기에 한정되어 있다. 높은 성과를 보이는 견제적 거래 관계일수록 정보 교환은 입찰과 계약 시기에 집중되어 있다. 그리고 구조화된 루트를 통하여서만 파트너간의 정보 교류가 이루어진다.

공급자는 구매자의 설계나 제조 공정에 거의 관여하지 않으며, 공급자에 대한 구매자의 관여 정도 또한 낮은 편이다. 또한 운영 상에 있어서의 두 기업의 조정이나 배달, 재고, 품질 등의 모니터는 기존에 존재하는 정해진 절차에 의해 이루어지는 것이 대부분이다. 구매 기업의 구매 담당자나 공급자의 엔지니어는 예기치 못한 사항이 발생하거나 매우 긴박한 상황 외에는 상대 기업을 방문하는 일이 거의 없다. 구매 담당자는 자신의 과업이 매우 정형화 되어 있으며 구조화 되어 있다고 인식하므로, 자신의 성과는 공급자와 큰 관련이 없다고 생각한다.

비록, 견제적 거래 관계에서 상호 신뢰나 협력, 공동의 노력은 거의 없으

표 2-8 • 전략적 파트너십과 견제적 거래 관계의 환경적 측면에서의 비교

전략적 파트너십	견제적 거래 관계
제품 특성 • 높은 수준의 고객화가 요구 • 구매자의 핵심 경쟁력에 직결 • 핵심 프로세스에서 견고한 상호 조정이 필요 • 기술적으로 복잡 • 신기술에 기초 • 기술과 제품, 프로세스의 혁신이 빈번하게 일어남 • 빈번한 설계 변경 • 엔지니어의 전문성이 매우 중요 • 대규모의 자본 투자가 필요	제품 특성 • 고도로 표준화된 제품 • 성숙단계의 기술 • 기술과 제품, 프로세스의 혁신이 거의 일어나지 않음 • 설계 변화가 잘 일어나지 않음 • 기술적으로 간단한 제품 • 구매자의 최종 제품이 거의 고객화 되지 않음 • 기술적 노력이나 엔지니어의 전문성이 불필요 • 대규모의 자본 투자 불필요
시장 특성 • 수요가 많고 시장 성장이 빠름 • 매우 경쟁이 심하고 집중화된 시장 • 지배적인 설계나 사양이 존재하지 않아 경쟁자가 자주 바뀜 • 구매자가 설계나 품질 검사를 기업 내부에서 수행	시장 특성 • 안정적이거나 감소하는 수요 • 가격 경쟁이 심한 시장 • 생산 가능한 공급자가 다수 • 시장 내의 경쟁 기업은 일정
파트너 특성 • 다양한 제품을 대규모로 공급 • 공급자가 기술에 대한 독점권 보유 • 연구 개발에 활발(예:R&D 비용이 높음)	파트너 특성 • 소규모 • 기술에 대한 독점권이 없음 • 전환비용이 낮음 • 협상력이 약함

출처: Bensaou, 1999.

나, 두 기업간의 관계는 일반적으로 긍정적인 편이다. 자동차 산업의 예를 들면, 자동차 제조업자는 계약된 범위 내에서 자신들의 공급자와 이익이나 부담, 위험을 분담한다. 공급자에게도 한 기업과의 거래를 오래 지속했다는 것은 좋은 평판으로 작용하므로 구매자를 만족시키기 위해 노력한다. 실제 자동차 제조업을 대상으로 한 조사 결과, 몇몇의 견제적 거래 관계는 단기적이고 형식적인 관계에서 시작하였으나 30년 이상 거래가 지속되기도 하였다.

높은 성과를 내는 전략적 파트너십 관계와 견제적 거래 관계의 경영상의 특징을 정리하면 〈표 2-9〉와 같다. 각 형태를 선택하는 환경이 각각 다르듯이, 각

표 2-9 • 전략적 파트너십과 견제적 거래 관계의 경영상의 측면에서의 비교

전략적 파트너십	견제적 거래 관계
정보 교류 메커니즘 • 광범위의 정보 교류가 빈번하게 이루어지며, 여러 가지 매체를 통하여 정보를 교환함 • 정기적으로 상대 기업을 방문	정보 교류 메커니즘 • 한정된 정보 교환, 대부분 계약 체결과 협상 시기에 이루어짐 • 정해진 절차에 따라 기업간 조정과 모니터링이 이루어짐
Boundary spanner의 과업 특징(구매담당자, 엔지니어) • 과업이 정해져 있거나 규정지어져 있지 않은 경우가 많음 • 예상치 못한 일이 빈번히 일어나며 정형화 되어 있지 않음	Boundary spanner의 과업 특징(구매담당자, 엔지니어) • 공급자 직원과의 직접적인 접촉이 적음 • 공급자 직원과의 업무는 고도로 정형화, 구조화 되어 있으며 업무의 독립성이 낮음
분위기와 프로세스 특성 • 높은 상호 신뢰와 관계에 대한 몰입 • 구매자의 공평성이 매우 높음 • 제품 설계에 대한 공급자의 관여가 초기 단계에서부터 이루어짐 • 공동의 노력과 협업이 많음 • 공급자는 완벽한 평판을 가지고 있음	분위기와 프로세스 특성 • 긍정적 • 공동의 노력과 협업은 거의 없음 • 제품 설계에 대한 공급자의 관여가 거의 없음 • 구매자는 공급자를 공정하게 다룸 • 공급자는 좋은 평판과 거래 기록을 가지고 있음

출처: Bensaou, 1999

관계를 유지하는 경영상의 특성도 다음과 같이 다른 양상을 보인다.

4. 지속적인 견제적 거래 관계[4)]

제품 생산에 필수적이나 전략적이지는 않은 부품의 경우, 장기적인 속성을 갖는 전략적 파트너십과 견제적 거래 관계의 성격을 모두 띠는 지속적 견제적 거래 관계(Durable Arm' s Length Relationship)을 맺는 것이 바람직하다. 비전략적인 투입물은 전략적인 것과 두 가지 측면에서 차이가 나는데, 자산의 특유성 혹은 관계 특유 투자의 필요성과 부품의 부가가치가 그것이다. 비전략적인 부품은 표준화 되어 있으며 구매자와 공급자의 상호의존 정도와 협업의 필요성이 낮은 부품이다. 결과적으로, 관계 특유 자산에 대한 투자를 많이 할 필요가 없다. 또

4) Jeffery H. Dyer, Dong Sung Cho, and Wujin Chu (1998) Strategic Supplier Segmentation: The Next Best Practice in Supply Chain Management.

한, 비전략적인 부품에 의해 부가되는 가치는 전략적인 부품에 비해 상대적으로 낮으므로 최종 제품의 가격이나 가치에 영향을 미칠 가능성이 상대적으로 낮다.

물론, 견제적 거래 관계는 단기적인 거래를 그 속성으로 하기 때문에 지속적인 견제적 거래 관계라는 것이 역설적으로 보일 수도 있다. 그러나 공급자의 실제 관리 측면에서 지속적 견제적 거래 관계는 전통적인 견제적 거래 관계와 다음과 같은 차이를 가진다.

첫째, 초기에 공급자 선택을 하기 위해서는 어느 공급자가 장기적으로 봤을 때 최저의 가격으로 공급할 수 있는지를 평가하기 위해 생산능력 벤치마킹(capabilities benchmarking)의 과정이 필요하다. 이러한 과정을 거치고 난 후, 장기적인 공급자로 두세 개의 업체를 선정하게 된다. 반면, 전통적인 견제적 공급자 관계는 그들의 생산 능력이나 비용 구조는 고려하지 않고, 단순히 모든 기업에 입찰의 기회를 주어 최저 가격을 제시하는 기업을 선정하는 형태이다.

둘째, 공급자와 구매자는 주문 시스템이나, 전자정보 교환, 구매자가 필요로 할 때 제품을 바로 전달할 수 있는 물류 시스템 등의 기업 내부의 조정 메커니즘에 투자를 한다.

마지막으로, 구매자는 공급자에게 가격 경쟁력이 있는 한 장기적인 거래를 맺을 것을 보장한다. 2~3개의 공급업체들과 경쟁하고 거래를 유지하기 위해 각각의 공급자는 수시로 가격 벤치마킹을 해야 한다. 예를 들면, 구매자는 자동적인 재주문 일자(예를 들어, 1년에 한번)를 지정하여 공급자들이 거래를 위해 재입찰을 하도록 한다. 입찰과 재주문은 사전에 공시된 절차에 따라 전자정보 교환을 통하여 이루어지도록 함으로써, 입찰 비용을 최소화 할 수 있다. 주기적인 가격 벤치마킹은 공급자로 하여금 계속하여 가격 경쟁력을 잃지 않도록 노력하게 한다.

이러한 지속적인 견제적 거래 관계는 전통적인 견제적 거래 관계와 비교해 거래 비용이 낮으며, 공급자는 표준화된 제품이나 부품의 생산에 있어 중요한 요소인 규모의 경제의 이점을 극대화할 수 있다. 또한, 2~3개의 공급자 사이에서 계속하여 경쟁을 활발히 지속한다는 이점을 갖는다.

구매자는 때때로(예를 들면 5년에 한번) 공개적으로 구매입찰을 함으로써 자신과 거래하고 있는 공급자가 여전히 최저 가격과 최고의 생산 설비를 갖추고 있는가를 확인하여야 한다. 제품이 미가공품이거나 1차 상품에 가까울수록, 그리고 공급자의 원가 구조에 영향을 주는 요소인 환경과 기술의 불확실성이 클수록 이러한 가격 벤치마킹을 위한 공개 입찰은 짧은 간격을 주기로 자주 하는 것이 바람직하다.

요 약

글로벌 경쟁이 심화되면서 경영자들은 기업을 가능한 민첩하고 효율적으로 유지해야 하는 압박을 받아 왔다. 새로운 경쟁 환경에서 살아남기 위해, 경영자들은 조직을 축소하고, 비핵심적인 것은 기업 외부에서 수행하게 하는 대신 핵심 역량에 초점을 맞추는 것에 관심을 두게 된다. 이러한 외주전략으로의 변화로 인해 기업의 경쟁력 유지와 향상을 위한 효과적인 공급자 관리의 중요성이 대두되기 시작하였다.

본 장에서는 기업이 공급자 관계 관리에 있어 모든 환경 하에서 똑같은 전략을 취하기 보다, 상황에 알맞은 공급자 관계 관리 전략을 택하는 것이 바람직함을 시사하였다. 구매의 효율성뿐만 아니라, 공급사슬을 최적화 하기 위해 기업은 공급자들을 전략적 파트너와 견제적 관계, 그리고 지속적인 견제적 관계로 세분화 하여 관계를 선택하고 전략적으로 관리하여야 한다.

먼저, 고부가가치를 가지며 구매자의 최종제품을 차별화 하는 데 있어 중요한 부품을 공급하는 기업과는 전략적인 파트너십 관계를 맺어 장기적인 거래를 하는 것이 유리하다. 파트너십을 맺은 기업들은 거래를 위한 거래특유 투자수준이 높아, 거래에 대한 몰입도와 충성도가 높다. 구매자는 공급자와 지속적인 의사소통을 통하여 정보를 공유하며, 위험과 보상 역시 공유하면서 상호간의 이익을 위하여 함께 노력하게 된다. 이러한 파트너십 관계는 상호간의 기대에 대한 명확한 이해와 개방된 의사소통과 정보 교환, 상호 신뢰, 그리고 미래에 대한 동일한 방향 추구 등을 필요로 한다.

반대로, 거래되는 제품이나 부품이 고도로 표준화되어 있고 기술이 성숙단계에 이르러서 품질이나 제품의 차별화보다는 가격 경쟁력이 중요한 경우에는 견제적 거래 관계를 맺는 것이 바람직하다. 견제적 거래 관계에서 거래 대상을 선택하는 가장 중요한 기준은 가격이 된다. 거래당사자들은 거래특유 투자를 많이 하지 않기 때문에 더 유리한 가격을 제시 받을 경우, 새로운 거래로 옮겨가는 것이 용이하다. 전략적 파트너십 관계에서는 거래가 지속되는 기간 내내 정보 교환이 이루어지는 반면, 견제적 거래 관계 하에서는 입찰시에 정보 교환의 대부분이 이루어지며, 그 이후에는 정보의 교류가 매우 한정적이다.

마지막으로, 필수적이지만 전략적이지 않은 부품의 경우에는 전략적 파트너십과 견제적 거래 관계의 중간적인 성격을 띠는 지속적인 견제적 거래 관계를 맺어야 한다. 지속적인 견제적 관계는 비교적 장기적인 계약을 맺고 정보의 공유가 활발하다는 점에서는 전략적인 파트너십과 유사한 성격을 띠지만, 주기적으로 가격 벤치마킹을 하여 공급자로 하여금 가격 경쟁력을 유지하도록 한다는 점에서는 견제적 거래의 성격도 띠고 있다 할 수 있다. 지속적 견제적 거래 관계는 전통적인 견제적 거래 관계와 비교해 거래 비용이 낮으며, 공급자가 규모의 경제의 이점을 극대화 할 수 있다는 점, 그리고 가격 경쟁을 활발히 지속한다는 이점을 갖는다.

모든 기업이 무한 경쟁에 놓여져 있는 현재의 상황하에서 앞서나가기 위해, 기업은 내부의 기능을 효율적으로 관리하는 것뿐만 아니라 기업과 연계된 외부 기업까지, 즉 공급 기업까지 효과적으로 관리해야만 한다. 기업이 놓인 시장 상황과 제품의 특성 등에 따라 적절한 공급자와의 관계를 설정하고 효과적으로 관리함으로써 기업은 경쟁력을 제고할 수 있는 동시에 고객 만족을 극대화하고 고객에게 제공되는 서비스를 지속적으로 향상시킬 수 있을 것이다.

토의 사례

[유한킴벌리] 마그넷과 합작 결품률 1~2%

유한킴벌리는 국내 유통업체에서 SCM 사업을 가장 먼저 도입한 1세대 업체로 꼽힌다.

1997년 국내 최초로 CM(Category Management) 적용사례를 만들었고 초기의 낙후됐던 유통정보 시스템 수준을 한 단계 끌어올렸다는 평가를 받고 있다. 미국의 킴벌리-클라크와 지속적인 교육 및 정보 교환을 통해 국내 환경에 적합한 고유의 모델과 시스템을 개발하는 데 전념했기 때문인 것으로 풀이된다.

특히 유한킴벌리와 롯데마그넷이 함께 추진한 CRP(Continuous Replenishment Program) 프로젝트는 국내 유통업체와의 최초 합작 시범사업이었다는 점에서 주목받았다. 양사는 사업 초기 3개 매장을 시범운영했고 이를 마그넷 전 점포로 확대시키는 데 7개월의 시간이 소요됐다. 양사는 결품과 재고일수 감축을 평가 지표로 설정해 이에 대한 개선작업을 진행한 결과 사업 전 부분에서 비용 절감 효과를 거둘 수 있었다.

우선 결품률을 낮추기 위해 물류센터를 통합했고 물류센터 담당자들을 대상으로 정기적인 교육을 실시했다. 이 밖에 배송관련 전담제, 배송시간의 조정 및 주문 자동생성제 도입, 전문적 운영 인원의 양성 등을 공동사업의 내용으로 꼽을 수 있다.

유한킴벌리는 이미 전문 부서가 구성돼 있었기 때문에 사업 초기, 수개월에 걸쳐 집중적인 교육을 완료할 수 있었다. 사업 효과는 먼저 업무 개선으로 나타났다. 과거 주문 시스템을 운영할 때는 각 매장에서 영업사원의 매장 방문을 통한 발주서 작성방식에 의존했기 때문에 많은 착오가 발생했고 지시형태도 단순한 주문방식에서 벗어나지 못했다. 이 같은 수작업 방식은 매장의 재고를 늘리는 데 결정적인 역할을 했고 잘못된 수요예측으로 긴급주문이 발생할 때가 많아지는 문제점이 나타났다.

하지만 새로운 주문 방식을 도입하면서 기존의 밀어내기식 주문이 대폭 감소했고 정확한 수요예측을 바탕으로 긴급 주문도 크게 줄어드는 업무 성과를 거뒀다. 그 결과 결품률은 1~2% 선으로 줄어들었다. 또 배송팀의 배송정보도 사전에 공유해 차량준비 등 공급 측면의 효율적인 프로젝트로 전환할 수 있게 됐다. 매장의 판촉사원도 과거의 재고 관리 업무가 없어지면서 개인적으로 판매 증진효과를 거둘 수 있었다. P&G는 현재 마그넷 전점과 CRP 프로젝트를 시행하고 있다. 7월부터는 LG유통과 본격적으로 후속 프로젝트에 착수할 계획이다.

70년 설립된 유한킴벌리는 화장실용화장지, 종이기저귀, 여성생리대 등을 생산 공급하는 국내 최대의 전문 위생 제지업체 가운데 하나이다.

지난해 매출액은 5,770억 원이었고 올해는 7,170억 원 달성을 목표로 하고 있다. 생산공장은 안양 김천 대전 등에 있으며 종업원수는 1,520명이고 생산품목은 600여 개에 달한다.

〈매일경제, 2001. 6. 21〉

Q 토의문제

❶ 위 사례의 CRP 프로젝트가 더욱 성공적이기 위해 필요한 과제는 무엇인가?

❷ 위의 사례에서 합작으로 인해 두 기업이 처할 수 있는 어려움에는 어떠한 것이 있으며 그에 대한 방안은 무엇인가?

참고 문헌

Harrison, A. amd Hoek, R., Logistics Management and Strategy, Prentice Hall, 2005.

Jeffery H. Dyer, Dong Sung Cho, and Wujin Chu, Strategic Supplier Segmentation: The Next Best Practice in Supply Chain Management, California Management Review, Vo. 40, No. 2, Winter 1998.

Leenders, M., Fearon, H.E., Flynn, A. and Johnson, P.F., Purchasing and Supply Management, McGraw-Hill, 2001.

Mary C. Lacity and Rudy Hirscheim, Information Systems Outsourcing, Newyork: John Wiley & Sons, 1993.

M. Bensaou, Portfolios of Buyer-Supplier Relationships, Sloan Management Review, Vol. 40, No. 4, Summer, 1999.

Simchi-Levi, D., Designing and Manageing the Supply Chain, 2002.

Susan Helper, How Much Has Really Changed Between U.S. Automakers and Their Suppliers, Sloan Management Review, Summer 1991.

Syson, R. Improving Purchase Performance, London: Pitman, 1992.

T. Scott Graham, Patricia J. Daugherty, and William N. Dudley, The Long-Term Strategic Impact of Purchasing Partnerships, International Journal of Purchasing and Materials Management, Fall 1994.

chapter 03

소비자가치와 고객관계 관리

제 1 절 고객가치

제 2 절 고객관계 관리

하나銀, 통합 고객관계 관리시스템

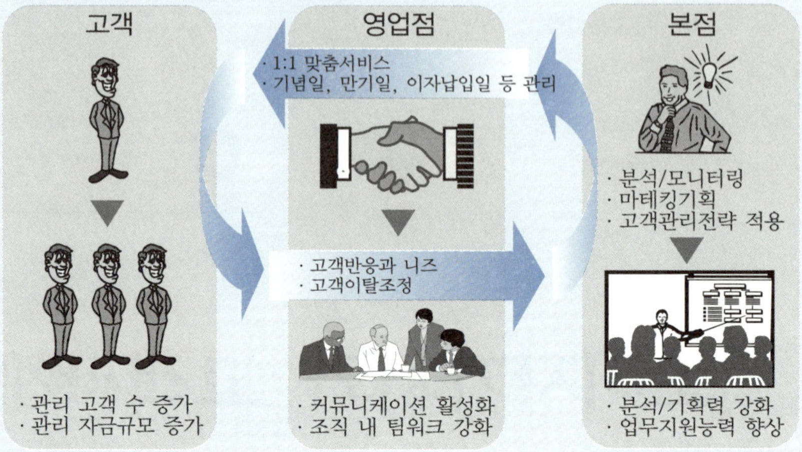

하나은행은 고객에게 1:1 맞춤서비스를 제공하고 고객이탈조짐을 담당 직원에게 자동으로 알려주는 등 통합 고객관계 관리(CRM)시스템을 2004년 9월 9일부터 시행하였다. 이 시스템의 핵심은 커뮤니케이션 능력의 강화로 고객과의 1:1서비스를 가능케 해준다는 점이다. 고객의 대출만기일, 이자납입일, 기념일 등이 되면 해당고객에게 맞는 서비스가 하나은행의 전 채널(영업점, 콜센터, 우편발송, 이메일, 문자서비스, 팩스 등)을 통하여 통보되고 고객기념일 사은품 택배배송까지 처리된다.

또 일정기간 동안 거래고객의 행태를 분석해 고객의 이탈조짐이 있으면 담당직원에게 곧바로 시스템에서 사인을 주어 고객관리를 잘할 수 있도록 고객의 활동상태 변화에 따른 분석도 동시에 지원한다.

통합 고객관계 관리시스템은 영업 일선현장에서 고객으로부터 획득된 정보를 직원이 입력하면 본점에서 이를 분석하고 기획하여 다시 고객에게 최적의 상품과 서비스를 제공함으로써 고객의 니즈에 맞는 서비스를 가능케 해준다.

하나은행의 CRM도입 당시 하나은행의 홍필히 팀장은 "통합 고객관계관리 시스템은 단순한 전산 시스템이 아닌 고객과의 커뮤니케이션을 통해 은행과 고객이 서로 윈-윈(Win-Win) 할 수 있는 시스템이다"며 "향후 이러한 신속하고 체계적인 고객관리가 소매금융시장의 향방을 좌우할 수 있는 중요한 계기가 될 것"이라고 밝혔다.

〈머니투데이, 2004. 9. 9〉

제 1 절 고객가치

과거 공급위주의 생산자 시장에서 기업들은 불량률 같은 내부적인 품질측정을 목표로 삼았다. 그러나 오늘날과 같은 고객 위주의 시장에서는 제품이나 서비스 자체보다 고객이 기업과의 관계에서 인지하는 가치가 더욱 중요하게 고려되고 있다. 다시 말해, 기업이 품질, 제품, 서비스에 대하여 측정하는 방법이 내부 품질인증에서 외부 고객만족으로 전개되었다. 따라서 현재 많은 기업들은 고객만족을 위해 고객에 초점을 두고, 고객들이 기업의 제품이나 서비스에 대하여 인지하는 가치에 주안점을 두고 있다. 이러한 고객에 대한 가치제공이라는 관점은 기업이 제공하는 제품과 이를 받아들이는 고객에 대해 보다 폭넓은 시야를 가질 수 있게 한다. 물론 이러한 폭넓은 관점을 이해하기 위해서는 고객은 무엇을 선호하는가? 고객의 요구는 무엇이고, 어떻게 하면 만족하는가? 어떤 고객이 기업에게 수익을 가져다 주며, 향후 수익을 제공할 수 있는 잠재력을 가지고 있는가? 또 어떤 고객이 기업에게 손실을 가져다 줄 것인가? 와 같은 질문들이 검토되어야 하고, 이를 위한 각종 상쇄관계들이 정립되어야 한다.

고객의 요구를 제품이나 서비스 자체보다 더 기본적으로 다루어야 한다는 사고는 다시 말해 무엇이 시장에서 기회를 창출하는가를 이해하는데 보다 우선순위를 둔다는 것이다. 즉 고객을 만족시킬 수 있는 제품 및 서비스의 조합을 이해하고 개발하는 것이 핵심이다. 예를 들어, 고객이 세 가지 색상으로 디자인된 가전제품에 만족해 한다면 굳이 여섯 가지 색상으로 디자인 할 필요가 없다. 마찬가지로 고객의 관점에서 색상이 매우 중요함에도 불구하고 오직 흰색 제품만을 판매하는 것도 어리석은 일이다. 중요한 것은 고객의 기본요구를 충분히 검토하여 제품과 서비스가 여기에 부합되도록 하는 것이다. 성공적인 마케팅은 고객에 대한 깊은 연구로 제품과 서비스 기회를 파악하는 데서 출발한다. 이러한 기회가 경제적으로 충족될 수 있다면 영업을 시작할 잠재력이 존재하는 것이며, 따라서 고객의 요구가 제품보다 더 기본적인 것이라 할 수 있다.

1. 고객가치영역

고객가치는 고객이 기업에서 제공하는 모든 제품과 서비스 그리고 그 밖의 무형의 것들을 인식하는 정도로 정의할 수 있다. 고객의 지각은 다음의 요인에 따라 세분화될 수 있다.

- 요구의 적합성
- 제품선택
- 가격과 브랜드
- 가치를 증가시키는 서비스
- 유대관계와 경험

이 요인들은 각각의 중요도에 따라 차례로 나열되어 있다. 앞의 세 가지 영역은 필수적인 것들이고, 그 뒤의 두 가지는 상황에 따라 중요한 요인이 될 수 있는 것으로 보다 정교하게 구분하고자 할 때 필요한 것들이다. 지금부터 각 요소들이 SCM에 의해서 어떻게 영향받고, 각 요인들에 고착된 고객가치를 SCM이 어떻게 설명할 수 있는지를 알아볼 것이다.

(1) 요구에 대한 적합성

SCM에서 고객이 원하고 필요로 하는 것을 제공하는 능력은 매우 중요하다. SCM은 이용가능성(availability)과 선택(selection)을 제공한다. 마셜 피셔(Marshall fisher)는 공급체인의 기능을 시장중개(market mediation)기능이라고 정의하였다. 이 기능은 원재료가 상품으로 변하는 물리적 기능의 공급사슬과는 구별된다. 시장중개기능과 관련된 비용은 공급과 수요의 차이에서 발생한다. 만약 수요가 공급을 초과하게 되면 가능한 시장점유와 판매기회의 상실이 발생하게 되고, 반대로 공급이 수요를 초과하면 공급사슬 전체에 재고비용이 발생한다. 만약 제품이 예측이 가능한 기저귀, 스프 또는 우유 같은 기능성 제품일 경우 시장중개는 크게 신경쓰지 않아도 된다. 하지만 패션 아이템이나 높은 다양성을 가진 아이템의 경우 수요 예측이 상대적으로 복잡하기 때문에 과다재고나 판매기회 상실로 인해 높은 비용이 발생할 수 있다. 이와 같이 기능적 제품의 경우 재고, 운송 및 기타의 비용을 줄이는 데 초점을 둠으로써 전체비용을 감소시키고 공급사슬의 효율성을 증가시킬 수 있다. 반면에 변동성이 높은 제품의 경우 비용효과 면에서 짧은 리드타임과 유연성 및 신속성을 강조하는 공급사슬이 필요하다.

(2) 제품선택

오늘날 제품들은 다양한 형태, 색깔, 스타일 그리고 옵션을 가지고 있다. 예를 들어 한 자동차가 5가지 스타일과 10가지의 외장 색깔, 10가지의 내부 색깔 그리고 수동 및 자동 변환기옵션이 있다면 총 1,000가지의 형태를 가진다. 유통업자나 소매상은 세분화된 제품 모두와 부품 전부를 재고로 가지기를 원하지만 이것은 매우 어려운 문제이다. 고객가치에 대한 제품확장의 기여도를 분석하고 이해하기란 어려운 것이다. 현재 세 가지의 성공적 사업화 경향이 존재하는데 그것은 다음과 같다.

- 한 가지 유형의 제품만 전문적으로 판매하는 전문점의 형태가 있다. 이런 예로 스타벅스(Starbuks)나 서브웨이(Subway) 같은 회사가 있다.
- 제품의 다양한 구색으로 여러 상품을 일괄적으로 구매하도록 하는 대형할인점 형태가 있다. 이러한 예로 월마트와 케이마트가 있으며, 특히 케이마트가 최근에 매장 크기를 확대하고 있다.
- 한 제품군에서 전문화된 대형점(Megastores)의 형태가 있다. 이런 예로는 홈디팟(Home Depot)이나 오피스 맥스(Office Max), 스포츠마트(Sportmart)가 있다.

인터넷에서는 매장의 크기나 진열대의 공간에 제한을 받지 않으므로 매우 다양한 제품들을 진열할 수 있고 때로는 아주 전문화된 제품들을 제공할 수도 있다. 따라서 앞서 말한 경향들이 생겨나고 있다. 한 예로 새롭게 성공한 웹사이트인 저스트볼즈 닷컴(www.Justballs.com)이 있다. 여기서는 모든 스포츠에 사용되는 공만을 판매하고 있다.

PC산업은 제품 판매방법에서 많은 변화를 겪었던 산업이다. 1980년대 중반에는 PC가 에그헤드(Egghead)와 같은 전문상점을 통해서 판매되었다. 그러다가 1990년대 초반에는 시어즈(Sears) 같은 백화점에서 판매되었다. 하지만 최근에는 직접경로를 통해 PC를 구입한다. 직접유통 모델의 리더 중의 하나인 게이트웨이(Gateway)는 최대한 많은 고객에게 접근하기 위해 단지 소매점포만을 개점했다.

(3) 가격과 브랜드

고객가치의 필수적인 부분으로 제품가격과 서비스 비용이 있다. 가격은 고객이 고려하는 유일한 요소는 아니지만, 변동폭이 크거나 자주 변동되는 가격은 제품의 선택에 좋지 않은 영향을 미칠 수 있다. 일반적으로 일상용품은 가격의 변동성이 거의 없다. 따라서 회사들은 공급사슬상의 혁신을 통해 비용우위를 이룬다. 예를 들어 델의 직접사업모델은 고객을 그들의 시스템에 포함시켜 고객가치의 향상뿐만 아니라 비용절감까지 이루었다. 피엔지(P&G)의 경우 상시저가격(EDLP: Every Day Low Price)전략을 통해 가격의 변동성을 줄여 고객들이 구매시간에 구애받지 않도록 함으로써 황소채찍 효과(bull-whip effect)를 감소시켰다.

고객가치의 또 다른 요소는 제품의 브랜드다. 오늘날 고객들은 판매원을 통한 구매보다 슈퍼마켓 방식의 구매를 선호하고 있다. 이것은 인터넷 구매에도 해당된다. 구매자는 브랜드를 통해 제품을 인정하다. 이러한 구매자의 행동경향은 브랜드의 중요성을 보여주는 동시에 이를 더욱 높여주는 역할을 한다. 메르세데스(Mercedes) 자동차, 로렉스(Rolex) 시계, 그리고 코치(Coach) 지갑 등은 높은 품질과 명성을 나타내는 브랜드이며, 이 브랜드 자체가 제품의 촉진역할을 수행한다. 브랜드 파워를 가지는 제품은 그렇지 않은 제품보다 훨씬 높은 가격을 제시할 수 있다. 심지어는 높은 가격이 명성이나 고품질로 인식되기도 한다.

여러 산업에서 '제품'이란 '물리적 제품'과 이와 관계된 '서비스', 둘 다를 의미한다. 일반적으로 서비스에 대한 가격결정은 물리적 제품에 대한 가격결정과 비교해 상대적으로 어렵다. 상이한 서비스를 서로 비교하는 것은 어려운 일이기 때문이다. 그 결과 서비스의 가격결정에서의 변동성은 증가한다.

(4) 부가가치 서비스

부가가치 서비스란 기업들이 효율성 제고를 위해 기본 서비스 외에 실시하는 독특하고 특별한 활동을 말한다. 오늘날과 같이 경쟁이 치열한 시장에서 단순히 제품가격만으로 경쟁하기는 힘들다. 따라서 많은 기업들이 경쟁사와 구별되며, 보다 수익이 높은 가격구조를 가질 수 있는 부가가치 서비스를 제공한다. 부가가치 서비스는 유지 및 보수가 중요한 기술적인 제품을 구매할 때 매우 중요한 요소이다. 실제로 대부분의 기업들은 제품을 소비자에게 제공할 때 단순히 제품만을 제공하지 않고 그 제품과 관련된 서비스를 추가하여 제공하고 있다. 그러한 서비스 비중은 점차 높아지고 있는데 그 이유는 다음과 같다.

• 제품이 일상상품으로 되면 가격을 제외한 다른 요소들은 동일시되는데, 이때 제품 이외에 다른 경쟁요소를 가질 필요가 있다.
• 고객에게 보다 가까이 다가가야 한다.
• 정보기술력의 증가로 보다 다양한 서비스를 제고하는 것이 가능해졌다.

고객에 대한 서비스와 지원은 기업에게 부수적인 수익을 창출함과 동시에 기업이 고객에게 더욱 가까이 다가갈 수 있는 기회를 제공한다. 또한 부가가치 서비스를 위한 아이디어를 지속적으로 얻을 수 있도록 한다. 따라서 과거에는 고객지원을 강조하지 않던 기업들도 최근 서비스 부문의 역량을 높이고 있다.

부가가치를 제공하는 서비스 중 하나는 정보의 접근이다. 고객이 주문 정보에 접근하여 기업과 함께 하는 경험을 늘리는 것이다. 고객은 때때로 주문처리의 정확한 시간보다 주문상황을 알 수 있는 것에 더 큰 가치를 둔다고 알려져 있다. 이는 주문상황을 알게 됨으로써 고객자신의 계획을 보다 잘 수립할 수 있기 때문이다. 페드럴 익스프레스(FedEx)는 현재 화물취급산업에서 표준으로 되어 있는 화물추적 시스템을 처음으로 도입했다. 이렇게 페드럴 익스프레스는 자사 종업원에게만 한정된 정보를 고객에게 공개함으로써 서비스의 질을 향상시키고 상당한 비용을 줄일 수 있었다.

(5) 관계와 경험

고객가치의 최종단계는 고객과 회사간의 관계 발전을 통해 그들 사이의 결속이 보다 강해지는 것이다. 관계(relationship)는 고객과 기업 둘 다의 시간적 투자를 요구하는 것이기 때문에, 한번 관계가 형성되면 고객이 다른 공급자와 접촉하는 것이 어려워진다. 예를 들어 특정 컴퓨터 회사에서 PC를 만들어 광범위한 고객에게 그것을 제공하는 과정에서 고객들의 개인적인 특성을 파악하여 고객의 PC구매 전과정을 관리하게 되면 고객은 다른 공급자와 거래하기 힘들어질 것이다.

관계를 맺는 또 다른 유형은 학습적 관계이다. 기업은 특정 사용자에 대한 프로필을 작성하여, 고객을 유지하는 동시에 판매를 강화하기 위해서 이를 이용한다. 맞춤정보 서비스를 구축한 인디비주얼(individual Inc.) 같은 회사들과 고객에게 다른 서비스와 제품을 제공하기 위해 데이터베이스를 이용하는 USAA는 학습적 관계를 보여주는 조직들이다.

아마존닷컴(www.amazon.com) 같은 일부 인터넷 사이트는 학습을 위한 새로운 방식을 채택하고 있다. 아마존은 고객의 예전 구매나 유사한 구매를 바탕으로 새로운 서비스를 제공한다. 델(Dell)은 소비자의 요구에 따라 소프트웨어를 제공하는 이른바 맞춤 PC를 만들어 제공하고 있다. 델 역시 고객들의 성향을 분석하여 유형화하는 그들만의 방식을 가지고 있다.

2. 고객만족

고객만족은 오랫동안 마케팅과 경영전략의 기본 개념이었다. 그러나 고객만족 프로그램을 구축하는데 있어서 반드시 이해하여야 하는 것은 '고객이 만족한다는 것이 무엇을 의미하는 것인가?' 이다. 고객만족을 정의하는 방법 중 가장 간결하고 넓게 받아들여지는 것은 '기대 불일치(expectancy disconfirmation)' 로 알려져 있다. 간단히 말해, 공급자의 성과가 고객의 기대에 부응되거나 초과되는 경우에 고객은 만족할 것이고, 반대로 인지된 성과가 고객의 기대보다 작으면 고객은 만족하지 않을 것이다. 몇몇 회사들은 고객 만족을 위해 이 구조를 채택하고 고객의 기대를 충족하거나 이를 뛰어넘기 위해서 노력한다. 실제로 많은 조직들이 기대를 초과하는 성과를 통해 그들의 고객을 기쁘게 하는 점에 있어 더 좋은 성과를 거두었다.

고객만족을 위한 이 방법은 간단하게 보이지만, 실제 공급사슬에 있어서의 고객서비스 플랫폼 구축은 그렇지 않다. 이 플랫폼을 구축하기 위해서는 고객기대의 본질을 완전히 탐구하는 것이 필수이다. 고객은 무엇을 기대하는가? 고객은 어떻게 이 기대를 형성하는가? 고객만족과 고객이 지각하는 전체 공급사슬의 서비스 품질간의 관계는 무엇인가? 왜 많은 기업들이 고객을 만족시키는 것에 실패하고, 왜 많은 기업들이 낮은 공급사슬 질을 달성하는가? 기업이 고객을 만족시킨다면 그것으로 충분한가? 앞으로 소개될 부분들은 이 중요한 문제들에 대한 대답을 제공한다.

(1) 고객의 기대

기업이 고객가치를 결정하고 고객의 만족을 달성하는 데 있어서 중요한 고려사항은 고객의 기대를 이해하는 것이다 고객들의 기대는 시간이 지날수록 점차 증가한다. 이러한 고객기대 증가의 원인으로는 다음과 같은 것들이 있다.

- 교육수준의 향상
- 대체제의 식별능력 향상
- 미디어를 통한 라이프스타일 이슈에 대한 노출 증가

이러한 기대들은 보다 매력적인 제품뿐만 아니라 제품과 관련하여 더 나은 서비스를 받고자 하는 고객들에 의해서 형성된다. 기업들 역시 그들의 공급자로부터 더 많은 것을 기대한다. 공급자들은 이러한 산업내의 고객들과 거래하기 위해서 서비스 측면에서 보다 많은 관심을 기울이는 것이 필요하다.

(2) 인지된 서비스 품질과 고객만족

고객만족의 개념은 인지된 서비스 품질의 개념과 밀접한 관계가 있다. 일찍이 한 전문가는 '서비스 품질은 고객만족으로 귀착되는 결과 또는 고객 불만족을 피하는 부족함으로부터의 자유' 라고 하였다. 특히 공급사슬과 관련된 최근 연구에서 고객이 인지한 품질과 실제 서비스의 각종 속성 사이의 차이점에 대한 시각으로부터 고객만족의 이해를 시도하였다. 많은 저자가 고객만족과 서비스 품질 사이의 구별을 시도하였다. 고객만족과 서비스 품질의 차이는 한번의 거래로 평가되는 고객만족과 다수의 거래에 의해 평가되는 서비스 품질의 차이에 기인한다. 그 두 가지 개념이 충분히 유사하기 때문에 동시에 다루어져야 한다는 것은 명확하다.

(3) 고객만족 모델

그림 3-1은 고객이 실제로 공급자의 성과에 대해 그들의 기대를 형성하는 프로세스를 이해하는 데 도움을 준다. 또한 고객만족을 위한 고객가치를 달성하는데 방해가 되는 Gap들이 빈번하게 존재하는 것을 볼 수 있다. 기업들은 이러한 Gap을 반드시 극복하여야 한다. 고객의 기대에 영향을 미치는 몇몇의 요소가

있다. 첫 번째는 고객의 필요(needs) 또는 요구(requirements)이다. 고객들은 그들의 필요가 공급자에 의해서 달성될 것이라고 기대한다. 그러나 재미있게도 고객들의 기대는 자주 그들의 실제 요구나 필요와 같지 않다. 이전 공급자의 성과는 고객의 기대에 영향을 주는 중요한 요인이다. 제 시간에 맞춰 일관되게 배달하는 공급자는 앞으로도 제 시간에 맞춰 배달할 것으로 예상될 것이다. 이와 유사하게, 성과에 관하여 저조한 기록을 가지고 있는 공급자는 앞으로도 저조한 성과를 낼 것이라고 예상된다. 또한 한 공급자에게서 경험한 성과가 또 다른 공급자에 대한 고객의 기대를 좌우할지도 모른다는 것을 주의해야 한다. 예를 들어 페드럴 익스프레스(FedEx)는 작은 포장을 다음날에 전달할 수 있음을 보이자 많은 고객들이 이를 다른 공급자에게서도 기대하기 시작했다. 구전은 고객의 과거 성과에 대한 지각과 관련 있다.

그림 3-1 • 고객만족 모델

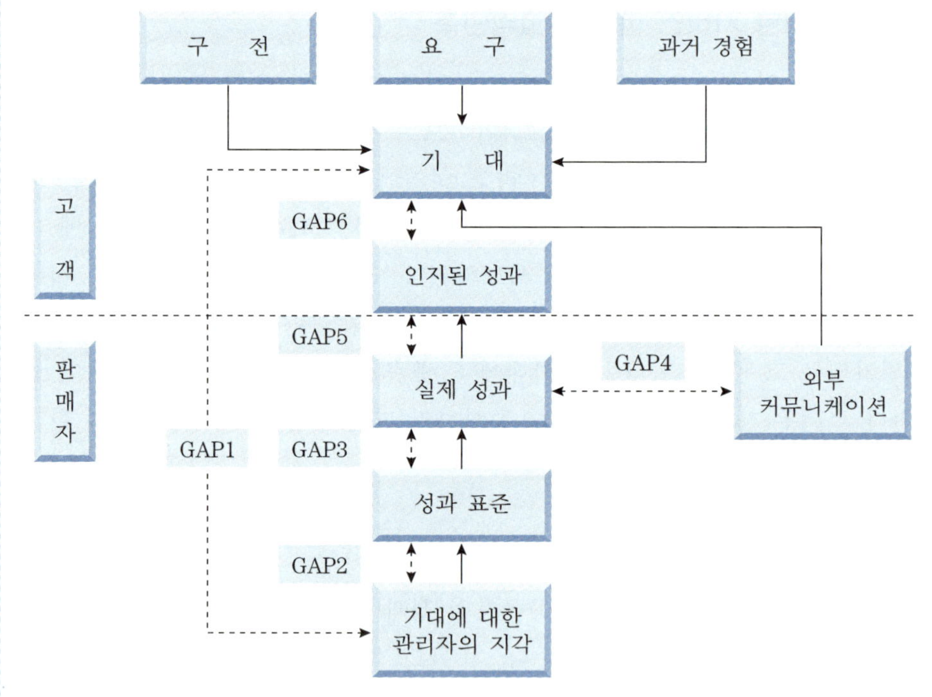

출처: Bowersox, D., “Supply Chain Logistics Management”.

아마도 고객 기대를 좌우하는 데 가장 중요한 요인은 공급자 자체에서 오는 커뮤니케이션일 것이다. 판매원 또는 고객 서비스대표, 마케팅과 판촉적 메시지에 포함된 약속 및 인증, 조직의 정책 및 절차 등은 고객에 대한 커뮤니케이션이다. 이 커뮤니케이션들은 고객이 자신들의 기대를 형성하는 주요한 요소이다. 납품 약속이나 제품 가용성을 유지하겠다는 약속은 고객의 마음에 기대가 된다. 그림 3-1은 조직이 고객만족을 달성하기 위해서 무엇을 행하여야 하는지에 대한 이해를 제공한다.

1) Gap1: 지식

첫 번째이고, 가장 기본적인 Gap은 고객의 실제 기대와 그러한 기대에 대한 매니저의 인지 사이에 존재한다. 이 Gap은 고객에 대한 관리자의 이해와 지식의 부족을 반영한다. 이러한 이해의 부족에 대한 많은 이유들이 있다고 할지라도, 고객의 기대에 대한 철저한 이해 없이는 고객만족이 확립될 수 없다는 것은 명확하다. 판매에는 전형적으로 고객 상호작용을 위한 중요한 책임이 있기 때문에 공급사슬 측면에서 기대에 대한 지식을 수시로 얻기는 곤란하다.

2) Gap2: 표준

비록 고객기대에 대한 충분한 이해가 존재하더라도, 성능의 표준을 설치하는 것이 필요하다. 표준 Gap은 내부적인 성능 표준이 고객기대를 충분하고 정확하게 반영하지 않을 때 존재한다. 이것은 많은 조직에서 그들의 기초 서비스 플랫폼을 내부적 운영 능력들에 근거하거나 또는 경쟁적인 서비스 성과의 표면적인 검사에 근거하여 개발할 때 더욱 명확해진다.

3) Gap3: 성과

성과 Gap은 표준성과와 실제성과의 차이이다. 고객의 기대에 대한 조사에 근거하여 설정된 표준성과가 충족률의 98%인데 회사가 실제로 97%로 수행하였다면 성과 Gap이 존재한다. 많은 기업들은 성과 Gap을 제거함으로써 만족을 향상시키려는 노력에 초점을 맞추고 있다. 그러나 첫 단계의 고객기대의 이해가 부족하면 불만족은 존재하게 된다.

4) Gap4: 커뮤니케이션

고객만족에서 커뮤니케이션의 역할은 아무리 강조해도 지나침이 없다. 앞에서 언급된 바와 같이 실제로 제공할 수 있는 것보다 높은 성과수준을 약속하는 것은 고객불만족의 주요 원인이다. 회사의 능력과 고객에게 알려진 능력간에는 차이가 없어야 한다.

5) Gap5: 인식

고객들은 가끔 성능에 있어서 실제보다 높거나 낮게 평가한다. 장기간 성과가 아주 좋더라도, 늦거나 불완전한 납품은 고객의 극단적인 불만족으로 귀착될 수 있다.

6) Gap6: 만족/품질

위의 Gap 중 어떤 한 개 또는 한 개 이상은 실제의 성과가 예상된 만큼 좋지 않다는 고객의 인지를 이끌어낸다. 즉 이 간격은 고객불평으로 귀착된다. 고객만족도 전달을 위한 프랫폼을 세울 경우 회사는 이러한 Gap들이 존재하지 않는다는 것을 보증해야 한다.

(4) 고객충성도

이러한 Gap을 막는 것은 단기적으로 고객만족을 향상시키고, 장기적으로는 충성고객을 만드는 것에 있어서 전제조건이 된다. 고객만족과 고객충성의 개념에는 차이가 있다. Piercy(2002)는 그것을 다음과 같이 구분했다.

- 고객만족은 고객이 기업에 대해서 생각하는 것이다. 그것은 일종의 태도이다(고객이 특정 기업의 제품과 서비스에 대해서 어떻게 느끼는가?).
- 고객충성은 고객이 얼마나 오랜 기간 기업과 거래하는가와 관련된다. 그것은 일종의 행동이다(고객이 특정 기업으로부터 한번 이상 제품을 구매하는가?).

그럼에도 불구하고, 만족이라는 고객의 태도는 충성이라는 고객의 행동에 중요한 열쇠가 된다. Parauraman과 Grewal(2000)은 그림 3-2에 보이는 것과 같이 두 가지 개념을 '고객충성의 주요 동인'이라고 설명하였다. 고객충성을 통한 이익은 잠재적으로 거대하다. 충성고객을 통한 이익은 평생 지출 잠재력의 관점에서 전망되어야 한다. Johnston과 Clark(2001)은 충성고객에 대해 다음과 같이 설명했다.

- 장기 수익 흐름을 발생시킨다.
- 새로운 고객보다 더 많이 구매하는 경향이 있다.
- 시간이 갈수록 지출이 증가하는 경향이 있다.
- 프리미엄 가격을 지불할 의향이 있다.
- 신규고객을 유치하는 것과 비교해 비용이 절감된다.

공급사슬의 도전은 서비스 품질의 디자인과 납품을 통해 고객충성에 대한 개발을 지원하는 것이다. 세 가지 동인에 의한 고객충성을 표현한 그림 3-2에서 서비스 품질은 우수한 시장 성과를 위해 필수적인 것이다. 그 이유는 서비스 품질은 제품품질이나 가격에 비해서 경쟁사가 모방하기가 훨씬 어렵기 때문이다.

흔히 '새로운 고객을 찾는 것은 기존의 고객을 유치하는 것보다 5배의 비용이 더 든다'는 말이 있다. 이렇게 고객만족을 통한 고객충성을 이끌어내는 것은 기업의 입장에서 매우 중요한 일이다. 기업들은 기존의 고객들이 계속적으로 만족을 느끼고 다시 방문하도록 하기 위해, 자신들의 능력과 이러한 능력이 고객들에게 제공하는 가치를 보여주어야 한다. 이를 통해 충성고객을 만들고 유지하는 것이 바로 앞으로 다룰 고객관계 관리의 동기이다.

그림 3-2 · 고객충성의 주요 동인

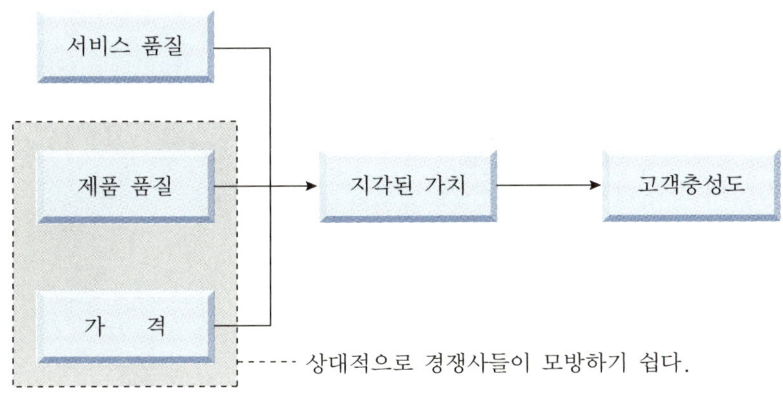

출처: Harrison C. "Logistics Management and Strategy."

제 2 절 고객관계 관리

고객관계 관리(CRM)는 고객관계 마케팅(customer relationship marketing)을 나타내는 동시에 고객관계 관리(customer relationship management)를 뜻하기도 하므로 여러 영역에서 혼용되어 쓰이고 있으며, 이 밖에 다른 용어들도 최근 많이 생기고 있다. 그러나 이러한 용어들은 결국 '수익성 있는 장기 고객관계 구축 및 유지' 라는 동일한 것을 설명하고 있다. 결국 궁극적으로 모든 CRM 형태는 지속적인 고객만족을 추구하여 판매 회사를 위해 수익과 이익을 창출해야 한다.

기업은 고객이 원하는 제품과 서비스를 경쟁력 있는 가격에 제공하는 것과 동시에 이러한 제품과 서비스에 가치를 부가하고 진정한 의미의 고객만족을 창출하는 부가 서비스와 여러 가지 혜택을 제공함으로써 고객을 적절하게 대우해야 한다. 다시 말해, 동일하지 않은 고객을 분류하여 각기 다른 부분에 속하는 고객에게 차별화된 제품과 서비스를 제공해야 한다는 것을 의미한다. 따라서 성공적인 CRM 프로그램은 단순하면서도 복잡하다. 즉 고객을 적절하게 대하고 자신들이 소중하고 특별하게 대우받고 있다고 느끼게 해야 한다는 점은 단순하다. 그러나 기업이 고객과 그들의 요구사항을 식별하고 고객만족과 충성을 얻어내도록 기업의 모든 활동을 설계해야 한다는 점에서는 복잡하다.

오늘날 CRM은 자동거래와 커뮤니케이션 어플리케이션과 관련이 있다. 기업들은 고객관계 과정을 자동화하기 위해 CRM 소프트웨어 어플리케이션이나 인터넷 웹페이지 부분에 상당한 투자를 해왔다. 더구나 오늘날 대부분의 시장에서는 치열한 경쟁이 존재하기 때문에 CRM은 새천년의 주요한 사업 전략이며 잠재적으로 가장 많은 비용이 드는 부분이 되었다. CRM 지출은 2005년쯤에는 전세계적으로 1,480억 달러에 이를 것으로 예상된다. 그러나 이러한 투자가 고객관계 향상에 따른 금전적 혜택에 대해서는 그 정확성이 입증되지 않은 경우가 많다. 연구조사에 따르면 최근 몇 년 동안 이루어진 CRM 소프트웨어 실행의 70%가 CRM 소프트웨어를 수용한 기업의 원래 목표를 달성하지는 못하고 있는 것으로 나타났다. 그렇다면 왜 CRM 프로그램이 효과를 제대로 발휘하지 못하는 경우가 발생하는 것일까? 그 이유는 무엇이 진정한 관계를 형성하는지를 이해하지 못하는 일부 회사들 때문이다. 기업들은 고객의 구매, 신용, 개인정보 등을 마케팅에 이용하거나 다른 기업에 판매하면서, 이를 통해 고객과의 관계 구축을 하여 충성고객을 확보하려는 노력을 하지 않고 있다. 고객과의 관계 형성과 유지를 위해서 기업들은 전화 메시지에 답하고 제품 반환이나 서비스를 용이하게 하며 고객들이 좀더 쉽게 정보를 얻고 담당자들과 연락을 취할 수 있게 하여야 한다. 또한 궁극적으로 고객이 만족해서 다시 방문하도록 하기 위해서 고객과의 개별적인 접촉을 시도하여야 한다.

1. 고객관계 관리의 역할

기업은 자사 고객의 가치를 증대시키는 핵심 공급자가 되기를 바라며, 이를 위해 고객의 요구를 만족시키고 고객과 장기적인 관계를 구축하기 위해서 노력해야 한다. 만약 공급자가 제 기능을 다하지 못한다면 고객은 결국 그 기업을 떠나고 말 것이다. 뿐만 아니라 장기적으로 그 기업의 제품을 구입하지 않을 것이다. 공급사슬에서 기업의 위치는 제조업자, 소매업자, 판매자, 서비스 제공업자에 관계없이 고객 요구와 기대 충족의 중요성은 과소평가될 수 없다.

통합 공급사슬을 성공적으로 구축하기 위해서는 공급사슬 참여자들의 요구를 충분히 충족시키는 것이 반드시 필요하다. 제품이 공급사슬을 거쳐 최종소비자에게 도달하기까지 모든 공급자와 고객 사이에는 좋은 성과를 낳을 수 있는 친밀하고 신뢰할 수 있는 관계가 이루어져야 한다. 따라서 기업이 좋은 공급자를 찾고 개발해야 하는 것처럼 공급자들 또한 좋은 공급자가 되고 이를 유지하기 위한 노력을 지속적으로 해야 한다.

고객관계에 대한 노력은 공급사슬 관리에서 반드시 있어야 하는 중요한 부분이다. 대부분의 기업들이 최종이용자들에게 직접적으로 판매하는 것이 아니기 때문에, 공급사슬상의 CRM은 구입 제품의 적절한 사용과 최종고객의 이익 최대화를 위해 고객을 위한 훈련과 교육을 포함하여야 한다. 또한 기업간 관계 형성에도 관심을 가져야 한다. 이러한 상황에서 고객들은 공급자가 제공하는 제품의 브랜드와 명성에 상당한 영향을 끼친다. 공급자들과 마찬가지로 기업은 자사 고객들을 증명하는 기업의 제품을 충분히 대표할 정도의 능력을 갖추고 있음을 보증하는 것이 필요할 수도 있다. 일례로 자동차 제조업체는 자신들의 제품이 가장 적절하게 표현되도록 하기 위해 판매상들과 최종고객 중심의 긴밀한 관계 형성 및 유지를 위한 많은 노력을 기울이고 있다.

2. 고객관계 관리의 기본 전략

기업이 CRM을 통해 얻고자 하는 것은 고객과의 적절한 관계를 통해 고객과 기업 모두가 상호가치를 공유하는 것이다. CRM 단계별로 기업과 고객과의 관계는 고객관계 형성, 고객관계 유지, 고객관계 강화로 구성된다. 앞에서 얘기한 것처럼 기업은 신규고객을 유치하는 것에서 그치지 않고 지속적인 제품과 서비스 품질의 향상을 통해 고객을 만족시키고 더 나아가 고객의 충성도를 이끌어 내어 고객과의 관계를 강화해 나가야 한다. 이것이 바로 고객관계 관리의 기본 전략이다.

(1) 고객관계 형성

고객관계 형성 단계는 수익성이 높은 고객과의 관계 형성을 통해 기업의 수익을 향상시키는 것이다. 수익성이 높은 고객뿐만 아니라 기업과 장기적인 관계를 형성하고 유지할 수 있는 고객을 선별하는 것 또한 중요하다. 즉, 기업은 어떤 고객이 더 가치 있는 고객이 될 것인지를 판단하여야 한다. 기업은 고객과의 적절한 커뮤니케이션을 통하여 고객에게 알맞은 상품을 알맞은 시기에 알맞은 유통경로를 통해 공급함으로써 고객의 신규구매를 유도할 수 있다. 그리고 이러한 고객을 개별적으로 분석하고 분석한 각각의 고객에 대해 끊임 없는 관계관리를 실시하여야 한다.

기업은 자사에 도움이 되는 고객의 특성을 분석함으로써 유사한 성향을 지닌 잠재고객을 선별하고 이렇게 선별된 잠재고객을 집중적으로 공략하여 신규수요를 확대하거나 경쟁사 고객에게 개별적으로 접근하여 상표 전환을 유도하는 전략을 활용할 수 있다.

한편 기존의 우량고객이 추천해 준 신규고객은 장기고객이 될 가능성이 높다. 왜냐하면 기존의 우량고객에 의한 구전 효과는 신규고객을 유치하는 데 도움이 될 뿐만 아니라 그러한 신규고객이 장기고객으로 전화될 가능성을 높여주기 때문이다. 구전에 의한 신규고객의 유치를 도모하기 위한 기업의 방법은 기존고객이 신규고객을 추천할 때 인센티브를 제공하는 것 등이 있다.

(2) 고객관계 유지

기업과 관계를 맺은 고객은 기업과 그 관계를 유지하는 동안 기업에게 지속적인 수익을 가져다 준다. 기업과 고객의 관계기간에 따라 발생하는 수익을 살펴보면 다음과 같다. 맨 처음 기업이 고객을 유치한 해(관계기간 첫해)에는 고객을 유치하는데 소요되는 비용이 고객으로부터 얻을 수 있는 수익보다 크기 때문에 기업에게는 총손실이 발생할 수 있다. 그러나 관계기간이 지속될수록 고객의 수익성은 점차 높아지며 고객에게 추가로 소요되는 비용은 감소하므로 고객 한 사람을 유지하는데 따른 수익성은 관계기간이 지날수록 급격히 증가한다.

고개유지의 효과는 수익성 향상과 같은 양적인 측면뿐만 아니라, 질적 측면에서도 나타난다. 질적 측면의 고객유지 효과는 기업과 고객과의 관계기간이 지속됨에 따라 기업으로 하여금 고객의 정보를 더 많이 획득함에 따라 고객지식이 높아지게 되고 이러한 고객지식을 활용함으로써 고객의 평생가치를 공유할 수 있게 된다. 결국 기업은 더 높은 수준의 고객서비스를 실현할 수 있는 것이다. 요약하자면, 고객과의 관계기간이 길어짐에 따라 기업이 고객에 대한 지식을 더 많이 갖게 되고 고객을 더 잘 알게 되어 더욱 효과적으로 고객과의 관계를 유지해 나갈 수 있게 한다.

(3) 고객관계 강화

오늘날 많은 기업에서 소위 'VVIP' 마케팅을 도입하고 있다. 이는 기업이 모든 고객을 똑같이 생각하는 것이 아니라는 것을 보여주는 것이다. 기업이 관계를 맺고 있는 모든 고객들은 기업의 이익에 똑같이 기여하지 않고 고객별로 상당한 편차를 보인다. 이는 기업이 CRM 활동을 함에 있어 어떠한 고객에게 중심을 두어야 하는지 단적으로 설명해 준다. 많은 기업들에서, 대부분의 수익을 가져다 주는 고객은 극히 일부에 지나지 않는다. 그러나 대부분의 기업은 이러한 사실을 제대로 인지하지 못한 채 고객의 수에만 집착하여 신규고객 확보에 주력하고 있다. 심지어는 이러한 사실을 알면서도 기업에 수익을 가져다 주는 고객을 구분하지 못하는 경우도 있다. 즉, 모든 고객과의 관계에 똑같은 투자를 하면서도 수익의 대부분을 창출하고 있는 소수의 고객들과 적절한 관계를 형성하고자 하는 노력을 게을리 하고 있는 것이 현실이다. 기업은 CRM을 통해 이러한 소위 우량고객들과의 관계를 잘 유지하는 한편 고객충성도를 증가시켜 우량고객으로 만들어야 한다. 이것이 CRM 구현을 통해 고객으로부터 얻어야 하는 최종목표이다.

3. 성공적 고객관계 관리 구축요소

성공적인 고객관계 관리 구축을 위해 기업은 여러 요소를 고려해야만 한다. 이러한 요소에는 고객 분류, 고객별 수익 기여도 분석, 미래 고객행동 분석, 영업자동화, 고객과의 커뮤니케이션, 고객서비스 관리 등이 포함된다. 이러한 각각의 요소를 아래에서 좀더 자세하게 살펴본다.

- 고객 분류
- 고객별 수익 기여도 분석
- 미래 고객행동 분석
- 영업활동 자동화
- 고객과의 커뮤니케이션
- 고객서비스 관리

(1) 고객 분류

고객 분류는 비슷한 경향을 보이는 고객별로 묶어 고객을 분류하는 것이다. 기업이 고객을 분류하는 방법에는 여러 가지가 있다. 고객은 성별, 교육수준, 연령과 같은 인구통계학적 정보와 도시, 지역, 주거환경과 같은 지리적 정보, 고객이 원하는 제품 특성에 따른 기술적 정보, 소비패턴, 구매빈도에 따른 행동적 정보 등으로 분류될 수 있다. 고객을 이런 다양한 기준들에 의해 분류하는 것은 마케팅과 공급사슬을 연결하는 데 있어서 강력한 방법이 된다. 왜냐하면 고객을 분류하는 것은 마케팅뿐만 아니라 공급사슬 관리에 있어서도 필수적이기 때문이다. 주의해야 할 점은 공급사슬내의 능력이 존재하지 않아서 공급이 불가능할 경우 이렇게 분류한 고객에 대한 정의는 가치가 없다는 것이다. 기업은 이러한 고객 분류를 통해 특정 고객층을 겨냥함으로써 불필요한 비용과 노력을 절감할 수 있다. 고객 분류를 통해 기업은 교차판매를 실시할 수 있다.

1) 교차판매(cross-selling)

교차판매는 고객이 처음 구입한 제품으로 인해 다른 제품을 추가적으로 구입할 때 발생하는 것으로, 기업이 다양한 제품을 취급하고 있으며 동일한 상품에 대한 반복구매가 거의 일어나지 않을 경우 유용한 방법이다. 예를 들어 Amazon.com에서 실시하고 있는 도서 추천 프로그램이 이에 해당한다. 도서 추천 프로그램은 Amazon에서 특정 책을 구입한 고객에게 동일한 책을 구입한 다른 사람들에 의해 구입된 다른 책을 추천하는 것이다. 이러한 교차판매는 높은 품질의 고객 데이터베이스를 보유하고 있는 은행 등 금융기관에서도 자주 사용된다. 교차판매를 통해 고객들은 자신이 개별적인 관심을 받는다고 느끼고 만족해서 결국 충성스런 고객이 될 것이다.

(2) 고객별 수익 기여도 분석

오늘날에는 많은 기업들이 CRM 시스템의 도움으로 고객의 수익정보를 얻을 수 있게 되었다. 고객의 수익 기여도 분석에는 RFM 분석, 고객실적 평가법(Historical Profitability Measurement), 고객생애 가치(Life Time Value) 등이 있다. RFM 분석은 고객의 최근성, 구매변동, 구매량을 이용하여 기업에게 어떤 사람들이 중요한 고객이 될 것인가를 평가하는 것이다. 고객실적 평가법은 고객이 지금까지의 기업의 수익성에 어느 정도 기여해 왔는지 평가하는 기법이다. 고객생애 가치는 고객이 미래의 일정 기간 동안 고객이 제공할 것으로 예측되는 수익 기여도 값을 통해 구할 수 있다.

그러나 이러한 정보의 이용은 일부 고객에 대해 잘못된 판단을 유발할 가능성이 있다. 예를 들어 아무리 당장 수익 기여도가 높은 고객이라고 할지라도 여러 기업들로 자주 옮겨 다니는 성향을 가지고 있는 고객이 있을 수 있다. 반대로 좀처럼 다른 구매를 하지 않지만 다른 사람들에게 긍정적인 구전활동을 할 가능성이 크고, 앞으로 결혼 등을 통해 기업에 유리한 고객이 될 잠재적 가능성이 있는 고객이 있다. 이와 같이 지금 당장은 수익에 도움이 안 되는 고객이라 하더라도 장기적으로는 기업에 큰 이익을 가져다 줄 수도 있다. 따라서 고객의 평생 가치나 수익성을 판단한 후, 각 고객에 대한 특정 혜택, 커뮤니케이션, 서비스, 정책

방향을 설정하는 것이 바람직하다

(3) 미래 고객행동 분석

기업은 고객의 구매행위를 이해하고 분석함으로써 고객의 미래 행위를 예측할 수 있다. 이러한 예측을 통해 기업은 고객이 어떤 제품을 구입할 것인지, 다음에 구입할 제품은 무엇인지, 얼마를 결재할 것인지 예측할 수 있다. 이를 통해 기업은 가격정책을 검토하고 할인행사를 하며 특정 고객층에 대한 프로모션을 계획한다. 이러한 미래 고객행동 예측은 기업에게 고객이탈 분석 및 이탈방지 활동을 가능하게 한다.

1) 고객이탈 분석

고객이 더 이상 자사의 제품을 구매하지 않는 이유를 아는 것은 기업에게 있어서 매우 중요하다. 불평을 하지 않는 고객 중에서는 실제로 만족한 고객도 있지만 불만족했으나 불평을 하지 않는 고객도 포함되어 있다. 따라서 불평을 하지 않는 고객이 만족한 고객이라 볼 수는 없다. 그렇기 때문에 고객이 불평을 하지 않았더라도 고객이 이탈했을 경우 왜 이탈했는지에 대한 원인 분석이 반드시 필요하다. 이러한 정보는 현재와 미래의 고객 유지에 이용될 수 있다.

반대로 어떤 경우에, 기업들에게는 떠나기를 바라는 고객들(불량 고객)이 존재할 수 있다. 기업은 이탈 고객들의 가치를 결정함으로써 기업에게 도움이 되는 고객과 해가 되는 불량 고객을 구별할 수 있다. 그렇게 함으로써 불량 고객을 기업의 고객으로 만드는 데 드는 불필요한 비용을 줄일 수 있다.

2) 이탈방지(churn reduction)

기업은 경쟁사로의 고객이탈을 줄이려는 목적에서 이러한 고객들을 대상으로 개별화된 상호작용과 마케팅 노력을 하게 되는데 이것을 이탈방지(churn reduction)라고 한다. 이익 가치를 고객에게 할당함으로써 기업들은 고객들, 특히 이탈고객의 프로파일에 들어맞는 이들에게 구매를 재개해준데 대한 사례의 정도를 결정할 수 있다. 특히 우수고객 프로그램과 고객사례 프로그램을 비롯한 다른 유사한 프로그램들은 모두 고객을 보다 자세하게 분류하려는 노력의 일부이다.

(4) 영업활동 자동화

영업사원에게는 사무실을 비우는 동안 자신의 계정, 사업 기회와 커뮤니케이션을 관리할 수 있는 더 나은 방법이 필요하다. 이러한 능력을 제공하기 위해 기업은 1990년대 초반 이후로 CRM 도구를 사용해서 관리 및 영업직원들이 수요 증가로 요구되는 복잡한 정보들을 놓치지 않도록 돕고 있다. 그 중 대표적인 것이 영업활동 자동화(sales force automation)이다. SFA란 고객의 자료가 저장되어 있는 DB와 동기화되어 있기 때문에 영업이 이루어지는 고객 접점에서 해당고객의 데이터에 직접 접근할 수 있고 반대로 거래가 이루어짐으로써 생성된 거래정보를 직접 중앙컴퓨터와 고객 DB에 입력함으로써 영업의 효율성을 높이는 업무 자동화시스템 중의 하나이다. 따라서 SFA는 영업활동의 문서화, 재택 근무자와의 커뮤니케이션, 판매 내역서나 그 밖의 영업활동 관련 서류정보를 검색하고 갱신하는 데 이용될 수 있다. 현장 영업직원이 최근의 예측, 판매, 재고, 마케팅 계획, 계정정보 등을 이용하려고 할 때 그들은 현장에서 더 빠르고 정확한 결정을 내릴 수 있다. 이러한 SFC를 도구별로 살펴보면 다음과 같다.

1) 영업활동 관리도구(sales activity management tools)

영업활동 관리도구(sales activity management tools)는 기업의 영업 절차를 표준화하는 동시에 각 기업의 영업정책에 적합하도록 맞춤 제작되며, 영업사원에게 고객과의 영업과정을 지도하는 일련의 영업활동들을 제공한다. 이러한 표준화된 영업과정 단계들은 기업전체를 통하여 일관된 영업과정을 제시하며 적절한 영업활동이 실행되도록 보장함으로써 실수가 감소하고 고객 만족과 생산성이 향상된다. 이처럼 미리 규정된 영업 단계로 인하여, 현장 영업사원들은 필요한 경우 주요고객 활동들은 상기할 수 있고 적극적이지 않은 고객들에게 메일을 발송하며 경영진으로부터 의무를 할당받고 앞으로 이행할 업무 리스트를 만들 수 있다. 게다가 영업직원들은 자택 사무실과 온라인상에서 서로 대화를 할 수 있다.

2) 정보 관리도구(knowledge management tool)

정보 관리도구(knowledge management tool)은 영업 인력들이 활동에 필요한 정보를 신속히 제공해 줌으로써 신속한 결정과 양질의 고객서비스가 가능하도록 한다. 영업사원들은 영업 전후와 영업중에 계약, 고객과 경쟁사 프로파일, 고객매출 내역, 기업정책, 비용 상환 형태, 규제 및 법률 관련 문제, 매출 프리젠테이션, 프로모션 자료, 이전 고객의 반응을 포함해서 다양한 정보를 필요로 한다. 정보관리도구(knowledge management tool)의 사용을 통해 이러한 정보를 쉽게 이용함으로써 영업사원들은 더 나은 능력을 갖출 수 있다.

3) 리드 관리도구(lead management tool)

영업사원들이 고객과의 거래체결에 도움을 주는 판매 전망이나 기회를 처리할 때, 리드 관리도구(lead management tool)는 미리 규정된 영업전략에 맞춰 영업사원이 거래체결이나 협상과정을 원활히 진행할 수 있도록 돕는 기능을 제공한다. 이 과정 동안 영업부 직원들은 회사의 서버와 연결되어 있는 노트북이나 휴대형 단말기를 이용하여 직접 제품 사양과 견적을 산출할 수 있다. 따라서 리드 능력은 짧은 시간 내에 더 높은 거래체결 성공률을 낳는다. 또 다른 일반적인 특성은 관리자들이 영업사원들의 성공과 각 리드에 의해 발생한 향후 주문을 추적할 수 있다

4) 영업권 관리도구(sales terrority management tool)

영업권 관리도구(sales terrority management tool) 덕분에 영업관리자들은 고객별 계정에 대한 각 영업사원의 활동, 각 영업사원의 총매출액과 영업권(sales territory), 진행중인 매출계획 등에 관한 최신 정보와 보고기능을 얻을 수 있다. 영업관리자들은 이러한 도구를 사용하여 각 고객의 요구사항에 명확하게 들어맞는 영업팀을 만들고, 각 영업사원의 프로파일을 작성하고, 실적을 추적하며 현장에서 발생하는 새로운 리드(lead)를 놓지지 않는다.

(5) 고객과의 커뮤니케이션

기존의 고객과 기업의 관계는 기업의 일방적인 독백이라는 느낌이 강했다. 그러나 CRM은 이러한 기업의 일방적인 독백을 기업과 고객과의 대화 즉 커뮤니케이션으로 바꾸어 놓고 있다. 특히 CRM을 통해 얻을 수 있는 고객에 대한 다양한 정보는 기업으로 하여금 특정 고객 그룹을 겨냥하여 고객화된 커뮤니케이션을 가능하도록 한다. 고객의 이름을 부르거나 전에 이용했던 서비스를 제안하는 것은 고객에게 가치를 전달하고 판매를 증대시킬 가능성이 있다. 예를 들어

Ritz-Carlton 호텔은 고객이 재방문했을 때 그들이 선호하는 서비스를 제공하기 위해 각 고객에 대한 프로파일을 작성한다. 웹사이트는 고객의 프로파일에 맞는 제품, 광고, 선호하는 선적을 제공함으로써 향후 사이트 방문을 개별화하기 위해 고객의 신용카드 번호, 이름, 클릭스트림(clickstreams), 구입 물품을 기억할 수 있다. 그렇게 함으로써 고객이 마지막 구매를 한 이후 상당한 기간이 지났다면 고객을 다시 돌아오게 할 수 있는 유인책을 가지고 개인에게 이메일을 보낼 수도 있다. 시간이 지나면서 기업이 서비스, 제품, 다양한 고객들이 보여주는 구매행위를 파악하게 됨에 따라 이런 기능은 증가한다.

1) 이벤트 마케팅

고객 커뮤니케이션의 또 다른 형태는 특정 이벤트와 관련 있는 개별적인 프로모션을 제공하는 것이다. 예를 들어 고객이 시즌(season) 입장권이나 일일 입장권을 구입할 때 놀이공원은 고객의 생일을 물어보고 고객의 기념일에 있을 향후 할인행사에 대해 안내해줄 수 있다. 다수의 고객을 대상으로 이벤트 마케팅 전략을 구사하는 것은 컴퓨터 자동화가 없이는 불가능하다. 따라서 이벤트 마케팅은 CRM 시스템을 구매하려 하는 기업들 사이에서 인기가 있는 편이다.

2) 퍼미션 마케팅(Permission Marketing)

퍼미션 마케팅은 타겟 마케팅이 확대된 형태로 고객들이 기업과 커뮤니케이션을 하는 방법과 시간을 정한다는 것이 핵심이다. 고객들은 신제품 정보에 관한 특정 이메일이나 우편메일 리스트에 자신의 이름을 포함할 것인지의 여부나 앞으로 있을 세일을 비롯한 다른 행사에 관한 연락을 수신할지에 대해 직접 선택하여 결정할 수 있다. 이러한 종류의 고객관계를 위해 고객별로 선호하는 연락방법을 찾아내고 이를 업데이트 시킬 수 있는 소프트웨어 기능이 필요하다. 기업은 이러한 기능들을 수동으로 관리하며 소비했던 시간을 단축시킬 수 있다.

4. CRM 프로그램

CRM 프로그램을 계획하고 실행하는 것은 고객에 대한 이해, CRM 도구에 대한 이해, 직원들의 적극적인 참여 등 여러 가지 사항들로 인해 매우 어려운 일이다. 일반적으로 CRM이 해결하기로 되어 있는 문제를 이해하기도 전에 해결책을 이용한다거나 CRM 어플리케이션 제공업체를 선정하는 것은 CRM 실패의 주된 이유가 된다. 기업은 CRM을 도입하기에 앞서 CRM을 통해 해결하려고 하는 문제가 무엇인지 반드시 이해하여야 한다. CRM을 도입하는 과정에서 현재 단편적으로 시행되고 있는 CRM 계획들을 살펴보고 이러한 계획들을 기업 전체의 계획으로 통합하는 것이 CRM 실행과정 초기 목표의 일부분이 되어야 할 것이다.

(1) 고객서비스 관리

고객서비스는 성공적인 CRM 계획에 있어 중요한 요소이다. 고객을 다루는 과정에서 일차적인 목표는 항상 적절한 수준의 고객서비스를 제공하는 것이다. 그렇다면 고객서비스란 무엇인가? 고객서비스는 간단하게 '7R 규칙(Seven Rs Rule)'로 얘기할 수 있다. 7R에는 적절한 제품(right product)의 적절한 양(right quantity)을 적절한 조건(right condition)에 적절한 장소(right place)에서 적절한 시간(right time)에 적절한 고객(right customer)을 위해 적절한 비용(right cost)에 제공하는 것을 뜻한다. 완벽주문(perfect order)은 모든 7R을 만족시키는 주문이다. 완벽주문의 개념은 서비스 품질의 논리적 확대이다. 이러한 서비스 수행은 오늘날의 기술로 달성이 가능하기는 하지만 많은 비용이 소모된다. 따라서 이렇게 불량률 제로를 모든 고객에게 일률적으로 제공하는 기업은 거의 없다. 중요한 것은 그러한 높은 수준의 성과는 전략적 선택사항이며 선별적인 차원에서 적용될 수 있다는 점이다. 또한 기업이 높은 수준의 서비스와 가치를 고객에게 전달하기 위해서는 고객에게 제품을 판매하기 전부터 판매한 뒤까지 전 과정에서 지속적인 노력을 기울여야 한다.

1) 현장서비스

대부분의 경우 제품의 관리나 수선을 위해서 그 제품을 구매한 기업의 고객서비스센터에 직접 연락을 해본 경험이 있을 것이다. 직접 연락을 하고 무엇이 문제인지를 설명하고 나면 기술자와 시간 약속을 하게 되고, 그 시간에 기술자가 방문하여 제품을 수리하는 것을 기다려야 한다. 어떤 경우에는 제품을 직접 고객 서비스센터로 가지고 가서 수리를 맡겨야 하는 경우도 있고, 또 어떤 경우에는 부품을 다시 주문한다던가 고장의 원인을 잘못 파악하여 수리기간이 무작정 길어지는 경우도 발생한다. 이처럼 제품의 수리 및 관리와 관련한 일련의 과정들은 고객들로 하여금 상당한 불편을 느끼도록 한다. 이러한 경험을 가진 고객들은 누구나 한번쯤 현장서비스 관리 자동화를 희망해 본 적이 있을 것이다. CRM을 이용하면 제품의 관리와 수선 과정이 자동화되고, 고객들은 무선 커뮤니케이션 장치를 이용하여 제품 전문가들과 직접 커뮤니케이션 할 수 있고 문제가 된 부분을 신속하게 수선할 수 있다. 또한 전문가들도 좀더 정확하고 효율적으로 파견되고, 현장에서 기술자와 기업의 서버가 무선으로 연결되어 수선 매뉴얼, 지시사항, 설명서, 부품 주문양식을 비롯한 다른 정보들을 이용할 수 있다. 이렇게 될 경우 서비스의 품질이 향상되어 고객만족도가 더욱 높아질 것이다.

2) 콜 센 터

콜센터가 CRM에서 차지하고 있는 중요성은 아무리 강조해도 지나치지 않는다. 콜센터는 기업에게 있어서 고객과의 상호작용이 가장 많이, 그리고 가장 집중적으로 일어나는 곳이기 때문이다. 콜센터는 아주 오래전부터 존재해오던 것으로 일부 기업들은 콜센터를 사업 비용으로 여겨 수익을 고갈시키는 것으로 간주하여 이를 부정적으로 인식하는 경우도 있었으나, 원래 콜센터는 고객과의 상호작용에 대한 필요성과 원가절감을 이유로 만들어졌으며 많은 기업들이 고객만족과 충성을 위해 콜센터를 매우 유용하게 이용하였다. 오늘날 많은 기업들이 자사의 콜센터 활동을 보완하기 위해서 질문과 그에 따른 설명에 관한 데이터베이스 구축을 위해 노력하고 있다. 이렇게 콜센터가 자동화되면서 고객서비스 담당자들은 유사한 질문이 과거에 어떻게 답해졌는지 신속하게 알 수 있게 되었고 신속한 문제 해결이 가능해져 콜센터의 효율성이 크게 증대되었다. 이러한 자동화된 시스템 덕분에 콜센터 인건비와 훈련시간이 단축되어 직원의 전반적인 생산성이 향상되는 한편 고객만족 수준도 높아졌다. 특히 콜센터로 들어오는 문의사항과 반복되는 불만사항, 고객제안들을 검토해봄으로써 많으 정보를 얻을 수 있을 뿐만 아니라 고객과 일대일로 관계를 구축한다는 점에서 콜센터는 CRM의 중심에 자리잡고 있다고 볼 수 있다.

3) 웹사이트

콜센터만으로 고객의 모든 문의사항을 해결하는 것은 기업에게 있어 비용적인 부담이 매우 클 뿐만 아니라, 고객의 문의사항의 경우 콜센터에서 처리해야 하는 부분도 있지만 웹에서 처리해야 하는 부분도 있으므로 기업에서는 콜센터와 더불어 웹사이트를 적절히 활용하여야 한다. 웹사이트는 고객의 여러 문제들 중 복잡하고 특별한 문제보다 단순하고 반복적인 문제를 해결하는데 보다 큰 도움을 줄 수 있다. 그러므로 웹사이트에서 제공하기 힘든 복잡하고 까다로운 문제들은 콜센터의 상담원에게 곧바로 연결되도록 웹사이트를 디자인하는 것이 좋다. 간단히 말해 웹사이트는 사이트를 방문하는 고객들이 흔히 요청하는 정보들을 보다 쉽게 확인할 수 있도록 콜센터 지원 메커니즘의 기능을 한다고 볼 수 있다. 예를 들어 고객은 웹사이트를 통해 자신의 계정 정보나 비행 스케줄, 운영시간, 제품 정보나 반환 정책에 대해서 알 수 있다. 잘 디자인된 웹 사이트는 대부분의 고객의 의문점이나 불만사항을 적절히 소화해냄으로써 콜센터의 업무를 감소시킨다.

4) 고객만족도 조사

고객만족도에 관한 조사는 제품과 서비스를 향상시키는 데 필요한 피드백을 위해서 사용된다. 고객만족을 측정하기 위한 방법에는 여러 가지가 있다. 고객들은 보통 테이블에 배치된 고객 피드백(feedback) 카드, 메일로 보내거나 제품과 함께 제공되는 설문조사, 혹은 회사 웹사이트에서 실시한 설문조사를 통해 제품, 서비스, 회사에 대한 피드백을 제시할 기회를 갖게 된다. 그러나 이러한 고객만족 측정은 다소 미묘한 문제가 있다. 이러한 고객만족도 조사에 대한 신뢰가 오해를 불러일으킬 수도 있기 때문이다. 대부분의 고객은 문제가 발생한 경우에만 이러한 피드백 카드를 작성하며, 어떤 경우는 문제가 발생하더라도 이를 표현하지 않기도 한다. 따라서 이러한 조사들은 고객유지를 위해서 이용되기는 힘들지만 이용이 편리하다는 장점이 있어 많이 사용되고 있다. 그래도 여전히 많은 경우에 있어서 이러한 고객의 반응은 기업에 있어 중요한 정보가 되며, 가장 빈번하게 발생하는 문제점을 해결하는 데 이용될 수 있다.

CRM 프로그램에서 고객만족 설문조사는 특정 계층의 고객에 맞춰 개별화될 수 있다. 또한 실제 불평이 있는 고객뿐만 아니라 만족하고 있는 고객에 대한 정보도 얻을 수 있으며, 고객 응답과 고객 프로파일을 대조해봄으로써 다양한 고객그룹을 위한 커뮤니케이션과 서비스 기능을 위한 기업의 방향을 제시할 수 있다.

5) 개인정보보호

고객 관점에서 두 가지 중요한 사항은 기업들이 정보를 받았을 때 개인의 사생활을 보장하는 것과 원치 않는 권유에서 비롯된 고객 고민을 최소화하는 기능이다. 사실 2003년 초까지 미국 내 21개 주에서 원치 않는 광고 메시지를 제거하는 안티스팸(anti-spam)법안을 채택했었다. 오늘날 CRM 어플리케이션은 선호채널(channel)과 메시지뿐만 아니라 고객이 선호하는 권유 빈도까지 결정할 수 있다. '옵트인(opt-in)'과 '옵트아웃(opt-out)' 같은 정책들과 개인정보보호 정책의 공지와 같은 것들은 대부분의 인터넷 기반 마케팅 메시지에는 일반적인 사항이 되어가고 있다.

(2) CRM 프로그램의 구축

1) CRM 프로젝트의 계획

충실한 CRM 프로젝트 계획을 세우는 것은 CRM 어플리케이션 구입과 실행 및 경영진의 승인을 얻고 프로젝트 자금을 확보하는 데에 있어 기본 전제가 되는 중요한 활동이다. CRM 계획에는 CRM 프로그램의 목표, 기업전략과의 적합성, 구입하거나 이용되어야 할 새로운 어플리케이션, 기존의 방법 혹은 오래된 시스템과의 통합 및 교체, 직원의 가격요건, 트레이닝, 정책, 업그레이드, 유지, 실행 비용과 실행 기간 등이 포함되어야 한다. 일단 이것을 문서로 작성하면 기업은 프로그램이 자리를 잡은 후 이용될 기업의 수행능력 평가는 물론 구입 및 실행 과정을 지시할 수 있는 로드맵을 갖게 될 것이다. 또 한 가지 중요한 것은 계획수립 단계에서부터 직원들의 참여와 지원을 유도해야 한다는 것이다. 직원들은 프로그램을 전적으로 받아들이기 전에 CRM 계획이 자신들의 업무에 어떤 영향을 끼칠 수 있는지 이해해야 한다.

2) 어플리케이션 선정

CRM 계획이 수립되면 자동화 혹은 기술이 필요한 활동이 무엇인지 파악하는 것이 필요하다. 그 다음 해야 할 일은 적합한 어플리케이션을 선택하는 것이다. 기업들은 CRM 관련 무역전시회 방문, CRM 컨설팅 사무소 이용, CRM 혹은 비즈니스 출판물 검색, CRM 공급업체의 웹사이트 검색, 이미 CRM 시장에 대해 알고 있는 사내 IT 인력의 지식 활용 등을 통하여 자사에 맞는 어플리케이션과 공급업체를 찾을 수 있다. 기업들은 유용한 여러 제품을 분석하고 비교해야 한다. Dyche는 자신의 CRM 안내서에서 아래의 특성들을 비교 검토하도록 권한다.

- 하드웨어, 소프트웨어, 네트워킹 필수요건과 기능을 살펴보아라
- 얼마나 많은 자료와 사용자들을 지원할 수 있는가?
- 시스템의 보안을 위한 요건에는 어떤 것이 있는가?
- 미리 준비된 문서양식과 맞춤식 보고서 작성 기능이 있는가?
- 사용자가 소프트웨어를 맞춤식으로 만들고, 그래픽을 표현하고 정보를 인쇄할 수 있는가?
- 작업흐름 관리, 이메일 응답 엔진, 예측 모델링 등 특색 있는 기능들이 있는가?
- 다양한 질문에 대한 신속한 응답이 가능한가?
- 다양한 시간대를 수용할 수 있는가?

이러한 CRM 능력들을 비교하면 자사에 맞는 어플리케이션 공급업체를 선정하는 데 도움이 된다. 마지막으로 기업이 고려해야 하는 것은 판매 후에도 기업의 요구를 충족시키는 사용자 지원을 제공하는지, 또 기업에게 무료 시범사용을 제공함으로써 제품 성능을 증명하는지 여부이다. 마지막으로 기업은 비용과 계약 내용을 신중히 고려하여야 한다.

3) 기존 시스템과의 통합

기업 내의 부서들이 다른 부서들과 서로 커뮤니케이션 하지 않고 다양한 CRM 프로그램을 실행하는 것은 위험하다. 같은 고객과 커뮤니케이션하는 데 있어서 각 부서들이 다른 시스템을 사용할 경우 고객에게 중복된 내용을 전달할 수 있을 뿐만 아니라 서로 엇갈리게 되어 고객들을 혼란스럽고 짜증나게 할 수 있기 때문이다. 그래서 CRM 어플리케이션의 통합은 CRM에 있어 매우 중요한 부분이며, 기업에서는 CRM은 단일 상품이라기 보다 다양한 어플리케이션 집합체로 보아야 한다.

기업은 모든 고객 정보를 하나의 중앙 데이터베이스 혹은 데이터 웨어하우스(data warehouse)에 보유하고 각 부서들이 이를 필요할 때 이용하고 업데이트할 수 있는 호환모듈을 구축하여야 한다. 이렇게 함으로써 기업은 한 고객에 대해서 같은 정보를 얻을 수 있으며 노력의 중복이나 호환이 되지 않음으로써 오는 비용의 낭비를 막을 수 있다. 또한 기업 전체에서 얻은 CRM 정보를 통해 기업은 고객에 대해 보다 정확한 분석을 할 수 있으며 고객의 요구에 더 가까운 결

정을 내릴 수 있어 고객만족을 높일 수 있다.

(3) CRM 프로그램의 실행과 평가

CRM 프로그램의 계획 및 구축과 더불어 기업들은 CRM 활동들에 대한 실적 평가를 통해 CRM 프로그램이 원래의 목적을 충족시키고 있는지 확인하여야 한다. 또한 이러한 CRM 활동의 전 과정에 있어서 중요한 점은 모든 CRM 어플리케이션 사용자들에게 충분한 교육을 제공하는 것이다.

1) 평가기준 수립

CRM 활동들에 대한 실적 평가는 관리자들이 CRM 프로그램을 통한 혜택에 대해서 보다 잘 이해하도록 하며 실행이나 사용상에 문제가 발생하면 문제를 찾아내어 신속하게 해결하도록 한다.

기업 차원에서의 실적평가는 CRM의 생산성이나 CRM 프로그램을 통해 발생한 매출과 같이 전략적으로 중요하게 생각되는 분야에 집중해야 하며, 사용자 차원의 실적평가는 좀더 전술적인 측면에 초점을 둠으로써 기업 차원의 전략적 목표를 지원할 수 있도록 해야 한다. 이와 같은 실적평가는 CRM이 기업의 목적에 맞게 잘 운영되도록 할 뿐만 아니라 CRM을 통한 지속적인 성과 향상에도 도움을 준다.

2) 사용자 교육

CRM 프로그램에 대한 교육 훈련은 영업, 콜센터, 마케팅 인력들이 CRM 어플리케이션의 이점과 사용에 대한 확신을 갖는 데 도움이 된다. 또한 핵심 고객 연락을 담당하는 관리자들과 사용자들에게는 기업의 CRM 어플리케이션에 어떠한 일대일 맞춤이 요구되는지 결정하는 데 도움이 된다. 이것은 특히 공급망, 영업, 마케팅 과정이 복잡한 대기업에게 특히 중요하다. 많은 경우에 있어서 CRM 실행은 이미 사용중인 다른 시스템이 단계적으로 사라지거나 CRM 시스템과 통합하게 된다는 걸 의미한다. 교육은 직원들이 어떻게 최적으로 오래된 시스템을 단계적으로 제거하고 새로운 시스템을 도입할지에 대한 결정을 하는 데 도움이 된다.

요 약

1. 고객가치는 고객이 기업에서 제공하는 모든 제품과 서비스 그리고 그 밖의 무형의 것들을 인식하는 정도로 정의할 수 있다. 고객의 지각은 요구의 적합성, 제품선택, 가격과 브랜드, 가치를 증가시키는 서비스, 유대관계와 경험에 따라 세분화될 수 있다.
2. 공급자의 성과가 고객의 기대에 부응하거나 초과되는 경우에 고객은 만족하고, 반대로 인지된 성과가 고객의 기대보다 작으면 고객은 만족하지 않는다. 고객만족은 고객이 기업에게 가지는 태도라고 볼 수 있으며 고객충성의 기반이 된다.
3. 고객관계 관리(CRM)는 장기적인 고객관계 구축 및 유지를 위한 것으로 대부분의 기업들이 최종이용자들에게 제품을 직접적으로 판매하는 것이 아니기 때문에, 공급사슬상의 CRM은 반드시 있어야 하는 중요한 부분이다.
4. 고객관계 관리의 주요 도구와 구성요소에는 고객 분류, 고객행동 예측, 고객수익성 결정, 고객 커뮤니케이션 개인화, 영업업무 자동화 도구들, 고객 서비스 생산능력 등이 포함된다.
5. CRM 프로그램의 설계와 실행의 순서는 다음과 같다. 먼저 CRM 계획을 수립하고, CRM 사용자를 초기부터 참여시킨다. 그 다음 적합한 어플리케이션과 제공업체를 선정하고 기존의 CRM 어플리케이션을 통합한다. 다음으로 실적평가 기준을 마련하고 마지막으로 CRM 사용자를 교육한다.

토의 사례

제품차별화의 지연

롯데백화점은 지난 2004년 11월 업계 최초로 CRM 시스템을 도입했다. 기존의 신상정보와 구매실적 중심에서 한 단계 발전한 구매행동, 로열티, 라이프스타일, 잠재구매력 등 데이터를 분석해 타겟마케팅을 실현했다. CRM 도입 이후 연간 1,000억원 이상의 매출 증가 효과를 거두는 것으로 분석하고 있다.

롯데백화점 CRM 프로젝트는 비즈니스 전략에 맞는 솔루션과 DW/CRM 시스템 도입과 World Class CRM의 구현을 통하여 롯데백화점이 업계의 선두를 확고히 하고, 경쟁력 우위의 차별성을 확보하기 위하여 2004년 2월 10일 프로젝트를 시작하여 2004년 10월 19일까지 총 8개월 간 진행하였다.

구축된 롯데백화점 CRM 시스템의 주요 구현 내역은 크게 고객정보의 통합, 분석기능의 강화, 캠페인 관리 시스템의 강화, 마케팅 및 서비스의 강화로 나누어지며, 각 부분의 주요 내용은 다음과 같다.

1. 고객정보의 통합

마케팅 대상고객과 고객별 활용정보를 확대하고, DATA의 신뢰도 및 품질향상을 목표로 기존 운영계 Data를 추출하여 변환하고 정제하여 탑재하였으며, DW를 구축하였다.

2. 분석기능의 강화

현업주도의 Data활용 체계를 구축하고, 정보의 분석능력을 향상시키며, 분석된 정보의 활용가치를 증대하기 위하여 OLAP과 Mining Application을 구축하였다.

3. 캠페인 관리 시스템의 강화

캠페인 반응률 분석을 개선하고, 캠페인 활용정보를 통합하며, 고객

반응 결과에 대한 Feedback을 위한 LCMS(Lotte Campaign Management System)을 구축하였다.

4. 마케팅 및 서비스의 강화

CRM 시스템 기반의 마케팅 프로그램 및 서비스 개선방안의 수립, 고객 Needs 기반의 마케팅 수행을 위하여 별도의 Process Innovation을 수행하였다.

이러한 노력을 통해 롯데백화점은 기존의 신상정보, 구매실적 중심에서 한 단계 발전한 고객의 구매행동, 로열티, 라이프스타일, 잠재구매력 등 다양한 데이터를 과학적으로 분석해 타겟 마케팅을 실현하게 되었다.

또한 CRM 데이터에 지리적 정보를 접목시킨 AMS(APTMap Splution)를 자체적으로 개발하여 상권관리를 거리개념에서 매장까지 소요시간, 접근성 등 고객관점으로 전화시켰다. AMS를 활용해 DM 및 전단 배포시 아파트 단지별 매출은 물론 고객 특성에 따라 배포지역과 부수를 효과적으로 조정해 2006년에는 DM 반응률이 44%에 도달하는 성과를 거두었다.

2005년 11월에는 멤버스 프로그램을 백화점에 도입했고, 롯데그룹 17개사로 확대해 07년 5월 현재 1천 1백만의 맴버십 회원을 확보했다. 다양한 회원정보를 CRM에 활용해 고객 로열티를 향상시켜 구매고객의 재구매율, 우수고객 구매력 유지율, 신규고객 정착률이 모두 05년 대비 06년 6% 이상 향상되었고, 연간 매출액은 1천억원 이상 증가하는 효과를 가져왔다.

이러한 구축의 결과로 한국CRM협의회 '2004 CRM 대상' 선정위원회에서는 롯데쇼핑의 CRM에 대한 확고한 의지와 전문성으로 국내 CRM 발전에 크게 기여하였다고 판단하여, 롯데쇼핑을 2004 CRM 대상 유통부문 수상기업으로 선정하였다.

〈프라임경제, 2007. 5. 21〉

Q 토의문제

❶ 위의 사례에서 롯데백화점이 수행하고 있는 CRM의 구성요소와 도구에는 어떠한 것들이 있는가?
❷ 현재 사용되고 있는 CRM 시스템에 추가할 사항이 있다면 무엇인가?
❸ 롯데백화점의 CRM 사례와 같이 CRM의 적용과 성과가 크게 나타날 수 있는 기업에는 어떤 것들이 있는가?

Chapter 4

물류네트워크 및 공급사슬 디자인

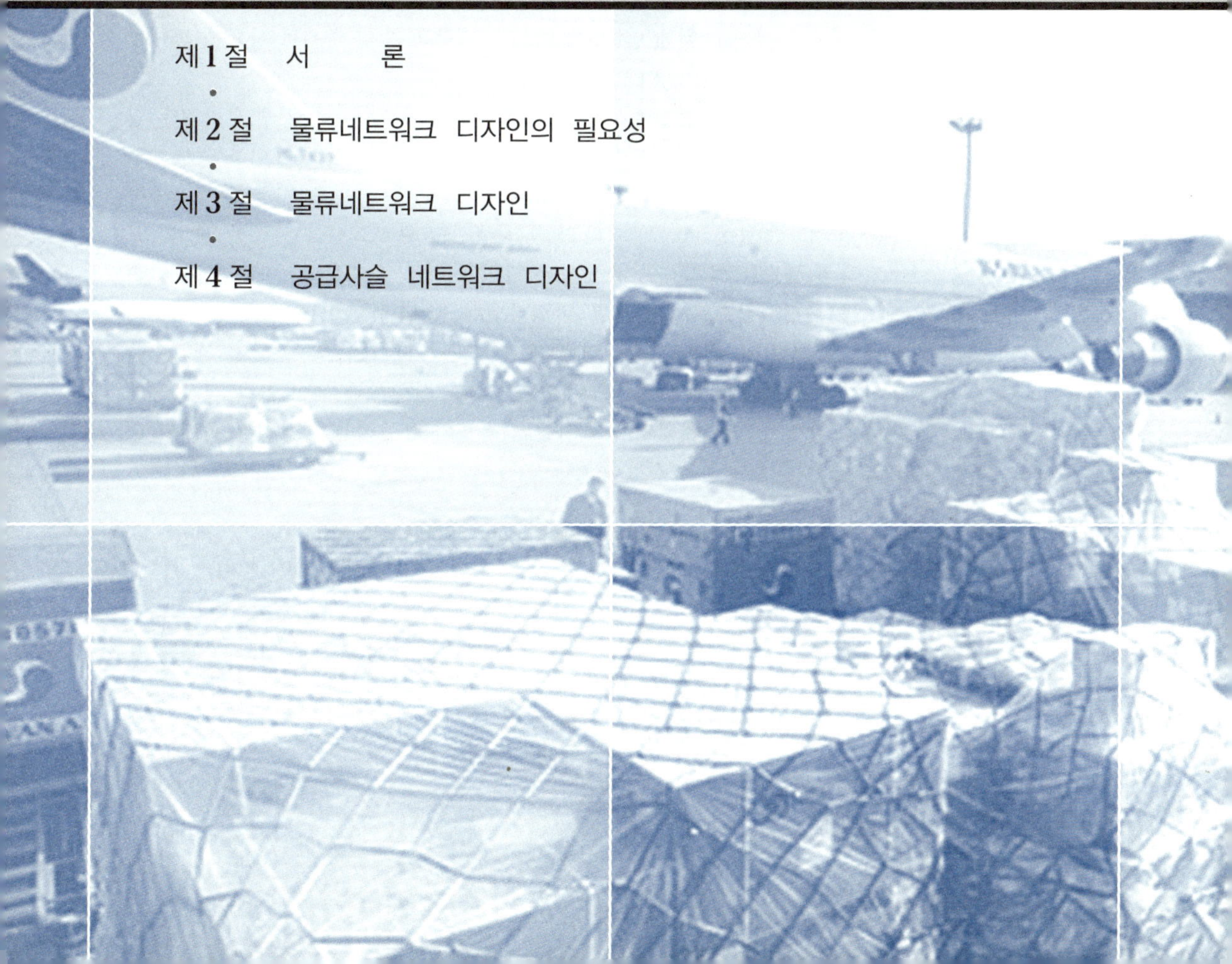

도입사례

Sports Obermeyer & Campbel Soup

스포츠 오버마이어사와 캔벨수프사는 기업의 환경에 맞는 기업 목표와 초기 전략을 어떻게 구성할지를 보여주는 좋은 예이다. 스포츠 오버마이어는 패션 스키복 공급업체이다. 매년 95%에 달하는 제품은 수요예측이 필요한 완전히 새로운 제품이며 종종 200%의 수요예측을 잘못한 경우에 이에 대응할 수 있는 시간이 짧다.

반면, 캠벨수프사의 제품 중 매년 출시되는 신상품은 5%뿐이다. 수년간 시장에 존재하던 기존의 제품들의 판매는 매우 예측성이 높고, 완제품 부족해도 98% 이상의 수요를 즉시 만족시킬 수 있는 거의 완벽에 가까운 서비스 레벨을 보유하고 있다. 또한 얼마 안되는 신제품 또한 관리가 용이하다. 캠벨사의 생산 리드타임은 1개월이며 제품수명 주기는 최소 6개월이다. 캠벨사에서 제품을 도입할 때는 출시 이후 한달 동안의 수요를 바탕으로 가장 최적화된 수요예측에 따라 충분한 재고를 보유한다. 만약 상품판매가 시작되면 재고가 바닥나기 전에 충분한 양을 공급할 수 있고 설령 수요예측을 실패하여 많은 재고가 남아도 최대 6개월에 이르는 제품의 수명 주기로 상품을 판매할 수 있는 충분한 시간이 있다.

이러한 두 가지 환경에서 기업의 목표와 초기전략은 어떻게 달라져야 할까? 이미 형성해온 높은 서비스 수준으로 캠벨사는 시장 중개비용 측면에서 개선의 여지가 적다. 그래서 기업이 1991년에 도입한 "지속적인 보충(continuous replenishment)"이라 명한 공급사슬 프로그램을 시작할 때, 이 프로그램의 목표는 물리적인 효율성에 있었고 이는 소매상의 수를 2배로 늘려 재고를 회전시킴으로써 목표를 달성하였다. 반면에 스포츠 오버마이어사의 불확실한 수요는 제품이 팔리지 않거나, 또는 특정 상품의 수요가 재고량을 초과하여 발생하는 재고부족으로 판매기회를 상실하게 되어 높은 시장 중개비용을 발생시켰다. 기업의 공급사슬은 속도와 유동성을 향상시켜 이러한 비용을 줄이는 데 초점을 맞추었다.

〈Fisher, "What Is the Right Supply Chain for Your Products?",
HBR, March-April 1997〉

제 1 절 서 론

물류네트워크는 원료 공급자, 제조업체, 창고, 물류센터 그리고 소매업체뿐만 아니라 원재료, 재공품, 완제품의 생산에 이르는 제조업체 내의 물류의 흐름까지도 동시에 고려해야 하는 포괄적인 개념이다. 그렇다면 공급사슬에서 물류네트워크를 구성할 때 고려사항은 무엇일까? 이번 장에서는 물류네트워크의 설계와 구성에 내포된 몇 가지 이슈에 대하여 알아보고, 물류네트워크 디자인에 대하여 살펴보고자 한다.

이러한 논의의 궁극적인 목적은 전체 시스템 상의 연간비용을 최소화하는 것이다. 즉, 생산비와 재고유지비 및 설비비(보관, 출하, 고정비용 등), 운송비용 등을 포함하는 물류비용 절감과 납기 단축 및 정확성을 향상시켜 고객의 다양한 서비스 요구수준을 만족시키는 데 물류네트워크의 목적이 있다.

제 2 절 물류네트워크 디자인의 필요성

물류네트워크는 제조업체와 창고, 소매업체와 관련된 여러 이슈로 구성된다. 물류네트워크의 구성은 전략적 결정단계에 속한다. 왜냐하면 물류네트워크를 재구성함으로써 기업은 물류비용을 줄이고 소비자의 서비스 요구수준을 충족시키는 장기적인 효과를 얻을 수 있기 때문이다. 생산설비와 소매업체의 입지 및 개수는 고정되어 있다고 가정했을 때, 물류네트워크를 구성할 때는 적정창고 수 결정, 창고 입지 결정, 창고 규모결정, 창고의 제품별 수용량 및 공간 할당, 창고의 거래처 선택 및 수령 제품결정 등과 같은 5가지 사항의 전략적 결정이 수반된다. 이러한 가정하에서 트레이드오프 요소는 창고의 수 증감에 따른 비용의 변화와 고객의 서비스 요구수준 만족여부로 한정되며 이에 대한 분석이 가능하다.

본질적으로 기업은 창고 신설로 인한 비용과 소비자에게 근접하여 창고 위치를 선정할 때 얻을 수 있는 이익이 균형을 이루도록 해야 한다. 따라서 창고의 위치선정은 공급사슬이 효율적인 상품 분배 채널인지 아닌지를 가늠하는 척도가 된다. 이와 같은 모형의 최적화를 위해서는 수송비율, 창고능력, 창고위치 등의 데이터의 수집과 여러가지 비용들의 계산이 선행되어야 한다.

1. 정보의 수집

기존의 네트워크는 고객, 소매점, 기존 창고 및 물류센터, 제조공장 및 공급자들의 위치, 소비지역에 따른 제품별 연간 수요, 운송요율, 인건비를 포함한 재고출하비, 고정 운용비를 포함하는 재고유지비용, 적정 배송량과 배송빈도, 주문처리비용, 고객 서비스 요구수준 등의 정보에 기초한 방대한 데이터를 관리해야 하는 문제점을 지녔다. 방대한 양의 데이터를 고려하는 네트워크를 구성하는 것은 현실적으로 한계가 있다. Wal-Mart나 JC Penney와 같은 소매 물류네트워크가 취급하는 상품의 종류만 해도 수천에서 수십만 개에 이른다. 따라서 효율적인 네트워크를 구성하기 위해서는 비슷한 성질을 지닌 데이터를 기준에 따라 종합하는 과정이 우선되어야 한다.

물론 간과해서는 안될 고려사항은 본래의 세부 데이터가 통합된 데이터로 대체됨으로써 야기되는 데이터의 효과성이다. 그러나 다음의 두 가지 측면에서 종합된 데이터가 원래의 데이터를 대체할 수 있다는 것을 증명한다. 첫째는 소비자 구매 예측의 불확실성으로 인하여 세부 데이터를 활용한 물류네트워크 역시 완벽할 수 없다는 점이다. 이는 종합된 데이터를 기초로 구성한 물류네트워크 역시 유효하다는 것을 반증한다. 둘째로 많은 연구자들의 연구결과 모든 데이터를 150~200단위의 통합된 데이터를 활용하여 총운송비용을 분석한 결과 단 1%의 오류가 발생했다는 점이다.[1)]

데이터를 통합할 때는 다음과 같은 지침들이 일반적으로 활용된다. 첫째, 약 150~200개 지역에 대한 수요치를 통합한다. 둘째, 각 지역이 거의 동일한 총수요량을 갖도록 구분한다. 이는 각 지역들은 서로 상이한 면적을 가질 수도 있음을 의미한다. 셋째, 각 지역의 중심부는 그 지역의 통합된 지점으로 대표된

---

1) Ballou, R. H. Business Logistics Management. 3rd ed. Englewood Cliffs, NJ: Prentice Hall, 1992

다. 넷째, 제품들을 20~50개의 제품군으로 통합한다.

효율적인 운송 네트워크 디자인 모델을 만드는 다음 과정은 운송비용을 산출하는 것이다. 트럭, 철도 그리고 기타 수단을 포함한 대부분의 운송요율의 주요특징은 제품의 부피와는 관계없이 거리와 비례한다는 것이다. 여기서는 운송비용을 내부수단과 외부수단에 의한 비용으로 구분한다.

회사소유의 트럭을 이용한 운송비용의 측정은 통상 간단하다. 여기서는 트럭별 연간소요비용, 트럭별 연간 총마일 수, 연간 운송된 금액 그리고 트럭의 효과성을 고려한다. 이러한 정보는 재고유지단위(SKU: stock keeping unit)당 거리비용을 쉽게 계산하기 위하여 사용할 수 있다.

회사 외부운송수단을 이용한 운송료를 모델에 합산하는 것은 조금 복잡하다. 여기서는 운송형태를 만차수송(TL: truckload)과 부분적재수송(LTL: less than truckload)으로 구분한다. 미국의 경우 만차수송 운송업자들은 미국전역을 지역별로 세분한다. 면적이 대단히 넓은 플로리다와 뉴욕 등 하나의 주가 두 개의 구역으로 구분된 몇몇 경우를 제외하고는 거의 모든 주가 하나의 구역이다. 운송업자들은 의뢰인들에게 구역간 운송요금표를 제시하며 이러한 데이터베이스는 구역간 트럭 한 대 분량의 거리당 요금에 대한 정보를 제공한다.[2)]

부분적재수송은 일반적으로 등급, 상품특수성, 운송빈도의 세 가지 기본 운송요금유형 중 하나를 따른다. 등급 요금은 거의 모든 상품에 적용시킬 수 있는 표준요금이다. 이 요율은 선적 상품에 등급을 매기는 등급요율표에서 결정된다. 등급 또는 분류구분이 높을수록 상대적인 운송비용부담이 증가한다. 제품의 특정 등급을 결정하는 데는 제품의 비중, 조작과 운반의 용이성, 손상에 대한 책임부담 등 많은 요소들이 포함된다. 대부분의 운송업자들은 그들의 모든 운송요금에 대한 데이터베이스를 가지고 있으며 이러한 데이터베이스는 의사결정지원 시스템과 통합된다.

특정 지역간의 제품운송비용은 두 지점간의 거리의 함수로 측정할 수 있다. 이를 위해서 거리산출도구가 필요한데, 이동거리 기준과 직선거리 기준 중 하나를 이용하여 거리를 산출할 수 있다. 예를 들어 시카고에서 보스턴까지의 만차수송 요금을 계산하기 위해서는 두 지역간 운송요율과 시카고로부터 보스

---

2) Johnson, J. C. and D. F. Wood, Contemporary Physical Distribution and Logistics. 3rd ed. New York : Macmillan, 1986

턴까지의 거리를 곱해야 한다. 만차수송 요금체계의 중요한 특징은 비대칭적일 수 있다 점이다. 다시 말해서 만차 화물을 뉴욕에서 출발하여 일리노이까지 운송하는 것보다 일리노이로부터 뉴욕까지 반대로 운송하는 비용이 통상 더 많이 소요된다.

대형창고와 물류센터 비용은 취급비용(handling costs), 고정비용(fixed costs), 보관비용(storage costs)의 세 가지 주요 요소로 구성된다. 취급비용은 창고를 통한 실물 유통에 관련되는 인건비와 효용비용을 포함한다. 고정비용은 창고를 통하여 실제 유통되는 물품의 양에 관련되지 않은 모든 비용요소를 포함한다. 보관비용은 평균재고수준에 관련된 재고유지비용을 의미한다. 따라서 창고의 취급비용을 산출하는 것은 수월한 반면, 다른 두 가지 비용의 산출은 매우 어렵다. 이러한 차이를 알아보기 위해 연간 1,000단위의 제품이 소요되는 특정 고객을 가정하여 생각해보자. 1,000단위 제품이 창고를 통하여 일시에 유통되는 것은 아니므로 평균재고수준은 1,000단위 이하일 가능성이 매우 높다. 따라서 의사결정지원 시스템에 필요한 데이터 구축시에는 이와 같은 연간 물동량을 실제 재고량으로 바꿀 필요가 있다. 하지만 제품과 관련된 연간 물동량과 평균재고량 모두 해당제품이 창고 내에서 얼마의 공간을 차지하는가에 대한 정보는 제공하지 않는다. 이는 창고가 필요로 하는 공간의 넓이는 연간 물동량과 평균재고량이 아닌 최대 재고수준과 관련되기 때문이다. 이러한 난점을 극복하기 위해 재고회전율(inventory turnover ratio)을 활용한다.

$$\text{재고회전율} = \frac{\text{연간총매출원가}}{\text{평균재고수준}}$$

재고회전율은 창고를 통해 유통되는 연간 총물동량을 평균재고수준으로 나눈 값이다. 따라서 재고회전율이 λ이면, 평균재고수준은 연간 총물동량을 λ로 나눈 값이다.

물류네트워크에서 또 하나의 주요 투입요소는 창고 규모이다. 창고에서 특정물품의 연간 물동량에 필요한 실제공간을 어떻게 산출하는가 하는 것이 주요 관점이 되는데 이는 앞서 설명한 재고회전율을 고려하여 산출 가능하다. 즉, 창고의 연간 물동량을 재고회전율로 나눔으로써 평균재고수준을 계산할 수 있다.

창고를 신설할 때는 지리적 조건과 기본시설 조건, 천연자원과 가용노동력, 지역산업과 세금규제, 공공성 등을 고려해야 한다. 즉 여러 입지들 중에서

위의 요구조건을 최대한 충족시키는 곳에 창고를 신설해야 한다.

고객의 서비스 요구수준은 창고로부터 고객에게 상품의 도달여부로 판단할 수 있다. 따라서 창고로부터 최대가능거리 이내에 위치한 거래처들의 비율은 고객의 서비스 요구수준을 얼마나 충족시킬 수 있을 것인가에 대한 지표를 제시한다. 도서산간지역과 같이 먼 거리에 위치한 몇몇 거래처들은 대부분의 거래처들과 같은 수준의 서비스를 받기가 어렵다. 이는 곧 고객의 서비스 요구수준을 충족시키지 못함을 의미한다.

물류네트워크 설계를 포함한 전략적 의사결정은 기업에 장기적인 영향을 미친다. 특히 창고의 수, 창고입지, 규모 등과 같은 의사결정은 최소 다음 3~5년간 기업에게 영향을 미치며, 이는 차후 수년간 거래처의 수요변화가 네트워크 설계 시점에서 판단한 수량 내에서 발생할 때 의미가 있다. 이는 거의 일반적으로 순현재가치 계산법(present value calculation)에 근거한다. 예를 들어 계획단계에서는 미래수요패턴에 따른 다양한 시나리오 설정이 가능하고 이러한 시나리오는 최고의 물류전략(logistics strategy)을 결정하기 위한 모델로 직접 통합될 수 있다.

2. 모형과 데이터 확인

앞 절에서 우리는 네트워크 구성을 위한 데이터의 수집, 종합, 수정에 있어서의 어려움을 살펴보았다. 이러한 데이터와 모델이 물류네트워크 설계문제를 정확하게 반영하도록 하기 위해서는 확인절차가 수반되어야 한다. 모델과 데이터의 확인은 일반적으로 모델과 수집된 데이터를 사용하는 현 네트워크를 재구성하거나 모델의 산출물을 현 데이터와 비교함으로써 이루어진다.

이러한 확인과정의 중요성은 아무리 강조해도 지나치지 않다. 현재의 운용조건을 개선하기 위하여 수집된 모델의 측정가능한 산출물은 물류네트워크 구성에서 발생한 재고, 제조, 운송 등의 모든 비용을 포함한다. 이러한 데이터는 실제 기업의 회계정보와 비교하여 데이터의 오류, 의심이 되는 전제조건, 모델의 결점, 기타 요소들을 확인하기 위한 최선의 도구로 활용된다. 또한 시스템이 비용과 서비스 수준에 미치는 영향을 어떻게 평가하는지 알아보기 위해 네트워크의 구성 측면에서 지역적이거나 협소한 변화를 주는 것은 종종 도움이 된다.

특히 이 단계에서는 현재의 창고가 시스템성과에 어떠한 효과를 미치는가를 평가하기 위한 다양한 의문사항에 대한 가정이 선행되어야 한다.

이러한 확인 과정은 모델과 데이터의 타당성을 결정짓는 결정적인 요소이지만, 그러한 과정이 부가적인 이익을 창출하는 것은 아니다. 확인과정은 진행되는 동안 모델화된 현재의 상황과 최적화 이후의 개선된 상황을 연결짓는 데 유용하다.

제 3 절 물류네트워크 디자인

앞에서 우리는 물류네트워크의 필요성에 대하여 알아보았다. 이번 절에서는 공급사슬에서 물류의 역할과 물류네트워크를 구성하는 요소 및 공급사슬에서 물류네트워크 구성시 고려사항에 대하여 알아보고자 한다. 또한 배송방법에 따른 물류네트워크 분류 및 각 네트워크의 강 · 약점에 대하여도 살펴보자. 또한 공급사슬에서 운송업자가 어떠한 역할을 하는지에 대해서도 알아보도록 하겠다. 이번 장의 목표는 상품의 성질과 시장의 특성에 적합한 물류네트워크를 선택할 수 있는 논리적 틀을 경영자에게 제공하는 것이다.

1. 공급사슬에서 물류네트워크의 역할

물류(유통)란 공급사슬에서 각 단계(원재료 공급, 제조, 도매, 소매, 소비자) 사이에서의 상품의 저장 및 이동을 의미한다. 유통은 공급사슬의 모든 단계에서 이루어진다. 즉 공급사슬 내에서 원자재를 공급받아 제품을 생산하고 도매업체와 소매업체를 거쳐 소비자에게 도달하는 일련의 과정 사이에 존재하는 모든 상품의 흐름이 바로 물류이다. 이러한 물류는 기업의 공급사슬 비용과 소비자의 서비스 만족에 직접적인 영향을 주기 때문에 기업의 수익을 대변하는 결정적인 요소로서 작용한다.

미국의 경우 미국 경제의 약 10.5%가 물류와 관계되어 있으며, 생산비용의 20%가 유통비에 해당한다. 또한 인도의 시멘트산업에서 생산과 판매비의 약

30%는 바로 보관업체와 소비자간 외부 유통비(outbound distribution)이다.

기업은 물류네트워크를 구성할 때 상품의 특성 및 수요의 형태에 따라 제각기 다른 선택을 할 수 있다. 빈약한 물류네트워크의 구성은 소비자의 서비스 요구수준을 충족시키지 못하며 이는 물류비의 상승과도 직결된다.

2. 물류네트워크의 구성요소

앞서 이야기했듯이 궁극적으로 물류네트워크는 소비자의 서비스 요구수준 충족과 물류비용의 최소화라는 두 가지 목표를 지니고 있다. 따라서 기업은 물류네트워크 구성시 소비자의 서비스 요구수준과 물류비용의 측면에서 선택의 과정을 거쳐야 한다.

소비자의 서비스 요구수준을 분석하는 요소는 다양하지만 여기서는 주문반응시간, 상품의 다양성, 상품의 가용성, 소비자 주문 용이성, 주문의 가시화 및 화물 위치 추적, 사후 관리 등의 요소들에 초점을 두고 살펴보도록 한다.

반응시간은 소비자가 상품을 주문한 시점으로부터 상품을 받기까지 경과된 시간을 의미한다. 상품의 다양성이란 물류네트워크 상에서 소비자의 욕구를 충족시킬 수 있을 다양한 상품을 구비하였는가에 대한 것이다. 상품의 가용성은 소비자의 주문을 받았을 때 즉시적으로 제공할 수 있는 상품의 수를 의미하며, 소비자의 주문 용이성은 소비자가 주문을 하고 상품을 받을 수 있는 시스템이 구축되어 있는가를 뜻한다. 주문의 가시화란 소비자가 주문한 상품의 배송정보의 제공여부를 뜻한다. 마지막으로 사후관리란 상품을 수령한 소비자가 상품에 대한 불만족 또는 제품의 결함으로 인한 반품의 용이성을 의미한다.

그러나 이러한 각각의 요구수준을 최대한 만족시키는 것이 소비자의 요구수준을 충족시키는 것이라고는 생각할 수 없다. 왜냐하면 어떠한 요소에 더 큰 만족을 기대하느냐는 전적으로 소비자의 선택에 달렸기 때문이다. 가령 amazone.com과 같은 인터넷 서점을 이용하는 소비자는 책을 주문했을 때 즉시 수령하는 반응시간의 단축보다는 인터넷 서점이 일반서점에서는 구할 수 없는 다양한 책의 구매가 가능하다는 상품의 다양성 측면에서 더 큰 서비스의 만족을 느낀다.

따라서 기업은 각각의 요소들에 대한 소비자의 요구수준을 정확히 판단하

그림 4-1 • 창고 수와 주문반응시간의 관계

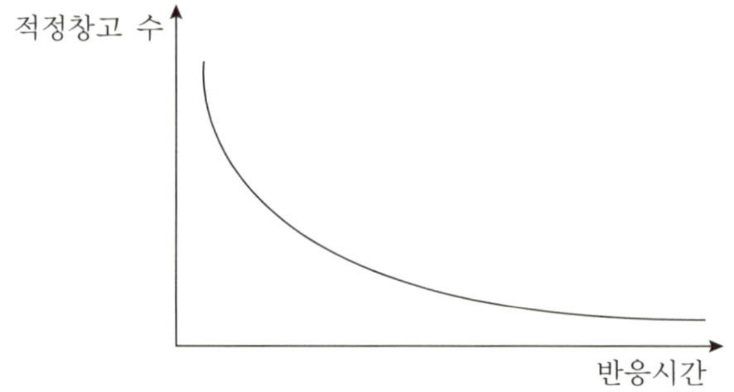

여 각각의 상황에 대처하는 노력을 기울여야 한다. 만약 소비자가 반응시간보다 상품의 다양성을 우선시한다면 기업은 보다 다양한 물건을 구비하려는 노력을 경주해야 하며, 반면에 소비자가 보다 빨리 물건을 받고자 한다면 보다 많은 설비를 갖추어 반응시간을 단축하려는 노력을 해야 한다. 따라서 반응시간을 중요시하는 소비자를 대하는 기업은 물류네트워크 상에 보다 많은 설비를 설치하는 것이 유리하다. Chopra[3]에 따르면 반응시간과 창고 수의 관계는 〈그림 4-1〉과 같다. 즉 고객이 보다 빠른 반응시간을 요구할 수록 필요한 시설의 수는 증가하게 된다.

물류네트워크의 재구성은 공급사슬의 네 가지 구성요소인 재고, 운송, 창고 및 유지, 정보 비용의 변화를 가져온다.

또한 〈그림 4-2〉에서 보는 바와 같이 창고 수의 증가는 재고의 증가와 이에 따르는 재고비용의 증가를 가져온다. 재고비의 감소를 위해 기업은 물류네트워크상에 창고의 수 증가를 제한하는 동시에 통합하려 한다. 예를 들어 몇 안 되는 창고를 가지고 운영하는 Amazon은 재고회전이 1년에 12회에 달하며 이에 반해 400여 개의 상점을 보유한 Border는 재고회전이 2회에 그쳤다.

내부운송비용(Inbound transportation cost)은 제조를 위하여 원자재를 공급할 때 발생하는 비용이고, 외부운송비용(Outbound transportation cost)은 완성된 제품을 소비자에게 판매하는 과정에서 소요되는 비용이다. 통상 상품 1단위당 소요되는 외부물류비용은 내부물류비용보다 크기 마련인데 이는 내부물류의 규모

3) Chopra, S., *Supply Chain Managemen*, Prentice Hal, March 28, 200.

그림 4-2 • 재고비용과 창고 수의 관계

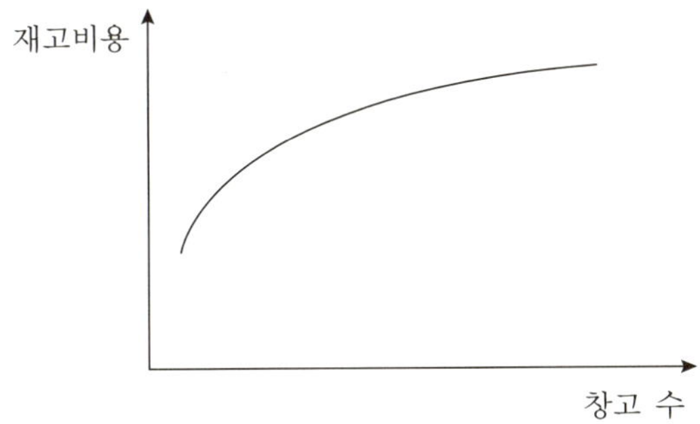

가 클 수 밖에 없기 때문이다. 서점의 예를 들어 Amazon의 경우 내부물류에서는 제조업체에서 도매업체, 소매업체로 책을 운송시에 만차운송(TL, truckload)이 가능하지만 외부물류의 경우 소규모의 책을 많은 소비자에게 배송을 해야 하기 때문에 외부운송비용은 증가하기 마련이다. 따라서 창고 수의 증가는 외부물류 운송거리를 평균적으로 단축시키고 이는 전체 배송거리에서 외부물류의 배송거리가 차지하는 비중을 낮추게 된다. 그래서 내부운송비용 측면에서 규모의 경제가 여전히 존재하는 한 창고 수의 증가는 〈그림 4-3〉에서 보는 바와 같이 총운송비용의 감소를 가져온다. 만약 창고 수가 내부운송 규모가 최소화되는 점까지 증가하고 내부운송에서 규모의 경제가 사라지게 되면 총운송비용은 다시 상승하게 된다.

Amazon의 물류네트워크에서 하나 이상의 창고를 더 설치하는 것은 하나의

그림 4-3 • 운송비용과 창고 수의 관계

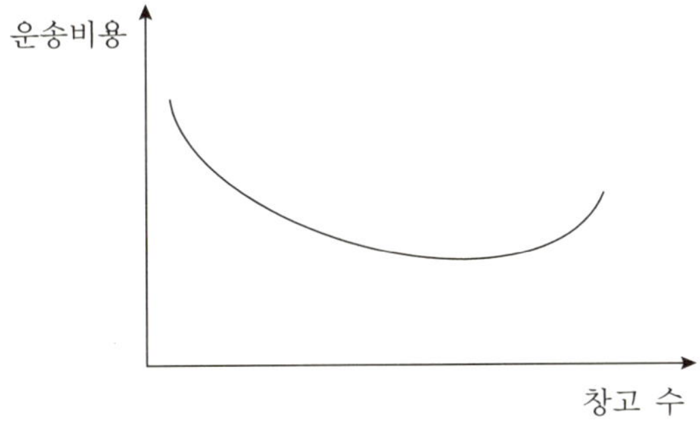

그림 4-4 • 창고비용과 창고 수의 관계

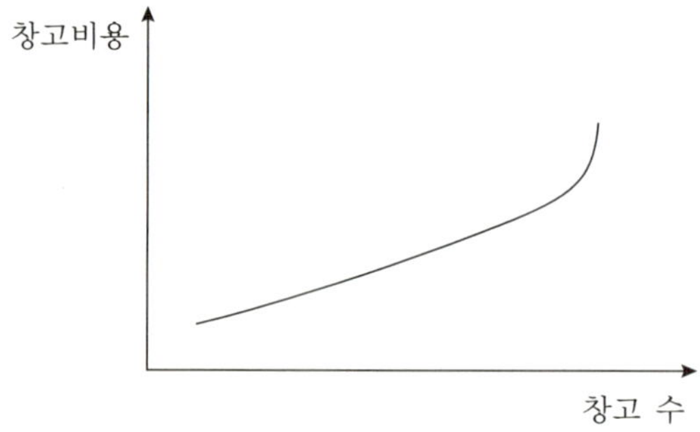

창고를 보유했을 때보다 운송비용을 줄이는 효과를 가져온다. 〈그림 4-4〉에서 알 수 있듯이 창고 수의 감소는 창고비용을 서서히 감소시킨다. 왜냐하면 창고의 통합으로 규모의 경제를 달성 할 수 있기 때문이다.

총물류비용은 재고비, 운송비, 창고 비용의 총합이다. 〈그림 4-5〉에서 보는 바와 같이 창고수의 증가는 최초에는 총물류비용이 감소하다가 점차적으로 증가하는 효과를 가져온다. 따라서 기업은 총물류비용이 최소화되는 점의 창고 수를 유지하려 할 것이다. 예를 들어 Amazon의 경영자는 총물류비용을 줄이기 위해 1개 이상의 창고를 보유하려 할 것이다.

총물류비용을 최소화한 기업은 또한 주문반응시간을 줄여 고객의 서비스 요구수준을 만족시키고자 할 것이다. 앞서 설명한 바와 같이 주문반응시간은 창고

그림 4-5 • 창고 수와 총물류비용의 관계

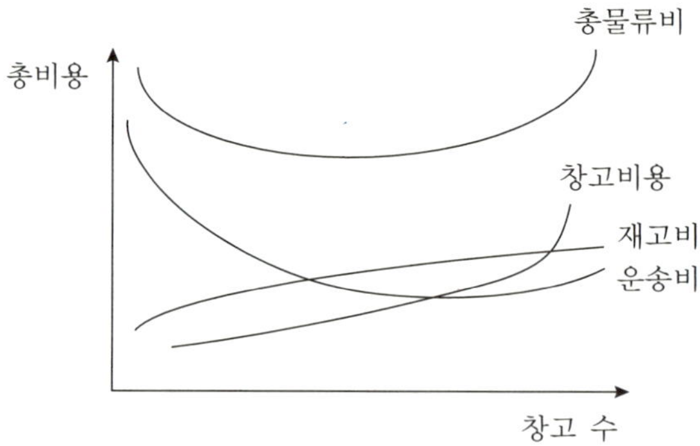

그림 4-6 • 창고 수 증감에 따른 총물류비용과 주문반응시간의 변동

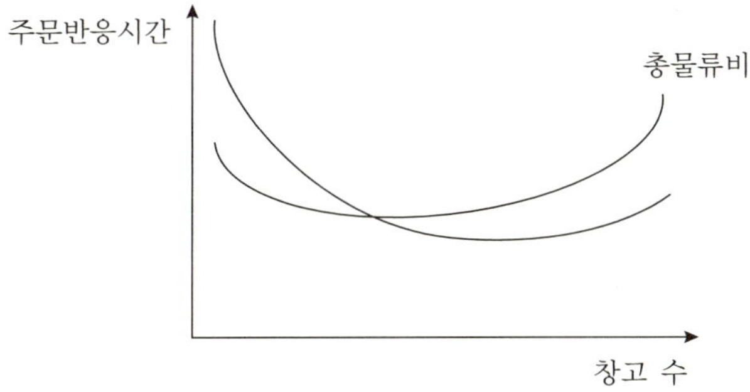

수가 증가할수록 줄어든다. 따라서 〈그림 4-6〉에서 보는 바와 같이 물류비용을 최소화 시키면서 동시에 주문반응시간을 최소화하는 점은 총물류비용을 최소화 할 수 있는 창고 수 보다 더 많은 창고를 보유할 때 가능하다. 기업은 경영자가 총물류비용의 최소점보다 창고 수를 증가시켜 얻을 수 있는 총수입이 클 것이라는 확신을 가지고 창고 수를 늘릴 것이다. 왜냐하면 창고 수를 늘려 반응시간을 줄임으로써 얻을 수 있는 이익이 총물류비용의 증가분보다 크기 때문이다.

고객의 서비스 요구수준과 총물류비용은 다른 물류네트워크를 평가할 수 있는 척도이다. 일반적으로 물류네트워크의 구성없이 공장에서 물건을 만들어 공장에서 직접 판매한다면 가장 효율적이겠지만 이는 현실적으로 불가능하기 때문에 전략적으로 물류네트워크를 구성하는 것은 매우 중요하다.

3. 물류네트워크 유형

물류네트워크 구성시에는 1.상품을 소비지역에 직송할 것인지 아니면 특정 분배지를 사용할 것인지 여부와 2.중개상의 이용여부 등 두 가지 사항에 대한 의사결정을 해야 한다. Chopra에 의하면 이러한 두 가지 선택에 따라 생산자 직송, 생산지 저장-직송 또는 환적, 운송지 저장-운송업자 수송, 운송지 저장-최종 수송, 생산지 또는 분배지 저장-소비자 수령, 중개상 저장-소비자 수령 등의 6가지 물류네트워크를 구상할 수 있다.

(1) 생산자 직송

생산자 직송은 중개상을 거치지 않고 상품을 공장에서 소비자에게 직접 수송하는 방식이다. 만약 중개상이 존재한다면 중개상은 물품을 직접 관리하지는 않고 단지 판매 대리점처럼 주문만 받아 이를 생산자에게 보내고, 제품은 생산자로부터 소비자에게 직접 배송된다. 이때 상품배송에 관한 정보는 〈그림 4-7〉에서 볼 수 있듯이 소비자로부터 중개상을 거쳐 생산자에게로 전달된다. 이러한 생산자 직송방법은 Dell 컴퓨터와 같은 기업에서 볼 수 있고, eBags와 Nordstorm. com과 같은 온라인 쇼핑몰에서도 이 방법을 사용한다. eBags의 경우 재고를 보유하지 않고 생산자에서 직접 소비자에게로 주문된 상품을 직송한다.

생산자 직송의 가장 큰 장점은 생산자가 재고를 중앙 집중적으로 관리할 수 있다는 것이다. 생산자는 그들이 공급하는 모든 중개상을 통하여 수요 정보를 통합할 수 있다. 결과적으로 낮은 재고 수준을 유지하면서 높은 수준의 제품 유동성을 확보할 수 있다. 따라서 생산자 직송에서의 주안점은 생산지의 재고관리 경영구조이다. 만약 개별 중개상에게 세분화된 재고량이 할당된다면 중앙 집중적 재고관리의 이점은 소멸되며, 오직 생산자가 중개상으로부터 종합되는 수요량에 기초하여 재고를 최소한의 지점에 배분할 때에 통합으로 인한 이익은 달성될 수 있다. 이러한 중앙집중의 이점은 불확실한 수요를 지니는 고가치, 저수요 상품에서 가장 높다.

Nordstorm의 경우 낮은 수요의 신발에 생산자 직송을 적용하였고, eBags의

그림 4-7 생산자 직송

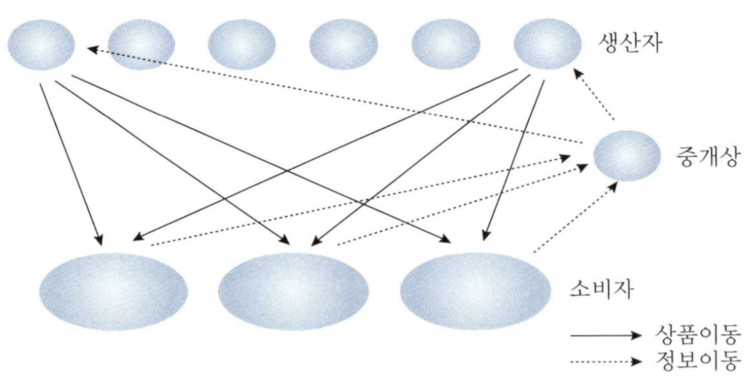

경우에도 마찬가지로 재고보관단위(SKU)당 고가치, 저수요의 가방에 소비자 직송을 적용하였다. 통합에 따른 재고이익은 수요가 예측되고 저가치의 상품일수록 줄어든다. 따라서 대량생산을 요하고 분산된 수요가 이루어지는 생활용품의 경우 생산자 직송의 이점은 기대하기 어렵다. 재고회전율이 낮은 제품(slow-moving item)의 경우 소매점 거래방법이 아닌 생산자 직송을 사용할 경우 재고주기는 6:15의 비율로 감소하게 된다.

또한 생산자 직송은 생산자에게 생산전략으로서 고객화 지연(postponed customization)을 선택할 수 있는 기회를 제공한다. 즉, 소비자의 주문을 받은 이후에 제품을 생산함으로써 구성품을 통합하여 보관하여 제품 재고수준을 낮추는 것이 가능하다. Build-to-order 방식의 생산라인을 구축한 Dell Computer는 기본적인 구성품만 보유하고 주문을 받아 상품을 제조하는 생산방식을 사용하여 낮은 수준의 재고를 유지할 수 있었다.

운송비용의 측면에서 생산자 직송은 최종 소비자에게까지 이르는 외부 운송 거리가 늘어나고, 패키지 운송을 사용하는 빈도를 증가시키기 때문에 높은 운송비용이 소요된다. 패키지 운송은 TL 또는 LTL과 비교했을 때 제품 1단위당 운송비용이 높다. 다양한 지역으로부터의 주문은 수송의 통합을 할 수 없는 요소로 작용하여 결과적으로 외부 운송비의 증가를 가져온다.

공급사슬 측면에서 생산자 직송은 모든 재고를 생산지에 중앙 집중적으로 관리하기 때문에 공급사슬에서 생산지 외의 창고운용비를 줄이고, 생산지에서 중개상으로의 운송을 줄여 재고유지비용(handling cost)을 감소시켜 결과적으로 고정비의 감소 효과를 가져온다. 그러나 생산지에서만 재고를 보유하게 되면 생산자는 제품을 단위 별로 많은 소비자에게 배달해야 하기 때문에 반드시 긍정적인 효과를 가져오는 것은 아니다. 소량의 제품을 다수의 소비자에게 배송하는 능력이 뒷받침되지 못하면 이는 생산자에게 있어 재고유지비와 고객반응시간 측면에서 부정적인 요소로 작용할 수 있다. 따라서 생산라인에서 고객의 주문에 따라 상품을 적시에 배송하는 능력의 보유여부가 재고유지비를 줄이는 관건이 된다.

생산자 직송에서는 생산자와 중개상 사이의 제품정보를 제공할 수 있는 인프라의 구축이 필수 요소이다. 이러한 정보인프라가 구축되어야 재고가 생산지에서 중앙집중적으로 관리되더라도 중개상이 상품의 유동성 정보를 소비자에게 제공할 수 있다. 또한 소비자는 상품을 보유하고 있지 않은 중개상을 통하여 주문을 하게 되더라도 이러한 정보인프라를 활용하여 주문한 제품의 가시성(visibility)을 확보할 수 있다. 따라서 일반적으로 생산자 직송을 채택한 기업에게 정보 인프라 구축을 위한 투자는 필수불가결한 요소이다.

생산자 직송에서는 중앙집중적으로 재고를 관리하는 특성상 생산지로부터 소비자까지의 제품배송 평균거리가 증가하기 때문에 주문반응시간이 늘어날 수밖에 없다. 앞서 예를 든 eBags의 경우 고객의 주문을 받아 제품을 생산하는 데는 약 3일에서 11일이 소요되었고, 배송시간이 1일에서 5일이 소요되어 결과적으로 소비자가 주문을 하여 상품을 받기까지는 적게는 4일에서 최대 16일이 소요되었다.

생산지 저장은 소비자의 요구사항을 만족시킬 높은 수준의 다양한 제품을 보유할 수 있다. 생산지 직송 하에서 모든 상품은 재고유지 공간에 대한 제한이 없기 때문에 다양한 제품의 구비를 가능하게 한다. 미국의 드릴, 디지털 계측장치 등의 온라인 판매업체인 W.W.Grainger의 경우 재고회전율이 낮은 수백에서 수천 개에 이르는 상품을 보유하고 있다. 이는 각각의 상품이 수천 개의 공장에서 제조되고 보관되어지기 때문에 가능하다.

생산지 직송은 소비자가 주문을 하고 상품을 수령하는 소비자의 주문용이성의 측면에서 효율적인 시스템을 구축하게 한다. 그러나 만약 한 사람의 고객이 여러 종류의 상품을 주문하게 될 경우에 분산된 배송으로 인하여 문제가 발생할 소지가 있다.

또한 생산지 직송 방법은 생산자와 중개상 사이에서 모든 소비자의 주문을 관리하기 때문에 주문의 가시성이 매우 중요한 사항이다. 주문의 가시성이 확보되지 않는다면 이는 소비자의 서비스 만족 측면에서 굉장히 부정적인 요소로 작용할 수 있다. 그러나 생산자와 중개상 사이에 완벽한 정보의 통합을 기본 전제로 하는 생산지 직송의 특성상 현실적으로 이러한 주문의 가시성을 확보하는 것은 매우 어려운 것이 사실이다. 생산지 직송 방법을 채택한 Dell 사의 예를 들어 이러한 점을 확인할 수 있다.

생산자 직송 방법은 소비자의 상품에 대한 불만족에 따른 반품에 어려움이 있다. 이는 개별 주문당 운송비가 할당되는데 기인한다. 여기서 적용가능한 반품 방안은 소비자가 생산자에게 직접 반품하는 방법과 중개상이 모든 생산자의 반품을 담당하는 별개의 시설을 설치하는 방안이 있다. 첫 번째 접근법은 높은 수송비와 조정비를 초래할 수 있는 반면 두 번째 접근법은 반품을 담당하는 시설을 설치하기 위한 투자비가 소요된다.

〈표 4-1〉는 위에서 설명한 생산자 직송 네트워크를 구축시 얻을 수 있는 효과를 정리한 것이다.

따라서 이러한 생산자 직송 네트워크는 소비자가 신속한 배송보다 세분화된 품목의 구비여부에 더 큰 만족을 느끼는, 다양성, 저수요, 고가치를 지닌 상품에 적합하다. 또한 생산자 직송 네트워크는 재고를 감소시켜 고객화 지연을 가능케 한다. 효율적인 직송을 위해서는 주문에 대한 소수의 원료 공급처가 있어야 한다. Build-to-Order방식의 생산라인을 사용하는 기업에서는 생산자 직송이 적합하다. 생산자 직송은 20~30개 이상의 원료 공급처를 필요로 하는 제품에는 구현이 어렵다. 그러므로 저수요 상품인 동시에 생산자 직송만이 유일한 선택 방안이 될 수 있는 제품에 적용이 가능하다.

표 4-1 • 생산자 직송 네트워크의 효과

	주요 요소	효 과
비 용 측 면	재 고	▶ 통합에 따른 비용 감소 고가치 저수요 상품에 적용가능
	수 송	▶ 분산과 거리의 증가로 수송비 증가
	저장시설 및 취급비용	▶ 통합으로 인한 낮은 저장시설비용 소량배송 또는 생산라인에서 직송이 가능할 때 재고유지비 감소
	정 보	▶ 생산자와 중개상 사이에 원활한 정보 공유를 위한 정보인프라 투자 활성화
서비스 측 면	주문반응시간	▶ 거리 증가로 인한 주문반응시간 증가
	상품의 다양성	▶ 다양한 품목 보유 가능
	상품의 가용성	▶ 생산지 통합으로 높은 수준의 가용성 유지
	소비자 주문용이성	▶ 만약 한 소비자가 다양한 품목을 주문할 경우 배송시간 지연 가능
	주문의 가시화	▶ 소비자 서비스 만족을 위해 반드시 갖추어야 하나 여러 소비자 주문의 가시성을 확보하기 어려움
	사후관리	▶ 비싼 비용과 어려움

(2) 생산지 저장-직송 또는 환적(In-transit merge)

생산지 저장-직송과 환적은 소비자의 주문이 직접 생산자에게 전달되어 소비자에게 완제품이 개별적으로 배송되는 순수한 직송(drop-shipping)과는 다르게, 여러 지역에 분산된 생산지로부터 주문된 제품을 통합하여 배송하기 때문에 소비자가 주문한 상품을 한번에 수령할 수 있다. 〈그림 4-8〉은 생산지 저장-직송 또는 환적 네트워크에서의 정보와 상품의 이동을 보여준다. 이 방법은 Dell 컴퓨터와 Gateway와 같은 기업에서 사용되어왔다. Dell 컴퓨터의 예를 들면, 소비자가 Dell사의 PC와 SONY사의 모니터를 주문했을 때, 두 개의 상품이 각 생산지로부터 소비자에게 개별적으로 배달되는 것이 아니라 중간의 배송자(the package carrier)가 Dell과 Sony 공장에서 주문된 상품을 통합하여 한번에 배달을 한다.

앞서 설명한 생산자 직송 방법과 마찬가지로 이 네트워크 역시 재고를 통합하고 상품 고객화를 연기할 수 있다는 장점을 지닌다. 환적은 서로 다른 회사인 Dell과 Sony 공장의 재고를 통합할 수 있게 한다. 이러한 장점은 수요를 예측하기 어렵고 특히 고객화 지연이 가능한 고가치 상품에 큰 이익을 가져온다.

운송비용의 측면에서 대부분의 경우에 주문된 상품은 소비자에게 배달되기 전에 통합되기 때문에 환적이 직송보다 저렴하다. 즉, 각기 다른 세 개의 주문

그림 4-8 • 생산지 저장-직송 또는 환적

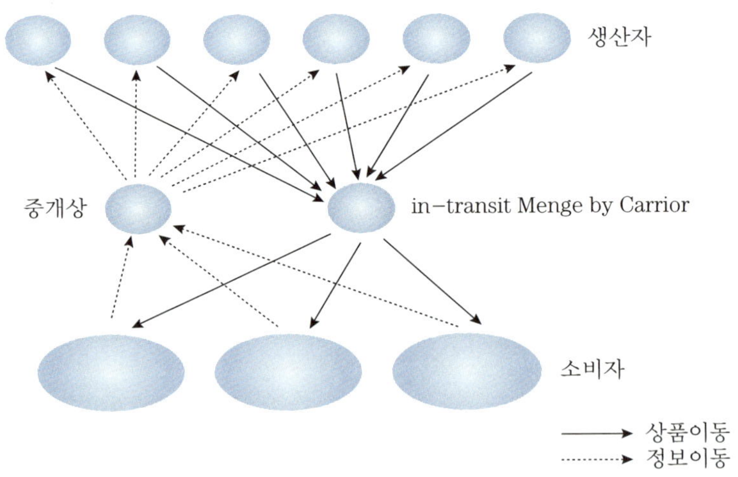

을 받은 경우 직송은 각각 세 번의 배송을 해야 하지만 환적을 사용할 경우 단 한번으로 배달이 가능해진다. 배송의 단순화를 통하여 비용의 절감과 상품 수령의 용이성을 동시에 꾀할 수 있다.

이 네트워크에서의 생산자와 중개상의 창고 유지 및 생산비용수준은 생산자 직송 네트워크와 비슷하다. 환적(in transit merge)을 담당하는 부서에서는 통합 능력을 필요로 하기 때문에 비용이 증가하고, 소비자의 상품 수령비용은 한 번의 배송만이 이루어지기 때문에 감소한다. 결국 전체적으로 보았을 때 보관 및 취급 비용은 직송보다 오히려 높을 수 있다.

환적에서는 매우 정교한 정보인프라의 구축이 선행되어야 한다. 이러한 정보 인프라를 기초로 생산자와 중개상, 배송업자로 이어지는 생산라인에서 긴밀한 협조가 이루어져야 한다. 따라서 직송보다 정보인프라 구축을 위한 더 큰 투자가 요구된다.

반응시간의 측면에서는 생산자 직송 방법과 비슷한 수준의 상품 다양성 및 유동성 확보가 가능하다. 그리고 상품 통합과정에서 더 많은 시간을 소요하기 때문에 반응시간은 늘어날 것이다. 반면 소비자의 만족도는 소비자가 주문한 상품을 한번에 받을 수 있기 때문에 더 증가할 것이다. 주문의 가시성은 매우 중요한 요구사항이므로 이를 위한 생산자와 배송업체, 중개상 사이의 정보공유를 위한 인프라 구축과정에서 초기에는 많은 어려움을 겪게 되지만 구축된 인프라에 진입은 용이하기 때문에 시간이 지날수록 통합작업은 수월해질 것이다. 반품능력은 생산자 직송과 비슷하다. 출하과정에서 문제가 발생하였을 때의 반품은 물론 직송과 같이 공급사슬 상에서의 상품의 역이동은 많은 비용과 어려움을 내포하고 있다.

〈표 4-2〉는 위에서 설명한 소비자 직송 및 환적네트워크를 구축시 얻을 수 있는 효과를 정리한 것이다.

이 방법의 가장 큰 장점은 소비자의 만족도를 보다 크게 하면서 운송비용을 절감하는데 있다. 반면에 통합과정에 따르는 추가적인 노력은 감수해야 하는 단점 또한 지니고 있다. 각 요소들의 장단점을 통해 알 수 있듯이 생산자 저장 · 직송 또는 환적네트워크는 수요가 중간에서 적은 수준을 보이는, 생산자의 수가 제한된 고가치 상품에 적합하다. 소비자 직송과 비교했을 때, 환적은 각 생산자에게 보다 많은 수요가 요구될 때에 더욱 효과적이다. 만약 공급사슬 상에 많은

표 4-2 • 생산자 직송 네트워크의 효과

	주요 요소	효 과
비 용 측 면	재 고	▶ 생산지 직송과 유사함
	수 송	▶ 생산자 직송보다 늦은 수준의 배송비용
	저장시설 및 취급비용	▶ 소비자의 상품 수령 비용 감소로 배송 측면에서 생산지 직송보다 낮은 재고유지비용
	정 보	▶ 생산지 직송보다 높은 수준의 정보 인프라 투자
서비스 측 면	주문반응시간	▶ 생산지 직송보다 수익이 높을 수 있음
	상품의 다양성	▶ 생산지 직송과 유사함
	상품의 가용성	▶ 생산지 직송과 유사함
	소비자 주문용이성	▶ 개별상품에 대한 수령정보 개선으로 생산지 직송보다 우위
	주문의 가시화	▶ 생산지 직송과 유사함
	사후관리	▶ 생산지 직송과 유사함

생산자가 존재한다면 긴밀하고 효과적인 통합 구조를 이루는 것이 매우 어려워질 것이다. 따라서 4~5개의 공장이 존재하는 공급사슬에서 이 방법은 가장 효과적이다. Sony 모니터와 Dell 컴퓨터는 두 회사가 다양한 제품을 출시하는 동시에 공장의 수가 한정되어 있고, 이로 인해 각 공장에 많은 양의 주문이 할당될 수 있어 이러한 네트워크를 구성한 적절한 예라고 할 수 있다.

(3) 운송지 저장-운송업자 수송

운송지 저장-운송업자 수송 방법은 공장에서 생산자가 재고를 유지하지 않고 운송업자 또는 중개상이 창고에 재고를 유지하다가 최종적으로 소비자에게 물건을 배달하는 방식이다. W.W.Grainger와 McMaster 등의 산업 운송업체와 Amazon사와 같은 회사가 이러한 방식을 사용하고 있다. 〈그림 4-9〉는 운송지 저장 및 운송업자 수송네트워크의 물류와 정보의 흐름을 보여준다.

운송지 저장-운송업자 수송네트워크는 중개상과 소매상의 수요를 중앙 집중적으로 관리하는 생산자 저장과는 다르게 분배센터와 소매상의 불확실한 수요를 통합하기 어렵기 때문에 높은 수준의 재고를 요구한다. 재고 관점에서 살

그림 4-9 • 운송지 저장-운송업자 수송

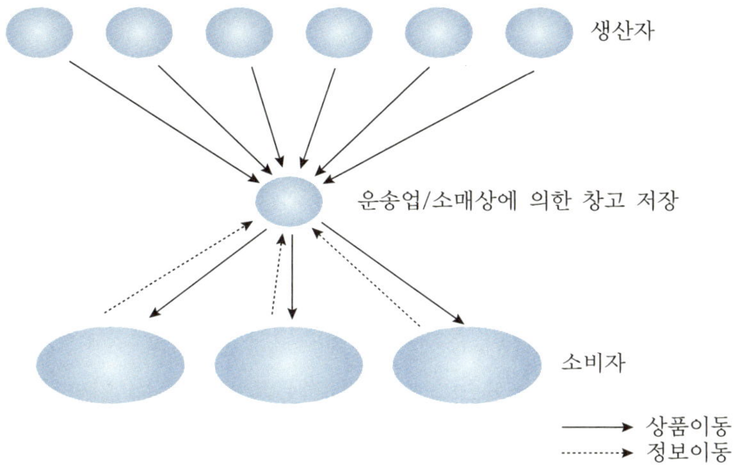

펴보면 운송업자의 저장은 높은 수요에 대비할 때 의미가 있다. 이러한 점은 W.W.Grainger와 Amazon사의 생산에서 보여지는데, 이들 기업은 재고회전 속도가 중간이거나 빠른 제품만을 직접 저장하고 상위단계에서 재고회전 속도가 느린 상품을 관리한다. 몇몇 사례에서 운송업체 저장은 지연의 이점을 누릴 수 있지만 이를 위해서는 창고에서 약간의 조립 능력을 구비해야 한다. 소매상을 이용한 Borders사의 재고회전율은 2회에 그친 반면 창고를 사용한 Amazon은 재고회전율이 연간 12회에 달하였다.

생산지에 저장하는 것에 비해 운송업체에 저장을 할 때 낮은 수준의 수송비가 소요되었는데 이는 보다 고객에 근접한 창고에서 내부 출하(inbound shipment)를 하여 규모의 경제(예, TL)를 달성했기 때문에 가능했다. 또한 다양한 곳으로 출하를 해야 하는 생산지 저장은 다양한 고객주문에 따라 상품을 매번 출하해야 하는 반면, 운송업체 저장은 다양한 고객의 외부주문량을 한번에 배송하기 때문에 수송비를 줄일 수 있다. 이러한 수송비의 절감으로 제품의 흐름 속도를 향상시킬 수 있다.

창고비용 측면에서 생산지 저장보다 운송지 저장이 더 높은 비용을 초래하는데 이유는 통합의 이점이 사라지기 때문이다. 프로세싱 및 취급비용은 생산지 저장과 비슷할 것이지만 만약 공장에서 최종소비자에게 직접 수송이 가능하지 않을 경우에는 운송지 저장이 보다 높은 수준의 프로세싱 비용이 소요될 것이다. 창고비용의 관점에서 운송지 저장은 재고회전율이 낮은 상품에 적합하다.

정보 인프라의 관점에서 운송지 저장은 생산지 저장보다 현저하게 낮은 복잡성을 띄게 되는데 이는 운송지의 창고가 고객과 제조업자 사이의 완충 역할을 하기 때문이다. 주문가시성 측면에서는 제조업자와 고객의 가시성 확보의 중요성이 떨어지는 반면, 고객과 창고 사이의 실시간 주문의 가시성이 필요하다. 이때 생산자와 운송창고 사이의 주문가시성은 고객과 생산자 사이의 실시간 주문가시성 구축에 비해 저비용이 든다.

운송지 저장에서 반응시간은 생산지 저장보다 빠른데 이는 평균적으로 운송창고와 고객 사이의 거리가 가까워 창고에서 선적시 주문을 통합할 수 있기 때문이다. 예를 들어 Amazon의 경우 모든 창고에 저장된 상품은 하루, 그리고 고객의 주문을 받아 육로를 통해 운송할 경우에는 3~7일의 배송기간이 소요된다. W.W.Grainger는 고객의 주문을 받은 날에 창고에 주문량을 보유하고 있다면 육로 운송을 사용하여 다음날에 배송을 완료한다. 창고 저장은 제품의 종류가 다양한 경우에는 사용이 제한된다. 일례로 W.W.Grainger는 저수요 제품은 창고에 저장하지 않고 생산지에서 직접 운송한다. 소비자 편의성 측면에서는 운송지 저장이 더 유리한데 이는 개별 주문에 따라 각각의 배송이 이루어지기 때문이다. 개별주문이 생산지 저장보다 한 단계 적게 창고에서 직접 소비자에게 제품이 배송되기 때문에 개별 주문의 가시성의 확보는 더욱 수월하다고 할 수 있다. 사후관리의 측면에서는 모든 반품을 창고에서 관리하기 때문에 생산지 저장보다 우월하다. 또한 제품이 제각기 다른 곳에서 생산되어도 한번의 패키지 운송이 이루어지기 때문에 반송 절차가 복잡하지 않다.

〈표 4-3〉은 위에서 설명한 운송지 저장-운송업체 수송네트워크를 구축 시 얻을 수 있는 효과를 정리한 것이다.

따라서 이러한 운송지 저장-운송업자 수송네트워크는 중간 또는 빠른 재고회전율을 지닌 제품에 적합하고 고객이 생산지 저장에 비하여 즉시는 아니더라도 빠른 배송을 요구할 때 의미가 있다. 운송지 저장은 생산지 저장에 비하여 저품종 상품에만 적용이 가능하지만 소매상 저장보다는 다양한 상품을 취급할 수 있다.

표 4-3 운송지 저장 및 운송업자 수송네트워크의 효과

	주요 요소	효 과
비 용 측 면	재 고	▶ 생산지 저장보다 높고 재고회전율이 높은 제품에 한하여 생산지 직송보다 유리
	수 송	▶ 재고회전율이 높은 상품의 절감으로 생산지 저장보다 낮음
	저장시설 및 취급비용	▶ 재고회전율이 낮은 상품 취급 시 생산지 저장보다 높음
	정 보	▶ 생산지 저장과 유사함
서비스 측 면	주문반응시간	▶ 생산지 저장보다 빠름
	상품의 다양성	▶ 생산지 저장보다 낮은 수준
	상품의 가용성	▶ 동일 수준에서 생산지 저장보다 높은 비용
	소비자 주문용이성	▶ 생산지 직송보다 우수
	주문의 가시화	▶ 생산지 저장보다 수월
	사후관리	▶ 생산지 저장보다 수월

(4) 운송지 저장-최종 수송

최종 수송은 패키지 수송을 사용하지 않고 운송업자나 소매상으로 하여금 제품을 소비자의 집으로 배송하게 한다. Webvan, Peapod, Alberston 등의 편의점이 이러한 최종수송을 사용한다. Kozmo나 Urbanfetch 등과 같은 기업은, 다양성을 지녔으나 수익성 확보에는 실패한 제품에 대하여 가정 배달 네트워크 구성을 시도했다. 패키지 수송과는 다르게 최종 수송은 수요지와 매우 가까운 거리에 위치한 운송창고를 필요로 한다. 최종 수송은 한정된 반경을 부여하여 패키지 수송이 사용될 때에 비하여 많은 창고 수가 필요하다. 〈그림 4-10〉은 운송지 저장-최종 수송 네트워크의 물류와 정보의 흐름을 보여준다.

운송지 저장-최종 수송은 소매상 저장을 제외한 다른 네트워크들에 비해 높은 재고수준을 요하는데 이는 통합의 이점을 달성하기 어렵기 때문이다. 따라서 재고 관점에서 운송지 저장-최종 수송은 재고량이 급격히 증가하지 않는 비교적 빠른 재고회전율을 지닌 식료 잡화류 등의 안정된 제품에 적합하다.

수송비용은 최종 수송에 많은 비용이 사용되기 때문에 가장 높은데 이는 패

그림 4-10 • 운송지 저장-최종수송

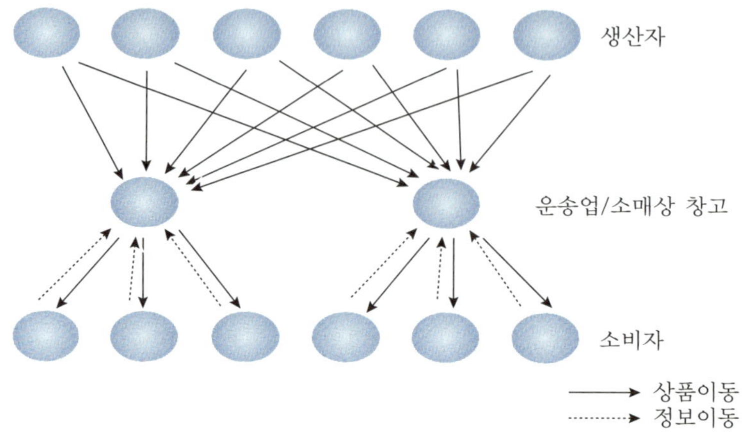

키지 수송이 많은 소매상의 배송량을 통합하고 이로서 규모의 경제 달성이 가능한데 반해 최종 수송은 이러한 통합이 불가능하기 때문이다. 식료나 잡화류 등의 산업에서 수송비와 프로세스를 포함하는 배송비는 각 가정 배달당 $30~$40 정도의 비용이 든다. 따라서 최종 수송은 인구가 밀집한 대도시에서 저렴하다. 또한 소비자가 배송비를 지불할 의사의 있는 부피가 큰 제품에 이러한 네트워크가 적합하다. 물이나 쌀 가마니의 가정 배달은 인구가 밀집되고 도시 규모가 커서 배달비 감소효과를 누릴 수 있었던 중국에서 큰 성공을 이루었다.

시설과 프로세스 비용은 많은 수의 창고가 요구되기 때문에 매우 높다. 창고 비용은 소매상 저장보다는 낮은 수준이지만 생산지 저장이나 운송지 저장-운송업자 수송보다는 높다. 그러나 프로세싱 비용은 소매상 저장보다도 높은데 이유는 모든 고객의 참여를 제한하기 때문이다. 고객이 직접 매장에 찾아와 물품을 구입하는 고객의 참여가 빈번한 슈퍼마켓과는 다르게 식료품점(grocery store)에서는 고객의 가정까지 직접 상품의 배송이 이루어지는 프로세스가 구축된 최종 수송 형태를 사용한다.

정보인프라 측면에서는 운송지 저장과 비슷한 수준의 인프라가 필요하지만 예약 배송과 같은 추가적인 능력이 요구된다. 반응시간은 패키지 수송보다 최종 수송이 빠르다. 일례로 전형적인 식료품점은 온라인 주문 후 다음날 물품을 수령하는 반면 Kozmo와 Urbanfetch는 주문 당일 배송을 시도했다. 상품의 다양성 측면에서는 일반적으로 운송지 저장-운송업자 수송에 비하여 다양하지 못한 상품을 구비하게 된다. 상품의 유용성 제공 비용은 소매상 저장을 제외한 다른 네트워크에 비해 높은 비용이 들지만, 부피가 크고 옮기기 어려운 제품을 배송하기 때문에 소비자의 주문 용이성 및 경험은 우수하다. 이러한 네트워크에서 배송은 주문후 24시간 이내에 이루어지기 때문에 주문 가시화의 중요성은 떨어지고, 대신 배송이 이루어지지 않은 주문까지도 취급할 수 있는 수주체제의 구축이 중요하다. 반품의 측면에서는 최종 수송을 사용할 경우 고객의 반품을 배송트럭에 의해 회수가 가능하므로 가장 뛰어나다. 따라서 반품 비용은 소비자가 직접 반품을 매장으로 가져오는 소매상 저장보다 많은 비용이 소요된다.

〈표 4-4〉는 위에서 설명한 운송지 저장-최종 수송 네트워크를 구축시 얻을 수 있는 효과를 정리한 것이다.

높은 수준의 인건비가 소요되는 지역에서는 효율성과 수익률 개선의 이점

표 4-4 운송지 저장 및 최종 수송 네트워크의 효과

	주요 요소	효 과
비 용 측 면	재 고	▶ 운송지 저장보다 높은 패키지 수송 비용
	수 송	▶ 규모의 경제를 달성하지 못하여 물류네트워크 중 가장 높은 수송비용
	저장시설 및 취급비용	▶ 생산지 저장이나 운송지 저장보다 높은 수준의 저장시설비용 그러나 소매상 측면에서는 낮은 비용
	정 보	▶ 운송지 저장 - 패키지 수송과 유사
서비스 측 면	주문반응시간	▶ 매우 빠름
	상품의 다양성	▶ 운송지 저장 - 패키지 수송보다 낮은 수준 그러나 소매상 측면에서는 다양한 상품 구비 가능
	상품의 가용성	▶ 소매상을 제외한 다른 물류네트워크 중 가장 높은 비용
	소비자 주문용이성	▶ 묶음 상품으로 매우 우수
	주문의 가시화	▶ 생산지 저장과 운송지 저장 - 패키지 수송보다 관심에서 벗어남
	사후관리	▶ 다른 물류네트워크보다 수월하지만 하위 네트워크에선 비싼 비용 소요

을 누릴 수 없기 때문에 이러한 운송지 저장–최종 수송을 적용하기가 어렵다. 이러한 네트워크를 적용하기 위해서는 충분한 수의 고객이 이러한 배송의 이점을 누리기를 원해야 한다. 그러한 경우에는 많은 주문을 바탕으로 묶음 배송이 가능해져 규모의 경제를 달성하고 효율성을 향상 시킬 수 있다.

(5) 생산지 또는 분배지 저장–소비자 수령

생산지 또는 분배지 저장–소비자 수령 방식은 재고를 생산지나 배송지의 창고에서 보관하지만 소비자가 온라인이나 전화를 통하여 주문을 하고, 주문한 상품을 계획된 수령지점에서 소비자가 직접 수령하는 방식이다. 주문된 상품은 저장시설에서 계획된 수령 지점으로 배송된다. 일본의 7–eleven에서 설립한 7dream.com이 이러한 방식을 사용하고, W.W.Grainger의 경우에는 주문한 상품을 W.W.Grainger의 소매 매장에서 찾는 B2B(Business–to–Business)방식을 사용한다. 7dream.com의 소비자와 제품, 정보의 흐름을 〈그림 4–11〉에서 살펴볼 수 있다.

이 방식에서는 생산지 또는 운송지 저장과 동일하게 수준의 주문 통합이 가능해져 재고비용이 낮게 유지된다. 일례로 W.W.Grainger사의 경우 재고회전이 빠른 상품은 수령 지점에서 재고를 유지하고 재고회전이 느린 상품은 중앙 창고

그림 4–11 • 생산지 또는 분배지 저장–소비자 수령

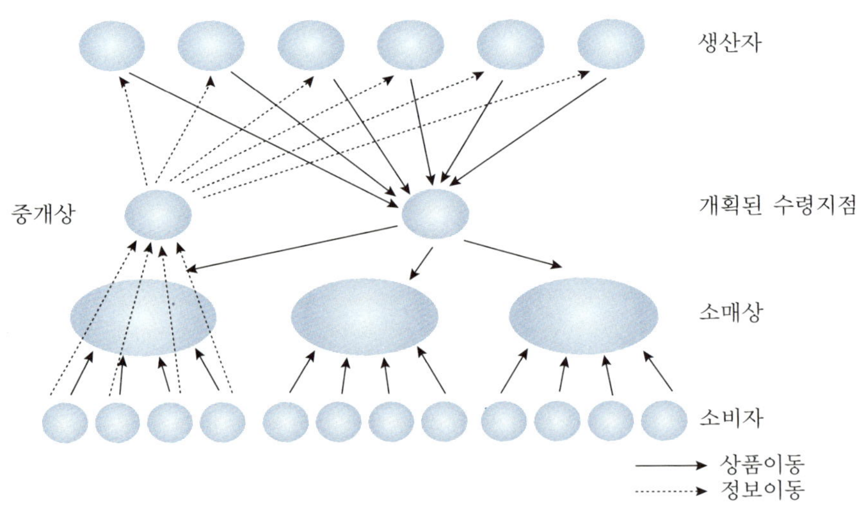

나 생산지에 보관한다. 운송비용은 패키지 수송을 하는 네트워크에 비해 낮은데 이는 주문량을 수령 지점에 통합하여 수송하기 때문이다. 시설비용은 새로운 수령 지점을 개설해야 하는 경우 높지만 기존의 지점을 사용한다면 낮게 유지할 수 있다. 생산지나 창고의 프로세싱 비용은 다른 네트워크와 비슷한 수준이지만, 각각의 주문을 소비자의 수령 시점 이전에 수령 지점에 위치시켜야 하는 단점을 지니고 있기 때문에 수령지점의 프로세싱 비용은 높다.

정보인프라 측면에서는 소비자의 수령 시점 이전까지 주문의 가시화를 제공해야 하기 때문에 소매상과 저장 지점, 수령 지점 사이에 탁월한 협동이 이루어질 수 있도록 인프라를 구축해야 한다. 반응시간은 패키지 수송과 거의 비슷한 시간이 소요되며 상품의 다양성과 효용성 측면에서도 다른 생산지 또는 운송지 저장과 비슷한 수준의 서비스를 제공할 수 있다. 소비자의 주문 용이성 측면에서는 다소 불리할 수 있는데 이유는 소비자가 직접 수령지점에 찾아와서 물건을 수령해야 하기 때문이다.

또한 주문의 가시성 확보는 이 방법에서 매우 중요하다. 왜냐하면 주문된 상품이 수령 지점에 도착하기까지 운송정보를 소비자에게 제공해야 하기 때문이다. 이러한 시스템의 구현은 공급사슬 상의 여러 단계를 통합해야 가능하기

표 4-5 생산지 또는 분배지 저장-소비자 수령네트워크의 효과

	주요 요소	효 과
비 용 측 면	재 고	▶ 재고 위치에 따라 상이함
	수 송	▶ 패키지 수송보다 낮음
	저장시설 및 취급비용	▶ 새로운 시설 건립 시 높음
	정 보	▶ 생산기반시설에 대한 투자 필요
서비스 측 면	주문반응시간	▶ 생산지 또는 운송지 - 운송업자 배송과 비슷
	상품의 다양성	▶ 생산지 또는 운송지 저장과 비슷
	상품의 가용성	▶ 생산지 또는 운송지 저장과 비슷
	소비자 주문용이성	▶ 가정 배송 미실시로 다른 네트워크에 비해 낮음
	주문의 가시화	▶ 어려우나 필요함
	사후관리	▶ 다른 네트워크에 비해 다소 용이함

때문에 매우 어렵다. 반품은 전적으로 수령 지점에 의해 관리되며, 그렇기 때문에 소비자의 입장에서는 반품을 처리할 지점이 정해져 있어 반품이 매우 수월하다. 〈표 4-5〉는 위에서 설명한 생산지 또는 운송지 저장-소비자 수령네트워크를 구축 시 얻을 수 있는 효과를 정리한 것이다.

소비자 수령 지점을 사용한 이러한 네트워크의 장점은 낮은 운송비용이 소요된다는 점이다. 따라서 소비자의 주문과 제품정보를 제공할 수 있는 온라인 서비스의 구축이 요구된다. 주요 취급비용은 수령 지점을 사용하게 되어 취급비용은 늘어나게 된다.

(6) 소매상 저장-소비자 수령

소매상 저장-소비자 수령 네트워크에서 재고는 소매상에 보관된다. 소비자는 직접 온라인이나 전화 주문 또는 직접 상점에 찾아가서 주문을 하고 상점에서 제품을 수령한다. 광범위하게 분포되어 있는 소매상에서 상품을 저장하기 때문에 통합의 이점을 누릴 수 없어서 이 네트워크의 재고비용은 높다. 그러나 재고 회전율이 높은 상품의 경우에는 이러한 단점을 지니고 있더라도 높은 수익률이 발생한다. 하지만 대부분의 경우 소매상에서 재고를 관리하기 때문에 높은 재고 비용이 발생하는 것이 일반적이다.

소매 상점에 저렴한 운송수단을 이용하여 재고 보충이 가능하기 때문에 다른 네트워크들에 비해 운송비용은 낮다. 시설비용은 많은 지역에 소매상을 운영해야 하기 때문에 높다. 소비자가 직접 상점에 방문하여 주문을 하고 제품을 수령하기 때문에 정보인프라는 낮은 수준으로 유지해도 지장이 없으나, 온라인 주문을 실시할 경우에는 다양한 상품들에 대한 정보를 제공해야 하기 때문에 높은 수준의 정보 인프라를 필요로 한다.

각 소매 상점에서 재고를 관리하기 때문에 소비자는 물품을 주문한 후 빠른 시간 안에 제품 수령이 가능하고 이로 인해 반응시간은 매우 빠르다. 제품의 다양성 측면에서는 다른 네트워크에 비해 다양한 상품의 구비가 제한되며, 높은 수준의 제품 유용성을 제공하기 위해서는 높은 비용이 소요된다. 주문의 가시성은 온라인이나 전화주문을 실시했을 경우에 소비자가 상점에서 수령을 하게 되므로 매우 중요하다. 반품을 각각의 소매 상점에서 취급하기 때문에 다른 네트워크에 비해 소비자가 반품을 하는 것이 매우 용이하다.

표 4-6 · 소매상 저장-소비자 수령네트워크의 효과

	주요 요소	효 과
비 용 측 면	재 고	▶ 모든 네트워크 중 가장 높음
	수 송	▶ 모든 네트워크 중 가장 낮음
	저장시설 및 취급비용	▶ 다른 네트워크보다 높음. 온라인과 전화 주문 시 수령 지점에서의 취급비용 증가
	정 보	▶ 온라인과 전화 주문 사용으로 생산기반시설에 대한 투자 요구
서비스 측 면	주문반응시간	▶ 제품이 지역 내 수령 지점에서 보관 중이라면 당일 수령 가능
	상품의 다양성	▶ 모든 네트워크 중 가장 낮음
	상품의 가용성	▶ 모든 네트워크 중 공급 비용이 높음
	소비자 주문용이성	▶ 구매시설의 긍정성 여부에 따라 소비자의 경험에 영향을 미침
	주문의 가시화	▶ 중요하지 않으나 온라인 및 전화 주문 사용시 효율적임
	사후관리	▶ 모든 네트워크 보다 용이함

〈표 4-6〉은 위에서 설명한 소매상 저장-소비자 수령네트워크를 구축시 얻을 수 있는 효과를 정리한 것이다.

이 방식의 가장 큰 장점은 낮은 배송비와 주문에 대한 반응 시간이 매우 짧다는 것이다 반면에 높은 재고 및 시설 비용이 소요된다는 단점을 지니고 있다. 따라서 이 방식은 빠른 재고회전율을 지닌 제품이나 소비자가 짧은 반응시간에 큰 비중을 둘 때 적용이 가능하다.

제 4 절 공급사슬 네트워크 디자인

올바른 공급사슬 네트워크를 고안할 때, 제품을 특징지우는 데 있어 간단하지만 강력한 방법은 수요와 공급의 '불확실성 구조(uncertainty framework)'를 이해하고 이에 맞는 공급사슬을 구축하는 것이다. 제품수명주기, 수요 예측성, 제품 다양성, 수요와 재고량 사이의 비율 등의 다양한 시장변화양상은 매우 중요하다. 하지만 만약 상품의 수요패턴을 근거로 상품을 분류한다면 제품을 기능적인 것과 혁신적인 것의 두 가지 범주로 분류할 수 있고, 각각의 카테고리는 명확히 다른 종류의 공급 사슬이 필요하다.[4]

1. 불확실성에 따른 공급사슬 네트워크 변화

1장에서 우리는 경쟁 전략과 기존의 공급사슬이 적절한 조합인가를 판단할 수 있는 이론적 틀에 대하여 살펴보았다. 앞서 살펴본 바와 같이 기능적(functional) 제품 특징은 안정적 수요를 지녔고 수요를 예측하기 용이하다는 것이다. 그리고 낮은 수준의 수익률과 장기적인 제품수명주기를 지녔다. 이러한 특징을 지닌 기능적 제품은 시간의 경과에 따라 수요의 큰 변동이 없는 인간의 기본적인 욕구 충족에 사용되는 일상용품들이 속한다. 이러한 기능적 제품의 시장은 가격을 제품의 경쟁우위 요소로 삼기 마련이다.

따라서 많은 기업은 고객이 그들의 상품을 구매하도록 유인하는, 패션이나 기술 측면의 혁신적인 상품을 출시하여 비교우위를 점하기 위한 노력을 기울이기 마련이다. 혁신을 통하여 회사는 높은 이윤을 달성할 수는 있었지만 제품의 수요를 예측할 수 없었다. 게다가 혁신적(innovative) 제품은 통상적으로 몇 달에 걸쳐 소비가 이루어지는 매우 짧은 제품 수명주기를 지녔다. 이는 혁신적 제품이 누리고 있는 경쟁적 우위 요소를 모방 업체가 침식하기 때문에 비롯되었고, 기업들은 더욱 새로운 혁신을 꾸준하게 도입해야 했다. 이러한 종류의 상품들의 전형적인 특성인 짧은 제품수명주기와 다양성으로 인해 수요에 대한 예측불가능성은 증가한다. 그렇기 때문에 높은 수익성과 변동적인 수요를 지닌 혁신적인 상품은 안정적이고 낮은 수익성을 지닌 기능적인 상품과는 근본적으로 차별화된 공급사슬이 필요하다.

이러한 차이점을 이해하기 위해 우선 공급사슬이 구조적인 기능(physical function)과 시장중개기능(market mediation function)의 별개의 구성요소로 이루어졌음을 인식하여야 한다. 공급사슬의 물리적 기능은 원재료를 부품(parts)-재공

---

4) Fisher, "What Is the Right Supply Chain for Your Products?", HBR, March April. 1997.

품(components)-완성품의 단계를 거쳐 생산하는 과정과 공급사슬의 한 단계에서 다음 단계로의 수송 등을 포함하기 때문에 쉽게 분별이 가능하다. 공급사슬의 또 하나의 기능은 가시화되지는 않지만 동등한 중요성을 지닌 시장중개(market mediation)기능으로, 이러한 활동의 목적은 시장에 투입된 다양한 상품이 소비자의 구매 욕구에 부합되도록 보장하는 것이다.

각각의 기능으로 인해 비용적 측면에서 물리적 비용과 시장중개비용이 발생한다. 물리적 비용(physical cost)은 생산, 운송, 재고 유지에 관한 비용이고 시장중개비용(market mediation cost)은 공급이 수요를 초과했을 때, 상품을 가격할인 판매했을 때 그리고 수요가 공급을 초과하여 판매 기회를 상실하거나 고객의 구매욕구를 충족시키지 못했을 때 발생한다.

기능적 제품은 수요의 예측이 가능하여 공급량과 수요량을 거의 완벽하게 일치시킬 수 있기 때문에 시장중개기능을 따르기에 용이하다. 따라서 기능적 제품을 생산하는 기업은 자연스럽게 물리적 비용의 극소화에 초점을 맞추게 된다. 이러한 목표 설정이 가능한 이유는 대부분의 기능적 상품이 가격 변동에 따라 민감하게 반응하는 특성을 지녔기 때문이다. 이러한 방식으로 고정된 계획은 기업으로 하여금 공급사슬 상의 재고를 최소화하고 생산효율성을 극대화 시킬 수 있는, 공급자의 주문, 생산, 운송 과정을 포함하는 생산-자원계획 소프트웨어 작성을 가능케 한다. 이러한 사례의 경우 예측 가능한 수요와 비용 최소화를 위해 공급사슬을 구성하는 공급자, 생산자, 소매상 사이의 협동된 행동시 발생하는 정보의 공유가 매우 중요하다.

그러나 이러한 접근 방법은 혁신적 제품의 경우에는 매우 적합하지 않다. 혁신적 상품에 대한 불확실한 시장반응은 초과 공급 또는 초과 수요의 위험을 초래한다. 높은 수익성과 신상품의 시장점유율 선점에 있어서 초기 판매실적의 중요성은 공급부족으로 인한 비용을 증대시킨다. 또한 제품의 짧은 수명주기는 제품의 진부화와 초과공급으로 인한 비용 증가의 위험을 증대시킨다. 따라서 이러한 제품을 생산하는 기업은 물리적 비용보다는 시장중개비용에 더욱 초점을 맞추게 된다. 따라서 이러한 환경에서 더욱 중요한 것은 제품의 짧은 수명주기 내에 초기 판매 실적이나 다른 시장 징후에 따라 신속한 대응을 하는 것이다. 이러한 경우에는 공급사슬 내부는 물론이고 시장에서 공급사슬로의 중대한 정보의 흐름이 발생한다. 재고수준과 생산 능력을 결정함에 있어 중요한 사항은 비용의 최소화에 있는 것이 아니라 불확실한 수요에 재빠른 대응을 가능하게 만드는 생산 시설이나 재고의 위치에 있다. 그리고 공급자는 낮은 비용을 위해서가 아니라 그들의 신속성과 유동성 확보를 위한 선택을 한다. 따라서 공급사슬 네트워크 디자인에 대한 접근의 첫 번째 단계는 기업의 제품이 기능적인지 혁신적인지를 구분하는 것이다.

이러한 차이점을 바탕으로 기업은 이상적인 공급사슬 전략을 구상하기 위한 매트릭스를 채택한다. 매트릭스의 4개의 셀은 상품과 우선권에 대한 4가지 가능한 대안을 보여준다(〈그림 4-12〉 참조). 각각의 제품군의 수요와 공급사슬 우선권을 선정하기 위해 매트릭스를 사용하여 경영자는 제품공급을 위해 기업이 사용하는 프로세스가 상품의 타입과 조화를 이루는지 여부를 발견할 수 있다. 앞의 설명에 따르면 기능적 상품은 효율적인 프로세스, 혁신적 상품은 대응적 프로세스의 구축이 바람직하다. 표에서 효율적 공급사슬과 혁신적 제품(불일치1) 또는 대응적 공급사슬과 기능적 제품(불일치2)의 영역에 위치한 기업은 문제에 당면했음을 알 수 있다.

여기서 불일치2 영역에 존재하는 기업의 수는 그리 많지 않은데 이유는 기능적 제품을 출시하는 대부분의 기업은 그들이 효율적인 공급사슬이 필요함을 저절로 인식하기 때문이다. 만약 기업이 기능적인 제품만을 생산한다면 그러한 기업은 전형적으로 효율적인 공급사슬을 구축하기 마련이다. 그러나 기업들은

그림 4-12 · 공급사슬 네트워크 디자인 매트릭스

	기능적 제품	혁신적 제품
효율적 공급사슬	일치	불일치1
대응적 공급사슬	불일치2	일치

종종 자신의 기업이 불일치 1의 영역에 속해 있음을 발견하게 된다. 즉, 혁신적 제품을 생산하는 기업의 경우에 공급사슬의 대응력을 향상시키기 위한 투자는 공급사슬의 효율성을 높이기 위한 투자보다 뒤따르는 보상이 크기 때문에 이러한 기업이 불일치 1 영역에 위치함을 이해하지 못한다. 일반적으로 기업의 공급사슬 상 대응력을 키우기 위한 투자는 공급과 수요 사이에 불일치에 따른 재고부족 및 할인판매(Markdown)를 위한 투자보다 큰 비용감소 효과를 가져온다. 예를 들어 평균재고부족 비율이 25%이고 수익률이 40%인 전형적인 혁신적 제품을 살펴보자. 수익률과 재고부족으로 인해 야기되는 손실은 보통 세금계산 이전의 초과 수익에 상응하는 액수인 판매량의 10%(40%×25%)를 차지해 매우 거대함을 알 수 있다.

따라서, 실제로 진보적인 회사의 경우를 살펴보더라도, 재고부족과 과잉재고를 줄여 얻을 수 있는 경제적 이익은, 기업이 공급사슬의 대응력을 키우기 위한 투자를 항상 기업 스스로 지불하게 하는 요인으로 작용한다. 예를 들어 컴팩 컴퓨터는 명백히 다양한 제품과 짧은 생명주기를 가진 제품을 저비용으로 생산 가능한 아시아 국가에 외주를 주는 대신 자국에서 생산하는 것을 선호한다. 왜냐하면 직접 생산의 이점으로 유동성과 짧은 리드타임 효과를 얻을 수 있었기 때문이다. 일본의 의류 제조업을 이끄는 월드사는 자사의 기본 스타일의 옷은 중국에 위치한 공장에서 저비용으로 생산했으나 하이패션 스타일의 옷은 일본에서 생산을 했는데 그 이유는 높은 인건비로 인한 손해보다 수요에 빠르게 대응할 수 있고 유행을 따를 수 있는 이점으로 얻는 이익이 더 크기 때문이었다.

이러한 논리는 기능적 제품에는 적합하지 않다. 10%의 수익률과 평균재고부족률이 1%인 제품의 경우 이로 인한 손해는 단지 전체 판매량의 1%에 지나지 않는다(10%×1%). 이는 대응력을 향상시키기 위한 투자를 해야 할 정당한 근거를 제시하지 못하는 무시해도 괜찮을 만한 비용이다.

불일치 영역에 위치한 혁신적 제품을 생산하는 기업은 오직 정보공유와 긴밀한 조정을 통해 공급사슬의 관리 효율을 되찾을 수 있다. 공급사슬에 걸친 수요 정보의 공유와 일치된 계획은 이 목적을 위해 중요하다. 이탈리안 파스타 제조업체인 Barilla는 이 경우의 예이다. 파스타는 낮은 수요와 공급 불확실성을 가진 제품이다. 그러나 수요 신호에 대한 소매업자들의 과잉반응의 결과로, 주문은 가득 찬 트럭 짐의 분량, 촉진, 주문 과장, 수요 변동의 높은 수준 발생, 중요한 낭비와 손실 유도를 만드는 쪽으로 처리된다. Barilla가 시도한 정보공유와 조정된 조달 프로그램을 통해, 공급사슬 효율은 매우 개선되었다. 엄격한 조정의 결과로 재고는 50% 근처로 떨어졌고, 재고부족비율도 거의 0으로 내려가게 되었다.

또한 공급사슬을 왔다갔다하게 하는 정보공유와 협력적인 조달은 인터넷의 사용으로 가장 용이해진다. 대부분이 안정된 공급 프로세스를 가지는 기능적인 제품들로 구성된 식료품 산업은 이러한 전략들을 이행하기에 이상적인 상태이다. VICSC(Voluntary Industry Commerce Standards Committee)는 식료품 산업에서의 CPFR(Collaborative planning, forecasting, and replenishment)을 위한 프로세스 모델과 기술 프레임워크를 정형화시키는 일을 하고 있다. 이것은 기업들이 협력적인 노력들을 추구하기 위해 전자보고 게시판으로 인터넷을 이용하게 하기 위해 노력한다.

이러한 불확실 특성들은 기업에게 경쟁적인 우위를 제공할 수 있는 시작과 혁신을 가진 공급사슬 전략들을 요구한다. 이러한 전략은 효율적 공급사슬(efficient supply chain), 위험-헷징 공급사슬(risk-hedging supply chain), 대응적 공급사슬(responsive supply chain), 민첩성 공급사슬(agile supply chain)의 네 가지 종류로 분류될 수 있다. 효율적 공급사슬은은 공급사슬에서 가장 높은 비용 효율을 창출하는 것에 초점을 두는 공급사슬이다. 이와 같은 효율을 달성하기 위해, 필요 없는 활동 제거, 규모의 경제 추구, 최적화 기술 도입, 전 공급사슬 구성요소간 정보 연계 및 공유 등이 확립되어야 한다. 위험-헷징 공급사슬은 공급사슬에서 위험 분산 및 자원 공유를 통한 연계 매매에 초점을 둔 공급사슬이다. 공급사슬에서 단일 개체는 공급 분열에 타격을 입기 쉬우나, 만약 하나의 공급 원천 이상이 있거나 대체적인 공급 자원을 이용할 수 있다면 공급 중단의 위험은 감소된다. 기업은 공급 중단의 위험을 분산시키기 위해 중요한 컴포넌트의 안전재고를 증가시키기 바랄 것이고, 마찬가지로 이 중요한 컴포넌트가 필요한 다른 기업과 안전재고를 공유함으로써 이 안전재고를 유지하기 위한 비용이 공유되게 할 수 있다. 이와 같은 재고의 위험 분산 전략들은 다른 소매상들 또는 판매대리점들이 재고를 공유하는 소매업에서는 매우 일반적이다. 대응적 공급사슬은 변화와 고객들의 다양한 요구들에 바로 반응하고 유연성을 지니도록 도와주는 전략에 초점을 두는 공급사슬이다. 기업들은 고객들의 구체적인 요구들을 접하기 위한 수단으로 BTO(build-to-order)와 mass customization 프로세스를 이용한다. 주문의 정확도 즉, 고객 요구의 정확한 명세는 mass customization의 성공을 위한 열쇠로 작용한다. 민첩성 공급사슬은 공급 부족의 위험을 분산시키며 동시에 고객의 니즈에 바로 반응하고 유연성을 지니는 것에 초점을 두는 공급사슬이다. 이는 본질적으로 위험 분산과 대응적 공급사슬의 강점들을 조합하는 적절한 전략들을 구사한다. 따라서 공급 부족으로 인한 위험들을 최소화시키면서 다양하고 변화무쌍하며 예측 불가능한 고객들의 수요에 바로 대응할 수 있는 민첩성을 지녔다.

2. 수요와 공급의 불확실성에 따른 공급사슬 네트워크 디자인

수요의 불확실성과 공급의 안정여부에 따라 기업은 제품의 특성에 맞는 공급사슬 네트워크를 구축할 수 있다(〈그림 4-13〉 참조[5]).

제품들이 낮은 수요와 공급 불확실성을 가지고 있을 때, 경쟁의 기본은 비용과 정보의 효율성에 있다. 예측하기 쉬운 수요패턴과 안정된 공급 프로세스와 함께, 기업들은 공급사슬 효율을 개선시키려 노력해야 하고 그로 인해 고객들에

그림 4-13 · 제품의 특성에 따른 공급사슬 네트워크

	수요 인정(기능적 제품)	수요불안정(혁신적 제품)
안정적 공급 프로세스	효율적 공급사슬	대응적 공급사슬
혁신적 공급 프로세스	위험-헷징 공급사슬	민첩성 공급사슬

5) Lee, Hau, "Aligning supply chain strategies with product uncertainty," CMR, 44: 3, Spring 2002.

게 제공되는 제품의 비용은 가장 낮아진다. 이것은 기업이 경쟁자들보다 경쟁적인 이점을 얻는 것을 가능하게 한다. 따라서, 기능적 제품을 생산하는 기업은 효율적인 공급사슬 디자인을 목표로 삼아야 한다. 비용 효율은 JIT시스템, 자동화, 규모의 경제, 설비 배치, 작업흐름 유선형화와 같은 생산요소의 기본 요소들의 결과인 생산성 개선에 의해 얻어질 수 있다. 비용 효율성은 또한 매우 효과적인 물류시스템을 가짐으로써 얻을 수 있다. 안정된 수요를 가진 제품에서, 제품을 분배센터를 거치지 않고 제조업자에서 고객에게 직접적으로 이송하는 것이 종종 가능하다. 분배경로 단계를 제거하는 것은 비용을 감소시킨다. 예를 들어, Wal-Mart와 Costco와 같은 대형 할인 마트는 그들의 안정되고, 많은 양의 제품들을 위해 매장으로 직접 가는 분배 프로세스를 가지고 있다. 그러나 변덕스러운 수요를 가진 제품을 직접 매장으로 이송하는 것은 만차 수송이 어려워 운송의 효율을 달성할 수 없다.

공급 프로세스들이 여전히 발전되고 있고 그로 인해 산출량, 프로세스 신뢰성, 공급 원천, 리드타임에 관한 불확실성들에 직면하고 있을 때, 기업들은 궁극적으로 적시적인 수요 충족으로부터 이와 같은 불확실성을 줄이기 위한 노력을 기울여야 한다. 이러한 기업들은 위험-헷징 공급사슬을 디자인하여 그러한 목표를 달성할 수 있다. 재고 비축과 다수의 공급 기반들을 개발을 통해 비용은 증가하더라도 공급 중단의 위험은 감소될 수 있다.

매우 예측하기 어려운 수요에는, 초과적인 재고가 발생할 수 있다. 그러나 혁신적 제품은 제품수명주기가 짧기 때문에 과도한 재고의 보유는 비용의 증가와 제품의 진부화라는 위험요소를 지닌다. 이와 같은 제품들을 다루는 기업들은 대응적 공급사슬을 구축해야 한다. 정확한 예측과 재고 계획에 초점을 맞추는 것보다, 매우 안정된 프로세스와 제품기술을 가진 기업들은 적극적인 BTO 전략을 추구하기 위해 생산을 지연시키는 전략을 사용할 수 있다. Dell Computer는 제품생산의 모듈화를 통하여 최종 조립 및 테스트 단계를 단순화하고 신뢰할 수 있는 성과를 도출하는데 성공하였다. 새로운 프로세스들은 실제로 더 비용이 많이 들지도 모르지만 제품수요가 예측하기 어려울 때 대응적인 공급사슬 전략을 추구하는 것은 효율적인 공급사슬보다 더 적절하다.

혁신적인 제품들과 발전과정에 있는 불안정한 공급 프로세스를 가진 기업들은 위험-헷징과 대응적 전략들의 조합을 이용해야 한다. 여기에 적절한 전략은 민첩성 공급사슬을 확립하는 것이다. Field-programming logic으로 알려진 고액의 통합된 회로를 전문으로 하는 반도체 회사인 Xilinx Inc.사는 시장에서 성공적으로 경쟁하기 위해 이와 같은 전략에 의지했다. Xilinx에 의한 최근의 혁신은 IRL(Internet-Reconfigurable-Logic)을 만드는 것이다. Xilinx 제품들은 심지어 그들이 고객에게 배송한 후에도 지속적인 개발이 이루어진다, 즉, 그들 칩들의 기능들 중 일부분은 실제로 소프트웨어에 의해 구체화가 가능하다. 따라서 Xilinx사는 칩들의 기능성 갱신을 요구하는 일정한 제품 종류에 대해 네트워크와 인터넷을 통해 수정과 갱신을 지속적으로 수행한다. 이러한 온라인 field 갱신 가능한 시스템들은 다용성 셋톱박스와 무선전화 셀방식 기반 스테이션에서부터 통신위성과 네트워크 관리시스템까지의 범위에 이를 수 있다. 1999년 이후, Xilinx는 경쟁자들을 능가해 왔고, 지금은 field-programmable logic 시장에서 선두주자이다.

요 약

물류네트워크는 원료 공급자, 제조업체, 창고, 물류센터 그리고 소매업체 뿐만 아니라 원재료, 재공품, 완제품의 생산에 이르는 제조업체 내의 물류의 흐름까지도 동시에 고려해야 하는 포괄적인 개념이다. 이러한 물류네트워크를 구성하는 것은 물류비용 절감과 소비자의 서비스 요구수준을 만족시키는 장기적인 효과를 가져오기 때문에 전략적 결정 단계에 속한다.

물류네트워크 구성은 제품의 배송 방법과 중개상의 이용여부에 따라 크게 생산자 직송, 생산지 저장-직송 또는 환적, 운송지 저장-운송업자 수송, 운송지 저장-최종수송, 생산지 또는 분배지 저장-소비자 수령, 소매상 저장-소비자 수령 등의 6가지 네트워크 구상할 수 있다.

공급사슬 네트워크를 고안 할 때 사용할 수 있는 간단하지만 효과적인 방법은 수요와 공급의 불확실성 구조를 이해하고 이에 맞는 공급사슬을 구성하는 것이다. 만약 상품의 수요패턴을 근거로 상품을 분류한다면 제품을 기능적인 것과 혁신적인 것의 두 가지 범주로 분류할 수 있고, 각각의 카테고리는 명확히 다른 종류의 공급 사슬이 필요하다. 이는 공급사슬이 구조적인 기능과 시장 중개기능의 별개의 구성요소로 이루어졌기 때문인데 이에 따라 기업은 제품의 특성에 맞는 공급사슬 네트워크를 구축할 수 있어야 한다.

토의 사례

실시간 사이버 상담 … 中企지원 상생경영도 실천

현대모비스의 기업 정체성(BI. Brand Identity)은 '신뢰와 혁신'이다. 이는 부단한 기술 혁신으로 고객의 신뢰를 얻을 때 비로소 고객 만족과 감동이 가능해지고, 이러한 만족과 감동이야말로 기업이 추구해야 할 최고의 가치라는 의미다.

현대모비스는 이를 위해 고객을 향한 '무한 책임경영' 을 화두로, 올들어 물류 합리화와 중소 협력업체들과의 상생경영 등에 박차를 가하고 있다.

무한 책임경영의 기본원칙은 모든 차종의 모든 부품을 24시간 공급한다는 것. 현대모비스는 현대 · 기아차로부터 A/S부품 사업을 인수한 지난 2000년부터 지금까지 143개 전 차종에 대한 A/S 순정부품 공급을 책임지고 있다. 여기에는 포니를 비롯해 현재 단종된 99개 차종이 포함되며, 부품 종류만 88만 9,000종에 이른다. 해당 부품을 필요로 하는 단 한 명의 고객을 위해서라도 관련 부품을 책임 공급하겠다는 의지가 없으면 불가능한 일이다. 현대모비스는 또 자사 홈페이지에 가격 등 부품정보를 상시 제공하는 '사이버 부품상담시스템'을 운영하고 있다.

현대 · 기아차를 이용하는 고객들은 자신의 차대번호나 차종 및 연식을 컴퓨터에 입력하면 필요한 부품의 가격과 부품명 등을 직접 확인할 수 있다.

물류 합리화를 위한 지속적인 노력은 내부혁신을 통한 고객만족의 대표적인 사례다. 현대모비스는 물류 합리화를 통해 고객들에게 기존보다 더 효율적으로 A/S부품을 공급하고, 물류비용을 포함한 제비용 절감으로 경쟁력 있는 부품가격을 유지해오고 있다.

현대모비스는 현재 전국에 10개의 물류센터와 11개의 부품사업소, 22개의 부품센터를 물류 거점으로 두고 있으며, 개별 물류 거점마다 최첨단 창고관리시스템과 균등납입시스템, 시각적 관리를 통한 재고통합, 실물바코드 시스템, 물류표준화 등 혁신적인 방법을 속속 도입해 시행중이다.

해외에도 중동 물류센터를 비롯해 독일 브레멘, 미국 마이애미, 중국 베이징 러시아 모스크바 등 9개 지역에 대단위 독자 물류센터를 갖췄으며 올 연말까지 물류센터를 13개로 늘리고 장기적으로 이를 21개까지 확장할 계획이다.

고객만족 경영은 일반 소비자뿐 아니라 중소 협력업체와의 상생전략으로도 연결된다. 현대모비스는 자사의 브랜드 파워와 글로벌 네트워크를 활용해 해외시장 개척에 어려움을 겪는 중소업체를 지원하고 있다.

다임러크라이슬러에 연간 660만달러 규모의 스티어링칼럼을 공급하는 남양공업과 제너럴모터스(GM)에 연간 2,500만달러 규모의 스테블라이저를 공급하는 대원강업 등의 성공사례는 이런 상생전략이 있었기에 가능했다.

〈헤럴드 경제, 2005. 11. 29〉

Q 토의문제

❶ 위의 사례에서 현대 모비스의 물류네크워크 구성시 강점과 약점은 무엇인가.
❷ 물류네트워크 구성시 고려사항은 무엇인가?

참고 문헌

Ballou, R. H. Business Logistics Management. 3rd ed. Englewood Cliffs, NJ: Prentice Hall, 1992.

Bowersox, D., "Supply Chain Logistics Management", McGraw-Hill/Irwin, November 11, 2005.

Chopra, S., "Supply Chain Management", Prentice Hall, March 28, 2006.

Fisher, "What Is the Right Supply Chain for Your Products?", HBR, March-April 1997, pp. 105~116.

General Motors: building a digital loyalty network through demand and supply chain integration," Stanford case: GS-29, 2003.

House, R. G. and K.D. Jamie. "Measuring the Impact of Alternative Market Classification Systems in Distribution Planning." Journal of Business Logistics 2, 1981. pp. 1-31

Johnson, J. C. and D. F. Wood, Contemporary Physical Distribution and Logistics. 3rd ed. New York : Macmillan, 1986.

Lee, Hau, "Aligning supply chain strategies with product uncertainty," CMR, 44:3, Spring 2002, pp. 105~119.

Simchi-Levi, D., "Designing and Managing the Supply Chain", McGraw-Hill, November 1, 2002.

Patton, E. P. "Carrier Rates and Tariffs." In The Distribution Management Handbook, ed. J. A. Tompkins and D. Harmelink. New York : McGraw-Hill, 1994, chap.12.

chapter 5

글로벌 공급사슬 관리

도입사례

[POSCO 사례]

제철사들은 전통적으로 자국의 보호를 받는 경우가 많았다. 이러한 제철사에 대한 보호정책은 높은 관세와 반덤핑 규제를 통하여 시행되었다. 각 국가들은 철강산업이 국가경제의 중요한 자산으로 판단하여 해당 회사들을 보호하였고 이로 인해 순수 경쟁상황에서는 퇴출되어 존재할 수 없는 업체들이 생존하는 상황이 발생하였다. 교역 장벽을 통한 지원의 예로 들 수 있는 것이 2002년도 3월 Bush 행정부가 수입 철강제품에 대해 30%까지 관세를 물리는 것이었다. 이러한 위협에 대응하기 위한 방법 중 하나는 관세를 부과할 가능성이 높은 국가에 합작투자를 하는 것이다. 1986년도에 POSCO는 U.S. Steel(USS)과 50/50 합작법인을 미국 캘리포니아에 설립하였다. USS는 2002년 수입철강제품에 대한 관세부과를 위해 가장 강력하게 로비를 한 업체인데 이전의 합작에 의해 POSCO는 미국 관세를 면제받을 수 있었다.

현재 제철공정에서의 병목현상은 철광석과 석탄이라는 원자재의 안정적이며 경제적인 공급을 확보하는데 있다. 1톤의 철강을 만들기 위해 1.5톤의 철광석과 0.8톤의 석탄이 필요하다. POSCO는 지금까지 가장 앞선 기술과 효율적인 일관생산방식의 개발에 근거하여 경쟁우위를 점하여 왔다. 하지만 2005년도의 핵심과제는 원자재의 부족을 극복하는 것이다. 원자재 부족과 엄청난 수송비로 인해 철광석 탄광 인근에 기초적인 철강제품을 생산하는 제철소를 건설하는 방안을 고려해 볼 필요가 생겼다. 그리고 철강 최종완제품을 나타내는 후방제품을 생산하는 공장은 고객이 위치한 근처에 입지할 수 있는데 이러한 전략을 이미 중국시장을 겨냥하여 시행하고 있다. 그리고 고객의 국가에 철강제품 생산공장을 건설함으로써 또한 교역장벽을 넘을 수 있게 되는 장점도 있다.

[SK 사례]

SK㈜가 중동 일변도의 원유도입처를 다변화한 데 힘입어 2006년도 1분기에 짭짤한 수익을 거뒀다. 2006년 5월 1일 기준으로 SK㈜는 전체 구매원유 가운데 서아프리카산이 차지하는 비중을 지난해 말 7% 수준에서 올 들어 25%로 늘리는 등 원유도입 다변화를 추진하고 있다. 서아프리카의 경우 원유를 들여오는데 걸리는 시간이 45일로 중동(20여일)보다 길지만 원유도입 다변화를 통해 지나친 중동 의존에서 탈피해 유가 불균등 급등에 따른 위험을 회피할 수 있다. 올 들어 유가가 급등하면서 SK㈜는 원유도입 다변화의 수혜를 보게 됐다. 유조선이 아프리카에서 원유를 싣고 지중해와 수에즈운하를 넘어 한국으로 오는 동안 유가가 올라 상대적으로 싼 원유를 도입한 셈이다. 배럴당 지난해 말 53.20달러(두바이 유가 기준)였던 기름값은 올 2월 57.61달러로 올라 4.41달러의 차익이 발생했다.

SK㈜의 석유사업부문의 2006년도 1분기 매출액은 3조8135억원으로 전년 동기보다 14.9% 늘었으나 영업이익은 63.0% 증가한 1566억원을 기록했다. 판매량과 정제마진이 지난해보다 줄었지만 원유도입 다변화로 구매비용 절감 효과를 얻었기 때문이다. 이기화 SK㈜ E&M전략 상무는" 운이 따르기도 했지만 서아프리카 비중을 늘리겠다는 경영진의 결정이 수익확대에 큰 도움이 됐다"고 말했다.

제 1 절 글로벌 공급사슬의 중요성

위의 POSCO와 SK의 두 사례에서 볼 수 있듯이 우리나라 업체의 경우 필수적으로 원자재를 수입하는 경우가 많다. 또한 우리나라 경제가 주로 수출위주의 산업으로 구성되어 있어 무역 규제에 대해 민감하다. 따라서 global supply chain의 중요성이 더욱 크다고 할 수 있다. POSCO의 경우 자사만의 생산효율성으로 경쟁력을 확보하기가 어려운 실정이다. 수입국의 규제를 회피하여야 하며 원자재의 안정적 공급, 수송비를 고려하여 공장의 입지에 대한 의사결정을 하여야 한다. ㈜ SK의 경우 원유 수입선 다변화를 통해 적절한 포트폴리오를 구성하여 수입원가에 있어 위험을 감소시킬 수 있었다. 이러한 예에서 볼 수 있듯이 전세계를 대상으로 공급사슬을 구성함으로써 보다 커다란 시스템에서의 최적화를 추구할 수 있는 근거가 마련된다고 할 수 있다.

다양한 측면에서 국가 간 공급사슬 관리는 국내 공급사슬 관리를 전세계의 넓은 지역으로 확대한 것으로 볼 수 있다. 그러나 국가간의 경계를 넘어선다는 측면에서 단순히 지역을 확대하는 것 이상의 의미가 있다. 그러므로 global supply chain management는 효과적으로 관리한다면 더 많은 기회가 주어진다는 점에서 특별하게 고려할 필요가 있으며 이에 따르는 문제점과 유의사항도 존재한다.

국가 간 공급사슬은 국내에 거점을 두고 일부만 해외 공급자에 의존하는 기업에서부터 완전히 통합된 글로벌 공급사슬까지 모든 범위를 포괄한다. 본문에서 다룰 글로벌 공급사슬의 장단점은 다음과 같은 형태의 시스템에 적용될 수 있다.

국제유통시스템(International distribution systems) 주요 생산활동은 국내에서 이루어지지만, 유통과 마케팅 활동은 부분적으로 해외에서 진행된다. 현대자동차가 국내에서 일부를 제외한 부품을 조달하고 국내에서 조립하여 미국 시장에 수출을 하던 시기의 전략이 이에 해당하는 것이라고 할 수 있다.

국제공급망(International suppliers) 원자재와 부품은 해외 공급자에게 의존하지만 최종조립은 국내에서 이루어진다. 최종생산물이 다시 수출되기도 한다. 이는 ㈜ SK와 같이 원자재인 원유를 수입하여 국내에서 가공하여 일부는 내수를 충족시키고 일부는 수출하는 형태가 한 예로 들 수 있다.

국외생산(Offshore manufacturing) 자재 조달과 생산은 해외의 한 국가에서 이루어진다. 생산된 제품의 판매와 유통은 국내에서 진행된다. 인건비가 저렴한 중국에서 부품을 조달하고 생산하여 국내에 반입하여 유통을 시키거나 제 3 국으로 수출하는 경우가 이에 해당한다고 볼 수 있다.

통합국제공급사슬(Fully integrated global supply chain) 자재 조달, 생산, 유통이 전세계의 다양한 지역에서 이루어진다. 국가 간의 장벽을 뛰어넘은 공급사슬이 구성된다는 것이 특징이며, 현실적으로는 전체적인 설계와 실행이 상당히 어렵다.

제 2 절 글로벌 SCM의 등장 배경

지금의 경제시스템에서는 어떠한 형태로든 많은 기업들이 글로벌 공급사슬과 연관을 맺을 수밖에 없다. Dornier는 이러한 경향을 유발하는 요인들을 다음의 네 가지로 정의하였다.

- 세계 시장요인(Global market forces)

- 기술적 요인(Technological forces)
- 비용문제(Global cost forces)
- 정치/경제적 요인(Political and economic forces)

1. 세계 시장요인(Global market forces)

세계 시장요인은 해외 경쟁자들로부터 받는 압박과 관련이 있다. 해외 진출에 의해 시장을 개척하고 수익을 향상시킬 수 있는 기회를 얻지만 한편으로 그만큼 경쟁은 치열해진다. 해외 영업을 하지 않는 경우에도, 외국의 기업이 국내 시장에 진입하게 되면 국내에서의 기업활동에 영향을 받게 된다. 국내 시장을 성공적으로 지켜내기 위해서라도 해외 시장을 개척하는 것이 필요할 수 있다. 또한 해외 시장의 성장은 기업이 해외로 진출하는 주요 이유가 된다. 최근 전세계 기업들이 위험요소가 큼에도 불구하고 큰 희생을 감수하면서 중국에 진출하고자 하는 것도 비슷한 이유라고 할 수 있다.

글로벌 생산활동에 대한 요구가 증가하는 또 다른 이유는 취득가능한 정보의 증가이다. TV에 의해 제품이 전 세계에 소개되고, 해외 여행은 나날이 증가한다. 대륙 간의 업무 메일은 수시로 교환된다. 특히 인터넷의 활성화는 제품의 홍보와 구매 활동을 폭발적으로 증진시켰다.

모든 사람은 범세계적 시민이 되고 있으며 기업들 역시 세계 시민화의 추세를 따라야 하는 경향이 생긴다. 제품에 대한 수요는 전세계에 분포하며 기업은 제품을 전세계에 판매하기를 원한다. 기업이 글로벌화함에 따라 경쟁자 역시 글로벌화하기 때문에 이러한 현상은 산업 전체로 확대된다. 결국 기업 역시 글로벌 제품을 판매하고 국제적으로 노동자를 고용하는 '세계 시민'이 된다.

비슷한 과정을 거쳐, 시장은 어떤 영역에서 기술진보를 유발하기도 한다. 경쟁 시장에 참여하면서, 기업은 제품개발과 기술발전의 압력을 받게 된다. 이렇게 생산된 제품은 시장점유를 유지하거나 높이는 데에 활용되며, 새로운 시장을 개척하는 데에도 쓰인다.

2. 기술적 요인(Technological forces)

기술적 요인은 제품 자체와 관계가 있다. 전세계 여러 지역의 다양한 부품과 기술을 활용할 수 있다. 따라서 자원을 빠르고 효율성있게 사용하는 능력이 기업의 성패를 좌우한다. 이러한 기술적 목표를 달성하기 위해서는 연구 시설, 제품 디자인, 생산 시설 등을 해당 자원이 분포한 각 지역에 위치시키는 것이 필수적이다. 특히 공급자가 제품 디자인에 참여할 경우, 유행에 민감하게 반응해야 하기 때문에 현지에서 생산활동을 하는 것이 유리할 수 있다.

시장과 기술에 대한 접근성을 확보하기 위해 이와 유사한 방법이 많이 쓰인다. 다양한 지역의 기업이 협력을 통하여 특정 시설을 공유하기도 하며, 연구개발을 공동으로 시행하기도 한다. 이로 인한 효과는 크게 두 가지로 볼 수 있다. 첫째는 공동 연구개발을 시행하면 제품개발주기를 짧게 할 수 있다는 것이다. 그러므로 연구개발의 결과를 제품에 신속하게 반영할 수 있게 된다. 둘째는 특정 지역에 대해 전문적인 지식을 가진 인력을 활용할 수 있다는 것이다. Microsoft의 경우, 유럽 시장을 공략하기 위해 영국의 Cambridge 출신 연구원을 채용하고자 하였다.

3. 비용문제(Global cost forces)

세계시장 진출에 대한 의사결정에서 가장 중요한 비중을 차지하는 것은 비용문제이다. 과거에는 미숙련 노동자의 낮은 임금이 공장의 위치를 결정하는 변수 중 하나였던 것과 마찬가지이다. 최근의 연구결과는 거리가 멀어짐으로 인하여 운송비가 증가하더라도 인건비가 낮아지면 이를 충분히 상쇄시킬 수 있다고 주장한다. 물론 이러한 결과는 생산시설의 해외 이전을 뒷받침하는 근거가 되기도 한다. 다수의 한국 기업들이 저렴한 인건비를 이유로 중국과 베트남에 진출하는 것도 같은 이유라고 할 수 있다.

이러한 경향은 최근에 더욱 강하게 나타난다. 이전까지의 인건비문제는 주로 미숙련노동자를 대상으로 한 것이었던 반면, 지난 몇 년간은 전문성을 지닌 숙련노동자에 대해서도 낮은 인건비를 찾아 생산 시설을 이전하는 경향이 두드러졌다. 미국의 컨설팅 회사들이 지난 2000년의 밀레니엄 버그를 해결하기 위한 분석과 프로그램을 시행한 곳은 관련 전문 인력의 인건비가 낮은 인도였다.

공급자와 구매자의 공급사슬이 통합될 필요가 있다는 것은 앞에서 언급한 바 있다. 이러한 공급사슬의 통합이 비용 측면에서 실효성을 거두기 위해서는, 공급사슬의 참여자들이 가까운 곳에 위치할수록 유리하다. 현대자동차가 중국과 인도에 진출할 경우 많은 협력업체들이 함께 동반 진출하는 것도 상호 근접거리에 존재함으로써 공급사슬의 효율을 높일 수 있기 때문이다.

어떤 경우, 새로운 시설에 투자하는 고정비용이 인건비 절감효과를 넘어설 수도 있다. 그러나 많은 나라에서는 새로운 시설을 유치하기 위하여 세금을 부분적으로 면제하거나, 비용을 일부 지원해 주기도 한다.

4. 정치/경제적 요인(Political and economic forces)

정치/경제적 요인은 세계시장 진출에 큰 영향을 준다. 환율의 변동이나 관세 등 다양한 부문이 정치, 경제적 요인과 관련이 있다. 지역무역협정(regional trade agreement)이 체결됨에 따라 기업은 지역 내 소속된 국가로의 사업 확장을 모색할 수 있다. 유럽, 환태평양 지역, 북미 지역의 경제 블록에서 진행되고 있는 현상으로, 동일 지역 내에서는 원자재 조달이나 생산에서 유리한 지위를 보장받게 해준다. 이에 따라 관세가 낮은 지역을 찾아 생산 프로세스를 재설계하는 것도 가능해졌다. 따라서 완제품에 대한 관세를 피하기 위해 '거의 완성된' 제품이 경제 블록 내로 운송될 수 있다. 생산의 최종 단계와 유통, 판매활동은 경제 블록 내에서 이루어진다.

마찬가지로, 무역보호장벽이 글로벌 공급사슬에 영향을 줄 수 있다. 수입 품목에 대하여 관세나 쿼터 등의 조치가 취해지면, 기업은 판매 대상이 되는 국가 또는 지역 내에서 생산하는 것이 유리하다는 결론을 내리게 되다. 또한 세부적인 규정이나 특정 지역의 요구사항을 반영하는 것도 공급사슬에서의 고려대상이다. 미국의 기업인 TI(Texas Instruments)나 Intel사는 유럽 고객의 요구사항을 충족시키기 위해서 유럽에서 마이크로프로세서를 생산한다. 일본의 자동차 업체들도 유럽 시장을 공략하기 위해서 현지 생산에 큰 비중을 두고 있다. POSCO가 미국의 U.S.Steel과 합작 법인을 통해 미국에 진출한 것, 현대차가 앨라바마주에 현지 공장을 세운 것 또한 무역장벽을 극복하기 위한 전략적 선택이라고 할 수 있다.

제 3 절 글로벌 아웃소싱시 고려사항

1. 공급자 탐색 및 평가

효과적인 구매활동의 핵심은 공급자의 신속성, 품질, 경영능력, 도덕성 등 동반자로서의 적정성을 바르게 평가하는 것이다. 물론 공급자에 대한 적절한 평가자료를 얻는 업무는 비용과 시간이 많이 소요되는 과정이므로 기업 입장에서는 어려운 일이 될 수 있다. 특히 잠재적 공급자가 전세계에 분포하고 있다는 상황은 새로운 기회를 주는 동시에 이를 평가하는 측면에서는 매우 복잡한 문제가 될 수 있다.

그러나 본질적으로는 국내 공급업체의 자료를 얻는 과정과 유사한데 공급업체에 대한 기본적인 자료를 확보하고 있다면, 보다 구체적인 데이터를 얻는 최선의 방법은 직접 공급업체를 방문하는 것이다. 비록 외국의 공급업체를 방문하기 위해서는 시간과 비용이 많이 소요되지만, 구매활동의 위험성이 클수록 현장방문은 필수적으로 시행되어야 하는 요소이다. 해외 공급업체로부터 구매활동이 많은 기업일수록 외국 방문의 빈도가 높다. 어떤 기업의 경우, 구매담당자는 동아시아 지역의 공급업체를 방문하고 거래조건을 협상하는 활동에 업무시간의 20%~30%를 할애하기도 한다. 사람이 직접 방문하지 않더라도 공급업체를 탐색할 수 있는 방법으로는 기존의 연구조사 자료를 사용하거나, 인터넷, e-mail 등을 이용하여 많은 정보를 낮은 비용으로 확보할 수 있다.

2. 리드타임과 운송형태

교통과 통신의 발달은 공급 사슬 내에서의 리드타임을 줄이는 데 크게 기여하였다. 그러나 일부 부문에서 리드타임을 증가시키는 요인이 발생하기가 쉽다.

• 초기의 계약 단계에서는 상호간에 신뢰를 쌓아야 하기 때문에 탐색과정을

거치게 된다. 일반적으로 이 단계에서 몇 주의 기간이 걸린다.

- 운송 능력이 발달하였다고 해도 여전히 배송 지연이 발생하는데, 특히 해외 공급업체가 내륙 지역에 위치할 때 두드러진다.
- 관세장벽에 의해 제품은 정밀한 검사를 받게 되고, 이를 위해서는 서류 준비를 해야 한다.
- 공항이나 항구에서 물품을 싣고 내리는 과정 역시 리드타임을 증가시킬 수 있다.

운송형태를 선택하는 것 역시 글로벌 공급사슬에 있어서 주요 의사결정 요소이다. 공급 라인이 길어짐에 따라 제품의 손실이나 손상의 위험이 커지기 때문이다. 고가이면서 무게가 가벼운 전자 부품은 대체로 항공기에 의해 운송된다. 상대적으로 운송비가 높아지지만, 리드타임은 국내 공급업체로부터 운송되는 경우와 큰 차이가 없다. 반면 부피가 큰 부품이나 원자재는 선박을 주로 이용하며 따라서 리드 타임이 수개월에 달한다. 이는 철강과 같이 부피가 크고, 무게가 많이 나가며, 상대적으로 가격이 낮은 자재에 대해서는 장기적인 안목의 생산계획 수립이 필요하다는 것을 의미한다. 경우에 따라서는 원자재가 있는 곳에 처리공장을 세우는 것을 대안으로 살펴 볼 수 있다. 또한 구매업체는 공급업체가 생산계획 변경에 신속하게 반응할 수 있는 능력을 확보하도록 상호 협조하여 미리 주지시켜야 한다.

글로벌 공급사슬에 의해 발생하는 리드타임의 증가는 정보시스템의 도입으로 어느 정도 상쇄시킬 수 있다. 소프트웨어의 발달은 수출입 프로세스를 하나의 정보 흐름으로 인식하도록 하였다. 수출입을 통제하는 소프트웨어 패키지를 사용함으로써, 구매 기업은 영업활동, 관세, 운송수단 등의 정보를 수출입 정보로 변환하여 데이터베이스에 저장할 수 있다. 이 시스템에서 관리하는 대상에는 구매 품목, 주문 내역, 운송 사항, 관세 정보 등이 포함된다.

3M 사에서 이러한 수출입 통제시스템을 도입한 결과, 도입 첫해에 100만달러에서 200만달러 사이의 비용절감 효과를 거둘 수 있었다. 이는 생산성 향상으로 이어졌고, 미국 관세청의 지원을 받게 됨으로써 60만달러 이상의 추가적인 이익을 얻게 되었다.

3. 공급업체 감독

거리상의 문제로 인하여 해외 기업의 생산활동이나 운송업무를 관리하는 것은 쉽지 않다. 이 문제를 해결하기 위해서는 공급업체의 특성을 잘 파악하고 있어야 하며, 계약과정에서 책임 사항을 올바르게 이해하도록 하여야 한다. 일부 기업의 경우 공급업체에 관리자를 파견하여 계약을 이행하고 있는지 모니터링하기도 하며 공급업체에 인접한 자회사를 통해 통제하는 방법을 사용하기도 한다.

4. 정치문제와 노사문제

공급업체가 위치하고 있는 국가에 따라 정치적 문제에 의한 위험이 발생할 수 있다. 정권이 교체되거나 파업이 발생할 경우 공급업체의 활동에 큰 지장을 받게 된다. 구매 기업은 이러한 위험 요소를 정확히 파악하고 있어야 하며 위험 요소를 감지하고 대응할 수 있는 시스템을 미리 준비하여야 한다. 또한 공급업체의 노사문제로 인해 부품 조달에 차질이 발생할 수 있는 가능성과 그에 대한 대비책을 마련하는 것이 필요하다.

5. 추가 비용의 추정

해외 공급업체와 국내 공급업체를 비교할 때, 해외 구입에서 발생하는 비용 중 일부를 빠뜨릴 수 있다. 해외 공급업체를 이용하는 주된 이유로 들 수 있는 것이 비용절감인데 이를 판단하기 위해서는 절감되는 비용 요소와 비용 증가 요소를 정확히 파악하는 것이 중요하다. 구매 기업은 공급업체 선정시에 전체 비용을 빠짐없이 계산하여야 한다. 고려 대상이 되는 비용 항목은 다음과 같다.

- 자국통화로 환산한 가격
- 통관업자에게 지불하는 수수료
- 세금
- 각종 요금과 지불 내역: 신용장, 통역비, 환율
- 재고비용, 재고품 운송비용
- 진부화, 부패, 손상이나 분실, 관리비

- 포장, 하역비용
- 컨설팅 비용, 품질 조사비용
- 보험료
- 서류비용
- 관세
- 운송비

6. 환율 변동

구매 대금은 구매자의 국가에서 사용하는 통화에 의해 지불되어야 하는가? 대금 지불이 단기간에 이루어진다면 큰 문제는 아니겠지만, 수개월 이후에 대금을 지불하거나, 공급자와 구매자의 관계가 오랜 기간 지속된다면 환율 문제가 중요한 이슈가 될 수 있다. 환율 변동에 따라 기존의 계약조건과 달리 자재가격이 상승하거나 하락하는 결과를 가져온다. 1973년 이후 전세계의 환율은 일정한 규제를 받지 않고 변동하였고, 정치적, 경제적, 심리적 요인에 의해 영향을 받아왔다. 이러한 사실은, 구매업체가 공급자와 구매계약을 할 때 환율 변동이 어떻게 진행될지 정확히 예측하여야 한다는 것을 의미한다. 하지만 이러한 환율에 대한 예측은 매우 어려운 것으로 이에 대한 대비책으로 환 헷지나 결제통화의 다변화 등 다양한 대응책을 마련해 두어야 한다. 일부 국가의 경우 자국의 통화를 사용하는 범위를 엄격하게 제한하기도 한다.

이러한 상황에 대처하는 가장 일반적인 방법은 미국의 달러를 이용하는 것이다. 하지만 최근 미 달러화의 가치가 불안하여 유로를 포함하여 다양한 화폐에 의한 결제가 일반화되고 있다. 구매자의 입장에서 비용을 정확하게 산출할 수 있다는 장점이 있기 때문에 오랫동안 사용되어 온 거래방법이다. 그러나 공급업체가 있는 국가의 통화가치가 하락하였을 경우, 원래의 계약과의 시간 간격에서 발생하는 차익을 포기하는 결과를 가져오게 된다. 그러므로 보다 전략적이고 다양한 측면에서 환율변동에 대응할 필요가 있다. 환율 변동의 상한 또는 하한을 정하여 환율변동에 따르는 피해를 최소화하는 것도 한 방법이 될 수 있다. 계약과정에서 환율변동에 대한 추가적인 항목을 두어 위험성을 줄이는 방식을 쓰기도 한다. 화폐의 유입과 유출을 효율적으로 관리하기 위해서는 재무담당 부서와의 협력이 필수적이다.

7. 지불 방식

외국 기업에 대한 지불 방식은 국내 기업에 대한 지불 방식과는 차이점이 있다. 외국의 공급업체는 대체로 주문 시점이나 운송 전에 현금으로 결재하는 것을 선호한다. 구매자와 장기 계약을 맺은 공급자는 어느 정도의 외상 거래에 대해서 관대할 수 있다. 그러나 어떠한 경우에든 지불이 이루어지기 전까지는 상품에 대한 소유권을 양도하려 하지는 않을 것이다.

8. 품 질

상품의 품질 특성에 대해서는 구매자와 판매자 양쪽의 명확한 합의가 필요하다. 거리상의 이유 때문에 품질에 대한 의견 차이가 발생하면 많은 비용이 지출될 수 있다. 또한 측정 단위가 다른 경우도 문제가 된다. 구매업체는 미터법을 사용하지 않는데, 공급업체에서 미터법에 의해 측정된 상품을 판매한다면 환산 과정에서 비용이 발생하게 된다.

9. 품질보증과 클레임

품질상의 문제로 인하여 반품이 이루어졌을 경우, 거래당사자 간의 책임 소재를 명확히 하여야 한다. 거리상의 문제 때문에 반품과 새로운 상품으로 이를 대체하는 과정은 까다롭고 시간을 많이 소요하는 작업이 된다. 주문 재처리로 인한 비용을 계산하고 양쪽의 책임을 명확히 가리는 것도 구매가 이루어지기 전에 고려해야 할 사항이다.

10. 관 세

WTO에서 추진하는 각종 협정에 의해 관세가 점차 폐지되는 추세에 있지만, 여전히 관세 제도는 존재하고 있으며, 기업의 세계 시장 진출에 영향을 끼치고 있다. 구매 기업은 구매 물품에 대하여 어떤 관세법이 적용되는지, 얼마의 액수가 부과되는지 정확히 파악하여야 한다. 또한 구매업체와 공급업체 중 어느 쪽이 관세를 지불해야 할지도 계약서에 명시하여야 한다. 공급업체쪽에서는 자재나 재공품 생산에 투여된 자원, 인력이 어느 국가 소속인지 표기하도록 되어 있다. 이것은 세율 적용에 있어서 어느 정도 우선권을 받을 수 있도록 해준다. 1991년 미국은 Harmonized Tariff Schedule을 통하여 국제무역에서 거래되는 상품에 일괄적으로 관세를 적용하기 시작하였다.

수입 규정에서 요구하는 사항을 이행하지 못할 시에 발생하는 비용은 매우 크다. 컨테이너에 원산지를 제대로 표기하지 않을 경우, 운송 지연에 대한 영수증을 새로 발행해야 하며, 제품의 품질보증을 다시 받아야 하고, 표기를 다시 해야 하며, 이에 따르는 시간비용도 감수하여야 한다.

11. 서류비용

글로벌 공급사슬 관리를 위해서는 관세, 로지스틱 활동, 지불과 재무활동 등에 대한 문서 작성이 필요하다. 전자 결재와 인터넷 통신시스템이 발전을 거듭하고 있지만, 문서 작성비용은 여전히 큰 비중을 차지한다.

12. 각종 법규관련 사항

국내에서의 구매활동에 비해 해외 구매활동의 법적 문제는 훨씬 복잡하고 까다롭다. 배송기간이 중요하게 여겨지는 상품에 대해서는 배송 지연에 대한 책임을 명확히 하는 조항이 계약조건에 포함될 수 있다. 또한 품질에 대한 보증도 법적으로 요구할 수 있다. 소송을 통해 문제를 해결하는 방식은 시간과 비용이 많이 소요되기 때문에 중재를 통하여 합의에 도달하는 것이 일반적이다.

UN의 국제물품매매계약협약(Convention on Contracts for the International Sale of Goods: CISG)은 1988년 초부터 효력을 발휘하기 시작하였다. CISG는 물품의 매매계약에만 적용되는 협약으로, 소비자에 대한 상품, 서비스 판매에는 해당하지 않는다. 캐나다, 미국, 멕시코를 포함하여 50여 개 국가가 가입되어 있으며, 국가 간 물품거래에 있어서 국제법으로서의 역할을 하고 있다. 구매 기업은 국제 계약에 영향을 주는 이러한 법적 사항을 정확히 알고 의사결정에 반영하여야 한다. CISG에 가입된 국가의 기업과 무역을 할 경우, 모든 계약이 CISG에 의해 통제를 받기 때문에 이에 대해 미리 알고 있어야 한다.

13. 물류와 운송

물류문제는 글로벌 공급사슬에서 가장 핵심적으로 다루어야 할 부분이다. 국내에서의 물류시스템 통합업무는 이제 국제적인 규모로 확대되었으며, 그 과정도 대체로 유사하다. 물류시스템의 통합은 운송수단의 선택, 재고관리, 고객서비스 등의 모든 기능을 통합하는 것을 의미한다. 다양한 관련 서비스를 제공하는 물류업체는 이러한 통합 업무가 효율적으로 이루어지도록 해 주는 역할을 한다.

최근에는 많은 기업들이 물류시스템을 물류 전문업체(third-party logistics provider)에 맡기는 아웃소싱의 형태로 관리한다. 각종 규제가 사라지고 국제화가 진행됨에 따라 물류산업의 통합과 합병이 폭넓게 이루어졌다. Murphy와 Daley는 국제 운송업체(International Freight Forwarders: IFFs) 98개사를 대상으로 하여 조사를 실시하였는데, 운송업무가 복잡해지고 다양해짐에 따라 한 업체당 평균 21개에서 23개의 기능을 제공하고 있었다. 운송업체에서 제공하는 서비스는 화물 요금의 납부, 운송 추적, 수출 견적서 발행, 원산지 표기 등이 포함된다. 전통적으로 IFF는 선박이나 항공을 통한 화물운송을 주요 업무로 하여 왔다. 선박에 의한 화물운송이 68%로 항공운송(32%)에 비해 여전히 높은 비중을 차지하지만, 선박운송에 전적으로 의존하는 업체는 점차 사라져가는 추세이다.

물류시스템 통합으로 인하여 IFF의 수익 구조에서 서비스 부문이 차지하는 비중이 높아지고 있다. 화물운송에 따른 수익은 전체의 20%에 불과하며, 대신 다른 업무의 중요성이 부각된다. 통관업자(customs broker: CB), 무선박운송인(nonvessel-operating common carrier: NVOCC) 등의 물류 중개업 서비스가 수익의 큰 몫을 담당한다. 이와 같이 물류관련 서비스 패키지를 제공하는 원스톱 서비스를 제공하는 것이 물류 부문의 추세이다.

14. 언 어

동일한 용어라도 문화권에 따라 다르게 쓰일 수 있다. 미국식 단어가 영어권 국가인 영국이나 남아프리카공화국에서는 다른 의미로 받아들여지기도 한다. 영어를 사용하지 않는 사람과 영어를 사용하는 사람이 대화하는 경우, 통역이 필요한 것을 물론이고 통역하는 사람이 사용하는 단어의 의미가 제대로 전달되지 않을 수도 있다. 이러한 언어상의 문제 때문에 기업에서는 구매업무 관리자에게 외국어에 능통하기를 요구하거나, 언어 교육을 통하여 이를 해결하고자 한다. 물론 이러한 경우에도 통역사를 고용하는 것이 일반적이다.

15. 의사소통

북미의 기업들은 지역 블록 내에서 공급 네트워크를 구성하여 즉각적인 의사소통이 가능하도록 시스템을 구축하였다. e-mail, 전화, 팩스 등을 활용하여 저비용으로 신속하고 정확하게 의사소통을 할 수 있었다. 그러나 글로벌 공급사슬에서는 의사소통의 수단과 비용문제를 고려하여야 한다. 국가 간 시차가 문제요소가 될 수도 있으며, 커뮤니케이션 네트워크 자체가 문제가 되기도 한다. 지역별로 시간대가 다르기 때문에 다른 지역에 위치한 공급자와 전화 통화를 하는 경우, 이른 아침이나 밤 시간에 통화를 시도하여야 하는 어려움이 존재한다. 장거리 통화로 인한 비용 발생 역시 무시할 수 없는 부분이다. 커뮤니케이션 네트워크의 낮은 신뢰성 역시 의사소통의 어려움을 초래할 수 있다.

16. 문화/사회적 관습

같은 나라에서도 각 지역 간의 관습 차이가 존재한다. 따라서 국가 간에 나타나는 기업 전통 또는 사회적 관습의 차이는 더욱 크다. 구매업체는 거래의 경제적인 측면뿐만 아니라, 공급업체의 비경제적인 요구조건도 고려하여야 한다. 또한 문화적인 차이를 잘못 이해함으로써 발생하는 문제는 공급사슬 상에서 큰 비용을 유발하기도 한다. 따라서 구매 기업은 거래 당사자의 문화적 특징을 잘 이해하여야 하며, 공급업체와의 의사소통과 협상을 통해 문화적 조건을 수용할 필요가 있다.

다음은 세계 시장 진출을 위해서 인식하고 있어야 할 사항들을 정리한 가이드라인이다.

- 거래 대상 기업과 영어로 대화를 하더라도, 천천히 말해야 한다. 그림이나 도표를 사용하는 것이 이해에 도움이 되며, 은어나 비유는 사용하지 않는 것이 좋다.
- 회의시에는 통역이 있는 것이 좋다. 논의 사항에 대하여 통역을 미리 교육시키는 업무도 필요하다.
- 주요 결론이나 의사결정 사항에 대해서는 서류를 작성하여야 한다.
- 각국의 역사나 금기사항 등에 대해 미리 알아 두어야 한다.
- 상대방이 허락하기 전에는 이름을 부르지 않는다.
- 전문가나 경험자를 통하여 문화에 대한 조언을 구한다.

전세계적으로 제품의 표준화가 진행되고 있다. 이것은 특정 제품에 대해서 거대한 시장이 형성되고 있음을 의미한다. 이러한 추세를 잘 활용한다면, 생산, 경영, 유통, 마케팅의 모든 영역에서 규모의 경제를 달성할 수 있을 것이다.

생산비용을 낮추기 위해서는 원자재, 인건비, 아웃소싱, 생산 지역의 선정 등에서 우위를 점하여야 한다. 또한 잠재적인 시장의 확대는 매출과 수익 증진에 영향을 끼친다. 이러한 우위는 공급사슬의 규모와 범위가 확대됨에 따라 달성이 가능해진다. 이러한 우위를 적절히 이용하기 위해서는, 다양한 수요 특징과 비용 우위의 요소를 각 지역에 맞게 고려하여야 한다.

제4절 위험에 대한 대응 전략

Bruce Kogut은 위험 요인에 대하여 글로벌 공급사슬이 대응할 수 있는 세 가지 전략을 제시하였다.

1. 투기 전략(Speculative Strategies)

투기 전략을 사용함으로써 기업은 한가지 시나리오만을 추구하게 되는데, 시나리오대로 진행되면 극적인 성공을 거둘 수 있지만, 그렇지 못한 경우 큰 타격을 입을 수 있다. 1970년대 말부터 1980년대 초까지 일본의 자동차 업체들은 인건비가 급격히 증가하는 데에도 불구하고, 생산성 향상이 이루어질 것이라고 굳게 믿고 국내에서의 생산과 투자를 지속하였다. 이러한 도박적인 전략은 생산성 면에서는 성공을 거두었지만, 인건비 상승과 환율에서의 불리한 조건으로 인하여 결국 생산의 해외 이전이라는 결과를 가져오게 되었다. 물론 일본 내에서 생산활동 전체를 추구하는 것이 유리하다는 결과가 얻어졌다면, 해외 이전을 하지 않고도 큰 수익을 낼 수 있었을 것이다.

2. 위험방지 전략(Hedge Strategy)

위험방지 전략에서는 공급사슬에서 발생하는 손실이 다른 부문에서 발생하는 이익에 영향을 주지 않도록 공급사슬을 디자인한다. Volkswagen사는 생산 공장을 미국, 브라질, 멕시코, 독일에 두고 있는데, 이들 지역은 모두 제품판매 시장으로서 요충지에 해당한다. 국가별 거시경제 지표에 따라 각 공장의 수익성에 차이가 발생하게 되는데, 이는 위험을 분산시킬 수 있음을 의미한다. 즉 위험 방지 전략을 따르면 특정 지역의 경제 요인에 의해 사업이 실패하더라도 다른 지역에서 수익을 낼 가능성이 어느 정도 존재하므로 큰 위험을 회피하는 효과를 가져올 수 있다. 이는 앞서의 투기전략과 상반되는 것으로 시장의 포트폴리오를 구성하여 수익의 안정성을 도모하는 것이라고 할 수 있다.

3. 유연화 전략(Flexible Strategies)

유연화 전략을 적절히 활용하면 기업은 다양한 시나리오를 이용할 수 있다. 유연한 공급사슬은 여러 공급업체로 구성되며, 여러 국가의 공급 역량을 이용할 수 있어야 한다. 생산시설의 유연성을 확보하면 제품이 한 지역에서 다른 지역으로 이동할 때 최소 비용이 들어가게 된다.

유연화 전략을 사용하기 위해서 경영자는 다음과 같은 사항을 고려하여야 한다.

- 유연화 전략을 사용할 수 있을 만큼 시스템이 유동적인가? 일반적으로 국제 환경이 유동적일수록 유연화 전략으로 얻는 수익이 커진다.
- 생산시설을 여러 지역으로 분산시키는 효과가 비용 문제를 상쇄시킬 수 있는가? 특히 생산시설의 분산은 기존에 누리고 있던 규모의 경제 효과를 상실하는 결과를 가져올 수 있다. 따라서 이러한 규모경제의 손실을 초과하는 혜택이 존재하는지를 파악하는 것이 매우 중요하다.
- 유연화된 전략을 적절히 활용할 수 있도록 공급업체의 협력이나 경영 지원을 확보할 수 있는가?

유연화 전략을 효과적으로 수행하기 위해서는 다음과 같은 방법을 쓸 수 있다.

생산시설의 이전(Production shifting) 생산시설의 유연화와 공급업체에 대한 접근성을 확보하기 위해서는 현재의 유리한 환경을 최대한 활용할 수 있도록 생산시설을 이전하는 것이 필요하다. 환율이나 인건비 등의 변화에 맞추어 적절히 생산시설을 재배치하여야 한다.

정보 공유(Information sharing) 여러 지역에 시장과 생산시설을 확보하고 있다면 정보의 활용도는 높아지게 된다. 이를 통해 시장의 변화를 예측할 수 있고 새로운 기회에 민감하게 반응할 수 있다.

국제적 협력(Global coordination) 전 세계 곳곳에 생산시설이 분포한다면 시장에서의 지렛대 역할을 할 수 있다. 예를 들어, 외국 경쟁자가 특정 시장을 공략해 들어온다면, 경쟁자의 기존 시장을 공략함으로써 이에 대한 맞대응이 가능하다.

정치적 지렛대(Political leverage) 정부가 계약과 국제법 이행에 소홀하거나 지나치게 부당한 세금을 부과한다면, 생산시설을 이전함으로써 이러한 위협 요인을 회피할 수 있다. 많은 경우 생산시설을 이전한다는 제스처만으로도 정치적 위협에 적절히 방어할 수 있다.

제 5 절 공급사슬 통합을 위해 필요한 사항

어느 기업이든 글로벌 공급사슬을 통합적으로 관리하기 위해서는 많은 준비가 필요하다. Michael McGrath와 Richard Hoole은 국제적인 규모의 공급사슬 통합을 위해 필요한 사항에 대하여 다음과 같이 정리하였다.

1. 제품 개발

시장의 요구에 따라 수정이 용이하도록 제품을 디자인하는 것이 중요하다. 이러한 관점에서 볼 때 생산시설이 여러 곳에 분포하는 것이 그렇지 못한 경우에 비해 유리하다. 제품 개발의 유연성을 확보하는 이러한 시스템은 모든 제품에 적용할 수는 없지만, 적절히 시행될 경우 긍정적인 효과를 기대할 수 있다. 시장에서 요구하는 '평균적인' 제품을 일괄적으로 생산하는 것보다는 다양한 시장에서 요구하는 사항을 모두 충족시킬 수 있도록 생산시스템을 갖추어야 한다. 한편 규모의 경제에 따른 혜택을 희생하여야 하기 때문에 각 시스템의 장·단점을 종합적으로 고려하여야 한다.

2. 구 매

구매를 위해서는 자재조달을 전문적으로 담당하는 관리팀을 따로 운영하는 것이 효과적이다. 이는 여러 공급업체를 비교 평가하여 품질의 안정성과 운송의 신뢰성을 보장받는 데 용이하기 때문이다. 구매품의 가격을 비교하는 업무도 전담할 수 있기 때문에 효율적인 공급사슬 관리에 도움이 된다. 물론 여러 지역의 공급업체를 탐색함으로써 글로벌 공급사슬의 유연성을 확보하는 데에도 기여한다.

3. 생 산

여러 지역에 생산시설이 분포하면 기업은 글로벌 공급사슬을 효과적으로 사용할 수 있게 된다. 이 전략을 완벽히 수행하기 위해서는 효율적인 커뮤니케이션 시스템이 구축되어야 하며, 이를 통해 공급사슬을 관리할 수 있어야 한다. 의사소통에 있어서는 집중화된 관리가 필수적이며, 유용한 정보가 집중되어야 한다. 물론 기업의 주요 의사결정을 위해서는 생산설비, 공급업체, 재고 등의 현황이 신속하게 경영진에 전달되어야 한다.

4. 수요관리

마케팅 전략 등을 포함한 수요 관리는 개별 지역 단위로 이루어지는 것이 보통이다. 그러나 공급 사슬이 통합적으로 관리됨에 따라, 수요관리 역시 일관성을 가지고 진행될 필요가 있다. 반면 개별 지역의 수요 변화에 민감하게 대응이 이루어져야 한다는 특성 때문에 효율적이고 신속한 커뮤니케이션 시스템의 필요성이 강조된다.

5. 주문 충족

공급사슬의 유연성을 수익으로 연결시키기 위해서는 공급사슬 전체를 총괄하는 중앙 집중적인 시스템을 구축하여야 한다. 이를 통하여 고객에게 제품을 배송할 때 일정한 비용, 신뢰성, 리드타임을 보장할 수 있기 때문이다. 주문 사항을 이행하는 시스템이 제대로 작동하지 않아서 고객의 요구를 충족시키지 못한다면 유연한 공급사슬의 가치는 하락하게 된다.

6. 글로벌 공급사슬 관리의 주요 이슈

(1) 전세계 공통제품과 지역별 제품(International vs Regional Products)

생산의 효율성 측면에서 볼 때 가장 이상적인 기업은 전세계 모든 시장에 판매할 수 있는 'universal product'를 생산하는 기업이다. 그러나 현실적으로는 그렇게 간단한 문제라고 할 수 없다. 서로 다른 국가들간의 상이한 요구 사항으로 인해 제품의 특성이 차별화되어야 한다.

1) 지역별로 특화된 제품(Region-specific products)

일부 제품은 특정 지역의 요구사항에 맞게 설계하고 생산하여야 한다. 자동차의 경우가 대표적인데, 1998년의 Honda Accord는 유럽 · 일본 시장과 미국 시장을 따로 겨냥하여 차체의 크기를 달리하여 출시되었다. 비록 지역별 요구사항에 따라 제품 디자인이 달라진다고 하더라도, 부품의 조달과 부분적인 조립 업무에 있어서는 공급사슬 관리의 효과를 충분히 누릴 수 있다.

2) 보편화된 제품(True global products)

전세계 판매를 목적으로 하며 지역 특성을 반영하지 않는 제품을 나타낸다. 코카콜라, 리바이스, 맥도날드 등이 이에 해당하는 제품들이다. Coach나 Gucci와 같은 고가의 명품 브랜드 역시 전세계적으로 공통의 제품 특성을 가지고 있다.

지역별로 특화된 제품과 보편화된 제품의 차이는 어느 한쪽이 다른 한쪽보다 본질적으로 우수하다고 할 수는 없다. 다만 상황에 따라 종합적 고려를 통해 어느 전략을 선택할 것인가는 중요한 문제이다.

(2) 부분적 독립성 vs 중앙 집중

중앙 집중화된 통제방식은 전략을 효율적으로 적용하는 데 있어서 매우 중요하다. 그러나 여러 사례들을 살펴보면 공급사슬에 어느 정도의 독립성을 부여하는 것이 설득력을 가질 수 있다. 하지만 개별 지역에 독립성을 부여하는 방식이 어느 정도 성공을 거두자 본사에서 통제를 소홀히 하게 되어 결과적으로 사업이 실패하는 경우도 종종 발생한다. 특히 지역 특성에 따라 사업을 운영하는 부문에 대하여 본사에서 철저하게 관리하는 것이 필요하다.

그러나 경영진의 입장에서는 개별 지역의 전통적인 사업방식을 그대로 따르고자 하는 경향을 가지기 쉽다. 이에 따라 글로벌 공급사슬에서 얻을 수 있는 노하우의 기회를 놓치기도 한다.

(3) 지역 간 차이

글로벌 공급사슬 상에 위치하는 지역의 특성을 이해하는 것도 기업의 의사결정에 영향을 미친다. 각 지역 간의 문화적 차이, 생산 인프라의 차이, 경제적 차이를 고려하여 공급사슬을 구성하는 것이 필요하다. Wood는 글로벌 공급사슬을 디자인할 때 경영자가 고려하여야 할 지역 간 차이를 몇몇 범주로 구분하여 설명하고 있다. 각 지역은 크게 세 영역으로 구분되는데, triad 또는 제 1 세계로 불리는 일본, 미국, 서유럽 지역과 emerging nations로 불리는 한국, 태국, 대만, 중국, 브라질, 동유럽 지역의 국가들, 그리고 제 3 세계 국가들로 나눌 수 있다.

지역 간 주요 차이점

	선진 국가	신흥 국가	후진 국가
생산 인프라	우수	보통	불충분
공급자 관리	우수	상황에 따라 다름	고려 대상에 해당하지 않음
정보시스템	이용 가능	제한적으로 이용 가능	이용 불가능
인적 자원	이용 가능	선별적으로 이용 가능	이용 불가능

1) 생산 인프라

선진국에 해당하는 국가들의 경우 생산과 물류 기반이 잘 형성되어 있다. 고속도로, 항만, 통신과 정보 시스템뿐만 아니라 생산기술 측면에서도 강점을 보인다. 이러한 차이는 지리적, 정치적, 역사적인 환경에 의해 형성된 것이다. 도로의 폭, 다리의 높이, 통신 프로토콜 등의 생산 인프라는 표준화되어 있지 않다. 다만 기술의 발전으로 이러한 차이를 어느 정도 극복할 수는 있다.

생산 인프라와 무관하게 지리적 요소가 공급사슬 의사결정에 영향을 줄 수 있다. 선진국 내에서도 이러한 차이를 발견할 수 있는데, 미국은 유럽의 다른 국가들보다 도시 간의 거리가 멀기 때문에 일반적으로 더 많은 재고를 보유하여야 한다.

마찬가지로 경제적인 조건이 공급사슬과 물류 부문의 국가 간 차이에 영향을 주기도 한다. 제 1 세계 내에도 지대와 인건비가 낮은 프랑스는 특별한 기술 없이 큰 물류 창고를 여러 개 보유할 수 있는 반면, 인건비가 높은 스칸디나비아 반도 국가들은 창고시설을 자동화하는 기술을 개발함으로써 경쟁력을 확보하고자 한다.

신흥 국가의 경우 공급사슬을 위한 인프라가 완벽하게 구축되어 있지는 않다. 이들 국가 내에 기반한 기업들은 일반적으로 물류시스템에 대해 비용을 지출하는 대상으로 판단하는 경향이 있다. 따라서 전략적 우위를 창출하기 위한 시도보다는 투자액을 줄이는 데에 초점을 맞춘다. 또한 이러한 국가들이 주로 투자하는 부문은 수출 인프라에 국한되어 있다. 즉 수입과 수출 부문에 함께 적용할 수 있는 전체적인 시스템 개발에는 소홀하다는 것이다. 특히 중국의 경우 수출을 위한 공항과 항만 시설은 잘 발달되었지만 내륙의 운송체계는 여전히 낙후된 상태이다. 그럼에도 불구하고 이러한 국가들이 성장중인 이유는 이러한 문제에 민감하게 반응하며 문제를 해결하고자 하는 의지를 보이기 때문이다. 이들 국가들은 운송시스템 구축에 대해 지속적인 관심을 보이며, 정책적으로 이를 뒷받침하고자 노력을 하고 있다.

후진국에서는 아직 이러한 생산 인프라가 불충분하다. 도로 상태, 창고시설, 물류시스템 등이 낙후되어 있기 때문에 공급사슬 의사결정을 신중하게 내릴 필요가 있다.

2) 공급업체의 성과 기대와 평가

선진국의 경우 국가 간 차이가 다소 존재하기는 하지만, 일괄적인 기준을 적용할 수 있을 만큼 업무의 표준화가 진행되었다. 예를 들어 야간 운송을 위한 운송 수단이 준비되어 있으며, 계약 사항이 법적 효력을 가진 문서로 기록된다. 환경문제에 대한 규약과 규제가 마련되어 있으며 기업은 규제 사항을 받아들여야 한다. 그러나 이렇게 표준화된 기준을 받아들이는 입장은 지역에 따라 다소 차이를 보인다. 유럽과 미국에서는 공식적인 계약을 중요시하는 반면 동양의 기업들은 비공식적인 유대 관계를 지속적으로 유지하는 방식을 선호한다.

신흥 국가들 간에는 업무 표준이 상이하게 나타난다. 어떤 기업은 계약이나 합의 사항을 준수하고자 노력하는 반면, 다른 기업은 이를 무시하기도 한다. 따라서 이러한 국가에 대해서는 철저한 사전 조사를 통한 준비가 필요하며, 상대 기업이 계약 사항을 이행하도록 협상을 이끌어가는 것이 중요하다. 후진국의 경우에는 기존의 성과 평가기준이 무의미하다. 서비스의 신속성, 서비스 일관성 등을 기대하기조차 어렵다. 이러한 상황에서 기업은 재고에 대한 통제력을 발휘하기 어렵게 된다.

3) 정보시스템의 이용

선진국에서는 컴퓨터 기술이 발달하였으며, 국가 간의 차이가 크지 않아서 보편적으로 적용할 수 있는 범위가 넓다. 대부분의 지역에서 POS 데이터, 자동화 소프트웨어, PC 등을 사용할 수 있다. 반면 다른 시스템 체계를 가지고 있어서 적용 범위가 한정되어 있는 기술도 존재한다. 유럽의 EDI 표준은 국가별, 산업별로 다르게 설정되어 있다. 데이터 보호나 문서 인증에 대한 법규 역시 국가별로 다르게 나타난다. 그러나 이러한 장애 요인을 극복하기 위한 노력이 진행중에 있으며, 기술의 향상을 통해 실제로 많은 부문에서 표준화가 이루어지고 있다.

개발도상국가의 정보시스템은 이에 비하여 효율성이 떨어진다. 통신 네트워크가 완전히 설치되어 있지 않고, 문제가 발생하였을 때 이에 대응하는 속도나 기술력에 한계가 있기 때문에 네트워크의 안정성도 떨어진다. 다만 정부측에서 이러한 문제를 인식하고 정책과 계획을 통해 해결하고자 하기 때문에 투자시 고려 대상이 될 수 있다.

후진국에서는 정보기술을 사용하기 어렵다. EDI 또는 바코드와 같은 시스템을 뒷받침할 만한 조건이 갖추어져 있지 않다. 통신시스템의 미비로 인하여 PC의 활용 범위도 제한되어 있다. 또한 이들 국가에서는 경제와 인구 지표 등의 자료에 대한 이용가능성과 신뢰성이 떨어진다.

4) 인적 자원

선진국에서는 경쟁력 있는 인력을 확보하기 용이하다. 문화적 차이가 다소 존재한다 하더라도 선진국의 물류담당 관리자가 미국의 물류담당 관리자와 일할 때 기능면에서 큰 어려움을 겪지는 않는다. 그러나 미숙련 노동자의 인건비가 높은 것은 글로벌 공급사슬을 디자인할 때 고려하여야 한다.

신흥 국가에서 관리능력과 기술력을 보유한 인력을 확보하기는 어렵지만, 가능성이 없는 것은 아니다. 적절한 선별 작업을 거치면 업무의 요구사항에 맞는 인력을 찾을 수 있을 것이다. 특히 동유럽 국가들은 교육수준이 높기 때문에 인적 자원의 활용 가능성이 높다. 또한 신흥 국가의 숙련 노동자는 상대적으로 인건비가 싸기 때문에 경쟁력 확보의 원천이 된다. 후진국의 경우 특정 기술이 요구하는 인력을 찾아 고용하는 것은 가능하다. 그러나 공급사슬을 전반적으로 관리할 수 있으며 최신 경영 기법을 교육받은 전문가를 찾기는 쉽지 않다. 그러므로 이들 나라에서는 전문 인력의 교육이 큰 비중을 차지한다.

요 약

1. 경제가 전세계를 대상으로 이루어지고 있기 때문에 글로벌 공급사슬을 효과적으로 관리하는 것은 기업이 성장하고 이익을 증가시킬 수 있는 기회를 부여한다. 글로벌 공급사슬의 종류에는 국제유통시스템, 국제공급망, 국외생산, 통합국제 공급사슬이 있다.
2. 해외 시장이 성장하고 다른 나라에 대한 취득 가능한 정보가 증가하면서, 그리고 전세계 여러 지역의 다양한 부품과 기술을 활용할 수 있게 되면서 많은 기업들이 글로벌 공급사슬을 구축하게 되었다. 나라 간 인건비 차이 및 지역 무역 협정도 글로벌 공급사슬을 촉발시키는 원인이다.
3. 글로벌 아웃 소싱을 할 때에는 국내에서 아웃 소싱을 할 때보다 더 많은 것을 고려해야 한다. 적절한 공급자를 개발하는 과정도 더 많은 노력을 들여야 하고 운송 형태에서 선택할 수 있는 종류도 많다. 정치, 노사 문제도 조사를 해야 하고, 환율, 관세도 추가적으로 고려해야 한다. 본국과는 기업 관습이 어떻게 다른지도 숙지하고 있어야 한다.
4. 글로벌 공급사슬의 위험 요인에 대해서 대응할 수 있는 방법으로는 투기 전략, 위험 방지 전략, 유연화 전략 등이 있다.
5. 공급사슬 통합을 위해서는 시장의 요구에 따라 수정이 용이하도록 제품을 디자인 해야 하고, 가능하면 여러 지역에 생산 시설을 분포시켜야 한다. 일관적인 수요관리가 필요하고 중앙집중적인 시스템을 구축하도록 해야 한다.
6. 기업의 전략에 따라 전세계적으로 공통적인 제품을 공급할 수도 있고, 지역별로 특화된 제품을 공급할 수도 있다. 중앙집권적으로 기업 통제를 할 수도 있고, 부분적인 독립성을 인정할 수도 있다. 지역에 따라 생산 인프라, 공급자 관리, 정보시스템, 인적 자원에 어떤 차이가 있는지 파악하는 것 역시 중요하다.

토의 사례

현대자동차 미국본사(Hyundai Motor America)

현대자동차가 미국시장에서 자리를 잡아가면서 현대자동차는 딜러와 고객들의 요구사항을 보다 효과적으로 처리하기 위해 미국 전역에 걸쳐 서비스 체제를 구축하였다. 1988년도에는 현대자동차 딜러들에게 부품공급을 용이하게 하기 위해서 캘리포니아 Ontario에 대규모의 부품 물류센터를 열었다. 다음 해에는 일리노이주 Aurora에 대규모 사무실과 부품 물류센터를 열었다. 현재 뉴저지의 Jamesburg, 조지아주의 Austell, 일리노이주의 Aurora에 지역 본부가 있으며 뉴저지의 경우 부품 물류 센터를 겸하고 있다. 1990년도에는 미국 본부를 캘리포니아의 Garden Grove에서 근처의 Fountain Valley로 이전하였다. 여기에는 본부에 해당하는 사무실뿐만 아니라 HMA의 서부 지역본부, 캘리포니아 디자인 센터, 미국 서비스 센터, 현대자동차 금융서비스 본부 등이 함께 있다.

또한 1990년도에 HMA는 오레곤주의 Portland에 항만시설을 개설하였는데 여기에는 수입차량 처리, 차량보관소, 차량 수송 기차 및 설비 등이 포함되었다. 이외에도 캘리포니아 Wilmington, 조지아주 Brunswick, 뉴저지의 Newark, 텍사스의 Fort Worth 등에 항만시설이 있다. HK Logistics America(HKLA)는 2003년 3월에 생겼는데 이 회사는 미국 현대차와 기아차의 차량 물류를 담당하고 있으며 본사는 캘리포니아주 Costa Mesa에 있다. HKLA는 미국 8개 주에 걸쳐 있는 11개 항구 운영을 담당하는데 이들 중 9개는 항만에 해당하고 2개는 내륙의 항구에 해당한다.

2002년 4월 현대자동차는 알라바마주 Montgomery에서 처음으로 자동차 조립공장의 기공식을 하였다. 이는 10억달러에 해당하는 투자가 소요되는 프로젝트로 2005년 준공예정이었으며 2,000여 명의 고용을 창출하는 프로젝트이다. 이 공장에서는 연간 300,000대의 자동차를 조립할 예정이며 생산차종은 소나타와 산타페 모델이다. 2003년 2월에 최신설비의 현대-기아 자동차 디자인/연구 센터가 캘리포니아주 Irvine에서 설립되었다. 이 곳은 100여 명의 자동차 설계 기술자, 엔지니어, 모형제작자, 기술자로 구성되며 성공작인 산타페와 여러 개의 컨셉트 카를 디자인하였다. 또한 2003년 초에는 캘리포니아주 Edwards Air Force Base 인근에 자동차 시험소를 짓기 위한 기공식이 있었다.

Q 토의문제

❶ 디자인 센터를 미국 본토에 건설하여 현대자동차는 어떤 혜택을 얻을 수 있을지 논하여 보라.

❷ 현대자동차가 몽고메리에 공장을 건설하면서 누릴 수 있는 장점과 위험에 대하여 다방면으로 논하라.

제 3 부

물류 및 공급사슬 관리의 운영적 이슈

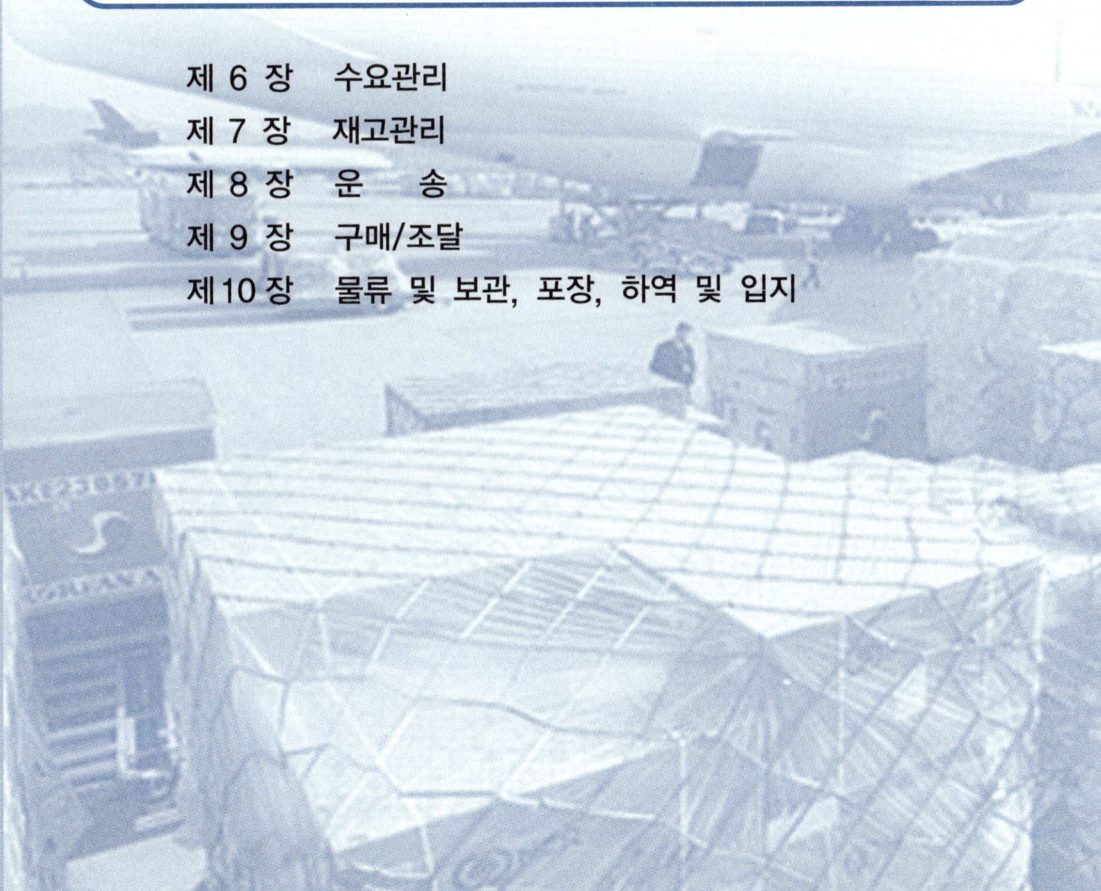

Chapter 06

수요관리

도입 사례

김동진(金東晉) 현대차 부회장이 "지난해 현대차의 미국시장 판매전략에 심각한 실수가 있었다"고 고백했다.

김 부회장은 2007년 4월 30일(현지시각) 미국 자동차 전문지 오토모티브 뉴스와 가진 인터뷰에서 "지난해 쏘나타 미국 판매전략이 크게 잘못됐다."며 이같이 밝혔다. 현대차 최고 경영진이 지난해 미국시장 판매전략에 대한 실수를 인정한 것은 이례적인 일이다. 현대차의 지난해 미국시장 판매 대수는 45만 5,520대로 2005년(45만 5,012대)보다 소폭 증가하는 데 그쳤다.

김 부회장은 "미국 법인 경영진이 지난해 6기통(3.3L) 쏘나타가 전체 쏘나타 판매량의 70%가량을 차지할 것으로 판단했지만, 실제로는 소비자의 70%가 4기통(2.4L) 쏘나타를 원했다"며 말했다.

이 때문에 "6기통 쏘나타는 공급 과잉으로 재고가 넘쳐난 반면, 4기통 쏘나타는 공급 부족 상태에 빠졌다"는 것이다. 현대자동차는 당초 3.3L 엔진 수요가 많을 것으로 예측하고 3.3L 엔진 공장을 미국 앨러배마주에 건설했으며, 2.4L 엔진은 국내에서 공급받고 있다.

4기통 쏘나타의 미국 판매가격은 1만 7,995달러로 경쟁차인 도요타의 캠리(1만 9,090달러: 2.4L 모델)에 비해 1,095달러 싸지만, 6기통 쏘나타는 2만 2,095달러로 4기통 캠리보다 비싸다.

김 부회장은 "미국 법인뿐 아니라 본사도 판매전략을 잘못 만들어 소형차 엑센트와 엘란트라(한국명 아반떼)를 적기에 공급하지 못했다"고 인정했다.

지난해 미국 법인 경영진을 대폭 교체한 것도 판매전략을 잘못 짠 데 대한 문책 성격도 있다고 김 부회장은 밝혔다. 그는 "과거 미국법인 경영진은 6기통 쏘나타로 4기통 캠리와 경쟁하는 데만 익숙해 있었다"며 "이제는 상황이 달라졌으며, 이런 점을 이해할 경영진이 필요했다"고 말했다.

김 부회장은 그러나 "전략적 실수를 모두 바로잡았다"며 올해 미국시장 판매대수가 지난해보다 10만대 늘어난 55만 5,000대가 될 것으로 확신했다.

제 1 절 공급사슬에서 수요예측의 역할

경영환경의 다양한 요소를 정확히 예측하는 것은 매우 중요하다. 그 중 가장 중요한 예측 대상으로 수요를 들 수 있다. 미래 수요를 예측하는 것은 공급사슬에서의 모든 계획, 전략 의사결정의 기본을 이룬다. 따라서 공급사슬의 구체적인 형태와 관계 없이 공급사슬의 관리자가 가장 중요시 해야 할 일 중 하나가 미래의 고객 수요가 어떻게 될 것인지 예측하는 것이다. 앞서 제시된 현대자동차에서 볼 수 있듯이 수요예측이 기업의 수익에 미치는 영향은 지대하다.

Dell은 고객의 주문에 따라 PC를 조립하여 공급한다. Dell은 고객이 어떤 주문을 할 것인지 예측한 상태에서 부품을 주문하고, 고객 주문에 맞추어 조립을 한다. 생산관리자는 고객 수요를 예상하고 적절한 양의 부품을 주문했는지 평가해야 한다. 그리고 생산관리자는 수요에 대응하여 조립을 수행할 수 있을 만큼 충분한 작업 용량을 가지고 있는지 확인해야 한다. 이런 두 가지 면에 있어서 미래 수요를 예측하는 것은 필수적이다.

공급사슬 관리자는 언제 고객에게 최종생산품이 판매될 것인가를 예측하고 이를 바탕으로 공급사슬 상의 다양한 활동을 계획한다. Dell의 경우, Intel같은 chip 공급자가 Dell PC를 위한 프로세서를 공급한다. Intel이 프로세서를 제조하기 위해서는 몇 주 정도의 시간이 소요되는데 이것을 부품의 조달기간이라 한다. 그러나 Dell은 신속한 제품 공급을 주요 경쟁력의 원천으로 삼고 있기 때문에 고객으로부터 주문이 발생했을 때 장시간을 기다리지는 못한다. 고객은 주문을 하고 나서 며칠은 기다릴 수 있지만 몇 주 동안 기다려주지는 않기 때문이다. 그러므로 Intel은 고객으로부터 실제 주문이 들어오기 전에 이미 프로세서를 제조하기 시작하여야만 하고, 이를 위해 Dell과 Intel은 프로세서에 대한 미래 수요를 예측하고 이를 바탕으로 생산계획을 수립하게 된다. Intel이 프로세서를 생산하고자 할 경우 Intel에게 납품하는 공급업체의 제품에 대한 수요를 순차적으로 파생시킨다. 그들 이차 공급업체 역시 미래 수요를 예측하고 Intel이 생산계획을 성공적으로 수행할 수 있도록 부품을 생산해서 조달해야 한다.

생산과 물류와 관련된 의사결정뿐만 아니라, 공급사슬에서 다른 종류의 의사 결정을 내리는 데에도 수요에 대한 예측이 사용된다. 수요 예측치를 사용하는 중요한 부문들을 열거하면 다음과 같다.

- 생산: 일정계획(scheduling), 재고관리, 총괄생산계획(aggregate planning)
- 마케팅: 영업 인력 배치, 프로모션, 신제품 도입
- 재무: 공장 · 설비 투자계획, 예산 계획
- 인사: 종업원 계획, 고용, 해고

이상적인 상황에서는 공급사슬에서 발생하는 다양한 종류의 결정들이 직무 영역 별로 분리되어서는 안 된다. 이런 결정들은 상호간에 영향을 미치므로, 공동으로 전체 기업목적에 부합되도록 결정되었을 때 최선의 성과를 얻을 수 있기 때문이다. 예를 들어, Coca-Cola는 다음 분기의 수요예측을 바탕으로 다양한 판매촉진 프로그램을 수행할 시기를 결정한다. 판매촉진 방안에 대한 정보는 다시 수요예측을 정교화 하는 데에 사용된다. 이 예측을 기반으로 Coca-Cola는 해당 분기의 생산계획을 결정한다. 생산계획량에 따라 투자, 고용, 그리고 생산 하청 계약이 추가적으로 필요할 수도 있다. Coca-Cola는 생산계획과 현재 생산 능력을 고려하여 이런 결정들을 수행하고, 실제 생산이 이루어지기 전에 관련 의사결정을 한다. 그러므로 제반 의사결정은 예측에 기반하는 것이다. 이 예를 통해 여러 가지 결정들은 서로 연관을 짓고 있다는 사실을 알 수 있다.

안정된 수요를 가지고 있는 성숙한 산업의 제품은 수요예측이 쉬운 편에 속한다. 우유나 휴지처럼 슈퍼마켓에서 파는 기본 품목이 이런 제품군에 속한다. 원자재나 최종생산품의 수요 변동성이 크다면 수요를 예측하고 이를 바탕으로 다양한 경영상의 의사결정을 내리는 것은 매우 어려워진다.

계절적으로 수요 변동이 매우 큰 대표적인 제품으로는 초콜릿이 있다. 다른 예로는 스키 장비, 파카, 정원 장비, 수영복, 제설 장비 등이 있다. 이런 경우, 판매기간이 짧고 만약 회사가 과도하게 생산했거나 필요한 만큼 생산을 하지 못한다면, 이를 회복하여 수요와 공급이 일치하도록 조절할 방법이 없으므로 정확하게 예측을 하는 것이 매우 중요하다. 반면 제품이 안정된 수요를 가지고 있다면, 예측시의 오류를 상당 수준 통제할 수 있을 것이다.

예측의 요소와 예측 기법에 대해 알아보기 전에, 공급사슬을 효과적으로 설계하기 위해 반드시 이해하고 있어야 하는 예측치의 성격에 대해 간단히 살펴보도록 하자.

제 2 절 예측치의 성격

공급사슬 관리자는 다음과 같은 예측치의 성격을 이해하고 있어야 한다.

1. 예측 오차의 존재

예측치는 완전히 정확할 수 없으므로, 기대값과 예측 오차를 함께 고려하여야 한다. 예측 오차의 중요성을 이해하기 위해, 두 명의 TV 판매원을 생각해보자. 그들 중 하나는 판매 범위가 100에서 1,900대 사이일 것이라 예상하는 한편, 다른 판매원은 900에서 1,100대 사이일 것이라 예상한다. 비록 두 판매원 모두 평균판매량은 1,000대일 것이라 예상하고 있지만, 예측 정확성을 다르게 보기 때문에 TV를 어느 정도로 확보할지에 대해서 두 판매원이 내리는 결정은 매우 다를 것이다. 그러므로 예측 오차는 대부분의 공급사슬 의사결정에서 매우 중요한 요소이다.

2. 장기 예측과 단기 예측

장기 예측은 대부분의 경우, 단기 예측보다 정확성이 떨어진다. 이는 장기 예측에서의 표준편차가 단기 예측에서보다 더 크다는 것이다. Seven Eleven Japan은 성과를 개선하기 위해 이 성질을 이용했다. 회사는 주문이 들어오자마자 몇 시간 안에 보충 공급을 완료할 수 있는 프로세스를 갖추었다. 예를 들어, 상점 관리인이 오전 10시에 주문을 하면, 같은 날 오후 7시에 물품이 도착하는 것이다. 상점 관리인은 이렇게 신속한 조달이 가능하다면 실제 판매가 일어나기 12시간 전에만 예측을 하면 되는 것이다. 12시간 전의 예측치는 일주일 전 수요를 예측하는 것보다 더 정확할 것이다.

3. 총괄 예측과 개별 예측

총괄 예측은 일반적으로 개별적인 예측보다 더 정확하다. 예를 들어 특정 연도 한국의 GDP를 2퍼센트의 오차 범위 안에서 예측하는 것은 쉬운 일이다. 그러나 한국의 개별 회사 연간 수익이 어느 정도 될지 2퍼센트 범위 내에서 예측하는 것은 훨씬 어렵고, 그 회사의 개별 제품 수요에 대해 동일한 정확성을 가지고 예측을 하는 것은 더욱 어렵다. 이런 세 가지 예측의 차이점은 집적이 어느 정도 되어있는가 이다. GDP는 많은 회사들을 집적한 것이고, 회사의 수입은 여러 제품 라인을 집적한 것이다. 집적이 된 정도가 클수록 예측은 더 정확해진다. 이는 통계학적으로 확률적 변이의 상쇄효과에 따른 것이라고 할 수 있다.

제3절 예측의 요소와 예측 기법

미래를 예측하는 것은 결코 쉬운 일이 아니다. 그래서 수요에 대한 예측을 마술이나 예술 같은 것이라고 생각하고, 모든 것을 운에 돌려버리고자 하는 유혹에 빠질 수 있다. 그러나 과거 자료를 정확하게 해석한다면, 회사는 유용하게 사용될 수 있는 예측활동을 할 수 있다. 고객이 과거에 어떻게 행동했는지를 알게 되면 회사는 고객이 미래에 어떻게 행동할 것인지, 회사의 행위에 대해 고객이 어떻게 반응할 것인지를 예측하기가 쉬워진다. 수요는 독자적으로 발생하는 것이 아니다. 고객의 수요는 다양한 요소에 의해 영향을 받는다. 수요를 예측하기 위해서, 회사는 먼저 미래 수요에 영향을 주는 요소들을 인식하고 이런 요소와 미래 수요와의 관계를 확실히 해야 한다.

1. 주관적 방법과 객관적 방법

회사는 수요를 예측하는 데에 있어 객관적인 방법과 주관적인 방법 간의 균형을 맞추어야 한다. 비록 이번 장에서는 주로 정량적인 방법에 초점을 둘 것이지만, 최종예측을 할 때는 주관적 의견도 반드시 포함되어야 한다. Seven Eleven

Japan의 예는 이런 점을 잘 보여준다.

Seven Eleven Japan은 매점 관리자들에게 수요를 잘 예측할 수 있게 하는 최신의 의사결정시스템을 지원한다. 의사결정시스템은 예측을 수행하고 권고 주문량이 어느 정도인지 보여준다. 그러나 매점 관리자는 과거 수요 데이터에 포함되어 있지 않는 시장 상황에 대한 정보를 알 수 있기 때문에, 권고주문량은 참고하기만 할 뿐 최종적으로 주문을 내리는 것은 매점관리자의 책임이 된다. 시장 상황에 대한 지식은 예측을 향상시킬 수 있다. 예측에서 주관적 요소를 포함시켜야 한다는 것을 보여주는 예로 아이스크림 수요예측 활동이 있다. 비록 며칠 동안 날씨가 더워서 수요가 증가하였다고 해도, 다음 날 비가 오거나 추울 것으로 예상된다면, 이 정보를 이용하여 아이스크림 주문을 줄일 수 있다. 이런 경우, 시장 상황의 변화는 과거 수요 데이터를 이용해서 예측될 수 있는 것이 아니다. 주관적 요소를 이용하여 수요예측을 개선하면, 회사는 많은 수익을 얻을 수 있다. 또한 이러한 요소 중 예측 타당성이 높은 것은 예측 모형에 추가적인 설명 변수로 포함되어야 할 것이다.

2. 예측에 필요한 정보

회사는 예측 기법을 선택하기 전에, 공급사슬의 반응 시간이 어느 정도인지 명확하게 이해하고 있어야 한다. 왜냐하면 이 정보가 언제 예측작업을 수행해야 하는지를 결정하기 때문이다. 이외에도 회사는 다음과 같은 수요예측과 관련된 여러 가지 요소에 대해 알고 있어야 한다.

- 과거 수요
- 계획 중인 광고 등의 마케팅 전략
- 진열 장소
- 경제 상태
- 계획중인 가격 할인
- 경쟁자들의 예상 행동

회사는 적절한 예측 기법을 선택하기 전에 이런 요소들에 대해 이해하고 있어야만 한다. 예를 들어, 과거에 회사는 닭고기 수프의 수요가 10월에는 적고 12월과 1월에 높아지는 것을 관찰해 왔다고 하자. 만약 회사가 10월에 제품 할인을 하기로 결정했다면, 10월로 12월과 1월의 수요가 이동할 수 있으므로 수요예측시 이를 고려해야 한다.

3. 예측 기법의 분류

예측 기법은 다음과 같이 네 가지로 분류할 수 있다.

(1) 정성적 방법

정성적 방법은 기본적으로 주관적인 방법이다. 이는 예측을 하기 위해 인간의 판단과 의견에 의존하는 것이다. 사용할 수 있는 과거의 데이터가 거의 없거나 전문가가 예측을 하는 데에 필요한 시장 지식을 가지고 있을 때 이런 방법을 사용한다. 정성적 방법은 새로운 산업에서 미래 몇 년 동안의 수요를 예측하는 데에 필요하다. 인터넷이 처음 나왔을 때, 예측을 하는 데에 있어 필요한 과거 데이터가 없었기 때문에, 수요는 정성적인 방법을 이용해서 예측되었다. 정성적 방법에는 델파이 방법, 영업사원을 이용한 방법 등이 있다.

(2) 시계열 방법

시계열 방법은 예측을 하기 위해 과거 데이터를 사용하는 것이다. 이 방법은 과거 수요가 미래 수요에 대한 훌륭한 척도가 된다는 가정에 기초한다. 시계열 방법은 환경이 안정적이고, 기본적인 수요 패턴이 심하게 변하지는 않을 때 주로 사용한다. 이 방법은 수요를 예측할 때 사용할 수 있는 가장 간단한 방법이다.

(3) 인과적 방법

인과적 방법은 수요가 어떤 환경적 요소와 매우 밀접한 관계를 가지고 있다고 가정할 때 사용할 수 있는 방법이다. 인과적 예측 기법은 수요와 환경 요소와의 상관 관계를 찾고, 환경 요소의 추정치를 도출한 다음, 이를 결합하여 미래의 수요가 어떻게 될지 예측한다. 예를 들어, 제품가격은 수요와 밀접한 관계가 있으므로, 회사는 인과적 방법을 이용하여 가격 프로모션이 수요에 어떤 영향을 미칠지 결정할 수 있다.

(4) 시뮬레이션

시뮬레이션 방법은 수요를 발생시키는 소비자의 선택을 모방하여 예측을 하는 것이다. 시뮬레이션을 이용하여, 회사는 “가격 프로모션의 영향력은 어느 정도일 것인가? 경쟁자가 주위에 상점을 여는 것은 어떤 영향을 미칠 것인가?” 같은 질문에 답하기 위해 시뮬레이션을 이용하여 시계열과 인과관계 방법을 결합할 수 있다. 항공사는 일반석 좌석이 남아있지 않을 때의 일등석 수요를 예측하기 위해, 고객의 구매행위를 시뮬레이션 방법으로 분석한다.

예측을 하기 위해 어떤 기법이 가장 적당할지 판단하기가 어려울 수 있다. 사실 몇 가지 연구에 따르면 여러 가지 예측 기법을 이용하여 각각 예측치를 구하고 이들을 결합하여 실제 예측치를 도출하는 것이 개별적인 기법 하나만 이용하는 것보다 더 효과적이라고 한다.

제 4 절 시계열 예측 방법

1. 시계열 기법의 요소

시계열 기법은 미래의 수요가 과거 패턴을 따를 것이라 예상될 때 사용하기에 적합한 방법이다. 회사가 과거 정보에 따라 수요를 예측할 때, 현재의 수요, 과거의 성장 패턴, 그리고 과거의 계절 패턴은 회사의 미래 수요에 영향을 줄 것이다. 시계열 예측 기법에는 현재 수요, 과거 패턴, 또는 계절적 요인에 의해 설명되지 않는 무작위 요소가 항상 포함된다. 그러므로 모든 관찰된 수요는 체계적 요소와 무작위 요소로 구분될 수 있다.

관찰된 수요(O) = 체계적 요소(S) + 무작위 요소(R)

체계적 요소는 수요의 기대값을 측정하는 것으로, 현재의 계절적 요인을 제거한 수요인 기본수준(level), 다음 기의 수요의 증가율 또는 감소율인 추세(trend), 수요의 예측가능한 계절적 변동인 계절성(seasonality)으로 이루어져 있다.

회사는 과거의 데이터를 이용해서 수요의 기본수준, 추세, 계절성을 예측할 것이다. 무작위 요소는 체계적 요소에서 벗어나는 부분이다. 회사는 무작위 요소를 예측할 수 없고 예측하려고 해서도 안 된다. 모든 회사는 무작위 요소의 크기와 변동성만을 예측할 수 있을 뿐이다. 무작위성은 회사가 이 요소의 방향을 예측할 수 없다는 것을 뜻하기도 한다. 훌륭한 예측 기법에서 예측 오차의 크기는 수요의 무작위 요소의 크기와 비슷해진다. 과거에 수요에 대한 예측 오차가 없었다고 주장하는 예측 기법은 의심해볼 만하다. 이런 경우, 그 기법은 무작위 요소와 체계적 요소를 구분하지 못한 것일 가능성이 크므로, 결과적으로 이 예측 기법의 성과는 좋지 않게 될 것이다. 예측의 목적은 무작위 요소를 걸러내고 체계적 요소를 추정하는 것이다. 예측 오차는 예측치와 실제 수요와의 차이이다. 예측치는 체계적 요소를 측정하는 것에 기반하고, 무작위 요소는 예측 오차를 측정하는 것에 기반한다.

체계적 요소인 기본수준, 추세, 계절성은 다양한 형태를 가질 수 있고 다음의 세 가지 예는 가장 대표적인 형태를 나타낸 것이다.

- 체계적 요소=기본수준×추세×계절적 요소
- 체계적 요소=기본수준+추세+계절적 요소
- 체계적 요소=(기본수준+추세)×계절적 요소

2. 시계열 기법의 분류

시계열 예측 기법은 고정형 방법, 적응형 방법으로 분류할 수 있다.

(1) 고정형 방법

고정형 예측 기법에서 회사는 수요의 체계적 요소의 여러 부분(기본수준, 추세, 계절성)을 추정하고 일단 추정이 끝나면 새로운 수요를 관찰한 이후에도 이 추정치를 갱신하지 않는다. 고정형 방법에서는 모든 미래 예측 오차가 수요의 무작위 요소로 간주된다.

(2) 적응형 방법

적응형 방법에서 회사는 수요를 한 번 관찰할 때마다 수요의 체계적 요소의 여러 부분에 대한 추정치를 갱신한다. 적응형 방법은 오차의 일부분은 체계적 요소를 잘못 측정한 것이며, 나머지 부분이 무작위 요소라고 가정한다.

3. 고정형 예측 방법

고정형 방법에서는 체계적 요소인 기본수준, 추세, 계절적 요소가 새로운 수요를 관측한다고 해도 변하지 않는다고 가정한다. 이런 경우 우리는 과거의 데이터를 이용해서 그것에 대한 각각의 모수를 추정하고 이후 모든 예측에 같은 값을 사용한다. 이 절에서 우리는 수요가 계절적 요소와 추세를 가지고 있을 경우 사용할 수 있는 고정형 예측 방법에 대해 알아보겠다. 예시를 위해 수요의 체계적인 요소는 위에서 셋째 형태를 따르고 있다고 가정한다.

체계적 요소＝(기본수준＋추세)×계절적 요소

다른 형태 역시 비슷한 접근법을 통해 적용할 수 있다. 먼저 몇 가지 기본적인 정의를 하자.

L＝0기의 기본수준 추정치(계절적 요소를 제거한 0기의 수요 추정치)
T＝추세 추정치(한 기에 수요가 증가하거나 감소하는 정도)
S_t＝t기의 계절적 요소 추정치
D_t＝관찰된 t기의 실제 수요
F_t＝t기의 수요 예측치

고정형 방법에서 t기에 실시하는 $t+l$기의 수요 예측은 다음과 같다.

$$F_{t+l}=[L+(t+l)T]S_{t+l} \qquad \cdots\cdots (6.1)$$

이제 어떻게 기본수준, 추세, 계절적 요소가 추정될 수 있는지 살펴보자. 이 추정치를 만들기 위해 다음과 같은 두 가지 단계가 필요하다.

• 수요에서 계절변동을 제거하고 회귀 분석을 하여 기본수준과 추세를 추

정한다

• 계절적 요소를 추정한다

두 과정에 대해 각각 1)과 2)에서 자세히 알아보겠다.

1) 기본수준과 추세의 추정

기본수준과 추세를 추정하기 전에 먼저 수요 데이터에서 계절적 요소를 제거해야 한다. 수요에서 계절적 요소를 제거한다는 것은 계절에 따른 변동이 없다고 가정했을 때의 수요를 추정한다는 것이고, 이런 추정치를 계절조정 추정치라고 한다. 주기수를 나타내는 p값은 계절이 한번 순환할 때에 몇 기가 지나가는지 나타내는 숫자이다.

수요에서 계절적 요소를 제거할 때 각 기에 동일한 가중치를 부여하기 위해 연속하는 p개기의 수요의 평균치를 구한다. $l+1$기부터 $l+p$기까지의 수요의 평균은 $l+(p+1)/2$기의 수요에서 계절적 요소를 제거한 것이 된다. 만약 p가 홀수라면 이런 방법은 원래 있던 어떤 기의 수요에서 계절적 요소를 제거한 것이 된다. 만약 p가 짝수라면 이런 방법은 $l+(p/2)$와 $l+1+(p/2)$기 사이 한 점에서의 수요에서 계절적 요소를 제거한 것이 된다. $l+1$기부터 $l+p$기까지, 그리고 $l+2$기부터 $l+p+1$기까지의 기간에서 얻어진 두 계절조정 수요를 평균하면 $l+1+(p/2)$기에 대한 계절조정 수요를 얻을 수 있다. 이렇게 기의 계절조정 수요, $\overline{D_t}$를 구하는 식은 다음과 같다.

$$\overline{D_t}=\begin{cases}[D_{t-(p/2)}+D_{t+(p/2)}+\displaystyle\sum_{i=1+t-(p/2)}^{t-1+(p/2)}2D_i]/2p, & p\text{는 짝수}\\ \displaystyle\sum_{i=t-[p/2]}^{t+[p/2]}D_i/p, & p\text{는 홀수}\end{cases} \quad \cdots\cdots (6.2)$$

수요에서 계절적 요소를 제거하고 나면, 그것은 지속적으로 증가하거나 감소하거나 하는 등의 형태를 나타낼 것이다 그러므로 시간 t와 계절조정 $\overline{D_t}$사이에는 선형 관계가 존재한다 이 관계는 다음과 같이 정의된다.

$$\overline{D_t}=L+tT \quad \cdots\cdots (6.3)$$

위의 등식에서 $\overline{D_t}$는 t기에서의 수요가 아니라, t기의 계절조정 수요를 나타내는 것이다. L은 0기의 기본수준 또는 계절조정 수요를 나타내고, T는 계절조정 수요의 성장 속도 또는 '추세' 를 나타낸다. L과 T는 시간 t를 독립변수로 두고, $\overline{D_t}$를 종속 변수로 놓고 선형회귀분석을 하여 구할 수 있다.

여기서 기본수준과 추세를 추정하기 위해 원래의 수요 데이터(계절적 요소를 제거하지 않은)와 시간을 가지고 선형회귀분석을 하는 것은 적절하지 않다. 원래의 데이터는 선형이 아니어서 정확한 선형회귀분석 결과가 나오지 않게 되기 때문이다 회귀분석을 하기 전에 먼저 수요에서 계절적 요소를 제거해야 한다.

2) 계절적 요인의 추정

식 (6.2)를 이용해서 각 기에 대해 계절변동을 제거한 수요를 구할 수 있다. t기의 계절적 요소인 $\overline{S_t}$는 실제 수요 D_t와 계절조정 수요 $\overline{D_t}$와의 비율이고, 다음과 같이 나타낼 수 있다.

$$\overline{S_t} = D_t / \overline{D_t} \qquad \cdots\cdots (6.4)$$

주기 p가 주어졌을 때 비슷한 기들에 해당하는 계절적 요인을 평균하면 주어진 기의 계절적 요인을 구할 수 있다. 예를 들어, p가 4일 때 1기, 5기, 9기에는 계절적 요인이 비슷할 것이다. 이런 기들의 계절적 요인은 세 기의 계절적 요인을 평균 내서 구할 수 있다. 데이터에서 r번 계절 순환이 있다면, $pt+i$, $1 \leq i < p$의 형태를 가지고 있는 모든 기에서 다음과 같은 계절적 요인을 구할 수 있다.

$$S_i = \left\{ \sum_{j=0}^{r-1} \overline{S_{jp+i}} \right\} / r \qquad \cdots\cdots (6.5)$$

예제 1 다음은 어떤 기업의 2004년부터 2008년까지의 수요이다. 위에서 배운 고정형 예측방법을 사용하여 다음 기업의 2009년 각 분기별 수요를 예측하라.

연도	분기	기	수요(만 개)
2004	1	1	162
	2	2	200
	3	3	128
	4	4	102

2005	1	5	185
	2	6	298
	3	7	173
	4	8	97
2006	1	9	296
	2	10	356
	3	11	231
	4	12	196
2007	1	13	311
	2	14	393
	3	15	216
	4	16	149
2008	1	17	335
	2	18	540
	3	19	229
	4	20	263

(6.2)의 식을 이용해서 3기부터 18기까지의 계절조정 수요를 구할 수 있다. 예를 들어 13기의 계절조정 수요는 다음과 같다.

$$\overline{D_{13}} = \left\{ D_{11} + D_{15} + \sum_{i=12}^{14} 2D_i \right\} / 8$$

이를 3기부터 18기까지 계산하여 회귀분석을 하면 다음과 같은 식을 얻을 수 있다.

$$\overline{D_t} = 130.71 + 10.854t$$

각 분기의 계절적 수요를 계산하면 다음과 같다.

$S_1 = (\overline{S_1} + \overline{S_5} + \overline{S_9} + \overline{S_{13}} + \overline{S_{17}})/5 = (1.14 + 1.00 + 1.30 + 1.14 + 1.06)/5 \approx 1.13$

$S_2 = (\overline{S_2} + \overline{S_6} + \overline{S_{10}} + \overline{S_{14}} + \overline{S_{18}})/5 = (1.31 + 1.52 + 1.49 + 1.39 + 1.65)/5 \approx 1.47$

$S_3 = (\overline{S_3} + \overline{S_7} + \overline{S_{11}} + \overline{S_{15}} + \overline{S_{19}})/5 = (0.78 + 0.84 + 0.92 + 0.74 + 0.68)/5 \approx 0.79$

$$S_4 = (\overline{S_4} + \overline{S_8} + \overline{S_{12}} + \overline{S_{16}} + \overline{S_{20}})/5 = (0.59 + 0.45 + 0.75 + 0.49 + 0.76)/5 \approx 0.61$$

이를 이용하여 2009년의 각 분기 즉 21기부터 24기의 수요를 예측하면 다음과 같다.

$$F_{21} = (L + 21t)S_1 = (130.71 + 10.854 \times 21) \times 1.13 \approx 405.27$$
$$F_{22} = (L + 22t)S_2 = (130.71 + 10.854 \times 22) \times 1.47 \approx 544.51$$
$$F_{23} = (L + 23t)S_3 = (130.71 + 10.854 \times 23) \times 0.79 \approx 301.25$$
$$F_{24} = (L + 24t)S_4 = (130.71 + 10.854 \times 24) \times 0.61 \approx 236.95$$

4. 적응형 예측 방법

적응형 방법에서 기본수준, 추세, 계절성의 추정치는 각 수요가 관찰될 때마다 갱신된다. 이제 적응형 예측 방법에서 사용될 수 있는 기본적인 구조와 몇 가지 방법을 보도록 하자. 여기서 살펴볼 구조는 수요의 체계적 요소가 기본수준, 추세, 계절적 요인을 포함하는 가장 일반적인 상황을 가정한 것이다. 일단 체계적 요소 셋째 형태의 구조를 살펴볼 것이지만, 나머지 두 가지 경우도 쉽게 수정하여 적용할 수 있다. n개의 기에 대한 과거의 데이터가 주어졌다고 가정해 보자. 수요는 계절성을 지니고 있고 주기는 p이다. 즉, p기마다 계절적 패턴이 반복된다. 분기에 대한 데이터를 가지고 있고, 계절적 패턴이 매년 계속된다면 주기수 p는 4가 될 것이다.

몇 가지 용어를 정의하자.

$L_t = t$기말의 기본수준 추정치

$T_t = t$기말의 추세 추정치

$S_t = t$기말의 계절적 요인 추정치

$F_t = t$기의 수요 예측치($t-1$기 또는 그 이전에 예측된)

$D_t =$ 관찰된 t기의 실제 수요

$E_t = t$기의 예측 오차

$A_t = t$기의 절대 편차

$MAD =$ 절대 편차 평균 $= A_t$의 평균값

적응형 방법에서 t기에서 $t+l$기의 수요를 예측한 값은 다음과 같다.

$$F_{t+l} = (L_t + lT_t)S_{t+l} \qquad \cdots\cdots \ (6.6)$$

적응형 방법을 통해 예측하기 위해서는 다음 네 가지 단계를 거쳐야 한다.

1. 초기화하기(Initialize): 주어진 데이터에서 기본수준과 추세의 최초 추정치(L_0, ⋯ T_0)와 계절적 요인(S_1, ⋯ S_p)를 계산한다. 이것은 앞 절에서 언급한 고정형 예측 방법과 동일한 방법으로 할 수 있다.
2. 예측하기(Forecast): t기의 추정치가 주어져 있을 때 (6.6)식을 이용해서 $t+1$기의 수요를 예측한다. 1기의 수요는 0기의 규모, 추세, 그리고 계절적 요인에 의해 예측된다.
3. 오차 추정(Estimate error): $t+1$기의 실제 수요인 D_{t+1}을 기록하고 예측치와 실제 수요의 차이인 E_{t+1}을 계산한다. $t+1$의 오차는 다음과 같다.

$$E_{t+1} = F_{t+l} - D_{t+1} \qquad \cdots\cdots \ (6.7)$$

4. 추정치 수정(Modify estimates): 예측치의 오차 E_{t+1}을 통하여 기본수준, 추세, 계절적 요인의 $t+1$기의 추정치인 L_{t+1}, T_{t+1}, 그리고 S_{t+p+1}을 수정한다. 만약 예측치보다 실제 수요가 작다면 추정치 역시 하향 조정하는 것이 바람직하다. 그리고 수요가 예측치보다 크다면 추정치를 상향 조정해야 한다. 수정하는 양은 실제 오차 크기와 비례하게 된다.

$t+1$기에서 수정된 추정치는 $t+2$기의 수요를 예측할 때 사용된다.

이제 다양한 적응형 예측 방법에 대해 알아보자. 수요의 특성과 체계적 요소의 형태를 고려하여, 여러 가지 모델 중 가장 적합한 것을 찾아 사용할 수 있다. 앞으로의 논의에서 현재 시점이 t기라고 가정하자.

1) 이동평균법

수요가 주목할 만한 추세나 계절적 요인을 가지고 있지 않을 때 이동평균법을 사용할 수 있다. 이런 경우 다음과 같은 식을 적용할 수 있다.

수요의 체계적 요소=기본수준

이런 방법에서 t기의 규모는 가장 최근의 N기의 수요를 평균한 것으로 추정된다. 이것이 N기 이동평균법이다 식으로 나타내면 다음과 같다.

$$L_{t+1}=(D_t+D_{t-1}+\ \cdots\ +D_{t-N+1})/N \qquad \cdots\cdots\ (6.8)$$

모든 미래의 기에 대한 현재의 예측치는 동일하고, 이는 곧 현재 기본수준의 추정치이다. 이를 식으로 나타내면 다음과 같다.

$$F_{t+1}=L_t,\ \text{그리고}\ F_{t+n}=L_t \qquad \cdots\cdots\ (6.9)$$

$t+1$기의 수요를 관찰한 후에, 예측치를 다음과 같이 수정한다.

$$L_{t+1}=(D_{t+1}+D_t+\ \cdots\ +D_{t-N+2})/N,\ F_{t+2}=L_{t+1}$$

단순히 최근의 관찰치를 더하고 가장 오래된 것을 제거하기만 하면 새로운 이동평균이 산출된다. 수정된 이동평균은 다음 예측을 위해 사용된다. 이동평균법에서는 가장 최근의 N기에 동일한 가중치를 부여하고 그 이전의 기는 사용하지 않는다. N을 증가시키면, 이동평균은 가장 최근에 관찰된 수요에 덜 민감하게 반응하게 된다.

예제 2 다음은 어떤 기업 제품의 2006년 1월부터 6월까지의 수요를 나타낸 것이다. 이동평균법을 사용하여 7월의 수요를 구하라. 이동평균법을 계산할 때는 6개월 동안의 수요를 이용하라.

월	1	2	3	4	5	6
수요(만 개)	333	315	317	328	352	366

답) 7월의 수요는 2월부터 6월까지의 수요를 평균함으로써 예측할 수 있다.

$$F_7=(D_2+D_3+D_4+D_5+D_6)/5=(315+317+328+352+366)/5\approx 336$$

2) 단순 지수평활법

단순 지수평활법 역시 수요에 주목할 만한 추세나 계절적 요소 없을 때 사용할 수 있는 방법이다. 이런 경우, 다음과 같은 식을 적용할 수 있다.

수요의 체계적 요소 = 기본수준

수요는 어떤 주목할 만한 추세나 계절적 요인도 가지고 있지 않다고 가정하기 때문에, 규모에 대한 최초의 예측치인 L_0은 모든 과거 데이터의 평균으로 계산된다 1기에서부터 n기까지의 수요 데이터가 주어져 있을 때 L_0은 다음 식으로 나타낼 수 있다.

$$L_0 = \frac{1}{n}\sum_{t=1}^{n} D_t \qquad \cdots\cdots (6.10)$$

모든 미래 기에 대한 현재의 예측은 현재 규모에 대한 추정치와 동일하고 다음과 같이 주어진다.

$$F_{t+1} = L_t,\ \text{그리고}\ F_{t+n} = L_t \qquad \cdots\cdots (6.11)$$

$t+1$기의 수요인 D_{t+1}을 관찰하고 나면 규모에 대한 추정치는 다음과 같이 수정된다.

$$L_{t+1} = \alpha D_{t+1} + (1-\alpha)L_t \qquad \cdots\cdots (6.12)$$

α는 규모에 대한 평활계수이고 범위는 $0<\alpha<1$이다. $t+1$기의 실제 관찰된 규모인 D_{t+1}값과 t기의 규모에 대한 예전 예측치인 L_t값을 가중 평균한 값이 수정된 규모이다.

위의 식을 사용하여 주어진 기의 규모를 현재의 수요와 지난 기의 규모의 함수로 나타낼 수 있다 위의 식은 다음과 같이 표현될 수도 있다.

$$L_{t+1} = \sum_{n=0}^{t+1} \alpha(1-\alpha)^n,\ D_{t+1-n}$$

규모에 대한 현재의 추정치는 과거에 관찰한 수요 값들을 가중 평균한 것인데, 최근의 관측치에 과거의 관측치보다 높은 가중치를 부여하게 된다. α값이 높다면 예측치는 최근의 관측치에 더 큰 영향을 받게 될 것이고, α값이 낮다면 최근의 관측치에 큰 영향을 받지 않는 보다 안정된 예측을 하게 된다.

예제 3 작년 한 해 동안의 수요가 다음과 같이 주어져 있다. 이를 통해 올해 1월의 수요를 예측하라. 그리고 올해 1월의 수요가 1,410으로 나타났다면

2월 수요의 예측치는 어떻게 되는가? 지수평활법을 사용하되 평활 계수는 0.2가 되도록 하라.

월	1	2	3	4	5	6	7	8	9	10	11	12
수요(개)	1,307	1,311	1,248	1,391	1,307	1,321	1,336	1,425	1,431	1,217	1,234	1,321

답) 1월부터 12월까지 수요의 평균은 1,320.75개이다. 이것은 올해 1월 수요의 예측치가 된다. 그러나 1월의 실제 수요는 1,410개였다. 지수평활법을 사용하여 2월의 수요를 예측하면 다음과 같다.

$$F_2 = 0.2 \times 1{,}410 + (1-0.8) \times 1{,}320.75 \approx 1{,}339$$

3) 추세 조정 지수평활법(홀트 모델, Holt's Model)

이 방법은 수요의 체계적 요소에 기본수준과 추세가 포함되지만 계절적 요인은 포함이 되지 않는다고 가정할 때 사용하기 적합한 방법이다. 이런 경우에 체계적 요소의 식은 다음과 같다.

$$\text{체계적 요소} = \text{기본수준} + \text{추세}$$

처음에는 D_t와 t기들의 선형회귀분석을 통해 규모와 추세를 예측할 수 있다 이때 사용하는 회귀식은 다음과 같다.

$$D_t = at + b \qquad \cdots\cdots (6.11)$$

이런 경우, 수요가 추세만 가지고 있고 계절적 요인을 가지고 있지 않다고 가정했기 때문에 수요와 시간 사이 선형회귀분석을 하는 것이 적당하다. 수요와 시간 사이 선형관계가 있다고 가정했기 때문이다. 상수 b는 0기에서의 수요 추정치를 측정한 것이고, 이는 최초 규모인 L_0에 대한 추정치이다. 기울기 a는 시간이 1기 흐를 때 수요가 변화하는 비율을 측정한 것이고 추세 T_0에 대한 최초 추정치이다.

t기에서, 규모인 L_t, 그리고 추세인 T_t가 주어지면, 미래에 대한 예측치는 다음과 같이 표현된다.

$$F_{t+1} = L_t + T_t, \text{ 그리고 } F_{t+n} = L_t + nT_t \qquad \cdots\cdots (6.13)$$

t기의 수요를 관측하고 나서 규모와 추세에 대한 예측치를 다음과 같이 수

정한다.

$$L_{t+1} = \alpha D_{t+1} + (1-\alpha)(L_t + T_t) \qquad \cdots\cdots (6.14)$$

$$T_{t+1} = \beta(L_{t+1} - L_t) + (1-\beta)T_t \qquad \cdots\cdots (6.15)$$

α는 규모에 대한 평활계수이고 범위는 $0<\alpha<1$이다. β는 추세에 대한 평활계수이고 범위는 역시 $0<\beta<1$이다. 규모와 추세를 수정할 때, 수정된 추정치는 관측된 값과 기존 추정치와의 가중 평균이다.

예제 4 1월부터 10월까지의 수요가 다음과 같이 주어졌다고 하자. 이를 토대로 11월의 수요를 예측하라. 11월의 수요가 244,000 개로 조사되었을 때 추세조정 지수 평활법을 사용하여 12월의 수요를 예측하라. 이때 α=0.2, β=0.3으로 두고 계산하라.

월	1	2	3	4	5	6	7	8	9	10
수요(천 개)	142	172	176	171	205	192	206	213	238	242

답) 위의 자료를 회귀분석하면 다음과 같이 기본수준과 추세를 얻을 수 있다.

$$L_0 = 240.4, \quad T_0 = 9.9$$

여기서 기준이 되는 월은 10월은 1월은 −9, 2월은 −8, 이런 식으로 숫자를 조정해서 회귀분석을 실시한다. 11월의 수요 예측치는 다음과 같다.

$$F_1 = 240.4 + 9.93 = 250.3$$

11월의 수요가 관찰되었을 때 12월의 수요 예측치는 다음과 같다.

$$L_1 = \alpha D_1 + (1-\alpha)(L_0 + T_0) = 0.2 \times 244 + 0.8 \times 250.3 \approx 249$$

$$T_1 = \beta(L_1 - L_0) + (1-\beta)T_0 = 0.3 \times (249 - 240.4) + 0.7 \times 9.93 \approx 8.67$$

$$F_2 = L_1 + T_1 \approx 257.7$$

4) 추세 및 계절성 조정 지수평활법(윈터 모델, Winter's Model)

이 방법은 수요의 체계적 요소가 규모, 추세, 그리고 계절적 요소를 가지고 있다고 가정할 때 사용하기 알맞은 방법이다. 이런 경우 다음과 같은 식이 적용된다.

수요의 계절적 요소=(기본수준+추세)×계절적 요인

수요의 주기수가 p라고 가정하자. 시작할 때 기본수준, 추세, 그리고 계절적 요인의 최초 예측치인 $L_0, T_0, S_1, \cdots S_p$가 필요하다. 지난 절에서 설명한 정적 예측 방법을 통해 이런 예측치를 얻을 수 있다.

t기의 수준, 추세, 그리고 계절적 요소에 대한 추정치인 $L_t, T_t, S_t, \cdots S_{t-p+1}$이 주어지면 미래 기에 대한 예측은 다음과 같다.

$$F_{t+1}=(L_t+T_t)S_{t+1}, \text{ 그리고 } F_{t+n}=(L_t+nT_t)S_{t+n} \qquad \cdots\cdots (6.16)$$

$t+1$기의 수요를 관찰하고 나서 다음과 같이 규모, 추세, 계절적 요소에 대한 추정치를 변경한다.

$$L_{t+1}=\alpha(D_{t+1}/S_{t+1})+(1-\alpha)(L_t+T_t) \qquad \cdots\cdots (6.17)$$

$$T_{t+1}=\beta(L_{t+1}-L_t)+(1-\beta)T_t \qquad \cdots\cdots (6.18)$$

$$S_{t+p+1}=\gamma(D_{t+1}/L_{t+1})+(1-\gamma)S_{t+1} \qquad \cdots\cdots (6.19)$$

여기서 α는 규모에 대한 평활계수이며 범위는 $0<\alpha<1$이고, β는 추세에 대한 평활계수이며 범위는 $0<\beta<1$이다. 마지막으로 γ는 계절적 요소에 대한 평활계수이며 범위는 $0<\gamma<1$이다. 각각의 추정치를 최신화할 때, 수정된 추정치는 관찰된 값과 원래의 추정치와의 가중 평균이 된다.

예제 5 예제1에서 보았던 수요를 보고 다시 2009년 1분기의 수요를 예측하라. 그리고 2009년 1분기의 수요가 실제로 380만 개로 관측되었을 때 추세 및 계절성 조정 지수평활법을 사용하여 2009년 2분기의 수요를 예측하라. 이때 $\alpha=0.2$, $\beta=0.3$, $\gamma=0.1$로 한다.

답) 처음 예측치를 구하는 과정은 예제 1과 동일하다. 이 문제에서는 2009년 1분기를 1기로 정하고 그 이전 기는 (-)로 두고 회귀분석을 해야 하기 때문에 y절편에 해당하는 기본 수준 값만 변한다.

$L_0=347.79,\quad T_0=10.854,\quad S_1=1.13,\quad S_2=1.47,\quad S_3=0.79,\quad S_4=0.61$

그리고 2009년 1분기의 예측치는 다음과 같이 구하는데 결과는 예제 1과 동일하다.

$$F_1=(L_0+T_0)S_1=(347.79+10.854)\times 1.13\approx 405.27$$

실제 수요는 380만이므로 2분기의 예측치를 구하면 다음과 같다.

$$L_1=\alpha D_1+(1-\alpha)(L_0+T_0)=0.2\times 380+0.8\times 450.27\approx 436.22$$
$$T_1=\beta(L_1-L_0)+(1-\beta)T_0=0.3\times(436.22-347.79)+0.7\times 10.854\approx 34.13$$
$$S_5=\gamma(D_1/L_1)+(1-\gamma)S_1=0.1\times(380/436.22)+0.9\times 1.13\approx 1.10$$
$$F_2=(L_1+T_1)S_2=(436.22+34.13)\times 1.47\approx 691.41$$

새로 구한 S_5는 다음 해 1분기의 수요를 예측할 때 사용한다.

제 5 절 예측 오차의 측정

1. 예측 오차 측정의 목적

앞에 언급했듯이 모든 수요는 무작위 요소를 포함하고 있다. 좋은 예측 기법은 수요의 체계적 요소를 최대한 많이 포함시키고, 무작위 요소는 축소하는 것이다 무작위 요소는 예측 오차를 통해 드러나는데, 예측 오차는 중요한 정보를 지니고 있으므로 주의깊게 분석되어야 한다. 관리자는 다음 두 가지 이유 때문에 측정 오차를 분석해야 한다.

- 관리자는 현재의 예측 기법이 수요의 체계적 요소를 정확하게 예측하고 있는지 확인하기 위해 예측 오차를 분석한다. 예를 들어, 만약 어떤 예측 방법이 지속적으로 양의 값을 갖는 오차를 산출한다면, 관리자는 그 예측 방법이 체계적 요소를 과대평가하고 있다고 추론할 수 있고 그에 상응하는 조치를 취해야 한다.

• 긴급 상황에 대한 계획을 세우기 위해 예측 오차를 필요로 한다. 예를 들어, 대만에 위치하고 있어서 전에 미리 주문을 해야 하는 공급자와 국내에 위치하고 있어서 1주일만에 물품을 공급할 수 있는 공급자 두 곳을 상대하고 있는 우편주문 회사를 생각해보자. 국내 공급자를 원가가 비싼 반면, 대만 공급자를 이용하면 비용이 적게 든다. 그런데 이 회사는 대만 공급자에게서 받은 공급을 초과하는 수요가 일어났을 때, 국내 공급자에게도 주문을 할 수 있도록 긴급 사태를 대비한 일정량의 주문계약을 체결해야 한다고 하자. 그렇다면 국내 공급자와 체결할 주문량은 수요의 예측 오차와 긴밀한 관계를 가지고 있다.

관찰되는 오차가 과거의 오차들이 속한 범위 안에 있다면, 회사는 일반적으로 현재 사용하고 있는 예측 기법을 그대로 사용할 것이다. 그러나 만약 오차가 과거 범위를 훨씬 뛰어 넘는 값을 가진다면, 이는 지금 사용하고 있는 예측 기법이 더 이상 적합하지 않다고 볼 수 있다. 만약 예측치가 지속적으로 수요를 과대평가하거나 과소평가한다는 사실 역시 회사가 예측 기법에 변화를 주어야 한다는 것을 나타낸다.

앞에서 정의했듯이 t기의 예측 오차는 E_t로 나타내고 다음과 같이 정의된다.

$$E_t = F_t - D_t$$

즉 t기의 오차는 t기의 예측치와 t기의 실제 수요와의 차이이다. 관리자가 어떤 조치를 취할 수 있도록 리드타임 만큼 이전에 예측 오차를 추정할 수 있어야 한다. 예를 들어, 만약 주문량을 결정하기 위해 예측치가 사용되고, 공급자의 리드타임이 6개월이라고 하면, 관리자는 수요가 발생하기 적어도 6개월 전에는 예측 오차를 추정할 수 있어야 한다는 것이다. 리드타임이 6개월이나 되는 상황에서 1개월 전에 예측 오차를 추산하는 것은 의미가 없다.

2. 예측 오차의 종류

예측 오차를 나타내는 척도로 평균제곱오차(Mean Squared Error: MSE)가 있다.

$$MSN_n = \frac{1}{n}\sum_{t=1}^{n} E_t^2 \qquad \cdots\cdots (6.20)$$

평균제곱오차는 예측 오차의 분산을 추산한다.

t기의 절대오차(Absolute Deviation) A_t는 t기의 오차의 절대값이고 다음과 같이 표시할 수 있다.

$$A_t = |E_t|$$

절대평균오차(Mean Absolute Deviation: MAD)는 모든 기 절대 오차의 평균이며 다음과 같이 표시할 수 있다.

$$MAD_n = \frac{1}{n}\sum_{t=1}^{n} A_t \qquad \cdots\cdots (6.21)$$

무작위 요소가 정규 분포를 따른다고 가정하면, 절대평균오차는 무작위 요소 표준 편차의 추정치로 사용할 수 있다. 이런 경우, 무작위 요소의 표준 편차는 다음과 같다.

$$\sigma = 1.25MAD \qquad \cdots\cdots (6.22)$$

그렇다면 무작위 요소의 평균은 0이고 수요 무작위 요소의 표준편차는 σ라고 할 수 있다.

평균절대백분오차(Mean Absolute Percentage Error: MAPE)란 절대 오차와 수요와의 비율의 절대값을 평균한 값으로 다음과 같다.

$$MAPE_n = \frac{\sum_{t=1}^{n}\left|\frac{E_t}{D_t}\right|100}{n} \qquad \cdots\cdots (6.23)$$

예측 기법이 지속적으로 수요를 과대평가 또는 과소평가하는지 확인하기 위해 예측 오차를 전부 더한 값인 편의(bias)를 계산할 수 있다.

$$bias_n = \sum_{t=1}^{n} X_t \qquad \cdots\cdots (6.24)$$

오차가 무작위이고 어느 한쪽으로 기울지 않았다면, 편의는 0을 중심으로 변동할 것이다.

요 약

1. 수요를 예측하는 것은 생산과 물류뿐만 아니라 마케팅, 재무, 인사 등 공급사슬의 다양한 의사 결정에 영향을 미친다. 그리고 이런 다양한 의사결정은 직무 영역별로 공유된 정보 속에 이루어지는 것이 이상적이다.
2. 예측 오차는 존재할 수밖에 없지만 이를 최소화하도록 노력해야 한다. 단기 예측이 장기 예측보다, 총괄 예측이 개별 예측보다 더 정확하기 마련이다.
3. 수요를 예측할 때는 객관적 방법과 주관적 방법의 균형을 맞추어야 한다. 예측 기법은 정성적 방법, 시계열 방법, 인과적 방법, 그리고 시뮬레이션 방법 등이 있다.
4. 모든 수요는 체계적 요소와 무작위 요소를 포함한다. 체계적 요소를 예측하기 위한 시계절 방법을 사용하는 데 이를 고정형 방법과 적응형 방법으로 분류할 수 있다. 고정형 방법에서는 체계적 요소인 기본수준, 추세, 계절적 요소가 변하지 않는다고 가정하는 것이고, 적응형 방법에서는 변한다고 가정한다. 적응형 방법에는 이동평균법, 단순 지수평활법, 추세 조정 지수평활법, 추세 및 계절성 조정 지수평활법 등이 있다.
5. 예측 오차는 현재 예측 기법의 정확성을 확인하고 긴급 상황에 대한 계획을 세우기 위한 등의 목적으로 분석한다. 예측 오차의 종류에는 평균제곱오차, 절대평균오차, 평균절대백분오차 등이 있다.

토의 사례 Compaq

데스크 탑 컴퓨터 업계에서는 신제품의 수명이라는 것이 점차로 축소되고 있다. 이와 같이 급변하는 시장상황에서 수요예측은 난제이기는 하지만 너무나 중요한 역할을 한다. 1993년도에 Compaq은 수요예측치를 과소하게 하여 성탄절 성수기에 물건이 부족하여 5천만달러 이상의 매출손실을 기록하였다. 그러나 다음 해인 1994년도 성탄절에는 수요가 팽창할 것으로 예상하여 재고를 2 배 가량 늘렸으며 이로 인해 수백만달러의 추가 매출을 올릴 수 있었다. Compaq은 가격과 경쟁업체의 행위가 자신의 수요에 미치는 영향을 정교한 모형으로 개발하였다. 이 모형을 활용한 결과 1995년도 초기에 펜티엄급 컴퓨터의 출시를 늦추었고 대신 486급 컴퓨터의 생산을 증가시켰다. 이러한 결정은 당시 업계의 관행에 반하는 것이었다. 당시 컴퓨터업계의 관행은 신제품을 최대한 일찍 출시하는 것이었다. 하지만 Compaq의 수요예측 모형에서는 펜티엄급에 대한 수요는 아직 충분하지가 않고 486급에 대한 수요가 여전히 상당한 것으로 예측되었었다. 이러한 예측은 결국 적중하였고 이로 인해 1995년도 1사분기에 5천만달러의 추가 이익을 얻을 수 있었다.

Q 토의문제

❶ 성탄절 수요를 예측하는 데에 있어 이용할 수 있는 기법에는 어떤 것이 있겠는가?

❷ 아직 출시되지 않은 상위 기종 컴퓨터의 수요는 어떤 방법으로 예측할 수 있을지 구체적인 프로세스를 제시해 보라.

Chapter 07

재고관리

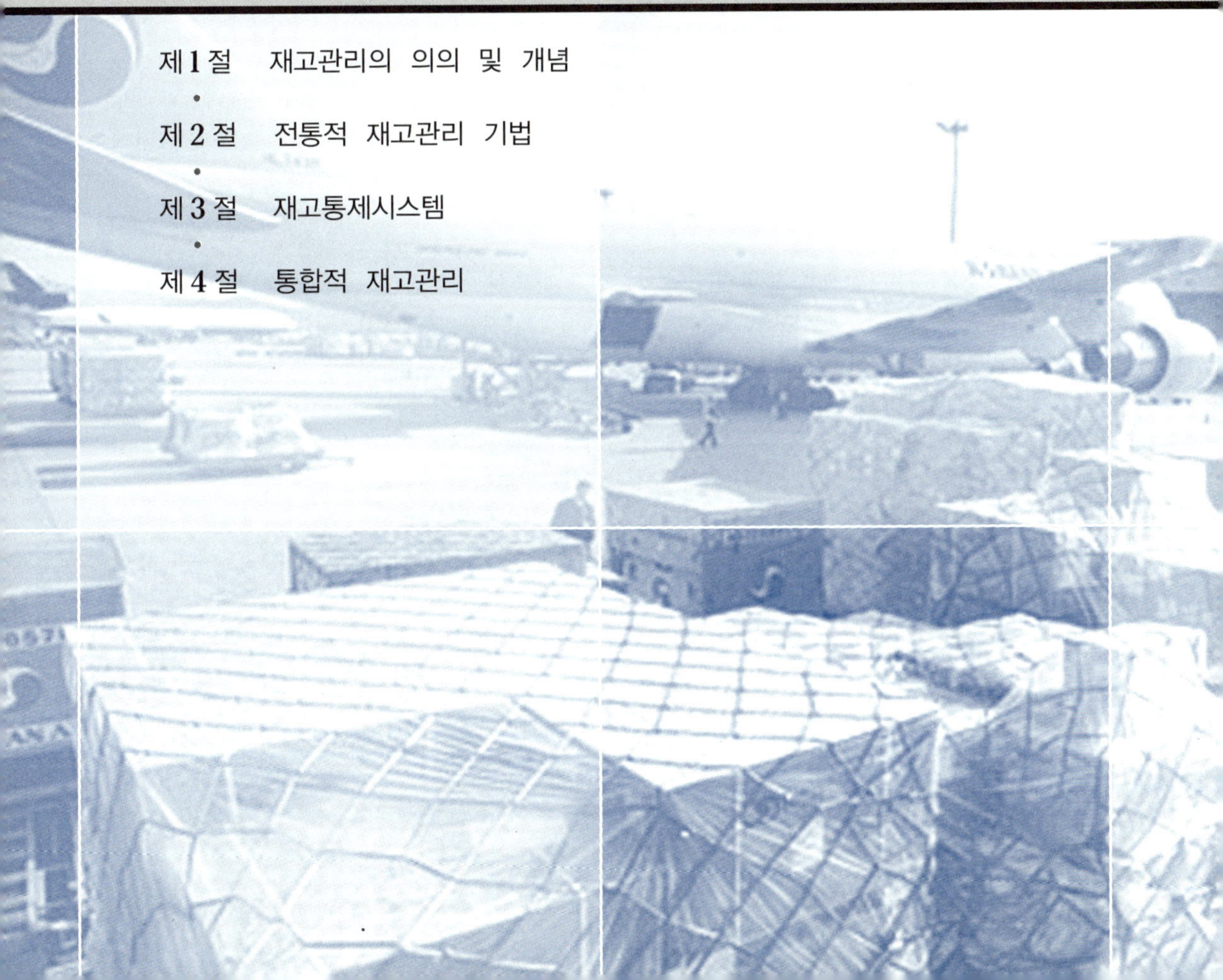

도입사례

저재고 정책 어떻게 바라볼 것인가

재고는 필요악인가. 무조건 최소화하고 최소화하여 zero에 수렴시키면 좋은 것인가. 다음은 저재고 정책을 성공적으로 실시한 과거의 미국 PC기업들과 저재고 정책으로 인해 서비스질을 하락시켰던 과거의 한국 의류업계의 사례이다. 두 사례를 통해 재고와 비용에 대해 고려해 보도록 하자.

저재고 정책으로 위험을 회피한 미국 PC기업들

1996년 PC가격의 20%를 차지하는 메모리칩 값이 70~80%나 폭락하면서 재고가 많은 PC메이커들은 된서리를 맞았다. 이를 피해간 대표적인 업체는 델 컴퓨터. 부품구입에서 제품출하까지 재고기간이 12일에 불과한데다 "부품가격인하 요인을 즉각 제품에 반영한 덕분에 지난해 4.4분기에는 순이익이 90%나 늘었다. 델 컴퓨터는 고객의 주문에 1대1로 대응하는 '맞춤PC' 생산업체. 따라서 부품조달은 최종 조립공정에 필요한 분량만 그때 그때 오더를 내는 형태로 이뤄진다. 쓰다남은 부품들이 여기저기 나뒹구는 모습은 구경할수 없다. 일종의 '저스트 인 타임(JIT)' 방식이다. 기업용 PC를 주문생산하는 유니시스도 마찬가지다. PC공장에 반입된 부품들은 즉시 PC 한대분으로 나뉘어 쟁반에 담겨진다. 생산라인으로 옮겨진 부품은 그날 조립된다. 유니시스는 특히 부품가격 하락을 예측한 '선물수주제' 도입으로 대형 고객을 끌어들이는 수완을 발휘하고 있다.

〈한국경제, 1997. 1. 13〉

재고 줄이려다 소비자에게 빈축산 의류업계

백화점과 대리점 등 의류 매장에 치수와 디자인 등 마음에 맞는 옷이 부족해 소비자들이 큰 불편을 겪고 있다. 불황으로 의류업체들이 재고를 줄이려고 매장에 비치하는 제품을 크게 줄인 탓이다. 디자인이 많지 않은 것은 물론 맞는 사이즈가 없어 매장에 나왔다 허탕을 치는 소비자들이 속출하고 있다. 매장 직원은 회사 방침에 따라 팔려나간 제품은 바로 채워넣지 않고 고객이 주문하면 다른 매장에 물건이 남아 있는지 알아보고 선불 결제 뒤 약 1주일 후 고객에게 전달한다고 답했다. 국내 의류업체들은 불황에 갈수록 늘어나는 재고를 줄여 수익성을 향상시키기 위해 각 사마다 생산물량을 줄이기 위한 전략을 구사하고 있다. 이에 따라 매장에서 물량부족 사태와 함께 이에 따른 소비자 불편이 가중되고 있는 것. 의류업체 관계자는 예전에는 재고도 매출이라는 관행이 있어 재고가 늘어나도 매장에 제품을 잔뜩 쌓아 놓았다면서 그러나 지금은 물량을 너무 줄여 소비자들에게 불편을 주는 상황이 전개되고 있다고 지적했다. 그는 아무리 불황이라도 의류패션 제품 특성을 고려해 적정 물량을 생산하는 합리적인 운영 방식이 요구된다고 밝혔다.

〈매일경제, 1994. 10. 25〉

본 장에서는 재고의 의의, 개념 및 유형, 전통적 재고관리 기법들을 먼저 다루고, 새로운 재고관리 기법들을 소개한다.

제 1 절에서는 재고관리의 의의 및 개념, 유형 등을 중심으로 기본적인 내용을 논의한다. 즉 재고보유의 필요성, 재고의 직능별 유형, 재고비용 등의 내용과 재고의 분류에 관한 내용을 다룬다. 2절에서는 주로 전통적인 재고관리기법을 중심으로 확실성하의 재고관리모형과 불확실성하에서의 재고모형을 논의하고 3절에서는 이 모형들에 근거하여 기업이 효과적 재고관리를 위하여 사용하는 일반적 재고통제 기법에 관하여서도 살펴볼 것이다.

제 1 절 재고관리의 의의 및 개념

제품 라인의 다양성이 증대함에 따라 기업의 재고수준과 재고 비용이 증가하고, 기업의 비용 중에서 재고와 관련된 비용이 높은 비중을 차지하게 되었다. 우리나라 기업들의 재고 보유 수준은 미국이나 유럽, 일본과 비교하여 상당히 높은 편이다. 이는 우리 기업의 경쟁력을 저해하는 요인이 되며 재고 감축은 우리 기업이 시급히 달성해야 할 과제라고 할 수 있다. 극단적으로는 물류를 '재고의 통제와 관리'라고 요약할 만큼 재고관리는 수송과 더불어 물류에서 가장 중요한 활동분야의 하나이다.

흔히 재고는 위험을 관리하는 물류(logistics of risk)라고 일컬어지고 있다. 왜냐하면 재고 의사결정이 잘못되면 기업이 적절한 구색을 갖추지 못하게 되고, 그 결과 어떤 품목은 재고 부족 상황을 맞으나 다른 품목은 재고 과잉 현상을 초래한다. 원자재 재고의 부족은 조업 중단을 야기시킬 수 있고, 완제품 재고의 부족은 마케팅 측면의 어려움을 낳고 고객과의 관계를 악화시키는 요인이 된다. 반면에 재고 과잉은 기업의 비용을 증가시키고 수익을 악화시킨다. 따라서 재고 의사결정은 필연적으로 위험을 수반한 결정으로서, 재고관리의 효율적 수행여부는 전체 물류시스템의 성과를 높이는데 핵심적 역할을 한다. 이 절에서는 기업이 재고를 보유하는 이유, 재고의 다양한 유형, 재고비용과 같은 재고관리에 있어서 기본적인 개념들을 살펴보기로 한다.

1. 재고보유의 의의

대부분의 기업들이 가능한 한 재고를 최소화하거나 줄이려는 방향으로 나아가고 있지만, 실제로는 어느 정도의 재고를 보유하고 있는 게 현실이다. 그런데 기업이 과다한 재고를 보유하게 되면 기업의 채산성 악화의 원인이 된다. 이런 상황에서, 기업들이 왜 재고를 보유하는가에 대한 이유를 먼저 이해하는 것이 필요하다. 먼저, 기업들이 재고를 보유하는 이유를 원자재 재고와 완제품 재고의 두 가지 측면에서 정리한다.

(1) 원자재 재고

원자재 재고는 기업의 생산기능을 지원하는 재고이다. 원자재 재고들을 보유하는 이유는 여러 가지를 들 수 있다.

첫째, 구매에 있어서의 경제성을 높인다. 즉, 원자재를 한 번에 대량으로 구매함으로써, 대량구매시 적용되는 가격할인의 혜택을 받을 수 있다.

둘째, 화물의 대량 운송으로 인한 운임할인에 따른 운송비 절감을 기대할 수 있다.

셋째, 수급의 불확실성에 적절히 대비할 수 있다. 원자재 재고의 부족은 조업중단의 위급한 상황을 야기시킬 수 있다. 예를 들어, 일본의 고베 지진 발생으로 인해 고베항을 이용하던 일본의 자동차 회사를 비롯하여 많은 일본 기업들이 미국 등 해외 공장에 공급되어야 하는 원자재를 적기에 공급하기 위해 비상사태에 돌입한 적이 있다. 고베 지진 이후 무재고 생산을 신봉하던 많은 일본 기업들이 어느 정도의 재고 보유를 허용하고 있다. 이에서 볼 때에 기업들이 원자재의 운송 지연이나 납기 지연 등을 감안하여 어느 정도의 재고는 완충 또는 안전재고로서 보유하는 것이 필요하다고 할 수 있다.

넷째, 미래의 가격상승, 파업, 환율 변화 등의 불확실성에 대비하여 원자재를 안정적으로 확보하고자 하는 투기적 성격으로서 재고를 보유할 수 있다. 예를 들어, 항공사가 유가 상승에 대응하여 일정량의 석유를 미리 구매한다든지, 자동차 메이커들이 철강산업의 파업위협이 있을 경우 파업발생에 대비하여 평상시보다 훨씬 많은 철강재를 구매하는 것은 투기적 구매의 예라고 할 수 있다.

다섯째, 원자재의 계절적 공급의 이유 때문에 보유하기도 한다. 농산물을 비롯한 일부 원자재는 대개 1년 중 정해진 기간 동안에만 대량으로 공급이 가능하다. 식품 업계에서는 이러한 품목들을 재고로 보유함으로써, 연중 전반에 걸쳐서 생산에 필요한 원료를 확보하여서 공장을 정상 가동시킬 수 있고 수요를 충족시킬 수 있다.

마지막으로, 공급사에 일정 물량의 구매를 보장함으로써 안정된 품질과 상대적으로 유리한 납품 가격을 기대할 수 있다.

(2) 완제품 재고

완제품 재고는 주로 메이커나 도·소매상이 고객의 주문에 대비하여 보관한다. 완제품 재고를 보유하는 이유는 생산의 경제, 수송비 절감, 계절적 수요에 대한 대응, 적절한 고객서비스 수준의 제공 등을 들 수 있다.

첫째, 기업은 생산에 있어서 규모의 경제를 달성하고자 한다. 기업은 일정 규모의 로트(lot) 단위로 생산함으로써 잦은 생산라인 전환으로 말미암은 비용을 극소화하고 균형된 생산량을 유지함으로써 제품 단위당 비용을 최소화 할 수 있다. 이 경우 기업이 때로는 수요에 앞서 생산한다는 것을 의미하며 판매가 될 때까지 일부 생산된 제품은 재고로서 보관되어야 한다.

둘째, 일정 수량 이상으로 생산된 제품 재고의 대량 수송에 대하여는 운송업체로부터 저렴한 운임, 운송 시간의 단축 등 양질의 서비스를 기대할 수 있다.

셋째, 완제품 재고는 마케팅 관점에서 고객서비스를 증가시키거나 매출상실비용을 줄이는 것이다. 즉, 고객이 원하는 제품이 품절이 되면 고객은 불만족하게 되고, 기업은 판매기회를 상실하게 되며, 매출상실과 더 나아가서는 고객상실이라는 비용을 발생시키게 된다.

넷째, 에어컨이나 스키용품 등 계절성 상품의 경우 피크 수요에 맞추어 생산능력을 가지는 것은 낭비이다. 그러므로 최대 수요에 미치지 못하는 생산능력을 가지고 연중 내내 생산량을 균형되게 유지하는 것이 기업의 입장에서 바람직하다. 이 경우 비수기에 생산된 완제품 재고는 성수기에 판매될 때까지 재고로서 보관되어야 한다.

마지막으로, 생산 및 고용을 일정 수준 유지함으로써 장기적인 인건비의 절감과 제품 품질의 안정을 기대할 수 있다.

(3) 재고관리에 있어서의 직능 부서간 갈등

어느 정도의 재고가 적정한가에 대하여는 마케팅 부서, 생산부서, 재무부서 등 직능 부서별로 각각 다른 시각을 갖는다.

예를 들어, 재무부서는 재고회전율을 높이고 유동자산을 줄이며 높은 자산수익률을 올리기 위해 낮은 재고수준을 원한다. 또, 생산부서는 제조비용을 최소화하고 초과작업임금을 회피하기 위해서 한 제품의 생산에 장시간 공장가동을 원한다. 마케팅 부서가 고객의 요구에 따라서 어떤 특정 제품을 소량으로 공급 받고자 한다면, 생산부서는 규모의 경제상 이와 같은 요구를 받아들일 수 없어 두 부서간 갈등이 일어나게 된다.

물류 담당자는 재고와 다른 물류 영역들 간의 비용상쇄 관계를 검토할 뿐만 아니라 각 직능 부서들간의 재고의 비용상쇄 효과를 고려하여 최적 재고량을 결정하여야 하는 위치에 있다.

2. 재고의 기능별 유형

재고는 수행하는 기능에 따라 주기적 재고, 수송 중 재고, 안전재고, 투기적 재고, 계절적 재고, 사장(死藏; dead) 재고의 유형으로 나눌 수 있다.

첫째, 주기적 재고(cycle stock)란 기업의 통상적인 판매나 사용과정의 결과 발생하는 재고보충을 위해 필요한 재고를 말한다.

둘째, 수송 중 재고는 수송 중에 있는 재고, 즉 한 지점에서 다른 지점으로 이동 중인 재고를 말한다. 수송 중 재고는 예정 입고량, 즉 이미 발주는 하였으나 아직 도착하지 않은 주문량을 합산한 것이다.

셋째, 안전재고는 수요와 리드 타임의 불확실성에 대처하기 위해 보유하는 재고를 말한다.

이런 안전재고는 공급사의 물류서비스 상의 낮은 신뢰도, 공급된 부품이나 제품의 높은 불량률에 기인한다. 넷째, 투기적 재고는 미래의 환율 상승이나 자재 구득 난 등 현재의 수요충족 목적 이외의 이유로 보유하는 재고이다. 다섯째, 계절적 재고는 안정적인 인력수준과 생산공정수준을 유지하기 위해, 제품의 성수기 이전에 비축하는 재고로서, 투기적 재고의 한 형태이다. 예를 들어, 에어컨 수요의 90%는 석 달 동안에 발생한다. 불규칙한 수요 때문에 제조업자는 수요가 절정기에 이를 때 생산수준을 많이 늘릴 필요가 없도록 수요가 적은 기간동안 재고를 비축한다. 재고로 생산수준을 평준화하여 생산성도 높일 수 있다. 왜냐하면 불규칙한 생산수준과 인력수준은 비용을 상승시키기 때문이다.

3. 재고관련 비용

재고와 관련하여 발생하는 비용에는 재고보유비, 주문처리비, 품절비용(재고고갈비용), 수송 중 재고비가 있다.

첫째, 재고 보유비는 기업이 재고를 보유함으로써 발생하는 비용이다. 즉, 자산의 일정 부분을 재고의 형태로 보유함으로 말미암아 타분야에 투자할 수 있는 여력이 제한되고, 또한 재고를 사용 내지 판매 가능하도록 유지하기 위한 추가 비용이 발생한다. 재고 보유비의 크기는 업종에 따라 다를 뿐만 아니라 한 업종 내에서도 개별 기업에 따라 차이가 있다. 세부적으로 본다면, 재고 보유비(inventory carrying cost)는 이자비용 및 기회비용, 보관 및 처리비용, 세금 및 보험료, 진부화 및 손망실 비용으로 구성되어 있다. 이 중에서 이자 비용 및 기회비용은 재고 보유비 중에서 가장 큰 비중을 차지하는 비용이다. 재고 자산의 생산이나 구입을 위해 얻은 은행 대출에 대한 이자나, 자기 자본을 사용했을 경우 재고 자산에 투자하지 않고 다른 부문에 투자함으로써 기대할 수 있었던 이익이 곧 기회비용이 되는 것이다.

둘째, 필요한 자재나 부품을 외부의 공급사로부터 구입하는 경우와 기업 내에서 생산을 하는 경우 각각 주문비와 가동준비 비용이 발생한다. 주문비에는 통신비, 공급사 및 가격에 대한 조사비, 입고 화물의 검사, 창고 내 배치, 전산

입력 등 제비용이 포함된다. 가동준비비용(setup cost)에는 생산라인의 배치, 공구의 교체, 원자재의 투입 준비, 작업원의 재배치 등 생산에 투하되어야 할 시간이 준비작업에 돌려짐으로 인해 발생하는 비용이다. 셋째, 품절로 발생할 수 있는 비용에는 판매기회의 상실과 고객의 상실로 인한 기회비용, 조업중단비용, 고객의 기업에 대한 신뢰도 하락과 관련된 비용들을 포함한다.

마지막으로, 수송 중 재고비는 재고가 고객에게 전달될 때까지는 기업의 소유이기 때문에 발생하는 비용으로서, 기업은 수송 중의 배송시간 관리를 잘 해야 한다.

4. 재고와 다른 로지스틱스 믹스와의 관계

첫째, 재고와 주문처리는 서로 상쇄 관계에 있다. 재고가 부족할 경우 긴급 주문이 필요하며, 이는 곧 주문 처리비의 증가를 의미한다. 그렇다고 하여 품절이 발생하지 않도록 항상 재고를 높은 수준으로 유지할 수는 없기 때문에 비용의 상쇄 관계를 잘 고려하여 재고 수준을 결정해야 한다.

둘째, 재고 의사결정은 보관 창고의 크기, 보관 지역의 결정에 영향을 미친다. 창고가 클 경우 사장 재고, 진부화 제품, 너무 많은 안전 재고로 창고를 채울 가능성이 있다. 보관지역에 있어서는 대개 80% 정도의 재고 회전율이 낮은 품목은 중앙에 집중 보관하고, 20% 정도의 회전율이 높은 품목은 지역 창고에 보관한다.

셋째, 보관 창고의 수가 많으면 안전 재고의 비율도 높아지고, 유통망이 중앙집중적이 될수록 안전재고의 필요성도 낮아진다. 보관지역의 제곱근 법칙(square root law of location)에 따르면 물류 시스템 내의 총 재고는 보관창고 수의 제곱근에 비례한다. 예를 들어, 보관창고의 수를 20개에서 5개로 1/4로 축소할 경우 재고 감축 효과는 1/2이 된다.

넷째, 보관 지역의 수가 많을 경우에는 많은 소형 차량을 이용하게 되기 때문에 차량 이용률 증가를 위한 수송 계획이 필요하다. 보관지역의 수가 적을 경우 몇 개의 대형 차량을 이용하여 규모의 경제를 꾀하는 것이 필요하다.

다섯째, 재고관리를 정밀하게 하기 위해서는 정교한 수요예측이 필수적이다. 수요예측은 과거 수요의 계절성, 주기성, 규칙성, 장기적 추세를 검토하여야 하며, 판촉 행사, 신제품 출시 등 마케팅 기획 정보의 활용이 필수적이다. 또, 제품에 대한 수요 분포 유형을 확정하는 것도 필요하다. 제품수요곡선은 정규 분포, 포아슨, 감마 분포 등 여러 가지 분포의 모양을 띨 수 있다.

제 2 절 전통적 재고관리 기법

1. 재고의 분류와 재고관리

기업이 다수의 생산라인에서 다양한 제품을 생산하게 됨에 따라, 재고를 재고관리의 목적에 따라서 체계적으로 분류하는 작업은 효율적인 재고관리의 첫 단계이다. 재고분류 기법 중 실무적으로 가장 널리 활용이 되고 있는 방법에는 ABC분석과 필수가치분석(critical value analysis)이 있다.

(1) ABC분석

일반적으로 기업들은 수많은 품목의 재고를 가지고 있는데, 모든 제품 재고가 동일한 중요성을 갖고 통제되지는 않는다. 어떤 품목은 투자 규모, 매출액, 품절비용 등에 있어서 다른 품목에 비하여 중요도가 높기 때문에 재고가 실시간으로 파악되어야 하는 데 비하여, 다른 품목은 중요도가 상대적으로 낮아서 추가로 통제활동을 강화할 필요가 없다. 이와 같이 재고품목의 상대적 중요성에 따라 기업의 통제노력에 있어서 차별화하는 절차가 ABC분석이다. ABC분석은 GE의 Ford Dicky가 매출과 전반적 사용 빈도에 있어서 기여도가 가장 큰 품목을 파악하기 위하여 처음 시작하였으며, '예외에 의한 관리 원칙'이 재고관리에 적용된 것이 ABC분석이다.

1) ABC분석의 예

기업의 매출액과 생산 품목 간의 관계를 분석해보면, 80% 이상의 매출액 수준이 기업이 생산하는 제품 중 20%의 품목에 의해서 이루어지고 있는 반면에, 80% 이상의 품목은 총매출액에 대한 기여도가 20% 정도에 불과한 경우를 통상 많이 접할 수 있다. 즉 상대적으로 적은 품목들이 매출에 기여하는 부분이 절대적이다. 이와 같은 80:20의 현상은 재고뿐만 아니라 여러 가지 사회현상에서 광범위하게 관찰할 수 있다.

위에서 설명한 매출액수준과 품목 수와의 관계는 흔히 파레토의 법칙 또는 '80-20 규칙'이라고 일컬어지며, 비단 재고-매출액간의 관계뿐 아니라 많은 상황에 적용된다. 예를 들어, 파레토가 처음 이 현상을 발견했을 때에 이탈리아의 국부(國富) 80%가 20%의 사람들에 집중되어 있는 것으로 나타났다. 또, 기업의 총 매출액에서 20%의 고객들이 80%의 매출을 점유하는 것으로 나타난다든지, 어떤 도시의 총 범죄 중에서 20%의 시민들이 그 도시의 80%의 범죄를 범하고 있는 것으로 나타난다든지 등 수많은 예들을 들 수 있다.

〈그림 7-1〉은 재고관리에서의 '80-20규칙'을 보여준다. 그래프는 단지 20%의 품목들이 총 매출액의 80%를 차지하고 있음을 보여준다. 기업이 매출 기여도가 낮은 품목을 재고로서 보유하는 이유에는 몇 가지가 있을 수 있다. 먼저, 다양한 고객이 원하는 구색을 갖추고자 하는 목적 때문일 수 있다. 또는 현재는 매출이 높지 않지만 출시 후 판매 성과가 매우 성공적인 새로운 제품 때문일 수 있다. 또한, 매출에 있어서는 부진하지만 수익성의 관점에서 해당 품목을 계속 유지할 수 있다.

그림 7-1 • A기업의 ABC분석

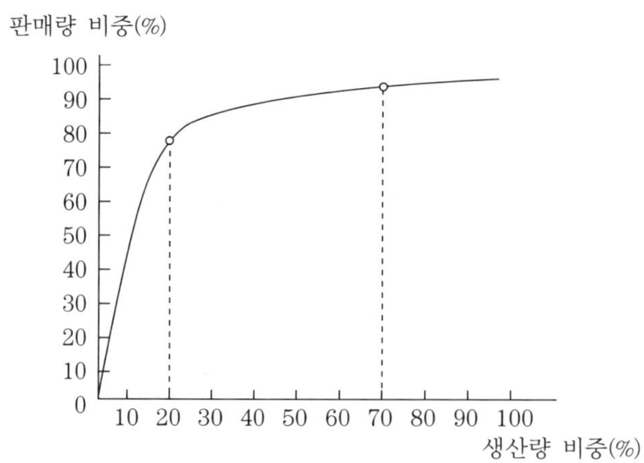

3) ABC분석의 단계

ABC분석은 두 단계의 과정을 거친다. 첫 번째 단계는 재고를 단위당 가치, 재고회전률, 매출량 또는 매출액에 따라 3~4개의 군(群)으로 나누는 것이다. 재고회전이 빠르거나 매출규모가 큰—대략 상위 20%의—품목들을 A군 상품으로, 그 다음의 30%를 B군 상품으로, 재고회전이 느리거나 매출이 저조한 나머지 50% 정도를 C군 상품으로 분류한다. 이러한 분류는 정확한 것은 아니지만, A군에 속하는 재고가 기업이 창출하는 금전적 가치의 대부분을 차지하게 된다. 만일 기업이 생산하는 수십 개 또는 수백 개 제품에 대한 재고정책을 개별적으로 수립한다면 엄청난 시간과 노력이 필요할 것이다. 그러나, 이렇게 재고관리의 측면에서 특성이 유사한 3~4개 군으로 대분류하고 각 군에 속한 제품들에 대하여 동일한 재고관리 정책을 적용함으로써 그만큼 관리가 쉬워진다.

두 번째 단계는 각 군에 속한 제품들에 대하여 별도의 재고전략을 적용하는 것이다. A군에 속한 품목들은 다른 품목보다 더 높은 서비스목표를 설정하도록 한다. 왜냐하면 A군에 속한 제품들은 품목 수는 적은 반면에 총매출에서 차지하는 비중은 크기 때문에 고객들이 자주 찾는 이 품목들을 잘 관리한다면 전반적 서비스 성과를 크게 높일 수 있기 때문이다. 따라서 이 군에 속한 품목들은 더 빈번하게, 더 세밀하게, 더 정확하게 관리되어야 할 것이다. 반면에 B군이나 C군에 속한 제품에 대해서는 상대적으로 관리력을 집중시키지 않는 것이 적절하다.

ABC 재고분류의 관리 특성을 각 군별로 정리하면 〈표 7-1〉과 같다.

표 7-1 • ABC 재고관리의 각 군별 관리특성

품목 분류	서비스목표	통제수준	검토주기	기록형태	보관지역	재고보충
A	99%	높음	계속적	정확, 완전	전지역	매일
B	98	보통	매주	정확	거의 대부분 지역	매주
C	95	낮음	격주	단순화	제한된 지역	격주

4) 카테고리의 확장

ABC분석은 통상 3개의 카테고리를 사용하고 있지만 더 세분화하여 3개 이상의 카테고리를 사용할 수도 있다. 예를 들어, 어떤 기업은 ABCD분석을 실시하는데 네 번째 카테고리인 D군을 생산라인이나 재고에서 제거해야 하는 사장(死藏; dead) 품목으로 규정하고 있다. 또 어떤 기업은 5가지의 카테고리를 만들어 사용하여 ABC분석을 수행하고 있으나, 이는 3가지 카테고리를 사용하는 분석만큼 비용 효율적이지는 못하다는 단점이 있다.

미니 사례 **ABC 재고정책하의 물류 현대화한 오뚜기 물류서비스**

오뚜기 물류서비스의 물류혁신 활동 중 가장 눈에 띄는 대목은 물류 네트워크를 재구축한 부분이다. 정부의 물류정책사업과 전국물류센터의 거점을 연계 분석함으로써 물류거점을 신속하게 재조정하는 것은 물론 대형화, 현대화에 주력했다. 물류거점의 기능,공급경로를 계층화해 위탁사에 대한 서비스를 개선한 것은 물론 센터 운영비용을 대폭 줄이고 재고를 감축했으며 작업의 신속,정확화, 공급시간 단축, 유휴자원의 고부가가치 활용 등 각종 부대효과를 창출했다. 오뚜기 물류서비스는 또 SCM 및 WMS 시스템을 도입하면서 출고빈도에 의거해 제품을 S, A, B, C급으로 구분해 보관하거나 출고시키는 이원화 시스템을 정착시켰다.

〈매일경제 2006. 11.16〉

(2) 필수가치분석

어떤 기업들은 ABC분석이 C품목에 대해서 충분한 주의를 기울이지 않는다는 점이 문제가 될 수 있다고 보았다. 예를 들어, 냉장고나 자동차 같은 정교한 소비재의 생산에 있어서 작은 볼트나 다른 여러 부품들은 비용이나 사용 측면에 기초한다면 C군에 분류될 것이다. 그러나 이 품목들의 품절은 생산라인의 가동을 중단시킬 수 있다. 그러므로 어떤 기업들은 필수가치분석(CVA: Critical Value Analysis)이라 불리는 접근법을 사용하고 있다.

1) 실제의 예

필수가치분석은 3~5가지의 항목을 필수가치로 할당함으로써 재고품목을 분류한다. 예를 들어 모든 품목을 제조업체나 고객에게 얼마나 필수적인가에 따라서 최고 우선순위 품목(1군)부터 최저 우선순위 품목(4군)까지로 구분하고 우선순위에 따라 품절에 대한 허용치를 달리 하게 된다. 즉, 1군은 최고 우선순위의 품목으로서 품절은 절대 일어나서는 안 되는 품목이다. 2군은 높은 우선순위의 품목으로서 필수적이지만 제한된 한도의 품절은 허용이 된다. 3군은 중간 정도의 우선순위를 갖는 품목으로서 재고 보유가 필요하지만 낮은 빈도의 품절은 허용이 된다. 4군은 낮은 우선순위의 품목으로써 보유가 바람직하지만 품절이 허용된다.

(3) CVA와 ABC

필수가치분석은 직접적인 계량접근법인 ABC에 비해 더 주관적이다. 때때로 품목들이 너무 높은 우선순위를 가질 수 있기 때문에, 할당된 가치들은 신중히 고려되어야 한다.

10,000개 또는 그 이상의 품목들에 대한 재고분류를 위해 필수가치분석을 행하는 것은 너무 힘든 일이다. 그래서 기업들은 어느 품목들이 설정된 기준에 근거하여 높은 가치를 가지는지를 결정하기 위하여, 다양한 재고 품목들에 대한 조사를 실시하기도 한다.

기업의 재고 통제에 있어서 보다 매출액 비중이 높은 제품, 보다 단위당 가치가 높은 제품, 보다 보관상 주의를 요하는 제품, 고객에게 전략적 가치가 높은 제품을 중심으로 관리하는 것이 고객이 지각하는 전체 서비스 만족도를 높일 수 있다. 예를 들어, 매출액 비중이 각각 80%, 15%, 5%의 구성비를 갖는 품목들에 대하여 동일한 90%의 서비스 수준을 유지하고 있다고 하자. 이 때에 서비스 개선을 위해 모든 품목의 서비스 수준을 90%에서 95%로 높이는 대안과 보다 비중이 높은 A 품목의 서비스 수준만 99%로 높이고 다른 품목들의 서비스 수준은 기존의 서비스 수준을 유지하는 차별화 된 서비스 정책 대안을 검토한다고 하자. 동일한 비용이 수반될 경우, 일률적인 95%로 서비스 수준을 향상시키는 것보다는 A품목의 서비스 수준만 높이는 것이 전체 서비스 만족도(99 * .80 + 90 * .15 + 90 * .05 = 97.20)를 더 높일 수 있다.

2. 확실성하에서의 재고관리: 경제적 주문량의 결정

재고관리의 목적은 기업의 수익성을 높이기 위해 판촉 등 기업의 여러 가지 활동이 재고수준에 미치는 영향을 예측하고, 비용을 최소화할 수 있는 재고수준을 설정하는 것이다. 재고관리 담당자는 언제, 얼마나 많은 재고를 주문해야 할지를 결정해야 한다. 이 질문에 답하기 위하여 경제적 주문량(economic order quantity)의 개념이 제시되었다.

경제적 주문량은 재고와 관련된 두 가지 비용의 합을 최소화하는 주문량이다. 첫 번째 비용은 재고 보유비로서, 재고 보유비는 주문량의 크기에 따라서 커진다. 두 번째 비용은 주문비로서, 주문비는 주문량의 크기에 상관없이 매번 주문할 때마다 발생하는 서류작업 등 관리로 인해 발생하는 비용이다.

경제적 주문량(EOQ)은 재고 보유비와 주문비 간의 균형을 유지하고자 한다. 한 번에 너무 많은 수량을 주문하여서 재고 보유비를 많이 발생시키지도 않고, 재고가 없이 필요할 때마다 끊임없이 소량의 주문을 함으로써 과도한 주문비를 발생시키지도 않을 접점을 찾고자 한다.

경제적 주문량에 입각한 EOQ모형은 가장 널리 알려져 있고 가장 기본적인 재고모형으로서, 이 모형은 연간 총재고비—재고유지비와 주문비의 합—을 최소화하기 위해서 1회 주문량을 얼마로 해야 할 것인지 결정하는데 사용되며, 아래와 같은 가정을 갖는다.

① 계획 기간 중 해당 품목의 수요는 항상 균등하며 사전에 알려져 있다.
② 단위당 구입원가가 수량에 관계없이 일정하다.
③ 연간 단위당 재고유지비가 수량에 관계없이 일정하다.
④ 일회당 주문비가 수량에 관계없이 일정하다.
⑤ 주문량이 일시에 입고된다.
⑥ 조달 리드 타임이 없거나 일정하다.
⑦ 재고부족이 허용되지 않는다.
⑧ 하나의 품목에 대해서만 고려한다.

위의 가정하에서 시간의 경과에 따른 재고수준의 변동을 〈그림 5-2〉가 보여주고 있다.

그림 7-2 • 시간의 경과에 따른 재고수준의 변동추이

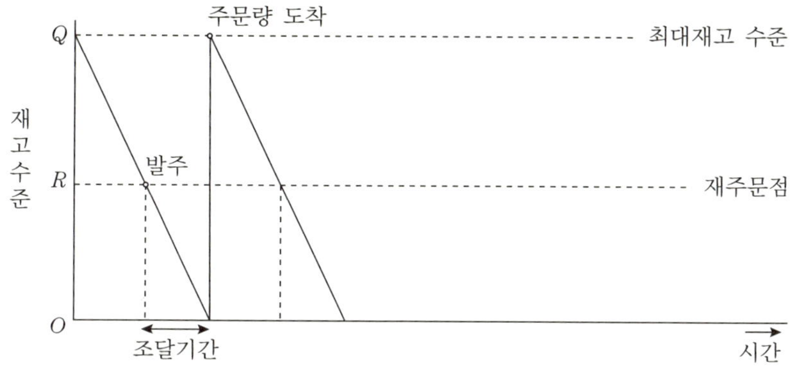

주기는 주문량 Q를 배송받은 때부터 시작한다. 계획기간 중 수요가 일정하므로 재고수준은 시간의 경과에 따라 일정하게 감소한다. 그러다가 재고수준이 조달기간 동안 예측되는 수요량인 재주문점에 도달하면 새로운 주문량 Q를 주문한다. 조달기간이 끝이 나면, 재고수준이 0으로 됨과 동시에, 주문했던 재고량 Q가 일시에 입고되어 새로운 주기가 시작된다. 이 모형에서는 수요와 조달기간이 일정하고 확정적이므로 안전재고가 불필요하고, 재고 부족은 허용되지 않으므로 재고 부족비용을 고려할 필요가 없다. 그 결과 총비용은 다음과 같은 식으로 나타낼 수 있다.

연간 총재고비 = 연간 주문비 + 연간 재고유지비

연간 총수요가 일정하므로 1회 주문량이 커지면 주문횟수가 작아져 연간 주문비가 감소하는 반면에, 관리할 재고의 수가 늘어나 연간 재고유지비는 증가한다. 반대로 1회 주문량이 작아지면 더 잦은 주문이 필요하기 때문에 연간 주문비는 증가하고, 연간 재고유지비는 감소한다. 따라서 1회 주문량을 계산하는 문제는 이 두 비용의 합계인 총비용을 최소로 할 수 있는 주문량 Q를 찾는 것이라고 할 수 있다. 즉, 연간 총재고유지비와 연간 총주문비는 1회 주문량(size of order)의 함수가 되며 이들의 상호관계를 〈그림 7-3〉으로 나타내면 다음과 같다.

EOQ를 구하는 공식은 다음과 같으며, 도출 과정은 본 장의 부록에 제시되

그림 7-3 • 주문량과 제 비용 간의 관계

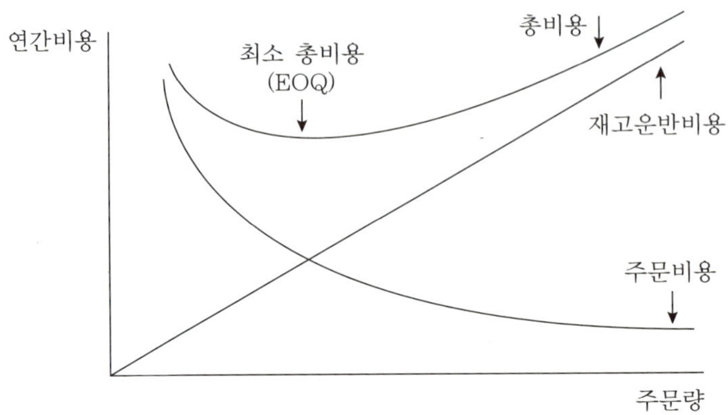

어 있다. 그런데 실제로 EOQ모형의 가정들은 현실적이지 못하다는 비판을 받아왔다. 그러나 EOQ 모형은 나름대로의 가치를 가지고 있는데, 그것은 현실을 감안한 보다 복잡한 모형을 설계하기 위한 기본적인 모형의 역할을 담당하고 있다는 점이다. 또 실제로 이 모형의 장점인 간편성 때문에 많은 기업에서 EOQ모형을 사용하고 있는 것이 현실이다.

예를 들어, 기본적인 EOQ 모형에서는 대량 구입의 경우에도 수량할인이 없음을 전제로 하였다. 그러나 현실적으로는 대량 구입하는 품목에 대해 단위당 가격을 낮추어줌으로써 대량 구입을 유도하는 방법을 사용하는 기업이 많은 것이다. 수량 할인이 존재하고 있는 경우의 연간 총비용은 물품의 구입 가격을 고려하여야 하므로 경제적 주문량도 달라지며, 이 경우 EOQ 모형의 적용에 대하여는 부록 2에 서술되어 있다.

3. 불확실성하에서의 재고관리 기법: 확률적 재고모형

앞에서 살펴본 경제적 주문량 모형(EOQ모형)은 수요와 조달기간이 확실하고 일정하다고 가정하고 있다. 그러나 현실적으로는 수요와 조달기간이 항상 일정하지는 않으므로 EOQ모형은 한계가 있다. 예를 들어 고객의 수요가 불확실한 상황에서 EOQ 모형에 의해서 주문량을 결정했을 경우 예상치 못한 수요의 폭증으로 인해 품절이 발생할 가능성이 항상 상존하는 것이다. 예를 들어, 여름철 열대야 현상이 예년보다 잦아지면 에어컨이나 빙과류의 수요가 급증할 것이나 EOQ 모형은 이런 상황을 감안할 수 없다. 이에 대한 해법으로서 확률적 재고모형은 수요와 조달기간이 불확실하고 변동적일 경우 적용할 수 있는 모형이다.

1) 확률적 재고모형

확률적 재고모형과 관련되어 있는 주요한 요인들은 수요, 조달기간, 조달기간 중의 수요 등이다. 즉 확률적 재고모형에서는 이들 요인들의 변동을 염두에 둔 재고 의사결정을 다루고 있는 것이다.

이 모형은 간단히 정의하면 수요가 불확실하여 일정치 않은 경우, 재고수준이 〈그림 7-4〉와 같이 시간의 흐름에 따라 불규칙하게 감소하는데, 이 때의 재주문점(ROP: Reorder Point)을 결정하는 것이다. 〈그림 7-4〉를 살펴보면 재주문점의 결정이 수요, 조달기간, 조달기간 중 수요가 모두 변하고 있는 상황에서 이루어지고 있음을 나타내고 있다.

크게 나누어 상황을 세 가지 유형으로 분류할 수 있는데, 첫 번째 상황은 수요는 변동하나 조달기간이 일정한 경우, 두 번째 상황은 수요와 조달기간이 모두 변동하는 경우, 세 번째 상황은 수요는 일정하나 조달기간이 변동하는 경우이다. 이 중 공급사가 납품기일을 지키기 위하여 최대한의 노력을 한다고 하

그림 7-4 • 수요, 주문기간 및 주문기간 내의 수요가 변동하는 경우의 재고모형

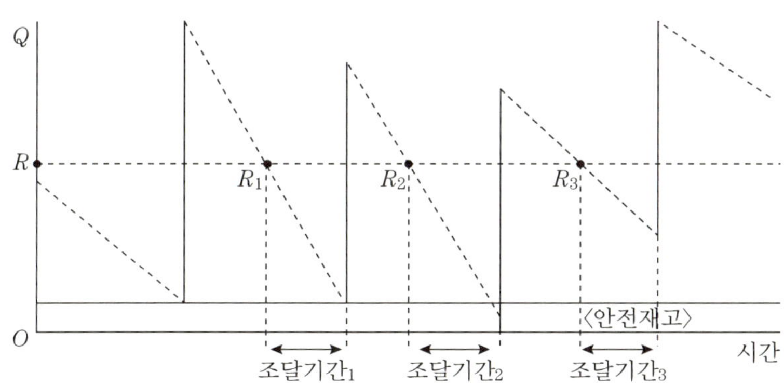

였을 때에 비교적 일반적인 경우는, 수요는 변동하나 조달기간이 일정한 경우라 할 수 있으므로 여기서는 이에 대해서만 살펴보기로 한다.

일반적으로 수요 또는 조달기간에 변동이 있는 경우의 재주문점은 다음과 같이 결정된다.

재주문점 = 조달기간 동안의 평균수요 + 안전재고

여기서 조달기간이 일정하다고 가정하면 재주문점의 결정에 영향을 미치는 요소는 안전 재고의 수준이다. 안전재고의 적정수준은 재고부족비용을 알고 있는 경우에 결정할 수 있으나, 대부분의 경우 재고부족비용을 결정한다는 것은 상당히 어려운 일이므로, 안전 재고나 재주문점을 산정하기 위하여 '서비스비율' 이라는 개념을 사용한다. 서비스비율은 품절비율에 대칭되는 확률로서 고객의 요구를 충족시키는 확률이다. 즉 제품을 구매하고자 하는 전체 고객 중 실제 제품을 인도받은 고객의 비율을 말한다.

서비스비율 = 1 − 품절비율

서비스 비율과 안전재고와의 관계는 비선형적인 관계로서 서비스 수준의 증가에 따라 필요한 안전재고는 늘어나고 재고비용은 상승하게 된다. 따라서 적정 서비스 비율을 정하여 서비스와 비용의 균형을 유지하는 것이 요망되며, 이 경우 품절로 인한 손실(판매기회의 상실로 인한 기회비용, 고객의 이탈 등)과 안전재고를 유지하기 위한 비용이 균형을 이루는 점에서 서비스 비율을 결정하는 방식이 개념적으로 적용되고 있다.

수요의 변동을 감안하여 안전재고의 수준을 설정하는 방법은 경험적인 자료에 의한 방법과 통계이론에 의한 방법으로 대별할 수 있으며 부록 3에 제시되어 있다.

제3절 재고통제 시스템

재고통제(inventory control)는 기업이 수립한 재고정책을 기계적으로 시행하는 절차를 말한다. 통제가 하는 첫 번째 역할은 재고 변동 여부를 계속적으로 반영하여 기업이 특정 지점에서 소유하고 있는 현재 재고를 파악하는 일이다. 또, 통제시스템은 기업이 재고수준을 파악하여 이를 기존의 재고정책과 비교한 후 주문시기와 주문량을 결정해야 하는 절차를 얼마나 자주 실시해야 할지 지정해준다. 즉, 기업은 통제 활동을 계속적으로 실시할 수도 있고, 어떤 주기를 두고 실시할 수도 있는 것이다. 여기서는 재고수준을 매일 계속적으로 점검하고 재고보충 여부를 결정하는 Q시스템이라 불리는 고정주문량(fixed order quantity) 시스템과 매주 또는 매달 간격을 두고 재고보충 여부를 결정하는 P시스템이라 불리는 정기주문(fixed order interval) 시스템의 두 재고통제 기법에 대해 살펴보기로 한다.

(1) 고정 주문량 시스템(fixed order quantity system)

고정 주문량 시스템은 영속적 조사시스템(perpetual review system) 혹은 Q시스템이라고도 한다. 이 방법은 재고가 인출될 때마다 재고량을 조사하여 재주문할 시점이 되었는지를 판단하는 것이다. 컴퓨터의 도움을 받아 재고 현황은 현재 시점에서 계속 파악되겠지만, 재주문점 여부의 판단은 실제로는 연속적이기보다는 하루에 한 번 일어난다고 볼 수 있다.

연속조사는 재고기록과 연결된 컴퓨터와 각종 인식장비의 출현으로 한층 쉬워졌다. 계속적인 제품의 점검이 일어날 때마다 제품의 재고상태에 대한 판단이 내려지고, 재고상태가 너무 낮다고 판단되면 새로 주문을 한다. 이때의 주문량은 EOQ모형에 의해 결정된 대로 고정되어 있다. 이와 같이 Q시스템에서는 주문량은 언제나 일정하지만, 주문 사이의 기간은 바로 전의 주문주기 동안의 수요량에 따라서 변화한다.

즉, 재고출고로 재고가 재주문점 R까지 떨어지면 Q단위의 주문을 한다. 재주문점 R은 허용되는 최소의 재고 수준이다. Q는 EOQ에 기초를 두지만 가격할인이 적용되는 수량, 운반컨테이너의 용량 등의 요인에 의해 달라질 수도 있다.

〈그림 7-5〉는 이 시스템의 운영을 보여준다. 우하향(右下向)하는 선은 보유재고를 나타낸다. 이는 상당히 일정한 비율로 감소한다. 보유재고의 양이 재주문점 R에 도달하면 Q단위를 새로 주문한다. 보유재고 수준은 주문한 양이 도착할 때까지의 리드 타임 동안 계속적으로 감소한다. 일단 주문량이 도착하면 보

그림 7-5 • 고정주문량 모형(Q시스템)

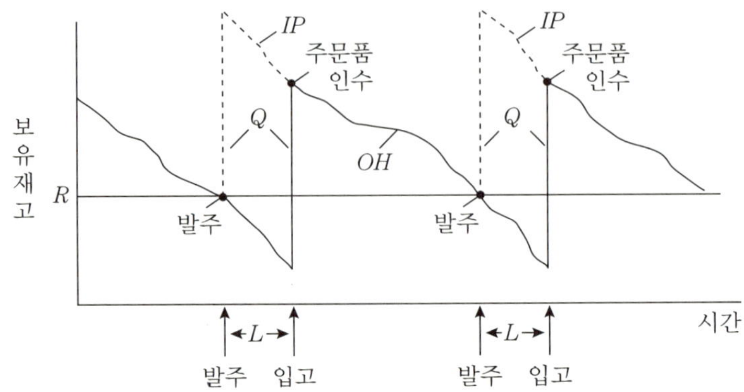

유재고량은 Q단위만큼 수직으로 늘어난다.

〈그림 7-5〉에는 재고상태(IP: Inventory Position)도 나타나 있다. IP는 다음의 식으로 나타내어진다. $IP = OH + SR\ BO$(IP = 제품의 재고상태, OH = 현 보유재고, SR = 예정입고, BO = 미납주문이나 할당재고). 이는 리드 타임 동안을 제외하고는 보유재고와 일치한다. 새 주문이 발주된 다음부터 IP는 Q만큼 상승한다. 예정 입고량 Q만큼 IP가 증가하는 것이다. IP는 리드 타임 동안 OH보다 예정 입고량만큼 크다. 일반적으로 재고의 변화를 가져오는 예정입고와 미납주문을 고려하지 않을 수가 있는데, OH가 아닌 IP를 R과 비교하여 재주문할 것인가를 결정하는 것이 중요하다.

계속 실사법의 변형으로서 단순하고 널리 이용되는 시스템이 이고 시스템(二庫; two bin system)이다. 이 시스템에서는 부품이 두 개의 상자에 담겨 있는데, 첫 상자에 담겨 있는 부품이 바닥이 날 때까지 사용한다. 일단 첫 상자가 비게 되면 이는 재주문점에 이르렀기 때문에 정해진 수량을 발주하게 된다. 그 이상의 수요는 조달기간 동안에 기대되는 수요와 안전재고를 담고 있는 두 번째 상자로부터 충족된다. 주문량이 도착하면 처음의 상자에 조달기간 동안의 기대수요와 안전재고를 담고 나머지는 두 번째 상자에 담아 두 번째 상자가 바닥이 날 때까지 사용한다. 이러한 시스템은 저가품에 주로 적용되는데, 재고수준을 계속 실사할 필요가 없다는 장점이 있다. 고정 주문량 시스템은 단위당 가격이 비싼 품목에 주로 적용된다.

(2) 정기 주문시스템(fixed order interval system)

동일한 공급자로부터 수많은 품목을 구입하는 경우에는 정기 주문시스템을 적용하는 것이 유리하다. 정기 주문시스템에서는 주문과 주문 사이의 기간은 일정하지만 주문량은 매번 변하게 된다. 따라서 정상적인 수요보다 더 많은 수요가 있게 되면 주문량이 더욱 많아지게 된다.

앞에서 설명한 고정 주문량 시스템이 재고수준의 계속적인 관찰이 필요한 것과는 달리 정기 주문시스템은 주문할 시점에 얼마를 주문할 것인가를 결정하기 위하여 재고수준의 정기적이고 주기적인 실사가 필요하다. 따라서 이를 주기적 조사(periodic review)시스템 또는 P시스템이라고도 한다. P시스템은 Q시스템과 달리 재주문점이 없고, 대신에 요구되는 최대 재고수준이 있으며, 주문량이 수요에 따라 변동하므로 EOQ를 갖지 않고, 주문기간은 고정되어 있다.

주기적 조사시스템을 다음과 같이 설명할 수 있다. 매 P간격을 주기로 품목의 재고 상태인 IP를 조사하고$(T-IP)$에 해당하는 주문을 낸다. 여기서 T는 새로운 주문이 도착한 때의 목표(Target)재고 수준이다.

P시스템은 주문주기 P와 요구되는 최대 재고수준 T의 두 변수를 가진다.주문주기 P와 목표재고 수준 T는 다음과 같이 결정된다.

$$P=\frac{Q^*}{D}$$

$$T=\overline{D}_{ptL}+B=\overline{D}_{ptL}+Z\cdot\sigma_{ptL}$$

$\overline{D}_{ptL}=PTL$동안의 수요의 평균
$\sigma_{ptL}=PTL$동안의 수요의 표준편차
$Z=$서비스율에 해당하는 정규분표지수

〈그림 7-6〉은 P시스템이 운영되는 과정을 보여준다.

우하향(右下向)하는 선은 보유재고를 나타낸다. 미리 정해진 P시간이 지난 후에는 T재고수준을 나타내는 수평선까지 재고수준을 늘이는 주문량인 Q를 재주문한다. 첫번째 주문량은$(T-IP_1)$에 해당하는 Q_1이다. 연속조사시스템에서와 같이 IP와 OH는 리드타임 동안에만 차이가 난다. 발주한 주문이 도착하면 OH와 IP는 다시 동일해진다. 그림에서 보듯이 주문량은 주기마다 변동한다. Q_2가 Q_1보다 커짐을 유의할 필요가 있다. 이는 두 번째 조사 때의 재고상태가 더 낮으므

그림 7-6 • 정기주문량모형(P 시스템)

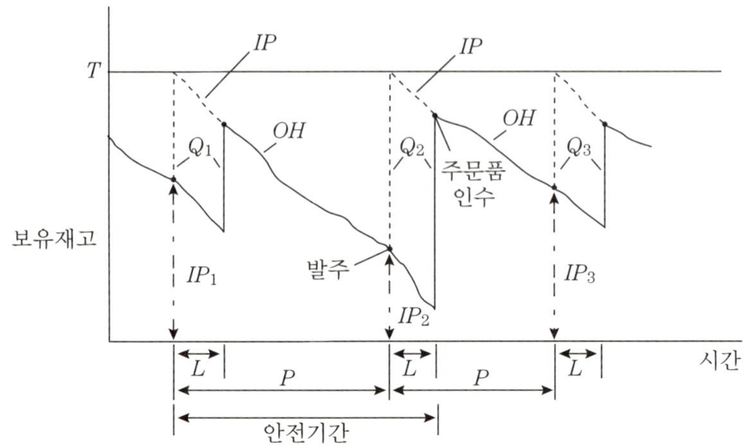

로 T수준까지 재고수준을 높이기 위해서 더 많은 양이 필요하기 때문이다.

정기 주문시스템은 단위당 가격이 저렴한 품목을 통제하는데 알맞은 시스템이고, 또한 하나의 공급사로부터 상이한 수많은 품목을 구매할 때 주문비를 절약하고 가격할인 등의 혜택을 받기 위하여 이용되는 시스템이다.

고정 주문량 시스템에서는 항상 재고현황이 조사되고 매출이 급증하여 재주문점에 도달할 경우 즉시 재주문에 들어간다. 따라서 재고보충 기간 중 재고부족이 일어날 수는 있겠지만 주문 발주 전에 일어나는 경우는 없다. 즉, 고정 주문량 시스템을 사용할 경우는 재고보충 기간 동안의 재고부족만을 방지하면 된다. 그러나, 정기 주문시스템에서는 재고수준이 그때그때 파악되지 않기 때문에 재고가 소진되고 난 후에 발주를 하게 되는 경우도 있어서 이 시스템을 채택하는 기업은 재고보충 기간 동안 뿐만 아니라 발주 전에 재고부족이 일어나는 가능성에도 대비하여 더욱 많은 안전재고를 유지해야 한다. 따라서 높은 재고유지비를 수반하는 것이 이 시스템의 결점이다. 그럼에도 불구하고 이 시스템을 사용하는 이유는 무엇일까? 두 시스템을 비교하면 다음과 같은 장단점을 갖는다.

(3) Q시스템과 P시스템의 비교

Q시스템과 P시스템의 우열은 〈표 7-2〉에서 보듯이 상황에 따라 달라진다.

표 7-2 · Q시스템과 P시스템의 비교

P시스템의 장점	Q시스템의 장점
고정적인 보충간격	보충간격을 개별화할 수 있음
같은 공급자에 대한 발주를 조합할 수 있음	수량할인의 경우 적합
계속적인 실사가 불필요	안전재고의 감축

이 표는 각 시스템의 세 가지 장점을 나타내고 있다. 한 시스템의 장점은 다른 시스템의 단점이 된다.

1) P시스템의 장점

P시스템의 첫 번째 장점은 재고가 주기적으로 보충된다는 것이다. 이러한 특징은 경영자의 입장에서 관리가 용이하다는 장점을 가지고 있고, 정기 수송편을 이용할 수 있다는 장점이 있다. 예를 들어, 자체 수송 차량이 정기적으로 공급사가 위치한 도시 근처에 운행할 일이 있다면 회송시 이 차량을 주문품의 수송에 이용할 수 있다.

두 번째 장점은 다수 품목의 주문이 조합될 수 있다는 것이다. 비슷한 품목들은 같은 공급자에게 단일 구매주문으로 낼 수 있어 가격할인이 가능하다. 가격할인이 없더라도 합쳐진 주문은 문서작업을 쉽게 하고 주문비를 감소시킨다. 어떤 경우에는 공급사가 특정일에 주문할 경우 가격할인을 주기도 하는데, 할인액이 상당할 경우 이 시스템을 이용하는 충분한 유인책이 될 수도 있다.

세 번째 장점은 재고현황에 대한 정보가 정기적으로만 요구된다는 것이다. 따라서 자동화된 재고시스템을 갖지 못해서 어쩔 수 없이 수작업을 해야 하는 기업은 언제 재주문할 것인지를 결정하기 위하여 연속적으로 관찰해야 하는 수고를 덜 수 있는 것이다.

2) Q시스템의 장점

Q시스템의 첫번째 장점은 조사빈도가 품목마다 달라진다는 것이다. P시스템에서 주문의 조합이 쉽다는 장점은 품목의 주문주기가 같을 때 장점으로 작용하는 것이다. Q시스템에서는 품목들의 상태파악 빈도를 따로 관리하여 총주문비와 재고유지비를 감소시킬 수 있다.

두 번째 장점은 고정된 주문량을 가지므로 특정 수량 이상일 때 할인을 해주는 상황을 유리하게 이용할 수 있다. 세 번째 장점은 안전재고의 양이 적다는 것이다. Q시스템은 리드 타임 동안의 수요의 불확실성에만 대처하나, P시스템은 이에 추가하여 발주 전 재고 소진의 가능성에도 대비해야 하기 때문에 P시스템에서 요하는 안전재고 수준은 더 커진다.

결론적으로 각 기업이 처한 상황에 두 시스템의 장단점을 어떻게 적용시킬 수 있는가 하는 것이 어떤 재고통제시스템을 선택할 것인가의 기준이 된다. 그러므로 경영자는 사업환경과 각 시스템의 장단점을 신중히 고려하여 의사결정을 할 수 있어야 한다.

제4절 통합적 재고관리: JIT, MRP, DRP, ERP, VMI

본 절에서는 공급사와 고객을 포함하는 물류시스템 전반에 걸친 재고의 통합 관리를 통하여 재고의 합리적 수준을 유지하고자 하는, 비교적 최근에 적용되기 시작한 새로운 재고관리 기법을 중심으로 설명하고자 한다. 이에는 무재고시스템(JIT: Just In Time)하의 재고관리, 자재수급기획(MRP: Materials Requirement Planning)과 그 확장인 자재자원기획(MRP II: Materials Resource Planning), 유통수급기획과 그 확장인 유통자원기획(DRP II: Distribution Resource Planning), 이를 통합적으로 검토하는 벤더주도의 재고관리(VMI: Vendor Managed Inventory) 및 기업자원기획(ERP: Enterprise Resource Planning)이 있다.

1. 무재고시스템(JIT)하의 재고관리

(1) JIT 재고관리 시스템의 개념 및 구성요소

오늘날의 기업환경하에서 사람들은 종종 JIT생산공정, JIT 재고관리, JIT 배송시스템 등을 논한다. JIT시스템하에서는 '그 이전도 아니고 그 이후도 아닌, 기업이 재고를 필요로 하는 정확한 그 시점에 그 재고가 사용 가능해야 한다'는 것이다.

일반적으로 JIT가 지향하는 목적은 재고 감축, 제품 품질 향상, 생산 효율성 극대화, 최적 서비스 제공을 들 수 있다. 기업 내 물자의 흐름이 원활하다면 기업이 특정 품목을 필요로 하는 바로 그 시점에(Just In Time) 그 품목이 도착하게만 하면 재고를 보유할 필요가 없다. 그러나 언제 필요할지도 불명확하고, 가동준비시간도 몇 시간씩 소요되며, 수주까지 소요되는 시간도 만만치 않고, 하자가 있는 부품이 납품될 수도 있기 때문에 만일의 경우를 대비하여(Just in case) 재고가 필요한 것이다.

JIT는 여러 가지 측면에서 볼 수 있다. 먼저, JIT는 기업이 생산 공정상 낭비의 제거에 초점을 둔 하나의 철학이라고 할 수 있다 또, JIT는 필요 품목을 필요한 시기에, 필요 수량만큼 생산하는 시스템이다. 그리고 JIT는 바로 그 수량을 제조하기 위해, 바로 그 시점에, 바로 그 장소에서, 바로 그 원자재를 유지하는 것을 목적으로 하는 재고 통제철학이기도 하다. 또한, JIT는 고품질 제품, 고생산성 수준, 저 재고수준, 경로구성원과의 장기적 관계 개발을 목적으로 제조활동에서 가치 부가적이 아닌 활동을 제거하고자 하는 프로그램인 것이다.

JIT시스템은 부품 소요시기 및 수량 예측의 정확성, 가동준비 시간의 단축, 리드 타임의 단축, 품질통제의 강화를 통하여 특정 품목이 필요로 하는 바로 그 시점에 정확히 작업장에 도달하여 생산 과정에 투입될 수 있도록 부품과 자재를 공급하는 시스템인 칸반 시스템에 기반을 두고 있다. JIT개념은 도요타 자동차 회사가 미국에서 처음으로 발전시킨 칸반 시스템의 미국식 해석이라고 할 수 있다. 도요타 자동차에서는 과거 수 시간이 소요되던 작업변경 시간을 불과 몇 분의 시간으로 단축함으로써 필요시 거의 지체 없이 특정 품목의 제조가 가능하도록 생산라인을 변경할 수 있다. JIT시스템하에서 재고는 미미하며, 재고는 거의 연속적으로 움직이고 있다고 보면 될 것이다. JIT는 자재가 제품으로 변환되는 전 과정을 통합, 통제하는 도구로서 언제, 무엇이 보관, 이동, 제조, 검사될 것인지에 대하여 정확히 명시하고 있다.

칸반 시스템에서는 재고는 공간과 물자의 낭비로 간주하고, 모든 부품이 정확히 필요 시점에 사용할 수 있도록 추진한다. 여기에서 칸반은 일본의 공장 내에서 작은 양의 부품이나 자재들을 담는 용기에 부착된 카드를 말한다. 각 카드에는 필요한 보충량과 언제 재고 보충이 되어야 하는지에 대한 세부사항을 정확하고 자세히 기술하고 있다.[1)]

---

1) 칸반 시스템에서는 재고는 공간과 물자의 낭비로 간주하고, 모든 부품이 정확히 필요 시점에 사용할 수 있도록 추진한다. 여기에서 칸반은 일본의 공장 내에서 작은 양의 부품

많은 기업들이 JIT시스템의 효율적인 도입 및 수행을 통하여 재고를 대폭적으로 줄일 수 있었다고 보고하고 있음에도 불구하고, 또 다른 기업들은 JIT를 과대평가된 허구적인 시스템으로 돌리고 있다. 그러나, JIT의 원조인 도요타에서 이 시스템을 완성하기까지는 20년이 걸렸으며, 보통 기업에서 이 시스템을 제대로 작동시키기까지는 10년은 걸리는 것으로 보고 있다. 만일 충분한 준비가 없이 JIT를 추진한다면 그 부담은 필연적으로 시스템 내의 한 부분에서 짊어지게 될 것이다. 예를 들어, 납품사에게 재고부담을 전적으로 떠맡기게 되는 식이 될 수 있다. 더군다나, JIT의 도입에 소요되는 자문비, 훈련비, 예방적 유지 등의 비용을 감안하면 소규모 기업에서는 적용하기가 어려운 시스템이다.

JIT가 성공하기 위해서는 작업자와 관리자 간의 팀웍이 필요하며, 개별 작업자의 작업이 기업 전체의 전략적 측면에서 중요하다는 것을 인식하는 것이 필요하다. 또, 공급사가 시스템의 원리를 이해하고, 품질 통제를 철저히 하는 등 필요한 협력을 제공해야 한다. 작업 현장에서의 여건이나 관행도 JIT를 뒷받침할 수 있도록 최상의 상태로 유지되어야 한다.

또한, 작업의 흐름이 막힘이 없이 원활하게 진행될 수 있어야 하기 때문에, 이것이 가능할 수 있도록 완제품 수요가 일정해야 한다. 완제품 수요가 일정하도록 유지하기 위해서는, 제품 라인의 축소와 모델의 제한이 필요하다. 즉, 시장 공략 초기의 일본 메이커처럼 저가의 단순한 모델에 역점을 두는 경우 JIT는 성공적이지만, 다양한 고가의 제품을 추구할 경우 JIT는 해답이 아니다. 따라서, JIT시스템의 채택 여부는 기업의 마케팅전략과도 연계되어 있다. 납품되는 원부자재가 품질 요구 수준에 도달하는가와, 원부자재의 물적 유통을 관리하는 로지스틱스 시스템의 효율성과 정확성에 따라 JIT시스템의 성공여부가 달라진다.

이나 자재들을 담는 용기에 부착된 카드를 말한다. 각 카드에는 필요한 보충량과 언제 재고 보충이 되어야 하는지에 대한 세부사항을 정확하고 자세히 기술하고 있다. 칸반 시스템에는 복수 카드시스템과 단일 카드시스템이 있으며, 복수 카드시스템에서는 생산카드(Production, P 칸반)와 운반카드(Conveyer, C 칸반)의 두 가지 유형의 카드를 사용하며 단일 카드시스템에서는 운반카드만을 사용한다. P 칸반에는 생산할 품목과 생산량, 필요한 자재와 공급자, 완성된 품목을 저장하는 장소에 대해 명시하고 있으며, P 칸반이 없이는 작업자는 부품을 임의로 생산할 수 없으며, P 칸반이 도착할 때까지 유지, 정비 등의 일을 하게 된다. C 칸반에는 사용자와 생산자의 저장장소뿐만 아니라 사용자가 공급자로부터 인출해야만 하는 품목과 양을 명시하며, 부서간 부품의 운반을 통제한다.

JIT개념의 4 가지 주요한 요소들에는 무재고, 짧은 리드 타임, 소량 다빈도 보충, 고품질 또는 불량률 0을 들 수 있다.

JIT시스템은 二庫시스템 또는 재주문시스템과 매우 비슷한 방식으로 운영된다. 이 시스템에서는 생산에 필요한 부품을 하나의 용기로부터 계속 충당하다가, 그 상자가 비게 되면(이것은 부품 재고보충을 유발하는 요인이 된다), 두 번째 상자가 부품을 보충해준다. 도요타는 모든 제품의 매일의 계획을 지원하는 안정된 주일정계획의 덕택으로 아주 성공적인 시스템을 운영해 왔다.

JIT와 연결된 단기 공장가동을 통한 소량의 제품생산은 또한 상대적으로 부품에 대한 지속적 수요를 창출한다. 또 이론적으로 JIT시스템적인 사고에서 이상적인 로트 크기나 주문크기는 1단위이다. 따라서 기업으로 하여금 가동준비 비용과 주문비의 증가를 극소화하기 위하여 끊임없이 노력하게끔 한다.

극단적으로 소규모인 로트 크기와 매우 짧은 리드 타임을 고수함으로써, JIT시스템은 극적으로 리드 타임을 절감케 해준다. 예를 들어 도요타는 최종 조립, 중간 조립과정, 자재 구입 등의 전단계에 걸친 누적적인 1개월 수준의 리드 타임을 수립했다.

JIT시스템은 현재 재고가 어느 수준에 도달하면 새로운 주문을 수행하여 재고를 끌어오는 PULL 시스템이다. 또 JIT는 개별 부품이나 품목에 대한 수요가 완제품에 대한 수요에 의해 유발된다는 점에서 종속적 수요이다.

(2) JIT와 전통적인 재고관리의 비교

〈표 7-3〉은 JIT철학이 전통적인 재고관리와 다른 중요한 관점들을 강조하고 있다. 여기서는 그 중요한 차이점들을 하나씩 살펴보기로 한다.

첫째, JIT는 구매자나 판매자 모두에게 과중한 불필요한 재고를 제거하려고 한다. JIT는 단순히 구매자가 이전에 보유하던 재고를 판매자로 하여금 보유케 하는 것과는 다르다. 성공적인 JIT의 적용은 양자 모두의 입장에서 재고를 줄일 수 있도록 해준다.

둘째, JIT는 단기 생산가동을 수반하고, 제품마다 다빈도로 변화하는 제조활동을 필요로 한다. 역사적으로 생산활동은 장기 공장가동과 관련된 규모의 경제로부터 이익을 누려왔다. 그러므로 단기, 소량 생산에 따른 공정개선비용의 통제와 최소화가 JIT프로그램의 성공에 중요한 요소가 된다.

표 7-3 • JIT와 전통적인 재고관리의 비교

요 소	전통적 접근	JIT 접근
1. 재고 (안전재고)	재고는 자산이며 안전재고는 필요	부채이며 안전재고는 불필요
2. 생산가동	장시간 가동	단시간 가동
작업교체시간	관심이 적다	철저히 단축시킨다
로트 크기	EOQ	즉시 필요한 양만큼의 크기
3. 대기 시간	필요하다.	삭제해버린다
4. 리드타임	길어도 된다	단축시킨다
5. 품질	중요하다	100% 추구
6. 공급사와의 관계	적대적인 관계	협력자로서의 관계
공급 원천	다수의 공급사	단일의 공급사
작업자	지시나 명령에 의한 관리	합의에 의한 관리

셋째, JIT는 기업이 필요로 할 때 그 시점에 자재나 부품을 전달함으로써 대기시간을 최소화 한다. 예를 들어 JIT프로그램을 사용하는 자동차산업에서, 자동차 제조업체들은 완제품을 위한 부품이 필요로 하는 시간과 장소에 정확히 보충이 이루어질 수 있도록 하고 있다.

넷째, JIT개념은 재고에 대한 욕구에 즉시적으로 부응하기 위해 짧고 일관성 있는 리드타임을 유지한다. 이는 원부자재 공급사들이 JIT접근법을 사용하는 구매 기업의 공장 근처에 집중되어 있는 이유에 대한 해답이 된다.

다섯째, JIT시스템은 고품질의 제품입고와 아주 효율적인 물류 활동에 의존하고 있다. JIT시스템이 생산 및 조립 공정을 즉시적이고 예측 가능한 사내 자재조달의 수령과 연결시키는 것은 이러한 요구사항을 강조하는 것이다.

여섯째, JIT개념은 구매사와 공급사 간의 긴밀한 상호작용을 요구한다. 즉 JIT가 성공하기 위해서는 공급경로 전반에 걸친 재고 최소화가 필요하다. JIT는 단지 재고를 다른 경로 구성원에게 전가하는 방식으로는 성공을 거둘 수 없다.

JIT접근법을 자세히 살펴보면 그것은 EOQ나 고정기간주문접근법 같은 보다 기본적인 재고관리 시스템과 비슷하다. JIT와 보다 전통적인 접근법 사이에 존재하는 중요한 차이는, JIT에서 강조하는 짧고 일관성 있는 리드타임과 재고 최소화 또는 무재고화에의 노력 등이다. 사실 JIT개념은 반응성과 유연성을 높임으로써 재고비용을 절감하게 해준다. 이상적으로 JIT를 도입, 사용하는 것은 시스템 전반에 걸쳐 동시화를 이루게 함으로써, 물류 전반에 걸쳐 존재하는 재고에 시스템이 종속적일 필요가 없게 한다.

성공적인 JIT시스템의 운용은 효율적이고 신뢰성 있는 생산, 제조 공정에 기반을 두고 있다. 또 JIT시스템은 수요가 발생한 바로 그 시점에서 부품이나 재공품의 전달을 요구하고 있기 때문에, 완제품 수요를 예측하는데 사용되는 예측 과정의 정확성에 의존하고 있다. 즉, 성공적 JIT시스템의 운용은 고품질의 일관성 있는 운송시스템뿐만 아니라 효율적이고 신뢰성 있는 커뮤니케이션과 정보시스템을 요구한다.

(3) JIT Ⅱ

JIT가 전세계적으로 알려져 사용되고 있는 일본식 경영기법이라면, JIT Ⅱ는 미국의 BOSE사의 공식 등록된 서비스마크이다. 그리고 JIT Ⅱ는 기존의 JIT가 유발할 수 있는 공급사와의 적대적 관계에서 탈피하여 JIT개념에 파트너십과 상호 협조의 측면을 강조한 개념이라고 할 수 있다. 이는 고객과 벤더 간의 밀접한 상호협력을 통해 두 기업이 동시에 발전할 수 있도록 하는 경영 방식인 것이다.

JIT Ⅱ 개념의 가장 특징적인 면은 구매자와 판매자의 통합이라고 하겠다. 즉 벤더가 구매자와 판매자의 역할을 대신하는 것이다. 예를 들면 벤더의 직원이 고객의 구매사무실에 위치하여 구매자와 판매자로서의 일을 수행한다. 이를 위해 과거에는 판매 기업에 제공되지 않았던 현재 시점의 판매예측 정보를 활용하여 자사 제품에 대한 주문을 발주할 수 있도록 한다. 즉 벤더의 공장 내 직원은

그림 7-7 • 이전의 시스템

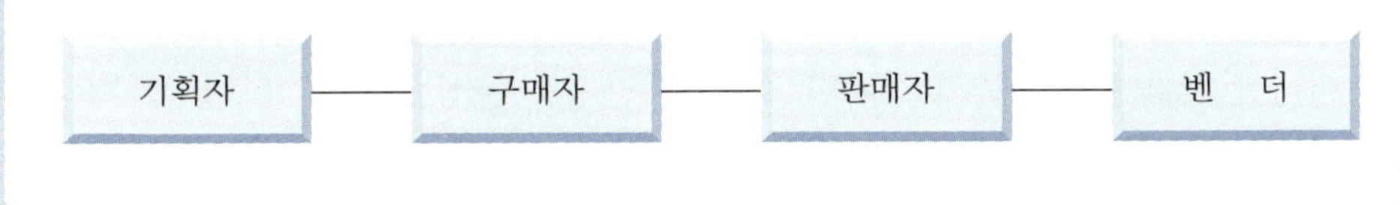

그림 7-8 • JIT II 시스템

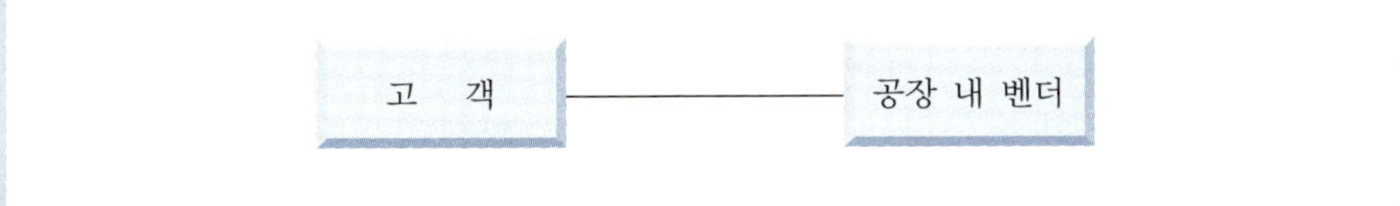

고객의 구매계획 부분과 제조공장 간의 연결자로서의 역할을 수행하고 있는 것이다.

〈그림 7-7〉과 〈그림 7-8 〉에서 이전의 시스템과 JIT Ⅱ에서의 물자의 연결 과정을 보여주고 있다.

JITⅡ의 개념이 제대로 운영된다면, 거래에 있어서 구매와 판매의 양 부문에서 발생하는 잉여재고를 줄일 수 있을 것이다. 또한 구매자와 판매자는 보다 장기적인 계획을 더욱 효과적으로 수립할 수 있게 된다.

2. 자재소요기획(MRP)과 MRP Ⅱ

EOQ 모형은 수요가 일정할 때에는 잘 적용이 되지만, 대부분의 제조업에서는 이런 가정이 맞지 않는다. 따라서, 만성적인 재고 과잉과 재고 부족의 악순환을 겪게 되지 않을 수 없다. 이에 대한 대안으로서 자재소요기획(MRP: Materials Requirement Planning)은 특히 완제품의 수요에 종속적인 부품이나 원자재의 재고관리에 적합하다. MRP의 기본개념은 오랫동안 존재해 왔으나, 최근 컴퓨터와 정보시스템들의 발전에 따라 기업들이 MRP접근법으로부터 보다 큰 이익을 누리는 것이 가능하게 되었다.

(1) MRP시스템의 개념과 운영

MRP는 컴퓨터에 근거한 생산 · 재고 통제시스템으로서 재고를 최소화하고 생산과정에 적합한 원자재 유지를 시도하고자 한다. MRP는 완제품의 독립적인 수요의 예측을 출발점으로 시작하여, 완제품 완성을 위해 필요한 원자재나 부품의 종류, 이러한 원자재와 부품의 정확한 소요량, 완제품 완성을 위한 주 일정계획에 맞춘 부품이나 원자재의 시간에 따른 확보시기 등을 결정하는 단계로 구성된다.

MRP시스템의 첫 번째 목적은 원자재나 부품의 계획 생산 및 배송을 통해 원자재 · 부품의 가용성을 확보하는 것이다. 두 번째 목적은, 가능한 한 가장 낮은 수준의 재고를 유지하는 것이며, 마지막으로 제조활동, 배송일정계획, 구매활동 등에 대한 효율적인 계획을 수립하는 것 등이다.

MRP는 고객들이 요구하는 완제품의 양과 그것을 공급받고자 하는 시기를 결정하는 것으로부터 시작한다. 그러나 효율적인 운영을 위해서는 다음의 전제조건이 필요하다.

첫째, 어떤 제품을 언제 얼마만큼 생산할 것인가 하는 것을 결정하는 주 일정계획이 정확하게 수립되어 있어야 한다. 둘째, 모든 재고품목은 중복되지 않도록 분류되어 쉽게 확인, 구별될 수 있어야 한다. 셋째, 완제품을 생산하는데 소요되는 원자재, 부품 등의 소요량을 표시하는 자재원단위가 있어야 한다. 넷째, 모든 재고품목의 재고현황을 파악할 수 있는 재고현황 기록이 유지되어 있어야 한다.

〈그림 7-9〉는 MRP시스템이 어떻게 운영되고 있는가를 보여준다.

MRP시스템의 중요 구성요소에는 다음과 같은 것들이 있다.

첫째, 주 생산일정계획은 MRP시스템을 운영하기 전 완제품에 대한 생산일정과 수량에 관한 종합 계획이다. 따라서 이 주 생산일정계획을 뒷받침하기 위한 자재의 획득이나 부품조립의 일정을 계획하는 것이 MRP시스템이다.

둘째, 자재명세서는 제품구성 파일이라고도 불리는 것으로 완제품이 어떻게 제작되는가와 부품과 부분품의 상호관계를 나타내주는 자료이다. 자재명세서로부터 제공되는 정보는 완제품을 조립하는 데 있어 부품과 부분품과의 상호관계를 고려하여 재고현황기록과 연결시켜 자재소요량을 정확히 파악하는 것이다. 자재명세서를 작성하기 위해서는 먼저 제품 구조도를 작성하여 파악해야 한

그림 7-9 • MRP 시스템

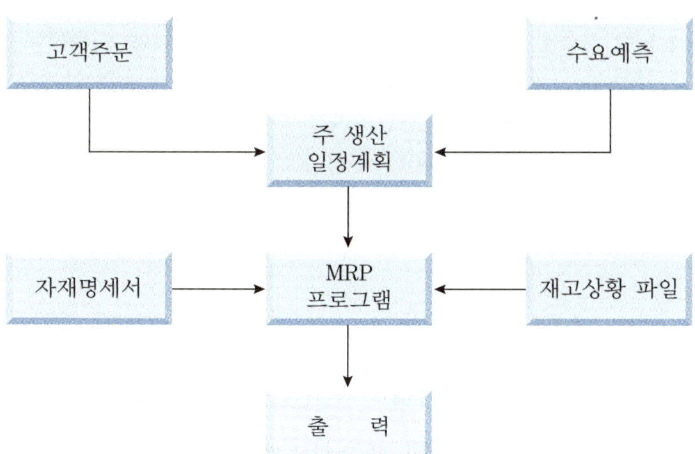

다. 이러한 제품 구조도를 바탕으로 자재명세서를 작성하게 되는 것이다.

셋째, 재고상황파일은 품목기본 파일이라고도 하며, 현재의 재고상황을 개개의 품목에 대하여 정확히 보고하는 것이다. 이러한 재고상황 파일은 여러 가지의 재고업무에 따라 변동된다. 즉 재고의 입고, 출고, 주문, 미납품 처리, 주문취소 등에 의한 일별 업무와 변동하는 수량에 따라 관리되는 것이다.

MRP시스템에 입력된 자료 즉, 주 생산일정계획, 자재명세서, 재고상황 파일이 MRP프로그램에서 처리되면 다음과 같은 보고서를 산출시킨다.

첫째, 주문품목현황보고서는 주 생산일정계획에 소요되는 자재를 적기에 조달하기 위하여 주문시점, 주문량, 거래선 등이 포함된 보고서이다. 둘째, 독촉, 취소, 추가주문 품목 현황보고서에서는 주문된 부품이 납기를 지키지 않아 주문기간을 초과한 품목, 주 생산일정이 변경에 따라 주문이 취소된 품목, 추가 주문할 품목 등의 상황을 보고한다. 셋째, 재고현황 보고서는 현재 보유하고 있는 재고, 현재 이미 주문되어 있는 수량 등의 내용이 포함된 재고현황에 대한 보고서이다. 이 밖에도 필요에 따라 입력자료를 적절히 이용하여 여러 가지 자료를 얻을 수 있다.

미니 사례 **MRP시스템을 도입하여 효율성을 높인 POSCO**

포스코제강 원료실 L과장은 요즘 원료 소요량과 시기를 정확하게 산출해 재고를 최소화하는 즐거움에 빠져 있다. 생산계획에 맞춰 필요한 원료소요량을 정확히 산정해주는 소요량 자동산정시스템, 즉 MRP(Material Requirement Planning)시스템을 도입하면서 가능해진 일이다. 철강산업에서 원료소요량 판단은 안정적인 조업을 위한 재고확보와 효율적인 재고자산관리라는 두 마리 토끼를 동시에 잡아야 하는 프로세스로 매우 중요한 업무. 2001년 7월 포스코경영혁신(PI) 중 하나로 가동된 MRP가 원료소요량을 판단하려고 부서 각 담당자가 모여 수급회의를 하던 비효율적 업무관행을 싹 사라지게 한 것이다.

〈매일경제 2003. 3.12〉

(2) MRP, EOQ, JIT 간의 비교

MRP와 EOQ 전통적인 재고시스템은 수요가 일정하며 연속적이라는 가정에서 출발하고 있는데 이 가정은 현실과는 차이가 있다. 따라서 필연적

표 7-4 • MRP기법과 전통적인 재고관리의 비교

비교항목	MRP기법	EOQ/ROP방식
수 요	종속적 수요	독립적 수요
주문을 보는 관점	요 구	보 충
예 측	일정계획에 근거	과거의 수요에 근거
통제 개념	모든 품목을 통제	ABC분석에 의한 통제
목 표	제조 부문의 요구 충족	고객의 요구 충족
로트 크기	불연속적	EOQ
수요 형태	변동적이나 예측 가능	임의적
재고 형태	원자재와 부품	완제품

으로 재고부족이나 재고과잉 현상이 발생하게 된다. 반면에 MRP는 원자재와 부품의 수요를 최종 제품의 납기와 소요량이 나타나 있는 일정계획에 의해 계산하므로 소요되는 자재를 최소의 비용으로 적시에 완전하게 공급할 수 있는 것이다. 또 전통적인 재고시스템에서는 과거의 자료에 의해 수요를 예측하는 데 반하여 MRP에서는 최종 제품의 제품구조에 따라 일정계획을 참고하여 논리적인 방법에 의해 수요예측을 행하므로 보다 합리적이라고 할 수 있다. 〈그림 7-4〉에서 MRP기법과 전통적인 재고관리 기법(EOQ/ROP 방식)을 비교하였다.

MRP와 JIT MRP가 계획을 중심으로 한 정보처리적 시스템이라면 JIT는 작업현장을 중심으로 한 실물생산처리적 시스템이라 할 수 있다. MRP는 필요하다고 생각될 때 필요한 양만큼 생산하지만, JIT에서는 요청받을 때 요청받은 양만큼 생산한다. 또, MRP가 미국식 관리기법이라고 하면 JIT는 일본식 관리기법이다. 두 시스템을 비교하면 〈그림 7-5〉와 같다.

MRP의 장단점 주 일정계획이 수립된 후 진행되는 MRP프로그램은 시간경과에 따른 재고계획이나 재고수령을 하게 된다. 정해진 수량의 완제품의 조립과 제조를 위한 원자재나 부품 등의 종속적 수요를 산출해내는 것이므로 MRP는 PUSH접근법이다. 즉 MRP는 전형적으로 부품과 원자재가 어떤 특정 완제품의 수요에 의존하고 있을 때 적용되는 것이다. 그러나 보다 넓은 범위의 재고보충에도 적용이 가능하다.

표 7-5 • MRP시스템과 JIT시스템의 비교

비교항목	JIT개념	MRP시스템
재 고	부채로 봄	자산으로 봄
로트 크기	즉시 필요한 양만큼의 크기	일정계획에 따라 결정
준비 정도	무의미함	관심이 낮다.
기대 정도	제거해야 함	필요한 투자로 본다.
납품업자와의 관계	협력자로 봄	적대관계
품질상태	무결점을 추구	얼마간의 불량률 허용
조달시간	되도록 짧은 것을 기대	길수록 좋다
작업자	합의에 의한 관리	규정에 의한 관리

실제 수요가 생산계획을 세우는 데 열쇠가 되기 때문에 MRP시스템은 완제품 수요에 빨리 반응할 수 있어야 한다. 어떤 JIT시스템 주장자들은 PULL접근법이 MRP같은 PUSH접근법보다 더 반응적이라고 하나, 어떤 때에는 그 반대의 상황도 성립한다. MRP시스템은 또한 기업으로 하여금 리드타임 관리나 재고제거 같은 전형적인 JIT시스템의 목표들을 성취하도록 도와준다. 요컨대 MRP는 JIT접근법과 연결되어 더욱 그 목적들을 잘 성취할 수 있을 것이다.

MRP시스템의 주요한 이점은 다음과 같다.

- 합리적인 안전재고 수준을 유지하려 하고, 가능한 한 재고를 최소화 또는 제거하려 한다.
- 공정상 문제나 잠재적 공급망의 문제점들을 발생 전에 시간 여유를 두고 확인할 수 있고, 필요한 대응책을 취할 수 있다.
- 생산계획이 완제품 수요의 예측뿐 아니라 실제 수요에도 기반을 두고 이루어진다.
- 기업의 물류시스템 내에서의 단계별 자재주문을 조정한다.
- 공장의 배치생산, 조립공정에 가장 적당하다.

그러나 다음과 같은 단점을 가진다.

- 그 운영이 컴퓨터와 연결되어 있어, 시스템 운영 중에는 변화를 주기가 어려울 수 있다.

• 기업이 재고수준을 줄이고 소량의 주문형태로 변화하는 과정에서 주문 및 수송비의 상승을 유발할 수 있다.
• 일반적으로 단기 수요변화에 민감하게 반응할 수 없다.
• 시스템이 복잡해질 수 있고, 때로는 의도된 것처럼 정확히 운영되지 않을 수도 있다.

(3) 생산자원기획(MRP Ⅱ)

MRP는 주 일정계획의 제품생산과정에 따라 필요한 자재의 양과 확보량 및 확보시기 등을 파악하여 재고의 통제와 생산계획을 보다 효과적으로 수행하기 위한 것이었다. 전형적으로 MRP는 자재명세서, 자재의 구입, 재고의 통제, 생산계획 그리고 유통(DRP) 등에 적용할 수 있는 기법이다. 그러나 MRP기법에서는 재고 이외의 다른 자원들, 예를 들어, 인력, 설비, 재무 자원 등을 크게 고려하지 못하고 있다.

MRP Ⅱ(Manufacturing Resource Planning; 생산자원기획)는 종래의 MRP개념을 확대하여 기업의 전반적인 업무를 포괄하여 다룰 수 있는 확장된 기법이다. MRP Ⅱ의 의도는 기존의 MRP와 관련된 활동들을 포함하여, 이들과 경영전략 및

그림 7-10 • MRP와 MRP Ⅱ에 포함된 기업기능

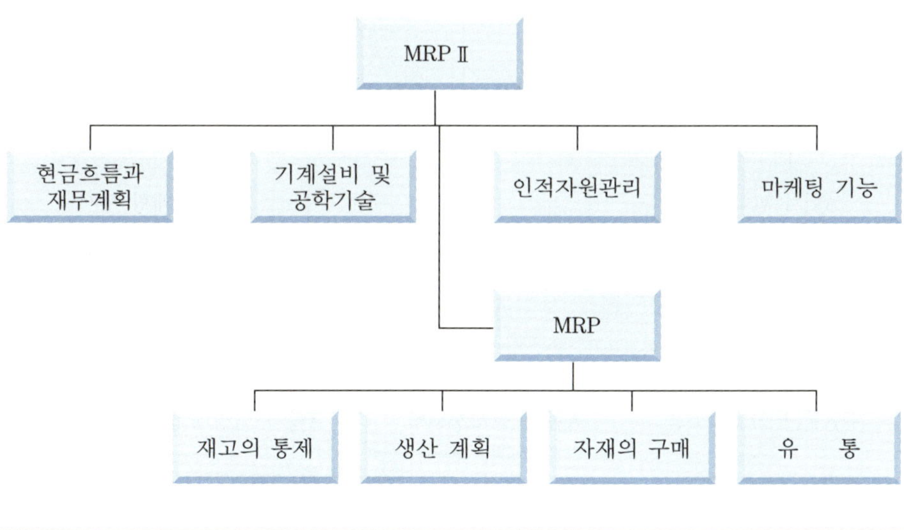

재무계획, 인사계획, 마케팅 계획 등 기업 내의 모든 자원들을 통합하여 계획하고 조정하려는 것이다. MRP Ⅱ의 목적은 조직 전체를 통하여 신속하게 정보를 통합하고 공유하는 데 있다. 신속하고 풍부한 정보는 부서 담당자로 하여금 더 나은 의사결정을 가능하게 하고, 기업운영을 보다 근접하여 통제할 수 있도록 하며, 조직 외부의 환경 변화에 보다 빠르게 대응하게 한다.

〈그림 7-10〉에는 MRP와 MRP Ⅱ가 수행하는 기능들이 나타나 있다. 〈그림 7-10〉에서도 알 수 있듯이 MRP Ⅱ는 MRP를 포함하여, 재무, 인사, 마케팅의 측면이 통합된 총괄 의사결정 시스템인 것이다. 즉 기존의 MRP기법이 고려하지 못하고 있던 현금흐름과 재무계획, 기계설비 및 공학기술, 인력자원 관리, 마케팅 기능 등을 MRP Ⅱ에서는 수행하고 있는 것이다. 물론 MRP 및 MRP Ⅱ가 수행하는 기능들은 상호 의사소통 및 정보의 공유, 통합으로 유기적인 연결을 이루고 있다.

그러면 이제 실제로 활용되는 MRP Ⅱ 시스템의 구조를 살펴보자. 〈그림 7-11〉에는 A 기업의 MRP Ⅱ 시스템의 구조가 나타나 있다. 여기에서 보듯이 A 기업의 MRP Ⅱ는 생산관리, 마케팅, 회계부서의 활동이 시스템 안에 통합되어 유

그림 7-11 • A회사의 MRP II 시스템 구조

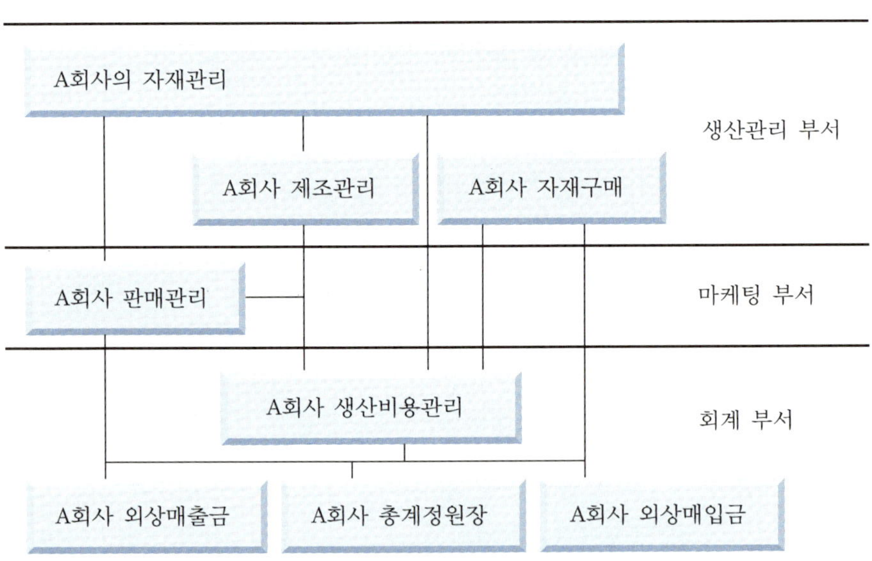

기적으로 운영되는 것을 보여준다. 이 기업의 MRP Ⅱ 시스템은 모두 8개의 부분으로 이루어져 있다. 이러한 각 부분들은 전체적으로 통합도 가능하고 독립적으로 운영될 수 있는 것이다. 그러나 MRP Ⅱ의 실질적인 유용성은 정보의 공유와 통합에 있기 때문에 대부분의 기업들은 각 부분을 통합하여 사용하고 있다.

〈그림 7-11〉에 제시되어 있는 것처럼 A기업의 MRP Ⅱ 시스템은 재무, 회계, 생산, 마케팅 부서에서 수행하는 기능들이 서로 유기적으로 연결되어 전체 시스템이 운영되고 있다. 물론 이러한 시스템은 기업이 처한 환경이나 필요에 따라 더 많은 부분으로의 확장, 적용이 가능하다.

3. 유통소요기획(DRP)과 유통자원기획(DRP II)

유통자원기획(DRP)은 기본적으로 MRP의 원리와 기술을 완제품의 흐름에 적용한 것이다. DRP는 유통센터에서 재고 수요를 결정하는 시스템으로서, 수요 정보를 역으로 취합하여 생산 및 자재 시스템의 투입 요소로 활용한다. DRP는 독립적 수요로 분류되는 고객의 완제품에 대한 수요로부터 출발하여, 필요한 완제품의 주문을 위한 실제적이고 경제적으로 합당한 체계적인 계획을 세우는 방향으로 시스템이 진행된다. 완제품 수요 예측을 근거로 하여, DRP는 시간의 경과에 따라 완제품을 공장에서부터 소비자가 접근 가능한 지역의 창고에로의 유통을 위한 계획을 개발한다. 실제로 DRP는 시장의 수요를 충족시키기 위해 사용할 수 있는 재고를 분배, 할당하는 것이기 때문에 PUSH접근법이다.

DRP는 제품가용성이나 주문시간 등의 관점에서 실제 시장의 욕구나 수요에 MRP보다 더 반응적이다. MRP와 DRP 사이에 존재하는 가장 주목할 만한 차이는 DRP가 역동적이고 가변적인 재고에의 욕구에 그 주문패턴을 보다 잘 적용할 수 있다는 것이다. DRP에 관하여 조사한 한 연구의 결과에 따르면, 기업들은 DRP를 정기적으로 사용하고 있었고, 이 기업들은 DRP가 고객서비스 증대나 재고비용감축에 대한 그들의 기대수준을 만족하거나 상회하는 결과를 나타내고 있다고 말하였다. DRP를 사용하는 기업들은 또한 수송이나 생산성의 향상도 DRP의 이점으로서 들고 있다.

이하에서는 DRP(distribution requirements planning)의 과정, DRP가 물류(logistics)와 제조(manufacturing) 및 구매(purchasing)에서 발생하는 문제에 어떻게

적용될 수 있는가를 실제의 예를 들어 설명한다. 또한 DRP의 개선된 형태인 DRP Ⅱ에 대하여도 언급한다.

(1) DRP의 원리와 시행

DRP는 미래의 재고 부족을 예측하고 이를 피하기 위하여 필요한 활동을 제시하는 과정이다. DRP의 과정은 매우 간단하나 매우 유용하다. 그 유용성은 수학적인 계산에 있는 것이 아니라 미래의 활동을 시간의 경과에 따라 분석하고, 가능한 결과와 핵심적인 진행 상황을 예측하며, 필요한 활동을 제시하는 능력에 있다. 〈그림 7-12〉에는 DRP의 전체 관리과정이 나타나 있다. DRP의 목표는 현

그림 7-12 • DRP의 과정

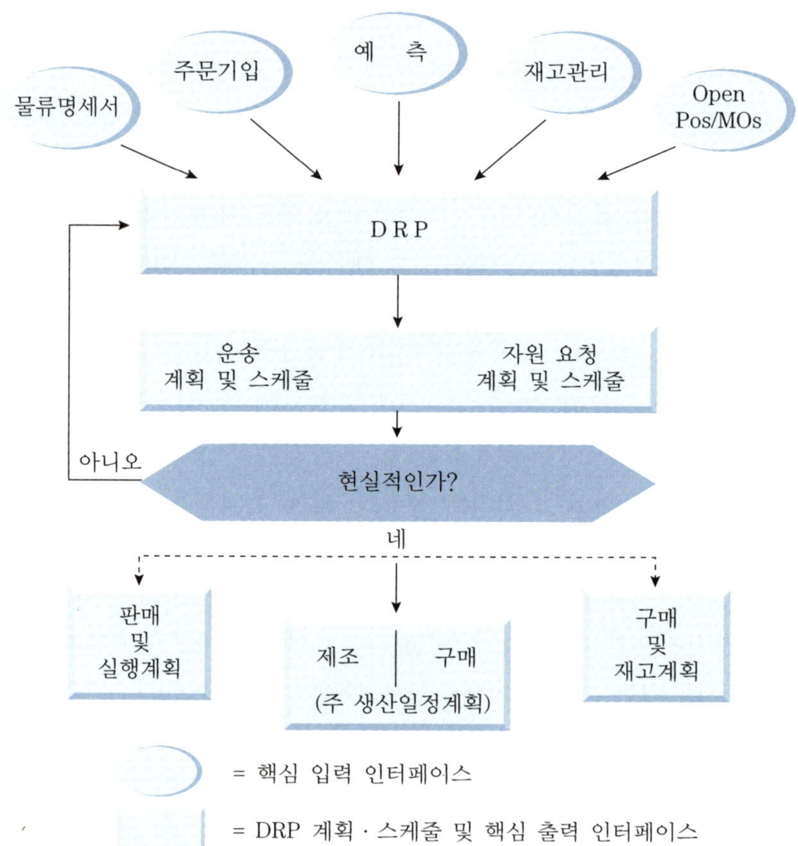

재 기업이 무엇을 하고 있고 앞으로 무엇을 하기를 원하는가를 정확하게 반영하여 실제 세계를 시뮬레이션하는 데 있다. 유통의 요구를 DRP시스템에 포함시킴으로써 고객과 공급자의 진정한 연결을 도모할 수 있으며, 이를 통해 각 소매상의 어떠한 변화든지 공급처로 전달이 되어서 가시적으로 된다.

DRP가 제공하는 가시성의 가장 큰 장점은 변화에 대처하는 능력에 있다. 변화가 가장 큰 경우는 실제 판매량과 예측 판매량이 다른 경우이다. DRP에 의한 주문 계획은 일주일에 한 번 내지는 하루에 한 번 이루어지는데, 매 계획시에 이러한 변화를 시스템에 반영하여 적절한 대응을 할 수 있다.

(2) DRP Ⅱ

최근에 기업들은 가장 진보적인 DRP시스템을 MRP Ⅱ 시스템과 통합하여 DRP Ⅱ 시스템, 즉 유통소요기획이라 불리는 시스템을 만들어 내었다. DRP Ⅱ는 DRP의 개선된 형태이다. DRP(유통소요기획)이 다단계의 보관시스템에서의 재고 보충을 다루는 것이라면, DRP Ⅱ(유통자원기획)는 이것을 창고면적, 인력수준, 수송능력, 재무적 흐름 등의 유통시스템에서의 핵심 자원의 기획까지 확장한 개념이다. 즉, DRP가 MRP의 원리와 기법을 완제품의 경우로 적용한 것이라면,

그림 7-13 • MRP II와 DRP의 관계

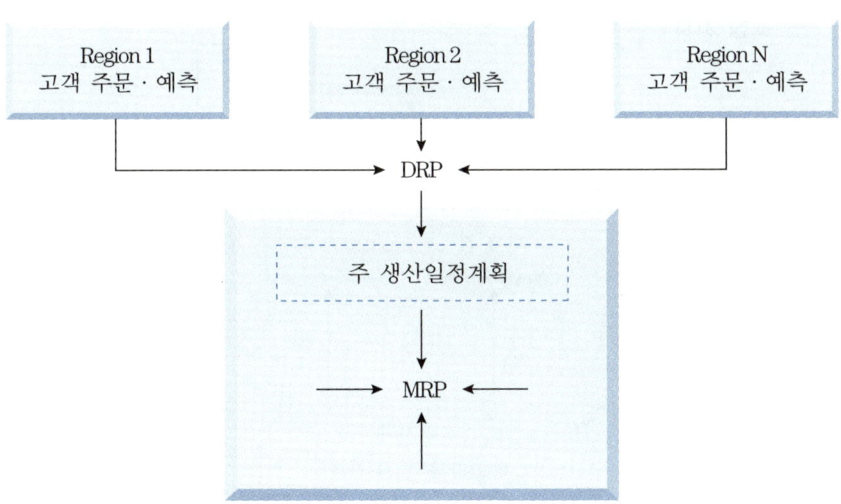

DRP Ⅱ는 MRP Ⅱ의 사고를 완제품의 경우에 적용한 것이라고 할 수 있다.

DRP Ⅱ가 잘 시행될 경우 물류에 있어서 수송비 절감, 낮은 재고 수준, 보관 면적의 절감, 긴급 주문 횟수의 감소를 통한 물류 비용의 절감, 마케팅과 물류와의 협조적 관계 강화, 더 나은 예산 통제 등을 기대할 수 있다. 〈그림 7-13〉에는 MRP Ⅱ와 DRP의 관계가 나타나 있다

그림 7-14 • DRP Ⅱ

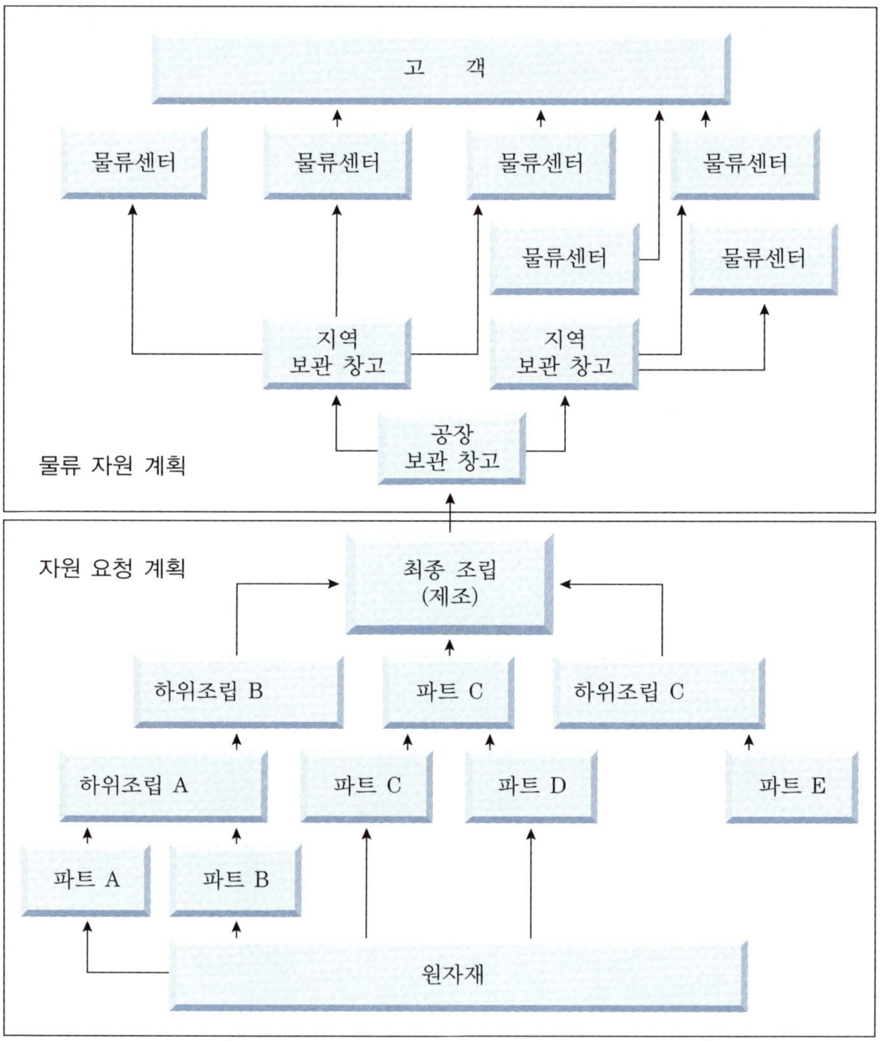

주 생산기획은 수요예측뿐 아니라 실제의 수요에 기초하여 만들어진다. 그리고 MRPⅡ프로그램은 이러한 주 생산기획에 즉시적으로 반응하여 운영이 된다. 이때 DRP프로그램은 시장의 예측수요나 계획된 생산량에 의거하여 재고의 유통에 대한 기획을 세우게 된다(〈그림 7-14〉 참조).

주 생산기획에 반응한 MRPⅡ시스템은 부품이나 원자재를 생산, 조립지점으로 끌어낸다. 그리고 최종 조립이 끝난 완제품은 DRP가 세운 유통기획에 의거한 각 유통경로를 통하여 고객들이 그 제품을 요구하는 지역으로 할당하여 유통시키게 된다(〈그림 7-14〉 참조).

4. VMI(벤더 주도형 재고관리)

(1) VMI(Vendor Managed Inventory; 벤더주도형 재고관리)의 개관

VMI는 고객기업의 재고 및 주문관리를 고객이 직접 하지 않고 공급사가 책임지는 재고관리 및 조달시스템이다. VMI 방식이 되면 소매점 고객의 점포별 매출 및 재고정보가 공급사(vendor)에 입력되어 데이터 베이스화 된다. 소매점의 매출정보에 근거하여, 공급사는 미리 소매점과 약정한 바에 따라서 언제, 얼마의 수량을 주문할 것인지를 결정하여 시행하게 된다. 공급사는 고객의 매출 및 재고 수준 정보에 근거하여 재고가 일정 수준 이하일 경우에만 상품을 배송한다.

VMI가 지향하는 목표는 품절률을 낮춤으로써 점포를 방문하는 소비자들이 언제나 원하는 상품을 구입할 수 있도록 재고를 구비함으로써 소비자의 만족도를 높이는 것에 있다. 상품의 판매에 따라 점차로 재고가 줄게 되면, 즉각 정확한 보충 발주를 하여, 될 수 있는 한 신속히 그 상품을 구입하여, 재고를 보충하는 것이 필요하다. 그런데 이를 소매점이 주관할 경우 아무리 품절을 하지 않도록 보충 발주를 섬세하고 치밀히 행하더라도, 공급사가 재고를 보유하고 있지 않거나, 혹은 출하할 때까지 필요 이상의 시간이 걸려 납기를 지킬 수 없게 되면 아무 소용이 없게 된다. VMI는 이 점을 해결하는 비방이라고 할 수 있는 것이다.

종래의 수요예측은, 공급사의 영업사원에 의한 경험적 예측이나 공장에서의 출하수량 실적에 기초하여 이루어졌다. 그러나 수요예측이 POS 데이터 등

소비자의 실수요를 기초자료로 사용함으로써 그 정확성이 비약적인 향상을 꾀할 수 있게 되었다. 보다 정확해진 매출예측 data를 사용함으로써, 메이커측에서는 상품의 제조 계획이나 재고 계획까지를 소비자의 수요 동향에 맞추어 사전에 수립할 수 있게 되었다. 또한 그 결과, 소매업측의 재고 보충 요구에 대한 서비스 충족률을 높여 갈 수 있게 되었다.

소비자의 실수요를 정확하게 파악하는 것은 메이커측의 모든 활동을 효율화하는 출발점이 된다. 이에 의해 과잉생산의 방지나 과잉 재고의 방지를 통해 해당 상품의 제조 원가가 절감되며 나아가서는 그만큼 상품 원가의 인하가 가능해진다.

VMI 하에서는 메이커나 도매업이 그 발주를 대행하여 실시하기 때문에 소매업은 공급사와 사전에 포괄적인 승인 계약을 맺거나 혹은 사후에 승인하는 식이 된다. 그렇다고 하여 소매업이 공급사에 대한 최대의 권리를 포기하는 것은 아니다. 소매업측에서는 어떤 상품을 취급해야 할지 선택하는 입장에 있을 뿐만 아니라 업무의 운영이나 시스템 전반의 골자를 결정하는 입장에 있다. 소매업이 이들 시스템을 확정한 후, 그 운용을 메이커나 도매상에 위임하여 미리 설정된 범위 안에서 품절이 일어나지 않게 할 뿐이다.

(2) VMI의 효과 및 잠재적 문제점

효 과 VMI를 실시함으로써 소매업의 입장에서는 컴퓨터의 발주처리 비용이 불필요하게 되어 상품의 리드타임의 단축이나 대폭적 재고 감축이 실현된다. 더구나, 소매업의 점두에서의 품절 비율이 대폭 낮아져서 그만큼 매출을 증가시키는 것이 된다. 이는 곧 눈에 보이는 성과이다.

그러나 그보다 더 귀중한 효과는, 눈에는 보이지 않더라도 VMI라는 강력한 관계를 가지는 것이며, 나아가서는 특정한 거래처와의 파트너십를 강화하는 것이 된다는 점이다. VMI 도입의 결과, 머천다이징의 모든 분야에서, 파트너간의 협조관계가 강화된다. 예를 들면, 상품의 대폭적인 원가삭감을 검토의 과제로 하는 것 같은 것이다. 이와 같이 VMI이라는 필터를 통해서, 보다 높은 목표를 향하여 공동 노력을 기울이고 한층 더 높은 고객 지향적 전략을 실행하는 것이 가능해지는 것이다.

또한 VMI에 의해서, 검품작업의 합리화를 꾀할 수 있다. 원래 검품은 발주된 상품이 그 발주대로 입하되어 있는 것을 확인하는 것이기 때문에 VMI에 의해서 소매업측의 발주행위 자체가 없게 되어 버림으로써 검품작업 그 자체가 없어지게 되는 것을 의미하는 것이 된다.

통상의 경우, 소매업의 모든 상품을 VMI의 대상으로 하는 것은 불가능하다. 그 일부가 자동보충발주로, 나머지가 VMI라고 하였던 것 같이, 양자의 혼합형태가 되는 것이 일반적이다. VMI의 상대거래처와 CR 파트너십의 관계를 구축하는 것이 필수조건으로 된다. 거래처간에 강한 신뢰 관계를 확립할 수 있는 거래처간에서만, VMI가 가능하며, 그렇게 할 수 없는 거래처와의 사이에는 자동보충발주를 하여 간다는 것이 된다.

(3) VMI 시스템 구축에 있어서 잠재적 문제점

첫째, 소매상이 데이터 공유를 꺼려할 수 있다. 특히 소매점이 유통업체 상표를 갖고 있어서 메이커와 경쟁적 입장이 될 경우, 소매점은 마케팅 계획이라든가 제품 전략을 메이커와 공유하지 않으려고 할 것이다. 어떤 절차적, 기술적 이유에서이든 간에 소매점이 매출 정보를 공급사에게 제공하지 않을 경우 어쩔 수 없이 완충 재고의 필요성이 높아지며 재고품절의 위험도 증가할 것이다.

둘째, 계절성 상품의 경우 VMI의 가치가 별로 높지 않을 수 있다. 패션 상품 특히 의류의 경우는 공급사가 대개 시즌 전의 예측에 따라 상품을 제조하게 되며 시즌 중에 제조를 하는 물량은 많지 않다. 통상 이런 예측은 실제 수요와는 불일치하게 되며 이 경우 제품 재고의 과소 또는 과다 재고현상이 발생하게 된다.

셋째, VMI 시스템의 채택을 위해서는 고객과 공급사 측면에서 상당한 투자가 필요하며, 과정과 절차의 수립에도 시간과 노력이 소요된다. 고객 기업은 원자재 관리 기능을 공급사에게 양도하여야 하며, 그 결과 고객 기업은 공급사에 더 의존적이 된다.

넷째, 표준화된 절차가 결여되어, 어떤 고객과 VMI 시스템을 운용하고 있다고 해도, 절차적 및 과정적 문제로 말미암아 다른 고객에게 이를 바로 적용할 수 없는 문제점이 있다. 예를 들어, 고객이 요구하는 표찰의 부착 등이 고객별로 상이할 수 있다.

다섯째, 실재고가 데이터 베이스 상의 기록과 상이할 수 있다. 부정확한 기록, 표찰 부착상의 오류, 손망실 등이 발생할 수 있다. 이런 오류를 바로 잡기 위해서는 실사가 필요할 것이다.

5. 기업자원기획(ERP)

물류가 기업의 다른 부문과 연관을 맺고 있기 때문에 MRP와 DRP를 확장하여 물류뿐 아니라 기업 전반에 걸친 효율성을 높이기 위한 목적으로 시스템을 구축할 수 있을 것이다. 최근에는 ERP(Enterprise resource planning) 시스템하에서 기업의 각 부문과 통합적으로 물류 부문의 개선을 추구하고 있는 기업들이 많다. ERP는 기업의 모든 직능에 걸쳐 정보를 수집하는 전사적 IT 운영시스템이라고 할 수 있다. ERP 시스템은 기업 전반에 걸쳐 물자, 주문, 스케줄, 완제품 재고 및 기타 정보를 처리함으로써 공급사슬 전반에 걸친 개선 방안의 수립에 유리하다. 예를 들어, 생산부서의 관리자가 필요로 하는 구매 물자와 주문처리 상황이 실시간으로 제공됨으로써 이 관리자는 생산 기획을 제대로 수립할 수 있다. 즉, 기업은 ERP 시스템하에서 구매에서 배송에 이르는 전 과정의 주문처리 상황을 한 눈에 볼 수 있다. 즉 보다 높은 가시성(visibility)을 물류에서 구현할 수 있으며, 이는 공급사슬이 보다 확장되고 복잡하게 됨에 따라 중요성이 높아진다.

통상적으로 ERP는 재무, 물류, 제조, 주문 이행, 인적 자원, 공급사 관리 등의 하위 모듈로 구성되어 있으며, 그 결과 주문, 제품, 구매, 인력과 돈의 상황을 일목요연하게 파악할 수 있다. 그뿐만 아니라 이 제반 과정을 자동화하여 효율성을 높이고 오류를 줄일 수 있는 것이 가능해진다. 그러나 이런 강점을 살리기 위해서는 ERP 시스템을 도입하는 과정에서 기업의 물류 과정을 보다 효율적으로 개선한 후에 이를 적용하지 않으면, 단순히 잘못된 과정의 자동화에 불과하게 될 뿐이다.

전반적으로 볼 때에 기업이 ERP 시스템을 도입함으로써 공급사슬 상에서 일어나는 흐름들을 잘 파악할 수 있다. 그러나 ERP 시스템이 공급사슬의 개선에 필요한 처방을 제시할 수는 없으며, 이를 위해서는 별도의 분석을 통해 해결해나가야 하는 한계가 있다. ERP는 재고관리의 한 기법이라기보다는 물류를 통합적으로 관리하기 위한 시스템으로 활용되기 때문에 본 장에서는 간략하게 다루고 공급사슬통합과 관련하여 설명하게 될 것이다.

요 약

1. 재고는 기업에게 자산이며 비용을 발생시키는 원인이기도 하다. 그렇기에 재고관리는 위험을 수반하는 의사결정으로 효율적으로 수행되어야만 한다.
2. 기업의 생산을 위한 원자재 재고를 보유하는 이유는 구매시 가격할인, 운송비 절감, 수급 불확실성 대비, 원자재 미래 가치 불확실성, 원자재의 공급 불연속성, 공급사와의 협상이 유리함을 들 수 있다. 완제품 재고를 보유하는 이유는 규모의 경제, 운송비 절감, 적시 판매, 생산설비의 최적 활용, 인건비 절감과 품질 유지를 들 수 있다. 재고와 관련하여 발생하는 비용에는 재고보유비, 주문처리비, 품절비용(재고고갈비용), 수송 중 재고비가 있다.
3. 전통적 재고관리 기법 중 전략수준에서는 ABC분석과 필수가치분석(CVA: critical value analysis) 등이 있다. ABC분석은 상품군을 단위 당 가치, 재고회전율, 매출량 또는 매출액에 따라 A, B, C군으로 분류하고, 각 군에 대해 별도의 재고전략을 실시하는 것이다. 이의 응용으로 D, E군을 추가하여 활용하는 기업들도 있다. CVA는 낮은 등급의 재고 중 품절시에 재고관리 방침에 큰 차질을 빚게 할 수 있음을 고려한다. CVA는 재고품목을 3~5가지의 항목의 필수가치로 할당하여 재고의 보유수준과 품절빈도수준에 대해 관리한다. 재고를 관리하는 기법으로는 재고전략이 결정된 각 상품군에 대해 기업의 활동에 따른 재고 수준의 확실성 여부에 따라 EOQ(경제적 주문량; economic order quantity), 확률적 재고 모형이 있다.
4. 재고통제(inventory control)는 기업이 수립한 재고정책을 기계적으로 시행함으로써 현 재고 파악과, 재고수준 분석을 통한 재고정책의 평가를 위한 절차이다. 재고통제시스템은 재고의 주문시기와 주문량을 결정하는 방식으로 현 재고수준에 따라 재고보충 여부를 결정하는 Q시스템(고정주문량; fixed order quantity)과 일정 기간마다 재고보충 여부를 결정하는 P시스템(정기주문; fixed order interval)이 있다.
5. 통신과 관리기법의 발달로 기존의 재고관리 시스템에 공급사와 고객을 포함하는 물류시스템 전반에 걸친 통합적 재고관리시스템이 새롭게 개발되었다. 이러한 새로운 재고관리시스템에는 무재고 시스템(JIT: Just In Time)하의 재고관리, 자재수급기획(MRP: Materials Requirement Planning)과 그 확장인 자재자

원기획(MRP II: Materials Resource Planning), 유통수급기획과 그 확장인 유통자원기획(DRP II: Distribution Resource Planning), 이를 통합적으로 검토하는 벤더 주도의 재고관리(VMI: Vendor Managed Inventory) 및 기업자원기획(ERP: Enterprise Resource Planning)이 있다.

토의 사례

현대차 미국, 유럽 재고 위험수위

현대자동차의 미국과 서유럽시장 재고량이 각각 10만대에 육박했다. 특히 미국시장 재고량은 적정수준보다 한 달치 이상 많아 2005년 앨라배마 공장 가동 이래 사상 최고치를 기록했다. 현대차는 이달까지 미국 앨라배마 공장에서 생산되는 쏘나타와 싼타페 재고물량이 9만 8,000여 대로 예상된다고 26일 밝혔다. 이는 적정 재고량(3개월치 판매예상분)인 7만 5,000대보다 2만대 이상 많은 규모다. 그랜저를 비롯 국내 수출분까지 포함하면 미국 전체 재고물량은 17만 1,000여 대에 이르는 것으로 나타났다. 서유럽시장 재고량도 9만 5,000대로 적정재고량(9만대)보다 5,000대가량 많은 것으로 나타났다. 이처럼 미국, 서유럽시장 재고량이 늘어난 것은 환율 영향으로 판매가 저조한 게 주요인이다. 유럽에서는 신차 출시가 늦은 요인도 작용했다. 서성문 한국투자증권 애널리스트는 원화 강세와 엔화 약세 영향으로 현대차 차값은 지속적으로 오르는 반면 도요타를 비롯한 일본차값은 변동이 거의 없다며 특히 엔저가 현대차 판매에 타격을 주고 있다고 지적했다. 실제로 지난 1월 현대차 미국 판매량은 2만 7,721대로 지난해 같은 기간에 비해 8.2% 줄었다. 이는 월간 기준으론 2005년 1월(2만 609대) 이래 최저치다. 반면 일본 도요타는 9.5% 늘어난 17만 5,850대를 판매했고 혼다도 2.4% 증가한 10만 790대를 판매했다. 유럽시장에서도 고전을 면치 못하고 있다. 현대차는 지난해 서유럽에서 총 33만 1,915대를 판매하는 데 그쳐 2005년 대비 5% 감소했다. 이와 함께 고유가로 미국시장에서 쏘나타 3.3(배기량 3300cc) 판매가 예상 외로 부진한 것이 재고량 증가로 이어졌다는 분석도 나오고 있다. 지난해 1월 미국시장에서 쏘나타 3.3 모델은 8,790대 팔렸지만 올해 1월에는 2,636대를 판매해 불과 1년 새 판매량이 3분의 1 수준으로 떨어졌다. 또 판매의 질을 높이기 위해 지난해 하반기부터 미국시장에서 주력 차종인 쏘나타 렌터카 판매를 중단한 것도 판매 부진으로 이어졌다는 분석이다. 현대차 관계자는 딜러 수가 2005년 말 기준으로

695개에서 지난해에는 755개로 증가한 데다 판매차종과 모델 수가 늘어난 것도 재고량 증가에 영향을 미쳤다고 설명했다. 이 같은 현대차 국외판매 부진이 구조적인 현상인지, 일시적인 현상인지에 대해 전문가 의견이 엇갈리고 있지만 3월 이후에는 회복될 것으로 전망하는 시각이 우세하다. 용대인 굿모닝신한증권 애널리스트는 품질에 문제가 있어서 차가 팔리지 않는 것이 아닌 만큼 3월 이후에는 회복될 것으로 본다며 인센티브를 확대하는 등 마케팅이 받쳐준다면 판매가 증가해 재고량이 줄어들 것이라고 말했다. 현대차도 성수기로 접어드는 3월부터 판매량 확대로 재고물량 축소가 실현돼 연말 적정재고치(3개월분)를 유지할 수 있을 것이라며 다음달 출시되는 베라크루즈 효과와 현지 마케팅 강화 전략이 맞아떨어지면 상황이 개선될 수 있을 것이라고 강조했다.

〈매일경제, 2007. 2. 27〉

Q

❶ 현대자동차의 미국과 서유럽 시장의 적정재고치가 3개월분인 이유에 대해 EOQ모델을 통해 추측해 보고, 적정재고 초과량이 재고관리에 미치는 영향을 설명하시오.

❷ 재고량에 영향을 미치는 1차적인 원인과 1차적인 원인에 영향을 미치는 2차적인 원인들을 나열하고 각각 요인들의 변동폭에 대해 논의해 보시오.

부록 1 EOQ 공식의 도출 과정

(1) 연간 재고유지비

재고수준은 최대 Q로부터 최소 0까지 일정한 비율로 감소하므로 연간 평균재고는($\frac{Q}{2}$)이다. 만일 연간 단위당 재고유지비가 C_I원이라면, 연간 재고비용은 다음의 식으로 나타낼 수 있다.

$$\text{연간 재고유지비} = (\text{평균재고}) \times (\text{연간 단위당 재고유지비})$$
$$= \frac{Q}{2} \times C_I = \frac{QC_I}{2} \quad \cdots\cdots\cdots\cdots (1)$$

(2) 연간 주문비

연간 수요량과 1회 주문량이 알려져 있으므로 연간 주문횟수는 연간 수요량을 1회 주문량으로 나누어 구한다. 연간 수요량을 D, 1회 주문량을 Q, 1회 주문비를 C_0라고 하면,

$$\text{연간 주문비} = (\text{연간 수요량}/1\text{회 주문량}) \times (1\text{회 주문비})$$
$$= \frac{D}{Q} \times C_0 = \frac{DC_0}{Q} \quad \cdots\cdots\cdots\cdots (2)$$

(3) 연간 총재고비

식(1)과 식(2)에서 구한 식을 토대로 연간 총비용을 나타내면 다음과 같다.

$$\text{연간 총재고비} = \text{연간 재고유지비} + \text{연간 주문비}$$
$$= \frac{QC_I}{2} + \frac{DC_o}{Q}$$

(4) EOQ공식의 도출

앞에서 언급하였듯이 EOQ모형에서 구하려는 최적 1회 주문량은 총비용이 최소가 되는 점에서 구해진다. 그런데 〈그림 5-3〉에 나타나 있는 것과 같이 총재고비용은 재고유지비용과 주문비용이 동일한 주문량에서

최소가 된다. 따라서 총비용이 최소가 되는 최적 주문량 Q^*는 다음과 같이 구한다.

$$\text{연간 재고유지비용} = \text{연간 주문비용}$$

$$\frac{QC_I}{2} = \frac{DC_0}{Q}$$

$$Q^2 = \frac{2DC_0}{C_I}$$

$$Q^* = \sqrt{\frac{2DC_0}{C_I}}$$

한편 EOQ공식은 미분방법을 사용하여 유도할 수 있다.

총비용 TC의 극소화 조건식:

$$TC(Q) = \frac{QC_I}{2} + \frac{DC_0}{Q}$$

$TC'(Q) = 0$을 만족하면 된다(필요조건이나, 극소조건으로 충분하다).

$$TC'(Q) = \frac{C_I}{2} - \frac{DC_0}{Q^2} = 0$$

$$Q^2 = \frac{2DC_0}{C_I}$$

$$Q^* = \sqrt{\frac{2DC_0}{C_I}}$$

부록 2 수량할인을 감안한 경우의 EOQ모형

기본적인 EOQ 모형에서는 대량 구입의 경우에도 수량할인이 없음을 전제로 하였다. 그러나 현실적으로는 대량 구입하는 품목에 대해 단위당 가격을 낮추어줌으로써 대량 구입을 유도하는 방법을 사용하는 기업이 많은 것이다. 여기서는 이러한 수량할인이 존재하고 있는 경우의 경제적 주문량에 대해 알아보기로 하자.

수량할인이 있는 경우의 연간 총비용은 물품의 구입 가격을 고려하여야 하므로 다음의 식으로 나타낼 수 있다.

$$총\ 재고비 = 연간\ 구입가격 + 연간\ 재고유지비 + 연간\ 주문비$$
$$= C_P \cdot D + \frac{QC_I}{2} + \frac{DC_0}{Q}$$

(C_p = 단위당 구입가격, $C_h = C_p \times r$로 대체)

이제 예를 들어 설명해 보자. 〈표 7-6〉은 설명의 편의를 위해 수량할인의 경우의 예를 간단하게 나타내고 있다. 이제 이 표를 중심으로 수량할인의 경우의 EOQ모형을 살펴보기로 한다.

〈표 7-6〉에서 보면 단위가격이 18,000원인경우가 가장 높은 수량할인을 받게 되므로 구입가격의 측면에서는 200개 이상을 구입하는 것이 유리할 것이다. 그러나, 이 경우 보유해야 하는 재고가 늘어나서 재고유지비가 증가하기 때문에, 주문량을 결정하기 전에 이에 대한 비용을 감안한 포괄적 비용분석을 실시해야 한다.

표 7-6 • 수량할인 및 재고비용표

1회 구매량	단위당 구입가격 (단위: 천원)	단위당 재고유지비 (구입가격의 20%)
50개 미만	25	5
50-99	23	4.6
100-199	20	4
200 이상	18	3.6

연간 수요(D) = 2,500개, 단위당 주문비용(C_0) = 8

〈표 7-6〉에 제시된 것처럼 단위당 재고유지비는 제품의 단위당 구입가격의 20%이고, 단위당 주문비는 8,000원이며, 연간 수요는 2,500개인 경우 총비용을 최소로 하는 경제적 주문량은 어떻게 계산할 수 있을까? 이에 대한 답은 다음의 3단계 과정을 거친다.

1단계 가장 낮은 가격(200개 이상 구매시 단위당 재고유지비는 3,600원)에서 EOQ를 구한다.

$$Q^* = \sqrt{\frac{2DC_0}{C_I}} = \sqrt{\frac{2 \times 2{,}500 \times 8{,}000}{3{,}600}} = 105.41$$

계산된 EOQ는 가장 낮은 가격이 적용되는 범위—200개 이상의 주문— 에 해당되지 않으므로 이는 정답이 될 수 없다.

2단계 가장 낮은 가격이 적용되는 최소 구매량(200개)을 1회 주문량으로 하여 연간 총재고비를 계산하면

$$\text{총재고비} = C_P \cdot D + \frac{QC_I}{2} + \frac{DC_0}{Q} = 18{,}000 \times 2{,}500 + \frac{200}{2} \times 3{,}600 + \frac{2{,}500}{200} \times 8{,}000$$
$$= 45{,}000{,}000 + 360{,}000 + 100{,}000 = 45{,}460{,}000$$

3단계 두 번째로 저렴한 가격(100개 이상 구매시 단위당 재고유지비는 4,000원)에서 EOQ를 구한다.

$$Q^* = \sqrt{\frac{2DC_0}{C_I}} = \sqrt{\frac{2 \times 2{,}500 \times 8{,}000}{3{,}600}} = 100$$

계산된 EOQ는 적용 가격 범위에 속하는 수량이므로, 이는 정답이 될 가능성이 있다. 따라서 이 경우의 총재고비를 계산해보자.

$$\text{총 재고비} = 20{,}000 \times 2{,}500 + \frac{100}{2} \times 4{,}000 + \frac{2{,}500}{100} \times 8{,}000$$
$$= 50{,}000{,}00 + 200{,}000 + 200{,}000 = 50{,}400{,}000$$

그림 7-15 • 수량할인하에서 연간 비용곡선과 최적점

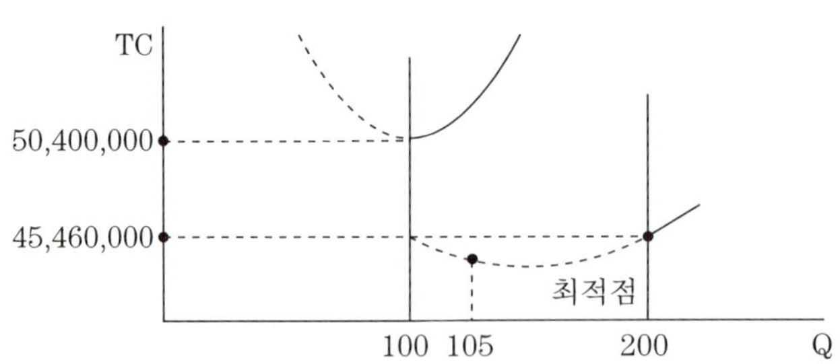

이 경우의 총재고비용은 2단계에서 계산된 총재고비보다 높으므로, 2단계에서 계산된 일회 주문량과 연간 총재고비용이 최적이 되는 것이다.

부록 3 수요의 변동과 안전재고

수요의 변동을 감안하여 안전재고의 수준을 설정하는 방법은 경험적인 자료에 의한 방법과 통계이론에 의한 방법으로 대별할 수 있다.

(1) 경험 자료에 의한 방법

과거의 수요 변동치가 적절한 통계분포를 따르지 않는 경우에는 이 방법에 의존하여 안전재고를 구할 수밖에 없다. 이 경우의 안전재고의 수준은 조달기간 중의 최대 수요량과 평균 수요량의 차이로 결정되며 이를 식으로 나타내면 다음과 같다.

$$B = D(\max) - D(\text{avg})$$

(B: 안전재고, D(max): 최대수요량, D(avg): 평균수요량)

가령 조달 기간중의 평균수요가 400개이고, 수요가 440개 이상일 확률이 10%, 460개 이상일 확률이 5%이며 수요가 500개를 넘는 경우는 없다고 하자. 이때 서비스 수준에 따른 안전재고량은 다음과 같다.

표 7-7 서비스수준에 따른 안전재고량

보유물량	안전재고량	서비스율(%)	품절률(%)
500	100	100	0
460	60	95	5
440	40	90	10

(2) 통계이론에 의한 방법

수요 변동의 확률 분포를 알고 있거나 추정할 수 있는 경우 쉽게 안전재고의 수준을 결정할 수 있다. 즉 수요가 정규분포를 이루고 있을 때는 평균과 표준편차만으로 수요의 특성을 파악할 수 있는데 이 경우 안전재고를 구하는 기본 절차는 다음과 같다.

① 조달기간 동안의 수요의 변동을 적절한 확률분포 예를 들어 정규분포로 추정한다.

② 서비스율을 정한다.

③ 안전재고를 산정한다.

안전재고량은 서비스 수준과 조달기간, 일일 수요의 표준편차를 이용하여 계산할 수 있는데 이를 식으로 나타내면 다음과 같다.

$$\text{안전재고} = Z \cdot \sigma_{\mu}$$

(Z=서비스율에 따른 정규분포 지수, 예컨대 서비스율 95%인 경우 $Z=1.64$, σ_{μ}=수요량의 표준편차)

안전재고를 결정해 주는 서비스율과 수요량의 분포를 나타내는 〈그림 7-16〉이 다음에 나타나 있다.

그림 7-16 • 정규분포를 보이는 수요량

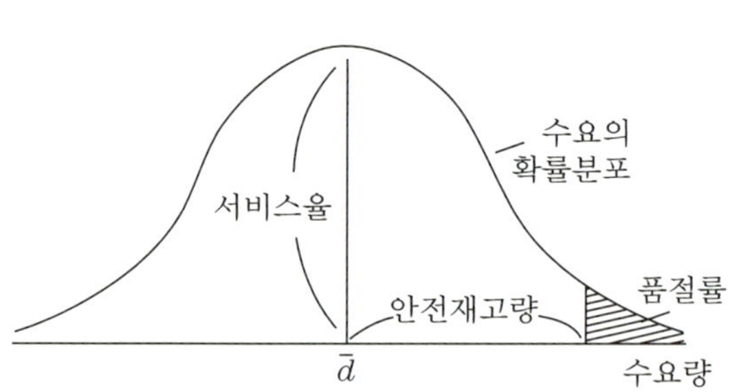

만약 재주문점이 일정하면 주문기간 동안의 기대수요는 다음과 같다.

$\bar{\mu} = \bar{d}t_L$

($\bar{d}$: 1일평균수요 t_L: 도달기간)

따라서 재주문점은 다음과 같이 산출할 수 있다.

$$R = \bar{\mu} + B$$
$$= \bar{d}t_L + Z \cdot \sigma_\mu$$

부록 4

(1) 주 생산일정계획

주 생산일정계획은 MRP시스템을 운영하기 전 완제품에 대한 생산일정과 수량에 관한 종합 계획이다. 따라서 이 주 생산일정계획을 뒤받침하기 위한 자재의 획득이나 부품조립의 일정을 계획하는 것이 MRP시스템이다. 따라서, 주 생산일정계획은 MRP시스템의 입력자료 중 가장 기본적이고 중요한 것이다.

표 7-8 • A제품의 주 생산일정계획

주	1	2	3	4	5	6	7	8
수 량	20			30		30		25

주 생산일정계획의 예를 들면 〈표 7-8〉과 같다.

(2) 자재명세서

이것은 제품구성 파일이라고도 불리는 것으로 완제품이 어떻게 제작되는가와 부품과 부분품의 상호관계를 나타내주는 자료이다. 자재명세서로부터 제공되는 정보는 완제품을 조립하는 데 있어 부품과 부분품과의 상

그림 7-17 • 제품 구조도

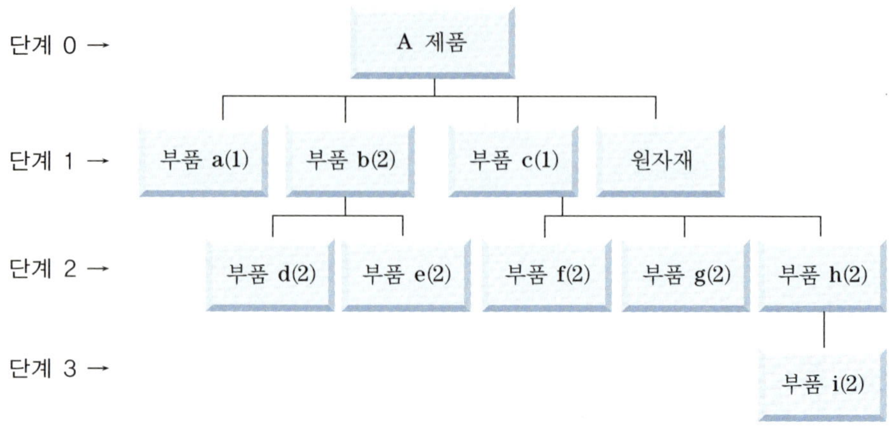

호관계를 고려하여 재고현황기록과 연결시켜 자재소요량을 정확히 파악하는 것이다.

자재명세서를 작성하기 위해서는 먼저 제품구조도를 작성하여 파악해야 한다. 이러한 제품구조도를 바탕으로 자재명세서를 작성하게 되는 것이다.

〈그림 7-17〉에는 제품의 조립에 대한 파악을 위한 제품구조도가 제시되어 있고 〈표 7-9〉에는 이를 바탕으로 작성된 자재명세서가 제시되어 있다.

표 7-9 • A제품의 자재명세서

품 명	수 량	단 위	단 계
부품 a	1	EA*	1
부품 b	2	EA	1
부품 c	2	EA	2
부품 d	2	EA	2
부품 e	1	EA	1
부품 f	1	EA	2
부품 g	2	EA	2
부품 h	1	EA	2
부품 i	1	EA	3
원자재 1	1	GL*	1

연간 EA: 개(Each), GL: 갤런(Gallon).

(3) 재고상황 파일

재고상황 파일은 품목기본 파일이라고도 하며, 현재의 재고상황을 개개의 품목에 대하여 정확히 보고하고 있는 것이다. 이러한 재고상황 파일은 여러 가지의 재고업무에 따라 변동된다. 즉 재고의 입고, 출고, 주문, 미납품 처리, 주문취소 등에 의한 일별 업무와 변동하는 수량에 따라 관리되는 것이다.

재고상황 파일의 예를 들면 〈표 7-10〉과 같다.

표 7-10 • A제품의 부분품들의 재고상황

품 명	단 위	현 재 고	주 문 량
부품 a	EA	20	5
부품 b	EA	15	10
부품 c	EA	30	20
원자재 1	GL	10	15

(4) MRP프로그램

MRP시스템은 주 생산일정계획에 의거한 완제품 생산을 위한 자재명

표 7-11 • A제품의 주 생산일정계획

주	1	2	3	4	5	6	7	8
수 량	40			60		60		50

표 7-12 • A제품의 생산을 위한 b부품의 소요량과 주문량
(A제품 1개당 b부품 2개씩 소요, 주문기간 2주, 주문수량 300)

	1	2	3	4	5	6	7	8
소 요 량	80			120		120		100
입고예정량		300						300
현재고 (100)	20	320	320	200	200	80	80	280(-20)
주 문 량						300*		

* 주문기간이 2주 소요되므로 2주 전에 300개를 주문함으로써 부족이 예상되는 수량(20)을 보충할 수 있다.

세서와, 이들 자재명세서의 재고상황정보에 의한 부품의 실소요량을 산정하여 적기에 조달하는 것이라고 할 수 있다. 이러한 MRP프로그램의 논리를 예를 들어 설명하면 다음과 같다.

(5) MRP시스템의 출력

MRP시스템에 입력된 자료 즉, 주 생산일정계획, 자재명세서, 재고상황파일이 MRP프로그램에서 처리되면 다음과 같은 보고서를 산출시킨다.

1) 주문품목현황

주 생산일정계획에 소요되는 자재를 적기에 조달하기 위하여 주문시점, 주문량, 거래선 등이 포함된 보고서를 산출한다.

2) 독촉, 취소, 추가주문 품목 현황

주문된 부품이 납기를 지키지 않아 주문기간을 초과한 품목, 주 생산일정이 변경에 따라 주문이 취소된 품목, 추가 주문할 품목 등의 상황을 출력시킨다.

3) 재고현황

현재 보유하고 있는 재고, 현재 이미 주문되어 있는 수량 등의 내용이 포함된 재고현황을 출력시킨다.

이 밖에도 필요에 따라 입력자료를 적절히 이용하여 여러 가지 자료를 얻을 수 있다.

부록 5

(1) DRP의 개관

DRP는 ISL(Inventory Stocking Places; 재고 보관지점)의 요구를 결정하

고 공급원이 수요를 충족시킬 수 있도록 해주는 관리과정이다. 이는 세 단계에 의해 이루어지는데, 먼저 DRP는 다음과 같은 요소들로부터 입력을 받는다.

- ISL의 SKU(stock keeping unit, 재고 저장 단위)로부터의 판매 예측
- 현재와 미래의 배송(delivery)을 위한 고객의 주문
- ISL에 있는 SKU의 판매가능한 재고량
- 구매 · 제조된 제품에 의한 실제 구매 · 제조 주문
- 물류와 제조 및 구매의 리드 타임
- 할당(deployment) 빈도와 사용된 수송 방법
- ISL에 있는 SKU의 안전 재고 정책
- 구매, 제조, 분배될 제품의 표준 최소량

다음으로, 모든 입력이 이루어지고 나면, DRP는 물류 정책을 지원하기 위한 자원 소요의 동적인(time phased) 모델을 만든다. 이러한 모델에는 다음과 같은 내용이 포함된다.

- 어떤 제품이 얼마나, 어디에서, 언제 필요한가
- ISL의 수송 방법에 따라 요구되는 수송 능력
- ISL에서 필요한 공간, 인적자원, 장비
- ISL과 전체에서 필요한 재고 투자
- 제품과 공급원에 의해 필요한 제품의 생산 그리고(혹은) 구매 수준

마지막으로, DRP는 필요한 자원을 공급원에서 현재의 유용한 자원 및 미래에 유용할 자원과 비교한다. 그리고 나서 공급과 수요를 일치시켜 주기 위하여 구매과 생산을 촉진 또는 지연시킬 것인가를 제시해 준다. 이 마지막 단계는 시스템의 통합(integration)과 시스템으로의 피드백(feedback)을 강제하며, 그렇게 함으로써 제조, 구매, 물류, 고객을 하나로 묶게 된다.

(2) DRP의 원리와 시행

DRP의 과정은 매우 간단하나 매우 유용하다. 그 유용성은 수학적인

계산에 있는 것이 아니라 미래의 활동을 시간의 경과에 따라 분석하고, 가능한 결과와 핵심적인 진행 상황을 예측하며, 필요한 활동을 제시하는 능력에 있다.

〈그림 7-18〉에는 DRP의 전체 관리과정이 나타나 있다. DRP는 미래의 재고 부족을 예측하고 이를 피하기 위하여 필요한 활동을 제시하는 과정이다. 〈그림 7-18〉에 나타나 있는 DRP를 구성하는 전체 요소들을 중심으로 DRP의 운영과정을 살펴보기로 한다.

예를 들어 설명하기 위해, 어떤 제약기업이 있다고 하자. 이 기업은 여섯 개의 소매상을 가지고 있다. 판매예측은 각 소매상에서 개별적으로 이루어지고 제약 기업에 보고된다. 또한 각 소매상별로 안전 재고와 리드타임, 주문량, 현재 재고량은 다르다.

기본적으로 DRP는 판매 예측을 기초로 하여 재고수준이 안전재고 이하로 떨어지지 않도록 관리한다. 이 과정에서 리드타임을 근거로 주문량만큼을 미리 주문하게 되는 것이다.

〈표 7-13〉을 보면 A소매점은 500개의 제품을 보유하고 있고 200개의 안전재고를 가지고 있으며 주별로 80개에서 120개까지의 판매(수요)예측을 하고 있다. 계획되는 보유재고수준은 보유재고에서 주별 예측 판매량을 차감함으로써 계산된다. 예를 들어 첫 주의 보유재고 수준은 이전 기간의 보유재고 500개에서 첫주의 예측 판매량인 100개를 차감한 400개로 계산되는 것이다. 그리고 보유재고의 수준이 안전재고의 수준인 200개 이하로 떨어지는 리드타임에 해당하는 2주 전, 즉 첫 주에 미리 주문이 되어 셋째 주에 도착하도록 되어 있다. A 소매점의 경우에는 수송 중 재고가 없다. 만약 수송 중 재고가 존재하는 경우에는 거기에 해당하는 재고량이 보유재고 수준에 더해지게 된다. 예를 들어, B 소매점의 경우에는 수송 중 재고가 2주째에 나타나고 있다.

제시된 A부터 C까지의 각 소매점들의 DRP과정은 위와 같은 방식으로 해석할 수 있다. 단 C소매점에 해당하는 〈표 7-15〉를 보면 둘째 주에 재고 보유량이 안전 재고인 100보다 낮은 50이 되므로, 리드타임에 해당하는 2주 전에 미리 주문이 되었어야 한다. 그러나 이 경우에는 이전의 기간을 통해서 알 수 있듯이, 둘째 주에 주문량인 300의 도착여부가 확실하지 않

그림 7-18 • DRP의 과정

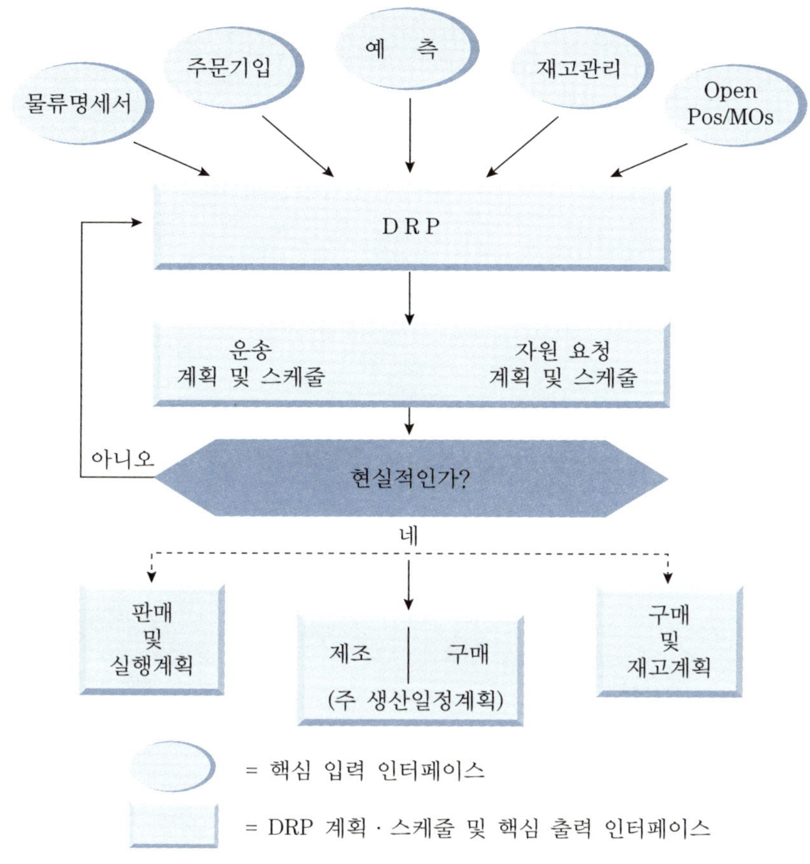

다. 여기에는 여러 가지 이유가 있을 수 있는데, 아마도 실제 판매량이 예측 판매량보다 많아서 미처 주문을 하지 못했거나 공급처에서 적시에 적송이 되지 못했을 것이다. 이 경우, DRP의 가시성(visibility)을 통해, 관리자는 공급처의 적송이 적시에 제대로 이루어졌는지의 여부와 품절 발생 여부를 알 수 있으며, 이에 따른 적절한 조치를 취할 수 있게 된다.

참고로 이 예를 통해서는 잘 나타나지 않지만, 각 제품별로 현 재고 보유량, 안전 재고, 리드타임, 주문량이 다를 수 있다. 이러한 경우에는 각 제품별로 독립적으로 계획을 세우면 된다.

각 소매상에서의 예측 판매량은 거의 일정하다. 그러나 요약을 통해

표 7-13 • A 소매점

	이전의 기간	1	2	3	4	5	6	7	8
예 측		100	120	90	110	120	100	80	120
수송중재고									
보유재고수준	500	400	280	490	380	260	460	380	260
예정입고량				300			300		
주 문 량		300			300				

재고보유수준: 500, 안전재고: 200, 리드타임: 2주, 주문량: 300.

표 7-14 • B 소매점

	이전의 기간	1	2	3	4	5	6	7	8
예 측		40	50	45	50	40	45	40	50
수송중재고			150						
보유재고수준	160	120	220	175	125	85	190	150	100
예정입고량							150		
주 문 량					150				

재고보유수준: 160, 안전재고: 75, 리드타임: 2주, 주문량: 150.

표 7-15 • C 소매점

	이전의 기간	1	2	3	4	5	6	7	8
예 측		120	130	115	125	140	110	125	105
수송중재고									
보유재고수준	300	180	350	235	110	270	160	335	230
예정입고량			300			300		300	
주 문 량	300			300		300			

재고보유수준: 300, 안전재고: 100, 리드타임: 2주, 주문량: 300.

표 7-16 • 요 약

	이전의 기간	1	2	3	4	5	6	7	8
A 소매점		300			300				
B 소매점					150				
C 소매점	300			300		300			
합 계	300	300	0	300	450	300	0	0	0

알 수 있듯이 공급처의 수요는 거의 일정하다고 할 수 없으며, 오히려 아주 불규칙적일 수 있음을 알 수 있다. 이러한 불규칙인 수요가 물류시스템에서 가시성이 필요한 이유 중의 하나이다. DRP를 사용하지 않는다면 평균 수요를 사용해야 할 것인데, 이렇게 할 경우 불규칙적인 수요에는 대응할 수 없다. DRP를 사용함으로써 물류시스템의 수요를 제대로 파악할 수 있으며, 발생가능한 문제점들을 미리 알고 대처할 수 있다.

(3) DRP의 유연성

DRP의 목표는 현재 기업이 무엇을 하고 있고 앞으로 무엇을 하기를 원하는가를 정확하게 반영하여 실제 세계를 시뮬레이션하는 데 있다. 유통의 요구를 DRP 시스템에 포함시킴으로써 고객과 공급자의 진정한 연결을 도모할 수 있으며, 이를 통해 각 소매상의 어떠한 변화든지 공급처로 전달이 되어서 가시적으로 된다.

DRP가 제공하는 가시성의 가장 큰 장점은 변화에 대처하는 능력에 있다. 변화가 가장 큰 경우는 실제 판매량과 예측 판매량이 다른 경우이다. DRP에 의한 주문 계획은 일주일에 한 번 내지는 하루에 한 번 이루어지는데, 매 계획시에 이러한 변화를 시스템에 반영하여 적절한 대응을 할 수 있다.

〈표 7-13〉의 A 소매점의 경우에 첫째 주의 실제 판매량이 170이었다고 하고, 새로운 DRP 모델을 만들어 보자.

〈표 7-17〉과 〈표 7-18〉에서 알 수 있듯이 A 소매점에서의 변화로 인해 공급처의 전체 수요가 바뀌게 된다. 이러한 정보를 통해 재고 담당자는

표 7-17 • A 소매점(실제 판매량이 예측 판매량을 초과한 경우)

	이전의 기간	1	2	3	4	5	6	7	8
예 측			120	90	110	120	100	80	120
수송중재고				300					
재고보유수준	330		210	420	310	190	390	310	390
예정입고량							300		300
주 문 량					300		300		

재고보유수준: 330, 안전재고: 200, 리드타임: 2주, 주문량: 300.

표 7-18 • 요약(실제 판매량이 예측 판매량을 초과하는 경우)

	이전의 기간	1	2	3	4	5	6	7	8
A 소매점					300		300		
B 소매점					150				
C 소매점				300		300			
합 계	0			300	450	300	300	0	0

실제 판매량이 예측 판매량을 초과했을 경우의 영향을 알 수 있으며, 이러한 수요 변화에 대처할 수 있게 된다. DRP의 이러한 가시성을 통해 이미 발생한 일에 어떻게 대처할 것인가가 아닌, 미래에 생길 수도 있는 변화를 예상할 수 있게 된다. 또한 이러한 변화들은 실제 판매량이 예측 판매량을 초과했을 때 뿐만 아니라, 예측 판매량의 변화, 안전재고, 리드 타임, 주문량이 변화했을 경우에도 발생할 수 있다.

부록 6 우리나라 기업들의 재고보유 현황

산업별 연말 재고 변화 추이(1998~2003)

	1998년	1999년	2000년	2001년	2002년	2003년	총계(평균)
컴퓨터(4)	1,136,156	1,297,540	2,054,677	1,357,646	1,703,712	2,058,725	11,044,001
통신기기(4)	1,762,697	2,280,775	3,211,826	2,593,443	3,396,852	3,291,613	18,404,527
반도체(4)	3,228,858	3,412,124	4,382,345	3,250,556	3,683,527	4,099,560	25,272,982
전자부품(4)	3,719,575	3,932,007	5,014,653	3,997,950	4,616,070	5,010,674	30,021,551
의류(4)	372,299	1,206,098	1,356,313	1,481,073	1,794,545	2,173,856	10,165,298
철강(4)	3,174,601	4,091,494	4,125,483	3,925,595	3,881,254	4,156,058	27,030,567
석유화학(4)	2,027,724	2,256,415	2,567,779	2,519,089	2,700,838	2,259,901	16,341,064
정밀화학(4)	3,779,742	2,486,832	2,789,261	3,076,735	3,487,072	3,290,245	21,269,872
석유(4)	3,068,966	552,576	582,926	647,376	683,959	691,196	9,634,534
가전(4)	1,856,641	1,174,399	1,313,032	1,447,002	1,679,390	1,613,705	11,362,782
자동차(4)	3,768,983	3,261,855	3,737,571	2,888,285	3,024,226	4,067,030	25,519,151
조선(4)	848,668	742,291	707,726	871,284	985,620	1,440,584	6,355,080
일반기계(4)	3,320,739	3,081,494	3,832,861	3,669,700	3,981,434	3,966,507	26,347,909
총계(평균)	32,065,649	29,775,901	35,676,453	31,725,734	35,618,499	38,389,664	238,789,318

주요 업종별 재고율 지수 추이

	2000년	2001년	2002년	2003년	2004년		
					1/4	2/4	3/4
제조업	100.9	107.8	94.9	98.9	94.4	94.3	96.9
음식료품	100.7	105.5	114.3	110.8	106.3	114.6	124.4
섬유제품	100.3	110.8	112.3	130.5	128.3	127.0	132.2
반도체 및 전자부품	102.6	145.4	90.9	71.0	71.0	84.2	89.7

주: 재고율＝(계절조정 재고지수/계절조정 출하지수)×100

자료: 통계청, KOSIS DB에 의 거 작성[SERI 경제 포커스 2004. 11. 8 제14호 재고순환으로 본 최근 경기와 시사점]

Chapter 08

운　　송

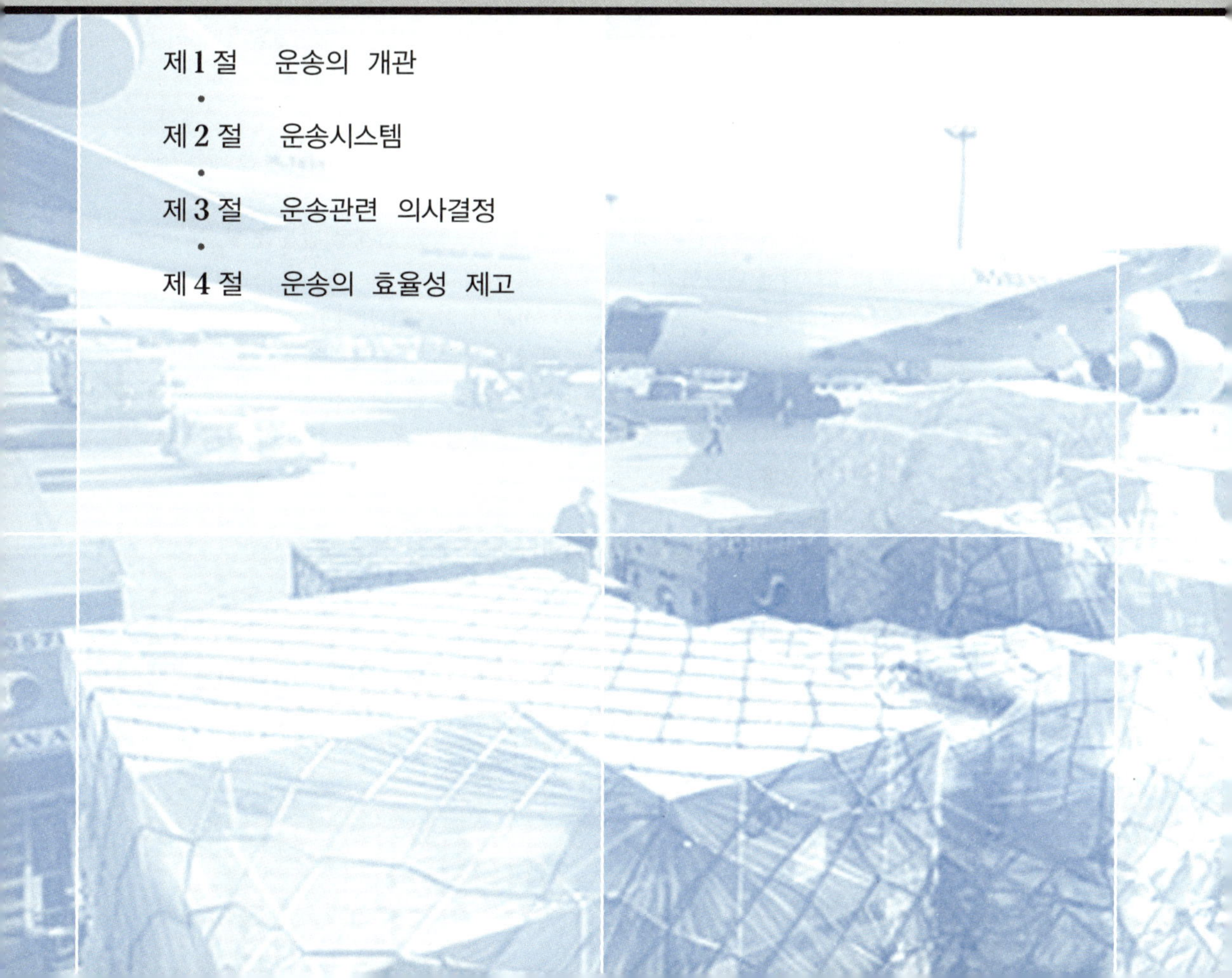

도입사례

대한항공, 국제항공화물 2년 연속 "세계 1위"

국제항공운송협회(IATA: International Air Transport Association)가 최근 발표한 '2005년 세계 항공수송 통계'에 따르면, 대한항공은 국제항공화물 수송실적에서 79억 8천 2백만 톤-킬로미터(Ton-Km, 각 항공편당 수송 톤수에 비행거리를 곱 한 값의 합계)을 기록하여, 2004년에 이어 세계 1위를 차지했다.

대한항공의 국제 항공화물 부분은 1971년 태평양 노선(서울~LA)에 한국 최초로 화물기를 정기 취항을 한 이래, 국가 경제규모 확대, 수출입 물동량 증가 및 국내 최대 종합물류회사 한진의 전략적 육성으로 국제항공화물 수송부문에서1993년 세계 3위에 진입하였고, 2004년 세계 1위로 급성장하였다. 2004년 기준 화물노선 사업의 규모는 총매출(7조 2천억)의 32%, 국제선부문 매출의 40%를 점유하여, 회사의 성장동력이자 주요 수입원으로 자리를 공고히 하고 있다. 한편, 주된 항공화물 수송품목으로는 기존의 고급직물, 여타 기계류, 전기전자 제품이었으나, 최근 반도체, 휴대폰, LCD, 컴퓨터 부품 등 기술 집약적인 하이테크 제품이 주종을 이루고 있다.

오늘날 대한항공이 세계적인 국제 항공화물 업체로 발돋움 할 수 있었던 핵심 경쟁력에 대하여 아래와 같이 몇 가지 요인으로 설명할 수 있다.

첫째, 대한항공은 현재 B747 점보기 화물기 19대를 운영하고 있으며, 향후 2010년까지 30대로 늘려 세계 최대 화물 수송능력을 유지할 계획이다. 국제 항공화물 경쟁력 제고를 위해 B747 점보기로의 기종 단일화를 통해 원가와 서비스 경쟁력 확보하고, 연비 효율성이 우수한 최신예 B747-400F를 도입하여 고유가 경영환경에 적극적으로 대응하고 있다.

둘째, 인천국제공항을 슈퍼허브 터미널로 하는 적극적인 시설투자를 통해 항공화물 물동량을 적기에 처리할 수 있도록 기초 인프라를 구축하였다. 2005년 인천국제공항 제1화물터미널의 연간 처리능력을 135만톤으로 확장하여, 단일 항공사가 보유한 세계 최대 화물터미널을 확보하였으며, 또한 인천공항에 운항하는 외항사들의 화물처리를 위해 2007년 완공을 목표로 연간 처리량 30만톤의 제2화물터미널을 건설하고 있다. 따라서, 향후 대한항공은 인천국제공항에 연간 약 170만톤의 항공화물 처리능력을 보유하게 된다.

셋째, 북미를 중심으로 한 독자적인 글로벌 화물허브 구축 및 세계 최대 화물동맹체 SKY Team Cargo운영에 주도적인 역할을 담당하고 있다. 대한항공은 1982년 LA에 연간 처리능력 11만톤의 미서부 최대의 항공화물터미널을 건설하였으며, 또한 2000년에는 뉴욕 JFK공항에 연간 처리능력 20만톤 자가 화물터미널을 준공하여, 대한항공은 태평양 노선에서 독자적인 대규모 화물터미널을 운영하게 되었다. 그리고, 북미의 델타, 유럽의 에어프랑스, 중남미의 아에로멕시코 등 세계적인 항공사들과 Sky Team Cargo를 설립하였으며, 이듬해 미국출발 수출화물 시장 공략을 위해 US Cargo Sales Join Venture를 설립하여, 회원사간의 공동판매, 예약 및 서비스센터 일원화 하고 있다. 현재 Sky Team Cargo는 알리탈리아, 체코항공, KLM, 노스웨스트 항공이 가입하게 되어 전세계 127개국 540개 도시를 연결한 광대한 노선망과 매일 8,700편의 항공편을 운항하는 초대형 항공화물그룹으로 성장하였다.

넷째, 항공화물 수요가 안정적인 북미와 유럽, 기존 양대 화물시장에의 적극적인 네크워크 확장과 아울러 중국, 인도, 북·동유럽 등 수요성장률이 높은 신시장 개척을 전략적으로 추진하고 있다. 중국 시장의 경우, 한-중 노선의 자유화에 대비하여 상해, 북경, 광저우 등 중국의 주요핵심 시장에의 공급을 집중하는 한편 중국정부의 서부정책에 맞추어 성도를 중심으로 서부내륙에 허브공항을 개척하였다. 인도의 경우, 삼성전자, 현대자동차, LG전자 등 주요 한국기업의 현지 생산거점을 중심으로 증가하는 항공화물 수요를 처리하기 위해 델리, 봄베이, 첸나이에 신규 취항하고 있다.

다섯째, 대한항공은 외형적인 확장뿐만 아니라 질적인 부문에서도 세계 최고의 화물 항공사로의 면모를 갖추기 위해서 IT 인프라 구축작업을 추진하고 있다. 웹 환경에서 고객들이 스케줄 조회에서 예약, 추적, 정산 정보 등에 대한 일대일 맞춤 서비스가 가능한 e-CSP(Customer Service Platform) 시스템을 도입하여 고객의 편의성을 향상시켰다. 또한, 화물의 입출고 및 적재위치가 자동적으로 처리가 되는 전자인식 시스템인 전자태그(RFID) 도입을 추진 중으로 항공화물의 지식기반 물류체계 구축을 준비하고 있다.

국제, 국내 화물수송 순위(2006)

(단위: 백만 t-km)

순위	국제화물수송 부문		국제, 국내 화물수송 부문	
	항공사	수송량(톤킬로)	항공사	수송량(톤킬로)
1	대한항공	86억 8천만	페덱스	151억 4천 600만
2	루프투한자	80억 7천 700만	UPS	93억 4천 100만
3	싱가포르항공	79억 9천 100만	대한항공	87억 6천 400만
4	캐세이퍼시픽	69억 1천 400만	루프트한자	80억 9천 100만
5	페덱스	61억 3천 600만	싱가포르항공	79억 9천 100만
6	중국국제항공	60억 9천 900만	캐세이퍼시픽	69억 1천 400만
7	에어프랑스	58억 6천 400만	중국국제항공	60억 9천 900만
8	카고룩스	52억 3천 700만	에어프랑스	58억 6천 800만
9	에바에어	51억 6천만	카고룩스	52억 3천 700만
10	에미리트항공	50억 2천 700만	에바에어	51억 6천만

출처: IATA.

일반적으로 기업이 의사결정을 할 때에는 재화가 원자재 구입 지점에서 최종 소비지점까지 공급사슬 전반에 걸쳐서 원활하게 이동한다는 가정한다. 그런데, 만약 이러한 전제가 흔들린다면 의사결정에 큰 문제를 야기시킬 수 있으며, 실제로 많은 경우에 이러한 예상하지 못한 상황이 발생하는 것을 볼 수 있다. 또한 기업이 점차 국경을 초월하여 공급사슬을 형성하고 이를 통하여 글로벌화하는 추세를 보이고 있는데, 이렇듯 글로벌 공급사슬(global supply chain)이라는 개념이 보다 더 확산되는 미래에는 운송의 중요성이 더욱 더 증대될 것으로 예상할 수 있다. 특히, 최근 인터넷 경제에 부응할 수 있는 신속하고 신뢰할 수 있는 운송에 대한 요구는 점점 더 커가고 있다. 또한 기업에 있어서 수송비가 차지하는 비중은 산업에 따라 다르기는 하지만 평균적으로 제품 원가의 10%를 점한다. 즉, 제품제조원가를 제외하면 가장 큰 비용이 될 것이다. 특히 국제 무역에서는 더 큰 비중을 차지할 것이다. 따라서, 수송의 효율적 관리와 통제는 기업의 중요한 과제이다.

본 장에서는 먼저 기업에서의 운송의 역할에 대해 개관하고, 효율적인 운송시스템 구축을 위해 고려해야 하는 각 운송수단의 일반적인 특성, 운송관련 의사결정의 과정에 대해 살펴본 다음, 운송의 효율성 제고를 위한 여러 가지 방안에 대해 살펴보는 형태로 논의를 전개하고자 한다. 마지막으로, 우리나라의 운송관리 현황에 대한 최근의 연구결과를 요약하도록 하겠다.

제 1 절 운송의 개관

1. 기업에서의 운송의 역할

운송은 공급사슬의 기점으로부터 고객에게 재화가 인도될 때까지 한 지점에서 다른 지점으로 재화가 이동되는 것을 말한다. 제품이 생산지점에서 소비되는 경우는 거의 없다. 일반적으로 재화의 이동에 따라 제품의 가치가 증가하게 되는데, 이러한 이동을 수행하는 것이 운송이라고 할 수 있다. 따라서 운송은 시간과 공간의 효용을 창출하여 기업의 부가가치를 창출하는 역할을 수행한다고 할 수 있다. 즉 운송은 그 재화가 필요한 장소에 적시에 공급되게 함으로써 시간과 공간의 효용을 창출하게 되는 것이다. 만약 제품을 적절한 시간에 적절한 장소에 공급하지 못하게 되면, 이로 인해 기업은 매출기회의 상실, 고객의 불만족, 제조지연 등의 상황이 유발되게 되고 이에 따른 손실을 감수해야 할 것이다.

그러나 운송비는 대부분의 제품에 있어서 기업이 부담해야 하는 물류비 중에서 가장 큰 부분을 차지하며 제품가격에서 차지하는 비중이 크다. 예를 들어, 우리나라의 경우 운송비가 GDP에서 차지하는 비중은 2000년의 11.56%(66조

1) 2003 국가물류비 산정 및 추이분석(2005), 서상범 · 한상용, 한국교통연구원.

9,090억원)에서 2003년의 12.60%(91조 2,860억원)로 계속 증가하여 왔다.[1] 반면에 미국의 2002년 운송비는 5,770억달러이며 1996년의 4670억달러에 비해 절대 금액으로는 증가하였지만 GDP에서 차지하는 비중은 6%에서 5.5%로 더 낮아졌다.[2] 특히 소매업에 있어서 홈쇼핑 및 전자상거래의 비중이 커짐에 따라 운송비의 관리는 기업이 수익을 구현하기 위해 중요한 활동이 되고 있다. 예를 들어, 출판사가 서적을 대형 서점에 납품하여 판매하는 경우와 비교하여 인터넷으로 주문한 고객의 가정에 직접 배달할 경우에는 택배 비용이 가격의 큰 부분을 차지하게 된다.

따라서 기업은 수송비 절감과 물류서비스 개선이라는 두 마리 토끼를 한 번에 잡아야 하는 과제를 안고 있다. 이 과제를 성공적으로 수행하기 위해서는 반응적 운송시스템이 필수적이다. 미국의 월마트, 델컴퓨터, 아마존, 일본의 세븐일레븐 등 성공적 물류 기업들은 예외 없이 반응적 운송시스템을 채택하고 있다.

예를 들어, 월마트는 창립 후부터 일관되게 지켜온 저원가 저가격 정책을 유지하기 위해 자체적으로 개발한 독자적 물류시스템을 사용하고 있다. 월마트의 운송은 다빈도 소량배송으로 특징지을 수 있다. 즉, 점포의 재고를 가급적 낮은 수준으로 유지하고 제품이 판매될 때마다 그때그때 재고를 보충하는 식이다. 잦은 배송으로 말미암은 운송비의 증가를 막기 위해 월마트는 크로스도킹(crossdocking) 시스템을 채택하고 있다. 크로스도킹 시스템을 활용하여 월마트는 최종 목적지에 상관 없이 공급사의 제품들을 일단 한 트럭에 싣고 유통센터에 도착한다. 유통센터에서는 이를 각 소매점포별로 필요로 하는 제품들을 환적하여 최종 목적지인 소매점으로 향하게 한다. 즉, 대량 운송의 이점을 최대한 활용하면서 고객의 요구에 빠르게 부응하고 있는 것이다. 월마트의 저원가 정책을 가능하게 하는 것은 이와 같은 반응적 운송시스템이 큰 역할을 하고 있다. 한국에서 이와 같은 경쟁적 물류시스템의 이점을 갖지 못한 월마트가 결국 한국 철수를 결정하게 된 것은 어떻게 보면 초기에 충분히 예견될 수 있었던 일이라고 할 수 있다.

---

2) Logistics Costs and U.S. Gross Domestic Product(2005), MacroSys Research and Technology.

2. 기업 의사결정에 미치는 운송의 영향

운송은 기업의 로지스틱스 시스템 전반에 영향을 미치고 있는데, 이러한 로지스틱스 시스템 자체에 대한 영향뿐만 아니라 기업의사결정의 많은 부분에 폭 넓게 영향을 미치고 있다. 운송이 영향을 미치는 대표적인 기업 의사결정 영역을 하퍼(Harper)는 다음과 같이 요약하고 있다.

(1) 제품결정

제품개발 의사결정에 있어서 운송과 관련된 물리적 특성, 비용, 이용가능성, 적합성과 같은 운송가능성(transportability)을 고려하는 것이 바람직할 것이다. 예를 들어, 운송 중 손실의 정도가 높다면 제품개발에 있어 충격에 대한 내구성을 어느 정도 감안해야 할 것이다.

(2) 시장지역 결정

운송의 이용가능성, 적합성, 비용과 제품의 물리적 특성이 시장지역의 결정에 있어 제약요인으로 작용한다. 예를 들어 어떤 시장으로의 운송에 있어 지리적인 제약조건으로 인해 비용상 적합한 운송수단을 활용할 수 없는 상황일 때에는 그 시장은 고려에서 제외될 수 있다.

(3) 구매결정

기업은 원재료, 부품, 판매를 위한 완제품 등의 구매에 있어서 운송의 이용가능성, 적합성, 비용 등을 고려해야 할 것이다. 이는 시장지역 결정과 마찬가지로 지리적인 요인이나 운송비용상의 어려움으로 인해 구매대안에서 제외될 수 있음을 의미한다.

(4) 입지결정

각 업종의 성격에 따라 다소 차이를 보이기는 하지만 입지결정에 있어서도 운송의 이용가능성, 적합성, 비용 등을 고려해야 한다. 예를 들어 철강, 정유산업의 경우 해상운송을 이용할 수 있도록 대부분 공장의 입지가 모두 해안에 위치해 있다.

(5) 가격결정

대부분의 업종에서 운송은 기업의 운영비에 상당한 부분을 차지하고 있기 때문에 가격결정에 있어서도 반드시 고려해야 할 부분이다.

제 2 절 운송시스템

기업이 재화의 이동을 수행하는 방법에는 다양한 선택사양이 존재한다. 기업은 먼저 재화를 어떠한 모드를 이용하여 운반할 것인지를 결정해야 하고, 구체적으로 어떠한 업체(또는 몇 개 업체의 조합)를 활용해서 운송을 실시할 것인지를 결정해야 할 것이다.

이를 위해서 본 절에서는 운송의 기본적 모드에는 어떠한 것들이 있는지, 그리고 이러한 각 모드의 특성은 어떠한지를 간단하게 살펴보고, 운송 의사결정에 관련된 내용을 살펴보도록 하겠다.

1. 운송의 기본적인 모드

운송의 기본적인 모드는 자동차, 철도, 항공, 해운, 파이프라인이 5대 주요한 운송 모드이며, 그 외에 택배, 복합 모드로 구분할 수 있다. 이러한 운송수단은 각 국가별 상황에 따라 활용 정도의 차이를 보인다. 예를 들어 일본에서는 연안 해상과 자동차 및 철도 간의 경쟁이 치열하며, 독일에서는 철도를 중심으로 자동차 및 다른 운송 모드 간의 경쟁이 치열하다. 또, 미국처럼 넓은 국가에서는 자동차와 항공 간의 경쟁도 치열하다.

(1) 자동차(motor)

자동차운송은 대부분의 기업이 활용하고 있는 가장 보편적인 운송 모드이다. 자동차운송과 관련된 산업은 비교적 많은 수의 소규모 기업으로 구성되어 있고, 다른 모드와 비교해서 높은 변동비, 낮은 고정비의 비용구조를 갖는 특징을 가지고 있다. 일반적으로 자동차운송은 소화물에 있어서는 항공과 경쟁하고 대화물에 있어서는 철도와 경쟁하는 양상을 보인다고 한다.

자동차운송의 장점으로는 먼저 높은 접근가능성을 들 수 있다. 도로망은 전국 거의 모든 지역에 걸쳐 퍼져 있어 특수한 지역을 제외하고는 어디든지 도달이 가능하다는 장점을 갖고 있어 시장 커버리지가 매우 높은 특성을 보인다. 특히 홈쇼핑이나 전자상거래처럼 문전 배달서비스와 소량다빈도 배송의 중요성이 높아짐에 따라 차량을 통한 육상 운송의 이용은 더 높아지고 있다.

다른 장점으로는 짧은 운송시간을 들 수 있다. 일반적으로 자동차운송은 철도운송보다는 빠르고 항공운송보다는 느리지만, 짧은 거리에서는 하역에 소요되는 시간이 적기 때문에 항공보다도 오히려 빠른 특징을 갖고 있다. 그런데 우리나라의 경우 교통체증으로 인하여 이러한 장점은 유명무실한 상태라고 할 수 있다.

또한, 자동차운송은 활용의 폭(versatility)이 넓다는 장점을 가지고 있다. 이는 특수한 취급이 필요한 제품에 대해서도 운송차량에 대한 조정을 거치면 활용 가능하기 때문에 거의 모든 형태의 제품에 두루 이용할 수 있다는 것을 의미한다. 이외에도 자동차운송은 손망실 비율이 비교적 낮다고 할 수 있다. 대체적으로 자동차운송에서의 손망실비율은 철도운송보다는 낮고 항공운송보다는 다소 높은 양상을 보인다.

자동차운송의 단점으로는 먼저 운임이 철도나 연안해상에 비하여 훨씬 높다는 점을 들 수 있다. 자동차운송의 경우 적재할 수 있는 수량이 제한되어 있고 이로 말미암아 변동비가 높은 원가구조를 가지고 있다. 둘째, 신뢰성의 제한을 들 수 있다. 운송에 있어서 신뢰성이란 하주가 원하는 시간에 맞추어 줄 수 있는 일관된 서비스수준을 의미하는데 자동차운송의 경우에는 도로사정이나 기상조건에 의해 영향을 받을 수 있기 때문에 신뢰성이 다소 떨어지는 단점을 갖고 있다. 이는 우리나라의 상황에서 더욱 부각되는 단점이라고 할 수 있다. 또한 자동차운송은 안전성에 있어서 다소 한계를 갖고 있다. 이는 자동차운송이 철도나 파이프라인에 비해 사고의 가능성이 높기 때문이다. 이외에도 비교적 높은 가격을 들 수 있는데 특히 우리나라의 경우에는 도로정체로 인하여 다른 나라보다 더욱 심각한 문제로 대두될 수 있다.

이렇듯 자동차운송은 장점뿐만 아니라 단점도 가지고 있지만 물동량의 상당 부분을 점유하고 있는 것이 현실이다, 이는 자동차운송이 앞서 기술한 장점뿐만 아니라 기업의 입장에서 우선적으로 고려할 수밖에 없는 결정적인 매력을 갖고 있기 때문이라고 할 수 있다. 즉, 자동차운송은 다른 모드보다 고객의 서비스 요구에 부합되는 시스템을 구축할 수 있는 특성을 갖고 있기 때문에 마케팅 관점에서의 기업의 로지스틱스 네트워크에 중요한 부분을 차지하고 있는 것으로 보인다.

(2) 철도(rail)

철도는 미국의 경우 적은 수의 대규모 기업으로 구성되어 있고, 우리나라는 철도청이 관할하다가 2005년 1월부터 현재의 한국철도공사가 관리하고 있다. 이는 철도운송 산업이 많은 초기 투자를 필요로 하는 특성을 갖고 있기 때문이라고 할 수 있다. 그리고 철도운송은 과거 물동량의 상당부분을 점유하고 있었지만 자동차운송에 밀려 점차적으로 점유율이 떨어지는 추세를 보이고 있다. 이에 따라 철도운송의 강점을 활용하여 이를 만회하려는 노력이 이루어지고는 있지만, 연안해상, 파이프라인에 의한 운송에서의 도전도 만만치 않다.

철도운송의 장점으로는 저가격을 들 수 있다. 철도는 주경쟁 모드인 자동차나 항공운송보다 저가라는 장점을 가지고 있다. 따라서 저가치, 고밀도 재화의 장거리, 대규모 운송에 적합한 특성을 가지고 있다. 특히 농산물, 광산물, 중공업 제품의 경우에는 철도운송만이 유일한 대안인 경우도 많다.

또한 철도운송은 신뢰할 수 있고 안전한 서비스를 제공하는 것이 가능하다. 도로사정과 같은 불확실한 상황에 노출되지 않고, 사고의 위험성도 낮기 때문에 하주에게 믿을 수 있는 서비스를 제공한다는 중요한 강점을 갖고 있다. 그리고 철도운송도 자동차운송과 마찬가지로 거의 모든 제품의 서비스가 가능하다는 특징도 갖고 있다.

이에 반해 단점으로는 무엇보다도 낮은 접근가능성을 들 수 있다. 이는 철도망은 철로의 건설이 갖는 여러 가지 어려움으로 인해 도로망과 비교해볼 때 그다지 폭넓게 확산되어 있지 못하기 때문이다. 따라서 항공운송, 해상운송, 파이프라인처럼 자체적으로는 고객이 원하는 지점까지 직접적으로 연결하는 서비스가 거의 불가능하고 터미널과 터미널을 잇는 서비스 밖에 제공할 수 없는 한계를 안고 있다. 또 다른 단점으로, 우리나라의 경우에는 다소 예외일 수 있지만 전반적으로 자동차운송에 비해 긴 거리의 운송에 경제성이 높다는 제약이 있다. 전술한 두 가지 문제점을 다소 해결하기 위해서 철도운송은 자동차 및 해상운송과 연계한 복합운송서비스(Trailer on flat car: TOFC, Container on flat car: COFC)로 활로를 개척하려는 노력을 하고 있다. 이외에도 손망실 비율이 비교적 높고, 서비스빈도에 한계를 갖고 있다는 단점이 있다.

철도운송의 활성화를 위해서는 또 한가지 해결해야 될 과제가 있다. 철도운송 장비의 이용가능성 문제를 해결해야 된다. 이는 하주가 운송서비스가 필요한 시점에 원활하게 화차를 이용할 수 있도록 해야 한다는 것이다. 이를 위해서 미국에서는 컴퓨터를 활용한 경로계획 · 일정계획, 화차위치확인시스템, 안정적 화차확보가 절실한 고객에 대한 화차의 하주 소유제 등을 활용하고 있다.

(3) 항공(air)

항공운송은 매우 제한적인 규모만이 활용되고 있는 실정이다. 국내 운송에 있어서는 거의 활용되지 않는다고 보아도 무방하다. 그러나 국제 운송의 경우 우리나라 주력 수출품이 반도체, 휴대 전화, LCD, 컴퓨터 부품 등 하이테크 상품의 비중이 늘어감에 따라 항공 화물이 점하는 비중이 높아지고 있다. 2004년 기준으로 보았을 때에 중량 기준으로는 우리나라 수출에서 항공 화물이 차지하는 비중이 0.5%로서 해운의 98.7%에 크게 못 미치고 있다. 그러나 금액 기준으로는 항공 화물이 차지하는 비중이 32.8%로서 해운의 67.1%의 거의 절반에 가까운 수출이 항공을 통하여 이루어지고 있다. 이것은 10년 전과 비교하여 항공 화물의 전략적 중요성이 크게 높아졌음을 드러낸다. 즉, 94년 당시 항공 화물은 국내와 국제운송까지 감안하더라도 물동량 측면에서는 1%에 밑돌고, 비용의 측면에서도 94년 기준 3.8%에 그쳤던 것이 우리나라 수출품목의 구성이 변화함에 따라 항공 화물의 비중이 크게 높아지게 되었다.

항공운송의 가장 큰 장점은 신속한 운송이 가능하다는 점이다. 따라서 많은 하이테크 제품을 생산하는 업체들이 무재고 생산을 중요한 전략으로 채택하고 있기 때문에 제품의 모델 변경이 빈번하고 긴급한 운송을 요하는 제품이나, 제품의 변질속도가 빠른 제품의 경우에 항공운송은 필수적인 운송수단이라고 할 수 있다.

항공운송의 단점으로는 먼저 고가를 들 수 있다. 따라서 항공운송은 고가치 제품의 운송에 한정적으로 사용되어 왔다. 항공운송이 고가임에도 불구하고 고가치 제품의 경우에는 이를 활용할 수 있다. 즉, 예를 들어 휴대폰이나 컴퓨터 부품은 단위 무게당 가치가 매우 높기 때문에 항공운송을 활용하더라도 운송비의 비중이 그다지 높지 않다. 따라서, 컴퓨터 부품의 신속하고 안정된 공급을 우선 고려한 항공운송이 가능할 수 있다. 그리고 항공운송은 철도운송과 마찬가지로 제한된 접근가능성이라는 한계를 갖고 있다. 또한 낮은 신뢰성을 단점으로 들 수 있다. 이는 항공기의 운항에 있어서 기상조건이 중요한 영향을 미치기 때문이다.

전반적으로 항공운송은 국제 운송에 있어서 해상운송의 대안으로 활용가능한 운송수단이라고 할 수 있다. 따라서 요즈음 우리나라 수출제품의 구성이 점차적으로 고가치의 경량 화물로 변화하고, 고객의 서비스수준에 대한 요구가 날로 높아지며, 시간 단축이 중요한 전략적 요인이 되고 있는 상황을 감안해볼 때 그 중요성이 향후 더욱 증가할 것으로 예상된다.

그리고 어떠한 경우에는 항공운송의 단점이라고 생각되는 고비용이라는 측면이 절감된 재고의 비용만큼 상쇄될 수도 있다는 것을 염두에 두어야 할 것이다. 다시 말해서, 해상으로 운송할 경우 긴 운송시간에 따른 재고비의 부담이 크기 때문에, 항공운송을 통해 그만큼 운송 중 재고를 확보하고 있어야 함으로 말미암은 비용을 절감할 수 있고, 이에 따라 오히려 항공운송이 전체 물류비의 관점에서는 더 나은 대안이 될 수도 있다.

예를 들어, 반도체 메이커인 내셔널 세미컨덕터는 2년간의 기간에 걸쳐서 전세계에 흩어져 있던 6개 창고를 폐쇄하고 싱가포르의 물류센터로 통합하여 항공으로 고객에게 수송하는 시스템으로 변경하였다. 그 결과, 배송시간의 47% 절감, 물류비의 25% 절감, 매출의 34% 신장을 달성할 수 있었다.

(4) 해운(water)

해상운송은 가격의 측면에서 일반적으로 철도와 파이프라인과 경쟁한다고 할 수 있다. 해상운송은 본질적으로 기계화된 하역이 용이한 고밀도, 저가치 벌크재의 운송에 적합한 특성을 갖고 있다고 할 수 있다. 따라서 주로 석탄, 펄프, 곡물, 원유 등의 유입운송(inbound transportation)에 주로 활용되어 왔었다. 이러한 본질적 특성에 덧붙여 컨테이너의 활용이 본격화되면서 국제 운송에 있어서 가장 많이 활용되는 모드이다. 특히 우리나라의 경우에는 국내 운송에 있어서는 거의 활용되지 못 하다가 시멘트 등의 연안 수송에 일부 활용이 되어온 반면, 국제 운송에 있어서는 중량 기준으로는 물동량의 거의 전부인 98.7%를 점유하고 있는 상황이다. 해상운송 산업은 장비를 위한 큰 규모의 진입투자가 필요하다는 특징을 갖고 있다.

해상운송의 가장 큰 장점은 매우 낮은 가격이다. 따라서 대량의 장거리화물을 다루는 국제 운송에서 가장 중요하게 고려되는 운송 모드로 활용되고 있다. 따라서 해상운송의 주요 의사결정은 모드와 관련된 것이라기 보다는 어떤 선사를 선택할 것인가 하는 것이 보다 중요한 결정이 될 것이다.

해상운송의 단점으로는 먼저 매우 긴 운송시간을 들 수 있다. 특히 단거리화물의 경우, 하역에 소요되는 시간이 상대적으로 매우 길어 결정적인 한계를 갖고 있다. 그리고 매우 제한된 접근 가능성도 단점의 하나이다. 이러한 접근가능성의 한계는 불가피한 측면이 대부분이어서 폭넓은 활용의 큰 제약조건으로 작용한다. 이를 극복하기 위해서 컨테이너에 의한 복합운송시스템을 활용하는 방안이 다각적으로 모색되고 있다.

(5) 파이프라인(pipeline)

파이프라인의 가장 주된 특징으로는 초기에 방대한 자본투자가 필요하다는 점을 들 수 있다. 즉 비용구조에 있어 고정비의 비중이 매우 높고 이에 비해 변동비의 비중은 낮은 특성을 가지고 있다. 우리나라는 미군에 의해 1970년 포항-서울간 414km의 파이프라인이 건설된 이래 현재 600여km의 파이프라인이 운영 중에 있다.

파이프라인의 장점으로는 먼저 저가라는 특징을 들 수 있다. 운송수단 중 가격이 가장 낮다. 그리고 매우 높은 신뢰성을 들 수 있다. 파이프라인은 기상조건이나 도로사정에 전혀 영향을 받지 않는 데다가 파이프라인 내의 재화의 흐름을 컴퓨터로 감시, 통제하는 시스템을 활용하고 있어 신뢰성을 보장받을 수 있다. 또한 파이프라인의 누수나 파손에 의한 손망실 가능성이 매우 희박하고, 노동집약적이지 않아 파업에 따른 작업지연의 위험이 거의 없어 매우 높은 신뢰성을 확보하고 있다. 이러한 장점은 국가전략적으로 중요한 에너지 자원의 운송을 주로 담당하는 파이프라인운송의 입장에서는 필수적인 특성이라고 보여진다.

파이프라인의 단점으로는 제한된 능력을 들 수 있다. 파이프라인은 주로 액체석유제품, 천연가스의 운송에 활용되고 있는데, 특성상 유동성이 필수적이기 때문에 타제품 운송으로의 확대에 큰 제약을 안고 있다. 또한 접근가능성이 제한적이라는 단점을 갖고 있다. 이는 앞서 설명한 철도와 마찬가지로 파이프라인 망이 폭넓게 존재하지 못하기 때문에 터미널간의 운송이라는 한계를 안고 있다는 것이다. 파이프라인의 활용가능성 확대를 모색하기 위한 방안으로 slurry system을 이용하여 추가적인 작업과정을 통해 이용가능 업종을 확대하려는 노력이 모색되고 있다.

(6) 각 운송 모드의 비교

앞서 살펴본 바와 같이 각 운송수단은 각기 독특한 특징과 장 · 단점을 갖고 있다. 따라서 각 모드의 특성을 종합적으로 검토하는 것이 모드 선택에 있어 필요할 것이다. 그런데 기업들이 각 운송수단을 비교할 때, 단지 운송비용과 운송시간이라는 기준만을 사용하고 있는 경우가 많다. 이러한 비교는 기업이 효율적인 운송시스템 구축으로 얻을 수 있는 많은 이점들을 간과할 수 있기 때문에 전체적인 관점에서의 폭넓은 검토가 있어야 할 것이다. 지금까지 살펴본 각 운송수단의 특성을 종합적으로 요약해보면 〈표 8-1〉과 같다. 표에서 이용가능성은

표 8-1 • 운송수단의 특성 비교

		자동차	철도	항공	해상	파이프라인
경제적 특성	비용	약간 고가	보통	고가	약간 저렴	저렴
	시장범위	지점연결	터미널연결	터미널연결	터미널연결	터미널연결
	경쟁의 정도	높음	매우 낮음	낮음	낮음	매우 낮음
	주요 사용 업종	모든 업종	저가치 고밀도	고가치 저밀도	저가치 고밀도	저가치 고밀도
서비스 특성	속도	약간 고속	보통	고속	매우 느림	느림
	이용가능성	높음	보통	낮음	낮음	낮음
	신뢰성	약간 높음	낮음	보통	매우 낮음	매우 높음
	손망실 정도	낮음	다소 높음	낮음	다소 낮음	낮음
	탄력성	매우 높음	높음	보통	약간 낮음	아주 낮음

출처: 이 표는 Bloomberg 등(2002)과 Lambert and Stock이 제시한 비교를 참조하여 국내 운송에서의 각 운송수단의 특성을 비교한 것임.

어떤 지역에서나 사용가능한가의 여부를 나타낸다. 또, 탄력성은 어떤 곳이나 문전 배송(door to door) 서비스가 가능한지의 여부를 말한다.

그리고 이러한 비교뿐만 아니라 운송비 이외의 기업전반의 비용과 전략을 검토하는 것도 필요할 것이다. 최근 고객의 요구 서비스수준이 높아짐에 따라 전반적으로 높은 서비스수준을 충족시켜 줄 수 있는 운송수단의 활용이 점차 확대되어가는 추세를 보이고 있다.

2. 복합운송(intermodal transport)

복합운송이란 두 개 이상의 상이한 모드의 결합을 활용하는 운송을 의미한다. 즉, 철도, 자동차, 해상, 항공 등 각 운송수단들이 갖는 장점을 살리기 위해 상이한 운송수단을 결합하여 화물을 출발점에서 목적지까지 운송하는 방법을 의미한다. 복합수송이 성장하게 된 배경에는 컨테이너의 활용의 급증과 국제 무역의 성장을 들 수 있다. 복합수송은 각 운송수단이 갖는 장점을 효율적으로 결합하여 한 모드의 장점을 향유하면서 그 모드가 갖는 한계점을 극복하고자 하는 시도에서 이루어졌다. 물론 이러한 결합을 통해서 각 모드의 단점이 모두 극복될 수 있는 것은 아니다. 그러나 이러한 결합이 장점을 최대화하고 단점을 최소화할 수는 있다는 근거에서 출발하고 있다고 보인다. 특히 복합수송이 원활하게 작동하기 위해서는 상이한 모드간의 환적을 용이하게 일어날 수 있도록 하는 정보의 교환이 필수적이다.

복합운송의 유형에는 전통적으로 많이 활용되어온 트럭과 철도의 결합형태인 피기백(piggy back), 선박과 트럭의 결합형태인 피쉬백(fishy back), 항공기와 트럭의 결합인 버디백(birdy back), 이외에도 국제 물류에 있어서 한국에서 유럽으로 가기 위해 미국이나 시베리아를 랜드 브리지(land bridge)로 활용하는 선박, 철도, 트럭의 복합적 결합 등이 있다.

피기백과 피쉬백은 철도와 해상의 장거리 저가격 운송의 장점에 자동차운송의 접근가능성과 편리성을 추가한 운송시스템이고 버디백은 항공의 신속한 운송이라는 장점과 자동차운송의 접근가능성을 추가한 운송시스템이라고 할 수 있다.

최근에 와서는 복수의 운송수단을 활용하여 서비스를 제공하는 복합모드 운송기업(multimodal transportation companies)이 등장하고 있다. 이러한 기업은 운송

그림 8-1 • 복합운송의 유형

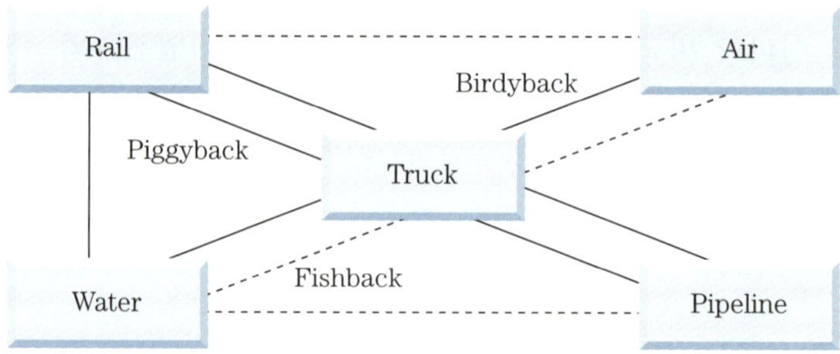

출처: Coyle, et al, "The Management of Business Logistics", 5th. ed., p. 289.

서비스를 구매하는 고객들이 운송전반의 업무를 한 곳에서 종합적으로 처리하는 원스톱 쇼핑(one stop shopping)이 가능하게 해 주고 있다. 즉, 다양한 형태의 모드를 활용하여 최적의 운송시스템 조합을 구축해 기업의 운송기능을 전반적으로 지원하는 장기적 관계지향의 거래가 이루어지는 추세를 보여주고 있다.

미니 사례 육·해·공 연계 국제물류시스템 도입

건설교통부는 인천공항에 중국 출발 환적화물을 유치해 허브화를 촉진하고 국제물류체계의 효율성을 높이기 위해 한-중 간에 트럭복합일관수송체계(RFS)를 새로 구축한다고 밝혔다. RFS(Road Feeder Service)란 타지역 공-항만의 화물을 트럭을 통해 공항까지 운반한 후 항공기로 환적해 목적지 공항까지 수송하는 서비스로, 건교부가 지난해 12월말 청도공항-인천공항 구간에 대한 RFS 시범사업을 실시한 결과, 기존 해상-항공, 항공-항공 연계운송보다 시간, 비용에 경쟁력이 있는 것으로 밝혀졌다. 실제로 시범사업을 실시하기 전, 건교부는 새로운 복합운송시스템이, 기존의 복합운송방식인 Sea & Air와 비교시 상·하역 작업이 감소되어 화물손상률이 낮을 뿐만 아니라 화물운송시간도 6.2시간 단축되며, Air & Air와 비교하여서도 화물 1kg당 0.3$의 물류비 절감이 예상한 바 있다.

건교부는 한-중간 RFS를 도입하기 위해 통관 · 환적 절차 간소화 문제를 관세청 등 관련부처와 협조해 제도적으로 정비한 후 오는 7월 정식 도입할 계획이다. 정식사업이 실시될 경우, 단기적으로는 중국의 환적화물 유치가 증가하여 인천공항의 허브화가 가속화되고, 국적 항공사 및 복합운송업체의 경쟁력이 향상될 전망이다. 따라서, 인천공항의 환적화물은 최대 연 6.2만톤이 증대하며(2005년 인천공항 환적화물(95만톤)의 6.5% 수준), 이로 인해 창출되는 연간 부가가치는 2,051억원에 이를 것으로 기대하고 있다. 또한 남북분단으로 인해 해운 · 항공에 한정된 현 국제물류시스템에 트럭을 이용한 복합운송시스템의 추가 개발로, 중장기적으로는 육로 · 철로를 이용하지 않고 대륙연계 운송이 가능할 것이며, 이로 인해 한-중간에 물류시장이 보다 확대될 전망이다. 건교부 관계자는 "앞으로 중국정부와 화물차의 상호 운행방안에 대해 협의해 RFS 체계를 발전시켜나갈 것"이라며, "최종적으로는 한-중간 전면적인 트럭복합일관수송체계 구축을 추진해 한-중 물류시장의 통합을 위한 기반을 다질 계획"이라고 설명했다.

〈건설교통부, 2006. 12. 19; 프라임경제, 2007. 1. 24.〉

3. 택 배

택배라 함은 소형, 소량의 운송물을 고객의 주택, 사무실 또는 기타의 장소에서 수탁하여 수하인의 주택, 사무실, 또는 기타의 장소까지 운송하여 인도하는 것을 말한다.[3] 택배는 과거 주로 기업체 대상의 택배가 중심이었으나, 최근 소비자의 라이프스타일의 변화에 따른 전자상거래 및 홈쇼핑의 성장과 더불어 개인과 가정에 대한 택배의 수요가 급증하고 있다.

미국의 UPS(United Parcel Service)는 1907년 친구로부터 100달러를 빌려 시애틀에서 자전거 배달부 10명으로 소화물 택배 전문회사를 시작하였다. 현재는 전 세계 200여 개국에 대한 서비스 망을 갖추고 전 세계 최대의 특송업체로 성장하였다. 1974년 미국의 프레드 스미스는 미국 중앙부에 있는 멤피스를 허브로 설정하고 8대의 소형 비행기로 페더럴 익스프레스를 설립함으로써 소비자 머리속에 FedEx하면 특송이라는 이미지를 강하게 심어주었다.

일본에서는 야마토운수가 "가정(宅)에서 가정(宅)까지 빨리(急) 화물을 전달

3) 공정거래위원회 택배표준약관 제 1 장 총칙 제 2 조 1 항.

한다"는 의미에서 '택급편'(宅急便)이라는 이름으로 1976년 처음 택배서비스를 시작하였다. 첫날 2개에 불과했던 수탁화물은 30년 뒤 현재는 하루평균 270만개에 이르는 일본 최대의 택배 업체로 성장하였다.

우리나라에서는 1992년 한진이 '파발마' 라는 브랜드로 국내 최초로 택배사업을 개시했다. 물론 이전에도 일부 중소기업이 택배사업과 유사한 형태의 서비스를 하고 있었지만 시장이 본격 형성된 것은 한진의 택배사업 시작과 궤를 같이 한다. 이후 1993년 대한통운, 1994년 현대택배, 1999년 CJ GLS, 2000년 HTH, 2001년 우체국택배 순으로 시장에 진출했다.

현재 우리나라 택배시장의 규모는 2조원에 육박하는 것으로 추산하고 있다. 2000년 2억 5천만 박스 규모의 시장이 2005년은 5억 4천만 박스 수준으로 성장하였다. 특히 2004년에 비해 시장규모는 4,000억원 정도 성장한 것으로 보고 있다.[4] 그 성장의 한 요인으로서는 전자상거래 업체의 비약적 성장에 기인한다. 전자 상거래를 이끌고 있는 오픈마켓이 2003년 7,800억원 규모에서 2004년 1조4,800억원, 2005년에는 3조원으로 성장하였으며, 2006년에는 5조원대로 예상되고 있다. 또 다른 요인으로서는 기업의 물류 아웃소싱 비중의 증가를 들 수 있다. 상공회의소에 따르면 기업들이 물류비의 55.6%를 아웃소싱하고 있는 것으로 나타났으며, 아웃소싱 추세는 점점 가속화될 것으로 보고 있다.[5]

국내 택배업계는 크게 5개 대형업체와 기타 중소업체로 구분된다. 현대택배, 한진, 대한통운, CJ GLS, 우체국이 빅5를 형성, 전체 매출의 절반 가량을 차지하고 있다. 업계 1위인 현대택배는 전국에 520개 택배망을 두고 있으며 한진과 대한통운은 각각 398개, 424개의 영업망을 운영 중이다. 우체국은 전국 방방곡곡의 3,800개 우체국을 택배망으로 활용하고 있다. 특히 우체국은 지난해 5,000만 건의 물량을 확보, 선발업체들을 바짝 추격 중이다. 최근 업계 4위인 CJ CLS가 6위인 HTH를 인수하면서 대대적인 판도변화를 예고했다. 영업소 규모로만 봤을 때 650여 개에 달해 520여 개인 현대택배를 앞지르게 된다. 대한통운의 기세도 만만찮다. 올해 600억원을 투자해 서울 구로구 가산동에 수도권 터미널을 완공하는 등 취급량과 서비스 품질면에서 '넘버원' 에 올라서겠다며 고삐를 바짝 당기고 있다. 한진도 2007년에는 왕좌에 오르겠다며 그룹 차원에서 투자를

4) 물류신문 조사.
5) 대한상공회의소, 2005년 국내물류서비스 이용실태조사.

연도별 택배물량 추이

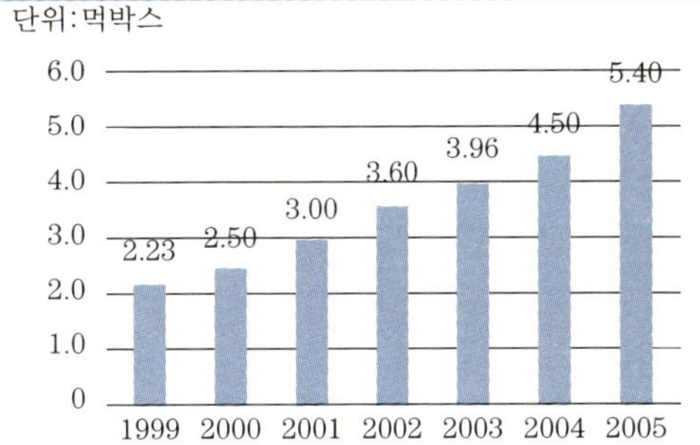

자료 : 물류신문

연도별 택배물량 추이

업체	매출(억원)	택배망
현대택배	2.560	520
(주)한진	2.032	398
대한통운	1.756	424
CJ GLS	1.560	350
우체국	1.429	3.800

한진 · 대한통운은 공시 기준. 나머지 업체는 각 사 발표 기준

아끼지 않겠다는 방침이다. 이 과정에서 네트워크 확충경쟁도 치열하다. 현대택배는 오는 8월 가동을 목표로 지난해 7월부터 대전에 허브터미널 공사를 진행하고 있다. 대한통운은 구로구 가산동에 3,000평 규모의 부지를 이미 마련했고, 수도권 전담 물류센터를 신축 중이다. 우정사업본부는 오는 4월 동서울 소포물류센터를 오픈하고 2008년까지 대전권 소포물류센터를 완공할 예정이다.

PDA는 이제 택배직원의 필수 휴대품목이다. 대한통운은 휴대전화 스캐너를 영업에 활용하고 있다. 엄지손가락 크기의 바코드 스캐너와 휴대전화로 구성돼 있는 이 기기는 스캐너를 휴대전화와 연결해 사용하며 운송장 바코드 스캔, 화물정보 교환, 일반전화 통화 등 기존 무선PDA로 하던 업무가 모두 가능하다. 우체국은 아예 GIS(지리정보시스템)와 GPS(위치확인시스템)를 적용한 '우편물류종합상황실'을 꾸려 차량 이동시간과 운송 및 배달상황을 실시간으로 파악, 우편흐름을 원활하게 하고 있다. CJ GLS는 청각 및 언어장애인을 위한 문자택배 예약서비스를 실시하고 있다. 고객이 택배예약과 화물추적에 대한 문의사항을 문자로 전송하면 콜센터에서 휴대전화 문자메시지로 답변해 준다.

대한상공회의소의 고객 조사에 따르면 택배물량의 발송은 전화(76.4%)나 인터넷(16.8%)으로 주문하고, 수취는 자택이나 사무실(90.0%), 택배영업소나 우체국(7.0%) 등에서 행해지는 것으로 나타났다. 택배업체들이 서비스 개선을 위해 편의점, 주유소 등에 수취 및 발송 취급점을 운영하고 있지만 이용도는 미미한 수준에 그치고 있는 것이다. 특히 편의점에서 발송 및 수취한다는 응답은 각각 2.2%, 0.4%에 불과했다. 또 소비자들은 '홈쇼핑, 인터넷 쇼핑의 물품구매' (50.9%), '식품류 등의 원격지 물품배달' (25.0%), '선물 수배송' (22.2%) 등에 택배를 주로 이용한다고 대답했다. 하지만 '급한 업무서류 수배송'(83.4%)에는 퀵서비스를 주로 이용하는 것으로 나타났다..

개인택배를 통해 오가는 물품은 '식료품'(47.2%), '의류'(24.0%), '생활용품'(19.8%)이 많다. 택배 이용 물품의 가격대는 '5만~10만원'(37.8%), '3만~5만원'(31.0%), '10만~20만원'(16.0%) 순이었다. 한편 소비자들은 택배를 발송할 때 매체광고(33.6%), 영업소와의 거리(22.2%), 외부 평판(20.0%), 기존 거래업체(16.2%) 등을 주로 고려한다고 대답했다. 반면 가격 대비 서비스를 고려한다는 응답은 8%에 불과했다. 택배서비스에 대한 만족도는 대체로 높은 편인 것으로 나타났다. 5점 만점을 기준으로 했을 때, 접수시 만족도(3.71)가 가장 높았으며 배송추적(3.35)에 대한 만족도는 가장 낮은 것으로 조사됐다. 택배서비스 전반적으로는 편리성(3.76)에 대한 만족이 가장 높았다.

4. 기타 운송관련 업체의 활용

기타 운송관련 업체란 제3자 운송업체(third party transportation)라고 분류되는 것으로, 어떠한 모드의 운송수단을 직접 운영하는 것은 아니지만 운송시스템 선택의 대안으로 고려할 수 있는 업체를 의미한다. 여기에는 운송주선인(freight forwarder), 중개인(broker), 대리점(agent), 하주조합(shippers' association) 등이 있다.

먼저, 운송주선인은 주로 기본적인 모드 중 하나 이상의 서비스를 구입한 다음, 여러 하주들로부터 소화물을 집화하여 낮은 운송 요율로 운송을 실시하는 업체를 말한다. 이러한 업체들은 하주가 소화물을 직접 운송의뢰하는 것보다 낮은 비용으로 운송을 대리하게 된다. 이러한 업체는 소화물을 집화를 통한 낮은 요율로서 서비스를 구입하고 여기에 적정마진을 추가하여 소화물의 운송의뢰를 하는 하주에게 재판매하는 형태로 기업이익을 창출하게 되는 것이다. 구체적인 예를 들어 살펴보면 다음과 같다. 화물의 수량이 컨테이너 한 대 분량이 넘을 때에는 단위 수량당 서비스가격이 2천원, 그렇지 못한 경우에는 4천원이라고 할 경우, 복합운송주선인은 운송업체로부터 단위 수량당 2천원에 구입한 다음, 3천원에 소화물 하주에게 재판매를 하는 형태로 영업을 하게 된다. 넓은 의미에서 운송주선인은 대리점 등을 포괄하는 의미로서도 사용되며, 운송을 위탁한 고객을 대리하여 인수자에게 인도할 때까지의 집화, 입출고, 선적, 운송, 보험, 보관, 배달 등 일체의 업무를 주선한다.

그리고 중개인(broker)이란 제품 운송수단의 기획 · 조정이라는 서비스를 제공하고 수임료(fee)를 받는 중개업자를 말하는데, 운송업체나 창고업체 등에서 이러한 사업을 겸하는 경우가 많다. 그렇다면 왜 기업들이 자신들이 직접 운송수단의 기획 · 조정을 하지 않고 이렇듯 브로커를 이용하는 것일까? 그 이유는, 운송수단에 대한 선택사양이 급격하게 증가하고 있으며, 이러한 서비스를 제공하는 기업들도 늘어나고 있다. 따라서 하주가 각 선택사양 및 운송업체 선정에 대한 전문성을 갖기 힘들고, 이러한 탐색 · 연결에 소요되는 시간이나 비용이 많이 소요되기 때문에 이러한 기능을 외부화하는 것이 합리적인 방법일 것이다.

이외에도 항공사나 선박회사의 화물수송업무를 대리하는 대리점(agent), 회원기업의 소량화물을 집화하는 비영리 협동체인 하주조합(shippers' association) 등의 유형들이 있다. 이렇듯 전문적인 지식과 풍부한 경험을 보유하고 있는 제3자 운송업체의 활용은 특히 국제 운송에 있어 주요 고려대안이 될 수 있을 것이다.

제3절 운송관련 의사결정

운송관련 의사결정은 세 단계를 거치는 형태로 이루어진다. 먼저 어떠한 운송수단을 선택하는 것이 가장 효율적일 것인지를 결정하고, 고객서비스 품질과 경쟁력 있는 원가경쟁력을 창출하기 위한 운송네트워크를 선택하고, 결정된 운송모드와 운송망 내에서 어떠한 업체와 계약을 맺는 것이 가장 바람직할 것인지를 결정하는 일련의 과정을 거치게 된다.

1. 운송수단(mode)의 결정

앞에서 살펴본 바와 같이 각 운송수단은 경제성과 서비스특성의 차원에서 다양한 특징을 갖고 있다. 기업은 자사의 취급재화의 특성, 필요운송조건, 고객의 요구사항 등을 감안해서 가장 바람직한 형태의 운송수단을 결정해야 할 것이다.

일반적으로 운송수단의 선택에서는 각 모드의 운송비용이나 소요시간의 비교가 주로 고려된다. 그런데 이러한 비교가 단편적으로 이루어져서는 안될 것이다. 즉, 운송비용의 비교에 있어서 단순히 상이한 운송방법간의 운송비용 하나만을 비교하는 수준이 아니라, 전체적인 관점에서 비용전반의 비교가 이루어져야 할 것이다. 그리고 소요시간의 비교에 있어서도 터미널간의 소요시간뿐만 아니라 터미널 내에서의 소요시간도 충분히 고려되어야 할 것이다. 그리고 운송수단의 비교에서 언급한 것처럼 운송비용이나 소요시간이라는 주된 요인 이외의 여러 가지 특징을 종합적으로 비교하는 것이 바람직할 것이다.

이를 위해 '운송관련 순편익 극대화'라는 관점을 활용한 접근방법이 제시될 수 있을 것이다. 운송관련 순편익이란 생산효율의 향상, 서비스의 증대, 시장의 확대, 판매의 증대 등을 포괄적으로 고려한 운송관련 총편익에서 운송관련 총물류비를 차감한 것을 말한다. 즉 운송관련 순편익 극대화란 기존의 운송관리에서 주로 활용되어 오던 단순한 물류비 절감이라는 목표에서 한 걸음 더 나아가, 효과적인 운송시스템으로 인한 혜택도 종합적으로 고려한 목표를 말한다. 그런데 이러한 접근 방법은 편익의 계량화가 어렵다는 한계를 갖고 있기는 하다.

2. 운송망의 설계

기업이 어떤 운송네트워크를 선택하는가에 따라 고객서비스의 품질과 운송비에 차이를 나타낼 것이다. 여러 개의 소매점을 소유한 소매기업이 선택할 수 있는 운송망에는 몇 가지 대안이 있다.

(1) 직접 배송망

직접 배송망을 이용하는 소매기업은 모든 상품을 공급사로부터 소매점에 직접 배송하게 한다. 이 배송망을 사용할 경우 주 의사결정은 수송량의 결정과 수송수단의 선택이다. 직접 배송망은 공급사와 소매점 간에 별도의 창고를 두지 않음으로써 운영과 조정이 단순하다는 장점이 있다. 특히 직접 배송으로 인한 납품사로부터 소매점까지의 수송시간이 짧다. 직접 배송은 대형 소매점으로서 최적 조달 로트규모가 차급 화물인 경우에 적합하다. 소형 소매점이 이 방법을 사용하면, 재고가 늘어나서 재고보유비가 증가한다는 단점이 있다. 그렇다고 하여 차급이 안 되는 화물로 보내면 운송비도 증가하고 수송시간도 더 증가한다.

(2) 정기순환식 직배(Direct shipping with milk runs)

정기 노선(milk run)은 트럭이 한 납품사로부터 여러 소매점에 제품을 배송하거나, 여러 납품사로부터 한 소매점으로 갈 경우에 이용하는 노선을 말한다. 여러 소매점을 순환하면서 상품을 배송하거나, 여러 납품사를 순환하면서 집품을 한다. 이 방식의 장점은 보관창고를 이용할 필요가 없고 여러 상점에 가는 화물을 한 트럭이 집화하여 배송함으로써 수송비를 낮출 수 있다는 장점이 있다. 이런 방식은 식품회사나 제약회사 등이 정기적으로 소량의 상품을 빈번하게 배송해야 하는 경우에 적합하다. 특히 상점들이 지리적으로 인접해 있는 경우에 수송비를 많이 절감할 수 있다. 예를 들어, JIT 시스템을 사용하는 자동차회사가 여러 납품사로부터 공장에 부품을 조달받는 경우에 이런 방식이 사용된다.

(3) 중앙 유통센터(Central Distribution Center: CDC)에 의한 배송

이 방식을 사용할 경우 먼저 상점들을 몇 개 지역으로 나누고 각 지역에 유통센터를 세운다. 납품사가 상품을 DC(Distribution Center)로 보내면 DC는 다시 각 상점으로 적당량을 배송한다. 유통센터의 기능은 재고 보관과 환적 지점으로서의 역할을 한다. 납품사와 소매점 간의 거리가 멀고 운송비가 높을 경우에는 유통센터의 활용이 비용을 절감시킬 수 있다. 예를 들어, 해외에서 여러 납품사로부터 수입되는 상품의 경우 개별 점포에서 소화할 수 있는 것보다 훨씬 더 큰 단위로 유입되는 것이 일반적이기 때문에 이 경우 유통센터에서 재고로 보관된다. 그러나 월마트는 크로스 도킹 시스템을 사용하여 여러 납품사로부터 유입되는 로트 사이즈를 쪼개어 개별 점포별로 다시 재분류하여 운송에 있어서 규모의 경제를 달성할 만큼 큰 단위로 만들어 소매점에 배송한다. 크로스 도킹은 재고감축, 제품 흐름의 촉진, 하역비용의 감축이라는 이점을 가지지만, 크로스 도킹이 성공하기 위해서는 유입 상품과 유출 상품 간의 조정과 동시화(synchronization)가 잘 이루어져야 한다.

표 8-2 • 각 운송 네트워크의 장단점

네트워크의 구조	장 점	단 점
직접 배송	보관창고 이용 않음	(큰 로트사이즈와) 높은 재고수준
정기 순환방식(milk run)에 따른 직접 배송	작은 로트의 경우 더 낮은 수송비; 더 작은 재고	조정의 복잡성 증가
중앙집중식 재고보관 DC의 활용	집화를 통한 유입 운송비용의 절감	재고비의 증가 DC 하역비의 증가
크로스 도킹 방식의 중앙 집중식 DC의 활용	소요 재고량이 매우 작다 집화를 통한 운송비 절감	조정의 복잡성 증가
정기경로를 활용하여 DC를 통해 배송	작은 로트의 경우 유출 운송비가 더 작다	조정의 복잡성이 더욱 증가
맞춤식 네트워크	개별 제품과 상점의 요구를 가장 잘 부합하는 운송대안	조정의 복잡성이 가장 크다

(4) 정기순환방식을 활용한 유통센터에 의한 배송

각 소매점에 배송하는 상품의 로트 규모가 작을 때에는 여러 점포로 배송하는 화물을 한 데 묶어서 순서를 정해 각 점포별로 배송할 수 있다. 예를 들어서, 유통센터에서 편의점에 대한 다빈도 소량 배송이나, 전자상거래 업체의 가정 배달 등의 경우에 이와 같은 방식이 활용될 수 있다.

(5) 맞춤식 네트워크(Tailored Network)

상황에 따라서 여러 가지 방식을 사용할 수 있다. 예를 들어서, 고매출 제품을 고매출 점포에 보낼 경우에는 직접 배송을 사용할 수 있다. 또, 저매출 제품을 저매출 점포에 보낼 때에는 유통센터를 경유하여 배송할 수 있다. 이 방식을 사용하기 위해서는 고도의 조정과 이를 가능하게 하는 정보시스템의 구축이 필요하다.

3. 운송업체(carrier)의 결정

일단 운송수단의 선택이 이루어지면, 다음 단계로 각 운송 모드 내에서 영업활동을 하고 있는 다양한 운송업체 중에서 어떠한 운송업체와 거래를 할 것인지를 결정해야 한다. 물론 구체적인 운송업체의 결정에 있어서 활용되는 기준은 기업의 특성이나 운송상황에 따라 다소 차이를 보일 것이다. 하주는 원하는 서비스를 최소의 가격으로 달성할 수 있는 운송업체를 선정하고자 할 것이다. 그런데 운송업체 선정의 기준의 중요성은 그 기업이 속한 산업의 특성이나 해당 기업의 독특한 전략 등에 따라 차이를 보일 것이다. 예를 들어, GM의 운송담당자의 경우, 총 10점의 점수를 다음과 같은 비중으로 가중하여 운송업체를 종합적으로 평가한다고 한다.

① 운송업체의 지리적 커버리지 범위: 0.5
② 운송업체의 마케팅 노력: 0.4
③ 운송업체의 운송성과: 1.8
④ 장비의 이용가능성과 청결도: 1.1
⑤ 고객서비스(컴퓨터활용지원, 운송 중 정보제공 등): 1.4
⑥ 가격: 1.4
⑦ 요금청구서 작업의 정확성 및 적시성: 1.2
⑧ 손망실 불평처리의 질: 1.2
⑨ 운송업체의 재무적 건실성: 1.0

운송성과를 파악하기 위해 일반적으로 활용되는 결정기준에는 크게 비용적 측면과 서비스 성과적 측면으로 분류할 수 있다. 비용적 측면에는 운임 이외에도 잉여재고, 보관비, 완충재고를 들 수 있고, 국제물류의 경우에는 중개인 비용과 통관비를 포함한다. 서비스 성과적 측면에는 신속성(speed), 배달 신뢰성(reliability), 인화물질이나 다루기 어려운 화물을 취급할 수 있는 능력(capability), 픽업 서비스와 문전연결 서비스(door to door service) 등을 통한 접근 용이성(accessibility), 손망실 정도, 불평처리의 질 등이 있다.

운송수단과 운송업체의 결정에 있어서 명심해야 될 내용은 절대적으로 우수한 모드와 운송업체의 선택이란 있을 수 없다는 것이다. 따라서 각각의 상황에 적합한 운송수단과 운송업체의 조합이 달라지게 된다는 것을 염두에 두어야 할 것이다.

최근 들어서는 전반적으로 비용보다는 서비스를 더욱 중요시하는 추세를 보이고 있다. 다시 말해서 서비스의 일관성, 운송시간, 시장 커버리지, 탄력성,

손망실 비율 등과 같은 서비스 요소를 더욱 중요하게 고려하는 경향을 나타내고 있으며, 뿐만 아니라 운송업체가 기본적인 운송서비스를 넘어, 전반적인 기업 로지스틱스 프로그램의 부분으로서 역할을 수행해 주는 것을 요구하는 방향으로 나아가고 있다. 또한 이러한 흐름의 일환으로 점차 적은 수의 업자를 활용하여 장기적인 관계형 거래를 실시하는 양상을 나타내고 있다.

운송회사가 정기 노선업자이던, 계약에 의한 업자이던 간에 최종 결정에 있어서는 몇 가지 세부 사항에 관한 협상이 필요하다. 이런 사항에는 서비스 수행에 대한 보장과 상응하는 보상, 소량 화물 배송에 대한 약속, 화물 클레임에 대한 처리, 선사가 사용할 장비의 유형, 정보공유 시스템의 확립, 운임 할인, 총 운송비용 절감을 위한 협조들이 있다.

4. 운송부서의 기능

기업의 비용 중에서 운송비가 차지하는 비중이 점차 증가해감에 따라 최고 경영자의 운송관리에 대한 관심이 커가고 있다. 일반적으로 지금까지는 운송담당자의 역할은 각 부서의 운송의뢰를 받아서 활용가능한 운송업체를 물색하고 비용이나 납기 등을 고려해서 운송을 실시한 다음, 관련 업무처리를 하는 형태로 진행되어 왔다.

그러나 효율적인 운송시스템에 대한 기업의 관심이 확대되고 활용가능한 운송시스템의 옵션이 증가함에 따라 단순한 업무처리의 차원을 넘어 보다 체계적인 전략수립의 필요성이 대두되었다. 이에 따라 운송담당자의 역할의 중요성이 커지고 부서의 기능이 강화되는 전환점을 맞고 있다.

대체적으로 운송부서의 기능은 다음과 같은 내용을 포함한다.

① 운송 요율의 변화주시 · 자료축적
② 최상의 운송수단 선택
③ 구체적인 운송업체(또는 업체의 일련의 조합) 선정: 재정 상태, 명성, 요율, 서비스수준, 권한범위(scope of authority)
④ 경로설계와 추적
⑤ 주문의 집화

⑥ 운송업체에 대한 비용지불을 위한 서류작성 · 정리
⑦ 운송요금계산서(freight bills)의 감사
⑧ 손 · 망실 클레임 증거의 수집 · 축적
⑨ 운송업체와의 협상

이러한 본원적인 기능 이외에도 다음과 같은 기능을 수행할 필요가 있다.

첫째, 운임 요율에 관한 정보의 제공, 수량할인관련 운송비용 정보제공 등을 통해 마케팅 활동을 지원한다. 둘째, 포장과 자재취급에 관한 제언, 적시운송이 가능하기 위한 준비 등을 통해 생산활동을 지원한다. 셋째, 유입운송의 비용이나 질을 통제하는 방법에 대한 제언, 중요자재의 지연선적의 추적과 재촉 등을 통해 구매활동을 지원한다.

미니 사례 도시철도공사, 순환식 물류시스템 개발 및 발표

서울지하철 5, 6, 7, 8호선을 운영하고 있는 서울도시철도공사에서는 기 구축된 도시철도 인프라를 활용한 세계최초의 순환식 메트로 물류시스템을 개발하여 간선이동 비용 및 시간을 절감할 수 있는 물류사업을 추진 중에 있다.

지하철은 일종의 컨베이어 벨트처럼 연중 무휴 운행하므로 365일 물류를 픽업 및 배송할 수 있다. 또한, 모든 지하철역 내 유휴공간에 설치된 영업소에서 소비자는 편리한 시간대 언제나 픽업 및 배송을 할 수 있으며, 수도권 및 대도 시간에는 1일 이내에 배송이 이루어지므로 퀵서비스 개념의 물류사업이다. 더 나아가 중장기적으로 열차가 없는 지방과 수도권 간의 물류를 위해서 서울 외곽에 위치한 6개의 차량기지 내 유휴부지를 활용하며 물류터미널을 조성하여 택배 등과의 복합운송망을 구축하여 수도권 물류를 처리하게 된다. 광역도시로 갈 물류는 KTX를 이용하여 물류이동이 하루에 가능하게 된다.

이번 사업을 진행하고 있는 도시철도공사 관계자는 “출퇴근 시간대 등 복잡한 시간대는 피해서 1개 열차 8~10량 중 1량을 물류를 위해 편성한다는 계획이며, 비러쉬아워 시간대에는 1시간 간격으로 운행하고, 필요시에는 새벽 첫 열차를 선로점검용 겸 화물 전용열차로 운행하는 등 물류수요에 따른 탄력적 운행이 가능하다. 5호선의 경우, 총 37개 편성 중 4개 편성을 고정으로 운행하면 약 40분 간격으로 일일 22회(상선 11회, 하선 11회) 열차운행이 예상된다”고 말했다. 지상, 지하대합실, 지하승강장 간의 이동의 경우, 일반역의 소규모 택배는 실버 · 주부 아르바이트 인력을 활용하여 엘리베이터, 에스컬레이터를 활용하여 승객화물 형태로

수도권 메트로 물류 시스템

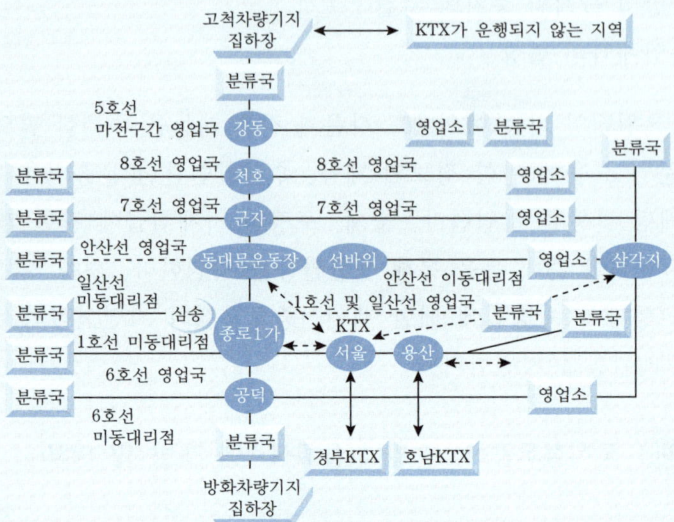

KTX를 중심으로 이루어진 광역시 시스템

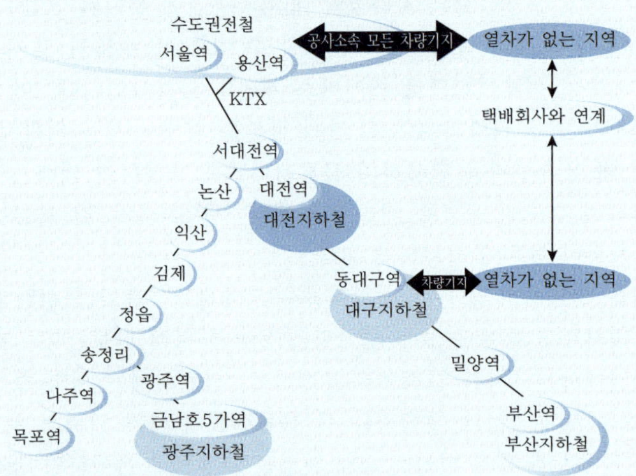

지하철 역과 역 사이를 이용한 개선물류 시스템

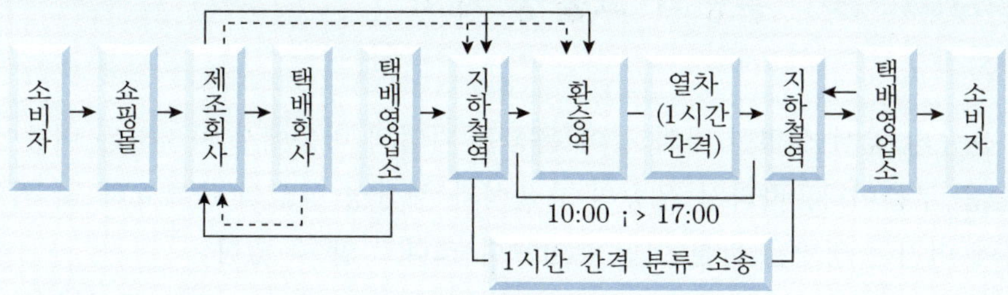

이동하며 대규모 물량은 지하철 전용 전동카트를 활용한다. 그리고 영업국(환승역)이나 분류국(종착역)에는 필요시 덤웨이터를 설치할 예정이다.

하지만, 사업의 성공여부는 단일배송을 위한 순환식 물류 시스템의 조건을 얼마나 충족하는지에 달려 있다. 우선 이동수단이 1일 수회 연속적으로 운행하여야 하며, 중심축을 기준으로 각각의 이동대리점이 컨베이어벨트화 하여 물류이동이 신속하게 이루어져야 한다. 또한 코드화 및 박스화가 되어 각 호선별 물류 구분 및 이동이 편리하고 신속하게 이루어져야 하며, 이를 위해 각 영업소는 자체적으로 독립적인 지역을 관리해야 한다. 인력이용의 유동성을 위해 1인 순환식 배송이 아닌 셀프 배송 및 유휴노동력을 이용한 1인 반복식 배송 방식을 모색해야 한다. 택배업계 관계자는 "이번 계획의 성공은 구체적인 시스템이나 인프라 활용보다도 실제 지하철 이용 현황에 대한 구체적인 파악이 중요하다"고 말했다. "비 러시아워 시간대라고는 하지만 최근 고유가 및 유동 인구 증가로 인해 과거에 비해 지하철에는 항상 사람이 많다는 점을 잊어서는 안 된다"고 덧붙였다. 막상 이 시스템이 도입 됨으로써 기존의 지하철 승객들에게 불편을 끼칠 가능성이 높다는 전문가의 지적도 있다. 이번 사업 계획이 국내 물류업계의 새로운 시장이 될지 아니면 과거 실패 사업들의 목록에 들어갈지는 더 두고 봐야 할 일이다.

〈월간 물류와경영 2006. 2. 8; 물류신문 2006. 1. 2〉

제4절 운송의 효율성 제고

운송의 앞서 설명한 바와 같이 운송은 기업의 비용에서 차지하는 비중이 매우 높은 부분이다. 따라서 운송의 효율성과 채산성 향상의 물류효과 및 기업의 성과에 미치는 영향은 다른 어떤 분야보다 크다고 할 수 있다.

기업이 운송비를 절감할 수 있는 방안으로서는 집화를 통한 물량단위의 대형화, 공동운송 · 배송의 확대, 계획 운송 · 배송, 운송회사와 하주간의 장기적인 관계의 형성 등을 들 수 있다.

1. 집화를 통한 물량단위의 대형화(물류거점의 활용)

집화(集貨: consolidation)는 기업내부적, 기업간 또는 운송회사의 주도에 의해 이루어질 수 있다. 보통 우편 또는 택배 편을 이용하기에는 너무 무겁지만 차급(車級) 화물을 구성하지 못하는 소화물을 어떻게 하면 효율적으로 운송할 것인가 하는 것은 화물운송에서 빈번히 봉착하는 문제이다. 대화물 운송과 소화물 운송을 비교해 볼 때, 소화물 운송은 대화물 운송과 동일한 고정비, 관리비, 터미널 사용비 등이 소요되기 때문에 단위 물량당 운송비가 높게 마련이다. 따라서 소화물을 여러 번 운송시키는 대신에 대화물로 결합하여 적은 횟수로 보내는 것이 하주의 입장에서는 훨씬 유리해진다.

소화물의 집화는 시간과 장소의 두 차원에서 생각할 수 있다. 즉 주문 즉시 배송하는 대신에 정기적으로 시간을 정하여 보내는 시간별 집화와 동일한 지역 내의 각 지점에 배송되는 화물을 같이 결합하여 보내는 장소별 집화로 구분하여 볼 수 있다. 결국 물류에서 중요한 원리 중 하나인 연기(postponement)의 원리가 소화물 운송의 경우 적용되고 있다.

그리고 집화의 유형에는 기업간 집화(interfirm consolidation)와 기업 내 집화(intrafirm consolidation)가 있다. 기업간 집화란 동일 업종 내에 기업 사이의 협력에 의한 집화를 말하고, 기업 내 집화란 기업 내부적인 화물의 대형화를 의미한다. 기업간 집화는 공동배송이라는 제목으로 다음 주제로 다루어질 것이고, 여

그림 8-2

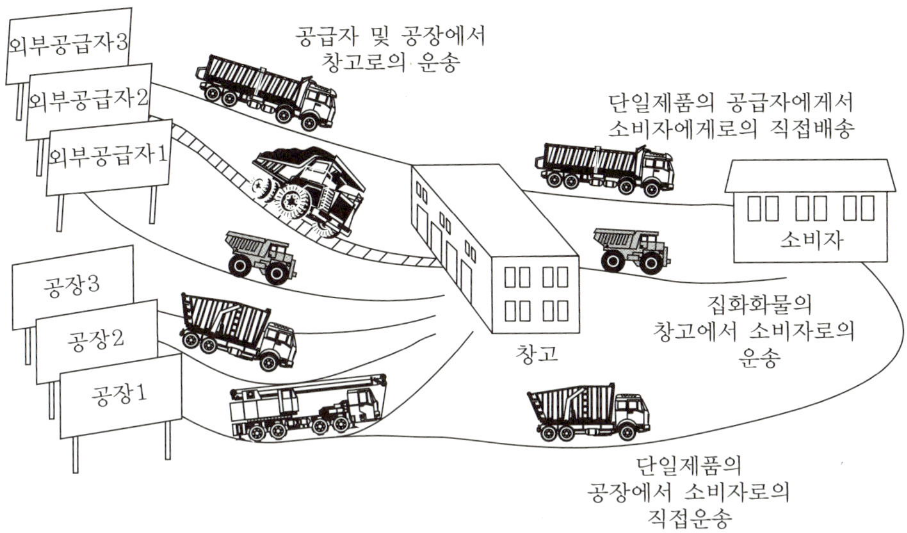

출처: Johnson & Wood, "Contemporary Logistics", 6th ed. p. 261.

기에서는 기업 내 집화에 대해서 설명하겠다.

기업 내 집화를 위해서는 break bulk 유통센터의 활용과 make bulk 유통센터의 활용이 요구된다.

break bulk 유통센터의 활용이란 다음과 같은 예를 통해 살펴볼 수 있다. 예를 들어, 서울에 위치한 의약품 메이커가 호남지역의 전주, 군산, 광주, 여수 등지의 의약품 도매상에 배송하는 경우를 생각해보자. 과거 각 고객들의 주문단위는 차급이하(LTL: less than truckload) 주문이 주종을 이루었고, 따라서 운송업자들이 잘 맡지도 않으려 할 뿐더러 서비스 자체도 불만족스러웠을 것이다. 이것을 전주지역에 유통센타를 설치하게 되면, 일단 호남지역에 가는 화물은 전주까지 TL로 만들어 보내는 것이 가능하게 되고, 전주 DC에서 각 화물을 지역별로 쪼개어서 소형 트럭을 이용하여 운송할 수 있는 것이다. 이것은 화물 운송시간의 절감과 비용의 절감이라는 두 가지 효과를 거두는 것을 가능하게 한다.

그리고 make bulk 유통센터의 활용은 다음과 같은 것을 의미한다. 예를 들어, 본사를 전주에 둔 기업이 3개 사업부를 군산, 여천, 광주에 두고 있다고 하자. 과거에 서울의 고객으로부터의 주문은 각 사업부에서 별도로 배송하였다고 하면, 이 경우 전주 DC를 집화지점으로 활용함으로써 3개 사업부의 별도 주문을 전주 DC에서 취합하여 서울로는 TL로 보내는 것이 가능한 것이다. 이러한 작업은 최근 컴퓨터 프로그램을 활용하여 손쉽게 이루어지고 있다.

2. 공동운송 · 배송의 확대

흔히 "경쟁은 시장에서, 물류는 공동으로"라는 말이 물류담당자들에게 많

그림 8-3 • **공동운송 · 배송 설명**

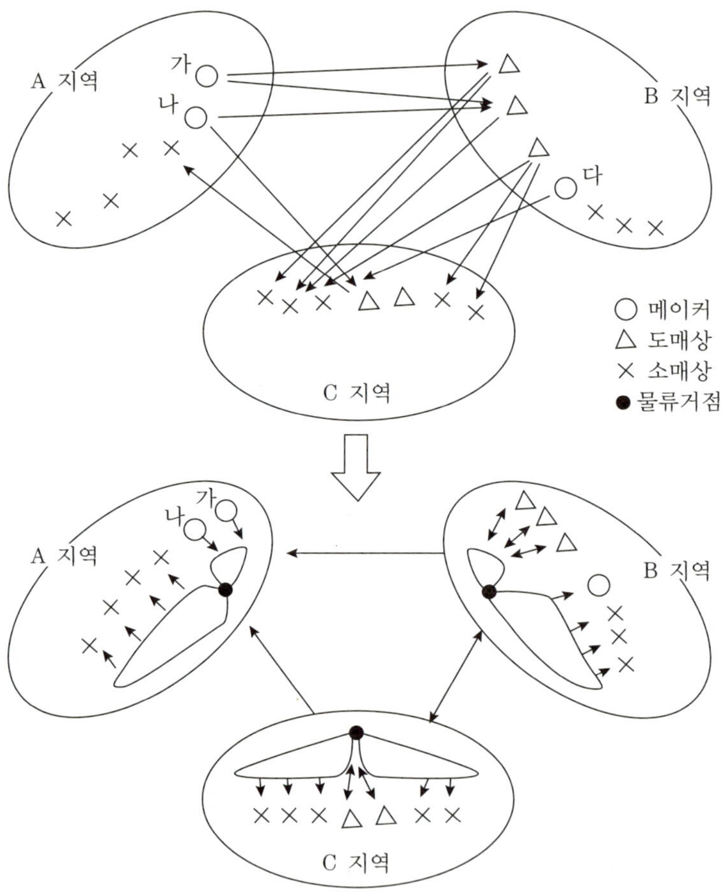

출처: 제조업 물적유통 개선방안, p. 107, 일본서적.

이 인용되어 왔듯이, 현재의 교통혼잡, 주차문제, 인력난 등은 물류 공동화, 특히 운송에 있어서의 공동화를 필연적으로 모색하게 하고 있다. 공동운송 · 배송이란 과거 독자적으로 운송하던 기업들이 물량이 너무 적어 효율성이 떨어지기 때문에 동일 업종의 동일 지역 내 기업이 협력하여 물류관련 시설 · 장비를 공동으로 사용하여 효율성을 높이려는 방안을 의미한다.

공동운송 · 배송은 특히 일본에서 활발하게 이루어지고 있는데, 닛산 자동차와 도요다 자동차도 완성차 및 보수부품 배송에 관한 협력관계 구축을 통하여 운송비용을 절감한 사례가 있다. 공동배송의 일례는 그림으로 나타내면 다음과 같다.

이러한 공동배송이 효율적으로 운영되기 위해서는 다음과 같은 전제조건이 필요하다. 첫째, 일정 지역에 유사한 업종의 기업이 복수로 존재해야 한다. 둘째, 이들 기업의 배송조건이 비교적 유사하고 표준화가 가능해야 한다. 이 중에서 특히 공동배송이 장기적으로 제대로 이루어지려면 업체간 포장용기의 규격, 상품표시 방법, 정보시스템 등의 표준화가 필수적일 것이다. 이와 같은 표준화 작업이 없이 공동배송이 어느 정도 수준 이상에 이르게 되면 오히려 공동화의 비율이 높아질수록 거점 내의 작업효율은 떨어지게 되는 현상을 초래할 수 있다. 따라서 장기적으로 공동배송에 의한 원가 절감 등 효과를 높이기 위해서는 필연적으로 표준화가 전제되어야 할 것이다. 공동배송제의 주된 효과로는 물류비용의 절감이나 고객서비스의 향상을 들 수 있다. 즉 동일한 서비스를 제공하면서 운송회수의 감소, 연료소비절감, 환경에 대한 악영향 감소를 통해 물류비용을 절감하거나, 동일한 비용으로 고객의 대기시간을 줄여 고객서비스수준의 향상을 가져올 수 있다. 예를 들어 미국의 한 연구에서는 5,000파운드 미만의 소화물을 도심 내 집화터미널(Urban Consolidation Terminal)을 거쳐 처리할 경우 차량, 이동거리, 비용에 있어서 막대한 절감효과를 기대할 수 있다고 나타났다.

물론 실제로 이같은 이점이 완전히 실현되지는 않는다 하더라도 정책 실무자들이 적극적으로 검토해 볼 수 있는 대안이 될 수 있다. 그런데 우리나라는 공동운송 · 배송이 별로 시행되고 있지 못하다. 그 이유는 최근의 조사에 따르면, 배송시기를 임의로 결정할 수 없기 때문에, 오히려 복잡할 것 같아서, 일정 지역에 유사한 영업이나 배송을 하는 기업이 없어서의 순으로 나타났다. 지역내에 공동운송 · 배송을 할 만한 기업이 존재하지 않는 것과 같은 구조적인 이유는 어쩔 수 없더라도, 물류에 대한 통제권을 갖고 있어야 한다는 사고나 협력관계

표 8-3 • 도심 화물 배송 집화의 효과

성과 지표	기존시스템	공동배송	절감비율
차량 수	600대	69대	90%
이동거리	1,280Km	114Km	91%
운송시간	244시간	22시간	91%
하차시간	392시간	186시간	53%
상차시간	81시간	51시간	37%
대기시간	251시간	–	100%
연간비용	2.9백만불	0.8백만불	76%

출처: McDermott, D. R.(1975), "An Alternative Framework for Urban Goods Distribution: Consolidation," Transportation Journal, 15, 1.

의 어색함으로 인한 회피는 개선되어야 할 것이다. 결론적으로 공동배송이 본격적으로 실시되기 위해서는 무엇보다도 제조기업의 인식이 전환되어 물류에 대한 기존의 통제권을 어느 정도 포기하더라도 전체적인 효율성을 중요시하는 자세가 필요할 것이다.

3. 계획운송 · 배송

교통여건의 악화로 인해 운송 · 배송비용은 인상된데 비해 고객에 대한 서비스는 저하되어 왔다. 특히 최근에는 주문 후 1시간 또는 30분 단위의 배달을 약속하는 업체들의 경우 고객에게 약속한 시간을 지키면서 비용을 최소화하기 위해서 배송 루트와 스케줄을 잘 수립하는 것이 중요한 과제이다. 기업이 운용하는 차량과 운전기사를 잘 활용하여 보다 나은 고객 서비스를 제공하기 위해서는 운송 · 배송시간과 주행거리를 최소한으로 억제하며, 화물량의 평준화를 가능하게 하는 계획운송 · 배송이 이루어져야 할 것이다. 계획운송 · 배송은 차량의 이용률을 확대하여 비용의 절감, 더욱 반응적인 고객서비스의 가능이라는 효과 이외에도 장비에 대한 자본투자의 절감, 고객의 정보요청에 대한 반응성의 제고라는 추가적인 효과를 가져오게 된다.

계획배송을 위하여는 배송센터의 규모와 입지를 과거 물동량의 분석에 따라 적절히 설정하고, 차량과 기사가 담당하는 고객을 선정하는 차량 일정계획(vehicle scheduling)과 배송을 효율적으로 달성할 수 있는 배송차량 경로계획

(vehicle routing)이 이루어져야 한다.

계획운송을 위해서는 메이커와 유통점간의 협조가 필요한데 왜냐하면 배송 노선의 계획이 미리 마련되기 위하여는 수요처가 사전에 알려져 있어야 하기 때문이다. 수요처 확정의 가장 손쉬운 방법은 차량이 특정 고객을 지정된 날짜에만 방문하도록 하게 하는 것인데, 경쟁사와의 서비스 경쟁으로 인해 이것이 불가능할 경우 최소한 배송 전일 지정된 시간까지는 주문을 하도록 하며, 당일 주문에 의한 배송은 최대한 억제해 나가야 할 것이다.

또한, 조달물류에 있어서도 사전에 계획된 부품조달계획을 납품업자에게 알려줌으로써 납품업자들의 안정된 차량 배차를 돕게 된다. 예를 들어, 일본의 도요다 자동차의 경우 무재고생산(Just in time)을 가능하게 하기 위해 각 공장에 1日 약 3,000대의 차량이 물품을 반입해야 하는데 이것은 도저히 감당할 수 없는 교통량을 유발시킨다. 이에 따라 혼재 반입을 가능하게 함으로써 차량수를 삭감하고 차량 적재율을 높이고 있다. 즉, 과거 A사의 운송물량이 1차분이 안되는 0.7차분일 경우에도 차량을 1대 필요로 하던 것을 운송회사가 납품회사를 순환하여 혼합 적재함으로써, 1대분을 만들어 배송함으로써 큰 효과를 거두고 있는 것으로 나타났다.

그 밖에 배송계획을 합리화시키기 위한 소프트웨어의 사용이 시도되고 있는데, 이러한 프로그램은 배송시간과 구간의 한계 내에서 배송거리를 최대한 단축시키는 배송경로를 발견하도록 지원한다. 사용자가 고객당 수량, 위치 및 배송시간, 차량의 특성 및 노선별 특정 제약조건에 대한 데이터를 입력하면, 그에 적합한 노선을 계획하게 된다. 구미의 연구에 따르면 컴퓨터 프로그램의 사용으로 배송비용은 많게는 50%, 적게는 5%까지 절감할 수 있다는 것이 밝혀졌다. 구체적인 사례를 살펴보면, 영국의 초대형 슈퍼마켓 그룹인 Argyll Store는 컴퓨터화된 배달 계획시스템을 통해 20%의 매출증가에도 불구하고, 운용차량이 38대에서 23대로 40%의 차량감소 효과를 거둔 사례가 있다.

그러나 아직까지는 계획운송 · 배송이 기업간에 보편화되어 있지는 않은 것으로 보여진다. 그 이유로는 기존의 고정된 노선 대신에 보다 가변적 노선을 채택할 경우에 예상되는 여러 가지 조직 재구성 및 작업 관행상의 문제가 주된 것으로 밝혀졌다.

또한 이러한 운송 · 배송계획이 보다 효과적으로 이루어지기 위해서는 무엇보다도 국가차원의 전산망의 구축과 활용이 필요할 것이다. 이러한 전산망의 활용으로 물류기관이나 기업들이 화물의 소재나 운송시기 등을 파악해 적기의 물류활동을 지원할 수 있도록 하는 물류정보서비스가 가능하게 할 것이다.

4. 운송회사와 하주 간의 장기적 관계의 형성

우리나라와 일본의 운송환경을 비교하면 일본의 경우 대량생산 · 대량판매에 대응하는 공급능력의 확대를 이룬 고도성장기를 지나, 수요의 다양화와 고도화에 대응하는 운송서비스의 질적 향상이 과제인 안정성장기에 접어들었다고 평가되고 있다. 그러나 우리나라는 아직까지 화물운송의 근대화 · 효율화의 기반이 되는 도로망의 확충, 유통터미널의 정비가 계속 진행되고 있는 실정이고 운송업자들의 영세성 등이 겹쳐 아직까지 운송공급능력의 추가적 확대가 계속 요구되고 있는 실정이다.

충분하지 못한 운송공급능력은 기업의 운송합리화에 제약조건으로 작용한다. 예를 들어 기업이 JIT 방식에 의해 제조활동을 하고자 해도, Just in time에 부응하는 시간지정 운송이 되지않는 한 JIT 방식은 파행적으로 운영될 수밖에 없는 것이다.

이에 따라 하주가 운송기관과 전략적 차원 및 일상적 차원에서 상호 공존한다는 인식하에서 협조적 관계를 이루는 것이 필요하게 되었다. 예를 들어 미국의 3M사는 자사의 화물을 운송하는 운수회사가 자사의 마케팅 활동을 도와 고객에게 최선의 서비스를 제공할 수 있도록 '품질에 있어서의 동반자'(Partness in quality)라는 프로그램을 실시하였다. 이런 인식은 다른 기업 Black & Decker, GTE, Proctor and Gamble, Xerox 등의 기업에도 확산되어 하주와 운송회사는 각각 마케팅 지원시스템의 한 부분으로서 경로 전반적인 생산성을 추구하게 되었다.

그리고 이러한 예는 포드자동차와 과거 노포크 서던(Norfolk Southern) 철도회사의 관계구축에서도 찾아볼 수 있다. 양사는 조립공장으로부터 딜러까지의 운송을 전담하는 장기계약을 체결했는데, 이에 따라 노포크 서던 철도회사는 17에이커에 달하는 부지에 설비를 건설하고 트럭회사와의 계약을 통해 연계서비스를 제공하였다. 그리고 노포크 서던은 컴퓨터 프로그램을 운영하여 포드자동차의 운송시스템 전반의 효율적인 운영을 위한 지원서비스를 시행하였다.

그런데 우리 기업의 경우에는 이러한 장기적 관계구축의 방향으로의 진행이 제대로 이루어지지 않는 것으로 보인다. 대부분의 기업에서는 소수의 신뢰할 수 있는 운송업체를 선정하여 이들과 장기적인 관계를 유지하기보다는 여러 업체와의 거래를 통해 안정적인 운송서비스 공급원 확보에 더욱더 관심을 갖고 있다고 할 수 있다. 그런데 이러한 형태의 운송업체와의 거래는 불필요한 비용의 지출이나 업무의 중복을 가져와 대체적으로 비효율적이라고 할 수 있다. 따라서, 앞으로 우리 기업도 종래의 거래 단위별 관계를 지양하고, 장기적 관점에서 운송기관과의 관계를 재정립함으로써 물류의 효율성 및 효과를 제고할 수 있을 것이다.

미니 사례 "산업단지 물류네트워크 구축 본격화"

산업자원부와 한국산업단지공단이 중소제조업체의 물류지원체제 마련을 위해 5년여에 걸쳐 시범사업으로 펼쳐 온 산업단지 공동물류 지원사업이 마침내 본격화된다. 한국산업단지공단(www.e-cluster.net)은 2006년 3월 16일 경기도 시흥시 정왕동 시화국가산업단지 내 현장에서 시화공동물류센터 준공식을 가졌다.

시화공동물류센터는 부지 5,158평에 연면적 7,240평의 지상 4층 규모로 건립되었으며, 지난 2004년 11월 착공에 들어가 16개월여 만에 그 모습을 드러냈다. 시화공동물류센터는 ▲ 공동수배송 서비스 ▲ 창고 임대보관 서비스 ▲ 수출입 물류서비스 등 공동물류 전반에 관한 서비스를 지원하게 되며, 소량의 물량을 다루는 지역 중소기업들을 위한 포괄적인 지원활동을 펼치게 된다. 또한 보세구역, 항온물 저온물 보관시설 외에 전동지게차, 파레트카 등 최신 물류설비를 갖추고 있으며, PCB, IC 등 전자제품을 보관할 수 있는 상온창고도 구비하고 있다. 시화물류센터는 제약업체, 전자업체 화물 뿐만 아니라 염료 등 유해화학 물질과 제약품까지 보관이 가능하여 해당업종이 많은 반월 시화산업단지 입주업체들에게 커다란 보탬이 될 전망이다.

산단공(産團公)은 지난 2001년부터 시화, 창원산업단지를 대상으로 공동물류지원사업을 펼쳐왔으며, 지난 1월 창원물류센터 준공에 이어 이번 시화물류센터의 완공으로 본격적인 산업단지 물류네트워크 기반을 마련하게 되었다. 특히, 시화공동물류센터가 위치한 반월 시화산업단지에는 약 7천여 중소기업이 밀집해 있어, 공동물류센터 준공을 계기로 중소기업의 물류비 절감은 물론 산업단지 물류기반 확충에도 크게 기여할 전망이다. 산단공(産團公)은 이번 시화물류센터의 준공을 계기로, 산업단지 물류네트워크의 기반을 경인권(남동단지), 중부권(구미단지), 호남권(광주단지) 등 전국 산업단지 권역별로 확대해 나갈 계획이다. 또한 이미 구축 완료한 온라인 물류종합정보망(www.klogis.or.kr)을 통해 중소기업을 위한 물류공동화 및 정보화지원서비스를 한층 고도화할 계획이며, 전문 물류기업인 범한종합물류㈜가 운영을 맡아 지역 중소기업들을 위한 최상의 물류서비스를 지원하게 된다.

〈연합뉴스, 2006. 3. 16〉

요 약

1. 운송은 공급사슬의 기점으로부터 고객에게 재화가 인도될 때까지 한 지점에서 다른 지점으로 재화가 이동하는 것으로, 시공간의 효용을 창출하여 기업의 부가가치를 창출하는 역할을 수행한다. 이는 기업의 로지스틱스 시스템 뿐 만 아니라 제품결정, 시장지역 결정, 구매결정, 입지결정, 가격결정 등 기업의사결정에 폭넓게 영향을 미치고 있다.
2. 운송의 주요한 모드는 자동차, 철도, 항공, 해운, 파이프라인이며, 이외 택배, 복합 모드, 제 3 자 운송업체가 있다.
   - 자동차 운송은 가장 보편적인 수단으로 높은 접근가능성, 짧은 운송시간, 넓은 활용의 폭과 고객의 서비스 요구에 부합되는 시스템 구축의 용이성이 좋으나, 높은 운임과 낮은 신뢰성, 안전성이 단점이다.
   - 철도 운송은 저가격, 높은 신뢰성과 서비스 안전성에서 우수하지만, 낮은 접근가능성, 높은 손망실 비율, 서비스 빈도 한계 및 높은 초기투자 비용이 단점이다.
   - 항공 운송은 빠른 운송이 가장 큰 매력이나 고운임, 낮은 접근가능성과 신뢰성으로 고가치 하이테크 제품의 운송에 제한적인 규모만이 활용되고 있다.
   - 해상 운송은 국제운송에 있어서 가장 많이 활용되는 모드로, 가격경쟁력이 우수하지만 느린 운송, 제한된 접근 가능성이 단점이다.

- 파이프라인은 높은 고정비, 낮은 변동비의 비용구조를 보이며, 높은 신뢰성, 낮은 손망실, 높은 신뢰성을 확보하지만 낮은 접근가능성과 느린 운송이 문제이다.
- 복합 운송은 다양한 형태의 모드를 활용하여 최적의 운송시스템 조합을 구축하여 각 운송수단들이 갖는 장점을 살리는 운송이다.
- 택배는 소형, 소량의 운송물을 고객의 주택, 사무실 또는 기타의 장소에서 수탁하여 수하인의 주택, 사무실, 또는 기타의 장소까지 운송하여 인도하는 것이다.
- 제3자 운송업체(third party transportation)는 어떠한 모드의 운송수단을 직접 운영하는 것은 아니지만 운송시스템 선택의 대안으로 고려할 수 있는 업체이다.

3. 운송관련 의사결정은 운송수단의 결정, 운송망의 선택과 설계, 운송업체의 선택을 거치는 일련의 과정으로 각각의 상황에 적합한 운송수단과 운송업체의 조합이 다르다. 운송성과를 측정하는 일반적 기준은 운임, 잉여재고, 보관비, 완충재고 등 비용적 측면과 신속성, 배달 신뢰성, 접근 용이성, 손망실, 불평처리의 질 등 서비스 성과적 측면이 있다. 운송수단과 운송업체의 결정에 있어서 명심해야 될 내용은 절대적으로 우수한 모드와 운송업체의 선택이란 있을 수 없기 때문에 각각의 상황에 적합한 운송수단과 운송업체를 선택해야 한다는 것이다. 또, 기업이 어떤 운송망을 선택하는가에 따라 고객서비스의 품질과 운송비에 차이를 나타내며, 운송망의 선택대안으로는 직접 배송망, 정기순환식 직배, 중앙 유통센터에 의한 배송, 정기순환방식을 활용한 유통센터에 의한 배송, 맞춤식 네트워크가 있다.
4. 운송의 효율성 제고를 위한 방안으로 우선, 단위 물량당 운송비를 인하는 물량단위의 대형화, 동일 업종의 동일 지역 내 기업이 협력하여 물류관련 시설 · 장비를 공동으로 사용하여 효율성을 제고하는 공동운송 · 배송의 확대가 있다. 다음, 배송 루트와 스케줄의 세밀한 관리를 통한 계획운송 · 배송으로 차량의 이용률증가를 통한 비용 절감과, 반응적인 고객서비스 등을 기대할 수 있고, 하주가 운송기관과 전략적 차원 및 일상적 차원에서 상호 공존한다는 장기적 관계를 통해 불필요한 거래비용 및 업무의 중복 방지 등을 통해 물류의 효율성 및 효과를 제고할 수 있다.

토의 사례 해운업에 있어서 전략적 제휴

'해운동맹' 새판 짠다

세계 해운업계의 판도가 확 바뀔 전망이다. 2005년 10월 현대상선이 속한 선박회사간 전략적 동맹인 '뉴 월드 얼라이언스'는 또 다른 제휴그룹인 '그랜드 얼라이언스'와 손을 잡았다. TNWA 그룹은 현대상선을 포함하여 APL(미국), MOL(일본) 등으로 구성됐고 '그랜드 얼라이언스'에는 하팍로이드(독일), MISC(말레이시아), NYK(일본), OOCL(홍콩) 등으로 짜여졌다. 양 동맹은 우선 내년부터 아시아~유럽, 아시아~지중해 항로에서 협력을 시작하며, 이후 파나마를 경유하는 아시아~북미 동해안 신규 서비스도 선보일 예정이다.현대상선 관계자는 "최신 초대형 선박을 가장 많이 보유한 두 동맹이 합쳐지면서 세계 컨테이너 수송 시장에서의 경쟁에서 유리한 고지를 차지하게 됐다"고 말했다. 이번 협약으로 뉴월드-그랜드 얼라이언스 동맹은 28.6%의 시장 점유율을 확보할 수 있게 됐다. 이는 한진해운(한국) · 코스코(중국) · 케이 라인(일본) · 양밍(대만) 등의 'CKYH 그룹'의 시장점유율은 22.5%, 세계 컨테이너 수송 시장 1위 선사인 머스크-시랜드(덴마크)의 시장점유율의 14.3%을 앞지르게 된다. 양대 동맹이 힘을 합친 것은 초대형 선사들이 인수 · 합병을 통해 덩치를 키우자 컨테이너 수송물량을 뺏길지 모른다는 위기감이 작용한 결과다. 올해 초 머스크-시랜드가 5위 선사인 P&O 네들로이드(네델란드)를 인수했다. 그러자 4위 선사

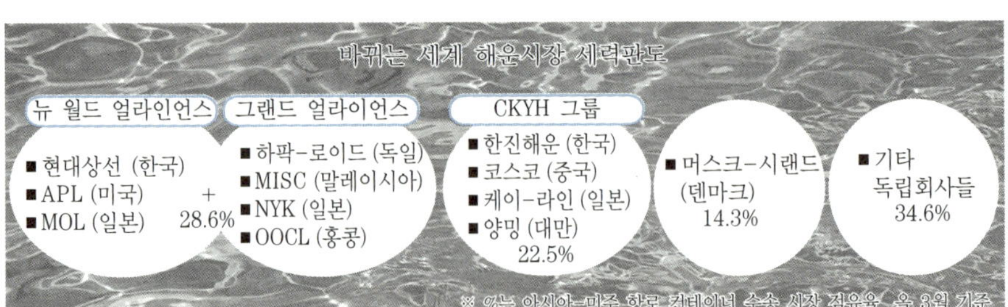

인 CMA CGM(프랑스)는 델마스(프랑스)를 합병해 에버그린(대만)을 제치고 3위로 뛰어올랐고 10위권인 하팍 로이드는 CP 십스(캐나다)를 사들이는 등 선사의 대형화가 본격화됐다.

해운업계의 전략적 제휴에는 몇 가지 환경적 요인을 생각해 볼 수 있다. 해운업은 대부분의 국제화물을 수송하고 있기 때문에 국가간의 교역과 경기에 따른 수요가 변동성이 높다. 1990년대 말 아시아 국가들의 경제난으로 수요가 둔화되기도 하였으나 최근까지 중국의 경제성장으로 해운경기가 상승하기도 하였다. 반면, 불안정한 수요에 비해 대형선박의 신규투입은 공급증가에 따른 운임불안정을 야기하며, 선사간의 생존을 위한 경쟁을 심화시키고 있다. 또한, 하주 기업들이 무재고 생산(Just In Time), 신속대응(Quick Response), 연속적 재고 보충시스템(Continous replenishment System)을 도입하고 글로벌화에 따른 글로벌 계약(Global account)이 증가하기 때문에, 단일 선사의 제한된 자원으로는 수송시간 단축과 항로 증가 등 고객이 기대하는 높은 서비스 수준을 충족시키는 데 한계가 있다.

해운업의 전략적 제휴의 유형은 크게 5가지로 정리할 수 있다. 첫째, 컨퍼런스(conference)는 유사한 시장(태평양 횡단, 대서양 횡단, 지중해, 아프리카, 라틴 아메리카 및 카리브 항로)을 대상으로 영업하는 선박 회사들의 조직으로 서로 간의 경쟁을 규제하고 비참여선사로부터 시장을 보호하기 위하여 만든 일종의 카르텔로, 주로 운임 설정과 관련된 협약이라는 점에

해운업에 있어서 제휴의 유형

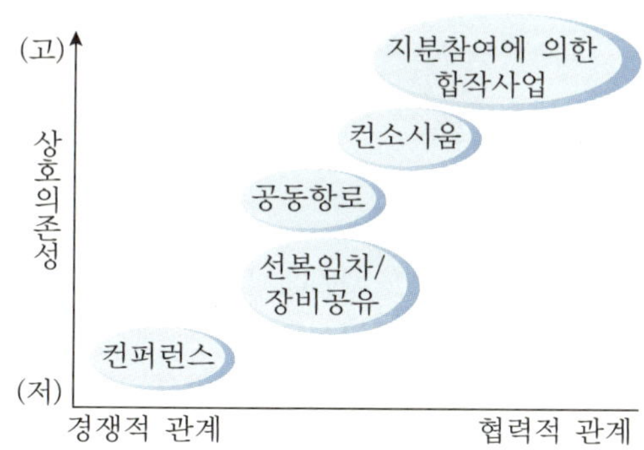

서 협력의 정도가 가장 낮은 편이라고 할 수 있다. 둘째, 선복량 임차(slot charters)은 특정 항로를 운항하는 선사가 다른 선사에게 정해진 수량의 선복량을 일정 기간 동안 합의된 운임으로 제공하는 계약의 형태이며, 이는 경쟁선사간의 본업에 큰 위험 부담없이 자산의 효율성을 제고할 수 있는 방법으로 장비공유 계약(Euipment/chassis-sharing agreements)을 포함하기도 한다. 셋째, 공동노선의 운영(Coordinated services)는 선사들간에 정기적으로 정해진 날짜에 선편을 제공할 수 있도록 협력하는 협력형태로 선사들간의 상호 의존성이 비교적 높다. 넷째, 컨소시움(Consortium)은 선사가 동일한 노선을 운항하는 하나 이상의 다른 선사와의 제휴함으로써 하주의 요구에 부응하면서도 채산성이 맞도록 선박의 수를 공동으로 관리하는 형태를 위하는 것으로, 다양하고 급변하는 고객의 요구를 부응하기 위한 선박, 터미널 설비 등 제반 인프라를 갖추기 위한 막대한 비용을 공유하기도 한다. 마지막으로 극단적 협력관계로는 지분참여에 의한 합작사업이나 M&A에 의한 합병도 있다.

이번 뉴월드-그랜드 얼라이언스의 제휴를 통해 소속 선사들은 세계 컨테이너 수송 시장에서 가장 큰 규모의 선복(선박의 화물 적재공간)을 공유하고, 공동 배선(동일 항로에 여러 선사의 선박을 투입)을 할 것이며, 또한 항로망 · 전용터미널 · 물류시설은 물론 시장정보 · 서비스 노하우 등 소프트웨어를 공유하면서 상당한 비용절감 효과를 기대하고 있다.

〈중앙일보, 2005. 10. 29; 김재일(1998), "해운업에 있어서 전략적 제휴에 관한 연구," 서울대학교 경영대학 경영연구소, 경영논집 32권 3호〉

Q 토의문제

❶ 선사 동맹은 운송의 효율성 제고 차원에서 어떤 의미가 있는가?
❷ 특정 동맹이 경쟁 동맹보다 더 성공적으로 지속되기 위한 요건은 무엇인가?
❸ 해운업 환경 변화에 따른 새로운 형태의 전략적 제휴 형태와 한국 해운업에 시사하는 바는 무엇인가?

Chapter 9

구매/조달

도입사례

Covisint: 구매관련 도입사례

각 국가별로 자동차 제조업체는 숫자가 많지 않지만, 자동차업체에 부품과 원자재를 공급하는 공급업체는 굉장히 많다. 그리고 그 공급업자 역시 많은 하위 공급업체로부터 부품과 원자재를 구입하기 때문에, 자동차와 관련된 공급사슬에는 수많은 업체가 연결되어 있고, 이 업체들 사이의 정보 흐름은 매우 복잡하다. 그러므로 구매 및 조달활동에는 상호 커뮤니케이션 과정에서 많은 비효율이 발생하게 된다. 이를 개선하기 위해 2000년 2월 25일 GM, Ford, Chrysler 사는 Covisint라는 구매전문 B2B 마켓플레이스를 구축하였다. Covisint의 Co는 connectivity, collaboration, communication을 의미하고, vis는 visibility와 공급사슬 관리의 vision을 표현한다. int는 integrated 솔루션과 거래의 international한 범위를 뜻한다.

Covisint를 통해 구매자와 판매자는 단일 네트워크를 사용하여 정보를 열람하고 온라인 경매에도 참여할 수 있게 되었다. 자동차 생산업체들은 훨씬 더 효율적으로 전 세계의 부품 공급업체들로부터 조달을 받을 수 있게 되었고, Covisint의 서비스를 통해 기존 방식보다 저렴하게 공급사슬 관리를 할 수 있게 되었다. 그외 Covisint가 추진했던 사업으로는 가상 프로젝트 공간(Virtual Project Workplace)이 있다. 이는 여러 업체가 스케줄 관리에서부터 2차원 설계, 3차원 모델링까지 가상의 공간에서 작업할 수 있게 하는 서비스로, 이를 이용하면 지리적으로 멀리 떨어져 있는 파트너 업체와도 효율적으로 신상품을 공동으로 개발할 수 있다.

Covisint는 초기에 96개국의 30,000업체에 걸쳐 266,000 사용자를 확보하는 등의 성공을 거두었으나 내부 경영상 문제점이 많았다. 가장 큰 문제점은 서로 다른 회사에서 온 직원들을 융합해야 한다는 것이었다. 그리고 초기 3년에 걸쳐 일곱 번 CEO가 교체되었기 때문에 리더십을 안정적으로 유지하기도 쉽지 않았다. 심지어 각각 GM, Ford, Chrysler를 대표하는 세 명의 공동 CEO가 존재했던 적도 있었다. 결국 Covisint의 경영은 안정되었으나 2004년 Covisint는 서비스 종류별로 두 파트로 나뉘어져 각각 FreeMarkets와 Compuware라는 회사에 인수되었다.

제 1 절 구매활동에 대한 관점의 변화

생산자, 도매업체, 그리고 소매업체를 비롯한 모든 조직은 외부의 공급자에게서 조직을 운영하기 위한 재화와 서비스를 구입한다. 과거에는 이렇게 필요한 투입물을 획득하는 과정이 회사 내의 다른 활동과 비교하여 덜 중요하고 그저 사무적인 일 수준이라고 여겨졌다. 구매는 관리직에서도 낮은 수준 또는 사무원 수준의 일로, 자기 스스로의 계획에 의한 것이 아니라 조직의 다른 부문에서 내린 주문을 실행하는 정도의 활동으로 여겨졌다. 구매 부문의 역할은 필요한 자원을 공급자로부터 가능한 한 낮은 가격으로 획득하는 것이 전부였다. 그러나 구매에 대한 이런 전통적인 관점은 지난 이십 년 동안 괄목할 만한 수준으로 변화하였다. 최근 공급사슬 관리에서 구매자와 판매자 사이의 관계를 강조하는 경향은 구매활동을 더 높은 수준의 전략적인 활동으로 재정의하게 하였다. 이런 새롭게 첨가된 전략적인 역할 때문에 구매활동의 명칭도 달라지게 되었다. 영어 표현으로 purchasing은 단순 구매활동으로 과거의 구매활동을 주로 지칭하고, 전략적인 역할이 가미된 구매활동은 procurement라고 부르게 되었다. 그러나 실무에서는 두 단어가 의미 차이 없이 혼용되고 있다.

구매활동이 점점 중요해지는 이유에는 여러 가지가 있다. 가장 기본적인 이유는 일반적인 조직에서 구매활동을 위해 얼마나 많은 금액이 지불되는지, 그리고 구매활동에서 전략적인 접근을 취하게 되면 잠재적으로 얼마나 많은 비용을 절감할 수 있는지 인지했기 때문이다. 재화와 서비스를 구매하는 것은 많은 회사에서 비용을 이루는 가장 큰 요소 중 하나이다. 북미의 평균적인 제조 회사에서 재화와 서비스를 구매하는 비용은 매출의 약 55%를 차지한다. 비교하기 위해 언급하자면 제조과정에서의 직접 노동비는 평균적으로 매출의 10% 정도만을 차지할 뿐이다. 비록 각 산업별로 투입물을 구매하는 비용이 전체 비용에서 차지하는 비율은 매우 다르지만, 구매활동에 대해 전략적인 접근을 취함으로써 얻을 수 있는 잠재적인 이익이 상당하리라는 사실은 명확하다.

투입물 구매비용이 상승한 것은 최근 이십 년 동안 많은 산업에서 아웃소싱이 증가한 사실과 연관이 있다. 아웃소싱을 보다 적극적으로 활용하게 됨으로써 많은 조직에서 구매비용이 주목할 만큼 상승하게 되었다. 오늘날의 회사는 원재료나 기본적인 부품 뿐만이 아니라 높은 부가가치를 가지고 있는 복잡한 부품도 구매한다. 그리고 자신의 핵심 역량에 집중하고, 공급자에게 나머지 기능을 아웃소싱한다. 이것은 조직이 더 주의를 기울여서 공급 기반을 연결하고 효과적으로 관리해야 한다는 것을 의미한다. 예를 들어 GM(General Motors)은 공급자 네트워크를 이용하여 반조립품을 제공받고, 제 삼자인 물류 제공자를 이용하여 자동차를 조립하기 위한 부품을 조달 받는다. 이런 활동 중의 많은 수는 한때 GM 자신에 의해 수행되던 것이다. 이런 관계들을 개발하고 조절하는 것은 효과적인 구매 전략에서 필수적인 요소이다.

제 2 절 구매활동의 목적

구매활동을 조직의 핵심 역량으로 더욱 중요시하게 되면서 기업들은 공급사슬 상 구매의 역할에 대해 새로운 접근법을 취하게 되었다. 과거에는 공급사슬에서 발생하는 이익의 총량은 일정하며 생산자와 공급자는 자사 이익을 증가시키기 위해서는 상대방의 몫을 빼앗아야 하는 제로섬 게임을 하고 있다고 가정했다. 그러므로 협상에서 어떻게 더 많은 이익을 취할 것인가가 강조되었다. 그러나 이제는 공급자들의 지원을 기반으로 회사가 어떻게 생산과 마케팅 전략을 효과적으로 수행할 수 있는가가 더 중요한 이슈가 되었다. 특히 공급 확보, 재고 최소화, 품질 향상, 공급자 개발, 그리고 소유권에 수반하는 비용을 최소화하는 것에 많은 관심이 기울여지고 있다.

1. 연속적인 공급과 재고 투자의 최소화

원재료나 부품의 재고가 고갈되는 것은 공장의 조업을 중단시킬 수 있고, 결국 기업에게 막대한 손실을 안겨준다. 작업 중단은 운영비용을 증가시키고 소비자에게 완성품을 제공하지 못하게 할 수 있다. 자동차 조립라인에서 다른 부품은 전부 가지고 있는데 타이어만 없다면 모든 완성된 자동차들은 타이어가 공급될 때까지 기다려야 할 것이다. 그러므로 구매에서의 핵심 목표 중 하나는 연속적으로 원재료와 부품을 공급하여 조업에 사용가능하도록 하는 것이다.

이를 위해서는 생산에 필요한 모든 부품의 재고를 보유하고 있어야 한다. 다른 부품은 충분하더라도 하나라도 부족한 부품이 있을 경우 생산이 중단되고, 이로 인한 생산 손실비용은 상당히 증가한다. 반면에 부품을 필요한 양을 초과하여 보유하면 재고 유지비용이 증가할 것이다. 그러므로 생산의 흐름이 중단되지 않도록 부품의 재고를 확보하면서, 지나친 재고보유로 인한 비용의 발생을 통제하는 것이 관건이 된다.

과거에는 필요한 부품 공급이 지연될 가능성을 고려하여 안전 재고를 충분히 유지하였다. 이를 통해 물품 부족에 의해 발생하는 작업중단 시간을 최소화할 수 있었다. 그러나 재고를 많이 유지하게 되면 비용이 증가한다. 그러므로 현대 구매 활동의 첫째 목표는 공급중단이 발생하지 않게 하면서도 재고는 최소한으로 유지하는 것이다. 이것은 생산중단의 가능성과 여분의 물품을 보관하는 비용을 모두 고려하여 둘 사이의 균형을 유지함으로써 성취될 수 있다. 물론 생산 공정에서 필요한 재료가 정확하게 필요한 시간에 도착하도록 계획하는 것, 즉 JIT(Just-in-time)가 가장 이상적인 상태라고 할 수 있다.

2. 품질 향상

구매활동은 제품의 품질을 향상시키는 데에도 중요한 역할을 할 수 있다. 재료와 부품의 품질은 이를 사용한 완성품과 서비스의 품질을 좌우한다. 품질이 좋지 않은 부품과 재료를 사용하였다면 아무리 최종생산 단계에 문제가 없다고 해도 완성품은 소비자의 품질 기준을 만족시키지 못할 것이다.

단순히 구매한 개별 품목이 품질 기준을 만족시키는지 확인하는 것만으로는 충분하지 않다. 만약 특정 부품이 서로 다른 공급자들에 의해 공급되고 각 공급자는 자사 부품에 대해 자사만의 품질 요구 사항을 적용한다면 완성품에 문제가 발생할 가능성은 충분히 존재한다. 그러므로 생산품의 품질을 향상하기 위해서는 구매활동에 대해서 새로운 접근법을 취해야 한다.

구매를 통해 품질을 향상시키면 총 생산비용을 감소시키는 효과를 가져올 수 있다. 만약 부품에 문제가 있어서 완성품의 품질이 떨어졌다면, 완성품을 분해해서 재조립하는 비용이 상승하게 된다. 실제로 완성품 품질에 문제가 있음에도 불구하고, 소비자가 제품을 수령할 때까지 결함이 발견되지 않았다면 품질 보증, 수리, 그리고 교환에 수반하는 비용이 상당히 증가하게 된다. 이러한 비용을 품질비용 중 외부실패비용이라고 한다. 그러므로 비용을 최소화하면서도 소비자의 요구를 충족시키기 위해서는 구매활동을 할 때 품질에 주의를 기울여야 한다.

공급자의 품질을 효과적으로 관리하기 위해서는 품질이 무엇인가에 대한 정의를 다시 내려볼 필요가 있다. 품질의 정의는 소비자가 중요한 평가 영역에 대해 가지고 있는 현재 및 미래의 기대 및 요구 사항을 지속적으로 만족시키거나 능가하기 위한 능력이다. 이런 품질의 정의에 의하면 단순히 물리적인 산출물만이 품질에 포함되는 것이 아니라 이를 생산하기 위한 시스템 및 프로세스 역시 품질의 정의에 포함된다. 그러므로 공급자의 품질을 관리하기 위하여 구매자는 공급자가 시스템 및 프로세스를 안정적으로 구축하는 데에 있어서 어떤 도움을 줄 수 있는지 파악해야 한다. 예를 들어 일단 생산이 시작되면 제품 디자인의 변경을 최소화하는 것, 향후 구매 요구 사항을 공급자들이 충분히 예상할 수 있게 하는 것, 충분한 리드타임을 부여하는 것 등은 공급자가 안정적으로 공급활동을 할 수 있게 하여 전반적인 공급자 품질을 향상시킬 수 있다.

3. 공급자 개발

부품 혹은 반제품의 공급자를 선정하고, 공급자를 개발하고, 그들의 능력을 분석하고, 계속적으로 능력을 향상하기 위해 공급자와 협조하는 과정 모두에 노력하여야 성공적으로 구매활동을 수행할 수 있다. 구매자의 단기 및 장기 목적을 달성하는 데에 있어 도움을 줄 수 있는 능력을 지닌 공급자와 좋은 관계를 개발하는 것이 중요하다. 그 다음 단계는 더 좋은 결과를 달성하기 위해 이들 공급자와 긴밀한 관계를 유지하여 정보와 자원을 공유하는 것이다. 예를 들어 생산자는 공급자와 생산계획을 공유하여 구매자의 요구를 더 효과적으로 충족시켜줄 수 있다. 소매점은 공급자가 특정 시점에 증가할 수요 물량을 제대로 소화할 수 있게 하기 위해 판매촉진계획을 그들과 공유할 수 있다. 구매활동에 대한 이런 관점은 공급자와의 관계를 본질적으로 적대적인 것으로 보았던 전통적 관점과 큰 차이가 있다.

공급자 개발을 성공적으로 수행하기 위해서는 인적 물적 금전적 자원을 투입해야만 한다. 그리고 구매자와 공급자는 적시에 정확한 정보를 교환할 수 있어야 하고 공급자의 업무에 대한 평가도 면밀하게 이루어져야 한다. 이에 필요한 비용은 공급자와 구매자가 공급자 개발을 시작하는 데에 있어 장애물이 될 수 있다. 구체적으로 구매자 입장에서는 많은 투자를 정당화할 만큼 구매하는 양이 많지 않을 수 있고, 당장 눈앞에 보이는 이익이 적을 수 있다. 부품 표준화를 통해 상대하는 공급자의 수를 줄이고 한 번의 공급자 개발을 통해 얻을 수 있는 이익의 양이 증가하여 투자를 정당화할 수 있다. 이에 대한 자세한 설명은 '9.3.1 물량 통합' 에서 자세히 하도록 하겠다. 공급자 입장에서는 공급자 개발에 활발하게 참여할 의사가 없을 수도 있고, 이를 수행할 정보통신 기반이 갖추어지지 않았을 수도 있다. 이를 해결하기 위해서는 공급자에 비해 자원이 풍부한 구매자측에서 인적 자원을 투입하여 기반 시설을 투입하고 공급자측 직원을 훈련시키는 노력을 기울여야 한다. 마지막으로 공급자와 구매자와의 관계에서 신뢰가 부족하여 내부 정보를 공개하지 않으려는 경향이 있을 수 있다. 이런 경향은 세부 사항에 대해서도 계약 관계를 명확히 하여 오해의 소지를 줄이는 것으로 경감시킬 수 있다.

4. TCO최소화

전통적인 구매 활동에 대한 관점과 현재의 구매 전략과의 차이는 구매 가격만을 강조하는 것이 아닌 TCO(Total Cost of Ownership; 소유권에 수반되는 총비용)를 강조하는 것으로 요약될 수 있다. 구매 전문가는 품목의 가격 역시 매우 중요한 요소이지만 이는 구매활동 전반에 수반하여 조직이 지불해야 하는 전체 비용의 일부일 뿐이라는 사실을 인지해야 한다. 단순한 구매비용뿐만 아니라 서비스 비용과 라이프 사이클 비용 역시 고려되어야 한다. 즉, 비용을 산정하는 데 있어 종합적인 관점이 필요하다는 것이다. 부품과 관련된 종합비용에는 구매비용뿐만 아니라 부품의 전체 사용기간 동안 발생하는 다양한 비용이 함께 고려되어야 한다는 것이다. 예를 들어 특정 부품의 경우 구매비용이 저렴하지만 내구성이 적어 애프터서비스 비용이 추후에 발생한다면 실제 기업에 미치는 비용

효과는 적지 않을 것이다. TCO를 이루는 사항들을 크게 세 가지, 구매가격, 서비스 가격, 라이프 사이클 비용이란 항목으로 나누어 각 항목에서 고려해야 할 사항들을 알아보겠다.

(1) 구매가격과 가격 할인

경쟁적인 입찰을 통해 결정되었거나, 구매자와 판매자 간 협상을 통해 결정되었거나, 단지 판매자의 가격계획에 의한 것이거나 상관없이 구입가격은 구매 활동에서 중요하게 고려해야 할 사항이다. 누구도 필요한 수준보다 더 높은 가격을 지불하고 싶어하지 않는다. 공급자는 다양한 구매 옵션을 제공하여 실질적으로는 가격을 할인을 한다. 예를 들어, 공급자는 구매자가 구매 수량을 증가시키도록 유도하기 위해 수량 할인을 제공할 수도 있고 송장의 신속한 지불을 유도하기 위해 현금 할인을 제공할 수도 있다.

공급자의 가격 할인 구조를 잘 살펴보면 구매자는 겉으로 드러난 가격이 전부가 아니라는 사실을 알 수 있다. 구입과 관련된 다른 비용도 역시 고려되어야 한다. 수량 할인을 고려할 때 구매자는 재고를 지니면서 발생하는 비용 역시 고려해야 한다. 구매 수량을 증가시키는 것은 원재료나 부품의 재고를 증가시킨다.

판매와 현금 할인에 대한 공급자 약정도 고려해야 한다. 기업간 신용거래에서 더 호의적인 약정을 제시하는 공급자는 구매자의 관점에서는 구매가격에 영향을 주고 있는 셈이다. 예를 들어서 한 공급자가 송장을 즉각적으로 지불하는 것에 대해 할인을 해주기로 제안했다면, 구매자는 이 제안과 다른 회사의 수수료나 시간에 대한 제안을 비교해야 한다.

예전에는 일반적으로 구매활동에서는 이런 가격과 할인 구조가 물류와 비용 상에 미치는 영향을 고려하지 않았다. 예를 들어 EOQ(Economic Order Quantity)에서는 재고를 유지하고 있는 비용은 고려하지만, 주문량이 교통비에 미치는 영향이나, 서로 크기가 다른 주문을 받고 처리하는 데 드는 비용과 같은 사항은 보통 고려하지 않는다. 구매자가 기업이 필요한 재화와 서비스를 가장 낮은 가격으로 구매하려고 할 때, 이런 물류관련 사항들은 거의 고려되지 않았고, 고려되었다고 해도 깊이 있는 분석이 수행되지는 않았다. 그러나 점점 구매자들은 물류상 비용이 중요하며, 이런 비용 역시 종합적으로 고려하는 것이 보다 적절한 의사결정을 하는데 필요하다고 인정하고 있다.

(2) 서비스 가격 책정과 구분

판매자는 보통 다양한 표준적인 서비스를 제공한다. 조직이 TCO를 최소로 유지하고 싶다면, 부가가치를 제공하는 여러 종류의 서비스들의 가치를 평가할 수 있어야 한다. 이런 서비스 중에는 구매자와 판매자 사이 물류 운영과 물류 인터페이스가 포함된다.

이 중 가장 간단한 형태는 바로 조달이다. 어떤 방식으로, 언제 그리고 어디로 조달을 할 것인가를 모두 비용과 연관하여 고려하여야 한다. 많은 산업에서는 고객의 공장, 창고, 또는 상점이 있는 곳까지 조달하는 비용까지 포함하여 가격을 책정하는 것이 관행이다. 만약 구매자가 판매자가 있는 곳으로 와서 물품을 받고 운반에 대한 책임을 떠맡는다면 판매자는 구매자에게 그 운반에 대한 비용을 가격에서 공제하게 된다. 구매자는 단지 비용을 공제받을 뿐만 아니라 자기의 운반 장비 활용도를 증가시킴으로써 전체 비용을 절감할 수 있다. 만약 운반비용 공제가 충분히 크다면 하나의 운반 장비로 여러 곳의 공급자에게서 물품을 가져오는 것이 구매자에게 더 큰 이익을 줄 수 있다.

구매자가 물품이 배달되기를 원하는 장소에 따라 가격이 달라질 수도 있다. 많은 양의 물품들을 동시에 하나의 소매 분배 센터에 배달하는 것과 적은 양으로 나누어 각각의 소매점에 배달하는 것은 서로 다른 수준의 서비스인 것이다. 각각의 서비스에 대해 구매자와 판매자는 다른 액수의 비용을 지불할 것이다.

그 외에도 공급자는 부가 가치가 있는 다양한 서비스를 구매자에게 제공할 수 있다. 중요한 점은 각각의 잠재적인 서비스가 공급자에게는 비용이 되고 구매자에게는 부가가치가 된다는 것이다. 구매자의 요구를 충족시키는 선에서 TCO를 결정할 때는 각 서비스가 얼만큼 가치 창출을 하는가, 이에 수반하는 비용과 가격은 어느 정도인가를 핵심적으로 고려해야 하고, 이 둘을 비교해야 한다. 이를 위해 각 품목의 구입가격과 추가 서비스의 가격은 구분되어야 한다. 분석을 적절하게 하기 위해서 각 서비스는 분리되어 가격이 책정되어야 하는 것이다. 전통적인 구매활동에서는 가장 저렴한 구입가격을 탐색하느라 가치를 창출하는 서비스에 대해 깊이 고려하지는 않았다. 그러나 효과적으로 구매를 하기 위해서는 그런 서비스들이 내부적으로 수행되어야 할지, 공급자에 의해 수행되어야 할지, 아니면 과연 수행될 필요가 있는지를 고려해야 한다. 가격 구분에 의해 구매자는 가장 적합한 구매 방법을 선택할 수 있다.

(3) 라이프 사이클 비용

TCO의 마지막 측면으로 라이프 사이클 비용이 있다. 구입가격만이 총비용에 해당하는 것이 아니다. 품목이 실제로 도착하기 전에도 다른 비용이 발생할 수 있고, 품목이 사용되는 동안, 그리고 그 품목을 이용한 지 오랜 시간이 지나고 난 다음에도 추가 비용이 들 수 있는 것이다. 이런 비용들을 라이프 사이클 비용이라 한다.

구매활동을 하면서 생기는 행정적인 비용 역시 라이프 사이클 비용에 포함된다. 잠재적인 공급자를 심사하고, 협상하고, 주문을 준비하고, 전송하는 것 등은 구매활동에 수반하는 행정적인 비용 중 일부일 뿐이다. 물품을 받고, 검사하고, 지불하는 것 역시 중요하다. 납품업체 부품의 품질에 문제가 있다면 구매자가 만드는 완성품에도 문제가 있을 것이고, 이는 폐기되거나 수리되거나 해야 한다. 이런 것들은 모두 비용을 발생시키므로 그런 비용도 고려해야 한다. 소비자가 구매한 품목에 대한 보증비용, 그리고 보수비용 역시 고려해야 한다. 완성품의 유효기간이 지났을 때 재료를 재활용하는 것과 관련된 비용 역시 TCO에 영향을 미친다.

구매를 할 때 이런 요소들을 고려한다면 대부분의 회사에서는 개선의 여지를 많이 발견할 수 있을 것이다. 구매자와 판매자가 적대적으로 가격 협상에만 몰두하지 않고 긴밀한 운영상의 관계를 구축하다 보면 보다 많은 기회를 얻을 수 있다. 서로 협조적으로 일을 한다면 구매자의 비용과 판매자의 비용 모두를 줄일 수 있는 여러 가지 전략들을 실행할 수 있다. 이것은 전체 공급사슬을 더 효율적으로 만들고 공급사슬 하위에 위치하는 다른 사업자들의 요구 사항 역시 효과적으로 수행할 수 있게 한다. 그러므로 제로섬 게임이 아닌 윈-윈 게임으로 만들어야 실질적인 효과를 얻을 수 있는 것이다. 그러면 이러한 목적에 부합하는 전략들에 대해 알아보자.

제 3 절 구매전략

구매전략을 효과적으로 수행하기 위해서는 이전보다 구매자와 판매자는 긴밀한 관계를 유지하고 있어야 한다. 이를 위해 등장한 전략으로는 물량 통합, 공급자 운영 통합, 그리고 가치 관리가 있다. 이 세 가지 전략은 공급사슬에서의 각 거래 당사자 사이에 상호작용이 활발할 때 실행가능하다. 이들은 서로 분리된 것이 아니라 공급사슬의 진화적 발전을 이루는 단계라고 보는 것이 더 타당할 것이다.

1. 물량 통합

효과적인 구매전략을 개발하기 위한 첫째 단계는 공급자의 숫자를 줄임으로써 물량을 통합하는 것이다. 1980년대 초반 많은 기업들은 조직 전체에서 사용되는 재료와 투입물에 대해 각각 공급자를 선정하여, 결국 매우 많은 수의 공급자를 상대하게 되었다. 사실 과거 구매활동과 관련된 글에서는 다양한 공급업체를 가지고 있는 것이 가장 좋은 구매전략이라고 강조되었다. 이런 접근법은 여러 가지 장점을 가지고 있다. 첫째, 잠재적인 공급자들은 입찰에 성공하기 위해 최대한 낮은 가격을 지속적으로 구매자에게 제시할 것이다. 이는 다수의 공급업체들 사이에 경쟁을 유지하게 하여 구매자는 상호 경쟁에 따르는 잉여분을 향유할 수 있게 되는 것이다. 둘째, 여러 공급자 그룹을 보유하면 구매자는 하나의 공급자에게만 의존하지 않아도 된다. 이것은 결국 공급자가 파업이나 화재, 내부 품질 문제 등 공급이 제대로 이루어지지 않게 하는 다양한 문제에 직면했을 때 공급자의 위험을 감소시킨다. 예를 들어, UPS 운전사들이 1998년에 파업했을 때, 수많은 하주(荷主)들은 배달 서비스를 UPS에 전적으로 의존했기 때문에 그들의 생산품을 정해진 시간에 소비자에게 조달할 수 없었다. 비록 포장 배달 서비스를 하는 다른 공급자들이 있었지만, UPS가 처리했던 거대한 양의 선적을 감당할 수 있는 수용력을 지닌 공급자는 없었던 것이다. 다양한 공급자 관계를 유지하는 것에는 다른 장점들도 가지고 있지만 위에 설명한 이유가 가장 중요한 것들이다.

공급자의 숫자를 줄이고 물량을 통합함으로써, 구매자는 구매행위를 통해 공급자의 전체 사업에서 더 큰 비중을 차지할 수 있다. 이는 일단 공급자와의 관계에서 구매자가 더 강력한 협상력을 가질 수 있게 한다. 더욱 중요한 사실은 공급자의 숫자를 감소시키고 물량 통합을 하는 것은 공급자들에게도 여러 가지 이익을 준다는 것이다. 적은 숫자의 공급자와 관계를 맺으면 공급자들에게는 그들이 받은 이익을 다시 구매자에게 돌려줄 수 있는 기회가 발생한다. 가장 명백한 이익은 구매하는 분량을 하나의 공급자에게 집중하면 공급자는 내부 공정에서 더 큰 규모의 경제를 실현할 수 있다는 것이다. 규모의 경제는 고정비를 많은 분량의 산출물에 배분하는 것을 통해 실현된다. 그리고 구매자가 확실히 많은 양을 구입할 것이라는 것을 안다면 공급자는 생산 능력을 확장시키거나 구매자 서비스를 향상시키기 위한 공정이 가능하도록 투자를 증가시킬 것이다. 그런데 구매자가 정기적으로 공급자를 교체한다면 어떤 회사도 그런 투자를 하고 싶어하지 않을 것이다

극단적인 경우로 상대하는 공급자가 하나 밖에 없다면 위험은 분명히 커진다. 그래서 공급자의 숫자를 줄이는 계획에는 거의 언제나 엄격한 공급자 심사, 선택, 그리고 보증계획이 뒤따라야 한다. 많은 경우, 구매를 담당한 사람은 이런 공급자와의 관계를 개발하기 위해 조직 내 다른 부서와 긴밀하게 협조해야 한다. 물량을 통합하는 것은 반드시 모든 투입물에 대해 하나의 공급자만이 있어야 한다는 것을 의미하는 것은 아니다. 물량을 통합하는 것은 대부분의 조직에서 전통적으로 해왔던 것과 비교해서 훨씬 더 적은 숫자의 공급자를 상대하는 것을 의미한다. 만약 하나의 공급자가 선택된다고 해도 우발적인 사건이 발생했을 때를 대비하여 계획을 세워두는 것이 현명하다.

물량을 통합하여 얻을 수 있는 잠재적인 비용 감소는 적지 않다. 어떤 컨설팅 회사는 구매비용의 5%에서 15%를 줄일 수 있다고 추산했다. 만약 천억원의 매출을 내고, 매출의 55%를 구매를 하는 데에 사용하는 기업이 분량 통합을 통해 구매비용의 10%를 절감할 수 있다면, 그 기업은 55억원의 비용 절감을 이룰 수 있는 것이다.

2. 공급자 운영 통합

물량 통합의 다음 단계는 구매자와 판매자가 공급사슬에서의 운영 성과를 향상시키기 위하여 그들의 공정과 활동을 통합하는 것이다. 전체 비용을 줄이고 구매자와 판매자 사이의 운영 흐름을 향상시키기 위하여 운영 통합을 실행하는 것은 공급자와의 제휴 형태로 시작한다.

운영 통합에는 다양한 형태가 있다. 하나의 예로 구매자는 판매자가 구매자의 매출 및 주문 정보시스템에 접근할 수 있도록 하여 판매자가 현재 어떤 제품의 매출이 큰지 인식하고, 향후 구매가 어떻게 일어날 것인지 예상할 수 있게 한다. 이런 정보는 판매자가 더 적은 비용으로 효과적으로 공급활동을 수행할 수 있게 해준다. 판매자는 구매자가 어떤 주문을 할 것인지 더 정확하게 예상할 수 있고, 상품을 급히 전송하는 등 비용상 효율적이지 않은 일들을 할 필요성이 감소하기 때문에, 결국 전체 비용은 감소하게 된다. 완성차 업체에 오디오 부품을 공급하는 업체의 경우, 자신이 공급하는 다양한 모델이 언제 어떻게 투입될 것인지에 대한 계획을 완성차 업체의 생산계획으로부터 얻을 수 있다. 그리고 해당 소요계획과 오디오 생산계획을 연계시킬 수 있는 것이다. 이러한 정보의 통합을 통하여 오디오 공급업체는 불필요한 재고를 쌓아둘 필요가 없어지고, 이에 따르는 비용 절감 효과를 완성차 업체와 공유할 수 있게 되는 것이다.

구매자와 판매자는 공급을 유지하기 위해 어떤 공정이 필요한지 확인하고, 이 공정들을 재조직하기 위한 방법을 함께 탐색함으로써 운영 통합의 범위를 확장시킬 수 있다. 주문 시간을 감소시키거나 오류를 제거하기 위해 EDI(electronic data interchange, 전자 데이터 교환)를 사용하는 것은 그런 통합의 간단한 형태라고 할 수 있다. 더욱 정교한 형태로는 두 기업 모두 수행하고 있는 중복된 활동을 제거하는 것이 있다. 많은 회사들이 연속보충 프로그램(Continuous Replenishment Program)과 판매자 재고관리(Vendor-managed Inventory) 등의 물류계획에 초점을 맞추어 운영 통합을 이루었다. 이런 통합은 TCO를 감소시킬 수 있는 잠재력을 가지고 있다.

운영 통합의 방법 중에는 양방향 학습에 의해 총비용을 감소시키는 것도 있다. 예를 들어 미국 혼다는 품질관리에 대한 공급자의 능력을 향상시키기 위해서, 공급자와 긴밀하게 협조한다. 혼다의 직원은 공급자 공장 시설을 방문하여 공급자의 제품 품질을 향상시킬 수 있는 방법을 공급자와 함께 도출한다. 이런 품질 향상은 공급자가 사후 수리하는 비용을 감소시키고, 혼다는 향상된 품질의 부품을 제공받게 한다.

운영 통합의 주요 목적은 낭비와 비용을 감소시키고, 상호 이익 향상을 이룰 수 있도록 구매자와 판매자의 관계를 개발하는 것이다. 위에서 설명한 방법들은 운영 통합이 이런 목적을 이룰 수 있게 하는 몇 가지 예시에 불과하다. 여러 조직에 걸쳐 창의성이 결합되어 하나의 회사가 독립적으로 운영을 했을 때는 달성하기 어려운 시너지를 제공한다. 공급자와의 운영 통합은 수량 통합을 통한 이익에 추가로 5%에서 25%의 비용 감소를 가져다 줄 수 있다.

3. 가치관리

공급자와의 운영 통합을 달성했으면 자연스럽게 구매 전략의 다음 단계인 가치관리로 넘어가게 된다. 가치관리는 공급자 통합의 더욱 강화된 형태로 구매자-판매자 사이 운영을 넘어서는 더욱 포괄적인 관계에 중점을 둔다. 가치 공학, 복잡성 감소, 그리고 제품을 디자인하는 초기에 공급자가 개입하는 것 등이 TCO를 감소시키기 위해 구매자와 공급자가 함께 수행할 수 있는 방법들이다.

가치 공학은 총비용을 감소시킬 수 있는 투입물을 디자인에 포함시키기 위하여 제품 디자인을 하는 초기 단계에 재료와 부품에 대한 요구 사항을 면밀히 검토하는 것을 뜻한다. 회사의 신제품 개발과정이 아이디어 생성으로부터 최종 상업화의 단계에 가까워질수록 디자인이 변경될 수 있는 유연성은 감소한다. 제품 개발 초기에는 디자인을 변경할 수 있지만 제품 원형이 개발될 즈음에는 디자인을 바꾸는 것이 매우 어려워진다. 제품개발 초기 단계에서 공급자 역시 개입하게 된다면, 기업은 공급자들이 가지고 있는 지식과 능력을 보다 쉽게 자본화할 수 있다.

다음 자동차 제조업체의 예는 초기에 공급자가 개입하는 것이 어떤 잠재력을 가지고 있는지 보여준다. 새로운 모델의 전면 범퍼를 디자인할 때 디자인 엔지니어는 범퍼의 브래킷 조립 디자인을 마무리하고 있었다. 실제 생산이 이루어지기 몇 년 전부터 공급자측에서 파견되어 있던 엔지니어는 디자인 엔지니어에게 브래킷의 위치가 1/2 인치 정도 옮겨질 수 있는지 물어보았다. 디자인 엔지니어는 몇 가지 고려 사항을 확인한 다음 최종생산품에 별다른 영향 없이 브래킷을 옮길 수 있다고 대답했다. 그는 공급자측의 엔지니어가 그런 변경을 요청한 이유에 흥미를 느꼈다. 공급자측 엔지니어는 브래킷의 위치를 변경하면 공급자는 부품 생산을 위해 현재 보유하고 있는 도구와 주물을 그대로 사용할 수 있다고 대답했다. 원래의 디자인을 그대로 유지했다면 새로운 시설을 위해 상당한 자본 투자를 했어야만 했을 것이다. 이런 조정을 통해 공급업체는 비용의 25%에서 30%를 절감할 수 있었다. 이러한 예는 Design For Production을 나타내는 것이다. 즉 제품의 설계 단계에서부터 미리 해당 부품이 어떤 생산과정을 통과할 것인지 고려하여 효율적인 생산이 일어나도록 반영하는 것이다.

가치 관리는 분명 단일 조직 구매활동 범위를 넘어서고 조직의 내부와 외부의 많은 거래당사자 사이 협조를 필요로 한다. 구매활동, 엔지니어링, 제조, 마케팅, 영업, 물류와 관련된 부서들, 그리고 주요 공급자의 직원들이 모두 협력하여, 총비용을 줄이고 성과를 향상시키거나 고객의 요구를 더 잘 충족시킬 수 있는 해법을 찾도록 노력해야 한다. 머서 매니지먼트 컨설팅(Mercer Management Consulting)의 리서치에 따르면 이런 접근법에 따른 이익은 조직에 따라 매우 다르지만 이미 물량 통합과 공급자 운영 통합으로 달성된 양보다 더 클 수 있다고 한다.

4. 구입 항목 세분화

파레토(Pareto) 효과는 대부분의 경영활동에서와 마찬가지로 구매활동에도 적용될 수 있다. 중요한 점은 모든 구매물은 동일한 것이 아니라는 것이다. 그러나 많은 조직에서는 전략적으로 가장 중요한 투입물을 획득할 때와 중요하지 않은 품목을 구매할 때 모두 동일한 접근법을 취한다. 이럴 경우 그들은 천만원에 해당하는 원재료를 구입할 때 십만원에 해당하는 복사지를 구입하는 것과 동일한 수준의 노력을 들이는 것이다. 구입해야 하는 모든 투입물들의 중요성이 동일하지 않기 때문에, 많은 회사들은 이제 구매 항목을 세분화하여, 자원과 전문가를 부여할 우선 순위를 각 항목에 부여하고 있다.

구매 항목을 단지 비용을 기준으로 세분화하는 것은 옳은 방법이 아니다. 어떤 투입물은 전략적인 재료이고 어떤 것은 그렇지 않다. 어떤 투입물은 사업의 성공에 큰 영향을 미칠 잠재성을 가지고 있고 어떤 것은 그렇지 않다. 어떤 것은 매우 복잡하고 고도의 위험을 내포하고 있고 어떤 것은 그렇지 않다. 예를 들어 자동차 조립 공정에서 의자를 정해진 시간에 조달하는 데에 실패했다면, 조립 공정은 거의 중단될 수밖에 없을 것이다. 한편 청소 용품의 도착시간이 지연되는 것이 생산과정에 타격을 주지는 않는다. 새로운 컴퓨터 주문처리시스템을 도입하는 것은 전체 성과를 크게 향상시킬 수 있을 것이다. 그러나 새로운 영업 사원이 사용할 노트북 컴퓨터를 제공하는 것은 상대적으로 중요성이 크지 않다. 유의할 점은 조직의 구매행위 각각에 대해 적절한 접근법을 적용해야 한다는 것이다. 수량 통합은 거의 모든 재료와 서비스에 대해 적용할 수 있을 것이다. 이런 접근법은 원재료뿐만 아니라 사무용품을 구입하는 데서도 마찬가지로 이익을 가져올 수 있다. 운영 통합은 조직들 간 생산품과 정보의 흐름을 증진시키는 데에 초점이 맞추어져 있기 대문에 높은 물류비를 가지고 있고 물류에서 잠재적 부가가치가 큰 투입물에 적용하는 것이 적당하다. 가치관리적인 접근법은 주로 회사의 가장 중요한 자원을 공급하는 공급자에게 적용된다.

5. E-Commerce와 구매

기술과 정보 시스템의 진보는 기업구매활동에 많은 변화를 일으키고 있다. 구매에 있어서 대부분의 실제 일상 업무는 수많은 문서업무를 통해 이루어졌다. 결과적으로 업무가 느렸고 사람에 의한 오류가 많았다. 구매에 정보 기술을 적용하면 업무의 속도를 증가시키고, 오류를 줄이고, 자원 획득과 관련된 비용을 감소시킬 수 있게 된다.

(1) 기본적인 전자 구매

구매활동시 가장 많이 사용되고 있는 전자상거래 기법은 EDI(Electronic Data Interchange)이다. EDI는 그 용어가 암시하듯이 회사와 공급자 간 데이터의 전자 송수신을 뜻한다. 이것은 두 개 이상의 회사가 더욱 정확한 정보를 실시간으로 획득하고 공급할 수 있게 해준다. 직접적으로 전송되는 데이터에는 많은 종류가 있다. 그 예로는 구매요구서, 구매주문, 구매주문 영수증, 주문 상태, 그리고 추적 정보 등이 있다. 1990년대 후반, EDI를 도입함으로써 데이터를 표준화하고, 정보의 정확성과 적시성을 증가시키고, 재고 및 리드타임 그리고 TCO를 감소시키는 등 다양한 이익을 얻을 수 있다고 알려지면서 EDI의 사용은 크게 증가하였다.

EDI는 구매자와 판매자 통합의 중요한 요소이다. 적어도 이론상으로 구매자는 공급자와 요구 사항, 계획, 주문, 송장 등의 사항에 대해 빠르고, 정확하고, 쌍방향적인 의사소통을 할 수 있다. EDI는 조직 간 투명성을 위한 도구를 제공하며 이는 공급사슬 전체 공정을 통합하는 데에 필수적인 요소이다.

전자상거래 기법을 구매활동에 적용한 다른 예로 전자 카타로그가 있다. 전자 카타로그는 구매자가 제품 정보, 명세 사항, 가격 등에 대해 빠르게 접근할 수 있게 한다. EDI 시스템과 연계하여 전자 카타로그는 신속하게 필요 품목이 무엇인지 확인하고 주문을 할 수 있도록 한다. 많은 회사들은 그들 자신의 온라인 전자 카타로그를 개발해 왔고, 공급업체의 제품에 대한 전자 카타로그 역시 개발하여 구매자가 제품의 특성, 명세 사항, 그리고 가격을 신속하게 비교할 수 있게 하였다. 이런 도구들은 잠재적으로 구매활동에서 상당한 비용 절감을 가능하게 한다. 특히, 구입가격이 최우선적으로 고려 되는 표준화된 품목의 경우 효과는 더욱 크게 된다.

(2) 인터넷과 B2B 구매

구매활동에서 전자상거래 기법을 효과적으로 적용할 수 있는 예로 인터넷을 B2B를 위한 도구로 개발하는 것이 있다. 1996년 GM과 월마트를 비롯한 몇몇 주요 기업들은 인터넷을 이용하여 사업을 수행할 수 없는 공급자는 고려 대상에서 제외될 것이라고 선언했다.

전통적인 EDI와 비교하여 인터넷의 장점은 컴퓨터 시스템 양립성에 대한 기술적 문제를 극복했다는 것이다. 인터넷 자체가 구매자와 판매자가 파일과 정보를 쉽게 교환할 수 있는 능력을 부여해준다. GE는 '상거래 프로세스 네트워크(Trading Process Network)' 를 만들었는데 이것은 과거에는 완전히 손으로 이루어지던 구매 작업을 전자시스템으로 변환하는 것이었다. 시스템은 그림과 상세 명세를 견적과 함께 전세계 판매자에게 전송한다. GE는 이러한 시스템이 물품 획득과 관련된 비용을 현저히 절감하였으며 회전 주기를 50%나 감소시켰다고 발표했다.

인터넷이 B2B 교환 체제를 변형시킨 예로는 E-Chemicals가 있다. 이 회사는 영어로는 information과 intermediary의 합성어인 informediary, 번역어로는 온라인 정보중개서비스 회사라고 불린다. 왜냐하면 E-Chemicals는 회사간 정보(information)을 제공하는 중개자(intermediary) 역할을 하기 때문이다. 전통적으로 적은 양의 화학 제품을 구입하는 것은 구매자와 판매자 모두에게 매우 어려운 일이었다. 화약 제품을 판매하는 측에서는 수많은 소소한 주문들을 처리하는 것은 판매, 마케팅, 그리고 물류에서의 비용이 많이 들었으므로, 작은 주문을 받는 것을 좋아하지 않았다. 구매자 역시 적은 양을 구입하기 위해 큰 화학 회사를 상대하는 것이 어렵고 또한 비용도 많이 드는 것을 깨달았다. 비록 산업 안에서 분배자의 역할을 하는 기업이 있었지만 그들은 수많은 업체의 다양한 화학 제품 재고를 유지해야 한다는 사실을 포함하여 몇 가지 문제점을 가지고 있었다. E-Chemicals는 인터넷을 통해서 이런 문제점을 해결할 수 있는 솔루션을 제공한다. E-Chemicals는 주요 생산자들과 관계를 맺고 이 관계를 통하여 수많은 구매자로부터 주문을 받게 된다. E-Chemicals는 개개의 양은 크지 않은 수많은 주문들을 받아서 처리하고 통합하여 공급자에게 주문할 때는 단위가 훨씬 더 커지게 만든다. 그리고 제3자인 물류 제공자와 함께 조달 계획을 세우고 금융기관과 함께 송장과 회수 업무를 수행한다. 화학 제품 공급자는 더 이상 수많은 소소한 주문들을 처리할 필요가 없어지므로 이익을 얻는다. 구매자는 여러 공급자의 물품들을 한번에 받을 수 있고 그러므로 송장도 한번만 처리하고, 지불도 한번만 하면 된다. 그리고 과거 분배업자를 상대하던 때보다 물품이 제대로 공급될 것이라 확신할 수 있다. 물론 E-Chemicals는 서비스에 대한 비용을 청구하지만, 공급자와 구매자 모두에게 비용 절감 효과가 이 비용보다 더 크다. E-Chemicals가 제공하는 것과 같은 서비스는 제철, 하드웨어, 그리고 농장 물품 등, 여러 가지 다른 산업에서도 제공되고 있다.

구매 교환(buying exchange) 역시 인터넷의 도움을 받아 개발된 서비스이다. 어떤 회사들은 그들의 공급자를 상대하기 위해 그들 자신만의 상거래 네트워크를 형성해왔다. 구매 교환은 회사간, 때로는 경쟁자 간, 공통되는 공급자 기반을 상대하기 위해 협력하는 것을 의미한다. 자동차 산업에서 GM, 포드, 다임러크라이슬러는 예전에는 각각의 상거래 네트워크를 형성했지만, 이제 공동의 온라인 구매 교환을 형성하기로 발표했다. 이는 Covisint라고 부르는 시스템으로

B2B의 대표적인 사례로 꼽힌다. 구매 교환을 통해 공급자들은 자동차 회사가 어떤 부품을 필요로 하는지를 확인하고, 기술적 상세 명세를 확인하며, 심지어 생산 공정도 볼 수 있게 되었다. 자동차 제조업자는 많은 경우, 공동의 공급자를 상대해야 하는데, 이런 공급자들은 한 시스템에서 그들의 모든 고객들에 대한 정보에 접근할 수 있게 되면서, 그들의 생산, 조달계획을 더 효율적으로 구성할 수 있게 되었다. 구매자가 얻을 수 있는 규모의 이익을 증가시키기 위해, 표준 부품에 대한 요구 사항을 일괄적으로 정리하는 것 역시 고려되고 있다.

구매 교환을 통해 이루어질 수 있는 구매 수량은 매우 클 것이다. 이런 서비스는 비행기 부품 산업, 화학, 제철 제품, 식료품 사업, 심지어 소매업체에서도 사용된다. 예를 들어, 세계에서 가장 큰 두 개의 소매점인 시어스와 까르푸는 GlobalNetxchange를 만들어서 도합 800억달러에 이르는 구매활동을 하나의 네트워크에 모아서 공급자를 상대하게 되었다. 공급자는 소매업자의 판매 및 재고 수준을 볼 수 있게 되었고, 그들의 생산 요구 사항을 더 잘 파악할 수 있게 되었다. 전체 구매 프로세스가 웹사이트를 이용하여 이루어질 수 있게 된 것이다.

인터넷을 이용하여 상거래를 하는 것에는 많은 장점들이 있지만 잠재적인 단점도 있다. 많은 공급자는 상거래 활동이 종국에는 구매가격에만 집중하게 될 것이라고 한다. 만약 구매자가 본래 거래하던 공급자가 아닌 다른 공급자와 계약을 맺기 위해 웹에 그들이 무엇을 필요로 하는지 게시하거나 공급자들을 경매 방식으로 선발하기 위해 인터넷 기술을 사용한다면 공급 통합과 가치관리를 통해 이루어졌던 발전은 퇴색할 것이다. 결국 인터넷 활용의 결과가 긍정적일지 부정적일지는 아직 판단하기 이르다고 할 수 있다.

공급사슬 관리의 맥락에서 회사와 외부 공급자와의 연결은 매우 중요하다. 그 연결을 통해 조직 외부의 자원은 내부 운영 체계와 통합될 수 있다. 구매활동을 할 때에는 이런 자원의 이동이 가능한 한 효과적으로 또 효율적으로 이루어지도록 해야 한다.

요 약

1. 과거 기업에서는 낮은 원가로 자원을 획득하는 것을 제외하면 구매활동에서 중요시해야 할 사항은 없는 것으로 여겨졌지만 최근에는 구매활동의 전략적인 역할이 강조되고 있다.
2. 효과적인 구매활동을 통해 연속적인 공급과 최소화된 재고 투자 사이의 균형을 달성할 수 있다. 바람직한 구매활동은 품질을 향상시키고, 능력 있는 공급자를 개발하고 TCO를 최소화할 수 있게 하는 것이다.
3. TCO를 계산할 때에는 단순히 구매가격뿐만이 아니라 가격할인 기회도 함께 고려해야 하며, 공급업체에서 어떤 서비스를 제공하는지, 라이프 사이클 비용은 어떻게 다른지도 확인해야 한다.
4. 구매전략의 종류로는 물량 통합, 공급자운영 통합, 가치관리가 있는데 이는 서로 별개의 것이 아니라 공급사슬에서의 상호 작용이 더 활발해지는 단계를 나타낸다고 볼 수 있다.
5. 모든 구매물이 기업에게 똑같이 중요한 것은 아니다. 기업은 단지 비용만을 고려하는 것이 아니라 회사에게 전략적으로 중요한 품목이 무엇인지 파악하여 이를 효과적으로 구매하기 위해 더 노력해야 한다.
6. 구매활동에 정보기술을 이용하면 업무의 속도를 증가시키고, 오류 및 비용을 감소시킬 수 있다. 구매활동에 활용될 수 있는 기술로는 EDI, 인터넷을 이용한 B2B 등이 있다.

토의 사례

현대자동차의 구매관리

정몽구 회장이 1999년 현대자동차의 회장으로 취임하면서 현대자동차는 예전보다 훨씬 강도가 높게 품질 경영을 시행하기 시작했다. 완성차의 품질을 높이기 위해서는 물론 현대자동차 스스로 조립 단계의 품질을 향상시켜야 한다. 그러나 이에 못지 않게 중요한 것이 외부 업체에 공급 받는 부품의 품질 향상이다. 아무리 조립 단계가 완벽하다고 해도 부품에서 하자가 있다면 완성차의 품질도 높아질 수 없을 것이다. 특히 자동차 산업에서는 100년이 넘는 세월 동안 시행착오를 통해 엔진과 변속기 등 핵심 부품과 자동차 디자인 개발은 완성차 업체가 담당하고 나머지는 부품업체가 맡는 것이 가장 효율적이라는 것이 알려졌다. 즉 협력업체 관리, 구매관리가 품질 경영의 중요한 요소를 차지하는 것이다.

현대자동차는 높은 품질의 부품을 구매하기 위해 '5-스타 제도'를 실시했다. 5-스타 제도는 신차개발 초기에 1차 협력업체가 납품하는 부품 품질과 기술력 등을 별점으로 종합 평가하는 것이다. 평가항목은 품질보증체계, 기술개발력, 생산준비능력 및 양산체제, 재무, 성장잠재력 등으로 이루어져 있다. 5-스타제는 협력업체를 객관적 기준으로 평가함으로써 공정한 거래 관계를 구축할 수 있게 하고 동시에 협력업체가 기술 개발과 품질 향상에 노력할 동기를 부여하는 장치라고 할 수 있다. 공정한 거래를 위해 5-스타제 이외에도 2000년부터는 부품을 거래할 때 인터넷을 활용하도록 했다.

이렇게 협력업체를 공개 경쟁시키는 것만이 현대자동차가 시행하는 협력업체 관리의 전부는 아니다. 중요 협력업체의 경우 보다 유기적인 관계를 맺는 것이 높은 품질을 달성하는 데에 효과적이다. 그래서 현대자동차는 원래 컨테이너 생산 등의 사업을 하던 현대모비스를 자동차 부품 전문업체로 변경하여 모듈생산을 하도록 했다. 모듈 생산이란 개별 부품을 자동차 본체에 바로 장착하는 대신 서로 연관이 있는 부품을 패키지로 묶은 다음 한 번에 완성차 도입 라인에 투입하는 것이다 현대모비스는 2010년까지 연구개발 분야에 총 1조원을 투입할 예정이고, 연구인력도 1,700명 이상으로 늘리기로 했다.

Q 토의문제

❶ 부품업체가 품질을 향상시키도록 완성차 업체에서 시행할 수 있는 정책에는 어떤 것이 있겠는가?

❷ 부품업체가 장기적인 관계를 맺을 만한 기업인지 평가하기 위한 구체적 기준을 제시하여 보라.

Chapter 10

물류 및 보관, 포장, 하역 및 입지

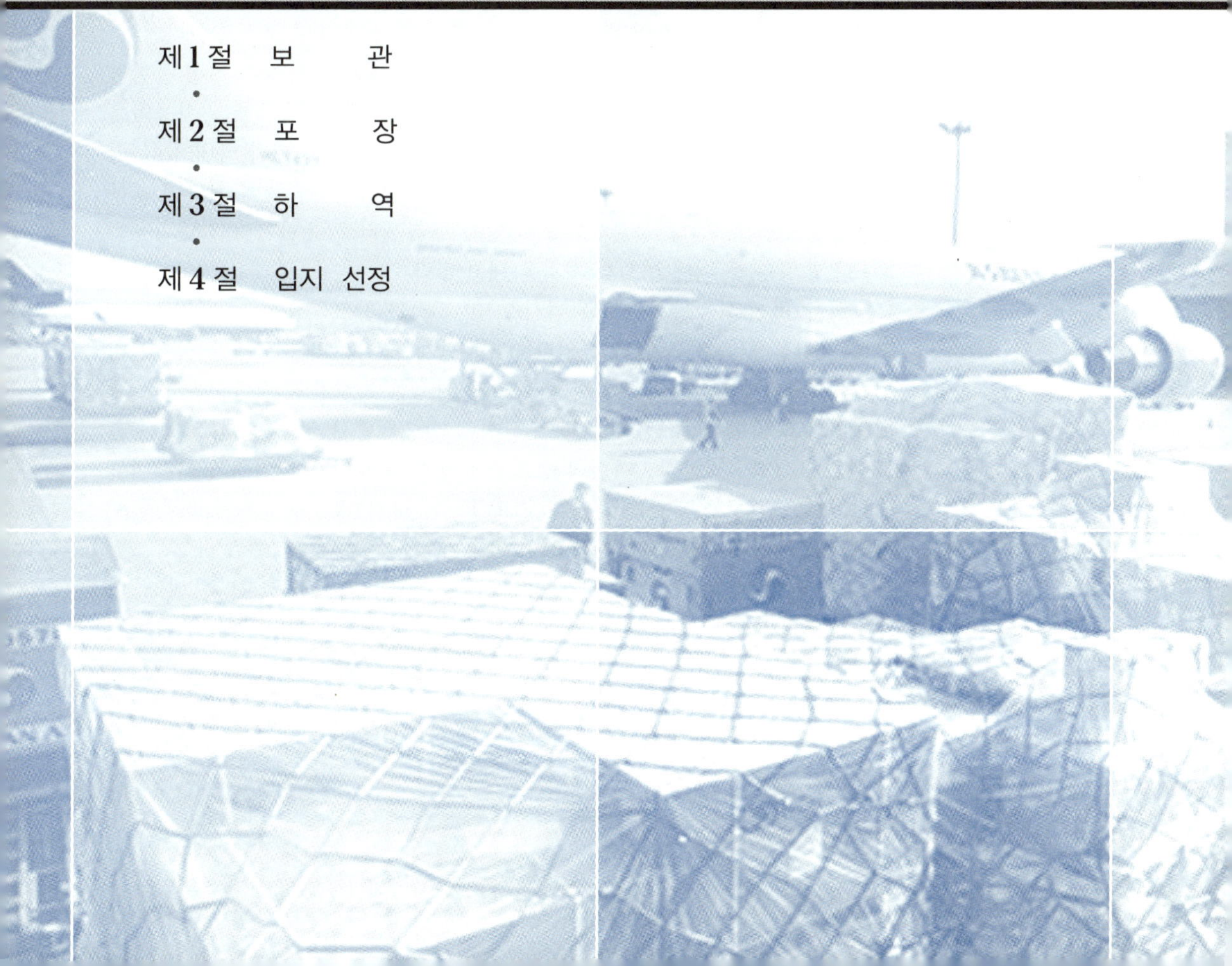

도입사례

LG전자 "물류 전면 혁신"

"외부악재 대비 원가절감 · 경쟁력 향상 절실"
거점 통폐합, 첨단정보체제 구축 등 대수술

LG전자가 국내외 물류시스템을 전면 개편한다. 물류거점을 통폐합하고 첨단정보화를 구축하는 등 기존 물류시스템을 확 뜯어고치는 대수술을 통해 원가경쟁력을 높이겠다는 전략에서다.

LG전자는 29일 환율이나 유가 등 외부악재에 적극 대처하자면 원가절감과 생산성 향상이 절실하다며 이를 위해 본사와 국내외 공장, 현지법인의 긴밀한 협력체제를 통해 글로벌 물류 혁신을 추진중이라고 밝혔다.

이 회사는 이를 위해 올해초 물류전담 조직인 글로벌 로지스틱스(Global Logistics) 팀을 출범시키고 외부에서 물류전문가를 대거 영입하는 등 조정 정비를 마쳤다. 회사 관계자는 이번 물류시스템 개편을 통해 글로벌 물류분야에서 1,600억원 이상의 비용절감 효과를 올릴 것이라고 밝혔다.

LG전자의 물류시스템 개편은 무엇보다 정보화 · 대형화 · 종합화를 통해 물류혁신을 달성하고 비용을 최대한 절감한다는 데 초점을 맞추고 있다.

물류시스템 개편의 첫 단추는 첨단 물류시스템 도입과 물류 거점 통합작업. LG전자는 운송관리시스템(TMS)을 도입, 물류업무의 프로세스 자동화를 통해 연간 20억원의 물류비를 절감할 계획이다. 아울러 30개의 국내 물류 거점을 연내 23개로 축소한다는 방침도 세워놓고 있다. 이를 위해 지난 3월 부산 · 양산 · 울산 · 김해 물류센터를 신양산 물류센터로 통합시켜 임대비용을 20%나 줄이는 등 기대 이상의 성과를 내고 있다.

물류 혁신을 겨냥한 창고관리시스템(WMS)과 창고최적화시스템(WOS)도 모든 사업장에 속속 도입되고 있다. 회사 관계자는 WOS를 도입한 물류센터의 경우 출하대기시간이 30%나 단축되고 재고실사 시간도 절반수준으로 줄어들었다고 밝혔다. LG전자는 또 부산항에 집중됐던 창원 · 구미공장의 수출물량을 울산항 · 광양항 · 마산항 등으로 다변화시켜 연간 15억원의 물류비를 절감한다는 목표를 세워놓고 있다. PDP TV 등 디지털TV의 경우 수출제품 포장박스를 새롭게 바꾸면서 연간 24억원의 비용축소 효과를 거두었다.

이 밖에 전세계 77개 해외법인의 물류센터를 통합하기 위해 단일 ERP(전사적자원관리) 시스템을 구축하고 해외물류 프로세스 개선, 글로벌 입찰방식 정비 등을 추진하고 있다.

회사 관계자는 해외법인은 권역별 물류 및 물류업체 통합, 거래선 직접 수송, 통합배송 등을 통해 물류비를 대폭 절감하고 있다고 말했다.

〈서울경제, 2006. 5. 28〉

보관은 창고에 재화를 저장했다가 필요할 때 제공하는 것을 말한다. 즉 보관은 로지스틱스 시스템의 흐름상에서 적시에 원자재, 부품을 조달하고, 완제품을 공급하기 위하여 제품을 저장하고 있는 기능을 한다고 할 수 있다. 결국 수송이 주로 공간적인 효용을 창출한다고 한다면 보관은 주로 시간적인 효용을 창출한다고 할 것이다. 따라서 보관은 로지스틱스 시스템의 효율성을 개선하기 위해서 반드시 고려해야 할 부분이고, 기업의 물류비 절감과 고객서비스 향상을 위해서 중요하게 고려해야 할 요소라고 할 수 있다.

최근의 환경변화에 따라 보관의 중요성은 더욱 높아지고 있다. 특히 유통경로상에서의 파워가 제조업체로부터 이마트, 롯데마트 등과 같은 대형 소매상으로 이동됨으로 말미암아 메이커에 대한 대형 소매상들의 요구가 점증하고 있다. 이들 소매상들은 공급업자들에게 보다 긴밀한 협조와 보다 짧은 리드타임을 원하고 있다. 이에 따라 제조업체에게는 제품의 신속한 공급이 제품의 질만큼 중요하게 되었으며, 그 결과 재고나 보관의 중요성은 더욱 커지게 되었다. 따라서 많은 기업들이 치열한 경쟁하에서 경쟁우위를 확보할 목적으로 제품공급의 리드타임을 줄이고 관련 비용을 절감하기 위해 보관관리의 합리화에 많은 노력을 기울이고 있다. 그런데 현재 우리나라에서는 보관과 관련된 관리가 미흡한 실정이다. 보관창고의 경우, 대부분 영세하고 겨우 보관의 기본적인 기능만을 수행하는 정도에서 크게 벗어나지 못하고 있는 실정이다.

제 1 절 보 관

1. 보관의 중요성

일반적으로 창고는 재고를 보유하거나 저장하는 곳으로 생각된다. 그러나 현대 물류에서 보관은 물류의 여러 활동을 포함하고 있기 때문에 운송이나 재고관리처럼 그 기능을 명확하게 구분하기는 어렵다. 굳이 정리한다면, 보관은 재고를 혼합(mixing)하는 것이라고 할 수 있다. 거시적 관점에서 보면 보관은 매우 필수적인 기능을 수행한다. 보관은 원재료, 반제품, 완제품의 시간효용을 창출한다. 시장지향적 보관의 차원에서 고객에의 근접성은 기업이 보다 짧은 리드타임으로 고객을 만족시켜 주는 것을 가능하게 한다. 즉, 보관기능을 통해 기업은 고객이 재화를 원하는 시간과 장소에 이용할 수 있게 함으로써 효용을 증가시킨다. 기업이 가치부가적인 경쟁도구로서 고객서비스를 중요한 도구로 사용함에 따라 보관은 더욱 큰 중요성을 갖는다. 보관은 재고보유의 필요에 따라 존재한다고 할 수 있으며, 그렇다면 보관의 중요성은 재고보관의 이론적 근거에서 찾아볼 수 있을 것이다.

수송비용의 감소는 재고보관비용의 증가를 수반한다. 즉 제품을 필요한 만큼 소량으로 수송할 때보다 미래 수요와 수송 할인을 감안하여 대량으로 수송할 경우 수송비의 절감을 가져올 수 있지만, 보관기능이 뒷받침되어야 한다. 보관은 원자재의 보관과 완제품의 재고라는 두 가지 측면에서 검토할 수 있다.

대부분의 기업에서 "원재료의 부족으로 인한 생산의 정지는 절대로 있을 수 없다"라는 일반적인 규칙을 세워놓고 있다. 이러한 규칙을 지키기 위해서 기업은 원재료나 부품의 적정 재고를 유지해야만 하며, 효율적이고 균형 있는 생산이 이루어지기 위해서도 보관기능은 필요하다.

또 다른 중요한 이유는, 원재료를 대량으로 구입하여 수량할인을 받고, 대신에 잉여의 원재료를 보관하면서 필요로 하는 시점에 나누어 사용하는 것이 더 유리하기 때문이다. 또한 필요한 원재료의 획득에 계절성이 존재할 때 보관이 필요해진다. 예를 들면 수확기에 구입해서 저장해 놓아야 하는 농산물이나, 동절기 수송에 어려움이 있는 제품의 경우에는 보관이 반드시 필요할 것이다.

마케팅의 관점에서 완제품의 보관이 갖는 중요한 의미는 보다 높은 수준의 고객서비스 제공에 있다. 완제품의 재고와 보관을 확대함으로써 기업은 품절의 위험을 줄이고 고객서비스를 향상시킬 수 있을 것이다. 따라서 기업은 고객의 주문에서부터 주문한 제품의 제공까지에 소요되는 시간을 최소화할 수 있는 로지스틱스 시스템을 설계하는 데에도 관심을 기울이게 된다. 이외에도 산업의 특성, 기업의 철학, 제품의 특성, 경제상황 등의 요인들이 재고보관의 필요성을 부각시킨다고 볼 수 있다.

2. 로지스틱스 시스템에서 보관의 역할

산업화 이전 개인이나 가정이 직접 수행해야 하던 보관이란 기능은 유통업체나 제조사가 수행하는 기능이 되었다. 이 과정에서 창고는 공급과 수요의 조정에 기여한다. 그러나 초기에는 보관의 전략적 가치가 인식되지 못함으로 인해 보관은 단순히 유통과정에서 비용을 증대시키는 필요악으로 간주되었다. 따라서 공간 활용, 작업 방법, 하역 등에 있어서 효율성은 별로 의미를 갖지 않았다.

즉, 보관은 로지스틱스 시스템에서 원재료, 반제품, 완제품이 멈추어 있는 고정된 지점의 모습을 하고 있다고 할 수 있다. 따라서 보관은 재화의 흐름을 정지시키기 때문에 오히려 비용의 증가를 가져온다는 견해가 있을 수 있다. 몇몇 기업에서는 이러한 견해를 토대로 보관을 아주 부정적인 시각으로 보는 경우가 있었다. 그래서 "가능하면 보관하는 것을 피하기 위해 노력해야 한다"고 주장했다. 그러나 보관은 비용의 증가를 가져오기보다는 가치를 부가하는 기능을 할 수 있다는 인식의 보편화로 이러한 관점은 변화되고 있다.

제2차 세계대전 후 기업이 보관의 전략적 가치에 관심을 두게 됨에 따라, 기업은 각 지역마다 보유하고 있는 수많은 창고에 대해 재검토하게 되었다. 예측 기법의 개선, 생산 측면의 지연이나 불안전성 감소 등으로 인해 과거에 요구되던 것처럼 지역별로 모든 제품의 재고를 보유해야 할 필요성은 줄어들었다. 특히 다품종 소량 배송의 특성상 소매상이 직접 제조사에 주문을 한다는 것은 어렵게 되었다. 때문에 소매상에게 적시에 적절한 비용으로 재고를 보충해 줄 수 있는 전략적 창고의 개념이 중요성을 띄게 되었다. 즉, 보관의 중심이 소극적 보관에서 전략적 구색맞춤으로 변화되었다.

소매상의 보관의 효율성 개선이 진전됨에 따라 제조사도 JIT 등 기법의 수행을 위해 보관에 더 신경을 쓰게 되었다. 즉, 전략적 입지의 창고에서의 집하(consolidation), 개별 공장의 배송물량의 조합 등이 이루어지게 되었다. 보관 활동에 있어서 신축성(flexibility)을 높이기 위한 정보기술의 활용은 중요한 요인이 되었으며, 특히, 점증하는 고객의 요구에 민첩하게 반응하기 위해 필수적 요인이 되고 있다.

오늘날 보관은 로지스틱스 시스템에서 다양한 부가가치의 기능을 수행한다. 여기에는 수송의 집화, 제품의 혼합, 서비스의 제공, 우발상황에의 대비, 원활한 운영 등이 있다.

(1) 수송의 집화

〈그림 10-1〉과 같이 기업은 종종 한 트럭 분량(TL: Truck load) 미만의 수송을 실시하는 경우가 있다. 그런데 일반적으로 장거리를 한 트럭 분량 미만의 적재물을 싣고 수송하는 데 드는 비용은 그것을 한 대 분량으로 모아서 수송하

그림 10-1 • 수송의 집화

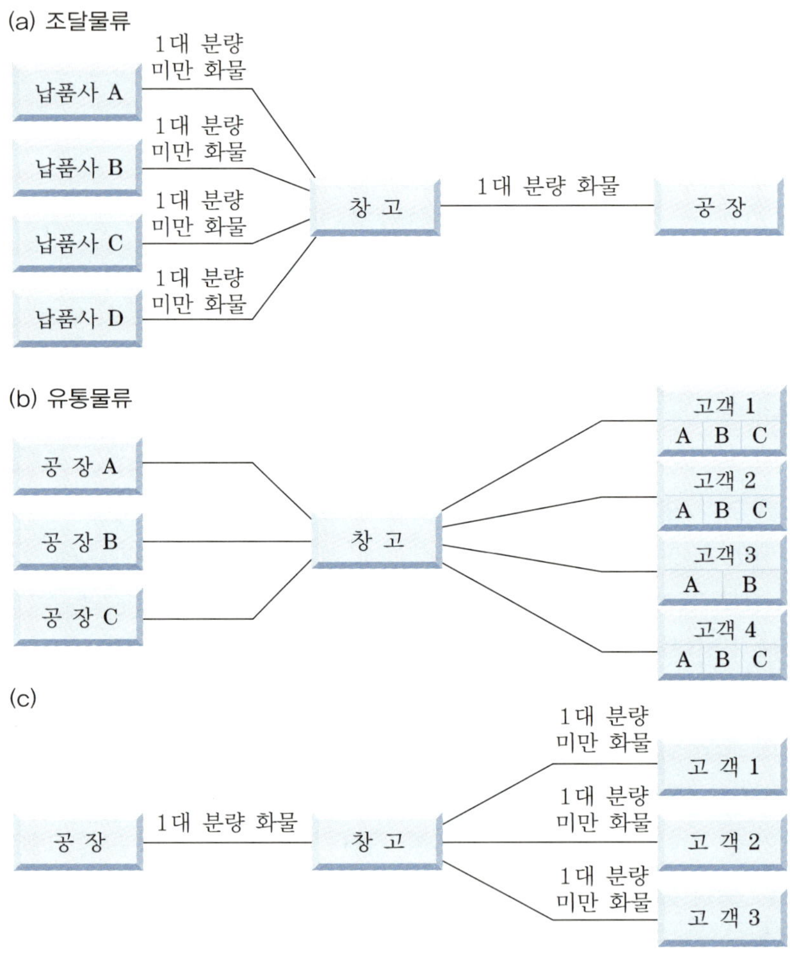

는 것보다 단위당 비용이 많이 소요된다. 따라서 짧은 거리만을 한 대 분량 미만으로 운반해서 보관한 다음, 이를 집화해서 많은 분량을 한꺼번에 수송하는 것이 유리할 것이다. 이러한 집화의 역할을 보관이 제공해준다.

이 원리는 원재료의 구입과 관련된 조달물류에서나 완제품의 유통과 관련된 유통물류에 모두 적용될 수 있다. 〈그림 10-1〉의 (a)에서 표현된 것처럼 조달물류에서의 보관은 각기 다른 공급업체로부터 한 대 분량 미만의 화물을 집화해서 기업의 생산설비에 규모 있게 수송하는 것을 가능하게 해준다. 또한 〈그림 10-1〉의 (b)에서 나타난 바와 같이 유통물류에서 보관은 기업의 다양한 생산설비에서 집화되어 수송된 제품을 각기 다른 시장에 제공하는 것을 가능하게 해준다.

이와는 반대로 break-bulk(혼재) 창고의 경우(그림 c) 대량의 화물을 쪼개어 몇 개의 목적지로 배송준비를 한다. 이를 통해, 비용의 절감, 적시 통제 배송, 고객 입고대 (receiving dock)에서의 혼잡감소라는 이점을 얻을 수 있다.

(2) 제품의 혼합

보관의 중요한 기능 중 하나로 고객의 주문에 부응하여 제품의 구색을 맞추는 것을 들 수 있다. 보통 기업은 매우 다양한 종류의 색상, 규격, 모양 등을 포함하는 제품라인을 구축하고 있다. 고객으로부터의 주문은 다양한 제품요구들로 구성되게 된다. 그리고 기업은 각 제품단위의 생산이 한 곳이 아닌 여러 곳에서 이루어지는 것이 보통이다. 따라서 여러 가지 제품을 모아서 보관하지 않는 기업의 경우에는 고객의 주문을 만족시켜 주기 위해서는 많은 애로사항이 발생하게 될 것이다. 그러므로 제품의 혼합기능을 수행하는 보관은 다양한 제품을 취급하는 기업에게 효율적인 주문처리가 가능하도록 도와주는 역할을 한다. 또

그림 10-2 • 유통센터를 통한 입출고교차

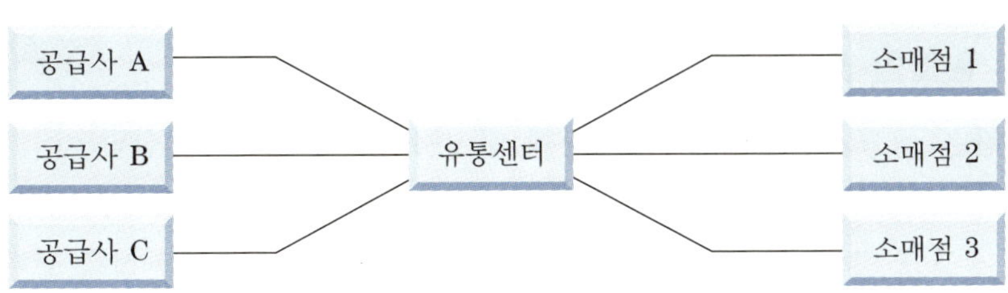

한 이러한 기능은 공급의 측면에서도 유사하게 수행될 것이다.

구색맞춤(Assortment)은 엄밀하게 구분하여 입출고교차(cross-dock), 혼합(mixing), 조립(assembly)으로 나눌 수 있지만 기본 원리는 동일하다. 입출고교차 방식의 경우(그림 10-2), 정확한 정시 수행이 필수적이다. 제조업체로부터 수령한 물품은 도착점포별로 분류되어 다시 목적지로 출발하는 트럭에 상차되며, 해당 점포에 인도된다. 혼합(mixing)에서는 출발지와 목적지 사이의 중간 지점에서 혼합이 시행되며, 조립(assembly)에서는 제조활동을 지원키 위해 사용된다는 것이 중요한 차이점이다.

(3) 서비스의 제공

고객서비스의 중요성은 더욱 높아지고 있다. 고객이 주문을 했을 때 보관을 통해 제품을 항상 준비해 놓고 있는 것은 고객만족이나 이를 통한 향후 매출에 있어 매우 유리한 위치를 점하는 것이다. 또한 이러한 준비는 조달물류의 경우에 있어서도 중요하다고 할 수 있지만, 유통물류에 있어서 더 중요한 기능이라고 할 수 있다. 왜냐하면 기업의 조달물류에서의 보관은 사전계획에 의해서 어느 정도 조정이 가능하지만, 고객의 수요는 대체적으로 확실하지 않기 때문에 유통물류에서 서비스관리는 더 큰 변동성이 따르기 때문이다.

(4) 우발상황에의 대비

보관은 수송지연이나 원자재 공급업자의 재고고갈, 파업 등과 같은 우발상황에 대비하는 역할을 수행한다. 이러한 기능은 원자재의 배달지연이 곧바로 완제품의 생산지연으로 이어질 수 있는 조달물류의 경우에 있어 매우 중요한 것이라고 할 수 있다. 그리고 유통물류에 있어서는 제품의 수송 중 손상과 같은 우발상황이 보관 수준에 영향을 미친다.

(5) 원활한 운영

보관은 생산과정 전반을 매끄럽게 연결시켜 주는 역할을 한다. 이러한 기능은 특히 계절적 수요의 특징을 보이는 경우나 규모의 경제를 감안한 생산이 필요한 경우에 있어서 매우 중요하다. 즉 보관을 통해 낮은 생산성을 보이는 비효율적인 생산을 줄일 수 있다는 것이다. 또한 이러한 기능은 추가적으로 생산

설비에 대한 투자를 줄일 수 있는 효과를 가져다 줄 수 있다.

(6) 역물류(reverse logistics)

제품 리콜, 반품 등의 상황에서 창고가 주로 역물류 기능을 수행하게 된다. 역물류 상황에서는 제품 자체의 포장이 파손되거나, 제품이 잘못 포장되는 경우가 많아서 정상적 흐름의 경우보다 훨씬 어렵다. 그러나 이 기능이 잘 수행되어 제품의 수거, 재활용이 이루어질 경우 수익에 상당한 기여를 할 수 있다.

3. 보관의 유형

(1) 활동 또는 단기 보관(Active Storage)

재고 회전율에 상관없이, 대부분의 상품들은 단기 수요에 대비해서 최소한의 물량은 보관되어야 한다. 이처럼 기본적인 재고 보충을 위한 보관을 단기 또는 활동 보관이라고 한다. 활동 보관은 서비스 지역의 주기적인 수요를 충족시키기 위한 충분한 물량을 공급해야 한다. 활동 보관은 주로 수송을 완수하거나 규모의 경제를 이루기 위해 필요하다. 활동 보관을 위해서는 하역 공정들과 기술들이 여분 보관이나 밀집 보관에는 최소한의 주의를 기울이면서 물품의 빠른 이동과 유연성에 집중할 필요가 있다.

활동 보관 개념은 창고에 재고를 비축하지 않거나 최소한의 재고만 유지하면서 통합과 분류를 위해 창고를 활용하는 flow-through distribution을 포함한다. 재고가 줄면서 이동을 강조하고 보관을 덜 중요하게 여기는 flow-through 기술과 입출하 교차 (cross-docking) 기술들이 장려된다. Flow-through distribution은 물량을 합리적으로 예측할 수 있는 부피가 크고 빠른 이동이 요구되는 제품들에 적합하다. Flow-through distribution은 보관에 있어서는 최소한의 요구만 하는 반면, 제품이 신속하게 하차되고, 그룹별로 모아져서, 고객에 따라 분류되어 수송 장비에 다시 적재될 것을 요구한다. 그 결과 하역에서 강조되는 것은 빠른 이동을 지향하는 정확한 정보가 된다.

(2) 여분 또는 장기 보관(Extended Storage)

여분 보관은 재고에 있어서의 일상적인 보충을 초과하는 재고의 보관을 말한다. 몇몇의 특수한 상황에서는 선적 몇 달 전부터 보관이 요구될 수 있다. 여분 보관은 신속한 접근에 대한 요구는 최소화하면서 공간 활용에 대한 요구는 최대화하는 데 초점을 맞추는 하역 공정들과 기술들을 활용한다. 창고는 여러 가지 이유로 여분 보관을 위해 사용될 수 있다. 계절적인 품목과 같은 몇몇 제품들에 대한 재고는 수요가 발생하거나 시간에 걸쳐 공급이 확산될 때까지 보관되어야 한다. 활동 보관을 위한 다른 이유에는 불안정한 수요, 제품 조절, 투기적 구매, 할인 등이 있다.

식품 창고는 일반적으로 그 식품이 최고 품질에 도달할 때까지 상품을 보관하는 숙성공간을 가지고 있다. 이러한 경우에는 여분 보관이 필요하다. 바나나를 익히는 것이 대표적인 예이다. 여분 보관은 품질 검사를 위해서도 필요할 수 있다.

창고에는 또한 투기적 관점에서 구매된 제품들이 보관된다. 투기적 구매의 크기는 관련된 특정 재료와 산업에 영향을 받지만, 일용품이나 계절적 상품의 마케팅에서 투기적 구매는 매우 일반적이다. 예를 들면, 어떤 상품에 대한 가격 상승이 예상되면 기업이 현재 가격으로 미리 상품을 구매하고 나중에 사용할 때까지 저장하는 것이 일반적이다. 이런 상황에서 할인이나 절약분(savings)은 여분 보관이나 재고운반 비용과 상쇄된다. 곡물, 기름, 판지 같은 일용품은 투기적 이유로 자주 보관된다.

창고는 또한 특별한 할인을 실현하기 위해 사용될 수 있다. 조기 구매 할인(early purchase discounts)은 여분 보관을 정당화할 수 있다. 구매 담당자는 특정한 기간 동안에 상당한 가격 절감을 달성할 수 있을 것이다. 그런 상황하에서 창고는 활동 보관을 초과하는 재고를 보관할 것으로 기대된다. 비료, 장난감, 잔디용 가구 생산자들은 비수기에 창고 보관료를 청구함으로써 소비자들에게 창고 부담을 전가하려고 한다.

4. 기본적인 보관 의사결정

보관관리에는 크게 보관창고의 소유여부, 숫자, 규모, 입지, 배치 및 설계 등과 관련된 중요한 의사결정들이 포함된다.

첫째, 기업이 보관창고를 어떠한 방식으로 사용할 것인지에 대한 대안에는 자가창고를 지어서 사용하는 것과 영업창고를 활용하는 것을 들 수 있다. 이 두 개의 대안 중 하나를 선택하거나 바람직한 혼합활용을 검토하는 것이 가장 기본적인 보관관련 의사결정이라고 할 수 있다. 많은 기업들은 여러 시장에 진출하고 있고, 계절적 수요와 같은 요인들이 있기 때문에 대부분 자가창고와 영업창고를 적정비율 혼합한 보관을 실시하고 있다.

이러한 소유에 대한 의사결정에 있어서도 다른 로지스틱스 관련 의사결정과 마찬가지로 상쇄관계를 고려한 접근이 필요하다. 따라서 각 대안의 비용, 장점, 적합한 상황 등을 살펴보는 것이 필요할 것이다. 그리고 두 가지 대안 중 자가창고를 고려할 때에는 보관창고의 설계와 배치에 관한 의사결정이 이루어져야 할 것이다. 즉 자가창고의 활용을 결정한 기업은 자가창고를 어떻게 설계하고 배치하는가에 따라 설비의 운영효율성이 달라지기 때문에 여기에 대한 주의가 필요해진다.

보관과 관련된 또 하나의 중요한 의사결정은 보관창고의 운영에 있어서 집중화된 접근을 쓸 것인지, 분산화된 접근을 쓸 것인지를 결정하는 것이다. 이러한 의사결정은 기본적으로 기업이 얼마나 많은 보관창고를 활용할 것인지를 결정하는 것이다. 대개의 경우 이러한 의사결정은 기업의 크기에 영향을 받는 것으로 나타난다. 즉 하나의 시장에서 영업을 하는 소규모나 중간규모의 기업의 경우에는 하나의 보관창고만이 필요할 것이고, 전국적이거나 국제적인 시장을 목표로 하는 대기업의 경우에는 보관창고에 관한 복잡한 의사결정이 필요해진다.

이러한 의사결정에서도 다양한 지역에서의 보관의 필요성을 분석하는 데 상쇄효과를 충분히 감안해야 한다. 어떤 기업의 수요와 공급과 관련된 특정한 상황에 따라 여러 대안들 중에서 한 가지 대안이 보다 더 적합할 수 있다. 예를 들어 매우 경쟁적인 시장상황에서 대체재가 많은 제품을 생산, 전국적으로 유통하는 기업의 경우에는 각 시장에서 신속한 서비스를 제공할 수 있도록 분산화된 보관정책을 구사하는 것이 바람직할 것이다.

또한 기업은 보관창고의 수의 결정에 있어서 수송수단의 결정과의 조정이 필요하다. 예를 들어, 항공수송을 활용할 경우 신속한 운반이 가능하기 때문에 한두 개의 요충지에 위치한 보관창고로도 전국 시장을 커버할 수 있을 것이다. 이러한 방식은 비록 항공수송의 단가가 비교적 높더라도 기업은 보관과 재고비용의 절감을 통해 이를 상쇄할 수 있기 때문에 타당한 대안이 될 수 있다.

기업의 보관관련 의사결정에서 보관창고의 크기와 입지에 대한 것도 빼놓을 수 없을 것이다. 이러한 크기와 입지에 관련된 의사결정은 기업이 영업창고 정책을 활용하는지, 자가창고 정책을 활용하는지에 따라 그 중요성에 있어 다소 차이를 보인다. 만약 기업이 영업창고를 활용하는 경우에는 보관에 있어 크기와 입지에 대한 결정이 다소 덜 중요하다고 할 수 있다. 왜냐하면, 창고활용에 대한 계약을 탄력적으로 수립할 수도 있고, 필요에 따라 다른 입지의 보관창고를 활용할 수도 있기 때문이다. 그런데 어떤 기업이 자가창고를 활용하는 경우, 특히 이 기업이 전국적이거나 전세계적인 시장을 대상으로 삼는 경우에는 보관의 크기와 입지에 대한 의사결정은 매우 중요한 의사결정이 된다.

또한 기업은 보관창고의 내부를 어떻게 배치할 것인지를 결정해야 한다. 다시 말해서 기업은 보관창고 내부의 복도공간, 선반, 장비 등에 대해서 결정해야 한다. 물론 이러한 결정에는 보관창고의 효율성에 대한 고려가 필수적일 것이다.

이외에도 보관관련 의사결정에는 구체적으로 얼마만큼의 재화를 어떠한 곳에 보관할 것이지, 보관창고들을 어떤 제품에 대해 특화하는 형태로 운영할 것인지, 보관활동 작업자의 안전은 어떠한 방식으로 고려할 것인지 등이 있다.

5. 보관창고의 소유문제

기업은 보관기능의 수행을 위해서 자가보관창고를 지어 사용할 것인지, 그렇지 않으면 필요에 따라 영업창고를 빌려서 사용할 것인지를 먼저 결정해야 할 것이다. 이러한 기본적인 두 가지 대안은 각기 장점과 단점을 갖고 있다. 따라서 이들 장·단점을 충분히 검토하여 기업 상황이나 여건에 맞는 대안을 선택하는 것이 필요할 것이다.

그림 10-3 • 자가창고와 영업창고의 비용

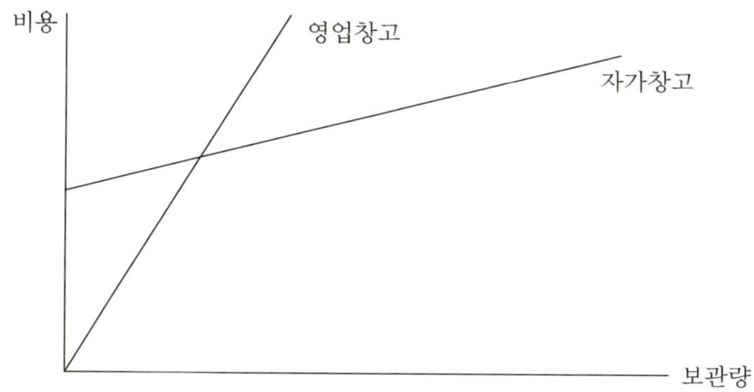

기업이 보관창고 소유여부 결정에 있어서 가장 보편적으로 사용하는 것은 각 대안들의 비용을 검토하는 것이다. 〈그림 10-3〉은 자가창고와 영업창고의 비용비교를 표현하고 있다.

〈그림 10-3〉에서 보는 바와 같이 영업창고의 활용에서의 비용은 모두 변동비의 형태를 취하고 있다. 보관물량이 증가함에 따라 기업은 더 많은 공간을 빌려야 하고, 이러한 공간의 추가 사용은 총비용을 증가시키게 된다. 그런데 이 그림에서는 보관물량과 총비용의 관계가 선형인 것으로 가정하고 있지만 실제의 경우 많은 물량에 대한 할인이 존재하는 것이 보편적이기 때문에 총비용이 한계 체감하는 형태를 가정하는 것이 타당할 것이다. 그러나 본 그림이 나타내고자 하는 것은 자가창고와 영업창고의 비용비교이기 때문에 직선으로 일반적인 관계를 표현하고 있는 것으로 이해하면 될 것이다.

반면에 자가창고의 경우는 설비보유에 따른 세금, 감가상각 등의 고정비 요소를 갖고 있다. 그리고 보관물량의 증가에 따라 변동비는 영업창고에 비해 완만하게 증가하는 형태를 취한다. 결과적으로 영업창고의 비용과 자가창고의 비용은 임의의 한 점에서 만나게 된다. 일반적으로 이 경우 그 점보다 적은 분량의 보관을 할 경우에는 영업창고가 유리하고, 그 점 이상의 물량을 보관할 때에는 자가창고가 더 효율적이라고 할 수 있다. 이렇듯 보관물량이 증가할수록 자가창고를 활용하는 것이 더 효율적인 이유는 고정비가 매우 많은 물량에 걸쳐 분산되기 때문일 것이다.

그런데 이러한 분석은 많은 기업들이 당면하고 있는 상황들을 너무 단순화된 관점으로 보는 것이라고 할 수 있다. 실제로 많은 기업들은 폭넓은 제품라인을 보유하고 있으며, 따라서 많은 보관창고를 운영하고 있기 때문에 매우 복잡한 양상을 보인다. 그러나 다음의 두 가지 이유 때문에 이렇듯 단순화된 관점이 더 복잡한 상항에서도 꽤 현실적인 것으로 받아들여질 수 있다. 첫째, 기업이 매우 많은 보관창고를 활용하고 있다고 하더라도 실제로 보관창고는 한번에 하나씩 추가하는 경우가 많고, 둘째, 기업이 한 번에 두 개 이상의 보관창고를 추가하는 경우라도 각 시장상황이나 비용조건에 따라 각 단위별로 자가창고와 영업창고의 비용비교를 할 것이기 때문이다.

(1) 보관창고 소유문제 결정의 영향요인

그럼 여기에서 자가창고 또는 영업창고로 결정이 이루어지는 데 영향을 미치는 기업이나 제품의 특성에 대해서 살펴보도록 하자.

1) 보관물량

먼저 앞에서 살펴본 바와 같이 고정비 때문에 자가창고의 사용은 경제성을 획득할 수 있는 비교적 많은 물량일 때 이루어진다. 즉 고정비는 사용에 관계없이 발생하는 비용이기 때문에 기업이 영업창고를 사용할 때보다 낮은 비용으로 자가창고를 활용하기 위해서는 고정비를 충분히 상쇄시킬 수 있을 만큼의 물량을 보관해야 할 것이다.

2) 수요의 특성

자가창고의 활용은 수요가 안정적일 경우에 타당한 대안이 될 것이다. 앞에서 언급한 것처럼 어떤 기업들은 수요의 계절성을 가질 수 있다. 이러한 경우에는 자가창고의 활용이 바람직하지 않을 것이다. 그러나 많은 대기업들은 제품의 특성상 수요의 계절성을 갖고 있으면서도 다양한 제품라인을 갖고 있어 전체적으로 연중 안정적인 수요를 보이게 되는데, 이러한 경우에는 자가창고의 활용이 충분한 타당성을 갖게 된다.

3) 시장이나 공급업자의 밀집도

시장지역이 보관창고 주변에 얼마나 밀집해 있는가, 또는 공급업자가 조달

물류상의 보관창고에 얼마나 밀집해 있는가가 보관창고 소유문제 결정에 영향을 미친다. 시장이나 공급업자가 밀집해 있을수록 자가창고의 활용이 보다 활발하게 고려될 것이다. 반면에 밀집도가 낮을 경우에는 각 시장에 영업창고들을 활용하는 것이 자가창고를 활용하는 것보다 비용상 경제적이라고 할 수 있다.

4) 통제의 필요성

자가창고가 선호되는 이유에는 통제가 용이하다는 점이 있다. 즉 최적의 보관을 위한 다양한 조건구비가 가능하고 서비스통제가 가능하기 때문에 기업이 자가창고를 선호한다고 볼 수도 있다. 어떠한 원재료나 완제품은 도난이나 오염, 파손 가능성이 매우 높을 수 있다. 영업창고도 재화의 관리와 보호에 많은 관심을 기울이기는 하지만 자가창고에 비하면 다소 소홀할 수 있을 것이다. 또한 만약 제품보관에 이상이 발생할 경우 영업창고에서 보상이 이루어지겠지만 어떠한 보상도 이를 미연에 방지하는 것보다 낫다고 볼 수는 없을 것이다. 그리고 서비스통제가 결정적인 경우에도 자가창고가 낫다고 할 수 있다.

(2) 영업창고의 장점

기업이 영업창고를 활용하는 것은 자가창고를 활용하는 것보다 다음과 같은 장점이 있다.

첫째, 영업창고 활용의 가장 큰 장점 중 하나는 창고의 사용자 입장에서 자본투자가 필요 없다는 것이다. 자가창고를 운영하기 위해서는 종업원의 추가 고용, 교육훈련과 관련된 비용뿐만 아니라 초기 상당한 자본투자를 필요로 한다. 기업에 있어서는 가능하면 건물, 토지, 하역장비에 대한 투자를 회피하는 대안이 매력적일 수 있다.

둘째, 계절성(seasonality)에의 적응을 들 수 있다. 만약 기업 활동에 있어 계절성이 존재한다면 영업창고 활용대안은 물건이 많이 필요할 때를 파악해서 그 때 많은 저장공간을 활용할 수 있도록 계약을 맺는 것이다. 자가창고가 제품이 가장 많이 저장되는 수준에 맞추어 마련될 경우 그 창고가 덜 활용될 때에는 단위당 보관비가 과다하게 발생한다고 할 수 있다. 그런데 대부분의 기업에는 어느 정도의 계절성은 존재한다고 할 수 있기 때문에 총보관비가 저장된 물량에 보다 비례적으로 부담되는 영업창고의 장점은 중요한 것일 수 있다.

셋째, 영업창고의 활용은 위험을 줄여주는 역할을 한다. 기업은 일반적으로 20년 내지 40년 정도의 기간활용을 염두에 두고 보관창고 계획을 수립한다. 따라서 자가창고에 투자하는 것은 그 설비가 기술이나 사업상황의 변화에 의해서 진부화되는 위험을 안게 되는 것이다.

넷째, 영업창고는 규모의 경제를 획득할 수 있다. 영업창고는 많은 기업의 보관 활동을 대행해 준다. 이러한 충분한 물량은 보관창고의 운영에 있어서 비용의 경제성을 가져다 줄 수 있다. 그리고 영업창고는 일반적인 장비보다는 조금 비싸지만 효율적인 하역장비나 전문인력의 활용을 가능하기 때문에 추가적인 규모의 경제가 가능해진다.

다섯째, 영업창고의 활용은 탄력성을 제공해준다. 기업이 어떤 특정한 장소에 보관창고를 보유하는 것은 만약 향후 기업상황의 변화가 입지의 변화를 요구하게 된다면 큰 부담이 될 수 있다. 그런데 영업창고는 단기간의 사용계약이 가능하기 때문에 기업이 시장상황이나 로지스틱스 시스템의 재편에 따라 보관창고의 입지를 변화시키는 것이 용이하다는 장점을 갖게 된다. 추가적으로 영업창고를 활용하는 기업은 물량의 변화에 따라 종업원을 추가 고용하거나 감축시키는 부담이 줄어든다.

여섯째, 영업창고를 활용하게 되면 보관비용을 정확하게 산정할 수 있다. 따라서 관리자의 입장에서 재고의 변화에 따른 비용의 파악이 가능해지기 때문에 추후 의사결정에 이를 반영하는 것이 용이해진다. 이에 반해 자가창고를 활용하는 경우에는 비용이 다양한 부분에서 발생하고 재고수준의 변화로 인해 비용산정이 어려워진다. 이외에도 영업창고를 활용함에 따라 세금상의 이점, 노조활동에 따른 어려움 회피 등을 얻을 수 있을 것이다.

(3) 자가창고의 장점

자가창고를 활용하는 것은 다음과 같은 장점이 있다.

첫째, 자가창고를 활용하는 기업은 폭넓은 통제가 가능해진다. 자가창고를 활용할 경우에는 영업창고를 활용하는 것보다 통제권의 폭이 넓다. 이러한 통제권은 기업에게 전체 로지스틱스 시스템관점에서 보관기능의 통합적인 관리를 가능하게 해준다.

둘째, 자가창고는 보관의 설계와 운영이 고객의 요구나 제품의 특성에 맞추어 관리될 수 있는 유연성을 제공해준다. 특히 특별한 하역이나 저장을 요구하는 제품을 취급하는 기업의 경우에는 영업창고가 충분한 대안이 되지 않을 수 있다.

셋째, 자가창고는 장기적인 관점에서 기업의 비용절감에 기여할 수 있다. 어떤 기업이 충분한 물량을 확보해서 보통 보관공간의 75% 내지 80%를 활용하는 수준이 되면 자가창고의 운영이 15~20%의 비용절감을 가져다 준다고 한다. 따라서 기업의 매출성장을 예측하고 조만간 이 만큼의 물량확보가 가능하다면 자가창고의 활용이 바람직할 것이다. 물론 이를 위해서는 효과적인 보관창고 관리가 이루어져야 할 것이다.

넷째, 어떠한 경우에는 자가창고를 활용하게 되면 기존인력을 보다 효과적으로 활용하는 잇점을 얻을 수 있다. 또한 이러한 기존 인력들은 일반적으로 영업창고의 작업자보다 보다 세심한 작업을 하게 되어 효율성을 높일 수 있을 것이다.

다섯째, 기업은 자가창고의 보유에 따른 무형의 혜택을 얻을 수도 있을 것이다. 즉, 기업이 자가창고를 활용해서 제품을 유통시킬 경우, 고객에게 보다 지속적인 서비스를 제공해줄 수 있다는 이미지를 심어줄 수 있을 것이다. 반면에 영업창고는 기업이 원하는 시점에, 적절한 장소의 보관공간을 제공해주지 못할 가능성이 높다. 이렇듯 보관장소의 안정적인 확보가 불확실할 경우에는 기업의 마케팅 활동이나 로지스틱스 활동에 심각한 영향을 미칠 수 있을 것이다. 일반적으로 고객은 안정적이고 믿음직한 서비스를 제공해주는 기업을 선호한다. 따라서 안정적인 서비스를 제공해준다는 이미지는 기업의 경쟁우위를 제공해줄 수 있을 것이다.

여섯째, 자가창고를 활용할 경우 커뮤니케이션이 보다 원활해진다. 다시 말해서 영업창고는 효과적인 커뮤니케이션이 이루어지지 않을 가능성이 높다. 왜냐하면 영업창고 운영기업과 사용기업이 아무리 업무협조가 제대로 이루어진다고 하더라도 기업내부 커뮤니케이션만큼 효과적이기는 힘들기 때문이다.

일곱째, 특별한 서비스를 제공해주는 영업창고가 특정장소에 존재한다는 보장이 없기 때문에 자가창고가 유일한 대안일 수 있다. 실제로 많은 영업창고가 기본적인 서비스만을 제공하기 때문에 전국적인 유통을 하는 기업의 입장에서는 활용에 한계가 있는 실정이다. 따라서 전국적인 영업을 하고 특별한 보관

서비스를 필요로 하는 기업은 자가창고를 검토하게 된다.

(4) 계약창고

계약창고는 자가창고와 영업창고의 특성을 모두 지니고 있다. 장기적인 계약을 맺으면 대체로 영업창고에서 발생하는 비용보다 더 낮은 비용으로 창고를 운영할 수 있다. 그리고 다양한 고객들과 관리, 노동, 장비, 정보를 나눔으로써 전문적 지식, 유연성, 측정가능성, 규모의 경제 등의 이득을 얻을 수 있다.

계약창고는 수송관리, 제고관리, 주문처리, 고객서비스, 반품처리 등과 같은 물류서비스를 제공한다. ISP라고 불리는 계약창고 운영자는 한 기업에 대한 총 물류 부담을 추정할 수 있다.

(5) 배치전략

많은 회사들은 자가, 영업, 계약 시설 등을 혼합해서 사용하고 있다. 일년 동안 창고를 완전히 활용하는 경우는 거의 없다. 일반적으로는 75~85% 정도를 활용할 것이다. 즉 15~25%는 수요가 최대치일 때를 대비하기 위한 것으로, 평상시에는 사용되지 않을 것이다. 이러한 상황에서 가장 매력적인 전략은 일상적인 75%의 수요에 대비하기 위해서 자가창고나 계약창고를 이용하고, 수요가 최대일 때 필요한 나머지 25%에 대해서는 영업창고를 사용하는 것이다.

창고 전략을 개발할 때는 두 가지를 고려해야 한다. 첫 번째는 보관창고의 수이고, 두 번째는 선택할 창고의 형태이다(이 내용은 다음 절에서 다룰 것이다). 두 번째 사항인 창고의 형태는 고객이나 제품에 따라 달라진다. 어떤 고객 집단은 자가창고를 이용했을 때 가장 좋은 서비스를 받을 것이고, 다른 고객 집단들은 영업창고나 계약창고를 이용했을 때 가장 적절한 서비스를 받을 것이다. 핵심 고객들이 더욱 고객화되고 집중적인 서비스와 능력을 요구하면서 창고 분류는 점점 중요해지고 있다.

6. 보관창고의 수

보관관리를 책임지고 있는 로지스틱스 담당자의 중요한 임무 중 하나는 시스템 내에 몇 개의 보관창고를 운영할 것인가를 결정하는 것이라고 할 수 있다.

이러한 결정에 있어서도 보관창고의 소유문제에서와 마찬가지로 각 대안이 최선인가의 여부를 판단하기 위해서는 전반적인 비용의 상쇄효과를 종합적으로 검토해야 할 것이다.

(1) 보관창고의 수와 총비용의 관계

〈그림 10-4〉는 보관창고의 수의 증가가 시스템에서 중요한 물류비에 어떻게 영향을 미치는가를 표현하고 있다. 보관창고의 수가 증가함에 따라 일반적으로 수송비와 판매기회 상실에 따른 비용은 감소하고 재고비와 보관비는 증가하는 양상을 보여준다.

보통 보관을 통해 한 대 분량으로 수송할 경우, 수송비의 감소를 가져오는 것으로 나타난다. 그리고 유통물류의 측면에서도 보관창고의 수의 증가는 보관창고가 고객이나 시장에 근접하는 것을 가능하게 해서 수송거리와 비용을 감소시키는 결과를 가져오게 된다.

한편 많은 수의 보관창고를 활용하는 경우, 전체적인 보관관련 공간의 증가로 인해 보관비는 증가하는 것으로 나타난다. 예를 들어 1천평의 보관창고 두

그림 10-4 • 보관창고의 수와 관련된 물류비의 변화

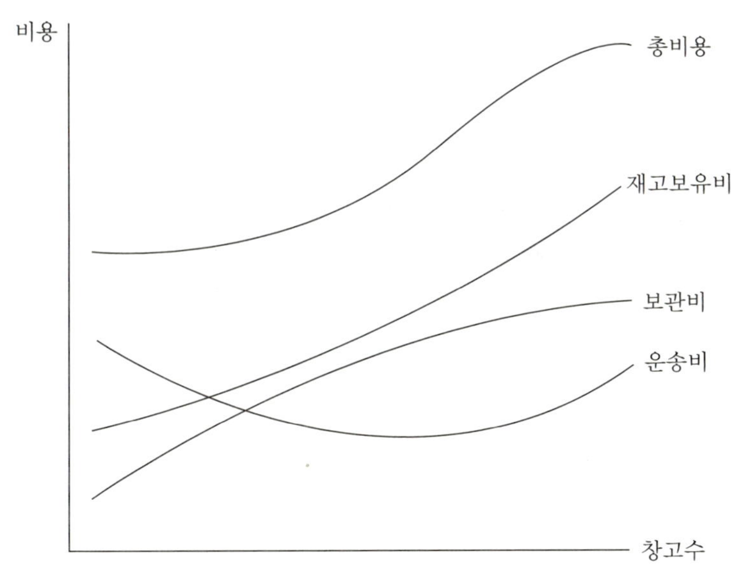

개를 운영하는 것이 2천평의 보관창고 하나를 운영하는 것보다 실제 보관을 위한 공간은 줄어들게 되고, 이에 따라서 비용은 증가하게 된다. 왜냐하면 보관창고마다 운영을 위해 필요한 사무실, 부대시설 등을 위한 공간이 필요하기 때문이다. 또한 소규모 창고일수록 복도공간이 전체공간에서 차지하는 비중이 커지기 마련이다.

또 기업이 보관창고의 수를 증가함에 따라 보다 많은 총재고를 보유하게 되기 때문에 재고비가 증가하게 된다. 이는 다시 보관비의 증가를 가져온다. 이러한 재고비와 보관비의 증가는 기업이 각 보관창고의 필요재고를 정확하게 예측하기 어렵기 때문에 각 보관창고에서 보유해야 하는 재고의 수와 창고의 수가 늘어남에 따라 증가하기 때문이라고 할 수 있다.

이러한 비용상의 변화는 〈그림 10-4〉에서 보는 바와 같은 총비용의 변화형태를 초래한다. 총비용은 먼저 보관창고의 수가 증가함에 따라 감소하는 모습을 보이다가 재고비와 보관비의 상승이 수송비와 판매기회 상실비용의 절감효과를 모두 상쇄하기 시작하면서부터 다시 증가하는 형태를 보이게 된다. 물론 이러한 총비용 곡선의 형태를 가져오는 구체적인 보관창고의 수는 각 산업이나 기업에 따라 다를 것이다.

대체적으로 기업들은 고객서비스의 향상과 수송비용의 감소를 위해 보관창고의 수를 어느 정도까지 늘리는 것이 바람직하다고 할 수 있다. 그런데 실제로 대부분의 기업들은 보관창고의 수를 줄이는 것을 선호한다. 이러한 현실은 보관창고의 건설과 운영에 소요되는 비용이 막대하고 보관설비의 수의 감소를 통한 기존의 비생산적인 설비의 제거가 더 바람직하다는 분석을 반영한다고 하겠다. 이는 결국 창고 수를 증가시키는 것보다는 소수의 보관창고의 활용과 신뢰할 만한 수송시스템의 활용을 통해 고객서비스 향상과 수송비용 절감을 더 효율적으로 성취할 수 있으리라는 견해에서 비롯된다.

(2) 보관창고의 수에 영향을 미치는 요인

전반적인 로지스틱스 시스템의 효율성에 영향을 미치는 보관창고의 숫자를 결정할 때에는 여러 가지 요인들을 고려해야 할 것이다. 보관창고의 수에 영향을 미치는 요인에는 다음과 같은 것이 있다.

첫째, 고객서비스에 대한 요구이다. 어떠한 시장에서 신속한 고객서비스에 대한 요구는 그 제품의 대체가능성과 밀접한 상관을 갖고 있다. 즉 만약 경쟁자가 신속한 서비스를 제공한다면 양호하지 못한 고객서비스 리드타임의 기업은 고객을 빼앗기게 된다는 것이다.

둘째, 수송과 관련된 상황이다. 기업이 신속한 고객서비스를 제공하기 위해서는 두 가지 대안이 있다. 그 중 하나는 빠른 수송이고 다른 하나는 많은 보관창고일 것이다. 따라서 신속한 서비스를 만족시킬 수 있는 적합한 수송이 곤란한 경우에는 보관창고의 수를 늘리는 것을 고려해야 할 것이다.

셋째, 구매의 규모이다. 분산화된 보관시스템, 즉 많은 수의 보관창고를 선호하게 되는 경우로는 대부분의 고객이 소량 구매자인 상황을 들 수 있다. 즉 집중화된 보관창고에서 고객에게 한 대 분량 미만의 수송을 하는 것보다 집화된 형태로 유통센터에 수송하여 그 곳에서 소량구매 고객에게 한 대 분량 미만으로 수송하는 것이 비용을 줄일 수 있다는 것이다. 그런데 최근 도매상이나 소매상이 재고부담을 줄이기 위해서 소량주문을 선호하면서 빠른 주문처리를 요구하는 경우가 증가하는 추세이기 때문에 보관창고의 수를 증가시켜야 하는 압력이 가중되고 있다고 볼 수 있다. 결국 유통경로에서 중간상의 규모가 보관창고의 수에 영향을 미칠 수 있다고 보여진다.

이외에도 고객의 불충분한 리드타임에 대한 허용 정도, 수요의 특성 등이 보관창고의 수에 영향을 미친다.

7. 보관창고의 배치 및 설계

보관창고의 배치 및 설계를 이해하기 위해서는 전형적인 보관창고의 기본적인 필요공간에 대한 몇 가지 배경정보가 필요하다.

필요공간 결정의 첫 단계는 제품에 대한 수요예측을 실시하는 것이다. 이것은 각 제품 라인별로 일정기간의 수요예측 단위를 조사하는 것을 말한다. 그 다음으로, 기업은 어느 정도의 여유를 두고 각 제품항목의 주문수량을 파악해야 할 것이다. 다음 단계로 이러한 단위들을 적재하기 위해 필요한 공간을 계산해야 할 것이다. 이 시점에서 기업은 기본적인 필요 저장공간을 예측하게 된다. 물론 이러한 계산에는 복도공간, 사무실, 제반 지원설비를 위해 필요한 공간도 감안해야 할 것이다. 일반적으로 보관창고에서 전체 공간의 1/3 정도는 직접 보관을 위한 장소로 활용되는 것이 아니라고 한다. 또한 미래 확장에 대해서도 고려해야 한다. 진행중인 업무에 영향을 미치지 않고 확장을 할 수 있도록 설계해야 할 것이다. 많은 기업들이 이러한 공간관련 결정에 컴퓨터 시뮬레이션을 이용하고 있다. 왜냐하면 컴퓨터는 엄청나게 많은 변수들을 고려할 수 있고, 미래 필요량을 예측하는 데 도움을 줄 수 있기 때문이다.

(1) 보관창고에서의 필요공간

그럼 보관창고에 필요한 공간의 유형에 대해서 살펴보도록 하자.

첫째, 보관창고에는 하역과 같은 로지스틱스 시스템에서의 연결고리 역할을 수행할 수 있는 공간을 필요로 한다. 이러한 공간상의 필요를 고려하기 위해서 먼저 기업은 이러한 기능을 하는 공간을 건물 외부에 배치할 것인지, 차량에서 제품을 직접 보관장소로 내리게 할 것인지를 결정해야 할 것이다. 그리고 이동을 위해 필요한 공간, 장비보관 공간, 선적준비 공간, 검사 및 수량 체크를 위해 필요한 공간 등을 고려해야 할 것이다.

둘째, 유통물류를 위한 보관창고의 경우에는 집품(order picking)과 주문품의 조합(assembly)을 위한 공간이 필요하다. 이러한 기능을 위해 필요한 공간은 주문의 일반적인 크기, 제품의 특성, 하역장비의 특성 등에 영향을 받는다. 이러한 공간의 배치설계는 효율적인 운영이나 고객서비스를 위해 결정적인 역할을 한다.

셋째, 보관창고의 본질적인 역할은 보관을 위해 필요한 공간이다. 물론 이를 위해 필요한 공간이 보관창고의 공간 중에서 가장 많은 부분을 차지한다. 보관창고의 운영에 있어서 기업은 보관창고의 전체 공간, 즉 수평공간과 수직공간을 모두 고려한 전체 공간을 가장 효율적으로 운영하도록 해야 할 것이다. 이외에도 사무실, 휴식공간, 손상된 박스에서 추려낸 제품을 위한 공간 등 기타 필요한 공간들이 있다.

(2) 배치 및 설계의 원칙

가장 일반적으로 받아들여지고 있는 보관창고 배치 및 설계의 원칙은 다음과 같다.

첫째, 가능하면 단층으로 된 설비를 활용하라. 왜냐하면 이러한 설비가 단위투자당 활용가능 공간이 비교적 크고, 보통 건축비용이 적기 때문이다. 둘째, 보관장소에 들어오는 흐름이나 나가는 흐름이 직선형태의 일 방향이 되도록 하라. 셋째, 효율적인 하역장비의 채택과 활용을 통해서 보관창고의 생산성을 높일 수 있어야 한다. 넷째, 효과적인 저장 계획을 활용해야 한다. 다시 말해서 기업은 보관운영의 효율성을 극대화할 수 있는 위치에 재화를 보관해야 할 것이다. 다섯째, 하역장비의 크기, 유형, 회전반경 등의 제약조건하에서 복도공간을 최소화할 수 있는 배치를 해야 한다. 여섯째, 건물의 높이를 최대한 활용해서 건물의 입체적인 공간을 효율적으로 활용해야 한다. 보통 높은 곳까지 활용할 수 있는 장비는 비교적 고가이기는 하지만 이러한 장비를 활용함에 따른 비용절감은 이를 충분히 상쇄할 수 있는 것으로 알려져 있다.

이러한 원칙들은 보관창고의 설계에 있어서 기본적으로 감안해야 할 요소일 뿐만 아니라 보관창고 설계를 평가할 때 일반적으로 검토항목으로 활용 가능한 기준으로 사용할 수 있을 것이다.

(3) 배치 및 설계의 목표

보관창고의 배치 및 설계에 있어서 고려해야 할 요인들은 앞에서 살펴본 바와 같이 매우 많다. 따라서 각 기업은 자사의 상황을 충분히 검토하여 보관에 있어 가장 중요하게 고려해야 될 요소를 선정하는 것이 필요할 것이다. 일반적으로 배치 및 설계의 목표로 설정될 수 있는 것에는 다음과 같은 것이 있다.

1) 공간활용

전술한 원칙에서 언급한 바와 같이, 기업은 보관창고의 배치설계에 있어서 설비의 입체적인 공간을 최대한 활용하는 것을 목표로 설정할 수 있다. 이러한 목표하에서는 보관공간의 최대화를 꾀하기 위해 접근에는 다소 문제가 있다고 하더라도 저장선반을 매우 크게 하는 설계를 할 수 있다. 그런데 이러한 결정을 하는 데에는 보관의 회전율이나 보관물량을 검토해야 할 것이다. 이를테면 회전율이 매우 낮은 조달물류에 주로 활용되는 보관창고의 경우에는 저장선반이 넓고 깊어도 될 것이다. 반면에 회전율이 높고 보관된 재화에 대한 신속한 접근이 더욱 중요시되는 유통물류에 주로 활용되는 보관창고의 경우에는 복도공간이 넓고 저장선반은 작아져야 할 것이다.

2) 제품의 보호

제품의 보호를 고려한 보관창고의 배치도 중요한 목표라고 할 수 있다. 보관창고 배치목표에서 보호적인 측면을 살펴보기 위해서는 다음과 같은 일반적인 지침을 검토해보는 것이 필요할 것이다. 첫째, 보관공간에 있어 폭발물, 인화성 물질, 산화물질 등과 같은 유해물질은 다른 보관재화와 격리되어야 한다. 둘째, 기업은 제품도난의 방지에 노력해야 한다. 셋째, 보관창고는 재화의 보관을 위해 온도조절과 같은 필요조건을 갖추어야 한다. 넷째, 보관창고의 작업자는 보관재화 취급에서의 주의사항을 충분히 숙지하여 적재에 주의해야 한다.

3) 효 율 성

효율성은 두 가지 측면을 갖고 있다. 그 중 하나는 앞에서 언급한 입체적인 관점에서 공간의 효과적인 활용이고 다른 하나는 보관창고 내에서 인건비와 하역비를 최소화할 수 있도록 재화를 바람직한 곳에 위치시키는 것을 통해서 얻을 수 있다. 여기에서는 후자의 측면에 대해서 살펴보도록 하겠다.

기업은 일반적으로 다음의 세 가지 변수들을 분석함으로써 효율성을 성취하려고 한다. 첫째, 각 보관항목의 활동수준이다. 즉 기업은 보관장소에서 비교적 빈번하고 빠르게 이동하는 특성을 갖는 제품을 접근이 가장 용이한 곳에 위치시키는 것이 바람직할 것이다. 둘째, 각 보관항목의 크기이다. 기업은 하역에 소요되는 시간을 최소화하기 위해서 덩치가 큰 물건은 상하차 지역에 가까운 곳에 위치시키는 것을 선택하게 된다. 셋째, 주문의 크기이다. 만약 주문 크기에 비해 보관단위의 크기가 크다면 상하차 지역 가까이 그 제품을 보관하는 것이 취급비용을 줄일 수 있을 것이다.

효율성을 높이기 위해서 보관창고의 기계화를 고려할 수 있을 것이다. 이러한 기계화된 보관창고가 모든 상황에서 최선의 해결책은 아니라고 하더라도 일반적으로 매우 큰 잠재력을 제공해준다고 할 수 있다. 물론 기계화 투자를 하기 위해서는 세심한 계획이 필요하다. 왜냐하면 빠른 기술진보에 따른 진부화 가능성, 시장상황의 변화를 염두에 두어야 하고, 설비투자에 대한 혜택의 회수를 고려해야 하기 때문이다. 기계화는 일반적으로 보관항목이 특이한 형태를 띠고 있지 않고, 쉽게 취급가능하고, 큰 폭의 변화 없이 많은 분량을 이동하는 경우에 더욱 효과적인 것으로 나타난다.

8. 보관창고의 관리

(1) 창고 운영 개시(Initiating Warehouse Operation)

창고 운영을 개시하기 위해서, 관리자는 창고관리시스템과 해외유통 운영을 수행할 뿐만 아니라 초기 재고, 직원 확보, 업무 절차를 계획하고 실행해야 한다. 이런 활동이 창고 개시 과정에 초점을 맞추고 있더라도, 그 중 많은 것들이 계속되는 창고 운영과 또한 관련이 있다.

(2) 창고관리시스템(Warehouse Management Systems)

업무 절차를 개발하는 것은 어렵다. 대부분의 기업들은 업무 절차를 표준화하고, 가장 좋은 지침을 장려하기 위해 창고관리시스템을 실행한다. 모든 직원들이 이런 절차들이 이해하고 따르는지를 파악하는 것은 관리자의 책임이다.

기계화된 창고에서, 약 65%의 직원들이 주문 선택 부문에 고용된다. 두 가지 기본적인 집품(order picking; 부문에 따라 제품을 보관장소로부터 꺼내는 하역작업)의 방법에는 개별 선택(individual selection)과 범위 선택(area selection)이 있다. 개별 선택은 한 직원이 한 고객의 전체 주문을 완료하는 것을 말한다. 이런 시스템은 널리 사용되지 않는다. 더 일반적으로 사용되는 범위 선택 시스템에서는 각각의 직원들이 창고의 특정 부분에 대하여 책임을 지게 된다. 한 고객의 주문을 완료하기 위해, 각기 다른 선택자가 요구된다. 각각의 직원들은 특정 범위에 대해서 정확한 지식을 가지고 있기 때문에 제품 위치를 정하는 데 적은 시간이 든다.

업무 절차는 또한 입고와 출고를 위해 중요하다. 입고를 위한 확립된 절차와 재고 기록에 제품 도입을 정확하게 입력하는 절차는 중대하다. 만약 파렛트가 사용된다면, 재고는 최대 적재화물 안정성(maximum load stability)을 보장할 수 있는 적절한 패턴으로 쌓여야 한다. 출고를 담당하는 직원들은 상품을 트레일러에 싣는 지침에 대한 지식을 가져야 한다. 특히 상품의 소유권이 바뀌는 상황에서는 상품이 적재하는 동안 조사될 수도 있다. 업무 절차는 플로어 직원에만 국한되지 않는다. 절차들은 관리나 유지를 위해서도 확립되어야 한다. 적절한 주문 절차가 없다면 창고 재고를 보충할 때 운영상의 문제가 생길 수도 있다. 일반적으로 통합된 공급사슬 관리 조직과 함께 이러한 커뮤니케이션이 향상되더라도, 구매자와 창고직원 사이의 상호 작용에는 한계가 있을 수 있다. 구매자는 가장 적절한 가격으로 살 수 있는 물량을 구매하려고 할 뿐, 물량과 이용 가능한 창고 공간이 서로 상충될 수 있는지에 대해서는 거의 주의를 기울이지 않는다.

이상적으로는 구매자가 대량 주문을 위탁하거나 새로운 제품을 소개하기 전 창고 직원과 협력해야 한다. 몇몇 기업들의 관리자는 구매자가 주문 전 창고 공간을 미리 결정하도록 요구한다. 다른 잠재적인 문제점은 한 번 주문할 때의 수량이다. 예를 들면, 한 파렛트에 50개의 제품을 쌓을 수 있다면, 구매자가 50개 묶음으로 주문을 하는 것이 이상적이다. 만약 구매자가 120개의 제품을 주문한다면, 한 파렛트에 50개씩 제품을 쌓으면 두 개의 파렛트에 100개를 쌓을 수 있고, 나머지 20개의 제품은 세 번째 파렛트에 쌓아야 한다. 그럴 경우 20개의 제품을 쌓는 세 번째 파렛트도 50개의 제품을 쌓은 파렛트와 비교하여 같은 창고 공간을 차지하고 이동에도 동일한 노력이 요구되기 때문에 창고 활용의 관점에서는 비효율적이다.

미니 사례 덴세이라무다 츠쿠바 물류센터의 WMS 운용 사례

종래에는 물류센터에서 스위칭 전원에 관련된 창고 내의 제품관리와 수출 부품 관리의 양면에서 WMS의 전 단계인 관리시스템을 도입하여 운영하고 있었지만 입하로부터 출하까지의 일련의 창고 내 작업은 모두 인해 전술로 실시하는 작업 형태를 취하고 있었다.

스위칭 전원은 그 제품 특성상 다방면에서 관련되기 때문에 아이템 수도 많다. 사람 손에 의지한 창고 내 업무는 코스트, 출하 능력, 납품 정도 등 모든 면에서 로스가 명백하게 발생하기 때문에 물류의 체제개선이 현안이 되었다. 그래서 센터 설비, 창고 업무, 국내 배송, 수출입의 forwarding 등 모든 물류 업무를 대기업 물류 사업자에게 일괄 위탁하기로 하였다.

물류에 관한 모든 것을 대행사에게 위탁하였지만 위탁 경비가 부담이 되었다. 그래서 위탁 물류에서 오는 코스트의 부담을 해소하고 물류 개선을 도모할 수 있도록 독자적인 물류체제를 확립하기로 했다.

2001년 10월 창고를 마련해 100% 자사 물류를 시작한 후에도 위탁 사업자로부터 제공되는 기존의 WMS를 계속해서 사용하고 있었지만 코드 시스템의 활용이 한정되어 있었다. 원래 바코드 기기의 개발이나 시스템 운용에 정통한 기업인 만큼,

이러한 치명적인 단점을 보완하기 위해서 모든 창고 내 작업에 바코드의 메리트를 최대한으로 살린 시스템을 구축하고 싶다는 요구에 의해서 WMS의 신규 도입을 본격적으로 착수하게 되었다.

지금까지 거점별로 행해지고 있던 부품 관리를 통일시켜 실제적으로 장착이 가능한 BOM에 의해서 부품의 일원 관리와 부품 조달의 최적화를 도모한 것이다. 말하자면 사내 SCM의 추진이다. 그렇지만 물류 부문의 기능이 종래 상태대로라면 기간 업무의 개선 효과를 충분히 발휘할 수가 없다. 구 WMS에서는 1일 출하 처리 건수가 최대 1,300건으로 제약되어 있었다. 수주 증가에 의해서 발생되는 전표 매수의 증대를 전망할 경우 물리적으로 당일 출하할 수 없는 상품이 발생하는 일도 생길 것이다.

문제의 근원은 출하 라인의 설계에 있었다. 종래에는 출하 라인을 출하 검품 라인이라고 부르고 출하시에 검품, 운송장의 출력, 납품서의 발행, 상품 곤포 등의 작업을 동시에 행하고 있었다. 최대 1,300건이라고 하는 것은 전표 발행의 제한수이며, 출하 라인은 5라인이 있지만 검품, 전표 출력, 곤포 등의 일련의 작업을 동일 라인으로 행하고 있었기 때문에 출하 검품 라인이 창고의 throughput의 보틀 넥이었던 것이다.

출하 라인으로부터 작업 공정 수를 줄이지 않으면 출하 건수를 확대시킬 수가 없었다. 그래서 신규 도입한 WMS에서는 출하 라인에서 행하던 검품 작업을 피킹 라인에서 할 수 있도록 설계했다. 즉 피킹과 동시에 검품을 할 수 있는 구조를 도입한 것이다. 다만 신규 WMS에서는 운송장의 출력에 대해 D라벨(현품표)의 발행이라고 하는 이전에 없었던 업무가 부가되어 이전에는 5초에 끝났던 운송장의 출력이 토털로 35초로 증대되었다.

그런데도 전체의 Tact Time(line tact)은 20초 정도 단축된다고 하는 시뮬레이션의 결과로부터 최종적으로는 종래의 1,300/1일보다 약 20% 증가를 실현할 수가 있었다.

신규 WMS 도입의 최대 포인트는 이중 입력이란 비효율성 개선이다. 구 WMS는 기간 시스템으로부터 데이터가 일방 통행적으로 전달되기 때문에 기간 시스템쪽으로 되돌려 주기 위한 기능이 준비되어 있지 않았다. 그 때문에 하부조직과 기간 시스템의 쌍방에서 데이터를 손으로 입력하지 않으면 안되게 되어 있어 이중 입력과 입력 미스도 큰 부담이 되었다. 신규 WMS는 시스템을 개정하여 데이터를 상시 업로드할 수 있는 기능을 추가하여 바코드를 스캔하는 것으로 입력 작업이 완료되게 하였다. 각 단말기에 대한 입력 작업을 하지 않아도 되었다.

물류 코스트의 큰 비중을 차지하는 것이 배송비이다. 이 배송비를 얼마나 삭감할 수 있을지가 과제가 되고 있다. 종래에는 운송 회사와의 계약에 의해 물건 수에 의해서 배송비를 결정하였으나 무게로 배송비를 결정하는 시스템으로 변경하게 되었다. 카고차 한 대 분을 약 950kg로 상정해서 배송 요금을 결정했다. 즉 물량이 많은 납품처에 대해서 중량으로 결정하는 집약 곤포의 도입이다. 매뉴얼 관리 밖에 할 수 없었던 구 WMS에서는 작업 능력의 제약에 의해 거래처 9개사까지의 집약 곤포 밖에 대응할 수 없었다. 그래서 신규 WMS 도입으로 시스템적인 개선을 도모하고 바코드의 활용으로 집약 고객수의 확대에 대처했다. 그 결과 집약 곤포 대상 고객수를 9개사에서 23개사로 증대시켰다.

이 회사의 WMS 구축의 최대의 특징은 창고 내 물류에 '카톤 ID' 라는 바코드를 활용할 수 있는 시스템을 짜 넣은 점에 있다. 또 신규 WMS의 구축은 창고 내 물류의 개선뿐만 아니라 물류 창고와 영업 부문 사이의 업무 개선에도 크게 공헌한 것이다. 창고는 영업의 하청이 아니다라는 점을 인식시키는 데 충분했다.

카톤 ID를 시작으로 하는 바코드 시스템, 무선 핸디 터미널의 적극적인 활용은 업무의 스피드화 및 합리화를 실현시켜 주었다. 합리화에 의한 작업 인원 감소는 물류 코스트 삭감에 크게 연결되는 요소이다. 그렇지만 이 회사에서는 대폭적인 인원 삭감을 실시하지 않았고 센터 기능으로서의 생산성 향상을 도모하기 위한 새로운 업무 도입을 추진해 가기로 했다. 그 외에 종래는 재고정리를 완전한 수작업으로 해서 반기마다 3일간 창고를 휴업해 재고 정리를 하였었지만 WMS의 도입으로 인해 실제로는 1일반으로 종료할 수가 있게 되었다. 재고관리의 시스템화가 명확하게 구성된 결과라고 말할 수 있다.

〈격월간 물류, 2006. 7.〉

제 2 절 포 장

포장은 로지스틱스 시스템에서의 재화의 이동이나 보관에 편리하도록 재화를 적절한 용기에 담는 것이라고 할 수 있다. 포장 비용이 기업 전체의 물류비에서 차지하는 비중은 비교적 낮다. 최근 통계자료에 따르면 국가물류비 구성에서 포장비와 하역비가 차지하는 비중은 각각 2% 정도인 것으로 나타났다. 그러나 단순히 이러한 통계자료를 통해 포장과 하역의 중요성이 별로 크지 않을 것이라고 단정지을 수는 없다. 포장은 로지스틱스 시스템의 비용이나 생산성에 중요한 영향을 미치는 활동으로 비용의 발생이나 생산성에의 영향이 광범위한 부분에 걸쳐 이루어진다.

일반적으로 포장과 관련된 비용은 대부분 포장공정과 포장재의 구매 · 폐기에서 발생한다. 그런데 포장재의 구매와 관련된 비용은 공급사슬의 전반부에서, 포장재의 폐기와 관련된 비용은 공급사슬의 후반부에서 발생한다. 그리고 포장 생산성의 효과는 어떠한 특정 영역에서만 나타나는 것이 아니라 로지스틱스 전반에 스며드는 형태로 나타난다. 이에 따라 포장관련 비용은 대체적으로 과소평가되고 간과되어 왔다고 볼 수 있다. 포장은 모든 로지스틱스 활동의 비용에 영향을 미친다. 수송 및 보관비용은 포장의 크기 및 밀도와 직접적인 연관을 갖고 있고, 하역비용은 포장의 단위적재로의 결합효율에 의해, 재고관리 비용은 포장의 제품에 대한 정보제공 기능에 의해 상당한 영향을 받는다. 또한 포장의 보호기능의 수행 정도와 포장재 폐기의 용이성은 고객서비스 수준에 영향을 미치고 있다. 따라서, 포장에 관한 종합적인 접근을 통해 비용의 절감을 크게 가져올 수 있을 것이다.

포장에 대한 이해를 위해서는 먼저 로지스틱스 관점에서의 포장의 기능에는 어떠한 것들이 있으며, 포장관리의 주된 이슈에는 어떤 것들이 있는지 살펴보아야 할 것이다. 그리고 혁신적인 포장설계를 위해서 고려해야 될 포장관련 문제점들의 진원지에 대해서 살펴보도록 하겠다.

1. 포장의 기능

포장의 기능을 살펴보기 위해서는 먼저 포장을 두 가지 유형으로 나누어 살펴보는 것이 필요할 것이다. 즉, 판매나 마케팅 측면의 관심사를 대변하는 소비자관점 포장(consumer packaging)과 제품의 생산, 선적, 하역, 저장을 거치는 제품의 흐름을 고려하는 로지스틱스 관점 포장(logistical packaging)으로 나누어 볼 수 있다. 이 중에서 소비자관점 포장의 측면이란 포장이 구매시점에서 주의를 끌 수 있고, 감정적 소구를 할 수 있는 제품포장자체의 촉진기능이나 소비자에게 제품 정보나 사용법을 표시해주는 정보제공기능 등에 관심을 갖는 것을 말한다. 여기에서는 로지스틱스 관련 포장의 측면을 중심으로 포장의 기능을 살펴본다.[1] 로지스틱스 관점에서 포장의 기능은 제품의 보호, 하역에서의 효용, 제품 취급관련 정보의 표시의 세 가지로 크게 나누어 볼 수 있을 것이다.

(1) 제품의 보호

포장의 제품보호 기능은 가장 근본적인 기능으로서 폭넓은 범위에서의 보호를 의미한다. 먼저, 포장은 제품의 손상을 방지하고 유해물질에 의한 외부오염을 막을 수 있어야 한다. 즉, 주변환경에 의한 손상, 물리적 움직임에 의한 파손, 오염, 도난 등으로부터 보호할 수 있어야 한다는 것이다. 여기에서 주변환경에 의한 손상이란 습기, 온도와 같은 제품적재 주변환경에 따른 제품의 변질을 의미하고 물리적 움직임에 의한 파손이란 보관이나 수송 중의 진동, 충격, 압력 등에 의한 물리적인 손상을 의미한다. 그리고 환경으로부터 제품을 보호하는 것뿐만 아니라 제품으로부터 환경을 보호하는 역할도 포장이 해야 할 중요한 임무이다. 이러한 보호의 측면은 위험물질이나 유해물질의 포장의 예를 통해 이해할 수 있다. 결국 포장이 이러한 보호적 기능을 충분히 하기 위해서는 포장은 다음과 같은 능력을 갖추어야 할 것이다.

① 봉해져서 그 제품이나 다른 제품을 보호해야 하고,
② 이동중 용기 내에서의 흔들림을 방지해야 하고,
③ 내용물들의 충돌을 방지할 수 있어야 하고,
④ 외부의 진동이나 충격에 대비한 쿠션이 있어야 하고,
⑤ 블록쌓기 개념에 따른 부하를 견딜 수 있어야 하고,
⑥ 최대한의 보호를 위한 제품의 배치가 이루어져야 하고,
⑦ 가능한한 포장 내에서의 무게 하중이 균등하게 실리게 해야 하고,
⑧ 내용물에 대한 적절한 취급을 위한 충분한 표시가 이루어져야 하고,

---

1) Friedman과 Kipness는 포장기능의 인식에 대한 통합적 접근의 필요성을 제기하면서 포장의 기능을 보호, 수송, 취급, 표시(제품인식)의 네 가지로 분류하고 있다. 그리고 Robertson은 재화가 이동하기 전에 보관되는 보관기능, 제품을 외부환경으로부터 보호하거나 제품으로부터 환경을 보호하는 보호기능, 고객에게 적당한 크기로 나누어지는 분배기능, 시스템적인 관리를 가능하게 하는 단위화 기능, 제품을 편하게 사용할 수 있도록 하는 편의기능, 관련정보를 제공하는 커뮤니케이션 기능의 6가지로 분류하고 있다. 또한 Coyle 등은 포장은 내용물과 취급에 대한 정보제공기능, 취급의 효율성을 높여주는 취급효율 개선기능, 손상 가능성을 줄여주는 제품보호기능 등을 가지고 있다고 분류하고 있다.

⑨ 훼손 여부를 발견할 수 있어야 하고(특히 음식이나 약품의 경우),

⑩ 포장 자체가 안전해야 한다.

그런데 포장이 필수적으로 제공해야 하는 보호기능의 정도는 제품의 특성이나 로지스틱스 시스템의 상황에 따라 달라진다. 이를 구체적으로 살펴보면 다음과 같다.

먼저 제품의 특성에 따라 특별히 요구되는 보호기능이 존재한다. 예를 들어, 식품의 경우에는 온도나 습도가 적당하지 않을 경우 부패의 우려가 있고, 유리제품이나 가구의 경우에는 운송 중 진동에 의한 손상가능성이 높기 때문에 포장에 있어서 각별한 고려를 필요로 하게 된다. 이에 따라 일반적으로 부적당한 온도에 의한 손상을 방지하기 위해서는 절연컨테이너(insulated container)를 사용하고, 습기에 대한 보호를 위해서 습기를 차단할 수 있는 포장재의 사용이 이루어지고 있다.

또한 제품의 보호기능 제공 정도를 결정할 때, 로지스틱스 시스템의 여러 가지 조건을 고려해야 할 것이다. 수송이나 보관, 취급의 유형에 따라 제품의 안전성을 위협하는 정도가 달라진다. 예를 들어, 철도수송의 경우에는 제품의 안전성에 다소 문제가 있을 수 있고, 제품을 어떠한 형태로 보관하느냐에 따라 제품포장에 부하되는 압력의 차이가 있기 때문에 이를 감안한 포장이 요구된다. 따라서 충격을 흡수할 수 있는 쿠션을 사용하거나 제품의 미끄러짐을 방지하기 위한 박스의 사용, 적재하중을 견디기 위해 빈틈없이 제품에 맞는 포장 등이 사용되고 있다.

이렇듯 바람직한 포장은 각 제품군별 취급시 요구사항, 제품보호에 대한 필요를 고려해야 한다. 따라서 일반적으로 포장의 결정에 있어서 여러 가지 대안을 개발하고 각각의 대안에 대한 방온, 방습, 진동·충격·하중에 대한 저항력 등에 대한 테스트를 실시해 가장 바람직한 대안을 선정해야 할 것이다.

보통 제품이 손상될 가능성이 높고, 로지스틱스 시스템의 조건이 제품의 보호를 보장해주지 못할수록 포장의 보호기능에 대한 필요가 증가한다. 그러나 포장의 보호기능의 증가가 반드시 포장비용의 증가로 이어진다고 생각해서는 안될 것이다. 많은 경우 체계적인 테스트를 통해 가장 적합한 포장재와 포장기법을 선정하는 것만으로 보호기능의 향상과 포장비용의 감소를 동시에 가져올 수도 있기 때문이다.

참고적으로 포장의 개선보다는 시스템조건의 위해성을 줄여나가는 것이 비용이 더 적게 소요된다고 한다. 예를 들어 냉동수송의 활용은 포장재의 절연처리에 대한 비용을 줄여 전반적인 비용감소를 가져오는 것으로 나타나며, 보관에서 저장랙(rack)의 활용은 포장재의 적재하중 증대로 인한 추가비용의 소요보다 더 효율적이라고 한다. 그리고 제품을 튼튼하게 만드는 것도 대안으로 생각해 볼 수 있다. 예를 들어 충격에 강한 전자제품은 충격흡수 장치를 많이 필요로 하지 않고 이를 통해 적재효율을 높여 전반적인 비용절감을 가져올 수 있다고 한다. 또한 포장의 보호기능을 설계할 때, 작업자의 안전도 충분히 고려해야 할 것이다. 즉 하역시에 발생할 수 있는 사고를 미연에 방지할 수 있는 포장이 되어야 할 것이다.

(2) 하역에서의 효용: 취급의 용이성

포장은 대부분의 로지스틱스 시스템 운영에 영향을 미친다. 예를 들어 포장의 크기를 어떻게 하느냐에 따라 수송의 적재효율, 하역 소요시간 등이 상당부분 영향을 받는 것으로 알려지고 있다. 뿐만 아니라 고객이나 유통업체의 요구를 모두 수용하려고 하다 보면 포장의 크기가 매우 다양해지는 결과를 초래하게 될 것이다. 따라서 포장의 통일화에 따른 이점과 각 단계에서의 효율성에 대한 상쇄관계를 충분히 감안해야 한다. 따라서 포장의 시스템 관점의 효용을 증가시키기 위한 대안에는 다음과 같은 것들을 생각해 볼 수 있다.

첫째, 시스템 운영의 생산성을 향상시킬 수 있도록 단위화에 부합되는 포장을 설계하는 방법을 생각할 수 있다. 실제로 단위화를 고려한 포장은 하역의 생산성을 향상시키고, 주문의 특징을 감안한 포장체계의 설계는 주문처리 생산성을 향상시킬 수 있을 것이다. 둘째, 적재 효율을 높일 수 있도록 가능한 한 포장의 크기를 줄여나갈 수 있는 방법을 모색하는 대안을 고려할 수 있다. 포장의 크기를 줄이는 방법으로는 제품자체를 고농축·소규모화하는 것이나 충격보호자재를 최소화하는 것 등을 들 수 있다. 예를 들면, 오렌지 주스나 섬유 유연제 같은 제품을 농축하고, 포장 안의 공기를 제거하고, 물건을 완제품이 아닌 부품에 따라 선적하여 포장 크기를 줄임으로써 부피 활용(cube utilization)이 개선될 수 있다. 스웨덴의 가구 회사인 IKEA는 스웨덴에서 선적해온 가구가 미국에서 경쟁력을 가지도록 하기 위하여 부피를 최소화 하는 포장 전략을 사용하고 있다. 여러 전문가들은 부피 활용의 개선이 포장에 있어서 큰 기회가 될 것이고, 현재의 포장 부피가 절반으로 줄어들 수 있다고 예측하고 있다. Hewlett-Packard사도 미국에서 유럽으로 프린터를 운송할 때, 프린터를 단위 화물로 수축 포장하여 안정성을 높이고 파손을 줄이고 있다.

부피나 무게의 최소화는 우편 주문이나 전자 상거래의 운영에 있어서도 중요하다. 우편주문이나 전자상거래에는 구매나 운영 효율성을 위해 표준화된 포장이 사용되는 경향이 있다. 이런 표준화된 포장은 과도한 포장을 초래하여 선적 비용을 증가시킬 수 있다. 또 전자상거래를 통해 거래되는 여러 제품은 단일 주문에 부합하는 다양한 포장을 요구한다. 이런 다양한 포장은 비용을 증가시킬 뿐 아니라 처리에 있어서도 환경에 나쁜 영향을 미칠 수 있기 때문에 많은 사람들이 걱정하고 있다.

셋째, 또 하나의 대안으로 가격할인을 활용한 적정수량 구매유도를 들 수 있다. 즉, 가격할인을 통해 시스템의 효율성을 극대화할 수 있는 수량의 구매를 유도하는 것도 하나의 전략대안이 될 수 있다.

(3) 제품 취급관련 정보의 표시

일반적으로 제품이 포장되고 난 후에는 내용물이 보이지 않기 때문에 대부분의 경우, 표찰부착(labeling)이 필요해진다. 표찰(label)은 보통 단어나 코드숫자로 표기되는데, 요즘에는 바코드와 스캐너를 활용하며, 더 나아가서 RFID에 의한 정보를 관리하는 시스템이 진전되고 있는 추세이다.

보통 컨베이어 시스템을 통해 제품이 흘러가면서 수작업이나 스캐너를 통해 포장에 표시되어 있는 제품에 대한 정보가 인식되어지는 형태를 취하고 있다. 이러한 표시기능을 효과적으로 수행하기 위해서는 표시의 명확성, 효과성이 보장되어야 할 것이다. 이러한 포장의 정보표시기능은 로지스틱스에서 정보시스템의 활용이 확대되는 최근의 상황에 비추어 볼 때, 그 중요성이 더욱 커지고 있는 기능이다. 일반적으로 포장에는 제품의 상표, 크기, 색상과 같은 일반적인 내용은 물론 취급시 유의사항, 재고관리를 위해 필요한 자료 등이 표시되고 있다. 과거에 제품의 바코드와 자동인식장치의 등장이 자료의 입력을 표준화시키고 입력오류를 줄이기 위한 정보시스템의 활용을 가속화시키는 결과를 가져왔던 것처럼, 미래에는 RFID를 활용하여 한 차원 높은 서비스가 제공될 것이다.

포장의 정보제공에 있어서 가장 중요한 기능은 유통 경로상의 모든 구성원들이 내용물을 확인할 수 있도록 하는 것이다. 일반적인 정보에는 생산자, 제품, 컨테이너 형태, 수량 등이 포함된다. 가시성은 하역을 담당하는 사람들이 모든 방향과 상당히 떨어진 거리에서 표찰을 볼 수 있어야 되기 때문에 중요한 고려 사항이 된다. 도난이 쉽게 일어날 수 있는 고가의 제품들의 경우 작은 표찰을 부착한다.

포장에 있어 제품 추적의 용이성 또한 중요하다. 효율적인 내부 운영과 소비자의 편의를 위해서는 제품이 공급사슬상 어디에 위치하고 있는지가 파악될 필요가 있다. 제품 이동에 있어서의 효율적 통제는 제품 도난과 손실을 경감시킨다. 휴대용 바코드 스캐너와 RFID는 상세한 추적을 가능하게 해준다. 저가의 스캔 장비와 표준화된 코드는 추적 능력과 유효성을 향상시킬 것이다.

또한 포장에는 제품취급시 유의사항이 표시되어 있어야 한다. 유리 용기나, 온도 제한, 제품을 쌓을 때 고려사항 등의 정보는 꼭 언급되어야 한다. 만약 화학물질 같은 위험할 수 있는 제품이라면 포장에 유출이나 컨테이너 손상시의 대처 방법이 설명되어 있어야 할 것이다.

2. 포장관리의 이슈

(1) 로지스틱스 시스템에서의 포장

제품이 포장되고 단위적재로 유통센터로 옮겨지면 주문내용이나 기업전략에 입각해서 이를 선별·조합하고 고객에게 전달된다. 이러한 과정에서 포장은 로지스틱스 시스템에서 제품을 보호하고 취급을 용이하게끔 하는 중요한 역할을 수행한다. 이렇듯 중요한 역할을 수행하는 포장의 관리가 효과적으로 이루어지려면 포장은 시스템적 사고에 입각한 종합적인 관점에서 이루어져야 할 것이다.

결국 포장은 모든 로지스틱스 활동 중에서 가장 체계적으로 이루어져야 하는 활동의 하나라고 할 수 있다. 다시 말해서 동일한 포장용기가 기업 유통경로의 각각의 참여자에 의해 수송되어지고, 분류되며, 보관되어지기 때문에 포장에 대한 관리에는 보다 광범위한 시각이 요구된다. 따라서 포장은 경로참여자 각각의 보호, 커뮤니케이션, 효율성 등에 대한 기능적 요구들를 충족시켜야 할 것이며, 이를 위해서는 시스템 관점에서의 관리가 필요할 것이다.

Friedman은 총체적 포장(total package)이라는 개념을 제시하면서 포장의 궁극적인 목적은 유통시스템에서 모든 요소에 대한 서비스, 비용, 편의성을 최적화하는 포장의 개발에 있다고 주장하였다. 즉 시스템의 각 단계에서 문제를 해결할 수 있고 목표에 적합한 포장이 이루어져야 한다는 것이다. 예를 들어 취급의 용이성만을 너무 강조해 한 용기에 여러 제품들을 담을 경우에는 보호의 문제를 야기할 수 있고, 낱개로 포장을 할 경우에는 취급비용이 과다해지는 결과를 초래할 수 있다. 또한 파렛트의 크기와 부합되지 않는 포장규격은 수송이 효율성을 떨어뜨려 불필요한 비용의 증가를 초래한다. 따라서 포장의 관리에 있어서는 상쇄관계(trade-off)를 충분히 감안한 시스템 관점에서의 종합적인 접근이 필요하다.

(2) 환경보호와의 조화

환경에 대한 관심이 점차 확대되어가고 폐기물 처리의 어려움이 커져가는 상황에서 포장은 환경에의 악영향이라는 부정적인 시각으로 비춰지고 있다. 따라서 포장을 최소화해야 한다는 주장이 거세어지고 있다. 그런데 포장을 무턱대고 줄이는 것은 또 다른 환경상의 문제를 야기할 수 있음을 간과해서는 안될 것이다. 예를 들어, 가전용품이나 가구 등의 보호를 위해 상당한 양의 포장재가 필요하게 되고, 이러한 폐기물은 결국 매립쓰레기로 쌓여간다는 것은 사실이지만, 만약 보호적 포장이 제거된다면, 매립쓰레기에는 운송중 손상으로 인해 기능을 상실한 냉장고나 못쓰게 된 옷장들로 가득할 것이라는 점도 고려해야 할 것이다. 따라서 포장은 본연의 기능이라는 측면과 환경보호라는 측면을 동시에 고려해 효과적인 방안을 개발해 내야 할 것이다.

그리고 일회용 포장재의 사용은 환경보호의 차원에서 바람직하지 않은 것으로 여겨지며 재활용이 가능한 포장재의 사용이 요구되고 있다. 그러나 포장재의 재활용은 제품에 대한 오염(특히 식품에 대한 오염)의 문제를 유발할 수 있기 때문에 여기에 대한 세밀한 관리가 요구되어진다. 따라서 포장에 사용되는 재료의 선택에 있어서 재활용이라는 측면도 충분히 고려하는 것이 바람직할 것이다.

(3) 일반 운송업자와의 포장관련 클레임 문제

일반 운송업자들은 운송화물에 대한 효율적인 취급과 제품보호 및 제품손상에 대한 클레임 감소를 위하여 포장에 대한 구체적인 요구를 제시하고 이를 보증할 것을 요구하고 있다. 따라서 신제품이나 새로운 포장의 경우 포장관련 예비테스트가 이루어지는 것이 바람직할 것이다. 이러한 테스트를 위해서는 최근에는 컴퓨터 시뮬레이션을 활용하는 소프트웨어를 사용하기도 한다. 그리고 운송 중 이상을 신속하게 파악할 수 있는 처리를 통해 운송업자와의 클레임문제 해결을 합리적으로 하기 위한 포장 아이디어의 개발도 이루어지고 있다. 실례로 카이저 알루미늄(Kaiser Aluminum)사의 경우에는 수분에 노출되었을 때 번지는 특수잉크를 사용한 스티커를 부착해 이상 여부를 파악할 수 있게 하고 있다고 한다.

(4) 포장재의 선정

1) 전통적 포장재

전통적인 포장재의 선정은 운송화물의 파손책임과 관련이 있었다. 전통적인 포장재로는 골판지 상자(corrugated cardboard boxes), 포대(burlap bags), 담요(blankets), 깡통(steel cans), 양동이(pails), drums(드럼통), straps(가죽끈), 케이지(cages), multiwall paper bags 등이 있다. 이외에도 저밀도 플라스틱 필름(plastic film), 수축성 랩(shrink-wrap), 신장성 랩(stretch-wrap), bags and barriers, 고밀도 플라스틱 박스(high-density plastic boxes or totes) 등이 있다.

수축성 랩(shrink-wrap)과 신장성 랩(stretch-wrap)으로 포장한 단위 화물은 경식컨테이너의 많은 특징을 가지고 있지만, 경식컨테이너보다 화물의 물리적인 보호면에서 뛰어나다. 그것은 이들 포장재료가 화물의 크기와 정확히 맞고(exact fit) 무게를 지탱(weight support)해주기 때문이다. 이들 포장재는 이 밖에도 master carton이 로지스틱스 환경에 노출되는 것을 줄여주고, 비용이 적게 들며, 다양한 화물 크기에 맞추어 포장할 수 있고, 무게가 가볍고, 내용물과 그 파손상태를 확인하기 쉽다는 장점이 있다. 하지만 포장 쓰레기의 처리가 어렵다는 단점이 있다.

Bags and barriers는 loose product를 포장하는 종이나 플라스틱 용기로, 다

루기 쉽고 쓰레기의 처리가 쉽다. 하지만 이 포장재는 화물의 파손에 약하고, 다양한 종류의 제품에 사용될 수 없다.

고밀도 플라스틱 박스(high-density plastic boxes or totes)는 가정용 저장용기와 비슷한 뚜껑이 있는 보관용기이다. 이 포장재는 단단하고 제품 보호에 뛰어나다. Totes를 사용하면 소매점으로 가도록 분류된 제품을 선별하고 선적하기 쉽다. Totes의 단점은 크기를 변형할 수 없고, 상당히 무겁고, 경제성을 확보하기 위해서는 재활용되어야 한다는 것이다.

2) 새로운 포장대안

전통적인 포장재보다 비용이 적게 들고 창조적인 새로운 포장재에는 pallet pools, 플라스틱 파렛트(plastic pallets) 등이 있다.

Pallet pool은 고품질 파렛트와 저품질 파렛트 사이의 바꿔치기가 일어나는 문제점을 극복하기 위해 사용되어 오고 있다. 고품질 파렛트(high-quality pallet)는 가격이 비싸고 일단 소유자의 통제를 벗어나면 회수되기 어렵다. 고품질 파렛트가 외부조직으로 이동되었을 때, 창고에서 질이 낮은 파렛트와 바뀌는 경우가 발생할 수 있기 때문이다.

Pallet pool은 제 3의 공급자가 전국적으로 고품질 파렛트를 유지관리하며 임대하는 것이다. 파렛트가 제조업체에서 적재되고 소매점의 창고까지의 수송되는 과정이 한 주기가 되며, 이에 대해 가변적인 사용료가 부과한다. Pallet pool을 제공하는 업체는 통제 관리 시스템을 제공하는 것 뿐 아니라 파렛트의 개발, 구매, 유지에도 책임이 있다. Pallet pool은 유럽과 아시아에서는 일반적이고, 북미 식료품 산업에서도 확산되어가고 있다.

플라스틱 파렛트(plastic pallets)는 특히 식료품 산업에서 수년간 연구조사의 대상이었다. 플라스틱 파렛트는 목재 파렛트의 단점을 해결하려는 대안이다. 플라스틱 파렛트는 위생적이고, 가볍고, 재활용이 용이하다. 그리고 제품 수명이 목재 파렛트에 비해 길다. 그러나 초기에 많은 투자 비용이 소요되기 때문에 산업 전반에의 활용은 강력히 통제된 네트워크에서만 가능하다.

미니 사례 日 혁신적인 친환경 포장재 '이-스타 팩'

일본의 일부 전문가들은 환경적인 장점에 비용 절감을 추가한 스타웨이(Starway)의 '친환경적' 소재가 포장 및 운송 부문에서 커다란 인기를 누릴 것이라고 전망한다. 1999년 설립된 이후, 일본의 스타웨이(Starway)는 친환경 운송 소재인 이-스타 팩(e-Star Pack)을 개발해 왔다. 이 제품은 재활용 종이로 생산되며 여러 겹으로 만들어져 튼튼할 뿐 아니라 방수 기능도 갖추었다. 홍콩 및 중국 업체들은 많은 경공업 부문에서 경쟁적 우위를 점하기 위한 노력의 일환으로 이 새로운 소재를 사용할 수 있을 것이다. 이 소재는 중국 및 홍콩의 물류 업체들로부터도 많은 주목을 받을 수 있을 것으로 보인다.

이 포장재는 700% 수축 기능이 있으며 재생률도 높다. 따라서 100회 이상 재사용이 가능한데, 이는 일반적인 포장재의 2배 정도라고 한다. 카톤 박스 형태로 사용 후 접을 수 있기 때문에 접은 후 부피도 줄일 수 있다. 이-스타팩의 표준형 카톤은 소비자의 수요에 따라 9개의 다른 사이즈로 출시된다. 일반적인 포장재보다 더욱 얇은 소재로 만들어 무게도 적게 나가고 차지하는 공간도 적다. 이-스타팩은 초기의 높은 단가를 극복하였으며 그 결과 문서 및 솔루션 부문의 대형 업체인 후지 제록스도 이 제품을 사용하기 시작했다. 즉, 2006년 9월부터 후지 제록스는 배송을 위해 주문형 이-스타팩을 사용하고 있는 것이다.

후지 제록스 측은 이 새로운 소재의 사용으로 인해 용기 포장재 수요량을 74%, 구매 비용을 55% 줄였으며 이산화탄소 및 이산화질소 발생 수준을 급격히 감소시켰다고 말한다. 후지 제록스 및 스타웨이는 인식 및 공급망 관리를 위한 RFID 태그가 부착된 이 새로운 포장박스와 관련한 특허권을 신청한 상태이다. 이-스타팩 카톤은 다양한 용도를 위해 변형가능하다. 예를 들어 정밀 기계 제조업체들의 경우 충격 흡수제 역할을 하는 스티로폼과 함께 사용하는 일반적인 종이 기반의 카톤 박스의 대체제로 이 제품을 쓸 수 있다. 스티포폼 박스와 충전제는 폐기가 어려울 뿐 아니라 분해가 거의 불가능한 공해 물질이다.

스타웨이는 세이부 유뉴(Seibu Unyu) 및 긴테츠 익스프레스(Kintetsu Express) 등 주요 물류 업체와 연합을 형성하였다. 캐논, 소니, 후지츠 및 리코 등 주요 브랜드들 도 이 새로운 소재로 포장재를 바꿀 예정이다. 스타웨이의 고객 중 하나인 엡손(Epson)은 새로운 소재를 활용하여 전체 포장 프로세스에 들어가는 비용을 55% 가량 줄일 수 있었다고 밝혔다.

〈물류신문, 2006. 11. 7〉

3. 효율적인 포장관리를 위한 문제점의 파악

전반적인 로지스틱스 시스템의 효율성을 감안한 효율적인 포장관리가 이루어지기 위해서는 어떠한 측면에서의 접근이 필요할 것인가? 여기에 대한 해답을 구하기 위해서는 문제점의 규명과 해결책의 모색이 어떠한 측면에서 이루어져야 할 것인지를 밝혀야 할 것이다. 일반적으로 효율적인 포장관리를 위한 문제점의 파악은 다음과 같은 영역에서 이루어질 수 있을 것이다.

(1) 공학적인 측면

포장관련 전문가는 새로운 포장을 개발하기 위해 재료공학적인 측면을 많이 고려하게 된다. 포장의 보호기능과 관련된 충격, 습기, 진동, 하중에 대한 보호의 해결책을 구하기 위해서 공학적인 접근을 시도하게 된다. 이로 인하여 포장과 관련된 문제의 대부분은 공학적인 관점에서 해결책을 모색해야 되는 것으로 생각할 수 있다. 그런데 실제로 로지스틱스 관점에서의 포장의 관리는 이러한 공학적인 측면에만 국한되지 않는 더욱 광범위한 접근이 요구된다. 이는 대부분의 포장문제가 획기적인 포장의 개발로 해결되었다기 보다는 유사한 제품에 사용되었던 포장의 응용에서 비롯되었다는 점에서 확인할 수 있을 것이다.

(2) 비용적인 측면

포장관련 전문가의 또 하나의 주된 관심사는 포장재 구매비용이나 포장작업비용의 감소에 있다. 비용감소를 위해서 일반적으로 경량화, 포장재대체, 크기감소, 수작업의 자동화, 표준화 등을 고려하게 된다. 그런데 이러한 비용의 관점에서 포장관련 의사결정을 할 때에는 종합적인 관점에서의 비용검토가 필요할 것이다. 예를 들어 표준화의 경우, 제품이 매우 다양한 크기, 모양 등을 갖는 경우에 표준화를 시행함에 따라 많은 비용의 감소를 가져오는 것으로 파악될 수 있다. 그러나 표준화된 포장은 제품이 특정규격의 포장에 담기에는 너무 작을 경우에는 보다 많은 제품고정용 자재(dunnage)를 필요로 하는 단점 또한 가지고 있다는 사실도 감안해야 할 것이다. 비용의 감소와 성과의 향상을 동시에 가져올 수 있는 혁신적인 포장관리를 위해서는 포장산업에 종사하는 기업과의 협력 및 포장관련 전시회나 연구물을 참조하는 것도 필요할 것이다.

(3) 시스템 관점에서의 물류관련 포장

포장의 혁신은 수송, 보관, 하역, 재고유지, 고객서비스 등과 같은 모든 로지스틱스 활동과 관련된 비용을 감소시킬 수 있다. 특히 포장과 로지스틱스의 통합적 관점에서 관리가 이루어진다면 전체적인 로지스틱스 비용을 획기적으로 감소시킬 수 있을 것이다. 그렇다면 전반적인 로지스틱스 비용의 절감을 가져다 줄 포장의 혁신을 위한 아이디어는 어디에서부터 찾아보아야 할 것인가? 포장과 직접, 간접으로 관련을 맺고 있는 로지스틱스 활동을 전체적으로 조망하여 문제점이 제대로 규명되기만 한다면 단지 관점만을 새롭게 하는 식의 간단한 것에서부터 혁신적인 아이디어가 떠오를 수 있을 것이다. 일반적으로 포장혁신의 아이디어를 발견할 수 있는 기회는 다음과 같은 주제에서부터 시작된다고 한다.(twede)

1) 수송, 보관, 하역과의 관계

종종 수송, 보관, 하역에서 발생하는 문제점을 포장에 의해 해결할 수 있다. 먼저 보관과 수송의 효율성은 포장된 제품의 공간활용의 정도에 의해 결정되는데 이러한 공간활용에 결정적인 역할을 하는 것이 포장이라고 할 수 있다. 따라서 포장이 효율적인 적재가 가능한 모양을 취하도록 하고, 하중을 충분히 견딜 수 있는 포장재를 사용함으로써 수송 및 보관에 드는 비용을 상당부분 절감할 수 있을 것이다. 또한 하역에 있어서도 포장이 자사 및 유통경로 참가자의 로지스틱스 시스템과 얼마나 부합되고, 적절한 하역을 위해 필요한 취급관련 정보를 얼마나 제대로 전달하느냐에 따라 비용에 상당한 영향을 미칠 것이다. RFID의 활용이 확대됨으로써 보다 구체적인 정보가 실시간으로 전달되어지고 이에 따라 하역상의 생산성이 증대될 수 있다.

2) 작업자의 인간공학적 측면 및 안전

적합한 포장의 결정은 작업자의 인간공학적 측면에 대한 배려나 안전에 대한 고려를 지원하는 역할을 수행할 수 있다. 왜냐하면 포장관련 의사결정에서 작업자의 안전이나 스트레스를 고려할 경우에는 작업도중 부상을 입을 가능성을 줄여줄 수 있고, 작업자의 육체적·정신적 피로도를 줄여줄 수 있기 때문이다. 이러한 작업자에 대한 고려는 수작업의 비중이 많은 경우에는 특히 중요할 것이다. 예를 들어 제품포장의 무게가 작업자의 근력을 충분히 감안하여 결정되지 않을 경우에는 작업자의 안전을 위협할 수 있으며, 부상위험이 커지게 될 것이다.

3) 제품의 손상

제품의 보호는 로지스틱스 시스템이 고려해야 될 여러 가지 요인들 중 가장 근본적인 것이라고 할 수 있다. 일반적으로 제품의 손상은 제품, 하역, 포장의 문제점이 주된 이유일 것이다. 이 중에서 특히 포장은 제품의 보호에 있어 가장 결정적인 영향을 미치는 것이다.

이러한 제품의 손상을 방지하기 위한 포장의 개발에 있어서는 먼저 손상에 대한 정확한 측정이 이루어져야 할 것이다. 그런데 실제로 제품손상과 관련된 조사는 손상의 유형, 발생원인에 대해서 충분하게 이루어지지 못하고 있다. 따라서 로지스틱스 흐름상에서 제품의 상태에 대한 추적이 제대로 이루어지고 이러한 추적자료를 통해서 제품손상의 결정적 원인과 해결책을 찾아낼 수 있다면 효과적인 포장 혁신이 가능할 것이고 이를 통해 많은 비용절감을 가져올 수 있을 것이다.

4) 폐기물의 감소

포장 폐기물은 환경보호의 측면뿐만 아니라 폐기를 위한 추가적인 비용의 지출이라는 측면에서 기업의 많은 관심을 필요로 한다. 더욱이 최근에는 폐기물에 대한 사회적 관심이 높아지고, 폐기물 처리에 소요되는 비용이 상당히 증가하는 추세를 보이고 있기 때문에 이에 대한 효과적인 관리가 중대한 이슈로 부각되고 있다. 또한 포장 폐기물의 경우에는 그 처리가 고객에게 맡겨지는 경우가 많기 때문에 고객서비스의 차원에서도 중요시되고 있다.

포장재 폐기물 문제의 해결책은 포장재의 감소나 재활용 등으로부터 찾아볼 수 있다. 포장재의 감소는 포장재 구매비용을 절감하는 효과를 가져오지만 제품의 보호를 위해 무턱대고 감소하는 것만을 선택할 수는 없을 것이다. 또 다른 대안으로 포장재의 재활용을 들 수 있는데, 이러한 방법은 수거와 보수에 소요되는 비용을 감안해야 할 것이다. 일반적으로 포장의 재활용은 포장재의 표준화, 재활용산업의 성장이라는 사회전반적인 기초가 구축된다면 가장 바람직한 포장 폐기물 문제의 해결책이라고 할 수 있을 것이다.

4. 효율적인 포장관리

(1) 포장의 표준화, 체계화

포장의 규격화 및 통일화는 포장과 관련하여 추진되어야 할 중요한 과제이다. 사실 마케팅 측면에서는 가급적이면 독특하고 차별적인 제품을 제공함으로써 시장에서의 경쟁우위를 차지하고자 한다. 즉, 똑같은 제품이라도 포장을 더 화려하고 눈에 띄게 함으로써 소비자에게 타제품과 차별화 시키고자 한다. 그런데 이것은 필연적으로 포장비의 증대를 가져오며, 따라서 포장의 차별화는 매출액 증대에 기여하는 반면에 물류비 증가라는 상쇄관계(trade-off)를 야기시킨다. 즉 마케팅의 관점에서 각 제품마다 상이한 규격과 재질의 포장을 사용하게 되면 물류의 관점에서는 그만큼 하역, 운반 등의 문제를 야기시키고, 물류활동의 최적화가 저해된다. 따라서 이러한 문제를 해결하기 위해서는 포장의 결정에 있어 단위적재를 고려한 포장의 표준화가 필요하다. 우리나라의 경우 로지스틱스 시스템 전반에 걸친 표준화가 상당히 많이 진척되어 있으나, 표준화를 위한 계속적인 노력이 필요하다.

그리고 효율적인 포장시스템이 되기 위해서는 포장의 세부단위와 취급단위가 유기적인 관계를 갖고 있어야 한다. 즉 포장관리에 있어서 블록쌓기 개념(building-blocks concept)에 따르면, 소매점이나 소비자가 취급할 수 있는 작은 단위들이 포장의 큰 단위를 이룬다. 이러한 개념을 활용하기 위해서는 일반적으로 사각형 면으로 이루어진 용기를 필요로 하고, 상호보완적 관점에서의 포장설계가 이루어져야 한다. 예를 들어, 소단위 포장이 견고할 경우에는 대단위 포장에 있어서는 덜 견고한 포장재를 사용해도 되는 것을 의미한다.

실제로 과거에는 먼저 낱포장과 속포장이 결정되고 겉포장의 크기가 정해지는 방식을 취해 왔다. 이렇게 되면 제품의 기본단위인 파렛트나 컨테이너의 규격을 고려하지 않음으로 말미암아 적재효율이 낮아져 로지스틱스 시스템의 효율성이 낮아지게 된다. 따라서 먼저 제품이 실릴 파렛트나 컨테이너의 규격에 맞추어 가장 효율적으로 제품이 적용될 수 있게끔 겉포장의 규격을 정하고, 이에 따라 속포장과 낱포장의 크기를 정하는 것을 고려해야 한다.

결국 포장의 표준화와 체계화는 단순히 포장비의 절감뿐 아니라 하역, 보관장소, 운반에 많은 이점을 가지기 때문에 꼭 달성되어야 할 과제라고 할 수 있다. 기업의 포장 개선은 포장의 변경을 통한 원가절감뿐 아니라 전체 물류활동과의 관련성에 따라 개선되어야 할 것이다.

(2) 연기 · 투기 원칙의 적용

연기와 투기는 유통경로에서 가치를 창출하기 위한 장소와 시간에 관한 개념이다. 원래 연기와 투기는 공장의 입지를 결정할 때 처리에 따라 중량이 감소되는 제품은 원산지 가까운 곳이, 처리에 따라 중량이 증가하는 제품은 소비지 가까운 곳이 바람직하다는 입지선정이론에서 유래된 개념이다. 이러한 개념이 발전하여 연기와 투기의 원칙은 물류 및 마케팅의 여러 분야에서 활용되고 있다.

이러한 연기와 투기는 포장관련 의사결정에서도 중요한 대안으로 고려되어 오고 있다. 특히 벌크재의 포장시점의 결정에 있어 제품과 시장의 조건에 따른 연기와 투기가 많이 활용되고 있다. 예를 들어 통조림 식품의 경우, 제품이 캔에 담기어지고 나서 표찰이 부착되지 않는 상태로 저장되고 있다가 구입회사가 결정되면 필요한 표찰이 붙여져서 출고되게 된다. 이는 포장과 관련되어 연기의 원칙이 적용되고 있는 경우이다. 반면에 오렌지 주스와 같은 과즙음료 처리 · 포장의 경우에는 투기의 원칙이 적용되고 있다. 즉 제품의 판매지에서 과일이 처리 · 포장되는 방식보다는 원산지에서 과즙원액의 형태로 미리 처리되어 포장되는 방식을 취함으로써 수송비용을 절감하는 효과를 가져다 줄 수 있다.

또한 보다 정교한 제품의 조립 · 포장에 있어서도 연기와 투기의 원칙이 적용되고 있다. 예를 들어 전자제품의 경우 완제품의 형태로 조립하여 포장한 다음 수송하지 않고, 보다 적재효율이 높은 부품의 형태로 포장하여 이동시킨 다음 조립하여 완제품을 시장에 내놓는 연기의 원칙을 활용하고 있다. 실제로 HP사는 포장의 연기를 통해 연간 수백만 달러의 비용절감을 가져온 것으로 밝혀지고 있다. HP사는 수송과 재고에 드는 비용이 너무 높다는 문제점을 안고 있었는데 이러한 문제점을 포장의 혁신이라는 방법을 통해 해결해보려는 시도를 하게 된다. 수송비용이 과다한 이유는 완제품을 포장하고 충격에 대한 제품보호를 갖추게 되면 적재공간효율은 매우 떨어지기 때문인 것으로, 재고비용이 과다한 이유는 미리 완제품을 포장할 경우 해당언어로 포장 겉면에 표기해야 하는데 이는 재고의 증가를 초래하기 때문인 것으로 분석되었다. 이에 따라 HP는 부품을 촘촘하게 적재하여 공간효율을 높이는 벌크 포장의 형태로 이동시키고 이를 현지에서 조립하여 완제품을 포장하는 포장의 연기를 실시하였다. 이에 따라 수송과 재고비용을 절반 이하로 감소시키는 효과를 가져왔다

제3절 하 역

하역은 이동과 보관의 접점에서 각종 설비를 활용하여 재화를 취급하는 활동을 의미한다. 그런데 포장과 하역은 상호 밀접한 관련을 맺고 있다. 즉 포장에서의 충분한 고려가 이루어지지 않고서는 효율적인 하역은 힘들며, 하역시스템의 상황이 포장 의사결정의 제약조건으로 작용할 수 있을 것이다. 하역은 그 자체의 가치나 비용상의 비중에서는 그 중요성이 비교적 낮아 보이지만 하역은 주로 수송, 보관 등의 로지스틱스 시스템의 효율화를 지원하는 역할을 한다는 것을 고려해야 한다. 즉, 하역은 활동 그 자체로는 큰 효용을 창출한다고 보기는 어렵지만 생산에서 소비에 이르는 전 물류과정에서 효율화에 큰 영향을 미치기 때문에 하역의 개선은 물류비 절감에 중요한 부분을 차지한다.

이 절에서는 먼저 하역의 영역을 정의하고, 하역은 어떠한 활동을 다루는 것인지 파악하며, 하역의 목적, 하역관리에서의 지침 및 원칙을 살펴본 후, 끝으로 하역장비에 대해서 살펴보고자 한다.

1. 하역의 영역

하역은 로지스틱스 시스템의 다양한 흐름 중에서 내부이동(internal movement)을 다룬다. 따라서 하역은 “자재나 완제품의 하차에서 저장장소로, 저장장소에서 생산, 조립, 수송수단으로의 이동과정”을 다룬다고 할 수 있다. 그리고 하역은 보관장소로의 재화의 유출입뿐만 아니라 보관장소 내에서의 이동의 효율적인 관리를 다룬다. 하역은 보관과 밀접한 연관을 갖고 있기 때문에 어디까지를 하역의 영역으로 포함시켜야 할 것인지를 먼저 결정해야 할 것이다. 하역은 “공장이나 창고와 같은 건물의 한정된 영역 내에서의, 그리고 그 건물과 수송담당자 사이의 단거리 이동을 다루는 것”으로 보는 것이 가장 타당할 것이다.

하역에서 다루는 이동이 기계화된 것이든, 수작업에 의한 것이든 간에 중요한 것은 하역이 이를 얼마나 효율적으로 관리하는가이다. 하역관리는 다음과 같은 기본적인 성격을 갖는다.

첫째, 하역은 원재료, 반제품, 완제품의 보관장소로의, 보관장소에서의, 보관장소로부터의 효율적인 이동을 다룬다. 둘째, 하역은 생산에 필요한 원재료와 반제품의 적시공급과 완제품의 고객주문에의 적시반응과 관련된 시간의 차원을 다룬다. 셋째, 하역은 물적 공급과 물적 유통에 있어서 적당한 수량을 제공해야 하는 수량의 차원을 다룬다. 넷째, 하역은 보관장소, 공장, 수송수단 내의 공간효율을 고려하는 공간의 차원을 다룬다.

물론 이러한 하역의 기본적인 측면들은 독립적이 아닌 종합적인 관점에서 고려되어야 한다

2. 하역의 목적

하역의 일반적인 목적은 다음과 같이 정의될 수 있을 것이다.

첫째, 하역은 재화를 취급하는 횟수를 최소화할 수 있도록 이루어져야 할 것이다. 이를 통해서 추가적인 하역으로 인한 불필요한 비용의 낭비를 제거할 수 있어야 할 것이다. 이러한 불필요한 이동을 막기 위해서는 통제에 대한 관심이 높아져야 한다. 예를 들어, 미국의 Merck 제약의 경우에는 컴퓨터 통제시스템을 활용한 AGV(자동통제차량)를 이용하는 체계적인 하역관리가 이루어져 많은 비용절감을 가져온 것으로 나타났다.

둘째, 하역은 보관설비의 사용 가능한 규모를 증가시켜 주어야 한다. 즉 하역은 공간의 수평적인 활용의 극대화뿐만 아니라 보관에서의 수직공간의 활용이 가능하도록 지원해주는 역할을 수행하는 것을 목표로 해야 할 것이다.

셋째, 하역은 보관설비에서의 이동을 저해하지 않는 범위 내에서 복도공간의 최소화를 도모해야 한다. 다시 말해서 하역장비의 결정에 있어서 보관장소를 보다 더 효율적으로 사용할 수 있는 방안을 염두에 두어야 할 것이다.

넷째, 하역의 관리에 있어 효과적인 작업조건을 개발하는데 노력해야 한다. 다시 말해서 하역의 생산성을 향상시키면서 작업자의 위험을 최소화하고 동기부여를 할 수 있는 환경을 조성하고, 보관장소의 단거리 이동에서 단조롭고

부담이 되는 수작업을 가능한 한 제거해주어 작업조건을 개선해 줄 수 있어야 할 것이다.

다섯째, 하역은 로지스틱스 서비스 수준의 개선을 목표로 해야 한다. 즉 생산라인이나 고객의 요구에 신속하고 효과적으로 반응함으로써 효율성을 개선함과 동시에 서비스수준을 향상시키는 방안을 모색해야 할 것이다. 지금까지 대부분의 기업에서 쉽게 간과해버리고 있었던 하역의 개선을 통해 추가적인 비용지출 없이 서비스수준의 개선을 가져올 수 있다. 최근 들어 많은 기업들이 서비스 프로그램의 주요한 부분의 하나로서 탄력적인 하역의 필요성을 인식하고 있다. 예를 들어 제록스사는 자동저장 인출시스템(AS/RS: Automatic Storage/Retrieval System)을 활용하여 많은 비용을 절감함과 동시에 고객에게 신뢰성 있는 서비스를 제공하고 있다.

3. 하역의 지침과 원칙

하역은 정교한 계량적 기법이나 모델을 통한 세부적인 분석을 필요로 한다. 이를 위해서 로지스틱스 담당자는 세분적인 분석을 제공해줄 수 있는 전문가의 도움을 받는 것이 필요할 것이다. 또한 하역담당자는 하역의 계획과 통제에 있어서 꼭 염두에 두어야 할 기본적인 원칙에 충실한 관리를 해야 할 것이다. 일반적으로 받아들여지고 있는 하역의 원칙을 정리하면 〈표 10-1〉과 같다. 이러한 원칙들은 물론 모든 기업의 하역 상황에서 공통적으로 적용되는 것은 아닐 것이다. 그러나 이러한 원칙들을 하역 업무의 계획 및 실행에 있어 하나의 체크리스트로 사용하는 것은 체계적인 관리를 위해 중요하다.

표 10-1 • 하역의 원칙

1. 하역장비의 규격은 최대한 표준화되어야 한다.
2. 시스템의 가동시, 화물의 최대연속흐름량을 지원할 수 있도록 설계되어야 한다.
3. 투자시에는 고정장비보다는 이동 가능한 하역장비를 선택하도록 한다.
4. 하역장비는 가능한 최대한의 성능을 발휘하도록 활용되어야 한다.
5. 하역장비의 선택은 유료중량(payload) 대비 자체중량(deadweight)의 비율이 최소화 되도록 해야 한다.
6. 되도록 현실적으로, 중력을 활용할 수 있는 방향으로 하역의 흐름을 설계하도록 한다.

4. 하역장비

하역장비는 창고안과 주변에 초점이 맞춰져 있다. 화물은 크게 벌크(bulk)와 마스터 카톤(Master carton)으로 나눌 수 있다. 벌크화물은 유체, 펠릿, 기체 등이 있으며 이들을 다루는 데에는 특수장비가 필요하다. 그러므로 여기에서는 마스터 카톤 화물에 관련하여 진행하기로 한다.

전자소재가 다수 개발됨에 따라 하역장비의 개선이 꾸준히 이루어져 왔고, 관리 소프트웨어의 개발로 통합적인 하역관리도 가능하게 되었다. 여기에서는 기계화 시스템, 반자동화 시스템, 자동화 시스템, 정보지시형 시스템(Information-directed system)을 소개할 것이다. 기계화 시스템은 인력과 하역장비들을 사용하는 방식이며, 자동화 시스템은 체계적인 관리시스템의 활용을 통해 설비투자로 인력을 최소화하고자 하는 방식이다. 반자동화 시스템은 기계화 시스템과 자동화 시스템을 적절히 섞어 놓은 방식이라 할 수 있다. 기계화 시스템이 현장에서 주로 쓰이고 있는 방식이나 점차적으로 반자동화, 자동화 시스템 방식이 증가하고 있다. 정보지시형 시스템은 현재도 개발 중으로 꾸준한 개선을 통한 실용화가 기대되고 있다.

(1) 기계화 시스템

기계화 시스템에는 다양한 종류의 장비들이 사용될 수 있다. 다음에 소개되는 장비들이 현장에서 주로 쓰이는 장비들이다. 이러한 장비들에 RF-터미널, 터치스크린 등의 여러 다양한 보조장비들이 결합되어 쓰이는 등의 여러 변형도 존재한다.

1) 지게차(lift truck)

파렛트와 함께 한 조를 이루어 가장 널리 활용되는 장비이다. 지게차는 화물의 수평적, 수직적 이동이 가능하여 많은 하역관련 작업을 매우 효율적으로 다양한 방법으로 수행할 수 있다는 장점을 가지고 있다. 반면에 지게차 운전기사가 필요하다는 비용상의 불리한 점을 가지고 있다. 그러나 종합적으로 검토해 볼 때 지게차는 가장 보편적이고 폭넓게 활용 가능한 장비라고 할 수 있다. 지게차생산업체는 고객의 구체적인 필요를 충족시켜 주기 위해서 다양한 형태의 제품을 개발 · 시판하고 있다. 다양한 형태의 지게차 중에서 적합한 지게차를 선정하기 위해서는 용량, 높이, 동력원, 필요복도공간, 속도 등을 검토해야 한다.

2) 파렛트 트럭(pallet truck)

파렛트 트럭은 저렴하고, 다방면에 활용가능한 장비이다. 화물이나 장비의 적재, 하역과 주문선택(order selection), 창고 내 왕복 운반 등에 쓰인다.

3) 토우라인(towlines)

토우라인은 바닥에 설치하는 in-floor식과 공간에 설치하는 overhead-mounted식이 있다. 토우라인은 주문선택(order selection)에 주로 쓰이는데, 일정한 패턴의 연속적인 운반에 이득이 있다. 활용면에 있어서 지게차보다 유연성은 떨어진다고 할 수 있다.

4) 토우트랙터(tow tractor)

토우트랙터는 트랙터에 화물을 실은 트레일러를 연결하여 운반하도록 하는 장비이다. 토우라인과 마찬가지로 주문선택에 주로 활용된다. 토우트랙터의 장점으로서는 활용의 유연성을 들 수 있는데, 트랙터에 연결할 수 있는 트레일러를 변경할 수 있고, 화물의 동선변경이 용이하기 때문이다. 다만 보다 많은 노동력(운전자)을 요구하기 때문에 토우라인에 비해서는 비경제적이다.

5) 컨베이어(conveyer)

컨베이어는 특히 기계화된 유통센터나 보관장소에서 생산성 향상을 위해 널리 사용되는 설비로서 중력에 의해 운영되는 로울러 컨베이어와 동력원을 필요로 하는 벨트 컨베이어가 있다. 컨베이어는 매우 자동화된 설비로서 하역비용을 줄일 수 있기 때문에 많은 기업에서 설치하였거나 고려하고 있는 설비라고 할 수 있다. 이 밖에도 컨베이어는 공간을 많이 차지하지 않으며, 스캐너와의 조합을 통해 효율적인 하역관리를 가능케 하는 장점을 가지고 있다. 그러나 컨베이어 시스템을 사용하기 위해서는 많은 투자를 필요로 하고, 특정장소에 설치되어 입지변화가 힘들다는 한계를 안고 있다. 그리고 어떤 한 부분에서 고장이 발생할 경우 전반적인 로지스틱스 시스템에의 파급효과가 크다는 점이 단점이라고 할 수 있다.

6) 크레인(crane)

크레인에는 강철 코일이나 발전기와 같은 무거운 산업재의 운반과 적재에 필요한 보관장소에서 사용되는 브리지 크레인과, 자동화에 활용가능하고 보관장소 운영효율이 높은 스태커 크레인의 두 가지 기본적인 유형이 있다. 이 설비도 컨베이어만큼의 대규모 설비투자가 필요하지는 않지만 많은 투자를 필요로 한다.

7) 회전식 원형컨베이어(carousel)

회전식 원형컨베이어는 다른 하역장비들과는 접근방식이 약간 다르다. 즉, 주문선택 수행시, 작업자가 재고가 있는 곳으로 이동해서 작업을 수행하는 것이 아닌 재고가 작업자에게 이동되고 선택되는 방식인 것이다. 회전식 원형컨베이어 트랙에 화물상자가 달려 있고, 작업시에는 트랙을 회전시켜 화물을 골라 작업을 진행하게 된다.

(2) 반자동화 시스템

기계화 장비들은 종종 반자동화 시스템에 활용된다. 전형적인 반자동화 시스템으로는 AGVS, 전산화 분류 시스템, 로봇시스템, 라이브 랙 등이 있다.

1) 자동인도 차량시스템(Automatic Guided Vehicle System)

자동인도 차량시스템은 컴퓨터 시스템을 활용하여 작업자 없이 재화의 하차, 보관, 선별, 상차 등을 가능하게 한 시스템이다. 차량은 컴퓨터의 통제에 의해 고정된 경로나 자유로운 경로를 따라 이동하게 된다. 이러한 시스템의 가장 근본적인 강점으로는 차량운행에 있어 운전자가 필요하지 않기 때문에 인건비를 절감할 수 있다는 것을 들 수 있을 것이다. 우리나라에서도 청주에 위치한 GS물류센터를 비롯한 몇몇 기업들의 물류센터에서 이러한 시스템을 활용하고 있다.

2) 분류컨베이어(sortation conveyer)

자동분류장치는 종종 컨베이어와 짝을 이루게 된다. 창고에서 선택된 화물들이 컨베이어에 놓여 선적장으로 운반될 때에 일련의 순서에 의해서 정렬되어 운반된다. 대개 마스터 카툰 단위로 묶인 화물이 자동화된 분류시스템에 의해 바코드별, 화주별, 품목별 등으로 구분, 정렬되어 운반된다. 이 장치의 가장 큰 장점은 절대적인 노동력 절감과 빠르고 정확한 작업에 있다.

3) 로봇시스템(robotics)

물류창고에서 고객의 요구에 맞게 효율적으로 화물을 적재하기 위해 주로 사용된다. 로봇시스템은 일정한 패턴대로 화물들을 묶거나 분리해내는 작업에 적합하다. 또한 인간이 작업하기 어려운 고온, 극저온이나 생화학적으로 위험한 환경에서의 작업에 적합하다.

4) 라이브 랙(live racks)

노동력을 절감하기 위해 물류창고에서 흔히 쓰는 시스템으로 원하는 장소로 자동적으로 화물을 흐르게 하는 보관랙(storage rack) 디자인이 있다. 보편적인 라이브 랙에는 롤러 컨베이어가 있어 화물이 들어오는 후면의 높은 위치에서 화물이 나가게 되는 전면의 낮은 위치로 중력을 이용하여 화물이 흘러나갈 수 있도록 되어 있다. 라이브 랙의 장점은 창고 내 운송 장비의 사용을 감소시킬 수 있고, 후면 적재식(rear loading)으로 선입선출방식(FIFO: First in, First out)이 되어 화물의 자동적인 순환이 이루어진다는 것이다.

(3) 자동화 시스템

자동화 시스템은 높은 잠재력을 가지고 있고 전자 통신기기의 발달에 힘입어 계속적으로 연구가 진행되고 있는 방식이다. 초기의 자동화 물류창고의 연구초점은 주문선택 시스템이었지만 최근 들어 자동화된 고층 보관·검색 시스템이 강조되고 있다.

1) 자동화 시스템 일반

자동화 시스템은 노동 투자비와 직접노동비 절감, 보다 빠르고 정확한 창고관리라는 장점을 갖는 대신 높은 시설투자비와 개발 복잡성 그리고 유연성 부족이라는 약점을 가지고 있다. 앞서 제시한 6가지의 가이드라인은 자동화 시스템에는 적용되지 않는다. 물류창고는 WMS(창고관리프로그램; warehouse management system)라는 프로그램으로 관리된다. WMS는 각 창고별로 데이터구조, 통신방법, 작업추상화 등을 상황에 맞게 특화하여 개발될 수 있다.

2) 주문선택시스템(Order Selection System)

초기의 자동화 시스템 연구는 물류창고 내에서의 마스터 카톤 선택과 주문 재조합에 적용되었다. 기계화장비와 자동화관리를 하나의 종합적 시스템에 통합하여 주문선택에서의 인력소요를 절감하는 것이 주된 목표였다. 과거에는 비효율적인 구조로 인해 고가품에나 어울리는 구조였으나 현대의 정보시스템 발달로 인해 효율적인 관리가 가능해졌다. 화물의 입고에서 출고까지, 주문선택과 배송지시까지 통합적으로 관리되어 컴퓨터 상의 추상적인 정보와 창고에서의 물리적인 정보의 수치적, 시간적 정합성이 향상되었다. 이 시스템에서 가장 중요한 요소는 시스템에 대한 신뢰성과 유연성이다. 업무상 발생하는 수많은 케이스에 관해 합리적인 예외 처리를 할 수 있도록 하여 정상상태를 유지토록 하는 것이 중요할 것이다.

3) 자동창고시스템(AS/RS)

자동창고시스템(automated storage and retrieval system)은 화물과 장비를 저장고에 저장하고 인출할 수 있도록 제어하는 컴퓨터 시스템이다. 보관랙과 저장인출 장비, 입출고시스템, 관리시스템으로 구성된다. 철골로 이루어진 이 시스템은 약 36m의 높이의 구조도 가능하다. 기계화된 일반 파렛트-랙 시스템이 대개 6m안팎의 높이인 것과 비교하면 토지활용도가 매우 뛰어나다. 입고된 화물을 실은 파렛트는 지게차에 실려 토우라인을 따라 저장 장소로 운반되고 저장·인출장치(S/R machine)에 의해 지정된 높이로 이동되며 셔틀테이블에 의해 셀(cell)로 옮겨져 출고 전까지 보관된다.

미니 사례 한국 OFA시스템

90년 창립한 (주)한국OFA시스템은 물류보관설비 전문기업으로 국내 물류보관설비 분야를 한 단계 업그레이드시켰다는 평가를 받고 있다.

이 회사는 기술개발에 주력해 업계에서는 유일하게 벤처기업 인증을 받았다. KT마크(국산신기술), 실용신안, 특허, ISO9001인증 및 INNO-BIZ기업으로 선정되는 등 국내 물류보관설비 분야에서 외국제품과 대등한 경쟁을 할 수 있는 위치에 이르렀다.

특히 2002년에는 새 공장 준공으로 연간 8000 t 의 랙(RACK)을 생산할 수 있는 설비를 갖췄으며 설계·생산·시공까지 일괄수주할 수 있는 체제를 갖췄다.

한국OFA시스템은 현재 전국에 5개의 영업망을 구축해 수도권, 중부권, 남부권으로 나누어 영업·설계·생산·시공과 AS 체제를 갖춰 물류보관설비 분야에서 기술력과 생산능력을 인정받는 물류보관설비 전문 회사다.

특히 물류센터 및 공장의 보관시설 분야, 냉동·냉장창고에 효과가 탁월한 전동모빌랙을 개발해 차별화된 제품을 제공한다.

물품보관창고에 보통 랙을 설치하면 입·출고를 위한 지게차 통로가 각 열마다 있어야 하므로 물품보관효율이 40% 선에 불과하나 전동식 모빌랙을 설치하면 가변식의 지게차 통로 한 곳만 확보되면 되므로 창고공간 활용률을 2~2.5배 증가시킬 수 있다. 유럽에서 수입되는 전동랙보다 이동속도와 활용성이 뛰어나고 랙의 컨트롤은 작동이 편리하고 안전성이 향상돼 있다. 산업자원부의 자본재 전략품목으로 선정돼 연간 80억~100억원의 수입대체 효과가 기대된다.

이 회사는 또한 기존 전동모빌랙과 자동창고시스템을 결합시킨 스태커크레인형 전동모빌랙 자동창고를 개발했다. 전동모빌랙에 화물을 자동으로 입·출고 시킬 수 있는 스태커크레인을 접합해 물품의 입·출고 및 재고관리를 자동으로 전산관리하는 자동창고 시스템이다.

물류창고의 부족과 토지비 상승을 감안할 때 이 제품은 가장 합리적이고 경제성이 뛰어난 물류보관설비라는 평가다.

〈매일경제, 2003. 10. 16〉

(4) 정보지시형 시스템(Information-Directed System)

정보지시형 시스템은 상대적으로 최근에 많은 연구와 개발이 이루어지고 있는 방식이다. 기계화 시스템의 유연성과 자동화 시스템의 정확성, 두 장점을 결합하여 정보기술에 의한 정확한 지시에 의해 기계화 작업을 수행한다. 대표적인 예로 RF제어시스템과 광지시 시스템을 소개하기로 한다.

1) RF제어시스템

라디오통신(Radio Frequency)을 통해 작업장인 지게차나 작업자의 PDA와 관리시스템(WMS 등)이 정보를 주고 받으며 작업의 지시와 보고, 예외처리가 이루어진다. OS의 발달로 작업장과 통신할 수 있는 정보의 종류와 양이 늘어 실시간 업무관리가 가능하여 작업속도가 빨라지고, 유연성과 시스템활용도가 증가하게 되었다.

2) 광지시 시스템(Pick-To-Light System)

위에 소개한 회전식 원형컨베이어의 다양한 적용으로 인해 광지시 시스템 역시 각광을 받고 있다. 회전식창고나 보관상자에 점등이 되면 주문선택자가 화물을 카툰에 담거나 컨베이어에 올려 중앙의 관리시스템의 지시에 따르게 된다. 이와는 반대로 Put-To-Light도 가능하다.

(5) 하역 작업의 특별한 고려사항

앞 절에서 하역작업을 위한 효율적인 관리 기법과 장비에 대한 소개를 하였다. 이 절에서는 기법과 장비의 선택에 관한 중요한 몇 가지 고려할 사항들에 대해 논의하기로 한다.

1) E-fulfillment

정보산업의 발달로 물류창고의 서비스에 대한 요구가 강해졌다. 이러한 환경의 변화는 크게 요구량증가, 화물, 사람, 이력관리의 네 가지이다. 과거에는 신경 쓰지 않았으나 고객들의 요구수준의 변화로 이에 대한 충분한 고려가 이루어져야 한다. 첫째, 최종소비자에게 알맞은 서비스를 제공하기 위해 작은 규모의 매우 많은 요구사항들을 처리하게 되었다. 즉, 규모의 경제를 이루는 것이 어려워졌다. 둘째, 각각의 많은 종류의 화물들에 대한 특별한 취급사항을 고려해야만 하게 되었다. 셋째, 요구와 화물들이 시시각각 변함에 따라 현장에서의 노동력에 대한 계속적인 교육이 필요하게 되었다. 넷째, 화주나 소비자들의 화물이력관리에 대한 요구가 높아지게 되었다. 이러한 점들을 충족시키기 위하여 각각에 대해 어느 정도의 서비스를 제공할지를 전략적으로 검토해야 할 것이다.

2) 환경적 영향

환경에 대한 관심은 점점 커져가고 있다. NOx, SOx는 물론이고 이산화탄소 배출량 역시 문제시되고 있다. 그러므로 기업은 하역작업시 장비들에서 발생하는 대기오염물질들에 대한 관리에도 신경을 써야 한다. 또한, 물류창고 내에 보관하는 물질 중에 잘못 취급시 환경을 오염시킬 수 있는 물질이 있는지, 있다면 충분한 관리가 이루어지고 있는지에 대해서도 고려해야 할 것이다.

3) 규제환경

물류창고 산업은 대표적인 노동집약적 산업이고, 매년 수천 건의 사상사고가 일어나는 위험한 산업이다. 장비의 적정중량과 장비의 적정구동범위를 준수해야 한다. 많은 경우 이를 지키지 않아서 큰 사고로 연결된다.

4) 반품 · 반송과정

다양한 이유로 인해 상품들은 리콜되거나 반품된다. 30%에 이르는 화물들이 다시 반송된다. 정상적으로는 이러한 역물류 과정들은 양이 충분치 않거나 유닛화하기엔 부족하다. 그러나 이러한 역물류가 가지는 비용과 서비스에 미치는 영향을 충분히 고려해야 하며, 파렛트, 카톤, 패키지 단위의 손상품, 유통만기품, 초과 물량 등에 대해서도 역물류 과정을 고려해야 한다. 많은 업체들에서 '3자' 에게 부문 처리를 시켜서 원물류와는 분리하여 처리하고 있다.

5. 효율적인 하역관리

(1) 단위화를 위한 하역의 표준화

하역의 지배원리 중 하나는 제품을 가능한 한 큰 모듈(module) 단위로 묶어서 처리하여야 한다는 것이다. 이렇듯 기본단위로 묶어 취급하는 것을 단위화(unitization)라 한다. 즉 단위화란 앞에서 설명한 포장의 블록쌓기 개념이 기계적인 취급을 위한 파렛트 단위로 확장된 것이라고 할 수 있다. 단위적재의 정당성은 각 모듈을 가능한 한 분리시키지 않고 물류시스템 내에 하나의 단위로 흘러가게 함으로써 하역비용을 절감할 수 있다는 데 있다.

단위적재에 있어서 가장 중요한 고려사항은 기업의 로지스틱스 시스템과의 조화일 것이다. 즉 단위적재의 크기는 하역장비, 고객주문의 특성 등을 충분히 감안하여 결정되어야 하고, 단위적재의 형태는 하역 과정에 참여하는 구성원(공급자, 유통센터 운영자, 고객 등)의 시스템과 부합되어야 한다.

한편 포장은 앞에서 살펴본 바와 같이 단위적재 개념의 핵심부분이라고 할 수 있다. 로지스틱스 시스템에서 포장의 주된 목적은 취급을 용이하게 하고, 이동 · 저장 중 제품을 보호하는 데 있다. 따라서 하역의 효율성을 위해서는 포장에서 일반적으로 거론되는 제품의 보호기능 이외에도 개별 제품단위와 그 포장이 단위적재와 얼마나 잘 들어맞는지를 충분히 검토해야 한다.

이렇게 묶여진 단위적재는 일반적으로 수작업으로 이동시키는 것은 불가능하고, 지게차(forklirt)와 같은 장비를 사용하는 기계화된 운영이 이루어지게 된다. 그런데 유니트 로드는 통상 파렛트(pallet) 또는 컨테이너와 지게차(forklift)를 사용하게 된다. 따라서 단위화가 효과적으로 이루어지려면 무엇보다도 장비규격의 표준화가 필요하다. 장비들이 표준화되지 않을 경우에는 여러 가지 문제점이 야기되어 단위화가 로지스틱스 시스템의 효율성에 큰 기여를 할 수 없을 것이다. 예를 들어 국제물류에 있어 수입국인 유럽, 미국, 일본 등 대상고객에 따라 유럽규격, 국제규격 등 규격화된 파렛트를 사용하는 것이 필요하다. 기업이 각 사 임의로 규격을 정하고 사용한다면 하역, 보관상 혼란 및 비용의 낭비가 불가피할 것이다. 또한 이러한 파렛트의 규격화와 더불어 파렛트 풀(pallet pool) 제도의 도입으로 사용된 파렛트의 순환을 통한 반복 사용을 가능하게 함으로써 자원의 낭비를 막아야 할 것이다.

물론 포장규격, 파렛트 규격의 통일화는 지게차 등 하역장비의 통일화와 동시에 이루어져야 한다. 왜냐하면 유통경로 참가자들의 하역장비가 상이하면 효과적인 하역작업을 이룰 수 없을 것이기 때문이다.

(2) 하역의 기계화, 자동화

하역에 있어서 기본원리는 "최선의 하역은 최소의 하역"이라는 것이다. 즉, 가급적이면 손이 덜 가도록 하역시스템을 설계하는 것이 가장 좋은 하역시스템이 된다는 것이다.

이를 위해서 하역시스템의 설계는 다음과 같은 단계를 밟는 것이 필요하다. 첫째, 수송유형과 거래유형을 파악하고 이에 따라 각 작업단계에서 하역되는 제품이동 규모를 최적화하고, 둘째, 재고품목당 보관면적을 파악하여, 면적활용을 최적화한다. 셋째, 이동시간을 최소화하기 위한 루트선정 및 인원배치 계획을 컴퓨터 등을 이용하여 수립한다. 넷째, 작업자의 눈-손-두뇌 능력의 활용을 최적화한다. 즉 하역작업은 여러 가지 이질적인 제품믹스와 복잡한 주문유형, 배송경로, 수송방법의 흐름에 직면하여, 파렛트 등 공통적 하역모듈을 활용하여 하역 시스템의 동질화를 추구한다는 것이다. 최근에 포장의 바코드 사용 등은 컴퓨터와 하역시스템을 연결시키는 역할을 한다. 결과적으로 이러한 하역시스템의 동질화를 위해 필연적으로 하역작업의 기계화, 자동화가 더 많이 진전될 것으로 보인다.

자동화의 중심개념은 장비의 변화라는 측면에 있다기보다는 자동화된 통제시스템의 구축이라는 데서 찾아볼 수 있을 것이다. 자동화의 정도는 단순히 인간의 조작에 의한 기계화된 시스템에서부터 작업자의 개입을 배제한 완전한 자동화의 연속선상으로 이해해야 할 것이다. 물론 컴퓨터의 통제기술은 유통센터의 운영과 관리의 특성을 급속하게 변화시켜 나가고 있다는 것은 분명하다.

그런데 자동화의 실시를 위한 시스템의 계획에 앞서 다음과 같은 질문을 할 필요가 있다.

① 시스템이 얼마만큼의 물량을 취급하는가?
② 제품의 수요는 어떠한 특성을 가지는가?
③ 제품계열의 특성은 어떠한가?

먼저, 자동화에 따른 이점이 투자를 보상할 수 있도록 충분한 물량을 취급하고 있는지 검토해 보아야 한다. 또한 기술적으로 자동화가 가능한지만을 검토할 것이 아니라 수요나 제품계열의 특성을 감안할 때 자동화가 경제적으로 타당한지도 검토해야 할 것이다. 일반적으로 자동화는 물량이 충분히 크고, 수요는 안정적이며 각 제품의 회전율이 높은 경우에 효과적인 대안이라고 할 수 있다. 또한 제품, 포장, 주문이 표준화된 특성을 갖고 있을 때 자동화는 매우 효과적이다.

하역이 완벽하게 자동화되는 경우는 드문 일이다. 그러나 어떠한 업무가 매우 규칙적이고 단순하다면 완전한 기계화는 아니더라도 컴퓨터에 의한 통제를 확장하는 것은 바람직한 선택이라고 할 수 있다. 물론 자동화의 결정에 있어서 업무의 복잡성, 탄력성의 요구 정도, 관련 비용 등이 고려되어야 할 것이다.

물론 반드시 기계화, 자동화가 능사는 아니다. 왜냐하면, 자동화는 창고와 유통센터를 고도로 자본 집약화된 곳으로 만들며, 규모의 경제를 얻기 위하여는 해당 장소에서의 물자취급량이 그만큼 많아야 한다. 이것은 결국 창고와 유통센터의 소수 대규모화를 초래하며, 제한된 지역에서 수송해야 됨으로 말미암은 수송비의 증가를 초래한다. 이에 덧붙여 기술진전이 안게 되는 진부화의 위험도 크다고 볼 수 있다. 따라서 자동화의 정도는 비용-수익 분석에 따라서 신중하게 결정되어야 할 것이다.

제4절 입지선정

1. 시설의 형태(configuration) 결정

입지선정의 첫 번째 단계는 시설의 위치와 지역을 먼저 확정하고, 각 지역의 역할 및 개략적 규모(capacity)를 결정하는 것이다. 각 지역별로 수요가 얼마나 되는지, 고객 요구조건이 동질적인지 규모의 경제가 작용되는지 검토한다. 동질적이면 규모가 큰 집하(consolidation)시설이 나을 것이다. 예를 들어, 업종에 따라 코카콜라(coke)는 모든 시장에 병입 공장(bottling plant)을 두는 반면에, 삼성반도체에서는 소수의 공장이 생산의 전부를 담당하고 있다.

그 외에도 글로벌시장을 대상으로 입지를 설정할 경우에는 수요의 불확실성, 환율 위험, 정치 위험, 각국의 조세정책 등을 고려해야 할 것이다. 또한 경쟁적 관점에서 경쟁사와 인접한 곳이 유리할 지를 판단해야 하고, 고객 요구에 대해 바람직한 이상적인 반응시간을 결정해야 한다. 그 결과, 시설의 수, 지역, 시설의 역할이 결정되게 된다.

2. 이상적 장소(sites)

이상적 장소의 선정은 기반시설(infrastructure)의 사용가능성의 분석에 따라 결정하게 된다. 하드웨어 기반시설의 필요조건에는 공급사의 이용가능성, 운송서비스, 통신, 상하수도설비, 보관시설 등을 들 수 있다. 소프트웨어 기반시설의 필요조건에는 숙련 노동자의 공급, 근로 인력의 회전(turnover), 지역의 기업과 산업에 대한 수용 정도를 들 수 있다.

3. 정확한 입지의 선택

이 단계는 각 시설의 정확한 입지와 규모(capacity)를 결정하는 단계이다. 입지의 선정은 여러 가지 물류 및 시설의 비용과 각 시장 내 수요 및 예상 마진을 고려하여 전체 수익을 극대화 하는 것이다.

4. 입지선정 모델

입지선정 의사결정은 공급소스와 시장의 위치, 잠재적 시설 후보지의 위치, 시장별 수요 예측, 후보지별 시설, 노동력, 자재비용, 운송비용, 재고비용을 고려하여 결정하게 된다. 기본적으로 2개의 모델을 고려할 수 있다.

(1) 중력(Gravity) 모델

이 모델은 운송비를 최소화할 수 있는 위치를 찾을 때에 사용된다. 이 모델에선 각 시설을 평면상의 점으로 표시한다. 그러면, 각 시설간 거리는 기하적(geometry) 거리로 결정된다. 이 모델은 운송비용은 운송거리에 비례하는 관계를 갖는다고 가정한다.

$$\text{Minimize TC} = \sum_{n=1}^{k} d_n Q_n C_n$$

$$d_n = \sqrt{(x-x_n)^2 + (y-y_n)^2}$$

d_n = 시설과 위치 n과의 거리

Q_n = n에서의 운송량

C_n = n에서의 운송비

(x, y) = 시설 입지 후보지의 격자상 좌표

(x_n, y_n) = n번째 시장이나 공급소스의 위치

절차는 다음과 같다.

1. d_n을 구한다.

2. 신규 입지 후보지 좌표가 $x=x'$, $y=y'$ 일 때, TC값이 기존에 구한 후보지의 값보다 작으면 기존지점의 좌표를 신규지점의 좌표로 대치한다.

$$x' = \frac{\sum \frac{Q_n C_n x_n}{d_n}}{\sum \frac{Q_n C_n}{d_n}} \quad \text{and} \quad y' = \frac{\sum \frac{Q_n C_n y_n}{d_n}}{\sum \frac{Q_n C_n}{d_n}}$$

3. (x, y)와 (x', y')가 거의 같아질 때까지 1~2 과정을 반복한다.

(2) 네트워크 최적화 모델(Network optimization model)

현실세계에서는 중간에 집하(consolidation) 센터나 통과(transit) 지점도 있는 등 복잡한 공급사슬이 구성되어 있다. 다양한 공급 소스, 공장, 창고, 시장들을 포함하기 때문에 그만큼 모델을 적용하는 것이 복잡해진다. 따라서 중력모델(Gravity model)보다 좀더 복잡한 과정을 거쳐서 입지를 설정하게 된다.

네트워크 최적화 모델은 LP를 활용하는 모델들 중에서 가장 보편적으로 사용되는 유형이다. Network optimization 모델에서는 유통경로를 결절점(nodes)과 연결선(link)으로 두고 경로(channel)를 구한다. 각 결절점에서 상품을 취급하는 비용과 결절점간 상품 이동비용이 반영된다.

네트워크 최적화 모델이 가지는 장점은 신속한 해(solution)의 결정과 미래 비용의 의사소통 용이성을 들 수 있다. 또 다양한 기간별 ―일, 주, 월, 연 단위―로 변화하는 조건들을 적용하여 해를 구할 수 있다.

오늘날 보다 복잡한 상황의 해결을 위한 소프트웨어가 다수 개발되었다. 알고리즘으로는 LP와 Mixed integer linear programming(MIP)이 주로 사용(90%)된다. 그리고 이들과 같은 수학적 방법들이 혼용되거나 부가적으로 휴리스틱스(heuristics algorithm)를 결합하여 사용되기도 한다. 이들 소프트웨어의 고객들은 신축성을 가장 중요한 기준으로 생각하고 있다.

요 약

1. 보관은 창고에 재화를 저장했다가 필요할 때 제공하는 것을 말한다. 수송이 주로 공간적인 효용을 창출한다고 하면 보관은 주로 시간적인 효용을 창출한다고 할 수 있다.
2. 보관은 로지스틱스 시스템에서 수송의 집화, 제품의 혼합, 서비스의 제공, 우발상황에의 대비, 원활한 운영 등의 다양한 부가가치의 기능을 수행한다.
3. 보관의 유형에는 기본적인 재고 보충을 위한 활동 또는 단기 보관과 일상적인 보충을 초과하는 재고를 보관하는 여분 또는 장기 보관이 있다.

4. 창고의 소유 여부에 따라 영업창고와 자가창고로 나눌 수 있다. 계약창고는 영업창고와 자가창고의 특성을 모두 지니고 있다.
5. 포장은 로지스틱스 시스템에서의 재화의 이동이나 보관에 편리하도록 재화를 적절한 용기에 담는 것이다.
6. 포장은 판매나 마케팅 측면의 관심사를 대변하는 소비자관점 포장과 제품의 생산, 선적, 하역, 저장을 거치는 제품의 흐름을 고려하는 로지스틱스 관점 포장으로 나누어 볼 수 있다.
7. 로지스틱스 관점에서 포장의 기능은 제품의 보호, 하역에서의 효용, 제품 취급관련 정보의 표시의 세 가지로 나눌 수 있다.
8. 포장의 차별화는 매출액 증대에 기여하는 반면에 물류비 증가라는 상쇄관계(trade-off)를 야기함으로, 로지스틱스 관점에서 포장의 규격화 및 통일화는 추진되어야 할 중요한 과제이다.
9. 하역은 이동과 보관의 접점에서 각종 설비를 활용하여 재화를 취급하는 활동을 의미한다. 즉 "공장이나 창고와 같은 건물의 한정된 영역 내에서의, 그리고 그 건물과 수송담당자 사이의 단거리 이동을 이루는 것"으로 보는 것이 타당할 것이다.
10. 하역은 재화를 취급하는 횟수를 최소화하고, 보관설비의 사용가능한 규모를 증가시키며, 보관설비에서의 이동을 저해하지 않는 범위 내에서 복도공간의 최소화를 도모해야 한다. 또한 하역은 관리에 있어 효과적인 작업조건을 개발하는데 노력하고, 로지스틱스 서비스 수준의 개선을 목표로 해야 한다.
11. 통합적인 하역관리를 위한 방식에는 기계화 시스템, 반자동화 시스템, 자동화 시스템, 정보지시형 시스템 등이 있다.
12. 입지선정의 단계는 시설의 형태 결정, 이상적 장소 선정, 정확한 입지의 선택 과정을 거친다.
13. 입지선정 모델에는 중력 모델과 네트워크 최적화 모델이 있고, 이들 모델을 이용하여 최적의 입지를 선정한다.

토의 사례

[선진물류현장을 가다]스위스 '원스톱' 배송 자랑

무역망을 거미줄처럼 엮어주는 물류는 '산업의 대동맥'이라 할 수 있다. 우리나라도 물류 강국이 되기 위해 정부 차원에서 노력을 기울이고 있으나 아직 기대만큼의 성과가 없는 형편이다. 세계 각국이 물류산업에 쏟는 관심은 지대하다. 그 중에서 내륙국가이면서도 물류강국으로 자리를 굳힌 스위스와 세계 최대 항만 물동량을 자랑하는 싱가포르의 성공사례는 우리에게 시사하는 바가 크다.

스위스의 한적한 시골 마을에 본사를 둔 세계 1위 해양운송업체인 퀴네앤드나겔(Kuehne&Nagel).

퀴네앤드나겔이 지난 8월 말 스위스의 대형 의류유통업체인 실트(Schild)사와 5년간 물류공급 계약을 체결한 뒤 실트를 위해 맞춤 설계한 스위스 뮌헨슈타인(Munchenstein)의 물류센터를 지난달 25일 찾았다.

이 공장에는 아시아와 유럽 각국에서 만들어지는 실트의 주문자상표부착생산방식(OEM) 의류가 퀴네앤드나겔의 서비스를 통해 입고된다. 기존 물류기업의 경우 이 단계에서 업무가 종료되겠지만, 이 공장에서는 좀 더 색다른 광경이 펼쳐진다. 의류에 라벨을 붙이고, 가격표를 달고, 고온의 스팀으로 다림질을 한 뒤 비닐을 씌우고 각 매장의 주문량에 따른 배송 작업까지 퀴네앤드나겔이 책임을 지는 것이다.

덕분에 실트는 해외 공장에서의 생산과 매장 판매에만 주력하면 된다. 공장에서 매장까지 모든 과정을 퀴네앤드나겔에 아웃소싱함으로써 창고 비용과 기타 인건비를 대폭 줄인 것이다.

• 부가가치 더하는 계약물류

스위스는 낮은 법인세율과 잘 갖춰진 물류 인프라로 세계적인 물류회사들이 앞다퉈 본사를 옮김으로써 물류 선진국으로 자리매김한 지 오래다.

하지만 스위스에서도 물류서비스가 속속 진화하고 있다. 단순히 컨테이너를 날라주고 수수료를 받는 '브로커리지' 업무에서 벗어나 공급사슬

스위스에 본사를 둔 세계적 물류기업 퀴네앤드나겔 본사 전경

관리과정의 상당 부분을 대행해줌으로써 부가가치를 더하는 틈새시장이 개발되고 있는 것.

이는 전문용어로 맞춤식 계약물류(Contract Logistics), 또는 제3자 물류(3PLThird Party Logistics)라고 불린다. 과거 대량의 물류서비스를 이용하는 기업들에 부가서비스 개념으로 조금씩 대행했던 서비스가 이제는 물류회사의 핵심 영역으로 자리매김한 것이다.

역시 스위스에 본사를 둔 내추럴 아게(Natural AG)도 제3자 물류서비스가 주력이다. 스위스에서 만들어지는 허브 캔디 리콜라(Richola) 공장에 들어가는 각종 원료를 까다로운 온도와 습도 조건에 맞춰 생산계획에 따라 배송해준다. 공장에서 갓 나온 제품을 아시아와 미국 등 각기 다른 규격과 기준에 맞춰 재포장한 뒤 수출하고, 통관절차를 이행하는 것도 내추럴 아게의 몫이다.

내추럴의 최고경영자(CEO) 페터 크로베는 "기업이 필요로 하는 부분을 찾고, 그에 맞는 솔루션을 찾아주는 것이 우리의 목표"라고 말했다.

• 치열해지는 글로벌 경쟁

퀴네앤드나겔은 기존에 중요하게 취급되던 해양항공운송과 육로운송에서는 이미 세계 최고의 경쟁력을 갖춘 만큼, 최근에는 '맞춤식 계약물류' 에 전략적 목표를 맞추고 있다.

계약물류(3자물류) 부문이 이 회사에 가져다주는 순이익은 그룹 전체의 20%에 달한다. 또 3자 물류를 강화하기 위해 프랑스의 ACR로지스틱스를 지난해 10월 4억 9,000만 유로(약 5,880억원)에 사들였다.

다른 글로벌 물류업체들의 움직임도 비슷하다. 독일의 DHL은 영국 엑셀(Exel)을, 쿠웨이트의 PWC는 지오 로지스틱스를 인수했다. 3자 물류 강화를 위한 글로벌 물류기업 간의 합종연횡이 경쟁적으로 전개되고 있는 것이다.

퀴네앤드나겔 CEO 클라우스 헤름스는 "중국도 정부 차원에서 3자 물류 기업을 육성하고 있는 만큼, 한국도 심화하는 경쟁에 대비해 인수합병 등을 통해 적극적으로 기업의 볼륨을 키워야 한다"고 조언했다.

〈세계일보, 2006. 10. 1〉

Q 토의문제

❶ 퀴네앤드나겔의 물류서비스는 기존 다른 기업의 서비스와 어떤 점에서 차이가 있는가?

❷ 퀴네앤드나겔처럼 제3자 물류서비스에 집중하고 있는 국내 기업에는 어떠한 것들이 있는가?

제 4 부

물류 및 공급사슬 통합과 성과평가

Chapter 11

공급사슬 통합과 정보기술의 역할

도입사례

LG생활건강 – 세계수준 공급능력 확보 노력

LG생활건강은 국내 최대의 생활용품, 화장품 기업이다. 치솔, 치약에서부터 샴푸, 세제, 아기기저귀 등에 이르는 다양한 생활용품 제품군과 차별화된 화장품 상품군을 내놓고 있다. LG생활건강이 강력하게 SCM을 추진하게 된 배경은 1996년으로 거슬러 올라간다. 당시 이 회사는 동종업계 최대 수준의 공급, 물류 설비를 갖추고 제품 공급에 전력을 다했음에도 불구하고 부정확한 판매계획, 왜곡된 대량 주문으로 인해 심각한 공급 부족 상황에 봉착하고 있었다. 화장품의 경우 그 정도가 심각하여, 주문대비 출하비율은 60%에도 못 미치고 있었지만 재고는 80여일 분을 가지고 있었다. 유통 접점인 대리점의 재고도 대리점당 평균 30~40여일 분에 이르러 팔 물건은 없는데 재고는 넘쳐나는 최악의 상황이었다.

이러한 심각한 판매기회 상실, 경영 자원의 부실화에도 불구하고 회사 내에서는 생산, 마케팅, 판매, 물류부서가 그 책임에 대해 서로를 탓하기에 급급했다. 판매부서는 제대로 제품을 공급하여 주지 못하는 생산, 마케팅 부서를 원망했고 공급부서는 왜곡된 물량 확보, 부정확한 판매계획에 책임을 전가하고 있었다.

최고 경영진은 이러한 상황을 타파하고 세계적 수준의 공급 능력을 확보하기 위해 고객의 구매패턴에 따라 수요, 공급 과정을 통합하여 수요에 대응한 신속한 공급 체제를 갖추는 것, 즉 SCM의 추진이 반드시 필요하다고 인식하게 되었다. SCM을 통해 사내 제품 공급 프로세스뿐만 아니라 원부자재 협력업체로부터 유통업체, 최종소비자에 이르기까지 전체 공급사슬의 최적화를 통해 비용절감을 꾀하고 좋은 제품을 합리적 가격으로 적시에 공급, 소비자 만족을 배가시킬 수 있다고 판단한 것이다.

이 회사의 SCM구축은 크게 2단계로 추진되고 있다.

1단계는 생산, 판매, 물류에 이르는 사내 전 공급과정을 통합하는 것으로 지난 97년부터 99년까지 3개년에 걸쳐 진행됐다. 이를 통해 공급시스템의 재구축와 환경 변화에 대응한 물류거점 체제 구축 등을 완료했다.

2단계는 1단계에서 구축한 체계를 보다 정교하게 업그레이드하고 이를 바탕으로 사외 공급자 및 소비자와의 정보 연계를 통한 전 공급과정 통합을 목표로 2001년부터 추진하였다.

이를 구체적으로 살펴보면 SCM 1단계에서는 우선 생산 측면에서 고객 수요에 대응하는 유연 생산 체제를 구축, 소량 다빈도 생산에 따른 생산비용 증가요인을 줄였다. 과거 1개월 단위 생산체제에서 3일 단위 생산체제로 변혁을 도모했다. 물류 측면에서는 전국 17개 물류센터에 산재된 재고를 3개 물류센터로 통합, 재고를 50%이상 감축했고 고객 주문 납품 대응률도 70~80%수준에서 97% 수준으로 향상시켰다. 영업 측면에선 종래의 밀어내기에서 탈피, 시장패턴에 따른 자동 보충체제를 구축해 대리점 재고가 종전대비 50%이상 감축됐다. 그 결과 물류비용이 매출액 대비 7.6% 수준에서 4.5% 수준으로 40% 감소됐다. 매년 2백억원 이상의 비용절감 효과를 거둔 것이다.

2단계 SCM이 완성되는 2003년에는 공급사슬의 전체 재고 수준, 고객 주문 대응률, 물류 코스트 등에서 세계 최고 수준의 공급 역량을 갖출 것으로 기대되고 있다. 현재 이 회사는 롯데 마그넷과 SCM 시범사업을 진행하고 있다. 이를 통해 매장 재고 30% 감소, 미납률 60% 감소는 물론이고 매출이 증대하는 효과를 얻고 있다. 또한 EDI와 표준바코드의 적극적 활용을 통해 정확하고 신속한 거래를 지속적으로 추진하고 있다. 현재 전체 수발주 중 80% 이상를 EDI를 통해 처리하고 있다.

〈한국경제신문, 2002. 4. 10〉

무엇이 공급사슬에서의 통합을 하게 하는가? Procter & Gamble의 네 가지 공급사슬 전략은 다음과 같다. 우선 생산되어야 하는 제품을 짧은 생산 싸이클을 통해 매일 생산한다. 그리고 장기적인 관계를 가지는 공급자와 실시간으로 연락한다. 또한 고객과 가장 가까운 점에서 얻은 수요 데이터를 이용한다. 마지막으로 혁신과 새로운 기술을 실행한다. 앞에서 세 가지는 내부적, 외부적 통합과 관련된 것이고, 네 번째 원칙은 정보기술의 발전을 이용하여 한층 가까운 협력을 할 수 있게 하는 것에 대한 것이다. 본 장에서는 통합이 가치를 창출하는 이유를 통해 공급사슬에서 통합의 필요성에 대해 생각해본 다음, 공급사슬 통합 구조에 대해 살펴볼 것이다. 그리고 통합을 방해하는 장애요인과 이를 극복하고 통합을 이루는 구체적인 방법들에 대해 알아볼 것이다. 마지막으로 이러한 공급사슬 통합에 있어서 중요한 역할을 하는 정보기술의 기능과 종류에 대해서 살펴보기로 한다.

제 1 절 공급사슬에서 통합의 필요성

많은 사례에서 높은 내부적 통합을 하고 있는 회사는 그렇지 않은 회사에 비해 물류와 관련하여 높은 성과를 보였다. 통합의 정도가 높은 회사와 그렇지 않은 회사들 간에 요구한 날에 일관되게 배달해주는 것과 제품 부족과 배달 지연에 대해 통지해주는 것 등의 기본적인 서비스의 차이는 없었다. 그러나 배달의 신뢰성과 같은 높은 가치의 서비스 요소에 있어서 차이를 보였다. 통합의 정도가 높은 회사의 경우 고객의 요구를 만족시키는 것, 고객의 특별한 요구를 들어주는 것, 새로운 제품의 도입 등과 같은 점에서 더 나은 성과를 보였다. 이러한 결과는 회사에 대한 고객의 인지도를 향상시켜 준다. 이 사례에서 알 수 있듯이 기업은 내부적 통합을 향상시키는 일을 지속적으로 전개하여야 한다. 기업의 내부적 통합은 공급사슬 전체에 걸친 넓은 통합을 위한 시작점이다. 만약 내부적 협력과 통합에 의하여 상당한 향상이 달성되었다면 외부적 협력에 의한 잠재적 이득은 훨씬 크다. 통합은 그 범위가 넓어질수록 더욱 큰 이득을 가져다 준다. 본 절에서는 통합이 가치를 창출하는 이유를 전반적인 경영의 관점과 시스템적 관점에서 알아볼 것이다.

1. 통합이 가치를 창출하는 이유

통합 경영의 중요성에 대해 설명하는데 있어서 고객의 가치에 대해 적어도 세 가지 관점을 이해하는 것이 도움이 된다.

전통적인 가치에 대한 관점은 경제가치이다. 경제가치는 효율성과 같은 운용상의 규모의 경제에 의해 형성되다. 규모의 경제는 총 비용을 최소화 하기 위해 고정제조간접비를 충분히 활용하는 것을 추구한다. 경제적 가치의 초점은 제품과 서비스 창조의 효율성이다. 고객이 경제적 가치에서 얻고자 하는 것은 낮은 가격에서의 높은 품질이다.

두 번째 가치 관점은 시장가치이다. 시장가치는 매력적인 제품집단을 정확한 시간과 장소에 제공하는 것이다. 시장가치는 제품과 서비스의 제공에 있어서

표 11-1 · 통합적 경영 가치 포지셔닝

경제가치	시장가치	적절성가치
최저 총 비용 규모의 경제 효율성 제품/서비스 창조 획득/제조 전략	매력적인 구색작업 범위의 경제의 효율성 제품/서비스 제시 시장/배분 전략	고객화 부문다양성 제품/서비스 포지셔닝 공급사슬 전략

출처: Source: Bowersox, D., "Supply Chain Logistics Management"

범위의 경제에 초점을 맞춘다. 다양한 상인들로 구성된 쇼핑몰의 창조, 대규모의 대량 상품의 소매상은 모두 시장가치 달성을 위한 시작이다. 고객이 시장가치로부터 얻고자 하는 것은 편리한 제품과 서비스 집단 그리고 선택이다.

경제가치와 시장가치에 대한 인식은 고객에게 중요하다. 그러나 많은 기업들이 기업의 성공은 경제가치와 시장가치뿐만 아니라 적절성으로 언급된 세 번째 관점에도 의존된다는 것을 깨달았다. 적절성은 부가가치 서비스의 고객화와 제품과 포지셔닝을 초과하여 고객에게 진정한 차별화를 제공하는 것을 말한다. 적절성 가치는 시장가치가 반영된 올바른 제품과 서비스 그리고 경제가치가 반영된 올바른 가격을 가치 있는 부분 다양성을 창조하도록 변경하고 연속화하고, 동시화하고 또 다른 의미에서 포지셔닝 하는 것을 의미한다. 예를 들어 소비자의 입장에서 적절성의 의미는 재료를 바로 먹을 수 있는 음식으로 변환하는 것이다. 일반적인 상품 소매업에서 적절성의 의미는 제품을 최신유행의 외관으로 바꾸는 것이다. 제조와 조립에서의 적절성은 특정 부품들을 제품으로 통합하여 특정 고객이 요구하는 기능성을 향상시키는 것을 통해 달성된다. 고객이 적절성으로부터 얻을 수 있는 것은 독특한 제품과 서비스 묶음이다.

경제가치와 시장가치 그리고 적절성 가치를 동시에 달성하는 것은 전체적인 경영 프로세스의 총 통합과 다음에 표현된 통합경영의 가치제안으로 알려져 있다.

2. 통합의 시스템적 접근

시스템 개념은 제시된 목표들을 달성하는 데 필수적인 부분의 통합을 추구하는 분석틀(framework)이다. 시스템분석 방법론의 목표는 개별적인 부분이나 기능들의 합보다 큰 전체 또는 통합적 노력의 성과를 일으키는 것이다. 그러한 통합은 기능들 사이의 상호관계에서 상승효과를 가져와 전체에 걸쳐 높은 성과를 추구한다. 시스템적 용어로 기능적 우수성은 '기여'라는 말로 정의된다. 다시 말해 특정 분야의 고립된 성과와 대비되는 전체적인 프로세스 성과를 만드는 것이다. 지난 20세기 동안, 프로세스 통합은 기능적 우수성을 추구하도록 훈련된 관리자들에 의해 일반적으로 경시되어 왔다. 그러나 정보기술의 빠른 진보는 공급사슬 내의 다양한 상충관계를 확인하는 능력과 이해하는 능력을 증진시켜 공급사슬을 더 용이하게 하였다.

시스템에서의 주의는 구성요소간의 상호작용에 맞춰져 있다. 각각의 구성요소는 시스템의 목적을 달성하는데 필수적인 특정 기능에 공헌하고 있다. 높은 원음 입체 음향 시스템(high-fidelity stereo system)을 고려해보자. 많은 구성요소들은 음향 재생이라는 하나의 목적을 위해서 통합되었다. 스피커, 트랜지스터, 증폭기, 그리고 다른 요소들은 오직 음향의 품질에 공헌하는 것이 유일한 목적이다. 그러나 어떤 구성요소의 실패는 스테레오 시스템의 산출에 실패를 가져온다.

몇몇 원칙들은 일반시스템 이론과 관계하여 언급된다. 첫째로 시스템이나 프로세스의 성과는 단일의 중요성이다. 구성요소는 전체 시스템의 성과의 상승에 의해서만 중요하다. 예를 들어 스테레오 시스템이 기존의 스피커로 우수한 음향을 달성할 수 있다면 추가적인 스피커를 포함하는 것은 불필요하다. 두 번째로 대별적인 구성요소들은 최상이거나 최적의 디자인을 가질 필요가 없다. 강조는 시스템을 구성하고 있는 구성 요소들 간의 통합된 관계이다. 예를 들어 트랜지스터는 스테레오의 안쪽에 감춰져 있다. 따라서 그들은 외관적으로 심미적일 필요가 없다. 돈과 시간을 투자하여 트랜지스터를 디자인 하는 것은 시스템 통합적인 관점에서 불필요한 것이다. 세 번째로 상충관계라고 불리는 기능적 관계가 시스템의 성과를 격려하거나 방해하는 구성요소 사이에 존재한다. 이러한 상충관계는 시스템에 트랜지스터를 추가하기 위해서 낮은 품질의 앰플리파이어를 사용해야 하는 것과 같다. 추가적인 트랜지스터의 비용은 엠플리파이어의 비용을 절감함으로써 이치에 맞게 된다. 마지막으로 통합된 시스템과 같이 연결된 구성 요소들은 개별적인 기능들에 의해 가능한 성과보다 더 좋은 결과를 가져온다. 실제적으로 요구되는 결과는 이러한 통합된 수행이 없으면 얻기 어렵다. 스테레오 시스템은 스피커 없이도 작동이 가능하지만 들을 수 있는 음향을 제공할 수는 없다.

시스템개념의 원리는 기초적이고 논리적으로 모순이 없다. 다기능 통합을 포함한 통합 프로세스는 통합되지 않은 프로세스의 수행에서보다 더 좋은 결과를 성취할 것을 기대할 수 있다. 비록 이러한 통합 프로세스는 논리적이고 명백한 개념이지만, 효과적인 시스템 통합은 운영적으로 많은 어려움을 가진다.

제 2 절 공급사슬 통합

앞에서 통합이 가치를 창출하고 성과향상에 기여하는 이유에 대하여 알아보았다. 통합은 공급사슬의 여러 단계에 걸친 기능적인 분야 사이에서 발생하는 성과의 균형을 이루게 함으로써 전체 공급사슬의 성과가 각 부분들의 합보다 커지게 한다. 이러한 공급사슬 통합을 성공적으로 달성하기 위해서는 우선 공급사슬 통합구조에 대한 이해가 필요하다. 본 절에서는 공급사슬 통합구조에 대하여 구체적으로 살펴보고 통합의 결여가 공급사슬의 수행에 어떠한 영향을 미치는지 알아볼 것이다. 그리고 공급사슬 통합을 방해하는 여러 가지 장애물들을 확인하고 이러한 장애물을 극복하고 공급사슬 통합을 달성하기 위한 방법들에 대하여 살펴보고자 한다.

1. 공급사슬 통합구조

(1) 공급사슬 상의 주요 흐름

공급사슬 통합구조는 포괄적인 협력을 달성하기 위해 범위와 연속성에 대한 정의가 요구된다. 공급사슬 통합과 관련되어 창출된 가치는 〈그림 11-1〉 표현된 네 가지 주요 흐름(제품/서비스 흐름, 시장조정 흐름, 정보 흐름, 현금 흐름)의 동시적인 조화에 의해 최고로 달성된다.

제품/서비스 가치 흐름은 원자재 공급에서 최종소비자에 이르는 제품과 서비스의 부가가치 움직임을 나타낸다. 제품가치는 최종소비자의 제품에 대한 욕

그림 11-1 • 공급사슬 상의 주요 흐름

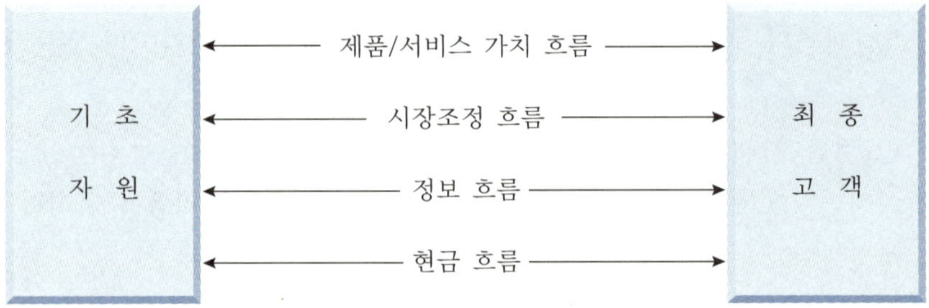

출처: Source: Bowersox, D., "Supply Chain Logistics Management."

구를 상승시키는 물질적인 변형, 포장, 시장 접근성, 고객화, 서비스 지원, 기타 활동 등의 결과에 의해 공급사슬을 지나면서 증가하게 된다. 앞서 언급한 제품/서비스 흐름이 일반적으로 기초자원에서 최종소비자로 이동하는 동안 공급사슬은 제품 리콜, 교정, 재생과 같은 주요한 반대 흐름들 역시 반드시 조정하여야 한다.

시장조정 흐름은 판매 후 서비스 관리 달성을 위한 구조를 제공한다. 시장조정은 또한 공급사슬 계획을 위한 제품의 판매 패턴과 내용연수에 관한 정보 교환을 포함한다. 예를 들어 제품고객화 요구, 판매시점관리(POS: point-of-sale)정보, 최종고객 소비, 창고방출 등이 있다. 이러한 정보는 제품소비의 시간과 장소에 관한 채널 가시성을 공급사슬 참가자들에게 제공한다. 계획과 운영은 모든 참여자들이 공통의 수요와 소비패턴을 이해할 때 더 나은 동시성을 가진다.

정보 흐름은 거래 데이터, 재고수준, 전략적 계획의 양방향 교환이다. 이러한 협력 양상의 전형적인 예는 예측, 프로모션계획, 구매주문, 주문승인, 선적과 재고정보, 송장, 지불, 조달요구이다. 정보의 교환은 제품과 서비스 가치 흐름을 개시하고 통제하고 기록한다. 역사적으로 종이에 기초한 정보 흐름은 현재 EDI, Web에 기초한 접속시스템으로 바뀌고 있다.

현금은 전형적으로 부가가치 활동과 반대방향으로 흐른다. 그러나 프로모션과 리베이트를 포함한 조정안에서 현금은 제품과 서비스의 움직임을 촉진하기 위해 흐른다. 현금 흐름의 속도와 자산 활용은 우수한 공급사슬 성과에 결정적이다. 자연적으로 이 네 가지 흐름은 공급사슬이 통합되지 않은 상태에서도 채널 참가자들 사이에서 반드시 발생한다. 그러나 공급사슬 참여자들 간의 낮은 협력과 통합 상황에서는 전형적으로 지연, 중복, 비효율성과 같은 결과를 가져온다. 공급사슬 흐름의 효과와 효율을 용이하게 하려면 경쟁력과 그들의 지원 능력은 반드시 통합되어야 한다.

(2) 공급사슬 구조의 구성

통합을 달성하기 위해서, 공급사슬 상의 기능들의 가치가 아닌 전반적인 능력의 관점에 초점이 두어져야 한다. 능력은 통합 성과 발전에 없어서는 안될 지식이며 달성 수준이다. 능력들은 어떻게 그것이 수행되는가에 대한 기능적 관점과 대조하여 왜 업무가 수행 되어야 하는가와 관련이 있다. 업무와 기능들은 특정한 산업이나 부분들과 높게 연관되어 있는데 반해 능력은 보편적이고 전반적이다. 능력은 공급사슬을 원활하게 가동시키며, 공급자, 제조업자, 도매/유통업

그림 11-2 · 공급사슬 구조의 구성

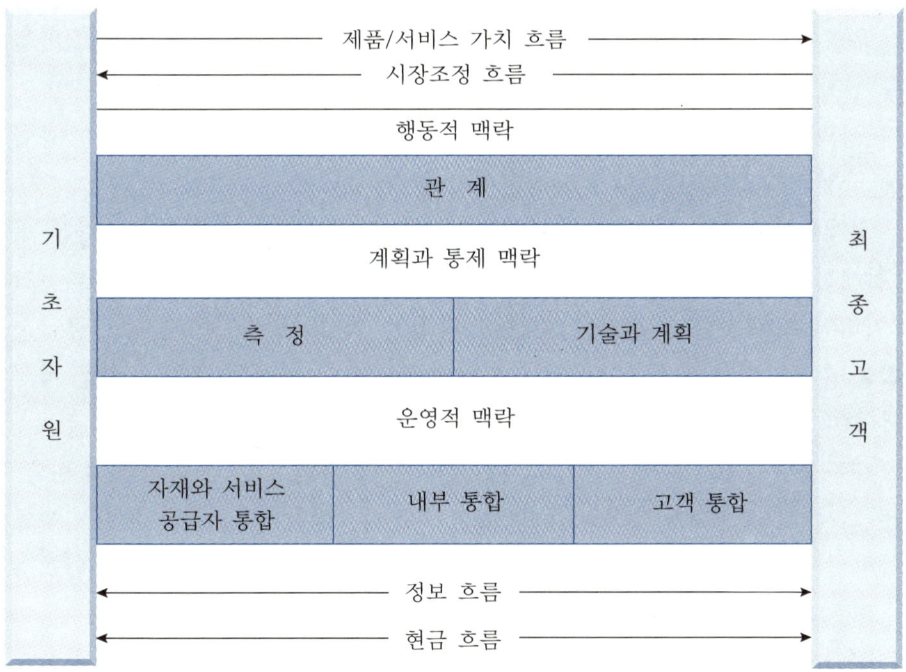

출처: Source: Bowersox, D., “Supply Chain Logistics Management.”

자, 모든 범위의 소매형태에 동등하게 적용가능하다. 능력은 또한 산업, 국가, 심지어 문화적 장벽도 초월한다. 더구나, 능력은 기업들의 모든 범위 안에서 관찰가능하고 가장 중요하게 측정될 수 있다. 공급사슬 상의 능력에는 다음과 같은 것들이 있다.

- 특정한 고객들의 요구를 확인하고 수행하는 능력
- 통합적 운영의 달성을 위해 공급사슬 파트너들과 함께 일하는 능력
- 공급사슬 파트너들 사이에 정보 운영 및 설계를 효과적으로 공유하는 능력
- 전반적인 공급사슬 성과를 측정하고 이해하는 능력
- 이익과 위험을 공유하는 능력을 포함한다.

다음에 표현된 공급사슬 통합구조는 넓은 범위의 능력과 경쟁력을 다룬다. 공급사슬 통합구조는 기본적인 작업, 기능들, 능력, 경쟁력을 통합함으로써 공급사슬 환경 내에서 운영을 용이하게 한다.

1) 운영적 맥락(Operational context)

운영은 공급사슬 전반에 걸쳐 주문 달성 및 보충을 용이하게 하는 절차들을 포함한다. 운영적인 측면에서 높은 성과를 달성하기 위해서는, 기업내부의 기능적인 성과와 프로세스 성과를 향상시켜야 하며 자재와 서비스의 원활한 공급을 위해 국제적인 공급자 통합을 달성하여야 한다.

고객통합은 친밀성을 발전시키는 활동들 위에서 형성된다. 보다 나은 성과를 위해서 고객의 요구에 주의를 기울이는 것은 기업에게 매우 중요하다. 그러나 이러한 고객통합의 개념은 최근에 와서야 형성되었다. 고객과의 공급사슬 통합을 추구하기 위해서는 적절성, 책임성 그리고 유연성에 대한 능력을 향상시켜야 한다.

내부통합은 조달, 제조 그리고 시장 유통과 관련 있는 기능들을 통합할 수 있는 회사 내 공동활동과 절차들에 초점을 둔다. 많은 기업들이 내부 기능들을 통합하기 위하여 많은 시도를 한다. 내부 통합을 지원하는 능력으로는 다기능결합, 표준화, 단순화가 있다.

공급자 통합은 공급사슬 파트너에게 제공하는 자재, 서비스와 함께 운영적인 결합을 창조하는 능력들에 초점을 둔다. 고객이 공급사슬 동인의 최우선 포

인트이지만, 전반적인 성공은 또한 전략적 관계, 운영적 조합, 재무적 결합, 공급자 관리에 의존한다. 기업들은 다양한 요구를 하는 소비자의 기대에 부응하기 위하여 공급 파트너들과 함께 운영 절차들을 통합하여 수행하여야 한다.

2) 계획 및 통제 맥락(The Planning and Control Context)

운영적 탁월성은 통합된 계획 및 통제 능력에 의하여 지원되어야 한다. 이것은 전반적인 공급사슬 성과를 용이하게 하기 위해 공급사슬 전체적으로 모니터와 통제 기술을 도입하는 것을 포함한다.

계획 및 통제 통합은 설계, 실행, 구매 및 제조, 고객주문달성, 자원계획을 증진시키기 위해 고려된다. 이러한 경쟁력은 공급사슬 참가자들 사이에 적절한 정보의 공유를 가능하게 하는 데이터베이스 접근을 포함한다. 그것은 보충 및 고객주문의 개시 및 처리를 위한 거래시스템과 관계가 있다. 게다가 정보관리에는 내부적 커뮤니케이션, 연결성, 통합과 관련된 능력들이 계발되는 것이 필수적이다.

측정 통합은 기업과 전반적인 공급사슬이 기능적, 프로세스 성과를 벤치마킹하고 모니터하기 위한 능력이다. 왜냐하면 각각의 회사는 독특하기 때문에 통합노력은 표준 또는 공통의 측정요소로 정의되고 운영되며 모니터 되어야 한다. 측정권한은 기능적 평가와 활동에 기초를 둔 방법에 대한 능력들을 요구한다. 포괄적인 메트릭스와 재정은 평가에 영향을 준다.

3) 행동적 맥락(The Behavioral Context)

효과적인 관계 관리는 공급사슬 계약에서 없어서는 안될 마지막 경쟁력이다. 공급사슬 전략의 성공적인 이행은 파트너들 간의 기초적인 비즈니스 관계의 질에 달려 있다. 일반적으로 관리자들은 협력보다 경쟁에 더 많은 경험을 가지고 있다. 따라서 협력적인 관계를 위한 노력이 반드시 필요하다. 오랜 기간의 성공적인 관계를 설계하고 발전시키기 위한 것에는 어떤 지름길이나 대체방법이 존재하지 않는다.

고객, 공급자, 그리고 서비스 제공자, 회사와 거래할 때 역할을 특화해야 하며 가이드라인을 정의하고 정보를 공유하며 위험 및 이익을 나누고, 필요할 때 비생산적인 배치를 해산할 수 있어야 한다. 성공적인 공급사슬 통합을 위한 관리자의 기술은 조직간 문화의 발전을 요구한다.

2. 통합의 결여가 공급사슬 수행성과에 미치는 영향

공급사슬 상의 각각의 단계들이 전체적인 공급사슬의 성과를 고려하지 않고 오직 그들 자신들만의 목표를 극대화하려고 하거나 공급사슬 내의 정보의 공유가 제대로 이루어지지 않을 때 통합의 결여가 발생한다. 통합의 결여는 총체적인 공급사슬의 이득을 감소시킨다. 통합의 결여가 공급사슬의 수행결과에 미치는 영향은 다음과 같다.

1) 제조원가

통합의 결여는 공급사슬에서의 제조원가를 증가시킨다. 예를 들어 구매자와의 정보공유가 제대로 이루어지지 않을 경우 공급사슬에서의 채찍효과가 발생하게 된다. 채찍효과는 주문의 변동성을 증가시킨다. 주문의 변동폭이 커지게 되면 제조업자는 한꺼번에 많은 양을 생산하기 위하여 생산설비를 증축하거나, 초과 재고를 보유함으로써 증가되는 변동성에 대응할 수 있는데, 두 가지 방법 모두 제품 한 개당 제조원가를 상승시킨다.

2) 재고, 운송, 노동 비용

통합의 결여는 공급사슬에서의 정보공유를 저해하여 채찍효과를 유발함으로써 재고, 운송, 노동 등과 같은 각종 비용의 증가를 가져온다. 재고의 경우 통합의 결여에 의한 채찍효과로 인해 수요의 변동성이 조장된다. 제조업자는 이러한 수요의 높은 변동성에 대처하기 위해 높은 수준의 재고를 유지해야 한다. 높은 수준의 재고는 창고에서 필요한 공간을 증가시키며 창고비용 또한 증가하게 된다. 따라서 공급사슬에서의 재고비용이 상승하게 된다.

이와 마찬가지로 운송비용도 증가된다. 주문이 쇄도하여 대량으로 물품을 운송해야 하는 경우에는 운임비에 프리미엄을 얹어 주기도 해야 한다. 또 대량으로 물품을 움직이다 보면 물품에 손상이 발생하기도 한다. 갑자기 재고가 고갈되어서 급하게 물품을 배송해야 할 경우에는 빠른 배송을 위해 항공편을 이용해야 하는 경우도 발생할 수 있다.

노동비용 역시 증가된다. 수요의 변동성이 증가하면 어떤 기간에는 주문량을 소화하기 위해 초과근무를 해야 하지만, 그렇지 않을 때에는 일거리가 없어 한가해진다. 따라서 공급사슬에서 다양한 단계들은 항상 여분의 노동력을 유지

표 11-2 • 공급사슬의 성과에 대한 채찍 효과의 영향

성과측정 요소	통합결여의 영향
제조 원가	증 가
재고 비용	증 가
운송 비용	증 가
노동비용	증 가
제품의 유효성 정도	감 소
공급사슬 참가자들의 협력	감 소

하거나, 혹은 주문의 변동에 따라 노동력을 변화시키는, 둘 중의 하나를 선택해야 하는데, 어떤 쪽을 선택하건 간에 총체적인 노동비용은 증가하게 된다.

3) 제품의 유효성 정도

통합의 결여는 제품의 유효성 정도를 심각하게 떨어뜨리고, 결과적으로 공급사슬 내에 더 많은 품절을 발생시킨다. 주문량의 큰 변동은 제조업체가 제시간에 모든 유통업체와 소매상들의 주문을 공급하는 것을 힘들게 한다. 이러한 것은 소매상이 제품이 품절되어 공급사슬에서의 판매기회를 상실하는 결과를 가져올 가능성을 매우 높게 한다.

4) 공급사슬 내에서의 관계

통합의 결여는 공급사슬의 모든 단계의 성과에 부정적인 영향을 미친다. 그에 따라 공급사슬 참가자들의 관계에 부정적인 영향을 미친다. 공급사슬 내의 참가자들은 자신 이외의 다른 단계를 비난하는 경향이 있는데, 이는 각각의 단계에 포함된 참가자들이 그들이 할 수 있는 최선을 다하고 있다고 느끼고 있기 때문이다. 이러한 경우 공급사슬 내의 참가자들은 서로간의 신뢰를 잃어버리게 되고 보다 나은 성과향상을 위한 지속적인 공급사슬 통합의 기회를 상실하게 된다.

3. 공급사슬 통합의 장애물

공급사슬에서 전체의 이익보다 각기 자신들의 이익 극대화를 추구하거나, 정보의 왜곡과 주문단위, 가격변동 등 변동성을 증가시키는 요인들은 모두 통합의 장애물이다. 공급사슬 통합의 장애물들을 이해하는 것은 이에 대응하여 공급사슬 통합 전략을 수립하는데 도움이 될 것이다. 공급사슬 통합의 장애물들은

다음과 같은 네 가지의 범주로 나눠진다.

- 성과측정시스템 장애물
- 정보처리 장애물
- 운영상의 장애물
- 가격 장애물

(1) 성과측정시스템 장애물

성과측정시스템 장애물은 공급사슬의 참가자들 혹은 다양한 단계들에 대한 성과측정이 변동성을 증가시키고, 총체적인 공급사슬 이윤을 감소시키는 행동을 하게 되는 경우를 가리킨다.

각각의 단계에서 발생하는 행동에만 치중한 성과측정은 총체적인 공급사슬의 이윤을 극대화시키지 못하는 결과를 가져온다. 예를 들어 만약 수송담당 관리자의 급여가 수송단위 한 개당 평균적인 수송 비용에 연계되어 있다면, 그는 비록 그것이 재고비용을 높이거나 고객서비스를 악화시키는 것이라 할지라도 수송료를 낮추려는 조치를 취할 가능성이 높아지는 것이다. 공급사슬의 참가자들은 모두 자신이 평가되는 성과측정치를 극대화 하려고 할 것이다. K-Mart와 같은 소매상의 관리자는 모든 구매결정이나 재고 의사결정을 K-Mart의 이익을 극대화시키기 위해 하지, 공급사슬의 총체적인 이윤을 증가시키기 위해서 하지는 않을 것이다. 공급사슬의 한 단계에서만 이익을 극대화 하고자 하는 것은 결국 공급사슬 전체의 이익을 극대화하지는 못하며 오히려 공급사슬의 이윤을 감소시키는 결과를 가져올 수도 있다. 이러한 공급사슬의 목표들은 공급사슬의 통합에 심각한 장애물을 형성한다.

(2) 정보처리 장애물

정보처리 장애물이란 공급사슬 상에서 상위 단계들로 이동해 감에 따라 수요에 대한 정보가 왜곡되어, 공급사슬에서 주문의 변동성을 증가시키는 상황을 나타낸다.

1) 수요예측의 갱신

공급사슬 상에 있는 모든 회사는 생산 스케줄링과 능력계획, 재고관리, 자재소요계획 등을 수립하기 위해 항상 수요예측을 실시한다. 그런데 이러한 수요예측시 많은 기업들은 기업과 직접 거래하는 고객의 주문자료를 바탕으로 수요를 예측한다. 그러나 이렇게 수요예측이 이루어질 경우 최종소비자의 수요에 대한 변동은 주문이 공급사슬 상에서 상위 단계로 올라갈수록 확대된다.

예를 들어 소매상에서의 경향성을 지니지 않은 고객수요의 증가에 대해서 소매상은 이러한 고객수요의 증가를 소비가 증가추세에 있다고 해석할 수 있다. 이러한 해석은 소매상들에게 관찰된 실제 소비의 증가보다 더 많은 양을 주문하게 하는데, 이는 소매상들이 미래에 수요의 증가가 계속될 것으로 예상하여 미래에 예상되는 성장에 대비하여 주문을 하기 때문이다. 따라서 도매상이 받는 주문은 소매상에서 관찰된 실제 소비의 증가보다 더 커지게 되는 것이다. 이러한 소비의 증가분 중 일부는 추세성을 지닌 것이 아닌 일시적인 것이다. 그러나 도매상으로서는 이러한 주문의 증가를 정확하게 해석할 방법이 없다. 도매상 역시 소매상과 마찬가지로 소매상의 주문에 의해 수요의 증가추세를 추측하게 된다. 이때 도매상에 의해 추측된 증가추세는 소매상에 의해 추측된 것보다 더 클 것이다. 이러한 상황에 의해서 공급사슬 상위 단계로 갈수록 주문량의 변동폭은 더욱 커지게 된다.

2) 정보공유의 부재

공급사슬의 단계들 사이에서 정보 공유의 부재는 공급사슬의 한쪽 끝에서 다른 쪽으로 전달되는 정보를 왜곡시킨다. 예를 들면 Wal-Mart같은 소매상들은 계획된 홍보를 위해서 일시적으로 특정 제품의 주문을 증가시킬 수 있다. 공급자가 Wal-Mart의 이러한 의도를 모르고 있다면 아마 수요가 증가하고 있다고 해석하고 그에 따라 원재료 공급자에게 주문을 늘릴 수도 있는 것이다. 그러나 만약 Wal-Mart가 계획된 홍보를 마치고 정상적인 주문을 할 경우 제조업체는 많은 재고를 가지게 되고 제조업자는 원재료 공급자 대한 주문을 대폭 감소시킬 것이다. 이러한 주문에 대한 변동성의 증가는 Wal-Mart의 주문변동이 어떠한 이유로 발생하는지에 대한 정보가 공급사슬 상에서 제대로 공유되지 않았기 때문에 발생한다.

(3) 운영상의 장애물

운영상의 장애물은 주문이 발생하고 그 주문을 수행하는 과정에서 변동성의 증가를 촉진하는 행동을 말한다.

1) 단위주문과 주문주기 증가

공급사슬 상의 각 기업은 재고의 상태를 확인하고 그에 맞춰 주문을 한다. 수요가 발생하면 재고를 사용하는데, 단순히 재고가 줄어든다고 해서 바로 주문을 하지는 않는다. 다시 말해 일정수준 이하로 재고가 내려가게 되면 한꺼번에 주문을 하는 것이다. 이렇게 구매자가 주문을 자주하지 않고 큰 단위로 묶어서 주기적으로 한꺼번에 다량으로 낼 때, 주문의 변동성은 공급사슬의 상위 단계로 갈수록 확대된다.

이렇게 기업은 주문을 자주하는 대신 주단위나 격주단위 또는 한 달 단위로 주문을 하는 것에는 몇 가지 이유가 있다. 흔히 주문을 자주 못하게 되는 이유는 주문처리과정에서 상당한 양의 시간과 비용이 발생하기 때문이다. 또한 많은 제조업자들이 자재소요계획(MRP)시스템의 결과에 의해 주문을 하는데 MRP시스템은 주로 한 달에 한번 돌리게 되므로 주문 역시 한 달에 한번씩 하게 된다. 또 다른 이유로는 운송시스템의 경제성이 있다. 운송 차량에 짐을 가득히 적재한 경우와 그렇지 않은 경우에는 분명한 차이가 있기 때문에 기업들은 물품 수송 시 짐을 가득 적재하는 것을 훨씬 선호한다. 때때로 공급자들은 FTL(Full Truck Load) 단위로 주문을 할 겨우 매입할인을 해 주기도 한다.

생산자가 구매자로부터 이렇게 주문을 주기적으로 몰아서 받게 되면 주문을 자주 받는 것보다 주문단위가 커지게 된다. 이때 큰 주문단위는 소비자의 수요를 정확하게 반영하는 것이 아니라 고객의 편의에 따라 주문이 조정된 것이기 때문에 소비자 수요에 대한 정보를 얻기가 힘들어지고 수요의 변동보다 훨씬 큰 주문의 변동을 경험하게 된다. 많은 기업의 경우 매달 첫 주 혹은 마지막 주에 일괄적으로 주문을 받게 되는데 이럴 경우 주문주기가 겹치게 되고 이것은 채찍효과를 한층 더 강화시킨다.

2) 공급량 부족 상황에서의 비효율적 배급구조

제품의 수요량이 공급량을 초과하게 되면 생산자는 고객들에게 제품을 배급하는 한 가지 방법으로 주문량에 비례하여 배급한다. 예를 들어 총공급량이 수요량의 50%라고 가정하면, 모든 고객은 자신이 주문한 양의 절반을 배급받게 된다. 공급량이 부족할 때 생산자들이 배분하는 것을 알게 되면 구매자는 주문량을 부풀려서 요구하게 된다. 그리고 후에 필요량이 충족되면 나머지 부풀려진 주문에 대해서는 취소한다. 이렇게 제품 부족을 막기 위해 외관상으로 과잉반응을 하는 경우 구매자는 생산자에게 실제 필요량에 대한 극히 일부의 정보만을 주게 된다.

많은 기업들이 실제로 이러한 상황을 경험한다. 최근에 Hewlett Packard의 경우 LaserJet Ⅲ의 수요를 맞출 수가 없어 제품을 분배했다. 주문이 쇄도하자 Hewlett Packard는 어느 주문이 실제 시장 주문을 반영한 것인지 아니면 제품을 더 많이 할당받기 위해 부풀려진 것인지를 분간할 수 없었다. 주문량을 맞추기 위해 LaserJet Ⅲ의 생산능력을 높였으나 수많은 구매자들이 주문을 취소하였고 이로 인한 재고비용과 불필요한 생산시설의 확장은 백만달러에 이르렀다.

(4) 가격장애물

가격장애물은 제품의 가격정책이 주문의 변동성을 증가시키는 상황을 가리키는 것이다. 선물매입은 시장에서의 가격 변동의 원인이 된다. 생산자와 배급업자는 가격할인이나 수량할인, 쿠폰, 리베이트 등의 판촉활동을 주기적으로 펼친다. 이러한 모든 판촉활동들이 가격 변동의 원인이 된다. 이러한 촉진활동은 공급사슬의 통합을 방해하며 공급사슬 상에 큰 손실을 가져다 준다. 선물매입이 일반화되면 구매자들은 제품 가격이 쌀 때에 실제 필요한 양보다 훨씬 많은 양을 구입할 것이다. 그러다 제품 가격이 정상으로 돌아오면 그동안 구입해 두었던 제품이 다 떨어지기 전까지는 구매하지 않을 것이다. 결과적으로 구매자의 구매패턴은 실제 소비패턴을 반영하지 못하게 되고 구매 수량의 변화량은 소비변화량보다 훨씬 큰 변동성을 보이게 될 것이다. 몇몇 기업들은 이러한 현상을 잘 활용하여 성공하기도 하지만 대부분의 기업들이 많은 손해를 보고 있다.

4. 공급사슬 통합을 이루어 내기 위한 관리상의 방법

앞에서 공급사슬 통합을 방해하는 장애물이 무엇인지 확인하였다. 지금부터는 경영자가 그러한 장애물을 극복하고 공급사슬에서 통합을 이루어 내는 것을 돕는 여러 가지 방법들에 대해 알아볼 것이다. 다음의 방법들은 총체적인 공급사슬 수익을 증대시키고 공급사슬 통합의 결여로 발생하는 여러 문제점들을 완화시킬 것이다.

- 일관성 있는 목표와 성과측정시스템
- 정보의 정확성 향상
- 운영 성과의 향상
- 주문을 안정화시키기 위한 가격전략
- 파트너십과 신뢰의 구축

(1) 일관성 있는 목표와 성과측정시스템

공급사슬 상에서 각각의 부분에서의 성과가 극대화되는 의사결정이 아닌 공급사슬 전체의 통일된 의사결정을 위해 중요한 것은 모든 성과평가의 목표가 공급사슬 전체 목표와 같은 방향에 있어야 한다는 것이다. 공급사슬 상에 존재하는 모든 설비와 운송수단, 정보 그리고 재고 의사결정은 국소적인 비용이나 총체적인 비용에 의해 평가되는 것이 아니라 그 의사결정이 총이윤에 미친 영향에 의해서 평가되어야 한다. 이러한 것은 운송담당 관리자가 운송비용은 낮추지만 총체적인 공급사슬의 비용 증가를 발생시키는 것을 막을 수 있다. 공급사슬의 성공적인 통합과 수행을 위해서 공급사슬의 참가자들은 공급사슬 전체의 이익을 증가시키는 일관성 있는 목표를 공유하여야 한다.

이러한 목표를 공유하는 것만으로는 부족하다. 일단 일관된 목표가 정립되면 이러한 목표에 맞춰서 공급사슬에 참여하고 있는 참가자(관리자)의 성과를 측정하는 시스템을 갖추어야 한다. 앞서 언급한 바와 마찬가지로 관리자들은 자신들의 성과를 극대화 하려고 노력한다. 만약 공급사슬 전체의 측면에서 이윤이 감소되는 행위라고 하더라도 관리자의 성과가 향상된다면 관리자는 그 행위를 계속할 것이다. 따라서 공급사슬 전체의 성과를 극대화할 수 있는 성과측정시스템의 구축이 필요하다.

(2) 정보의 정확성 향상

관리자는 공급사슬에서 유효한 정보의 정확성을 향상시킴에 의해서 통합을 이루어 낼 수 있다.

1) 수요정보의 공유

일반적으로 공급사슬 상의 모든 참가자는 계획과 관련하여 몇 가지 종류의 수요예측을 실시한다. 수요의 변동성 증가는 공급사슬 상의 각 단계에서 수요예측을 실시할 때, 바로 앞 단계의 수요를 기준으로 예측을 하는 것에서 발생한다. 직전 단계의 수요를 예측의 입력 값으로 사용한 예측 값은 다음단계의 수요예측의 입력 값으로 사용된다.

공급사슬 상에서 반복되는 위의 과정을 교정하기 위한 한 가지 방법은 공급사슬에서 얻어진 최초의 수요정보를 공급사슬 상의 모든 주체들이 공유하는 것이다. 그렇게 함으로써 모든 단계에서 수요를 예측할 때 같은 정보를 사용할 수 있게 된다.

Dell사와 같이 직접 마케팅을 사용하는 회사나 전사상거래에 참여하고 있는 회사들의 경우 판매시점관리(POS: point-of-sale) 정보는 매우 쉽게 공유될 수 있다. Dell사는 현재 제품의 재고상태뿐만 아니라 수요에 관한 정보까지 인터넷 상에서 공급업자들과 공유하고 있다. 또한 공급사슬 파트너는 EDI(Electronic Data Interchange)를 사용하여 정보를 공유할 수 있다. 1990년 소비재 산업의 경우 20%의 주문정보가 EDI를 통해서 이루어졌다. 1992년에는 40%로 증가하였으며 1995년에는 60%까지 늘어났다. EDI의 사용의 증가는 정보의 교환과 공유에 용이할 것이라는 것은 의심할 바 없다.

2) 협력적인 예측과 구매행위

공급사슬 상의 여러 조직들이 수요예측의 갱신을 위해 동일한 정보를 사용하더라도 예측 방법의 차이나 구매행위의 차이 등은 여전히 불필요한 변동을 초래한다. 따라서 일단 수요정보가 공유되면 완전한 통합을 이루기 위해서 공급사슬의 서로 다른 단계들은 서로 같이 예측하고 계획하여야 한다. 이를 위한 방법으로 상위 단계에서 하위 단계로의 공급을 조절하는 것이 있다. 상위 단계에서는 하위 단계의 수요와 재고정보를 알 수 있고, 필요한 예측을 갱신하고 하위 단계에 공급을 할 수 있다.

지속적인 조달 프로그램(CRP: continuous replenishment programs)에서 도매업자나 제조업자는 수요정보에 의해 정기적으로 소매업자에게 제품을 공급한다. CRP는 원료 공급업자, 유통업자 혹은 제3자에 의해서 운영될 수 있다. 대부분의 경우에 있어서 CRP는 소매상 단계에서의 수요정보보다는 소매상의 창고로부터 재고가 얼마나 빠져나갔는지에 의해서 운영된다. CRP시스템을 창고에서 제품이 나간 양에 의해서 시도해 보는 것이 적용하기에도 훨씬 쉽고, 소매상들도 종종 이 정도 수준의 정보를 공유하는 것에 대해서 훨씬 더 편하게 생각한다. Campbell Soup, Nestle, P&G 등의 기업들은 CRP를 일부 혹은 대부분의 고객들과 함께 사용하고 있다. 이러한 관계에서는 재고가 25%까지 낮아지는 것이 일반적이다.

공급자 관리 재고정책(VMI: vender-managed inventory)에서는 유통업자와 제조업자가 도매상이나 소매상에서의 재고를 감독하고 관리한다. 이러한 정책은 상층 단계인 유통업자와 제조업자가 모든 소매상의 보급정책을 통일시키는 것이다. 이 정책은 이러한 것을 가능하게 하는 기술의 진보 이전부터 소매에서 존재해 왔다. Frito-Lay의 트럭운전자들은 소매상의 주인들에게 물어보지도 않고 소매상의 선반에 물건을 보충해 놓는다. 적절한 정보시스템의 존재는 VMI의 실행을 용이하게 한다. P&G는 공급사슬 상에서 3M이나 Wal-Mart와 함께 VMI를 사용하고 있다. Texas Instrument, HP, Apple computer와 같은 첨단기술 영역에서도 거래업체들과 VMI를 사용한다.

(3) 운영성과의 향상

공급사슬 참가자들은 운영성과를 향상시키고 공급 부족이나 결핍의 상황에 대비하여 적절한 제품 분배방법을 고안함으로써 공급사슬 통합을 용이하게 할 수 있다.

1) 단위주문과 주문주기의 감소

주문 단위가 크거나 주문 횟수가 적은 이유 중의 하나는 주문을 하고 물품을 보증하는 데 많은 비용이 수반되기 때문이다. 주문을 생성할 때의 문서업무에 따른 비용은 EDI를 통해 감소시킬 수 있다. Nabisco와 같은 회사는 EDI나

CAO를 사용하여 문서업무를 없앴고 결과적으로 주문을 더욱 자주 할 수 있게 되었다. Mckesson의 경제적 주문시스템은 약국이나 다른 소매상으로의 주문처리비용을 줄이는 데 EDI를 사용하고 있다.

주문 단위를 크게 하는 또 다른 이유는 운송비용이다. 운송 차량에 물건을 가득 담았을 때와 그렇지 않을 때의 비용 차이가 너무나 크기 때문에, 기업들은 보급 횟수가 적더라도 운송차량에 물건을 가득 적재하였을 때가 경제적인 것으로 본다. 사실 주문이 EDI 등에 의해 적은 비용으로 만들어졌을지라도, 주문 효율성의 증가는 운송 차량에 대한 적재 제한 때문에 감소한다. 이를 극복하는 방법으로 운송 차량이 동일한 생산자로부터 단일 품목이 아닌 다양한 제품을 적재하는 것이 있다. 이 방법의 효과는 분배업자에게로의 운송 횟수는 변하지 않아 운송의 효율성은 유지하면서 각각의 제품에 대한 주문 횟수는 늘어나는 것이다. 신선도가 중요한 제품이나 차가운 제품의 경우 '혼합 분배' 방식을 통해 구매자에게 보다 자주 공급할 수 있다. 운송 차량은 다양한 온도를 유지할 수 있어야 한다. Tesco와 같은 영국의 유통업체는 운송 차량에 여러 개의 구획을 만들어 다양한 온도를 유지할 수 있도록 했다. 제3자 물류업체를 사용하는 방법도 주문 단위를 작게 하며 경제성을 지킬 수 있는 방법이다. 운송 차량에 물품을 가득 적재할 수 있을 정도로 규모가 크지 않은 공급자의 경우에는 이러한 방식이 매우 매력적일 것이다.

고객들의 주기적인 주문이 고르게 들어오더라도 이러한 방식을 이용하게 되면 단위주문 방식의 단점을 줄일 수 있다. 일부 생산자들은 공급 방식을 고객들과 함께 조율한다. 예를 들어 P&G는 정기적인 배달 약속을 고객과 함께 조율한다. 그러므로 모든 고객들에게 매주 제품을 공급하는 일이 가능해졌다.

2) 공급량 부족 상황에서의 분배전략

공급자가 공급량이 부족하게 되면, 주문에 대한 일정 비율을 공급하게 되는데 이때 공급을 적게 받을 것을 고려한 구매자들이 자신들의 주문을 부풀리게 되는 데서 문제가 발생한다. 이러한 상황에 대한 해결책으로 공급자는 공급량 부족시 구매자의 지난 판매 실적을 근거로 물품을 공급하는 방법을 쓸 수 있다. 그렇게 되면 구매자는 주문을 과장하더라도 얻을 수 있는 이점이 없게 된다. General Motors는 오랫동안 공급물량이 부족할 경우 이 방법을 사용하여 왔으며

Hewlett Packard와 같은 다른 기업들도 이와 같은 방법으로 변경하고 있다.

공급량 부족시 발생하게 되는 이러한 현상은 생산자의 공급능력을 알지 못할 때 최대가 된다. 생산능력과 재고에 대한 정보를 공유하는 것은 구매자의 근심을 완화하는 데 도움이 되며 결과적으로 이러한 현상을 줄이는데 도움이 된다. 그러나 실제로 재고가 부족한 상황이 되면 정보를 공유하는 것만으로는 부족하기 때문에 판매 기간이 오기 전에 고객으로부터 주문을 받는 것이 제품 수요에 대한 보다 좋은 정보를 바탕으로 생산 능력이나 스케줄을 조절할 수 있는 또 하나의 방법이 될 수 있다.

생산자들의 관대한 반품정책은 주문에 대한 구매자들의 도박성을 심화시킨다. 패널티가 없다면 구매자들은 여전히 수요량을 부풀린 뒤 주문을 취소할 것이다.

(4) 주문을 안정화시키기 위한 가격정책 고안

공급사슬상 참가자들은 가격할인 정도와 빈도를 줄임으로써 선구매감소를 장려하는 가격정책을 고안함으로써 이로 인한 가격변동을 감소시킬 수 있다.

생산자는 홍보정책용 가격할인을 없애고 균일가격정책을 활용함으로써 판매상들이 선구매를 통해 얻는 인센티브를 줄일 수 있다. 식료품 산업의 대표적인 기업인 P&G나 Kraft, Pillsbury은 매일 낮은 가격정책(EDLP: every day low pricing)을 사용한다. 또한 선구매를 감소시키기 위해서 홍보기간 동안에 구매할 수 있는 양을 제한할 수 있다. 이러한 제한은 소매상마다 고유하게 적용되어야 하며, 각 소매상의 과거의 실적에 연계되어 있어야만 한다. 결과적으로 소매상은 선구매를 통해서 이윤을 얻지 못하게 되며 그들이 더 팔 수 있을 때만 더 많은 양을 주문하게 된다.

활동원가계산(ABC: activity-based-costing) 시스템은 선물매입으로 인한 과잉 비용을 인식하게 한다. 기업이 일부 지역에 프로모션을 제공한다면, 판매업자들은 그 지역에서 제품을 대량으로 구매하고 그것을 다시 다른 지역으로 전환시킬 것이다. 이러한 경우의 손실은 매우 크지만 전통적인 회계시스템에서는 드러나지 않는다. 활동원가계산 시스템은 이전에는 보이지 않던 재고나 부족, 특별조치, 운송 프리미엄 등에 수반되는 비용을 명백하게 보여줄 것이다. 그러므로 ABC는 기업의 EDLP전략을 수행하는 데 도움이 된다.

(5) 전략적 연합과 신뢰의 구축

공급사슬 내에 전략적 연합과 신뢰가 구축되면 채찍효과가 감소되는 것과 같이 통합을 방해하는 장애물들이 감소되므로 공급사슬 통합을 이루는데 훨씬 용이하게 된다. 공급사슬 내에서 신뢰할 수 있는 정확한 정보를 공유하는 것은 공급과 수요를 보다 정확히 맞출 수 있게 하고 관련 비용도 감소시킨다. 공급사슬 내에서의 좋은 관계의 구축은 또한 공급사슬의 단계들 사이에서 업무비용을 낮추는 경향이 있다. 예를 들어 공급업자들이 그들의 구매자에게서 받은 수요예측 정보를 신뢰한다면 그들 스스로 수요예측을 하는 수고를 덜 수 있게 된다. 이와 유사하게, 구매자들의 경우 공급업자들의 품질과 운송을 신뢰한다면 제품을 세고 점검하는 작업을 줄임으로써 하역작업에 따르는 수고를 줄일 수 있게 된다. 일반적으로 공급사슬의 단계들은 향상된 신뢰와 보다 좋은 관계에 의해서 작업이 중복되어 일어남으로 인해 발생하게 되는 여러 가지 불필요한 수고들을 덜 수 있다.

제3절 공급사슬과 정보기술

정보는 경영자에게 고객이 무엇을 원하는지, 재고가 얼마나 남았는지, 언제 주문을 하고 언제 선적을 하여야 하는지 등과 관련한 다양한 의사결정을 위한 근거를 제공하기 때문에 공급사슬 성과에 상당히 중요하다. 경영자는 정보를 통해 공급사슬을 볼 수 있는 가시성을 가지며 공급사슬의 성과를 개선할 수 있는 의사결정을 내릴 수 있다. 이런 점에서 정보는 공급사슬 요인 중 가장 중요하다. 왜냐하면 정보가 없으면 그 어떤 요인도 높은 수준의 성과를 위해 사용될 수 없기 때문이다. 이렇게 정보는 공급사슬의 가시성을 제공한다는 점에서 공급사슬 통합에 큰 역할을 한다.

공급사슬의 성공에 정보가 결정적인 역할을 하기 때문에 경영자는 어떻게 정보가 수집되고 분석되는지를 이해하여야 한다. 이 절에서는 공급사슬에서 정보가 가지는 기능과 특징을 살펴보고 실제 공급사슬에서 이용되는 정보시스템의 종류에 대해 알아볼 것이다.

1. 공급사슬에서 정보의 기능

공급사슬 정보시스템(Supply chain information system)은 연결된 공급사슬 활동을 하나의 통합된 프로세스로 연결시키는 고리 역할을 한다. 이러한 통합은 거래, 경영통제, 의사결정분석 그리고 전략적 기획시스템 등 네 단계로 구성된다.

(1) 거래시스템(transaction system)

가장 기본적인 단계인 거래시스템은 공급사슬 상의 개별 활동을 시작하고 기록하는 역할을 한다. 이 거래시스템은 공식화된 규칙, 표준화된 의사소통, 대량의 거래, 운영상의 일상적인 초점 등으로 특징지어진다. 구조화된 과정들과 대규모 거래량의 조합은 정보시스템의 효율성에 중점을 둔다. 거래활동에는 주문입력, 재고할당, 주문피킹, 출하, 가격책정, 청구 그리고 고객 질의 등이 포함된다. 예를 들어, 고객과의 거래는 일단 주문이 정보시스템에 입력되면서 시작된다. 그 다음으로 재고가 주문에 할당되고, 세 번째로 하역자업자로 하여금 그 주문을 피킹하도록 명령한다. 마지막으로 대금청구서를 인쇄하거나 송부함으로써 거래가 종료된다. 이러한 전 과정을 통하여 주문상태 정보는 고객들이 그러한 정보를 요구할 때 가용해야 한다. 따라서 고객의 주문수행 사이클은 일련의 정보시스템 거래를 통해 완성된다.

(2) 경영통제

두 번째 단계인 경영통제는 수행측정 및 보고에 중점을 둔다. 수행측정은 경영진에게 공급사슬 성과와 자원활용 등에 관한 피드백을 제공해준다. 보편적인 성과척도에는 재무, 고객서비스, 생산성 그리고 품질에 대한 지표 등이 포함된다. 예를 들어, 특정 성과척도에는 단위 무게 수송비와 창고비(비용척도), 재고회전율(자산척도), 케이스 충족률(고객서비스 척도) 근로시간당 처리건수(생산성 척도) 그리고 고객 인식도(품질척도) 등이 포함된다. 공급사슬 정보시스템은 과거의 시스템 성과에 대해 보고하는 역할과 함께 공급사슬 상의 예외를 파악하는 역할도 한다. 경영통제 예외정보는 잠재적인 고객 혹은 주문의 문제점을 파악하는 데 유용하다. 예를 들어 공급사슬 정보시스템은 예측 요구량 및 예정 수령량 등에 기초한 미래의 재고 부족분을 예측할 수 있어야 한다. 비용 등과 같은 일부 경영통제척도는 아주 잘 규정되어 있지만 고객서비스 등과 같은 다른 척도는 그렇지 않은 경우가 있다. 예를 들어 고객서비스는 내부적으로(기업의 관점에서) 혹은 외부적으로(고객의 관점에서) 측정될 수 있다. 내부적 측정은 비교적 추적하기가 쉽지만 외부적 측정은 개별 고객 단위로 성과를 파악해야 하기 때문에 획득하기가 어렵다.

(3) 의사결정 분석

세 번째 단계인 의사결정 분석은 관리자들이 공급사슬 전략 및 전술을 파악하고, 평가하고, 비교하는 데 도움이 되는 의사결정 응용 프로그램에 중점을 두고 있다. 전형적인 분석으로는 공급사슬디자인, 재고관리, 자원배분, 라우팅(rounting) 등을 들 수 있다. 의사결정분석과 관련한 공급사슬 정보시스템은 다양한 잠재 수단에 대한 데이터베이스 유지, 모형화 및 분석 그리고 보고 구성 요소 등을 포함한다. 경영통제 수준과 비슷하게 의사결정 분석은 전술적이고 평가적인 초점에 특징지어진다. 그러나 경영통제와는 달리 의사결정 분석은 미래의 전술적 대체수단에 초점을 맞추고 있으며, 다양한 선택사양의 고려를 허용하도록 비교적 덜 구조화되고 탄력이 있을 필요가 있다. 따라서 사용자들이 이러한 능력을 이용하기 위해서는 더 많은 전문성과 훈련이 필요하다.

(4) 전략적 기획

마지막 단계인 전략적 기획은 공급사슬 전략의 구축 및 정련화에 대한 정보지원에 초점을 맞춘다. 이러한 결정은 때로는 의사결정 분석 단계의 확장이 되지만 전형적으로 더 추상적이고 덜 구조화되어 있으며 더 장기적이다. 전략적 기획의 사례에는 전략적 동맹관계를 통해 가능해진 시너지 효과, 기업의 능력과 시장 기회의 개발 그리고 개선된 서비스에 대한 고객의 반응성 등이 포함된다. 전략기획 단계는 하위 단계의 자료 집합을 다양한 전략의 개연성과 수익을 평가하는 데 유용한 광범위한 경영기획 및 의사결정 모델로 통합시켜야 한다.

그림 11-3 • 공급사슬에서의 정보의 기능

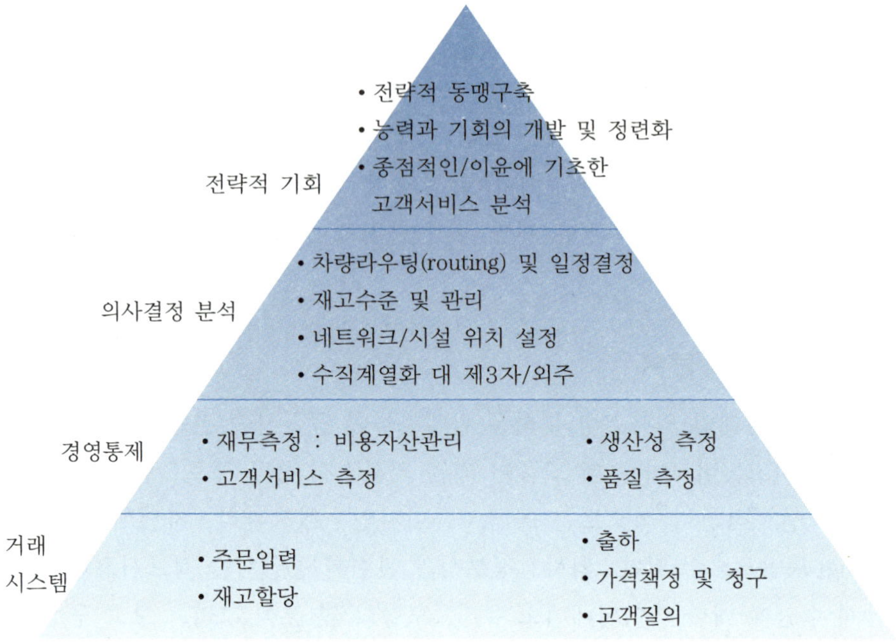

출처: Source: Bowersox, D., "Supply Chain Logistics Management."

2. 공급사슬에서 정보의 특징

정보는 경영자로 하여금 기능과 회사들을 두루 걸치는 넓은 범위로 의사결정을 할 수 있도록 하므로 공급사슬 성공의 열쇠이다. 앞에서 다루었듯이, 성공적인 공급사슬 전략은 공급사슬을 개별 단계가 아닌 전체로써 보는 것에 있다. 전 공급사슬에 걸쳐 광범위한 영역을 취함으로써, 경영자는 공급사슬 내에서 특정단계나 기능에만 영향을 미치는 요소가 아닌 공급사슬 전체에 영향을 미치는 모든 요소들을 고려할 수 있다. 공급사슬 전체를 고려하는 것은 전체 공급사슬의 이익을 최대화 시킨다. 결국에는 공급사슬 내에 있는 개별 회사마다 이익이 증대되는 것이다. 공급사슬 의사결정을 할 경우 유용한 정보의 특징은 다음과 같다.

(1) 정보는 정확해야 한다.

공급사슬의 상태에 대한 정확한 그림을 제시하지 않는 정보로는 좋은 결정을 내리기 힘들다. 따라서 정보는 고객 주문과 재고수준 등과 같은 수치에 대한 현재의 상황과 정기적인 변동을 모두 정확히 반영하는 것이라야 한다. 만약 실제 및 정보시스템 재고수준 간에 일관성이 낮을 경우, 불확실성을 수용하기 위해서 안전재고량이 필요하다. 정보의 정확성이 높은 경우에만 불확실성을 감소시키고 재고 요구량을 줄일 수 있다.

(2) 정보는 필요할 때 사용가능한 것이라야 한다.

정확한 정보라 해도 이용할 수 있을 때쯤 너무 오래되었거나 현재의 정보라 해도 접근할 수 없는 형식인 경우가 있다. 이러한 정보는 실제 의사결정시 이용할 수 없다. 좋은 결정을 내리기 위해서 경영자는 접근이 용이한 갱신된 정보를 얻어야 한다.

(3) 정보는 쓸모가 있는 것이어야 한다.

의사결정자들은 유용한 정보를 필요로 한다. 종종 회사들은 의사결정을 하는데 있어서 전혀 쓸모 없는 데이터를 다량으로 보유할 수도 있다. 회사는 중요한 데이터가 기록되지 않는 사이 쓸모 없는 데이터를 수집하며 고가치 자원들을 낭비하지 않도록 어떠한 정보를 기록해야 할지 깊이 생각하여야 한다.

3. 공급사슬에서 정보시스템의 종류

(1) 운영시스템

기업의 운영시스템은 물류를 지원하기 위한 특정한 기능성을 필요로 하는 기업의 자원관리 프로그램과 관련이 된다. 따라서 정의된 계획과 정책을 실행하는 것을 목적으로 한다. 운영시스템은 업무를 기록하고 실행하는 데 초점을 두고 있어 매우 정보집약적이다. 운영시스템으로는 과거에 많이 사용되었던 레가시 시스템(legacy system)과 현재 많은 기업에서 사용하고 있는 ERP시스템(Enterprise resource planning)이 있다.

1) 레가시 시스템 - 과거

단 하나의 운영적인 단계 또는 공급사슬의 단계에서 하나의 기능으로 작동하는 메인프레임 기술에 기초한 오래된 정보기술시스템이다. 레가시 시스템은 생산스케줄에 대한 주문 입력에서 배송에 이르는 넓은 범위의 다양한 시스템에 적용이 가능하다. 이러한 시스템들은 매우 다르지만 모두 레가시 시스템으로 불린다. 많은 레가시 시스템은 최초의 의도보다 오래 지속되었고 요구가 변함에 따라 계속적으로 수정되었다.

레가시 시스템의 두 가지 중요한 특징은 다음과 같다. 먼저 레가시 시스템은 단독으로 특정 기능에 초점을 맞추는 시스템이다. 따라서 다른 시스템에 대한 고려를 하지 않는 독립적인 존재로 만들어졌다. 이러한 점 때문에 시스템들 사이의 의사소통이 약하고 가능들을 통한 가시성과 공급사슬 단계는 매우 제한되어 있다. 예를 들면 레가시 시스템은 배송자의 네트워크에서 특정 창고에 대한 재고수준만을 다룬다. 이 시스템은 그 창고의 재고수준을 모니터 하지만 그 배송자의 수송을 다루는 레가시 시스템과 의사소통에 어려움을 겪는다. 이러한 제한은 그 창고에서 수송을 조정하는 것을 어렵게 만든다. 흔히 네트워크에서 여러 다른 창고에 의사소통되지 않는 서로 다른 시스템이 있다. 따라서 의사소통하지 않는 시스템 때문에 창고들이 조정되지 않고, 그들은 서로의 재고에 대한 가시성이 없다. 많은 공급사슬 단계를 통해 볼 때, 공급사슬은 사실상 수십 또는 수백의 제품을 다루는 독립적인 레가시 시스템으로 이루어질 수 있다. 각 단계는 다른 단계에서의 사건에 대한 가시성이 거의 없다. 이러한 제한된 가시성으로 인하여, 레가시 시스템을 사용하는 회사는 흔히 매우 좁은 범위를 가진 의사결정을 하게 되고 공급사슬의 총이익을 손상시키게 된다.

또한 레가시 시스템은 의사결정을 위한 정보를 분석하기보다 정보를 수집하는데 더욱 중점을 두기 때문에, 매우 제한적인 분석능력을 가지고 있다. 대부분의 시스템은 어떠한 업무가 발생되어야 하는지를 결정하는 것보다 업무를 추적하기 위해 만들어졌다. 예를 들면 앞에서 논의했듯이, 레가시 시스템은 특정 창고의 재고수준만을 모니터 할 수 있다. 이 시스템은 사용자에게 창고에 얼마나 많은 특정 종류의 부품이 있는지, 몇 개를 주문중인지, 부품비용이 얼마인지 그리고 품절되면 추가적인 부품을 주문하는 데 리드티임이 어느 정도인지를 말해주는 기능을 가지고 있다. 그러나 계획적인 단계에서는 레가시 시스템이 거의

그림 11-4 전형적인 레가시 시스템의 위치

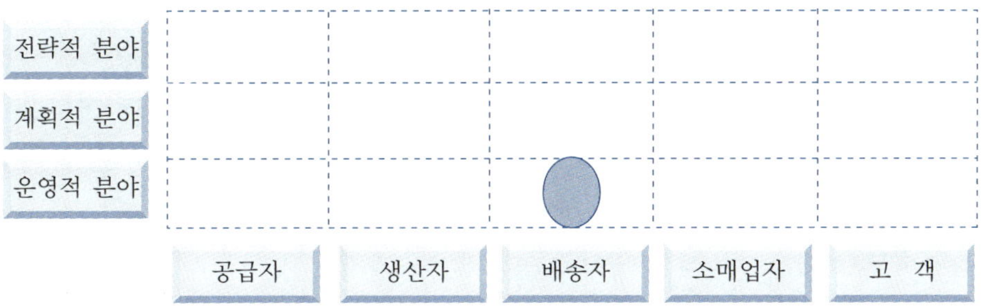

출처: Source: Chopra, S., "Supply Chain Management."

사용되지 않는다. 대부분의 레가시 시스템은 어떤 서비스 수준을 만족시키기 위해 보유해야 하는 안전재고의 적정 수준을 결정하기 위한 과거수요를 분석하는 능력이 없다. 이러한 종류의 정보는 대부분의 경우 경험에 기초하여 재고수준을 찾아 내는 사람에 의해 수동으로 입력할 필요가 있다.

2) ERP시스템 – 현재

전사적 자원관리(ERP: enterprise resource planning)시스템은 모든 회사의 기능으로부터 정보를 수집하고, 전체 기업이 더 넓은 범위를 가지게 하는 운영적인 정보기술시스템이다. ERP시스템은 자재, 주문, 스케줄, 완제품 재고 그리고 전체 조직으로부터의 다른 정보를 모니터한다. 레가시 시스템과 비교하여 ERP시스템의 중요한 장점은 공급사슬에 있어서 더 넓은 범위의 의사결정 지원에 있다.

ERP시스템은 한 회사 내의 기능들 간의 그리고 회사들 간의 정보의 통합을 제공하기 위해서 개발되었다. ERP시스템은 전형적으로 각각 회사 내의 다른 기능을 다루는 많은 모듈을 가지고 있다. 이러한 모듈들은 서로 연결되어 있어 각각 기능의 사용자가 회사의 다른 영역에서 무엇이 일어나는지를 볼 수 있다. ERP시스템의 모듈들은 다음과 같다.

- 재무 – 회사 내의 여러 영역으로부터 매출과 비용 자료와 같은 재무적인 정보를 추적한다.
- 물류 – 수송, 재고관리, 창고관리와 같은 다른 물류 기능을 다루기 위해

몇 개의 하위 모듈로 종종 분리된다.

- 생산 – 생산과정을 통해 제품의 흐름을 추적하고, 어떠한 시점에 어떠한 부품으로 완료되어야 하는가를 조정한다.
- 주문충족 – 전체적인 주문 충족주기를 모니터하고, 수요를 만족시키기 위한 회사의 진보를 추적한다.
- 인사 – 근로자의 스케줄과 같은 모든 종류의 인사 작업을 다룬다
- 공급자 관리 – 공급자 성과를 모니터하고 공급자의 제품 배송을 추적한다.

이러한 모듈들과 여기서 언급되지 않은 다른 모듈들은 ERP 시스템이 주문, 제품, 공급, 사람 그리고 자본을 추적하도록 통합적으로 운영되고 있다. 회사 내부에서 ERP시스템은 들어오는 공급과 주문의 가시성을 제공하고, 그래서 생산 경영자는 수요를 만족시킬 수 있는 생산을 스케줄 할 시점을 확실히 할 수 있고, 적정 자재가 제때 도착할 수 있다. 판매원은 고객에게 제품이 인도 될 때를 결정하기 위하여 생산 일정과 창고 재고 수준을 볼 수 있다. ERP시스템은 회사 전체의 데이터를 공유하기 위한 기회를 만들 수 있어서, 비록 소수의 회사만이 이러한 구현의 단계에 이르렀지만, 경영자는 전체적인 공급사슬을 통한 가시성을 가진다. 그럼에도 불구하고, 회사와 공급사슬 경영자가 더 좋은 결정을 내리도록 하기 때문에 확장된 가시성의 범위는 ERP 시스템이 제공하는 최대의 이익이다.

ERP시스템은 업무를 모니터링 하는 데는 뛰어나지만 일반적으로 어떤 업무가 발생되어야 하는지를 결정하는 분석적인 능력은 부족하다. 따라서 그들은 정보기술 지도의 계획적 또는 전략적인 영역보다 운영적인 영역에 많이 사용된다. 레가시 시스템과 마찬가지로 ERP시스템은 특정 창고의 제품에 대한 현재의 재고수준에 대해 알려 줄 수 있다. 그러나 어떤 서비스 레벨을 만족시키기 위하여 얼마만큼의 재고가 있어야 하는지에 대한 결정을 하는데 있어서는 어려움이 있다. 예를 들어 자재소요계획과 같은 단순 최적화 기술이 주어졌다면, 그들은 최적해보다는 실행 가능해에 도달하려 한다. 따라서 ERP시스템은 가용량과 자재 제약조건과 같은 다양한 종류의 제약조건과 다수의 공장에 대한 최적화를 하는데 문제가 있다. 이러한 문제에도 불구하고 과거 레가시 시스템보다 향상된 분석적 능력을 가지고 있다.

그림 11-5 • ERP시스템의 위치

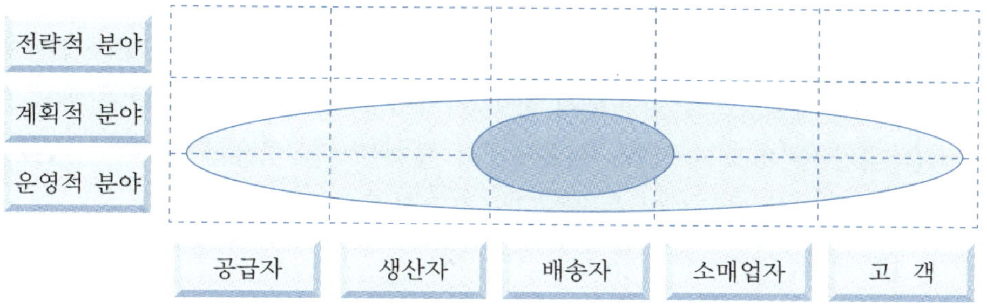

출처: Source: Chopra, S., "Supply Chain Management."

(2) 계획시스템

계획시스템은 운영적인 단계가 아니라 계획적이고 전략적인 의사결정 단계에 초점을 두고 있다. 이러한 시스템은 공급사슬 경영자가 좋은 의사결정을 하는데 도움을 주기 위하여 레가시 또는 ERP시스템에 의해 공급된 정보를 분석한다. 예를 들어 ERP시스템이 과거의 수요나 재고수준에 대한 정보를 제공하면 계획시스템은 이 정보를 분석하여 계획과 전략을 수립하는 데 도움을 준다. 분석적 응용시스템에는 고급일정계획 및 스케줄링(APS: advanced planning and scheduling), 고객관계 관리(CRM: customer relationship management), 공급사슬 관리(SCM: supply chain management), 재조실행시스템(MES: manufacturing execution system)등이 있다.

1) 고급일정계획 및 스케줄링(APS: advanced planning and scheduling)

APS시스템은 분석적인 응용 분야에서 가장 빠르게 성장하고 있는 분야 중 하나이다. APS시스템은 무엇을 생산하고, 어디서 언제 그것을 만드는지 그리고 그것을 만들기 위해 어떻게 자재가용성, 공장능력과 다른 사업목표를 고려할 것인지에 대한 스케줄을 생성한다. APS는 또한 전략적 공급사슬 계획, 재고계획, 납기회신 기능을 포함한다. 이러한 시스템은 고도로 분석적이고, 선형계획법과 유전자 알고리즘과 같은 정교한 알고리즘을 사용한다. APS시스템은 공장에서 상세한 생산일정을 세우고 생산계획을 수행하고, 수요를 만족시키기 위해 생산과 배송, 수송 자원의 사용을 최적화하는 공급사슬 계획을 수행한다.

2) 고객관계 관리(CRM: customer relationship management)

고객의 정보를 분석하는 기법이다. 최근 많은 기업들이 고객에게 보다 나은 서비스를 제공하기 위하여 CRM을 도입하고 있다. CRM은 기업으로 하여금 보다 상세한 고객과 제품정보를 가용하게 하여 기업이 고객의 요구에 좀더 가까운 의사결정을 내릴 수 있도록 한다. 예측모델과 통계분석을 이용함으로써 기업들은 특정 제품을 구입할 가능성이 높은 고객, 프로모션에 응할 가능성이 높은 고객, 이탈할 가능성이 있는 고객을 식별할 수 있다.

3) 공급사슬 관리(SCM: supply chain management)

SCM시스템은 다양한 응용시스템들의 조합으로 공급사슬에서 단계를 조망하는데 사용된다. 이 시스템은 견고하게 통합된 다른 공급사슬 응용시스템들의 세트로 이루어진다. SCM시스템은 여러 다른 모듈로 많은 공급사슬 단계를 조망할 수 있기 대문에 더욱 포괄적인 범위를 가능하게 한다. 예를 들어 SCM시스템에는 APS, 수요예측, 수송계획, 재고계획이 수반된다. SCM시스템은 계획 해법과 전략적인 단계의 의사결정을 산출하는 분석적인 능력을 보유하고 있다.

4) 재조실행 시스템(MES: manufacturing execution system)

MES시스템은 APS시스템보다 덜 분석적이다. 이 시스템은 제조 설비에서 생산을 수행하는 데에만 집중한다는 점을 제외하고 운영적으로 초점을 맞추는 ERP시스템과 유사하다. MES는 일반적으로 단기간의 스케줄을 산출하고 그 분석적 능력으로 자원을 할당한다.

(3) 통신시스템

통신시스템은 기업 내의 기능적 분야와 공급체인 파트너 간의 정보 흐름을 유연하게 한다. 예를 들어 물류정보는 제조 흐름, 제조 상태, 고객 선적, 들어오는 주문 등과 같은 회사 운영에 대한 실시각 자료를 제공한다. 외부적으로 볼 때 기업은 주문, 선적, 금융기관 이송업체 그리고 고객에 의한 자료를 필요로 한다. 전형적인 공급사슬 통신시스템에는 바코드, 스캐닝, RFID, 전자자료 교환(EDI), 인터넷 등이 포함된다.

1) 전자자료교환(EDI)

EDI는 회사 내부에서 표준양식의 문서를 컴퓨터에서 컴퓨터로 교환하는 것을 말한다. EDI는 전통적인 형식의 우편, 퀵서비스, 또한 팩스 대신 전자적으로 두 조직 간의 정보를 교환하는 능력 및 관행 두 가지 모두를 포함한다. 능력은 효과적인 통신을 위한 컴퓨터 시스템의 능력을 말하고 관행은 교환된 정보를 효과적으로 사용하는 두 조직의 능력을 말한다. EDI의 직접적인 이점은 내부생산성 향상, 유통경로에서의 관계개선, 외부 생산성 향상, 국제 경쟁력 향상 그리고 운영경비의 축소이다. EDI는 불필요한 정보입력을 줄일 뿐만 아니라 더욱 빠른 정보전송을 통하여 생산성을 향상시킨다. 그리고 데이터 입력작업의 횟수 및 담당인력의 수를 줄임으로써 정확도를 향상시킨다. 또한 EDI는 인쇄, 우편발송 그리고 종이를 사용하는 여러 가지 거래와 관련된 노무비 및 재료비를 절감하고 전화, 팩스 및 텔렉스 통신을 줄여주며 사무비를 줄여줌으로써 공급사슬 운영경비를 절감시킨다.

2) 바코딩 및 스캐닝

바코딩과 스캐닝의 전형적인 적용으로는 창고에서의 수령과 판매점에서의 매상을 추적하는 것이다. 과거에는 수집과 교환에 있어 착오가 발생하기 쉽고 시간이 많이 소요되는 서류에 기초한 과정을 통해 수동으로 처리되었다. 바코드와 전자스캐닝은 인식기술로서 공급사슬 내의 정보수집과 교환을 용이하게 한다. 이러한 자동인식(ID)시스템은 사용자들에게 많은 자본 투자를 요구하지만, 증가하는 국내외 경쟁이 하주, 운송업자, 창고, 도매업자 그리고 소매업자들로 하여금 자동 ID능력을 개발 및 활용하여 오늘날의 시장에서 경쟁하게 한다. 자동 ID기술은 유통경로 구성원들로 하여금 낮은 실수의 가능성으로 신속하게 상품이동에 관한 정보를 추적할 수 있도록 하고 있다.

바코딩이란 컴퓨터 해독가능 코드를 상품, 포장상자, 용기 그리고 심지어 철도운송차량에 부착하는 것을 말한다. 대부분의 소비자들은 거의 모든 소비재에 사용되는 국제 제품코드를 잘 알고 있다. 1972년에 처음 사용된 바코드는 제조업자와 제품에 대해 각각 다섯 자리의 고유 숫자를 할당하며, 표준화된 바코드는 제품의 수령, 취급 혹은 운송시 착오를 줄여준다.

자동 ID 기술의 또 한 가지 핵심부분은 스캐닝이다. 스캐너는 바코드 자료를 광학적으로 모아서 활용가능한 정보로 전환시켜 준다. 스캐너 기술은 공급사슬에 있어서 두 가지 주요 응용형태를 보이고 있다. 첫 번째는 판매시점관리(POS: point-of-sale)이다. 소비자를 위해 영수증을 뽑아주는 것 외에도 소매점 판매시점관리 응용기기는 그 상점의 정확한 재고수준을 알려준다. 판매시점관리는 실제의 판매단위가 신속하게 공급자에게 통보될 수 있기 때문에 판매된 각 재고량에 대한 정확한 파악을 가능하게 하고 재보충을 촉진한다. 실제 판매추적은 불확실성을 줄여주고 비상재고량을 제거할 수 있게 해준다. 정확한 재보급 및 마케팅 연구자료를 제공하는 것 이외에 판매시점관리는 모든 채널 구성원들에게 적시에 전략적 이점을 제공해준다. 또한 물자 취급과 추적에 용이하다. 스캐너의 사용을 통해 물자취급자는 제품이동, 저장소, 출하 그리고 영수증을 추적할 수 있다. 이러한 정보는 수동으로 처리할 수도 있지만 많은 시간이 소요되고 착오도 일어나기 쉽다. 공급사슬 응용에서의 광범위한 스캐너 사용은 생산성을 제고하고 착오를 줄이게 될 것이다.

3) RFID

무선주파수인식기술(RFID: radio frequency ID technology)은 전자 꼬리표를 붙이고 무선 전파를 사용하여 물체의 식별을 가능하게 하는 기술이다. 바코드 진화의 다음 단계로 종종 고려되는 것으로 RFID는 자동화 데이터 포착과 시장 식별에서 가장 빠르게 성장하고 있는 부분이다. 마라톤 레이스와 비행기 수하물 추적관리에서부터 위험한 물질 관리, 전자 보안키 그리고 공급사슬 관리에 걸쳐 다양하게 응용되고 있다.

가장 기본적인 형태의 RFID시스템은 리더기와 정보를 저장하고 전달하는 능력을 가진 태그로 구성되어 있다. 쌀의 낟알만큼 작거나, 벽돌만큼 큰 RFID 태그, 즉 자동무선레이더는 안테나가 붙여져 있고, 물건에 깊숙이 박혀 있거나 라벨에 붙여져 있는 마이크로칩으로 구성되어 있다. 태그가 가까운 근접성을 가지고 리더쪽으로 가면 데이터가 읽히고 주로 네드워크로 연결된 컴퓨터로 방향을 이동한다.

바코드와 RFID의 차이점은 다음과 같다. 바코드 광학식으로 오로지 읽는 기능만을 가지지만 RFID는 무선으로 정보를 읽는 것과 쓰는 것이 동시에 가능하다. 정보량의 측면에서도 바코드는 수십 단어 정도이지만 RFID는 수백 단어의 정보를 처리할 수 있다. 인식거리의 면에서도 바코드는 최대 수십 센티미터인데 반해 RFID는 최대 100미터까지 인식한다. 또한 바코드는 개별인식을 하여야 하는 반면 RFID는 동시에 수백 개의 인식을 할 수 있다는 장점을 가진다. 다만 가격면에서 RFID가 바코드에 비해 높다는 단점이 있다.

RFID를 사용함으로써 공급사슬 상에서 얻을 수 있는 이점으로는 제품이 공급사슬상의 어느 위치에 있는지 전반적인 가시성을 제공한다는 점과 공급사슬 내의 정보의 정확성, 신뢰성 그리고 적시성을 높여 공급사슬 참가자들의 통합을 더욱 촉진시킨다는 점이 있다. 또한 자동화된 정보의 공유로 인해 생산 흐름 속도를 증가시키고 오류를 자동적으로 수정하도록 도와준다. 그리고 절도를 방지하게 하고 재고통제를 더욱 용이하게 한다. 현재 Wal-Mart, P&G등과 같은 소비자 재화 산업에 있는 주요 회사들이 다양한 방면에서 이 기술을 개발하고 테스트하는 과정에 있다.

4) 인 터 넷

인터넷은 정보를 전달하는 데 있어서 웹서버에 있는 중앙자료를 어느 누구나 사용할 수 있도록 하여 정보에 대한 접근성을 최대한으로 만든 채널이다. 카탈로그를 사용하는 회사는 오로지 카탈로그를 받아보는 고객에게만 정보를 제공할 수 있고, EDI와 같은 전자적인 수단을 사용하는 회사는 공급자의 EDI에 링크되어 있는 고객만이 이용할 수 있도록 되어 있다. 그러나 인터넷은 회사와 그들 고객 사이에 전용선이 필요 없으며 단지 양쪽 모두 공중채널인 인터넷에 연결만 되어 있으면 어느 누구라도 접근이 가능하다는 점에서 차이가 있다.

오늘날 인터넷은 공급사슬의 많은 부분에서 중요한 역할을 하고 있다. 기업들은 공급사슬 업무의 광범위한 수행을 인터넷을 통해 하고 있다. 예를 들어 Dell사는 인터넷을 통해 자사의 모든 상품에 대한 정보를 전시한다. 고객들은 PC에 대한 모든 옵션을 정할 수 있으며 그들이 선택한 구성의 가격에 따라 상품을 구매하기를 원한다. Dell사는 또한 그들의 공급업자와 온라인 상에서 수요와 재고에 대한 정보를 공유한다.

이러한 인터넷의 성장은 e-비즈니스의 성장을 가능하게 하였다. e-비즈니스는 인터넷 상에서 비즈니스 업무를 수행하는 것으로 기업의 공급사슬 업무는 정보의 흐름, 상품, 자금을 포함한 e-비즈니스와 연관되어 있다. B2C(business-to-customer)는 기업과 고객 사이에 발생하는 e-비즈니스이며 Amazon, Dell, Wal-Mart같이 인터넷상에서 고객에게 제품을 판매하는 기업이 여기에 포함된다. B2B(business-to-business)는 기업과 기업 사이에 발생하는 e-비즈니스이다. B2B 공급사슬은 성과를 올리기 위해서 다각도로 인터넷을 활용한다. Cisco, Intel사 같은 경우는 많은 공급사슬 프로세스를 온라인상으로 옮겼다. Intel사에서는 온라인 자동주문 처리시스템이 수백 건의 접수주문방식을 대체하였다. Cisco사는 자사의 판매 75% 이상을 온라인 상에서 처리하고 있다. 현재 많은 기업에서 공급사슬 내의 효과적인 정보전달을 통한 통합과 성과의 극대화를 위해서 인터넷을 이용하고 있다.

요 약

1. 통합이란 개별적인 부분이나 기능들의 합보다 큰 전체의 성과를 일으키는 것이다. 성공적인 공급사슬전략은 공급사슬을 개별 단계가 아닌 전체로 보아 전 공급사슬에 걸쳐 광범위한 영역을 취함으로써 보다 큰 성과를 거두는 것이다. 경영자는 공급사슬 내에서 특정 단계나 기능에만 영향을 미치는 요소가 아닌 공급사슬 전체에 영향을 미치는 모든 요소들을 고려하여야 한다. 이렇게 공급사슬 전체를 고려할 때 공급사슬의 이익은 최대화 된다.
2. 공급사슬 통합구조는 제품/서비스 가치 흐름, 시장수용성 흐름, 정보흐름, 현금 흐름의 네 가지 흐름을 포함하고 있으며 이 흐름들의 동시적인 조화에 의해 최고로 달성된다. 공급사슬 통합구조의 구성요소는 크게 운영적, 계획과 통제, 행동적 맥락으로 구분해 볼 수 있는데 운영적 맥락에는 공급자통합, 내부운영통합, 고객통합이 있다. 계획과 통제 맥락에는 측정과 기술과 계획이 포함되고, 행동적 맥락에는 관계가 포함된다.
3. 공급사슬의 각각의 단계들이 전체적인 공급사슬을 고려하지 않고 오직 그들 자신들만의 목표를 극대화하려고 할 때 통합의 결여가 발생한다. 그래서 총체적인 이득은 통합을 했었더라면 성취할 수 있는 이득보다 적어진다. 이러

한 통합의 결여는 제조 원가의 증가, 재고 비용, 운송비용, 노동비용을 증가시킨다. 그리고 제품의 유효성과 공급사슬 내의 협력을 감소시킨다.

4. 공급사슬에서 각각 자신들의 이익 극대화만을 추구하거나 정보의 왜곡으로 인한 공급사슬 내의 변동성 증가는 모두 통합의 장애물이다. 공급사슬 통합을 방해하는 요소로는 공급사슬 내의 각각의 단계에서 발생하는 행동에만 치중한 성과측정시스템, 공급사슬 상에서 상위 단계들로 이동해 감에 따라 수요에 대한 정보가 왜곡되어 주문의 변동성을 증가시키는 정보처리 장애물, 주문과 배급의 변동성의 증가에 따른 운영상의 장애물, 제품의 가격 정책이 변동성을 증가시키는 가격장애물 등이 있다. 이를 극복하기 위해서는 일관성 있는 목표와 성과측정시스템의 구축과 정보의 정확성과 운영성과의 향상, 주문을 안정화시키기 위한 가격전략이 필요하며 마지막으로 공급사슬 참가자들 사이의 파트너십과 신뢰의 구축이 요구된다.
5. 정보는 공급사슬의 가시성을 제공한다는 점에서 공급사슬 통합에 큰 역할을 한다. 정보는 공급사슬 내의 다양한 활동들을 하나의 통합된 프로세스로 연결시키는 고리 역할을 하며. 정보는 경영자가 의사결정을 할 때 사용하는 근거를 제공하므로 공급사슬 성과에 상당히 중요하다. 정보를 통한 통합은 거래, 경영통제, 의사결정분석, 전략적 계획시스템의 네 단계를 통하여 구축되며 이때 유용한 정보가 가져야 할 특징으로는 정보의 정확성과 정보의 사용가능성, 그리고 정보의 유용성이 있다.
6. 공급사슬에서 정보기술은 크게 운영시스템과 계획시스템, 통신시스템으로 분류된다. 운영시스템에는 레가시 시스템과 ERP시스템이 있다. 계획시스템에는 고급일정계획 및 스케줄링(APS), 고객관계 관리(CRM), 공급사슬 관리(SCM), 재조실행시스템(MES)이 있다. 통신시스템에는 전자자료교환(EDI), 바코드 및 스캐닝, 무선주파수인식기술(RFID), 인터넷이 있다.

토의 사례

삼성전자 통합 운송으로 공급속도 급속화

TV, 모니터, 노트북, 휴대폰 등 제품의 핵심 부품인 LCD패널을 생산하고 있는 삼성전자 LCD 총괄은 LCD업계 세계 1위 업체로 첨단 디스플레이를 통해 디지털 컨버전스 혁명을 주도하고 있다. 삼성전자 LCD 총괄은 국내 3개 사업장(기흥 · 천안 · 탕정), 중국 1개 사업장(중국 쑤저주)의 최첨단 라인에서 365일 24시간 LCD패널을 생산하고 있으며 특히 TV용 패널을 생산하는 충남 아산에 위치한 탕정 사업장은 현재 7세대 라인을 가동중이다. 탕정 사업장은 2015년까지 140만평에 총 30조원을 투자해 첨단 LCD 클러스터인 크리스털밸리로 개발해 나갈 계획이다.

최근 LCD 산업에서는 공급사슬 전체의 속도 개선을 목적으로 한 공급체계관리(SCM: Supply Chain Management)의 고도화가 기업 경쟁력을 좌우하는 핵심 요소로 떠오르고 있다. LCD패널은 노트북PC용에서 모니터용을 거쳐 현재는 TV용 패널 시장이 급격히 성장하고 있는데 이 때문에 패널 크기가 갈수록 대형화되는 추세다. 모니터용 17인치 패널과 비교할 때 40인치 TV용 패널은 면적비로 5.5배가 크고 52인치용 패널은 9.4배나 더 크다. 이처럼 패널 크기가 대형화하면서 물류비용이 급격히 늘어난다는 게 삼성전자 LCD 총괄의 고민이었다. 당장 2007년이 되면 하루 물동량만 해도 천안IC에서 탕정(TV용 LCD생산)에 이르는 도로에 심각한 교통 체증을 유발해 물류대란이 일어날 수도 있다는 위기의식이 생겼다.

삼성전자 LCD 총괄은 이에 따라 패널의 대형화 추세에 적합한 새로운 SCM시스템을 사전에 구축하기로 하고 물류혁신 작업에 돌입했다. 삼성전자 LCD 총괄은 원자재 조달과 관련한 인바운드 물류(조달물류)에 중점을 두고 이를 위해 크게 세 가지 축으로 물류혁신 활동을 추진했다.

첫째는 물류기기 표준화와 프로세스 혁신, 둘째 통합운송체제와 정보시스템 구축, 셋째 중국~한국간 수입 · 수출 루트 개발이다. 인바운드 물류의 JIT 시스템, 제조물류의 생산관리시스템, 판매물류의 종합 트래킹시스템이 유기적으로 연계돼 2차 벤더에서부터 고객까지 ERP시스템으로 연결하고 물류사의 운송시스템과 연동하는 종합 물류정보시스템 구축으로 공급체인상 정보의 고속도로를 구축했다. 이는 인바운드 물류 부문에서 SCM체제와 연계한 공급시스템을 근간으로 용기를 표준화하고 통합 운송체제를 갖추어 1 · 2차 벤더까지 연결하는 클린룸 투 클린룸(Clean Room To Clean Room) 공급체제 구축을 통해 24시간 365일 JIT 방식으로 공급업체의 품질이 그대로 생산라인으로 이동하는 체제를 구축한 동종업계 세계 최초 사례이다. 특히 프로세스 단순화를 위해 업체와 제품마다 달랐던 물류용기를 표준화하고 불필요 업무를 대폭 감축했으며 이를 바탕으로 통합 운송체제를 구축해 공급 속도를 극대화한 것이 혁신의 핵심이다. 삼성전자의 전사(全社)적인 물류전략에 맞추면서도 LCD 총괄 특성에 맞도록 최적화하고 특성화하는 활동을 집중 추진했으며, 전 세계 LCD업계를 통틀어 최고 수준 물류시스템을 갖췄다.

물류혁신 활동의 결과는 당장 눈에 띄는 비용절감으로 이어졌다. 삼성전자 LCD 총괄은 표준화와 프로세스 혁신에서 584억원, 통합 운송체제와 정보시스템 구축으로 314억원, 수입 · 수출 루트 개발로 인한 효과 179억원 등 총 1,077억원의 물류비 절감효과를 봤다. 뿐만 아니라 2010년 이후까지도 문제가 없을 정도로 시스템과 프로세스를 확보했다. 부품 협력사의 물류 프로세스도 삼성전자와 협업을 통해 상당 부분 개선이 됐다는 게 삼성전자측의 자체 평가이다. 삼성전자는 가시적인 물류비 절감효과보다도 속도 개선, 표준화, 정보 공유 등 눈에 보이지 않는 효과가 더 크기 때문에 LCD산업의 지속적인 성장과 함께 LCD 물류 규모도 더욱 커질 것으로 예상되는 만큼 물류 전문회사와 공동 노력을 통해 끊임없는 물류혁신을 추진할 계획이다.

삼성전자 LCD 총괄은 현재 물류혁신 성과를 바탕으로 공급체계상의 모든 프로세스와 정보시스템을 연계해 제품과 정보 흐름이 실시간으로 일치하는 효율화된 종합물류시스템으로 발전시킬 계획이다. 이를 위해 이 분야의 전문가를 육성하는 데도 노력을 아끼지 않을 계획이라고 회사측은 밝혔다.

〈매일경제신문, 2006. 11. 15〉

Q 토의문제

❶ 위 사례에서 삼성전자가 실시한 물류혁신은 공급사슬 통합과 어떠한 연관관계가 있는가?

❷ 위 사례에서 정보기술은 어떠한 역할을 하고 있으며, 정보기술이 가지는 중요성에 대해서 논하시오.

❸ 현재 진행되고 있는 삼성선자 LCD 총괄의 물류혁신에서 추가적으로 고려되어야 할 사항에는 어떠한 것들이 있는가?

Chapter 12

공급사슬의 조직구조

제 1 절　공급사슬 조직의 개념

제 2 절　공급사슬 관리를 위한 물류조직의 개발

제 3 절　통합 공급사슬 조직전략

도입사례

LG유통, LG25 발주~입고 24시간 내 완료

24시간 문을 여는 편의점은 상품을 배송받는 시간이 따로 없다. 한편에서 상품을 팔고 다른 한편에서는 납품을 받아야 한다. 게다가 20여 평 남짓한 점포에서 3천여 개의 상품을 취급하기 때문에 물건을 충분히 쌓아놓을 수도 없다. 상품이 떨어질 만한 바로 그 시간에 맞춰 추가 납품이 이뤄져야 한다. 그만큼 물류시스템이 정교하고 세밀해야 경쟁력을 가질 수 있다.

LG25 물류시스템의 가장 큰 경쟁력은 발주를 받아 상품을 편의점에 입고하는 데까지 걸리는 리드타임이 하루를 넘지 않는다는 것. 삼각김밥이나 도시락과 같은 패스트푸드의 경우엔 리드타임이 12시간에 불과하다. LG는 EOB(Electronic Order Book:전자발주대장)을 이용, 회전율이 높은 패스트푸드의 경우 오전 9시에 발주하면 오후 9시부터는 새로운 상품을 판매할 수 있는 체제를 갖추었다.

나머지 상품도 발주 후 24시간 이내에 점포에 도착한다. 리드타임이 단축되면서 점주들은 하루 판매량 정도만 진열하고 영업을 한다. 말 그대로 "재고 없는" 점포 경영이다. LG25는 점포의 발주정보를 벤더와 제조업체에 신속하게 전달하는 정보시스템과 배송체계도 갖추고 있다.

점포의 발주가 끝나면 그 다음엔 적시에 상품을 배송하는 것이 관건이다. 점주 입장에서는 발주된 상품이 언제 도착할지 안다면 경영의 효율성을 높일 수 있기 때문이다. LG유통은 이를 위해 지난 2000년 특허를 취득한 "배송 scheduling 프로그램"으로 경쟁업체와 차별화하는데 성공했다.

이 프로그램은 점포의 위치와 점포간 이동거리, 상품의 부피 등 다양한 정보를 데이터베이스로 구축한 뒤, 배송차량 한 대가 처리할 수 있는 적정량과 적정 배송 점포 수를 산출해 이를 기초로 차량 스케줄을 관리하는 것. 배송 스케줄링 프로그램이 도입된 이후 상품을 정해진 시간에 도착시키는 점착 시간 준수율이 꾸준히 상승해 지난해 12월엔 99.7%의 최고 수준을 기록했다.

LG유통은 배송차량이 물류센터로 돌아올 때 공차로 오는 비효율을 줄이기 위해 업계 최초로 Back-Hauling System도 도입했다. 이 시스템은 배송을 마친 차량이 이동경로 인근에 있는 제조업체의 물류센터에서 상품을 실어 돌아오는 것이다.

LG25는 물류서비스 수준을 나타내는 미출과 오출율도 크게 낮췄다. 지난해 12월 기준으로 점포의 발주 상품을 제때 공급하지 못하는 미출율은 0.2%, 점포의 발주 내용과 다른 상품이 배송되는 오출율은 0.03%에 그쳤다. 유통업계 최저 수준의 미출율을 유지하는 데는 DPS(Digital Picking System)과 국내 유일의 미오출 보상제도를 운영하고 있는 것이 주효하고 있다.

DPS는 박스 단위로 배송되는 할인점과 달리 상품의 80%가 낱개로 배송되는 편의점 물류를 위한 기본적인 시스템으로 초보자라도 몇 시간 내에 익숙하게 다룰 수 있어 미출과 오출을 줄이는데 크게 기여했다.

<한국경제, 2002. 3. 15>

공급사슬 관리에 있어서 조직구성 전략은 매우 중요하다. 공급사슬 전략이 아무리 훌륭하게 수립되었다고 할지라도 이를 운영하는 조직이 뒷받침되지 못한다면 이는 무용지물이 되고 말 것이기 때문이다. 구매조직으로 대변되는 전통적인 조직구조는 통합 공급사슬 전략의 효과적인 실행을 위해 보다 응답적인 조직으로 재구성될 필요가 있다. 전통적인 관료조직에서는 정보가 특정 집단에 의해 독점되고, 상위 계층의 몇몇 사람에 의해 조직 전체가 좌지우지되며, 공급자와 최종소비자에 이르는 공급 흐름이 각각의 기업을 단위로 분리되어 있고, 다수의 관리자가 계층을 이루어 의사소통이 일방향적이며, 중간 관리자의 사고가 자신들의 전문 영역에 한정되는 특성을 가지고 있다. 그러나 새로운 시대의 조직은 빠르게 변화하는 경쟁환경과 고객의 요구에 발빠르게 대응할 수 있도록 인력과 정보의 이동이 자유롭고 유연한 조직이어야 한다.

공급사슬의 조직은 크게 단일 기업 내 물류 조직과 통합 공급사슬을 위한 기업간 조직의 두 가지로 나누어 볼 수 있다. 본 장에서는 공급사슬 조직의 개념에 대해 우선 살펴보고, 공급사슬 전략을 효과적으로 실천하기 위한 기업 내 물류 조직의 구성과 통합 공급사슬의 효율적 운영을 위한 기업간 조직에 대하여 각각 논의할 것이다.

제 1 절 공급사슬 조직의 개념

1. 공급사슬 관리조직의 필요성

조직과 기능 그룹간에 정보를 공유하고 업무를 조율하기 위해서는 다양한 공급사슬 활동을 두루 살펴볼 수 있도록 설계된 보다 높은 수준의 조직이 필요하다. 총공급사슬 관리(Total Supply Chain Management)는 원재료에서부터 최종 사용자에 이르기까지 제품이나 서비스, 정보에 관한 조율을 능동적으로 관리하는 것을 목표로 하는 조직 개념이다. 자재관리(Material Management)는 총공급사슬 관리의 한 부분으로서, 공급자로부터 생산에 이르기까지 제품이나 서비스 또는 정보를 조정하는 것에 초점을 두고 있다. 유통관리(Physical Distribution Management)는 생산에서부터 최종소비자에 이르기까지 제품, 서비스, 정보를 조정하는 것에 초점을 둔 총공급사슬관리의 한 부분이다. 개념적으로 총공급사슬 관리는 이 두 가지 관리활동을 구성요소로 한다. 〈그림 12-1〉은 이 세 가지 용어의 관계를 설명하고 있다.

한 공급사슬 내의 다양한 활동을 조정하는 구조와, 각각 다른 경영간부에

그림 12-1 • 총공급사슬 관리의 구성

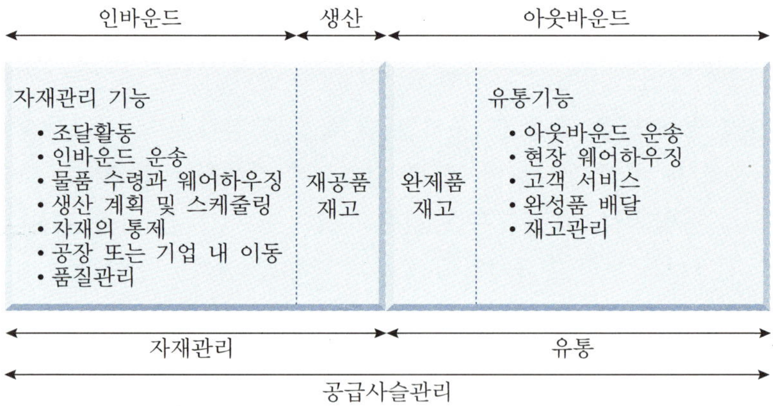

게 보고를 해야 하는 서로 다른 공급사슬 그룹이나 활동을 조정하는 구조는 매우 대조적이다. 후자의 경우 각각의 기능과 활동들이 조직의 목적이나 목표에 따라 서로 충돌하는 결과를 낳을 수 있다. 통합적 공급사슬 구조를 구축하기 위해서는 전통적으로 구분되어 있는 활동들을 공급자로부터 소비자에 이르기까지의 제품과 서비스, 정보의 흐름을 양방향적 흐름으로 조정할 수 있는 단일한 경영간부에게 보고하는 체계를 갖추는 것이 필요하다.

대부분의 큰 조직은 자재나 공급사슬을 담당하는 경영간부가 각각의 공급사슬 활동을 조정하는 책임을 맡는다. 자재관리 또는 공급사슬 담당 경영간부는 이사회의에 직접 보고하는 권한을 갖고 있는데, 이는 자재관리 또는 공급사슬 관리활동의 중요성을 반영한 것이다.

역사적으로, 자재관리 개념의 급격한 성장은 1960년대 중반에서 1970년대 후반 사이에 이루어졌다. 자재관리의 기원은 1800년대까지 거슬러 올라간다. 19세기 후반의 미국 철도회사에서는 자재관리 개념을 사용하는 것이 일반적이었다. 구매, 재고관리, 수령, 보관 등과 같은 관련 기능을 한 사람의 관리하에 두었다,

1970년대에 대부분의 기업이 자재가격의 상승과 더불어 주요 자재의 품귀를 경험하게 되었다. 기업들은 다양한 자재 기능의 조정과 자재관련 비용 및 가격과 공급의 통제를 위한 수단으로 자재의 개념을 받아들이게 되었다. 이 시기에는 자재관리를 위한 매니저 직위를 신설하는 것이 구매 업무의 조직적 중요성을 축소하는 것으로 여기는 구매관리자들의 반발을 사기도 했다. 그러나 자재관리의 개념을 받아들인 기업들은 자재비용의 통제에 큰 관심을 가짐으로써, 비용과 품질에 대한 영향력을 가진 구매 부서의 위상을 강화하는 결과를 낳았다.

자재관리자는 자재관련 기능들이 균형을 이룰 수 있도록 주의를 기울여야 한다. 예를 들어, 자재 통제와 운송의 관계를 생각해 보자. 자재 통제는 생산 스케줄을 맞출 수 있는 범위 내에서 원자재나 재공품 재고를 가장 낮은 수준에서 유지하도록 함으로써, 기업이 재고를 위해 부담하는 자본을 최소화 할 수 있도록 한다. 한편 운송 부서는 운송비용을 최소화하는 것이 성과척도이다. 운송비용을 최소화하려는 운송 부서와 재고수준을 최소로 유지하려는 자재 통제 부서 중 어느 관점이 승리할 것인가? 이러한 상황은 각각의 기능들이 그들의 목적을 달성하기 위해 서로 다른 행동을 취하게 함으로써 충돌을 야기한다. 자재관리

자 각각의 부서들이 상호협력적인 행동을 취할 수 있는 시스템과 성과척도를 개발하여야 한다. 이러한 예를 통해 자재관리자에게는 전체 시스템에 대한 치우침 없는 이해, 조직의 목표를 향해 다양한 부서들을 관리할 수 있는 능력, 각 그룹간의 상충과 충돌을 조정하는 능력 등이 반드시 필요함을 알 수 있다.

자재관리의 개념이 왜 기업들에게 널리 받아들여졌으며 이것이 오늘날의 공급사슬 통합의 개념으로 확장되었는지의 이유는 간단하다. 바로 눈에 보이는 확실한 이익이 있기 때문이다. 공급사슬 관리를 통해 기업이 얻을 수 있는 혜택은 다음과 같이 정리 될 수 있다.

- 전체적인 원료와 서비스 비용을 직접적으로 통제할 수 있다.
- 한 공급사슬 내에서의 시스템적인 상충관계를 조절할 수 있는 인식을 발전시켰다.
- 조직과 그룹 간에 아이디어의 공유를 자극하고 커뮤니케이션 할 수 있는 통로를 열었다.
- 각각의 공급사슬 활동들이 조화롭게 이루어지도록 함으로써 운영상의 효율성을 개선시킨다.
- 최초의 공급자로부터 최종소비자까지 직접적인 연결을 생성시킨다.

1970년대에는 자재관리 개념이 크게 성장하여 총공급사슬 관리(total supply chain management)의 시대에 접어들게 되었다. 총공급사슬 관리의 개념이 많은 기업들에게 매력적으로 다가왔음에도 불구하고 실제로 공급자부터 최종소비자까지의 전제 공급사슬을 총괄하는 책임자를 임명한 기업은 많지 않았다. 이러한 경향은 이후 몇 년 동안에 바뀌게 된다.

최근 들어서 몇몇 기업은 자재관리의 개념에서 진일보하여 통합 공급사슬 관리의 개념을 도입하고 있다. 이 개념은 여러 단계의 공급자로부터 최종소비자에 이르기까지 공급사슬 내의 자재관련 기능을 통합적으로 관리하는 것을 의미한다. 컴퓨터 판매상, 컴퓨터 제조업체, 부품 생산업체, 반도체 제조업체로 구성된 공급사슬을 생각해보자. 이 공급사슬이 효과적으로 기능하기 위해서는 이 네 조직 모두가 공급사슬 상의 모든 단계의 제품에 대하여 제품수요에 대한 예측, 제조 사양, 재고 수준에 관한 정보에 쉽게 접근할 수 있는 통합 정보시스템을 개발하는 데 협력해야 한다. 공급사슬의 구성원간에 신뢰를 구축함으로써 공급사슬의 구성하는 각각의 기업은 자신들의 생산 및 유통계획을 보다 잘 꾸려나갈 수 있다. 그리하여 공급사슬 전체의 재고 수준을 낮추고, 회전시간을 단축시키며, 비용을 절감할 수 있다. 공급사슬 관리가 이론적으로 많이 논의되고 있음에도 불구하고, 이를 실제로 성공적인 통합의 수준으로까지 이루어낸 기업은 거의 없다. 이러한 원인의 하나는 바로 공급사슬의 구성조직들이 정보를 공유할 수 있는 신뢰 관계를 구축하는 것에 어려움을 느끼기 때문이다. 이는 앞으로 해결책을 모색해 나가야 할 것이다.

2. 공급사슬 상의 주요 활동 및 기능

구매(Purchasing)　　대부분의 조직에서 구매활동은 공급사슬의 가장 중요한 구성요소로서, 돈이나 그에 상응하는 대가를 지불하고 자재나 서비스 기타 자본재 등을 확보하기 위한 행위를 의미한다. 공급자를 선정하고, 평가하고, 공급자와 협상하며, 계약을 체결하는 것이 구매의 핵심적인 활동이라 할 수 있다.

운송(Transportation)　　운송은 공급사슬을 통해 제품을 출발지점에서 소비지점으로 옮기는 활동이다. 조직에 따라서는 공급사슬 관련 비용 중 가장 많은 부분을 차지하기도 한다. 운송은 크게 공급사슬 내에서 제품을 이동시키는 인바운드 운송(inbound transportation)과 완성된 제품을 고객에게 운송하는 아웃바운드 운송(outbound transportation)으로 구분된다. 운송제공업체(carrier)를 선정하거나 유통망을 설계관리하는 등, 인바운드 및 아웃바운드 두 가지 영역을 관리하는 것이 운송의 주된 활동이다.

품질관리(Quality Control)　　많은 기업들이 공급자와의 협업을 통해 품질관련 문제를 사전에 예방하는 것에 대한 필요성에 대하여 이미 인식하고 있다. 그 결과 품질에 대한 강조는 완제품을 수령하거나 사용하는 시점에서 불량품을 찾던 과거와 달리 제품의 원천에서부터 이를 예방하는 것으로 그 중심이 이동하였다. 선진기업들은 적합한 품질관리 절차와 프로세스를 개발하기 위해 공급자들과 직접 연계하여 협업하는 시스템을 갖추고 있다.

수령 및 보관(Receipt and Storage)　　JIT(just-in-time)시스템을 가동하지 않는 이상 자재들은 각각의 생산 단계에서 어느 정도 보관과정을 거치는 것이 불가피하다. 수령과 보관은 대개 물리적인 프로세싱의 통제 필요성과 재고의 취급 때문에 자재관리의 한 부분으로 다루어진다. 수령 및 보관은 다양한 업무를 포함한다. 예를 들어, 어떤 기업이 컴퓨터 시스템을 통해 자재 수령 기록을 처리하기 위해서는 수송중인 자재에 대한 기록, 구매 기록, 외상매입 계정 시스템 등과 같이 수령 정보를 필요로 하는 모든 시스템에 대하여 업데이트를 해야 한다.

자재 관리 및 재고관리(Materials Control or Inventory Control) 자재관리와 재고관리는 종종 혼용되는 용어이다. 그러나 이를 다른 의미로 받아들이고 있는 조직도 있다. 자재관리 그룹은 공급자에게 보내지는 자재를 관리하는 책임을 맡는다. 여기에는 필요한 원료를 공급자에게 보내고, 변경 사항이 있는 경우 공급자와 직접 접촉하고, 운송중인 물품의 배송상태를 감독하는 업무가 포함된다. 자재관리 활동은 작은 조직에 있어서는 구매 부서의 관할이 되기도 한다.

재고관리 그룹은 고객의 요구 수준을 맞추기 위한 완제품의 재고 수준을 결정하는 책임을 담당한다. 통합 공급사슬 관리는 자재 및 재고관리 그룹이 상호 협력하여 제품이 최종 고객에게 도달하는 흐름을 매끄럽게 유지시킬 것을 요구한다.

주문처리(Order Processing) 주문처리는 고객이 물품을 필요한 때에 필요한 곳에서 받기 위해서 필수적인 과정으로서, 고객의 주문을 받아들이고 이를 충족하기 위한 내부적 절차를 수행하는 활동이다. 이는 생산자와 고객의 공급사슬을 서로 연결한다는 측면에서 공급사슬 관리의 중요한 부분이라 할 수 있다.

생산계획 및 스케줄링(Production Panning and Scheduling) 이는 기간별로 관련 품목들의 생산 수준을 결정하고 이를 위한 세부적인 스케줄을 짜는 활동이다. 생산계획은 보통 장기 · 중기 · 단기 생산계획으로 나누어진다. 장기계획은 보통 1년 혹은 그 이상의 기간에 대한 계획을 의미하며, 중기계획은 6개월에서 18개월까지의 기간을 다루며, 단기계획은 기업의 규모에 따라서 수 일 또는 수 주일을 대상 기간으로 한다. 생산계획 및 스케줄링은 고객이 요구한 납기일 준수하는 데 있어 중요한 활동으로서, 통합 공급사슬에서는 한 단계에서의 납기지연이나 품절로 인한 영향이 공급사슬 전체에 파급되기 때문에 더욱 복합적인 문제가 된다.

창고관리(Warehousing) 고객에게 제품을 보내기 전에 일정한 기간 동안 창고에 보관되게 된다. 그러나 근래 들어 고객 수요를 예측하고 그에 따라 미리 제품을 생산하기보다 고객으로부터 주문을 받은 다음에 생산을 개시하는 시스템이 확산되면서 창고관리활동은 공급사슬 관리에 있어서 상대적 중요성이 감소하고 있다.

고객서비스(Customer Service) 고객서비스는 제품이나 서비스의 판매 이후 고객의 만족을 유지하기 위한 일련의 활동들을 일컫는다. 고객 판촉, 재고관리, 배송 스케줄 관리활동을 포함하여, 제품 사용에 대한 소비자 교육 또는 기술지원팀의 운영, 24시간 콜센터 운영 등이 이에 포함된다.

제 2 절 공급사슬 관리를 위한 물류조직의 개발

1. 물류조직의 종류

조직의 구조는 기업에 따라 고유한 특성을 갖는다. 표면적으로 같은 형태의 조직을 갖고 있다고 할지라도 그 조직을 이루는 구성원들의 개인적 역량, 자본비용, 경영 스타일 등과 같은 각각의 중요한 영역에 있어서 기업들은 차이점을 갖는다. 예를 들어, 물류기능은 많은 조직에 있어서 비슷하게 보이지만 이를 묘사하는 데에도 다양한 이름이 사용된다.

물류관리는 전반적인 물류 프로세스가 효과적으로 기능하는 것을 목표로 한다. 물류조직은 일반적으로 다음과 같이 구성된다.

- 물류관리 책임자(이사급): 물류 기능을 관리하고 통제하며 기업의 의사결정 과정에서 물류 부서를 대표함
- 물류통제, 물류시스템 관리자, 물류 엔지니어링 매니저와 같은 지원서비스 관리자
- 물류 프로젝트 서비스 그룹: 새로운 유통센터 설계나 정보시스템 디자인과 같은 일회성 프로젝트를 위해 한시적으로 조직되는 그룹
- 실무관리자: 유통센터나 운송 등과 같은 실무를 관리함

대부분의 유통전략에 있어서, 다양한 물류활동의 조율은 조직의 크기와 상관없이 필수적이다. 이는 조직의 구조가 어떻든 간에 관계 없이 중요하다.

생산자, 도매업자, 소매업자는 모두 물류활동을 수행하지만 그 양상은 서로 다를 수 있다. 생산자의 조직 전략은 흔히 다음의 세 가지 중 한 가지에 속하게 된다.

프로세스 중심 전략 이 전략은 물류를 가치 부가 활동의 사슬로 보고 각각의 활동들을 넓은 관점에서 관리한다. 구매관리, 생산 스케줄링, 유통의 효율성을 통합 시스템의 관점에서 달성하고자 한다.

시장 중심 전략 기업 내 사업이나 부서가 다양한 경우에 물류활동을 제한된 그룹으로 관리한다. 각기 다른 사업 단위나 제품 그룹을 고객별로 한 데 묶어서 운송하거나, 각각의 주문 송장별로 판매와 운송을 관리한다.

유통경로 중심 전략 이 전략은 판매상과 유통업자의 협력에 중점을 두고 있다. 이 전략을 구사하는 기업은 대개의 경우에 있어서 유통경로 상에 상당한 양의 완제품 재고를 갖게 된다.

도매업자는 생산자와는 유통경로상의 위치도 다르고 수행하는 활동의 특성도 다르기 때문에 조직적으로도 다른 형태를 갖게 된다. 운송과 보관 기능과 같은 전통적인 도매업자의 기능과 더불어 간단한 제조나 조립, 가격책정, 주문 처리, 재고관리 물류시스템 디자인과 같은 다양한 활동들이 수행된다.

소매업자는 최종고객과 직접 접촉하고 높은 강도의 경쟁에 직면해 있기 때문에 재고나 웨어하우징, 고객서비스 활동에 있어서 생산자보다 더 많은 관심을 기울이게 된다. 그리고 생산자나 도매업자에 비해 중앙 집중화된 특성을 갖는다. 그리고 많은 소매업자가 도매업자를 통하기보다 직접 생산자로부터 매장으로 제품을 가져오고 있으며, 물류서비스를 직접 수행하기보다는 제3자 물류의 형식을 많이 선택하고 있다.

2. 물류조직의 발전

1950년대 이전에는 현재 물류로서 받아들이는 기능이 일반적으로 도움을 주거나 지원하는 업무로 간주되었다. 물류에 대한 조직책임은 전형적으로 기업 전체에 분산되었다. 이러한 단편화는 흔히 물류 업무의 관점이 교차기능적(Cross-functional) 통합조정 없이 수행되게 하여 중복 및 낭비를 유발하였다. 정보는 자주 왜곡되거나 지연되었으며 권한과 책임의 계통이 전형적으로 불분명하였다. 전사적 비용관리 필요성을 인식하면서 경영자들은 물류 기능을 하나의 단일 관리그룹으로 재조직하고 결합하기 시작했다. 통합된 조직으로서 물류를 구조화하는 것은 1950년대에 처음 등장했다.

기능적 총괄을 추진한 동기부여는 물류 기능을 하나의 단일한 조직으로 그룹화하는 것이 통합가능성을 증가시킬 것이며, 하나의 운영 부문에서의 결정 및 절차가 다른 부문에서의 성과에 어떻게 영향을 미치는지에 관한 이해 개선을 쉽게 할 것이라는 믿음이 커져갔기 때문이다. 전체 시스템 성과에 단일 그룹이 초점을 맞춤에 따라 결국 모든 기능이 작용하기 시작할 것이라는 믿음이었다. 이러한 통합 패러다임은 조직적 유사성을 바탕으로 퍼져갔다. 그러나 1980년대 중반에 이르며 기능의 총괄이라는 패러다임이 통합물류 달성을 위한 최선책을 제공하지 않을 수도 있다는 것이 점점 더 분명해졌다. 많은 기업들이 그들의 물류 조직을 재고하게 되었고, 그 결과 새로운 패러다임이 등장했다.

거의 하룻밤 사이에 기능에서 프로세스로 역점이 옮겨갔다. 기업들은 물류적인 능력이 고객가치를 창조하는 전체 과정에서 할 수 있는 역할을 조사하기 시작했다. 이것은 통합물류 성과를 어떻게 가장 잘 달성하는가에 관한 새로운 생각으로 안내했다. 프로세스에 관한 초점은 기능을 모두 포괄하는 조직단위로 통합하려는 압력을 현저하게 감소시켰다. 이러한 결정적인 의문은 어떻게 개별 기능을 조직하는가가 아니라 오히려 어떻게 전반적인 물류 프로세스를 잘 관리하는가 하는 것이었다. 기능적 분할과 정보 주도적인 통합의 도전 및 기회가 대두하기 시작했다.

물류업무의 역할은 필요한 시간 및 장소에 제품을 위치시키는 것이다. 이러한 지원적인 업무는 지속적으로 그리고 전세계적으로 수행되어야 하는데, 이는 물류가 모든 프로세스의 통합적인 부분이 될 필요가 있다는 것을 의미한다. 물류를 위한 이상적인 구조는 교차기능적 통합의 상승작용을 달성하는 동안 그것이 지원하는 프로세스의 부분으로서 필수적인 업무를 수행하는 조직일 것이다.

정보기술은 물류기능을 물리적으로 통합하는 차원을 넘어 실질적인 통합을 가능하게 하였다. 통합성과를 조정하는 데 있어 정보기술을 이용함으로써, 업무를 수행하는 것 자체가 전체 조직을 통해 배분되도록 할 수 있다. 통합에는 물류가 마케팅 및 제조와 같이 다른 부문과 결합되는 것을 필요로 한다. 예를 들어, 수송 및 재고를 어떻게 관련시키는지에 초점을 맞추기보다 오히려 수송, 재고, 신제품 개발, 유연한 제조 및 고객 성공을 통합하는 것이 실제의 도전이 된다. 전반적인 조직 통합을 달성하기 위하여, 기업은 넓은 종류의 능력을 새로운 조직단위로 결합하여야 한다. 이것은 전통적인 단일기능 부서가 프로세서로 동화되어야 함을 의미한다. 그러한 동화는 흔히 전통적인 조직이 분해되고 새롭고 독특한 방식으로 재결합되도록 요구한다. 어떤 의미로는 그러한 기능적 분할이 지난 시절의 단편적인 단일 기능 부서로 완전히 회귀하는 것으로 보일 수도 있다. 그러나 대두하는 조직모델에서 중요한 차이는 정보의 광범위한 이용 가능성이다. 새로운 조직 형태는 정보 및 지식이 관리되고 공유되는 방법에 관해 극단적으로 다른 문화로 특징지어진다.

물류 관리자는 조직개발과정을 이해함으로써 혜택을 볼 수 있다. 그러한 이해로 관리자들이 기업의 조직 현황을 평가하고 수용될 수 있는 변화를 계획하도록 허용한다. 변화를 전면적으로 이해하고 관리하기 위하여 전통적인 관료조직이 어떻게 진화하였는지를 이해하는 것이 유용하다. 관련연구들에 따르면 관리자들이 최초에 기능적 총괄을 통해 물류를 안정화할 수 있었다고 한다. 그러한 총괄은 프로세스 통합을 촉진하기 위한 정보망조직화의 이용 착수에 필수적이다. 〈그림 12-2〉는 기능총괄 및 정보 통합의 상대적 균형을 바탕으로 한 조직개발의 5단계를 보여준다.

어떠한 주어진 시간에도 관찰 가능한 유통조직의 배열은 개발 단계의 전 영역을 운영한다. 일부 기업은 1단계의 도전을 수용할 뿐인 반면, 다른 기업들은

그림 12-2 • 물류 조직개발의 흐름

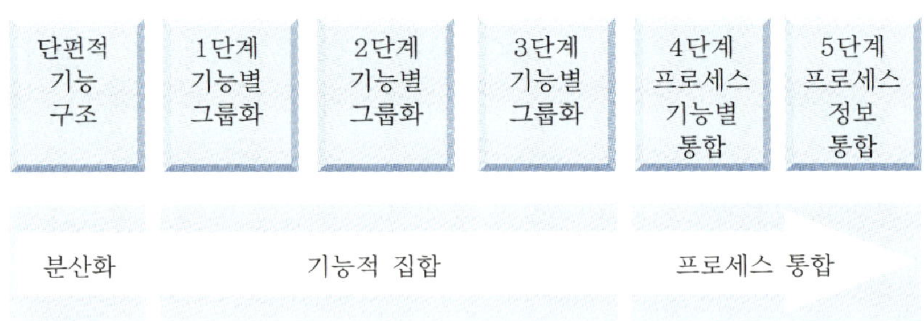

5단계의 전선으로 밀고 나가고 있다. 조직진화가 가속화될 수 있는 한편, 연구에서는 그것을 서둘러 시작될 수 없는 것이라고 제시한다. 물류 관리자들을 위한 도전은 특정 조직이 물류능력을 가장 잘 이용하기 위해 어떻게 구조화될 수 있는지를 평가할 수 있는가 하는 것이다.

(1) 기능적 총괄 단계

〈그림 12-3〉은 분산된 물류 기능을 갖는 전통적인 조직구조를 나타낸다(단기 물류운영에 전형적으로 개입된 기능들만 가설적인 조직도표에 나타난다). 통합성과가 전통적인 조직에 걸쳐 정상적으로 퍼진 물류 기능을 단일 지휘통제 구조로 그룹화함으로써 촉진된다는 것이 최초의 믿음이었다. 모든 물류업무가 하나의 조직으로 통합되면, 물류 기능들이 더 잘 관리되고, 상충관계(Trade-off)들은 더 잘 분석되며, 최소 총비용 해답이 더 잘 파악된다고 믿어졌다.

기능적 통합이라는 생각이 논리적이며 상식에 호소력을 가지는 한편, 다른 단위관리자들은 항상 그것을 지지하지는 않는다. 경영적 권한과 책임을 재위치시키려는 어떠한 의도도 저항에 봉착할 것은 당연하다. 많은 물류관련 간부들은 재조직하려는 시도로 인하여 어떻게 대항과 불신에 봉착하게 되었는지에 관한 사례를 제공할 수 있다. 전통적으로 조직구조에서 재정예산은 운영책임을 따른다. 마찬가지로 권한, 가시성 및 개인적 보상은 많은 수의 직원과 상당한 예산을 관리하는 것과 직접적으로 관계가 된다. 따라서 물류 재조직은 흔히 물류 관리자들이 권한, 가시성 그리고 다른 관리자들의 희생에 대한 대가를 얻는 방법으로서 간주되었다. 이러한 인식은 다른 관리자들이 물류기능 통합에 저항함으로써 그들의 권한을 보호하려는 상당한 이유였다. 그러나 증가하는 많은 수의 기업에서 재조직에 권한을 부여하기에 혜택이 충분하였다. 결과적인 진화는 전형적으로 세 단계의 기능적 총괄을 수반하였다.

(2) 1단계 조직

물류 기능을 그룹화하려는 최초의 시도는 1950년대 및 1960년대 초기에 대두하였다. 전형적인 진화적 형태는 두 개 이상의 물류 기능이 전체 조직계층의 중요한 변경 없이 운영적으로 그룹화되는 것이었다. 조직단위들이 이러한 초기 개발 단계 동안에 통합된 구매 및 시장분배에는 좀처럼 개입되지 않았다.

그림 12-3 • 물류관련 기능의 전통적 구성

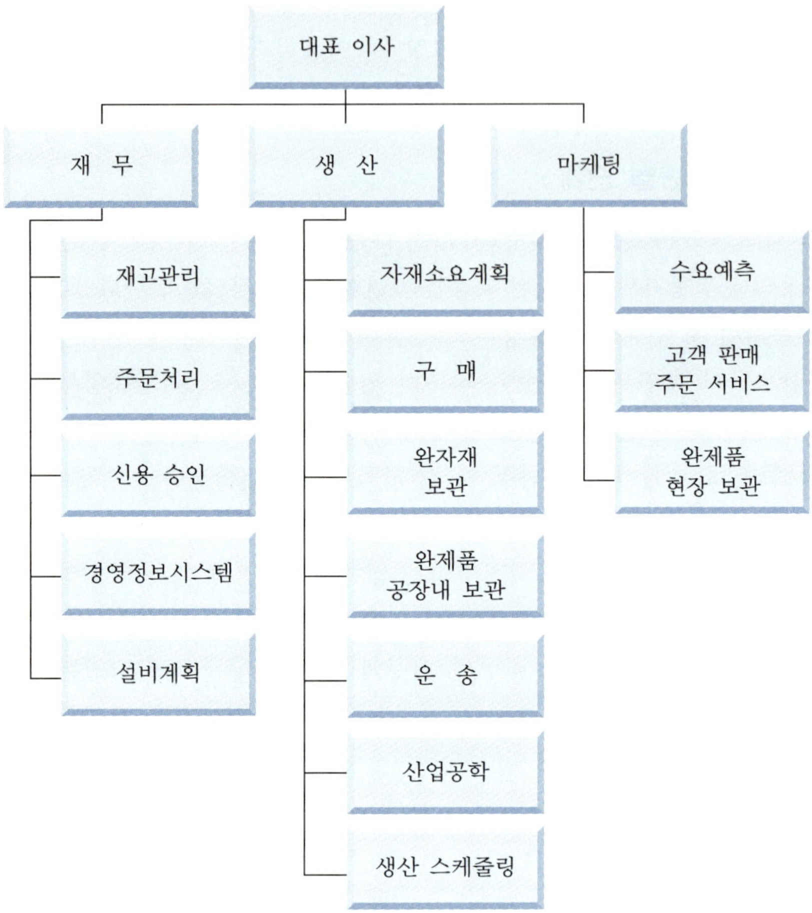

〈그림 12-4〉는 전형적인 1단계 조직을 나타낸다. 대부분 1단계 조직변화는 전통적인 마케팅 및 제조영역 내에서 기능을 그룹화하는 것을 수반하였다. 마케팅 영역에서, 그룹화는 전형적으로 고객서비스를 중심으로 하였으며, 제조영역에서는 입고되는 재료 또는 부품조달을 위주로 하였다. 몇 가지만 제외하고 대부분 전통적인 부서들은 변화하지 않았으며 조직계층은 크게 변경되지 않았다. 1단계 조직의 문제점은 재고에 대한 직접책임에 초점을 맞추지 않는다는 것이다. 예를 들어, 최초의 물적 유통조직은 창고, 수송 및 주문 처리를 통제하였으

그림 12-4 • 1단계 조직

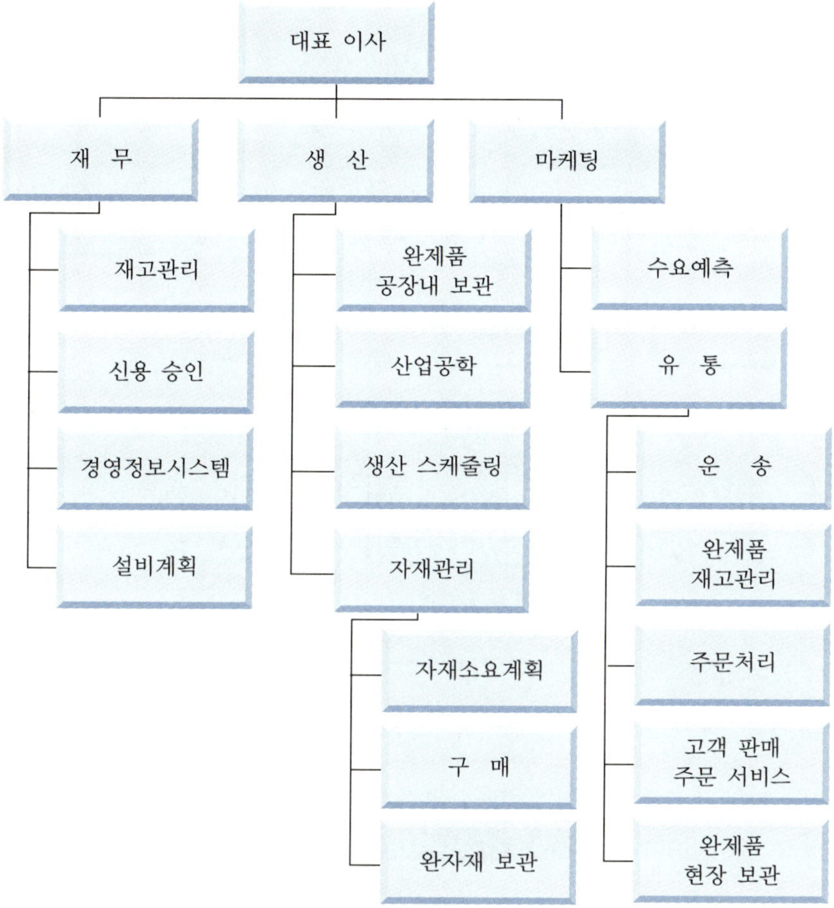

며, 수송과 완료재고 배치 사이의 상충관계를 관리할 직접적인 책임을 거의 가지지 않았다.

(3) 2단계 조직

전체 기업이 통합된 물류 및 비용 혜택과 함께 운영적인 경험을 가졌음에 따라, 조직의 두 번째 단계가 전개되기 시작하였다. 〈그림 12-5〉는 2단계를 보여주는데, 1960년 대 후반에서 1970년 대 초반에 나타나기 시작하였다.

그림 12-5 • 2단계 조직

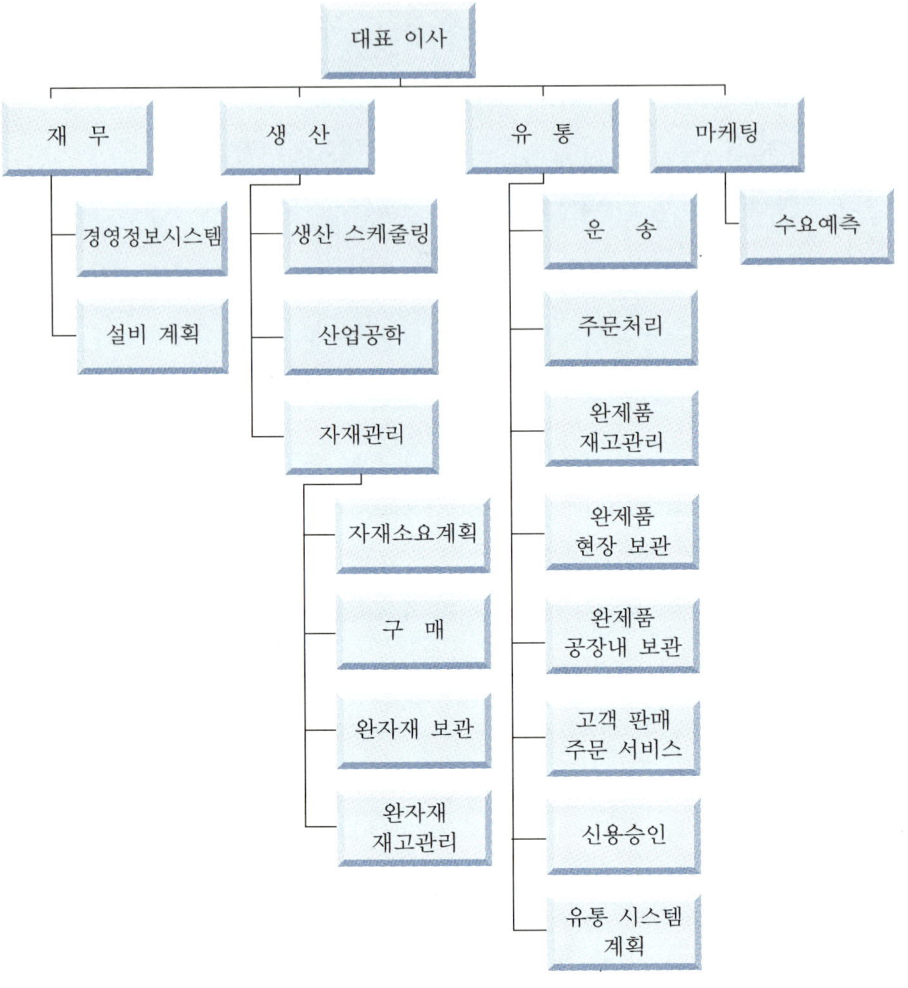

2단계 조직의 중요한 특징은 통상적으로 물적 유통 또는 재료관리에 초점을 맞추면서 조직권한 및 책임의 한 부문으로서 물류가 독립되어 위치한다는 것이다. 동기는 간단하였는데, 물류를 더 높고 더 가시적인 조직 수준에 위치를 시킴으로써 전략적 영향의 가능성을 높였다. 독립적인 지위는 물류로 하여금 핵심역량으로 관리되도록 하였다. 물적 유통은 고객서비스가 전체적인 성공에 중요한 기업에서 높은 지위를 위한 가능성이 있는 후보였다(그림 12-5). 입고되는 재료 및 생산이 제품비용의 주요 부분이었기 때문에 자동차 산업은 자재관리의 중요성이 강조되는 경향이 있었다. 따라서 2단계 조직에서 더 높은 지위로 높아진 핵심적 그룹은 전형적으로 기업의 일차적 사업의 속성에 의존하였다.

1단계와 함께 2단계 조직은 완전히 통합된 물류를 달성한 것은 아니었다. 이번에 물류관리를 통합시스템으로 종합하지 못한 것은 부분적으로 전통적 운영에 필수적인 것으로 인식된 주문처리 또는 구매와 같은 특정한 기능에 대한 선입견 때문이었다. 전체통합에 대한 두 번째 제한적인 요인은 교차기능적 물류정보시스템의 부족이었다. 일반적 법칙으로서 조직통합은 직접적으로 기업의 정보시스템 능력과 관계되었다.

2단계 조직에 관한 중요한 요점은 통합된 물적 유통 및 재료관리가 재정, 제조 및 마케팅 담당 사이에 수용되기 시작했다는 것이다. 그 밖의 회사 간부들은 이러한 통합된 조직을 비용절감 또는 억제를 겨냥한 단순이 반응적인 노력 이상의 어떤 것으로서 간주하였다. 2단계 조직에서는 통합단위가 사업전략에 대한 일차적 기여자가 되는 것이 보편적이었다. 2단계 조직은 오늘날 산업전반적으로 남아 있으며, 물류촉진에 대한 공통의 접근법을 나타낸다.

(4) 3단계 조직

3단계 조직은 물류 르네상스가 시작됨에 따라 1980년대에 대두하였다. 이러한 조직구조는 하나의 단일 고위 관리자 아래에 모든 물류 기능 및 운영을 통합하려고 모색하였다. 3단계 조직은 〈그림 12-6〉에 나타난 종합적인 속성을 가지며 드문 경우였으며 계속 드문 경우이다. 그러나 3단계 수준 조직구조에서의 추세는 가능한 한 많은 물류 기획 및 운영 기능을 단일 권한 및 책임 아래에서 실질적으로 그룹화하려는 것이 분명하였다. 모든 재료 및 완성품 이동과 저장에 관한 전략적 관리에 기업의 편익을 최대한 기하자는 것이 목표였다.

물류정보시스템의 급속한 개발은 3단계 조직을 위한 추진력을 제공하였다. 정보기술의 발달은 물류운영을 전면적으로 통합한 시스템을 계획하고 운영하는 것을 가능하게 하였다. 3단계 조직의 몇 가지 관점은 추가적인 논의를 요구한다.

첫째, 구매, 제조 지원 및 물적 유통이라는 물류의 각 영역은 분리된 라인 운영으로서 구조화된다. 권한과 책임의 계통은 직접적으로 각 지원서비스가 전체 통합된 물류노력의 부분으로 수행되도록 한다. 운영책임의 분야가 잘 정의되어 있으므로 구매 및 물적 유통과 유사한 운영단위로서 제조지원을 설정할 수 있다. 각 단위가 운영적으로 자족할 수 있으므로 각각은 해당 운영분야에 의해 요구되는 중요한 서비스를 수용하는 유연성을 유지할 수 있다. 또한 전체적인 물류활동이 통합기반으로 계획되고 조정될 수 있으므로 분야간 운영상의 시너지를 기할 수 있다.

둘째, 물류지원 하에서 그룹화된 5가지 능력이 운영서비스로서 위치된다. 이러한 공유서비스 지향은 물류운영을 통합하는 메커니즘이다. 물류지원이 스탭 조직이 아님을 강조하는 것이 중요하다. 오히려 그 그룹은 일일 물류업무를 관리하는데, 이는 물적 유통, 제조지원 및 구매운영 사이의 직접적인 연락사무에 대한 매트릭스 책임으로 구조화된다.

셋째, 물류자원기획은 운영을 기획하고 조정하는 경영정보의 전체적인 잠재력을 포용한다. 주문처리는 물류시스템이 운영되도록 하고 통제를 위해 필요한 통합 데이터베이스를 생성한다. 물류자원 기획은 통합을 촉진한다. 물류자원계획은 제품/시장 예측, 주문처리 및 계획된 기간 동안 전반적인 요구사항을 결정하기 위한 재고 상황을 바탕으로 한다. 파악된 요구사항을 바탕으로 기획단위는 제조 일정편성, 용량기획 및 재료 요구사항 기획을 통합 조정함으로써 제조를 운영화 한다.

마지막으로 전체 기획 및 관리통제직이 3단계의 최고위 수준에 존재한다. 이러한 발상은 통합을 촉진하는 역할을 한다. 기획그룹은 장기 범위의 전략적 위치결정에 관심을 가지고 시스템 품질 개선 및 리엔지니어링에 책임을 진다. 물류 관리자는 비용 및 고객서비스 성과의 측정과 경영의사결정을 위한 정보제공에 관심을 가진다. 물류관리통제직을 위한 절차의 개발은 통합 물류관리의 가장 중요한 분야 중 하나이다. 정확한 측정에 대한 필요성은 고객서비스 성과에서 지속적인 개선에 역점을 증가시킨 직접적인 결과이다. 물류에 수반된 대규모 운영 및 자본지출 때문에 측정과업은 극히 중요하다.

3단계 물류조직은 재료조달에서 최종제품 고객전달까지 재정 및 인적 자원의 효율적 응용으로 안내하기 위한 단일의 논리를 제공한다. 이와 같이 3단계 물류조직은 구매, 제조지원 및 물적 유통 사이의 상충관계를 관리하도록 기업을 위치시킨다.

그림 12-6 • 3단계 조직

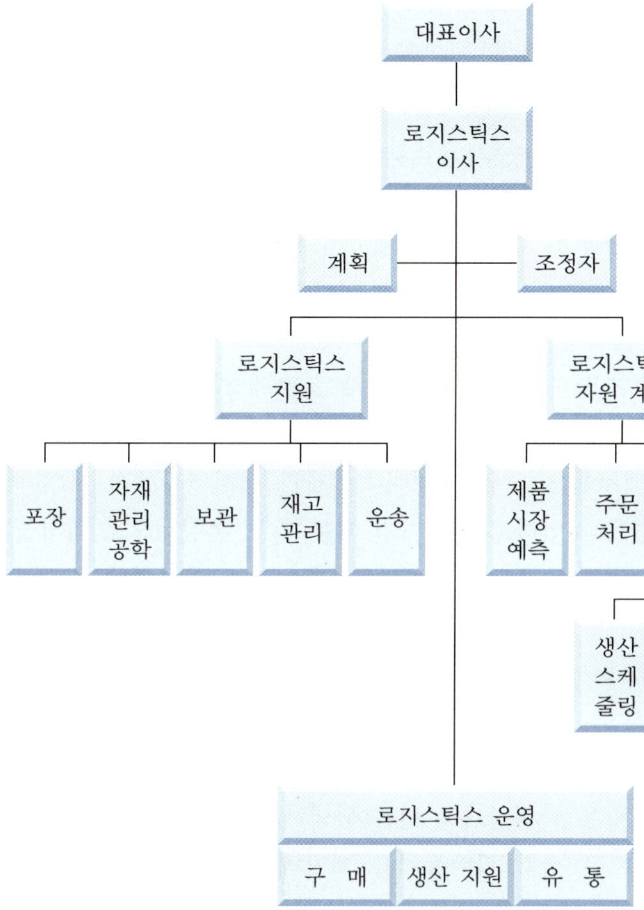

(5) 4단계: 기능에서 프로세스로 역점의 이동

기능 총괄 또는 분산과는 독립적으로, 조직이 프로세스 지향 경영을 더 잘 지원하도록 운영능력을 위치시키려고 노력하는 것은 분명하다. 누군가가 결론을 내린 바와 같이 "21세기를 위해 완벽하게 설계된 조직을 찾는 것은 지정된 물품을 사지 않고 그저 구해오는 게임에서의 긴박함으로 앞서가는 것이다." 맥킨지 컨설턴트 Frank Ostroff 및 Doug Smith는 기능적 계층적 수직적 조직이 어떻게 프로세스 지향적 수평적 조직으로 이전할 수 있는지를 보여주는 설계를 제안하였다. Ostroff-Smith 모델은 〈그림 12-7〉에 나타나 있다.

21세기 조직의 개념은 세 가지 인수의 결과로서 나타나 있다. 즉, (1) 최대 성과를 생성하도록 종업원들에게 권한을 위임하는 수단으로서 자발적(Self-directed) 업무팀(SDWT)과 함께하는 높이 개입된 업무환경의 개발, (2) 기능보다 프로세스를 관리함으로써 가져오는 생산성 개선, (3) 조직의 모든 국면이 통합되도록 하는 정확한 정보의 급속한 공유 등이다. 정보기술은 조직계층을 대체하면서 새로운 기업의 부하를 감당하는 구조로 간주된다.

조직변화에 관한 전통적인 전개 개념이 서비스 또는 생산성에서 주요한 돌파구를 자극하기에 충분하지 않다는 것이 급속한 구조조정에 대한 논란의 핵심이다. 오히려, 전통적 조직변화는 기초적 업무 프로세스의 심각한 재설계 없이 운영구조를 옮기거나 재배치하는 것이다. 그러한 구조조정이 전형적으로 기능조직이 계속 기초적 업무를 수행할 것이며, 실제의 실시결과에서 거의 차이가 없거나 전혀 차이가 없을 것이라고 가정하기 때문이다. 본질적으로 회사들은 새롭고 더 효율적인 프로세스를 설계하기보다 오히려 과거 업무관행에 다시 초점을 맞추고 있다.

프로세스로서 물류를 관리하기 위해서는 3중의 노력이 필요하다. 첫째, 모든 노력이 고객에 대한 부가가치에 초점이 맞추어져야 한다. 활동이 존재하고 그것이 고객가치에 기여하는 정도로 정당화된다. 따라서 물류에 대한 헌신은 고객이 수행되는 특정한 활동을 원한다는 믿음에 의해서 동기부여가 되어야 한다. 물류 관리자들은 외적으로 생각하는 능력을 개발해야 한다. 둘째, 프로세스의 일부로서 물류를 통합하는 것은 업무를 완성하는데 필요한 모든 기량이 기능조직과 관계없이 이용가능하도록 요구한다. 선발된 기능을 바탕으로 조직 그룹화를 하는 것은 인위적으로 자연적인 업무 흐름을 분리하고 병목을 만들 수 있다. 수직적 구조가 자리를 잡을 때, 요구된 업무가 달성되도록 중요한 기량이 위치를 잡고 접근가능할 필요가 있다. 마지막으로 프로세스 맥락에서 수행된 업무는 상승효과를 자극해야 한다. 시스템 통합과 함께, 프로세스로서의 업무설계는 전체 조직적 상충관계가 최소 투자투입에 대한 최대 성과를 달성하도록 구조화됨을 의미한다.

기능지향에서 프로세스 지향으로의 이동으로 제안된 근본적인 변화는 물류에 개입된 관리자들을 위한 메시지를 혼합하였다. 긍정적인 측면에서 과정지향

그림 12-7 · 수직적 조직에서 수평적 조직으로의 이동

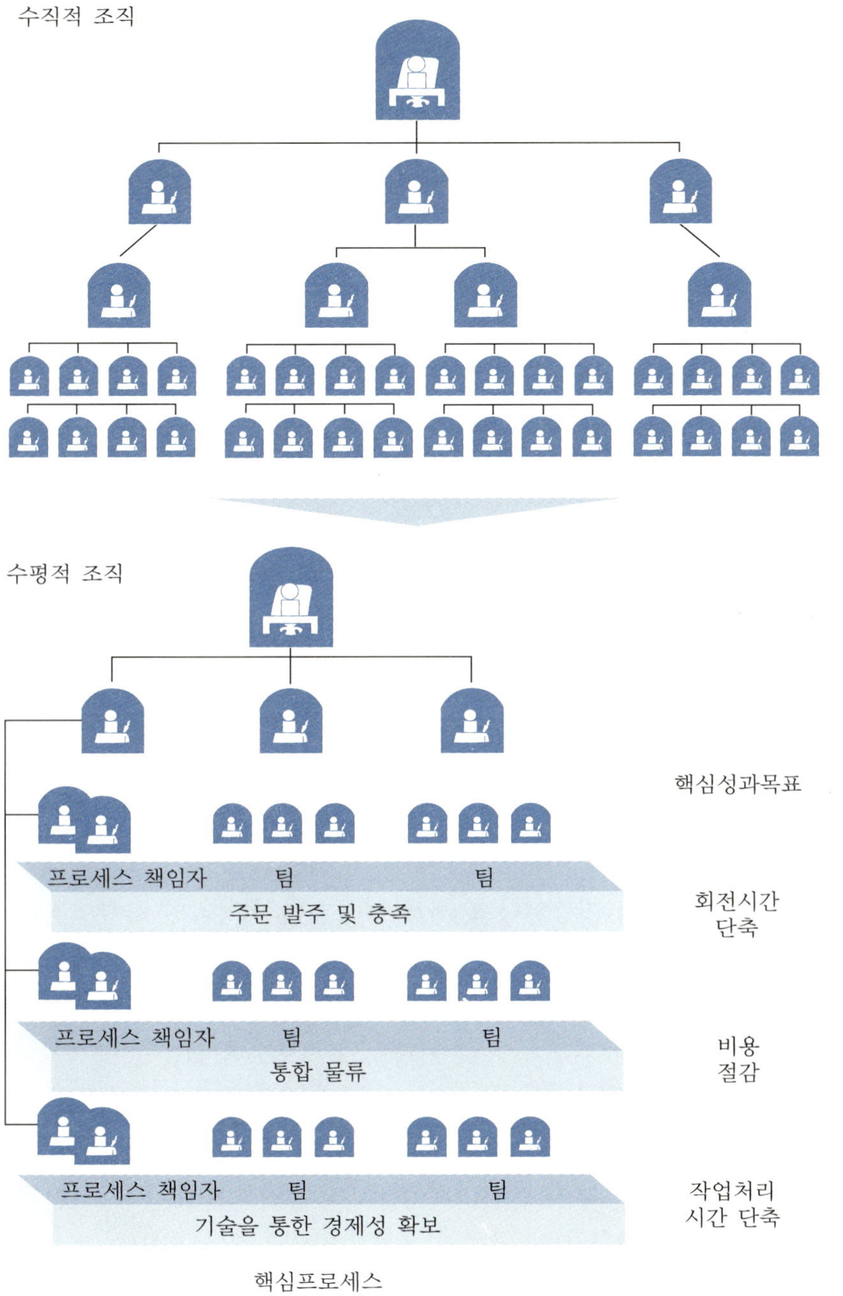

의 일반적인 채택은 시스템 통합의 기본적인 원칙 위에서 구축된다. 통합물류의 핵심에는 프로세스 성과에 기여하는 기능적 우월성에 대한 확신이 있다. 프로세스로서 물류를 관리하는 것으로의 일반적인 이동은 그것이 신제품 개발, 고객주문 생성, 기대충족 및 주문인도에 초점을 맞추는 모든 발의사항에 대한 핵심적 기여자로서 위치할 것임을 의미한다. 전체적인 프로세스 통합의 추세는 물류의 운영적 잠재력 및 영향을 확장시킨다. 프로세스 스스로가 어떻게 수행되고 관리될 것인가에 관한 이해는 아직 완전하지 않다. 지난 10년 동안에 관찰된 가장 진전된 물류 솔루션은 수정된 계층적 구조를 이용하여 전반적인 물류 프로세서를 관리하도록 조직형태 및 최선의 실시 성과를 결합하였다. 매트릭스 조직의 개념이 수평적 경영을 촉진하는 보편적인 구조로서 대두하였다. 매트릭스 접근법을 운영화하기 위한 우수한 정보의 이용가능성은 경직된 공식적 조직구조에 대한 의존성을 경감시킨다. 유통조직을 위한 구조의 측면에서 중요한 현안은 (1) 공식적 계층구조가 프로세스 지향을 가능케 하고 권장하도록 모색하는 동안 얼마만큼 유지될 수 있으며 유지되어야 하는가?, (2) 조직이 지나치게 관료화되지 않으면서도 세계적 물류처럼 복잡한 프로세서를 관리할 수 있도록 어떻게 구조화될 수 있는가? 이러한 질문을 강조하기 위하여 관리자들은 5단계의 잠재력을 완전히 이해할 필요가 있는데, 여기에 조직경계에 걸쳐서 통합되는 정보주도 물류 네트워크의 필요성이 존재한다.

(6) 5단계: 가상성(Virtuality) 및 조직 투명성

프로세스에 관심이 집중된다고 해서 경영층의 이상적인 물류조직에 대한 열망이 없어질 가능성은 크게 없어 보인다. 미래의 조직에 관한 서로 다른 몇 가지 시나리오가 기술적으로 가능한 한편, 가장 흥미로운 것 중 하나는 공식적인 계층적 지휘통제 조직구조가 흔히 가상의 조직으로 불리는 비공식적 전자네트워크로 대체될 것이라는 추측이다. 가상(Virtual)의 라고 하는 형용사는 공식적인 인식이 없이 기초가 되는 존재를 의미한다. 달리 말하자면, 가상의 조직은 그것이 완전한 기업이든 구체적인 핵심역량이든 공식적인 조직구조 중 파악 가능한 단위로서가 아니라 통합된 성과의 제공자로서 존재할 것이다. 물류의 경우에 핵심 업무팀은 통합된 방식으로 중요한 활동을 수행하도록 전자적으로 연결될 수 있다. 이러한 업무팀은 멤버십에 관한 공식적인 조직구조라는 점에서 투명할 수 있다. 즉, 공식적인 조직도표는 실질적인 업무흐름과 관계되지 않을 수도 있다(사실상, 미래의 물류조직은 구조라기보다 오히려 업무 흐름에 초점을 맞추는 조직 전반에 기능적 분할로 특징지울 수 있다).

가상성 및 투명성의 개념은 중앙집중화 및 분산화와 같은 오래 계속될 조직적 개념을 위한 광범위한 의미를 가진다. 속도 및 반응에 대한 고객 요구사항을 충족시키기 위하여 권한이 조직 아래로 내려갈 필요가 있다. 전략적 방향은 본부에서 비롯되도록 예상될 수 있다. 운영적 적응은 한층 더 업무현장에서 이루어질 것이다. 현장 관리자들은 전략을 개선하고 그것을 운영에 직접적으로 적용되도록 기대될 것이다. 중앙집중화 및 분산화는 점점 더 의미가 없는 용어가 될 것이다. 미래의 조직은 개념에 대해 몰입하지 않고 중앙집중화 및 분산화를 가장 잘 이용하도록 모색될 것이다.

정보기술의 이점을 전면적으로 이용하기 위하여, 주요 구조적 및 철학적 이동이 반드시 일어나야 한다. 지휘통제 구조는 변화하기 어려운 중요한 사업상 역사적 전례를 가지고 있다. 사실상 일부는 그러한 기본적인 변화가 원래의 조직 솔루션이 완전히 폐기되거나 해체될 경우에만 달성될 수 있다고 믿는다. 달리 말하면 단순히 현재의 조직구조를 바꾸는 것으로는 변화가 이루어질 수 없다.

분리의 막후에 있는 생각은 정보기술의 힘이 기능을 공식적인 조직단위로 그룹화하거나 총괄하지 않고 물류업무의 통합관리 및 수행을 가능하게 한다는 것이다. 물류업무 수행에 대한 책임은 이상적으로는 사용자와 조직적으로 위치되어야 한다. 이러한 의미로는 사용자가 수송, 창고, 재고 또는 임무를 완수하도록 하는 그 밖의 물류서비스를 필요로 하는 조직이다. 물류서비스를 수행하는 자들이 사용자 조직의 통합부분이 되도록 하는 것은 적절성 및 유연성을 높일 잠재력을 가진다. 근본적으로 궁극적인 권한위임이 초래될 것이다. 기업 전반에서 각 조직은 필요한 물류서비스를 수행할 것이다. 해체 패러다임은 물류 기능성이 효율적 및 효과적으로 성과를 통합 조정하도록 특수한 지휘통제 구조에 대해 할당될 필요가 없을 것이라는 믿음을 바탕으로 한다.

기능적 분리에 반하는 많은 주장이 있다. 첫째로 가장 중요한 것은 분리가 단편화된 물류(1단계 이전의 조직)의 기능적 고착화 또는 근시안적 특성으로 돌아갈 위험을 만들 것이라는 주장이다. 두 번째 우려는 물류운영에서 중요한 규모의 경제를 상실함으로써 비경제성을 초래할 것이라는 주장이다. 마지막으로 유사한 유형의 업무가 공식적인 피드백 메커니즘 없이 사용자 조직 전반에 퍼지면, 업무의 표준화 및 단순화가 감소될 수 있다는 주장이다.

그러나 위의 주장들을 단편적인 주장으로, 일반적으로 관리자들이 공식적 통합조직에 관해 가지는 우려에 지나지 않는다. 성과개선에 대한 핵심은 적절성 및 유연성이 공식적 조직 구조화에 대한 의존성과 대조적으로 물류 통합조정을 촉진하는 전자네트워크를 생성함으로써 증가될 것이라는 인식이다. 실질적으로 정보기술은 조직구조 그룹화 패러다임이 통합 요구사항을 달성하려는 노력으로 출범했을 때는 존재하지 않았다. 생각의 새로움으로 인하여 5단계 조직이 어떻게 관리될 수 있는가를 인식하는 것은 어렵다.

기술적인 시각에서, 우리가 오늘날 알고 있는 공식적인 물류조직이 현재의 지휘통제 조치라는 점에서는 계속 존재할 수 없을 것으로 가정하는 것이 합리적이다. 비공식적 기반으로 전자적 연결성 및 물류업무의 네트워크 구축을 통하여 통합이 한층 더 달성될 것이다. 그러한 통합조정 아래에서 통합수행의 필수적인 관점이 유지될 수 있고 최대한의 표준화 및 단순화를 달성하도록 지식 및 전문성이 공유될 수 있다. 모든 물류업무는 언제 어디서 수행되는지와 관계없이 비공식 물류 네트워크의 일부로서 간주될 수 있다. 국지적인 통제를 유지하면서 요구사항 및 성과 매트릭스에 관한 공통의 정보를 공유하는 것은 오늘날 최선의 실시 모델을 뛰어넘는 물류의 핵심 역량을 제공한다.

투명한 물류 네트워크 조직은 공통의 이해관계 및 목표로 동기부여를 받고 지시되는 관련 사업기능의 복합체로 간주될 수 있다. 비공식적인 네트워크는 정보공유를 통해 더욱 활발한 활동을 하게 될 것이다.

기능적으로 분리된 정보가 네트워크를 통합 조정하는 경우 실질적인 물류조직의 해법이 될 것인가에 관해서는 아직 논의가 진행중이다. 최선의 관행에 관한 연구에서 일부 기업들은 물리적 또는 조직적으로 오히려 전자적으로 공통점이 없는 업무를 연결시키려는 초기 단계에 있다고 나타난다.

가상의 조직이라는 개념은 단순히 구조적 투명성을 생성하는 것보다 더 넓은 의미로서, 실체들이 공통의 목표를 달성하도록 구성하고 해체될 수 있다는 생각은 관계경영이라는 측면에서 중요성을 가진다. 개별적인 핵심역량을 이용하도록 함께 일을 하는 유동적이고 유연한 기업의 그룹을 다루는 가상성의 관점은 물류서비스 공급자의 미래에 주요한 영향을 주고 있다. 가상성에서는 사용자들이 필요할 때 가질 수 있고 더 이상 필요하지 않을 때 폐기시킬 수 있다는 처분가능한 물류역량의 개념에 대해 의미를 부여한다. 처분가능한 물류라는 개념은 특별판촉, 계절성 및 신제품 개발과 도입과 같은 부문에서 응용되는 것이다. 오늘날 기업들이 끊임없이 제휴를 형성하고 해체한다는 사실이 투명성 및 가상성이라는 개념에 신뢰성을 준다.

제3절 통합 공급사슬 조직전략

통합 공급사슬 관리를 위한 조직을 어떻게 구성할 것인가를 결정하는 한 가지 축은 수요의 불확실성을 감소시키는 데 집중할 것인가 아니면 공급의 불확실성을 감소시키는 데 집중할 것인가를 선택하는 것이다. 이는 제품이나 시장의 특성에 따라 결정되며, 공급사슬 상에서 가장 큰 영향력을 가진 구성원에 의하여 조직의 구성이 이루어지게 된다.

수요의 불확실성은 제품에 대한 수요의 예측과 연관된다. 기능적인 제품들은 긴 제품수명주기와 그로 인한 안정적인 수요를, 반면에 혁신적인 제품들은 높은 신기술과 유행 컨텐츠로 인해 짧은 제품수명주기를 가지고 그 결과, 매우 예측하기 어려운 수요를 가진다. 패션 의류, 최고급 컴퓨터, 최신 통합된 회로, 대량 고객화된 제품들이 혁신적인 제품들의 예인 반면, 가사 소모품, 기초 식품, 석유와 가스, 기본 의류는 기능적인 제품들의 예이다. 명백하게, 다른 공급사슬 전략들은 혁신적인 제품들에 비하여 기능적인 제품들에 대해 요구된다. 기능적인 제품들은 종류가 제품의 유행지향적인 성질과 제품기술의 진보로 인한 새로운 제품옵션의 빠른 등장으로 인해 창출된다는 점에서 혁신적인 제품들보다 더 적은 제품종류를 가지는 경향이 있다. 혁신적인 제품들에 대한 수요는 매우 예측하기 어려운 반면, 기능적인 제품들에 대한 수요는 그보다 매우 예측하기 쉽다. 제품수명주기와 제품의 성질에서의 차이점 때문에, 기능적인 제품들은 더 적은 제품 이익을 가지는 경향이 있으나 진부화로 인한 비용은 낮다. 이에 반해, 혁신적인 제품들은 높은 제품 이익을 가지는 경향이 있으나 진부화로 인한 비용은 높다.

제품의 공급 측면에서 일어나는 다른 종류의 불확실성들도 올바른 공급사슬전략을 위해 동등하게 중요하다. 안정된 공급 프로세스는 제조 프로세스와 근간을 이루는 기술이 잘 발달되어 있고, 공급 기반이 잘 확립되어 있는 바탕에 존재한다. '발전하는' 공급 프로세스는 제조 프로세스와 근간을 이루는 기술이 여전히 초기 발전상태에 있고, 빠르게 변화하며, 그리고 그 결과 공급 기반이 크기와 경험에서 제한되는 데에 있다. 안정된 공급 프로세스에서, 제조 복잡성은 낮거나 관리하기 쉬운 경향이 있다. 안정된 제조 프로세스는 고도로 자동화되는 경향이 있고, 긴 기간의 공급계약이 일반적으로 행하여진다. 발전하는 공급 프로세스에서는, 제조 프로세스가 많은 미조정을 필요로 하고, 종종 고장과 불확실한 수율에 영향을 받는다. 공급 기반은 공급자들이 그들 스스로 프로세스 혁신을 행하는 것과 같이 믿음직하지 않을지도 모른다.

기능적인 제품들은 더 성숙하고 안정된 공급 프로세스를 가지는 경향이 있지만 항상 그런 것은 아니다. 예를 들어, 산지에서의 전기제품이나 다른 실용제품들의 연간 수요는 안정적이고 예측하기 쉬운 경향이 있으나, 지역의 강수량에 의존하는 수력발전전력의 공급은 매년 변덕스러울 수 있다. 일부 농산물의 경우, 매우 안정된 수요를 가지지만 제품의 공급(양과 질)은 기후조건에 따라 크게 달라지게 된다. 이와 유사하게, 안정된 공급 프로세스를 가진 혁신적인 제품들도 있다. 패션 의류제품들은 짧은 수명주기를 가지며 수요를 예측하기가 어렵다. 그러나 공급 프로세스는 신뢰 높은 공급 기반과 성숙한 제조 프로세스 기술과 함께 매우 안정적이다.

1. 수요의 불확실성 축소를 위한 통합 공급사슬 조직구성

많은 경우에, 소비자 단계에서 제품의 수요가 안정적임에도 불구하고, 수요 신호의 왜곡은 공급사슬에서 일어날 수 있다. 결과적으로, 공급사슬 상위부분에서의 수요패턴은 매우 변덕스러워진다. 그로 인해, 마지막 소비 단계에서의 수요패턴은 작은 변동에 단조로운 반면에, 소매업자에서 도매업자로(도매업자에서 제조업자로, 제조업자에서 공급자로 등등)의 주문은 변동성이 증가하는 형태를보인다. 이것이 공급사슬을 따라 상위 단계로 갈수록 주문 변동이 확대되는 것으로 잘 알려진 '채찍효과' 이다. 이로, 원래 제품 수요가 안정적임에도 불구하고, 공급사슬의 많은 부분에서 여전히 매우 예측하기 어려운 수요에 직면하고, 그로 인해 전체적인 비용 효율성이 전체 공급사슬에 걸쳐 달성되지 못할 수 있다.

공급사슬의 관리 효율을 되찾기 위해서는 정보공유와 공급사슬 구성원 간의 긴밀한 조정이 필요하다. 공급사슬에 걸친 수요정보의 공유와 일치된 계획은 이 목적을 위해 중요하다. 이탈리안 파스타 제조업체인 Barilla는 이 경우의 예이다. 파스타는 낮은 수요와 공급 불확실성을 가진 제품이다. 그러나 수요 신호에 대한 소매업자들의 과잉반응의 결과로, 주문은 가득 찬 트럭 짐의 분량, 촉진, 주문 과장, 수요 변동의 높은 수준 발생, 중요한 낭비와 손실 유도를 만드는 쪽으로 처리된다. Barilla에 의해 시작된 정보공유와 조정된 조달 프로그램을 통해, 공급사슬 효율은 매우 개선되었다. 엄격한 조정의 결과로 재고는 50% 근처로 떨어졌고, 품절 비율도 거의 0으로 내려가게 되었다. 실제로, 최근의 연구들에 따르면 평균보다 높은 이익률을 기록하는 기업들은 조달계획 및 수요계획에 있어서 자신들의 거래 파트너들을 참여시키고 있는 것으로 나타나고 있다.

공급사슬을 넘나드는 정보공유와 협력적인 조달은 인터넷의 사용을 통해 보다 쉽게 이루어질 수 있다. 대부분이 안정된 공급 프로세스를 가지는 기능적인 제품들로 구성된 식료품 산업은 이러한 전략들을 이행하기에 이상적이다. 식료품 제조업체인 Nabisco와 Wegmans는 생산계획 및 수요 예측, 재고 보충에 있어 공급업체와 긴밀한 협력을 실행한 결과 좋은 성과를 이루게 되었다. 전체 스낵의 판매는 다른 소매업자들이 실제로 시험기간 동안 9% 감소된 것에 비해 11%가 증가하였다. Nabisco의 대표 브랜드인 Planters는 조달에서 협력적인 노력들로 더 좋게 계획된 판촉과 할인을 Wegmans 점포들에게 제공할 수 있게 된 결과 판매가 40% 상승하였다. 마지막으로, Nabisco의 재고는 18% 떨어진 반면, 창고 충족률은 93%에서 97%로 증가하였다. 이러한 모델은 현재 Schnuck Markets, Kmart, Circuit City, P&G, Kimberly-Clark, Sara Lee, 그리고 Wal-Mart에서도 시험적으로 운영되고 있다.

2. 공급의 불확실성 축소를 위한 공급사슬 조직구성

제품개발 단계에서부터 제품수명주기의 성숙기와 쇠퇴기까지 지속적인 정보의 교환은 공급자 실패의 위험을 줄이는 데 있어 매우 효과적이다.

초기 설계 협력은 하위부분에서 공급 불확실성을 감소시키는 또 다른 방법이다. 음향기기를 생산하는 Bose Corporation은 커뮤니케이션을 촉진시키기 위해 공급자 대표를 그들의 현장에 머물게 하는 'on-site' 대표 개념을 사용해 왔다. 유럽에서 Daimler-Benz의 Smart Car를 생산하는 기업인 Micro-Compact Car는 프랑스 Hambach에 공장을 세웠는데, 여기에서 하위시스템 공급자들은 공장 현장에서 중요한 모듈들의 조달을 관리하는 책임을 졌다. 공급자들은 Hambach 공장이 1994년에 처음 세워질 때 직접 투자를 해줄 것을 요청받았고 공장 안에 그들의 재고를 저장할 수 있는 공간을 얻었다. 특정한 경우에 대하여, 그들은 또한 완제품인 자동차에 그들의 모듈들을 삽입하는 데 있어 책임을 졌다. 투자와 증가하는 책임에 따라서, 공급자들은 또한 Smart Car의 연구와 개발에 많이 참여한다. 이러한 강력한 파트너십 관계는 상당한 이익을 가져왔다. 어려운 시작 기간에도 불구하고, Smart Car 판매는 최근 유럽에서 많은 입지를 얻고 있다.

공급자 허브는 또한 그들의 생산 라인의 공급 위험을 감소시키기 위해 제조업자들로부터 사용되어 왔다. 예를 들면, Apple Computer는 Colorado주 Fountain에 있는 그들의 이전 제조현장에 3자 물류 기업인 Fritz Companies에 의해 운영되는 공급자 허브를 만들었다. Fritz는 창고가 Apple 공장에 근접해 있도록 하기 위한(공급자 허브로 잘 알려진) 조달과 부품과 재료들의 내부 물류를 관리하였다. 허브의 재고는 공급자들에 의해 소유되었다. 허브의 사용은 운송중인 재고에 대한 것과 마찬가지로 Apple의 요구와 그들 부품의 소비패턴에 대한 더 좋은 정보를 가지는 것을 허락하였다. 이것은 공급자들과 Fritz 공동으로 의해 더욱 효율적인 재고 조달과 내부 물류의 관리가 되게 하였고, 그로 인해 Apple에 대한 공급 불확실성을 줄였다. 공급자 허브는 Compaq, HP, Dell, Cisco, 3Com, 그리고 Volkswagen과 같은 기업들에 의해 사용되어 왔다.

요 약

1. 총공급사슬 관리(Total Supply Chain Management)는 원재료에서부터 최종사용자에 이르기까지 제품이나 서비스, 정보에 관한 조율을 능동적으로 관리하는 것을 목표로 하는 조직 개념이다.
2. 조직의 구조는 기업에 따라 고유한 특성을 갖는다. 표면적으로 같은 형태의 조직을 갖고 있다고 할지라도 그 조직을 이루는 구성원들의 개인적 역량, 자본비용, 경영 스타일 등과 같은 각각의 중요한 영역에 있어서 기업들은 차이점을 갖는다. 예를 들어, 물류 기능은 많은 조직에 있어서 비슷하게 보이지만 이를 묘사하는 데에도 다양한 이름이 사용된다.
3. 프로세스로서 물류를 관리하는 것의 도전에는 3중의 노력이 필요하다. 첫째, 모든 노력이 고객에 대한 부가가치에 초점이 맞추어져야 한다. 활동이 존재하고 그것이 고객가치에 기여하는 정도로 정당화된다. 따라서 물류에 대한 헌신은 고객이 수행되는 특정한 활동을 원한다는 믿음에 의해서 동기부여가 되어야 한다. 물류 관리자들은 외적으로 생각하는 능력을 개발해야 한다. 둘째, 프로세스의 일부로서 물류를 통합하는 것은 업무를 완성하는 데 필요한 모든 기량이 기능조직과 관계없이 이용가능하도록 요구한다. 선발된 기능을 바탕으로 조직 그룹화를 하는 것은 인위적으로 자연적인 업무 흐름을 분리하고 병목을 만들 수 있다. 수직적 구조가 자리를 잡을 때, 요구된 업무가 달성되도록 중요한 기량이 위치를 잡고 접근가능할 필요가 있다. 마지막으로 프로세스 맥락에서 수행된 업무는 상승효과를 자극해야 한다. 시스템 통합과 함께, 프로세스로서의 업무설계는 전체 조직적 상충관계가 최소 투자투입에 대한 최대 성과를 달성하도록 구조화됨을 의미한다.
4. 가상의 조직이라는 개념은 단순히 구조적 투명성을 생성하는 것보다 더 넓은 것으로서, 실체들이 공통의 목표를 달성하도록 구성되고 해체될 수 있다는 생각은 관계경영이라는 도전을 위해 중요성을 가진다. 개별적인 핵심역량을 이용하도록 함께 일을 하는 유동적이고 유연한 기업의 그룹을 다루는 가상성의 관점은 물류서비스 공급자의 미래에 주요한 영향을 주고 있다. 가상성에서는 사용자들이 필요할 때 가질 수 있고 더 이상 필요하지 않을 때 폐기시킬 수 있다는 처분가능한 물류역량의 개념에 대해 의미를 부여한다.

토의 사례

삼성전자의 SCM 조직

삼성전자는 1997년부터 SCM(공급망관리)시스템을 구축했다. 모니터와 메모리 사업부부터 SCM이 도입됐고, 12개 전 사업부로 확장된 때는 2002년이었다.

사업부 단위로 사업계획이 수립되고 생산과 판매가 이뤄지기 때문에 SCM시스템 역시 사업부 단위로 따로 돌아간다. 일반 기업으로 말하면 12개 기업이 별도로 SCM시스템을 가동하고 있는 셈이다. 90년 들어 구축하기 시작한 ERP(전사적 자원관리)시스템과 2002년에 끝마친 SCM시스템까지를 포함해 삼성전자는 총 1조원을 투자했다. 시스템 기획은 삼성전자 내부의 경영혁신팀이 담당했고, 시스템 구축은 삼성SDS가 맡았다. 시스템은 SAP R/3 제품.

각 사업부 단위로 SCM을 관리하는 책임자는 GOC(Global Operation Center) 담당임원이다. GOC 담당임원은 사업부문장 지시를 받으면서 사업부문의 생산과 판매의 전 과정을 관리한다.

각 부문별로 구축된 SCM 시스템은 크게 4개 하부 시스템으로 구성된다. 첫째가 수요 예측(DP: Demand Planning)시스템이다. 영업사원들이 4개월 동안 팔 수 있는 예상 매출액을 시스템에 올릴 수 있는 장치다. 판매 예측을 해 놓고 4개월 동안 무작정 기다리지 않는다. 매주 4개월 단위로 바이어들의 동향을 분석하면서 판매 예상액을 수정하는 단계를 밟는다.

SCM을 구성하는 두 번째 시스템은 주생산계획(MP: Master Planning)이다. 수요 예측 자료를 토대로 주단위 생산계획을 수립하는 단계다.

생산에 필요한 부품과 신제품이 제대로 공급될 수 있는지, 원자재 구매에 이상은 없는지, 생산시설에 문제는 없는지, 물류조직에 이상은 없는지를 최종적으로 점검한다. 과거 SCM시스템이 없었을 때엔 월 단위 생산계획을 짰으나, 2002년 이후 12개 전 사업부별로 주단위 생산계획을 수립한다.

GOC 담당임원은 수요예측뿐 아니라 협력업체와 주요 바이어가 보내

온 구매 정보를 종합적으로 분석한다. 협력업체는 삼성전자가 만들어 놓은 시스템(SCC: Supply Chain Collaboration)에 접근해 예상 판매액을 직접 기입한다. 또한 삼성전자의 수요 예측 및 생산계획 정보까지 직접 확인할 수 있다. 주요 대형 유통업체도 협력업체와 마찬가지로 삼성전자 내부 자료를 볼 수 있다.

세 번째 단계는 납기이행(DF: Demand Fulfillment)시스템이다. 삼성전자 제품 구매자에게 줄 정보를 담아두는 곳이다. 영업사원들은 납기이행 시스템을 통해 구매자가 요구한 제품을 약속한 날짜에 제대로 공급될 수 있는지를 알 수 있게 된다. 구매자가 직접 시스템에 접근해 확인할 수 없는 대신 영업사원 이 관련 정보를 구매자에게 전달할 수 있도록 설계했다.

네 번째는 생산계획(FP: Factory Planning)시스템이다. 주생산계획에 따라 공장에 생산 주문을 하는 시스템이다.

삼성전자가 생산하는 모니터는 수 십만 대에 달하고 휴대폰 단말기만도 내년에 1억개에 달한다. 이런 엄청난 생산규모지만 생산계획은 모두 수원공장의 GOC에서 이뤄진다. 이 곳에서 결정된 생산 의사 결정은 국외 공장으로 전달되고, 50여 개 국가에 주재한 판매상에도 동시에 광속도로 날아간다. 모니터의 경우 국내에선 한 대도 생산되지 않을 만큼 국외 생산 비중이 높다.

남정훈 경영혁신팀 부장은 "SCM 시스템 도입 이후 재고일수는 6분의 1 수준으로 줄었고, 채권회수일수는 4분의 1 수준으로 떨어졌다"고 자랑한다. 그만큼 현금흐름이 좋아졌음을 의미한다.

〈매경이코노미, 2004. 11. 10〉

Q 토의문제

❶ 삼성전자의 SCM조직은 일반적인 구매조직과 어떤 차별성을 갖는가?
❷ 협력 업체가 SCC에 직접 예상 판매액을 기입하도록 하는 방식은 전체 공급사슬에 어떤 영향을 미치는가?

chapter 13

공급사슬 프로세스 분석

창고 없는 무재고 시스템 도입-삼성전자 광주공장 청소기 사업부

삼성전자 전남 광주공장이 무재고시스템을 구축하는 데 성공했다. 삼성전자는 최근 자체 개발한 직접배송시스템(DSS: Direct Shipment System)을 광주 디지털가전사업장 청소기공장에 적용, 원자재와 제품 재고가 없는 무재고·무창고 시스템을 구현해냈다고 9일 밝혔다.

이 공장은 또 전자태그(RFID)에 의한 제조공정 시범사업에도 성공, 미국 수출용 제품에 RFID시스템을 적용하고 있다. 삼성전자 사업장 가운데 무재고와 RFID시스템을 모두 갖춘 곳은 청소기사업장이 처음이다.

창고가 없다

청소기사업부의 무재고시스템은 삼성전자가 자체 개발한 일종의 창고 없는 생산 방식. 청소기 공장은 최근 사내 인터넷 망 'GloNet'을 통해 30개 협력사와 정보를 공유, 필요할 때마다 부품을 납품받는 적기부품 공급시스템(ICS: Inbound Call System)과 완제품은 생산 즉시 컨테이너로 출고하는 DSS 체제를 구축, 공장 내에 창고를 없애고 있다.

무재고시스템은 협력사 생산현장에서 부품검사가 이뤄지고 완제품 검사 역시 생산라인에서 즉시 이루어지는 만큼 제품에 대한 자신감이 없으면 불가능한 시스템이다.

청소기사업장의 도전은 윤종용 부회장이 "광주 청소기사업장의 혁신을 다른 사업부에서 본받아라"고 강조했을 정도로 삼성전자 내에서도 주목을 받고 있다.

청소기사업장의 창고 규모는 전체 공장 바닥면적(2,500평)의 절반(1,200평)을 차지했으나 무재고시스템 도입 이후 400평 수준으로 줄었으며 연말까지는 100% 창고 없는 공장을 실현할 계획이다. 생산성도 크게 높아져 지난해 900만대 수준이던 연간 생산량이 올해는 23%가량 늘어난 1,100만대로 예상된다. 단일 청소기 공장으로는 세계 최대 규모다.

한계사업장에서 혁신공장으로

청소기사업장은 부품과 완제품 창고가 생산라인에 연결돼 있는 일반 공장과 달리 공장 안에는 1시간 생산분량의 부품박스 외에는 별도 보관창고가 없다. 대신 1시간 이내 거리에 있는 30개 주요 협력사들이 인터넷을 통해 부품 수급현황을 보고 필요할 때마다 부품을 공급하고 있다. 생산라인에서 제품검사가 이루어진 청소기는 자체 개발한 '지브라(얼룩말) 컨베이어벨트'에 실려 대형 컨테이너에 차곡차곡 실린다. 이는 창고를 거쳐 출하할 때의 12단계 절차를 단 하나의 절차로 개선한 것.

이 공장 류시창 부장은 "창고 없는 공장은 원자재-부품-생산-출하로 이어지는 전 부문에서 단 하나의 오차도 없어야 가능한 체제"라며 "한때 한계사업장이 될 뻔했던 청소기사업장이 생존을 위해 끊임없는 혁신을 시도한 끝에 나온 결과물"이라고 말했다.

전자태그 상용화도 시동

이 사업장은 삼성전자 생산공장 중 처음으로 RFID시스템을 도입, 전체 생산물량의 약 30% 수준인 미국 수출 제품에 전자태그를 적용하고 있다. 생산라인을 거쳐 컨테이너에 실리기 직전의 완제품은 컨베이어벨트 옆에 부착된 전자 태그입력기를 통해 모델번호 시리얼 넘버 제조사 등의 정보가 자동 입력된다. 국내용 제품에는 전자태그와 바코드를 함께 상용하고 있다.

삼성전자 관계자는 "본격적인 유통혁명에 대비,청소기공장을 시작으로 전자태그 시스템을 전 가전제품으로 확대해 나갈 계획"이라며 "청소기공장의 적용 사례를 반도체 휴대폰 등 다른 사업부문과 적극 공유해나갈 계획"이라고 설명했다.

〈한국경제, 2005. 10. 9〉

제 1 절 공급사슬에서 프로세스 분석의 중요성

1. 린 생산방식(Lean Manufacturing)의 한계

모든 기업에게 원가 절감은 영원한 과제이다. 높은 마진을 향유하던 기업도 얼마 지나지 않아 유사 제품이나 대체제의 등장으로 제품이 일상품(Commodity)화 되고, 새로운 경쟁자의 등장으로 경쟁이 심화되면서 원가 절감의 압박을 받게 된다. 특히 제품에 대한 정보 획득이 용이해지고 빠른 정보 유통 속도, 글로벌화로 인해 경쟁에 있어 지역 경계의 의미가 없어지면서 고객의 요구 수준은 꾸준히 높아지고 있다. 여기에 산업발전 사이클이 단축되고 있는 점까지 감안하면 원가 절감을 통한 경쟁력 확보와 이를 통한 수익성 제고의 중요성이 더욱 중요해지고 있다.

전세계 대부분의 기업들은 원가 절감을 위하여 다양한 노력을 경주해 왔다. 특히 도요타(Toyota)로 대변되는 다수의 제조기업들은 생산과정에서의 낭비요소를 제거함으로써 혁혁한 원가 절감 효과를 거두었다. "린 생산방식(Lean Manufacturing)"이라고 명명된 이 방법은 간판시스템(Kanban System), JIT(Just-In-Time) 등과 같은 일련의 기법을 활용하여 과잉생산, 대기시간, 운반시간, 불필요한 재고, 불필요한 이동 및 결함요소 등 생산과정에서의 낭비요소를 제거하고자 노력함으로써 재고를 줄이고 생산성을 향상시켰다.

그러나 린 생산방식은 유통망의 장애를 전혀 고려하지 않았다는 단점이 있다. 만약 부품이나 자재를 공급하는 유통망에 천재지변과 같은 큰 변수가 발생하여 공급에 차질이 생기게 되면 이 시스템은 매우 취약한 모습을 드러내게 된다. 결국 린 생산방식은 원활한 유통망의 확보가 전제되지 않으면 불완전한 생산방식이라고 할 수밖에 없다. 또한 린 생산방식은 아래와 같은 문제점을 지니

그림 13-1 • 린 생산방식을 통한 원가절감의 한계

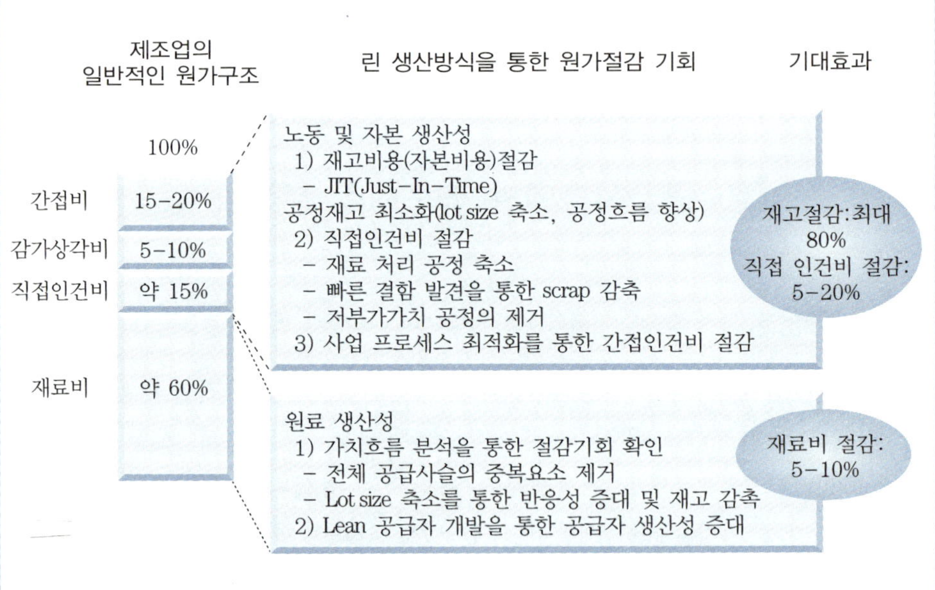

고 있었다.

- 재고 및 자재 운영에 있어서는 풀 시스템으로 운영되기 때문에 수요 변동이 크면 적용이 곤란하고, 제조업체와 공급업체 간에 갈등이 증가하며 실제의 적용이 시간과 노력이 요구되고, 재고부족이 발생할 가능성이 높다.
- 생산작업의 운영에 있어서는 준비시간과 리드타임을 단축하고 생산을 평준화해야 하기 때문에, 납기 지연이나 가동률 저하를 초래하고, 생산 라인의 정지나 초과근무가 요구되며, 가동 준비 횟수의 증가, 작업자와 기계의 능력차이에서 오는 생산라인 간의 불균형이 초래된다.
- 조직의 관리와 운영에 있어서는 린 생산방식에 맞게 새로운 조직으로 운영해야 하기 때문에 작업자에게 정신적인 압박감과 스트레스를 준다.

2. 공급사슬 프로세스

공급사슬이란 "최종소비자에게 제품과 서비스를 제공하는데 필요한 기업간 활동의 조직적 네트워크"를 의미한다. 이러한 공급사슬 내에서 제품과 서비스의 생산은 여러 기업들의 '프로세스'를 거치면서 이루어지게 되는데, 이러한 의미에서 공급사슬은 "생산에 필요한 여러 단계 내에 존재하는 프로세스들의 집합"으로도 해석될 수 있다. 공급사슬 내에 존재하는 프로세스를 바라보는 관점으로는 주기적 관점(cyclic view)과 푸시/풀 관점(push/pull view)을 꼽을 수 있다.

(1) 주기적 관점(cyclic view)

공급사슬 프로세스를 바라보는 주기적 관점은 공급사슬 프로세스를 공급사

그림 13-2 • 공급사슬 내에 존재하는 프로세스 주기들

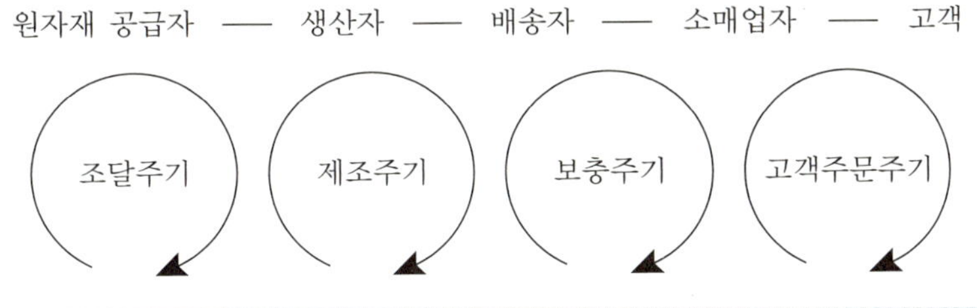

슬 내의 두 주체가 연결되는 부분에서 수행되는 여러 주기들로 나눌 수 있다는 관점을 일컫는다. 일반적으로 공급사슬을 이루는 주체들이 '원자재 공급자–생산자–배송자–소매업자–고객'의 순으로 구성되어 있음을 감안하면 공급사슬 내에 존재하는 프로세스 주기들은 대체로 다음과 같이 크게 네 주기로 구분될 수 있다.

- 조달주기(procurement cycle): 원자재 공급자와 생산자가 연결된 부분에서 발생하는 것으로 제조업체가 필요한 때에 원자재를 공급받는 데에 필요한 모든 프로세스들을 일컫는다.
- 제조주기(manufacturing cycle): 생산자–배송자, 혹은 생산자–소매업자가 연결된 부분에서 발생하는 것으로 배송자와 소매업자 재고 보충과 관련된 모든 프로세스들(배송자/소매업자/고객으로부터의 주문 도착, 생산계획, 제조와 선적 등)을 일컫는다.
- 보충주기(replenishment cycle): 소매업자와 배송자가 연결된 부분에서 발생하는 것으로 소매업자가 필요한 때에 원자재를 공급받는 데에 필요한 모든 프로세스들(소매 주문의 발생/입력/접수/충족 등)을 일컫는다.
- 고객주문주기(customer order cycle): 고객과 소매업자가 연결된 부분에서 발생하는 것으로 고객의 수요를 충족시키는 데에 필요한 모든 프로세스들(고객의 도착, 고객 주문의 접수/입력/충족 등)을 일컫는다.

이러한 공급사슬의 주기적 관점은 공급사슬 내 각 프로세스와 그 주체들을 확실히 정의한다. 이는 각 주체들의 역할과 책임, 각 프로세스에서 기대되는 결과를 명확히 할 수 있다는 점에서 매우 유용하므로 일반적으로 운영단계의 의사결정에 사용된다.

(2) 푸시/풀 관점(push/pull view)

공급사슬의 푸시/풀 관점(push/pull view)은 공급사슬 설계와 관련된 전략적 의사결정을 할 때 매우 유용하다.

푸시 프로세스는 생산에 필요한 자재의 양을 미리 예측하여 생산이 시작된다는 관점을 말하는데, 이때 생산에 필요한 원자재의 양을 결정하는 주요 변수는 리드타임(Lead Time)이다. 즉, 리드타임을 크게 잡으면 생산용량을 제대로 활용하지 못하여 재고가 쌓이게 되며 리드타임을 작게 잡으면 생산용량을 초과하여 원자재가 부족해지는 현상이 생긴다. 이처럼 생산계획이 결정되면 정해진 날짜와 시간에 따라 제품을 만들어 내게 되는 프로세스를 푸시 프로세스라 한다.

한편 풀 프로세스는 후행 공정 또는 후속공정에서 필요한 양만큼을 주문, 생산을 시작하는 프로세스로 이러한 일련의 주문과 요구에 따라 전(前)공정에서 제품을 만들어내며, 이러한 흐름은 앞 공정으로 이어져 푸시 프로세스에 비해 재고의 양이 줄어드는 효과가 있다. 즉, 정확한 리드타임을 계산할 수 있게 되어 리드타임이 커지는 일이 없게 되는 것이다.

앞서 언급된 바와 같이 소비자의 취향이 날로 다양해지고 정보획득 능력 또한 향상되면서 린 생산방식은 여러 문제점을 드러내게 되었을 뿐 아니라 이를 통한 원가절감 또한 한계에 부딪치게 되었다. 푸시 프로세스와 풀 프로세스 또한 각자 단점을 지니고 있다. 따라서 양자가 단점을 보완하는 측면에서 적절하게 결합을 해야 하며, 또한 부품 및 자재 공급업체와 유통 및 물류업체 그리고 내/외부 고객간의 네트워크화가 필수적이다. 결과적으로 이는 '공급사슬 관리(SCM: Supply Chain Management)'의 등장으로 이어졌으며 실제로 SCM은 세계적으로 큰 호응을 얻고 있다. 공급사슬 관리의 개념이 등장하면서 공급사슬 내의 각 프로세스를 분석하기 위한 다양한 방법들도 등장하였다.

미니 사례 푸시-풀 기반의 공급사슬 전략(Push-Pull Boundary)

푸시-풀 기반 공급사슬 전략(Push-Pull Boundary)이란 기업에서 제품 및 서비스의 제공시 실행하는 Push 기반 전략과 Pull 기반 전략의 결합에 의하여 공급사슬이 이루어지는 전략이다. 수요 예측을 미리 실행하여 미래 고객의 수요를 예상, 그에 필요한 자원을 미리 확보할 수 있고 계획적 생산을 실행할 수 있는 Push 전략의 장점과, 고객의 니즈(needs)를 수용, 그에 대해 서비스를 제공하는 전략을 결합하여 시장 및 제공하는 제품의 특성에 적합한 서비스를 제공하고자 하는 전략이다.

이러한 푸시-풀 기반 공급사슬 전략의 중요한 점은 그 전환점을 어느 곳에 둘 것인가 하는 문제이다. 일례로 일용품과 같이 수요가 일정하고 소비자의 요구가 크게 다양하지 않은 제품인 경우에는 Push을 사용하는 것이 일반적이며, 특이성과 다양성이 요구되지 않는 제품에 대한 사전 수요 예측과 대량생산을 통해 생산 효율성을 증대시키고 고객 수요에 대한 반응성을 제고할 수 있다. 반면, 수요 예측이 힘들고 제품/서비스에 대한 고객의 요구의 다양성이 큰 경우에는 Pull 전략을 사용하는 것이 일반적이다. 실제로 Dell사의 경우 PC 조립 전의 모든 프로세스들에는 Push 전략을, 조립을 포함한 그 이후의 모든 프로세스들에는 고객의 주문에 따르는 Pull 전략을 도입, 전체 공급사슬 프로세스를 효과적으로 관리하고 있다.

Pull-Push Boundary를 Upstream(공급자, 제조업자)쪽으로 이동하게 되면 Pull 전략의 특성, 즉 고객의 요구에 대한 반응성이 더욱 강화된다. 다시 말해, 이미 만들어진 제품이나 완제품에 가까운 재공품이 아니기 때문에 고객이 제품을 요구하는 시기에 좀더 빨리 수령할 수는 없지만 제품의 유연성이 증대될 것이다. 완제품 및 제공품의 재고 또한 감소할 것이다. 그러나 이러한 전략은 제품생산에 대한 계획이 어렵다는 단점이 있다. 이러한 문제를 해결하면서 고객의 수요를 충족시키기 위해서는 Push 전략이 강조된 유통전략보다는 더 큰 Capacity를 가져가야 한다. 또한 재고면에서도 Push 전략에 비해 완제품 및 재공품의 재고량은 적을지라도 원재료 재고는 크게 가져가야 할 것이다.

고객의 요구가 날로 다양하고 복잡해지면서 Pull 전략의 중요성은 날로 증대되고 있으며, 여러 기업들이 IT를 이용한 마케팅, 주문수령 및 관련 서비스 제공을 통해 앞서 언급된 단점들을 보완하기 위해 노력하고 있다. 또한 고객에 대한 수요 예측의 정확성을 높이고 이에 신속히 대응할 수 있는 공급사슬 구조를 갖추는 것도 기업 경쟁력의 핵심 요소로 부상하고 있다.

제 2 절 프로세스 분석 방법

본 장에서 우리는 공급사슬 프로세스를 분석하는 대표적 도구인 프로세스 흐름도(process flow diagram)와 시스템 다이내믹스(system dynamics)를 차례로 살펴보고 각각의 개념과 특징, 공급사슬에 미치는 영향에 대해 살펴보고자 한다.

1. 프로세스 흐름도(Process Flow Diagram)

프로세스를 분석하고 개선하는 첫 단계는 프로세스 흐름도를 작성하는 것이다. 프로세스 흐름도는 프로세스를 묘사하기 위한 시각적인 방법으로서 이를 통해 사례를 분석하거나 프로세스를 개선하기 위한 활동에서 수집된 정보를 체

그림 13-3 • 프로세스 흐름도 작성에 사용되는 표준 도구들

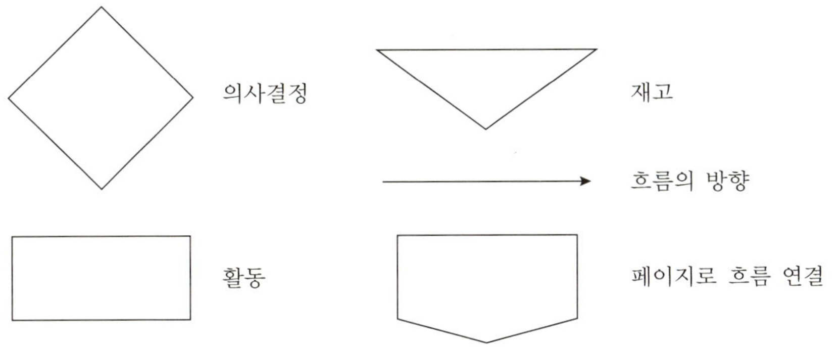

계적으로 구조화 할 수 있다. 프로세스는 프로세스를 통과해 흐르고 있는 개체들, 예를 들어 병원의 환자들, 자동차 공장의 자동차들, 보험회사의 보험 지불 청구액 등의 흐름단위들로 작동된다. 〈그림 13-3〉의 기호들은 흐름도 작성에 사용되는 표준 도구들로서 모든 종류의 프로세스 흐름도에서 공통적으로 사용된다. 화살표는 제품, 정보, 고객 혹은 무엇이든 관심 있는 것들의 흐름 방향을 표시하는 데 사용되며, 다이아몬드는 의사결정을 표시하는 데 사용된다. 사각형은 오퍼레이션이 흐름단위에 부가가치를 부여하는 프로세스 활동을 나타낸다. 분석의 정도나 수준에 따라 다르지만 일반적으로는 사각형 하나가 프로세스 하나를 나타낸다.

프로세스 흐름도는 아래와 같은 순서에 따라 활용할 수 있다.

- 프로세스 흐름도 회합 준비: 프로세스 흐름도 기호시트를 작성한다.
- 주요 프로세스 업무 과제 파악: 분석하기로 결정한 프로세스 내의 첫 번째 주요 업무과제와 다음 업무 과제로 진행하기 전에 어떤 승인 사항이 요구되는지 파악한다. 다음 업무 과제를 수행하기 전에 결정해야 할 사항이 있는지를 확인하고 필요한 사항이 있을 경우 토의, 결정한다.
- 프로세스 흐름도 작성: 프로세스 흐름도 작성에 필요한 기호를 사용하여 프로세스 업무 과제를 도식화한다. 모든 프로세스에는 시작과 끝이 있고 업무 과제들이 존재하며, 결정 포인트는 프로세스의 방향을 결정하는 '예' 혹은 '아니오' 가 된다.

- 프로세스 흐름도 분석: 앞서 작성된 프로세스 흐름도에서 각 사건별 시간과 노력의 중복이 존재하는지 분석한다. 또한 반복되는 프로세스 혹은 불필요한 업무과제의 존재 유무를 파악하고, 가치를 부가시키는 업무과제와 그렇지 못한 업무과제로 분류한다.
- 다음 단계 결정 및 종료: 검토를 위해 흐름도를 배부하고 프로세스 분석 결과에 근거하여 측정 지표를 수립한다. 수집된 자료와 고객 정보를 통해 변경이 필요한 프로세스가 있는지 점검한다.

이제 프로세스 흐름도를 그리는 방법을 조금 더 자세히 살펴보기로 하자. 프로세스 흐름도를 그리기 위해서는 프로세스를 좀더 자세히 분석할 필요가 있다. 이를 위해서는 우선 프로세스 분석의 범위와 적절한 분석 수준을 정의하여야 한다. 이는 프로젝트의 종류, 대상 기업이 속한 산업의 특성 등에 따라 달라진다. 일례로 병원의 의료서비스 프로세스를 분석하는 경우, 환자들의 대기 시간과 관련된 프로젝트에서 의료 검사, 예를 들면 수속/대기 시간과 같은 대기 시간 동안에 발생하는 일을 다룬다면, 이와 같은 프로젝트에서는 검사를 지시한 의사와 만나는 것은 분석대상이 되지 않을 것이다. 그러나 만약 수술의 질과 관련된 프로젝트를 수행하게 된다면 오히려 앞서 언급한 예에서 중요하게 다루었던 대기 시간관련 지표들은 가볍게 다루고 의사의 진료 내용에 대한 내용을 보다 상세히 다루어야 할 것이다. 이렇듯 분석의 범위와 수준은 프로젝트의 종류, 대상 기업이 속한 산업의 특성 등에 따라 다르다.

앞서 공급사슬 프로세스를 보는 관점에서 언급된 바와 같이 프로세스는 병원의 환자들, 자동차 공장 내 컨베이어 위의 자동차들 등과 같이 프로세스를 흐르고 있는 여러 개체들인 흐름 단위들로 작동된다. 기본 프로세스의 세부 사항을 이해하기 위하여 공장이 가진 공학적인 면을 살펴보자. 기술자들은 프로세스 전반에 관련된 다양한 단계에 대한 자세한 설명들과 어떻게 이러한 단계들이 작용하는지에 관심을 가진다. 설계도에는 이러한 내용들이 잘 설명되어 있고, 실제 공장설계에 이용되었다. 〈그림 13-4〉의 자동차 제조 공정 프로세스의 많은 설계명세서 중 하나이다. 자동차는 대표적인 기술/자본 집약적 조립 장치 산업이다. 자동차 생산공정은 승용차를 기준으로 크게 프레스(철판 절단 및 압축성형) → 차체(프레스철판의 용접, 조립) → 도장(차체의 방음, 방진, 방청 처리 및 색 도장) → 의장(차체의 내·외장 및 섀시조립) → 최종 테스트 등으로 구성되어

그림 13-4 • 자동차 조립공정 흐름도

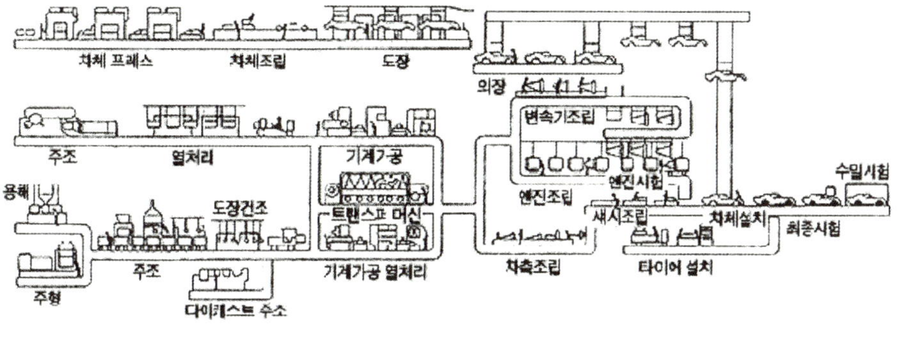

있으며, 엔진 및 변속기 등 핵심부품의 공정은 별도로 주조 → 단조 → 소결 → 열처리 → 기계가공 → 조립공정으로 되어 있다.

여기서는 프로세스 흐름도 작성상의 편의를 위해 자동차의 제조공정을 최대한 단순화시켜 살펴보도록 하겠다.

자동차 생산공정에서 흐름 단위가 프로세스 상에서 처음 맞이하는 단계는 자동차 제작에 필요한 코일이 주요 부품으로 생산되기 위해 필요한 성질을 갖도록 만드는 일인데, 그 첫 번째 단계가 바로 주조공정이다. 자동차의 엔진, 기어 등의 주요 부품은 거의 주물로 만들어진다. 주조는 크게 주철주조와 경합금주조로 나누어지는데, 여기서 주철주조는 자동차 생산에 필수적인 엔진 및 섀시류의 주물 소재를 생산하는 것이고, 경합금주조는 자동차 엔진 및 트랜스미션의 필수 알루미늄 부품을 생산하는 것이다. 그러나 관리적 관점에서 주철주조와 경합금주조, 혹은 그 과정에서 일어나는 화학적 반응 등은 관심 대상이 아니다. 주조공정은 초기 재고인 코일이 처리되는 설비일 뿐이다. 이 시점까지 흐름단위에 일어난 일을 기록하기 위하여 우리는 〈그림 13-5〉와 같은 흐름도를 만들었다.

주조된 철강 코일은 조직이 균일하지 못하기 때문에 이를 가열, 변형시켜 내부조직을 기계적으로 파괴, 균일화 된 조직을 얻게 되는데, 이것이 단조공정이다. 엔진과 트랜스미션, 그리고 동력전달장치에 사용되는 각종 기초 소재들이 모두 단조제품이다.

단조공정을 거친 코일들 중에서 강도와 내구성 및 고도의 정밀성이 요구되

그림 13-5 • 프로세스 흐름도의 첫 번째 단계

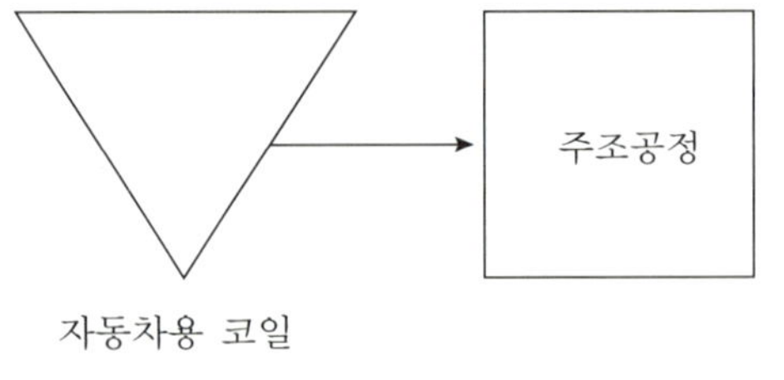

그림 13-6 • 프로세스 흐름도(계속)

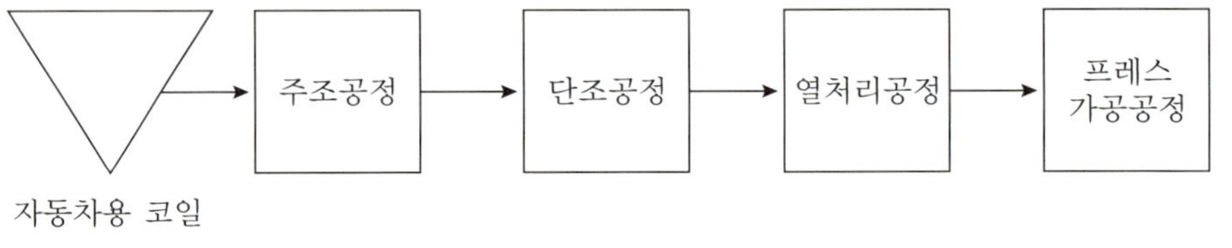

는 기어류와 샤프트류는 열처리 공정을 거쳐야 한다. 이 열처리 공정을 통해 단조제품의 내구성과 정밀성을 향상시킬 수 있다.

프레스가공 공정은 단조제품을 자동차의 외형을 만드는 패널로 변환하는 것으로, 단조제품을 세척, 프레스에서 자동차 각부에 들어가는 패널을 성형하기 좋은 최적의 평면판 형태로 생산하여 필요한 형상을 만드는 것이다. 이렇게 프로세스가 확장되면서 〈그림 13-5〉가 〈그림 13-6〉과 같이 확장되었다.

프레스공정을 통해 생산된 자동차용 패널은 용접공정을 통해 접합된다. 용접은 접합부분을 용융 또는 반용융 상태로 만들어 접속하고자 하는 두 개 이상의 물체나 재료를 직접 접합시키거나 화학물질을 첨가하여 접합하는 작업을 말한다.

접합된 패널은 도장공정을 거치며 녹이나 부식으로부터의 내구성, 차량 고유의 색상을 갖게 된다. 일반적으로 자동차는 세계 각지의 다양한 기후와 환경조건 속에서 오랜 기간 사용되기 때문에 특히 자동차 도장공정은 일반 도장과 비교할 수 없을 정도의 높은 품질, 기술이 요구되며 그 공정 또한 매우 복잡하다.

도장을 거친 패널들은 차량조립공정을 거치며 3,000여 종에 이르는 실내외 부품과 엔진, 트랜스미션, 차축 등을 조립, 장착하여 완전한 차량으로 완성되

그림 13-7 • 완성된 프로세스 흐름도

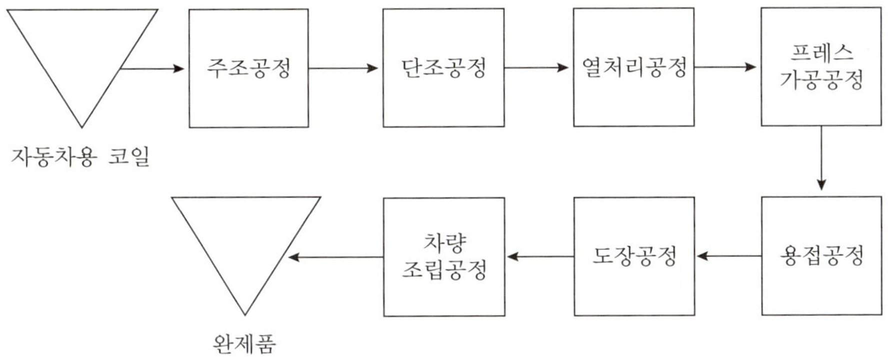

며, 수 차례의 품질 확인을 통해 상품으로서 최종 마무리된다. 이러한 과정이 공장에서 흐름단위들이 거치는 경로이다. 흐름단위가 가공되는 과정을 보여주는 프로세스 흐름도는 〈그림 13-7〉에 정리되어 있다.

프로세스 흐름도 작성시 여기에 사용되는 표준도구들의 크기나 정확한 위치는 특별한 의미를 갖지 않는다. 일례로 〈그림 13-7〉에 제시한 프로세스 흐름도의 경우, 알파벳 'U' 형태를 띠고 있으나 그 모양 자체는 아무런 의미를 담고 있지 않다. 일반적으로 프로세스 흐름도는 한 줄로 그려지지만 운영자 혹은 기술자의 이해를 돕기 위해 설계도면 위에 그려지기도 한다. 이러한 프로세스 흐름도 작성을 통해 공급사슬 프로세스 내의 여러 주체들은 실제 프로세스를 보다 쉽게 이해하고, 보다 효율적으로 문제해결 방법을 모색할 수 있다.

2. 시스템 다이내믹스(System Dynamics)

시스템 다이내믹스(System Dynamics, 체계동태학)는 동태적이고 순환적 인과관계의 시각으로(dynamic feedback perspective) 현상을 이해하고 설명하며, 이러한 이해에 기초한 컴퓨터 모델을 구축하여 복잡한 인과관계로 구성된 현상이 어떻게 동태적으로 변해 나가는지를 컴퓨터상에서 실험해 보는 방법론이자 현상을 바라보는 시각이자 프레임워크(framework)이다.

연구하고자 하는 특정 변수가 시간의 변화에 따라 어떻게 동태적으로 변화

표 13-1 • 통계적 접근법과 시스템 다이내믹스 접근법

특 성	통계적 접근법	시스템 다이내믹스 접근법
추론 방법	이전의 통계적 데이터 활용	변수 간의 논리적 인과관계 활용
분석 대상	정적인 행위	동적인 행위
분석의 초점	상관관계	피드백 관계
분석 목적	수치적 정확성 도출	구조적 정확성 도출
예측 정도	단기 예측	장기 예측
다양한 이슈 취급	어려움	쉬움

해 나가는가에 기본적인 관심을 둔다는 점에서 기존의 통계적 방법론과 차이를 보인다. 예를 들어 산업체 고용인력의 증감, 도시의 번영과 쇠퇴, 의료보험 비용의 급격한 상승 등 연구대상 변수의 시간에 따른 동태적인 변화가 어떻게 일어나고 있으며, 또 앞으로는 어떻게 변화해 갈 것인가에 대해 관심을 둔다는 것이다. 따라서, 시스템 다이내믹스는 일회적인 사건이나 모델 파라미터의 정확한 측정이나 변수의 추정 값을 구하기보다는 관심의 대상이 되는 변수가 시간의 흐름에 따라 어떤 동태적인 변화의 경향 — 안정적, 불안정적 경향, 상하 주기적인 변동, 성장, 쇠퇴, 평형상태의 유지 등 — 을 보이는지에 보다 큰 관심을 둔다. 〈표 13-1〉을 통해 기존의 통계적 접근법과 시스템 다이내믹스 접근법의 차이점을 이해할 수 있다.

시스템 다이내믹스 방법론은 일반 시스템 이론(General System Theory)에 기반한 접근법으로 Jay W. Forrester에 의해 체계화되었으며, 초기에는 엔지니어링 관련 문제 해결을 비롯하여 기업의 성과시스템 등에 주로 사용되었으나 최근에는 산업 조직, 도시 성장, 환경 문제 등과 같은 분야에 대하여 동태적인 연구방법으로서 적용 분야가 확대되고 있는 추세이다. 엔지니어링 이외의 분야에 시스템 다이내믹스를 채택한 연구는 국내에서도 증가하고 있는데, 인력수급 계획 수립을 위한 연구(한국 과학기술정보 연구원, 박상현 외, 2003), 정보화와 대기업-중소기업의 역할 변화(정보통신정책연구원, 이명호 외, 2004) 한국 영화산업의 적정 영화 제작 및 개봉 수(삼성경제연구소, 고정민, 2007) 등은 시스템 다이내믹스 방법론을 경영 전반 및 산업 분석에 활용한 예이다.

시스템 다이내믹스는 사회시스템을 포함한 모든 시스템의 변화 기제를 '비

선형적 피드백 시스템'으로 파악하여 이를 컴퓨터 상에서 시뮬레이션함으로써 시스템의 진화과정을 추적한다는 점에서 독립변수와 종속변수 중심의 제한적인 연구와는 명백한 차별성을 지닌다.

시스템 다이내믹스 방법론은 시스템의 동태적 변화 유형을 시스템에 내재된 인과관계의 순환적 피드백 구조에서 비롯된다고 보는 입장이므로, 인과관계의 순환적 구조를 잘 파악하려면 시스템의 사실적 요소에 바탕을 두어 시스템이 어떻게 작동하는가에 대한 이해가 필수적이다. 따라서 시스템 다이내믹스 방법론에서는 시스템 사고(System Thinking)의 3가지 구성 요소인 피드백 사고, 동태적 사고, 사실적 사고를 강조한다.

- 피드백 사고(Feedback Thinking): 시스템의 작동 메커니즘이 피드백 루프라는 점을 인식하고 이를 발견하여 활용하는 사고방식으로, 변수들 간 인과관계가 상호 연결되어 하나의 폐쇄회로를 형성할 수 있도록 구조화하는 것이 중요하다.
- 동태적 사고(Dynamic Thinking): 시스템의 정태적 상태보다는 부단한 변화에 초점을 두고 시스템을 이해하고자 하는 사고방식으로, 시간의 경과에 따른 변화행태에 관심을 가진다.
- 사실적 사고(Operational Thinking): 시스템의 요소와 관계성을 구체적으로 직시할 때에만 비로소 시스템을 이해하고 조절할 수 있다는 사고방식이다.

(1) 시스템 다이내믹스의 접근방법

시스템 다이내믹스는 시스템의 동태적인 변화(dynamic behavior), 즉 시간의 경과에 따른 시스템의 행태 변화에 관심을 둠으로써 시스템의 변화, 진화, 발전, 쇠퇴라는 실천적인 측면을 중요시한다. 또한 동태적인 변화의 근본 원인을 외부 변수(exogenous variable)보다는 내부 변수(endogenous variable)에서 찾으며, 시스템의 변화를 특정 변수에 관련된 파라미터의 변화에서 찾기 보다는 시스템의 전반적인 구조에서 찾음으로써 피드백 구조(feedback structure)를 강조한다는 특징을 지닌다.

(2) 시스템 사고(System Thinking)의 특징

시스템 사고는 전체를 이해하는 수단으로서의 부분의 역할을 강조한다. 따

그림 13-8 • 통계적 접근법과 시스템 다이내믹스 접근법 (2)

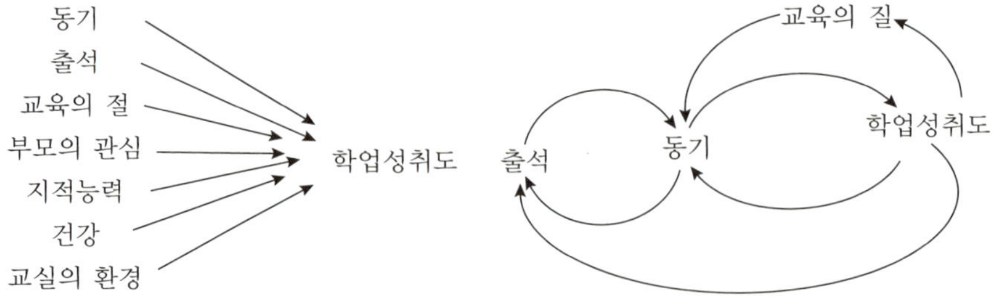

그림 13-9 • 도로와 교통혼잡

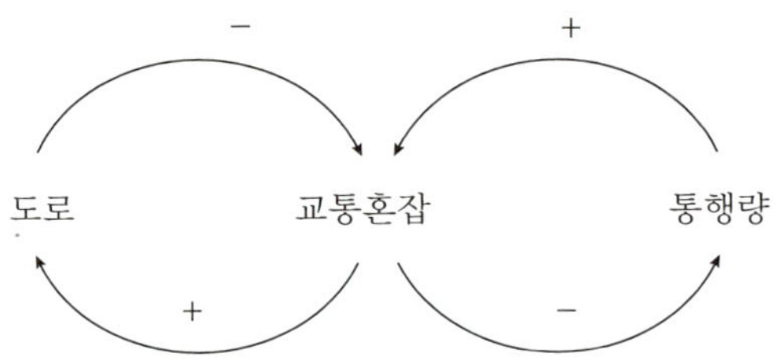

그림 13-10 • 농촌보조금과 농가구 소득

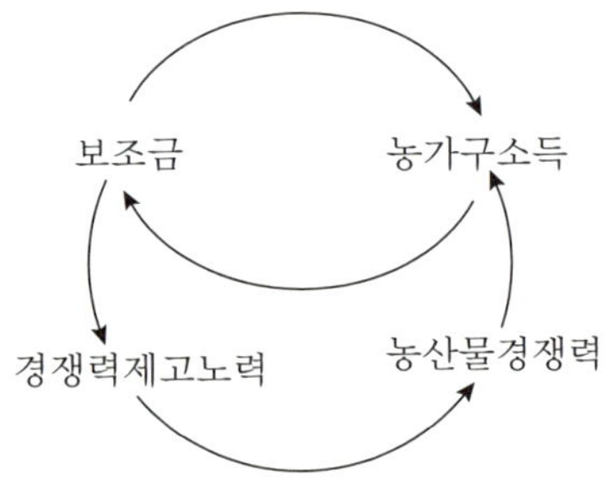

라서 시스템 다이내믹스에서는 부분 간의 상호 연관성 및 의존성을 강조하는 사고의 틀을 제공하고, 문제 요인들의 순환적 인과관계(circular causality)와 피드백 루프(feedback loop)를 강조하며, 문제를 유발하는 요인의 상대적 중요성이 고정되어 있는 것이 아니라 시간의 흐름에 따라 변하는 것으로 파악하여 문제

요인을 찾아낼 뿐만 아니라 요인들이 어떻게 문제를 야기시키는지를 설명하려 한다. 즉, 멀리서 전체를 보고 가까이서 부분을 볼 것을, 즉 숲을 보고 나무를 볼 것을 강조하는 방식이다.

시스템사고에서는 관련된 변수들이 일방향의 단선적인 영향을 주는 것이 아니라 원형의 인과관계에 의하여 동태적인 상호작용을 하고 있는 것으로 파악하기 때문에 원형의 피드백 관점을 가진다.

(3) 시스템 다이내믹스 모델 구축 방식

- 전체 우선의 모델링 방법(top-down modeling)
  '피드백 루프 사고방식'을 강조하여 먼저 인과지도를 작성하고 그 다음에 세부적인 시뮬레이션 모델을 작성한다.
- 개체 우선의 모델링 방법(bottom-up modeling)
  '조작적 사고방식'을 강조하여 먼저 개별적인 변수와 변화율 변수를 구축하여 점차적으로 이를 확대해 나감으로써 시스템 다이내믹스 모델을 완성하고 또한 시스템의 전반적인 인과지도를 구축해 나간다.

(4) 시스템 다이내믹스 적용의 4단계

시스템 다이내믹스 모델링 및 시뮬레이션은 다음의 4단계를 통해 적용된다.

1) Causal Loop Diagram 작성

Causal Loop Diagram은 시스템의 피드백 구조를 확인해 주는 지도이며 2차

표 13-2 · 시스템 다이내믹스 모델링 4단계

단 계	내 용
1. 개념화	문제 선정 및 목표 설정 변수들 간의 관계설정 및 인과관계지도 작성
2. 공식화	필요자료 수집 및 변수 추가 저량-유량 다이어그램 작성
3. 테스팅	변수들 간의 관계 적합성 검증 모델의 타당성 검증
4. 제 안	여러 가지 의사결정 대안에 대한 테스트 대상문제에 대한 효과적 의사결정안의 제시

그림 13-11 • Causal Loop Diagram의 예

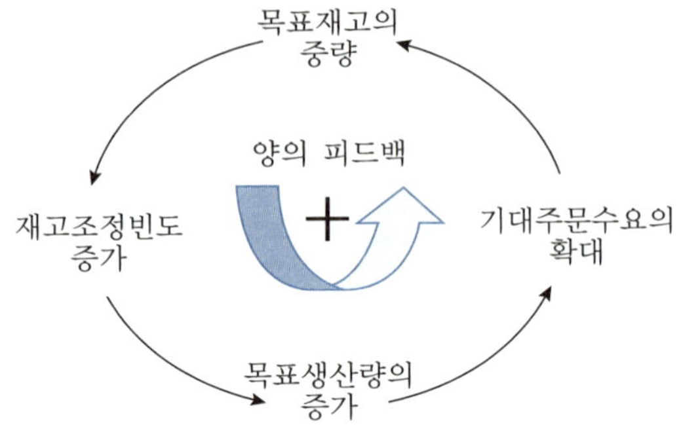

원 그림 상에서 피드백 구조를 표시함으로써 시스템 내에서 발생할 수 있는 원인과 결과를 조직화한다. 생산시작과정을 예를 들어 설명하면, 생산시작을 결정하는 규칙은 일반적인 재고관리구조를 사용하여 공식화한다. 생산시작률은 음이 아닌 것으로 제한하며 그렇지 않으면, 목표생산시작률과 같다. 목표생산시작은 목표생산율과 WIP조정에 의해 결정된다. WIP조정은 생산시작을 수정하여 WIP재고를 목표수준선에 맞게 유지시킨다. 목표WIP는 현재 생산주기시간에 맞

그림 13-12 • 시스템 다이내믹스 다이어그램의 예

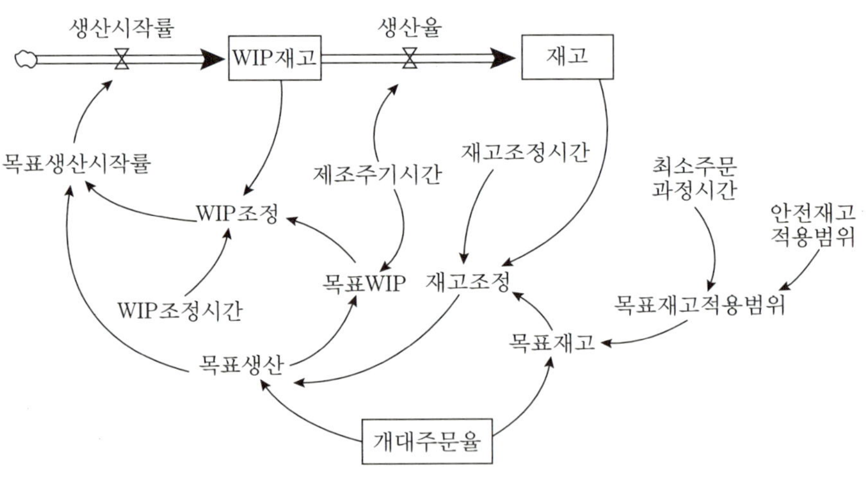

표 13-3 • 시스템 다이나믹스 방정식 수립의 예

순 서	내 용
1	생산시작률 = MAX(0, 목표생산시작률)
2	목표생산시작률 = 목표생산 + WIP조정
3	WIP조정 = (목표WIP – WIP재고 / WIP조정시간
4	목표WIP = 제조주기시간×목표생산
5	목표생산 = MAX(0, 기대주문율 + 재고조정)
6	재고조정 = (목표재고 – 재고) / 재고조정시간
7	목표재고적용범위 = 최소주문과정시간 + 안전재고적용범위

는 목표생산율을 산출하는데 충분한 WIP수준을 제공하도록 설정되어 있다. 목표생산은 기대주문율에 의해 결정되며 재고조정에 의해 수정된다. 목표생산은 음이 아닌 것으로 제한한다.

2) System Dynamics Diagram 작성

위의 1단계에서 언급된 음의 피드백 관계를 구체적으로 분석하기 위해서 컴퓨터 시뮬레이션 프로그램이 인식할 수 있는 언어로 위의 인과관계지도를 바꾸어 주어야 하는데, System Dynamics Diagram은 시스템 상태와 시스템 활동이라고 하는 시스템 행위에 대한 두 가지 개념을 고려하여 앞의 Causal Loop Diagram으로부터 도출한 피드백 관계들을 계량적으로 구체화시킨 지도이다.

3) 방정식 수립

위의 그림에서 보는 바와 같이 System Dynamics Diagram에 표시된 변수들 간의 관계가 화살표로 표시되어 있는데 3단계에서는 이러한 화살표 하나 하나를 방정식으로 변환시키게 되며, 이러한 변환 작업을 통해 변수들 간의 관계를 구체적으로 계량화할 수 있다.

위의 절차를 거쳐 구축된 모형의 시뮬레이션 결과는 〈그림 13-13〉과 같이 그래프를 통해 제시되며 이러한 그래프를 통해 시간의 흐름의 따른 주요 변수의 변화 패턴을 분석할 수 있다.

그림 13-13 • 시스템 다이내믹스 모델 시뮬레이션 결과 그래프 예

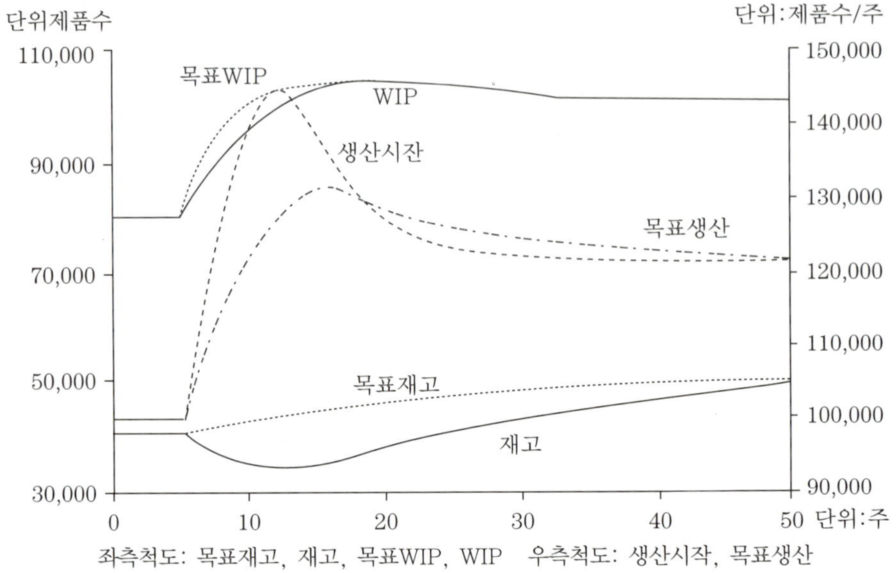

요 약

1. 본 장에서는 소비자 시대의 도래와 이에 따라 등장한 린 생산방식의 특징과 한계, 공급사슬 관리에 있어서 프로세스 분석의 필요성을 고찰하였다. 또한 이러한 변화에 발맞추어 등장한 다양한 프로세스 분석 도구들을 살펴보았다.
2. 대표적인 프로세스 분석 도구들로는 프로세스 흐름도, 시스템 다이내믹스 등을 꼽을 수 있다.
3. 프로세스 분석과 그에 근거한 혁신이라는 광범위한 주제에 속하는 많은 요인들과 이들이 공급사슬 내에서 중요한 이유를 이해하기 바란다.

토의 사례

전국 공공기관 업무 프로세스 일괄관리

초대형 전자정부지원사업 프로젝트 통해 업무 프로세스 확립

BPM(Business Process Management) 추가 성장 동력 기대 '만발'

전국에 흩어져 있는 정부 및 정부 산하기관들이 일관된 업무 프로세스를 적용할 수 있도록 하는 초대형 전자정부지원사업이 시작돼 BPM 업계의 관심을 모으고 있다. 이는 조만간 시작될 대규모 프로젝트인 현대해상이나 동부화재 규모에 버금가는 초대형 BPM 프로젝트의 일환으로, 상반기 추진되는 전자정부지원사업이 올해 BPM 확산의 '시발점'이 될 것으로 기대하고 있다.

서버만 2,900여대 이상이 도입되는 이번 전자정부지원사업은, 행정 내·외부의 환경 변화에 유연한 대응력을 확보해 시스템의 완성도와 자생력을 높이기 위해서이며, 1단계 사업을 바탕으로 대 시민 서비스를 강화한다는 목표에서 진행되고 있다.

특히 1단계 사업을 통해 24개의 시도 행정업무 중 18개 행정업무에 대한 정보시스템 및 행정/서비스 포탈 시스템이 완료돼 2단계부터는 BPM을 통해 업무 흐름을 파악하고, 성과관리를 위해 BSC를 도입해 행정업무 시스템 활성화와 행정업무 관리를 고도화한다는 특징을 가지고 있다.

전자정부지원사업은 BPM을 통해 프로세스 분석 및 요구 사항을 분석하고, BPM으로 구축된 업무를 16개 시도에 확산시킬 예정이다.

BPM에 적용하는 업무는 시도 24개 행정업무영역 중 정보통신, 지적, 소방, 재난재해 등의 연계 업무와 별도로 개발이 필요한 재정/세정 업무를 제외한 업무에 대한 현행 프로세스 분석과 BPM 모델링이 실시된다.

행정자치부 행정정보화팀 김택곤 팀장은 "전략 공유와 전략 실행 등 대 시민 서비스와 구성원의 성과중심의 지방 혁신을 이루며, 중앙정부와 지방자치단체간의 원활한 의사교류 지원과 유관기관에 가치 있는 정보를

제공해 일괄적인 프로세스를 공유할 수 있을 것으로 기대하고 있다"고 강조한다.

이번 시스템은 BPM을 적용하지 않은 시도의 경우 행정업무별로 프로세스를 분석하고 모델링할 수 있게 하며, 업무를 확대하는 시도는 BPM 확대 적용을 위한 표준 기술규격을 제시하며, 확대되는 업무에 대한 선정 지침과 기준 또한 제공될 예정이다.

BPM 통해 공공시장 수요 촉발 '기대'

이번 프로젝트를 통해 BPM 벤더들은 공공시장의 수요를 창출할 수 있는 촉매제가 될 것으로 기대하고 있다. 물론 공공시장에서 현재 많은 프로젝트가 진행되고 있으며 한국수력원자력 등이 BPM을 도입해오고 있다. 하지만 이번 프로젝는 각 시도행정위 업무 프로세스를 단일화할 수 있기 때문에 아직 BPM을 도입하지 않은 공공기관의 BPM 도입 붐을 이룰 수 있다는 기대가 큰것으로 판단하고 있다.

금융권의 고객사는 확보하고 있지만, 공공기관에서 이렇다 할 고객사가 없었던 파일네트는 이번 2차 전자정부지원사업 BPM 프로젝트를 수주하면서 대단히 고무된 상태다.

파일네트는 이번 프로젝트를 두고, 외산 솔루션이기 때문에 공공시장에서 도입을 기피하던 상황에도 불구하고 올해 가장 큰 공공시장의 BPM 프로젝트를 수주했으며 워크플로우의 차별성을 통한 공공시장의 고객사 확보에 전의를 불태우고 있다.

올해에만 한국수력원자력 외 5개의 고객사를 확보한 티맥스소프트는 향후 SOA 시장 확산을 위해 BPM이 전략적으로 중요하다고 판단하며, 공공시장 고객사 확보에 주력할 계획이다.

BPM 시장이 이번 프로젝트를 통해 어느 정도 활성화될지 그 어느 때보다 관심이 집중되고 있다.

〈eWeek Korea, 2006. 7. 5〉

Q 토의문제

❶ 업무 프로세스 일괄 관리시스템 구축을 통해 정부와 민원인은 어떤 성과를 얻을 수 있겠는가?

❷ 프로세스 분석을 통한 서비스 수준의 향상은 늘 고객에게 최대 효용을 가져다 주는가? 만약 그렇지 않다면 그 이유를 설명하고 고객 효용을 극대화하기 위한 전제조건을 제시하라.

❸ 향후 정부의 서비스 프로세스 분석은 어떠한 방향으로 변화하겠는가?

Chapter 14

성과평가

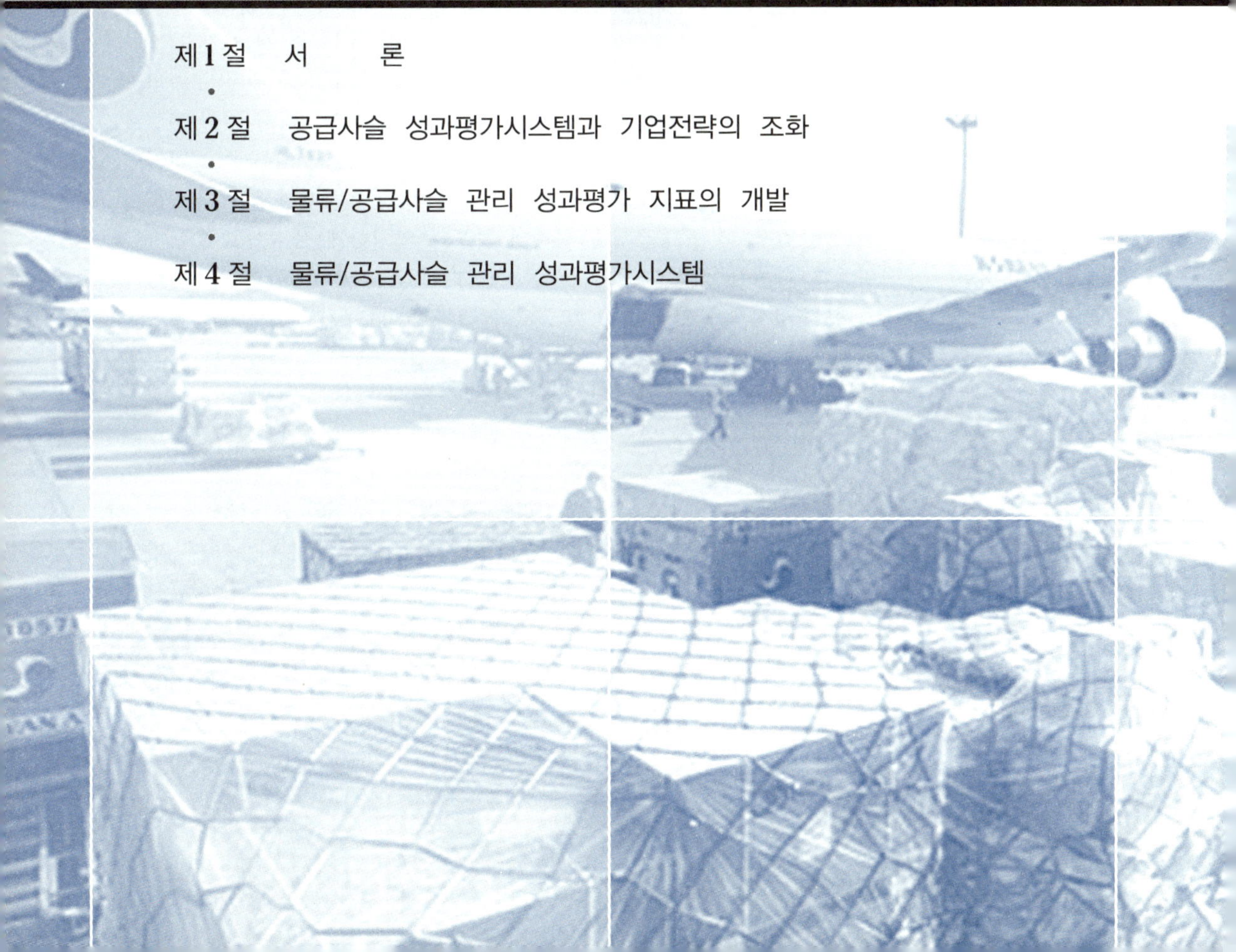

도입사례

공급사슬 상의 성과평가 지표가 유용한 이유

2006년 AMR Research의 미국과 유럽의 약 500개 기업 공급사슬 관리 책임자들을 대상으로 한 설문조사에 따르면, 실무자들은 아래의 네 가지 분야가 사업의 성공을 위해서 가장 중요하면서도 그 성과를 달성하기에 가장 어려운 곳이라고 토로하고 있는 것으로 나타났다.

- 원 자재비 관리
- 생산 효율성 증대
- 공급사슬 총비용의 최적화
- 공급사슬 내 잠재적 리스크 관리

위의 네 가지 문제들은 모두 독립적인 다른 문제들처럼 보이지만, 사실은 공급사슬 관리의 큰 맥락에서 모두 밀접하게 연관되어 있으며 따라서 통합적인 시각에서 측정, 관리되어야 한다. 공급사슬 성과평가시스템은 기업들이 이러한 분야에서 원하는 성과를 얻을 수 있도록 도와줄 수 있다. 비용, 품질, 배송, 서비스 등의 공급사슬 전반 활동들에 대한 기업의 현재 전략을 가장 잘 반영하는 핵심성과지표(KPI: Key Performance Indicator)를 구축하고 이들을 자동차의 계기판에서처럼 유기적인 관계에 따라 배치한 것이 공급사슬 성과평가시스템(PMS: Performance Measurement System)이다. 효과적인 공급사슬 성과평가시스템은 공급사슬 양 끝 단의 두 이해관계자 — 최종소비자와 공급업자 — 가 공급사슬 전체의 목표와 일치하게 움직이고 있는가를 보여준다. 나아가, 적절한 보상시스템, 피드백과 연계되어 이들이 최고경영자가 원하는 방향으로 행동할 수 있도록 유도하기도 한다.

하지만 일반적인 경영의 원칙, 계획－실행－검토(PLAN－DO－SEE)의 세 가지 과제를 모두 연계하여 지속적으로 추진해 나간다는 것은 쉬운 일이 아니다. 앞서의 설문에 답한 공급사슬 관리 책임자들의 과반수 이상은 자신의 기업이 성과평가시스템을 갖추고 있으며 매달 자신이 관리하는 성과지표에 대한 정보를 보고받고 있지만 이러한 정보를 타 부서와 공유하거나, 결과 개선을 위해 기업 내 외부의 다른 사람이나 기업과 함께 일하는 일은 거의 없다고 대답하고 있다. 다른 한편, 답변자 중 26% 가량의 성공적인 공급사슬 관리 책임자들은 자신들의 성과평가 결과를 바탕으로 성과 향상을 위해 기업 내외의 다양한 관계자들과 정기적으로 의견을 공유하고, 필요한 경우 함께 일한다고 대답하였다.

기업의 공급사슬 전략을 최대한 반영하면서 동시에 공급사슬 전체 구성원 간의 파트너십을 해치지 않는 지표들을 개발하는 것, 합의된 지표들을 일련의 인과관계에 따라 배열하고 그 우선 순위를 정하는 것, 개발된 지표들을 공급사슬 전체에 커뮤니케이션 하여 시스템이 의도한대로 사용될 수 있도록 하는 것 등은 어렵지만 매우 중요한 과제이다. 이어지는 장에서는 다양한 공급사슬 성과지표들과 그 시스템에 대해서 알아보고, 실무에서 많이 사용되고 있는 세계적 수준의 성과평가시스템(World Class Performance Measurement System), SCOR 모델(Supply Chain Operations Reference Model) 등에 대해서도 살펴보도록 하자.

제 1 절 서 론

1. 물류, 공급사슬 관리에서 성과평가가 중요한 이유

이번 장에서는 물류와 공급사슬 관리의 성과평가에 관해 알아보자. 성과평가가 왜 중요한 것일까? 옛 속담에서 측정할 수 없는 것은 개선할 수도 없다고 한 것은 기업의 경영 전반 이외에 물류, 공급사슬 관리에도 똑같이 적용될 수 있다. 1998년의 미국 전략적 성과관리 위원회(Conference Board of Strategic Performance Management)의 한 보고서에 따르면 적절한 경영성과 평가시스템을 도입하고 있는 기업들은 그렇지 못한 기업보다 거의 두 배 가까이 변화에 잘 적응하며 해당 산업에서의 선도적인 위치를 차지하고 있다고 한다.[1] 기업 경쟁력을 유지하기 위해서는 경영성과 평가시스템을 잘 구축하는 것이 중요하며, 물류, 공급사슬 관리가 기업의 주요한 전략적 이슈 중의 하나인 경우 그 평가시스

1) Adams, B.L., "Performance Measures and Profitability Factors of Successful African-American Entrepreneurs: An Exploratory Study," *Journal of American Academy of Business* 2, no.2, 2003: 418-24.

템은 성공적인 전략 실행을 위한 필수적인 요소이다.

성과평가 방식은 기업별로 상이할 수 밖에 없지만, 최근의 경영 환경변화는 비용-수익 분석 등의 재무적 평가방식만으로는 기업의 성과를 적절히 평가할 수 없게끔 하고 있다. 예를 들어 저렴한 가격이 주요 경쟁력 중의 하나인 미국의 대형 슈퍼마켓 체인 업체 월마트(Wal-Mart)에서도 제품의 적시 공급 여부와 적절한 수준의 제품품질 유지는 저렴한 가격 못지않게 중요한 평가 지표로 활용되고 있다. 세계적 수준의 경쟁력을 갖추고자 하는 기업의 경영자들은 소비자가 원하는 수준의 제품과 서비스를 제공하기 위해서는 궁극적으로 해당 비용을 지불해야 하며, 성공적 평가시스템은 이러한 제품, 고객서비스의 품질과 해당 비용을 기업이 원하는 수준에서 통제하고 지속적으로 개선할 수 있도록 도와주는 것이어야 한다는 사실을 잊어서는 안 된다. 오늘날 많은 경영자들은 적절한 품질을 갖추지 못한 제품의 가격 경쟁력은 의미가 없다는 사실을 간과하고 있는 듯 하다.

기업의 일반적인 성과평가와 마찬가지로, 물류 및 공급사슬 관리 성과평가 시스템은 경영자가 의도하는 결과를 이끌어 내고 최종적으로는 기업의 효율성을 증대시킬 수 있어야 한다. 그러나 아직도 많은 기업들은 장기적인 안목에서 기업의 효율성을 증대시키기 보다는, 단기적 성과를 강조하는 성과평가시스템에 안주하고 있는 듯하다. 예를 들어 구매자의 주요 성과지표가 구매가격 효율성 밖에 없다면 구매자는 공급자에게 구매가격의 하락만을 강조할 수밖에 없으며, 공급자는 공급사슬 전체의 성과를 개선할 수 있는 방향으로 자원을 투자하려는 의지를 갖지 않게 될 것이다. 이어지는 장에서는 물류, 공급사슬 관리 성과평가와 관련하여 그 특유의 어려움을 살펴보고, 성공적인 성과평가시스템을 갖추는 경우 기대할 수 있는 효과에 대해서 알아보자.

2. 물류/공급사슬 관리 성과평가의 어려움

물류, 공급사슬 관리의 다층적 공급자와 소비자 시스템은 이미 그 자체로 매우 복잡한 경영 성과평가를 더더욱 복잡하고 어렵게 만든다. 공급사슬 내 여러 활동 주체들 간의 관계와 상호작용이 고려되어야 하기 때문이다. 공급사슬의 마지막에 위치한 최종서비스와 제품의 성과는 공급사슬 내 주요 기업들의 개별

성과에 의해 영향을 받게 된다. 따라서 최종성과평가 지표들은 공급사슬 구성기업들 모두에게 명확히 전달되어야 하며 개별 기업의 경영자들은 전체 공급사슬의 최적화를 항상 염두에 두고 상호 협력할 수 있어야 한다. 예컨대, 많은 경우 최종소비자가 원하는 품질의 서비스와 제품을 제공하기 위해서는 공급사슬 내 어떤 기업은 개별적으로 생산할 때보다 훨씬 더 높은 생산비용을 부담해야 할지도 모른다. 효율적인 물류, 공급사슬 관리 성과평가시스템 구축이 개별 기업 간의 협조와 공급사슬 효율성 개선의 이익을 전체 구성원이 공유하는 것에 의해서만 가능한 이유가 여기에 있다.

3. 공급사슬 관리에서의 성과평가의 기대 효과

성공적인 물류, 공급사슬 관리 성과평가시스템은 아래와 같은 효과를 가져다 준다.

첫째, 성과평가 지표들의 결과를 시각적으로 제시함으로써 경영자들이 보다 나은 의사결정을 하는 데에 도움을 준다. 이러한 정보들은 축적되며, 성과평가 지표 시스템은 지속적으로 성과 기록들을 제공하여 경영자가 목표로 하는 성과 개선을 이끌어낼 수 있는 의사결정을 할 수 있도록 돕는다.

둘째, 공급사슬 내 커뮤니케이션을 더욱 원활하게 해 준다. 즉, 구매자가 공급자에게 정량화 된 성과평가 지표를 제시하여 재공품 및 투입서비스에 대한 기대치를 보다 명확하게 전달함으로써, 공급자는 구매자가 원하는 수준의 서비스 및 제품을 정확히 이해하고 공급할 수 있게 된다.

셋째, 공급사슬의 성과평가는 성과평가 결과에 관한 피드백을 당사자들에게 제공하여 평가과정 중에 발견된 문제점들을 예방하고 수정할 수 있도록 한다. 또한 이러한 피드백을 통해 공급사슬 내의 구매자, 각 부서, 팀, 공급자 등은 얼마나 자신들이 해당 기업의 성과 기준을 충족시키고 있는가를 알 수 있다.

넷째, 성과평가시스템은 공급사슬 내 조직구성원들에게 성과 측정을 통해 목표로 하는 결과에 도달하도록 동기를 부여하고 경영자가 의도하는 조직행동을 이끌어낼 수 있게끔 해준다. 예를 들어 기업의 최고 경영자는 전략적으로 보다 중요하다고 생각되는 성과의 범주를 공급사슬 관리 평가시스템의 주요 지표로 삼고, 이러한 성과 지표를 급여 인상 등의 담당자 보상체계와 연계시킴으로써 의도하는 경영성과를 보다 체계적으로 얻을 수 있다.

이어지는 장에서는 구체적인 성과평가 지표들과 성과평가시스템을 살펴보기 전에 먼저 성과측정시스템과 관련한 기업의 주요 전략적 고려사항에 대해 기술할 것이다. 물류, 공급사슬 관리는 현대 기업이 가장 큰 전략적 경쟁우위를 점할 수 있는 부분 중의 하나이다. 따라서 그 성과평가시스템을 설계할 때, 시스템이 기업의 전사적 전략과 일관성을 유지하고 있는지 또는 각 평가치들이 큰 기업 전략 방향 아래 균형과 조화를 이루고 있는지를 살펴보는 것은 중요한 과제이다.

제 2 절 공급사슬 성과평가시스템과 기업전략의 조화

1. 전사적 전략 하에서의 공급사슬 관리 성과평가

물류와 공급사슬 관리의 궁극적인 목표는 시장에서 원하는 제품과 서비스를 성공적으로 최종소비자에게 전달하는 데 있다. 예전의 공급사슬 내 기업들은 소매점의 매대와 재고 창고와 공장을 해당 완제품으로 채워넣기만 하면 된다고 생각했으나 이는 과도한 재고 유지비용을 통해 높은 제품가격으로 이어지고, 최종적으로는 기업의 경쟁 역량을 약화시킨다. 기업들과 해당 공급사슬 전체가 효율적이기 위해서는 공급사슬 전반의 공급자 기업들과 최종소비자 들이 똑같이 만족할 수 있어야 하며, 이를 위해 적정한 시간과 비용을 투자하여야 한다. 무엇보다도 다양한 공급자들과 최종소비자 들의 제품과 서비스에 대한 요구사항을 정확히 이해하고, 공급사슬 전반의 역량을 이를 반영할 수 있도록 조정할 수 있어야 하는 것이다. 이를 위해서는 성공적인 공급사슬 관리 성과평가시스템의 구축이 필수적이다. 기업의 최고 경영진이 공급사슬 관리의 중요성을 역설하고 있으나, 그 성과를 제대로 평가하고 적절한 피드백을 제공할 시스템이 존재하지 않는다면 물류 및 공급사슬 관리의 성공적인 결과를 기대하기는 어렵다.

공급사슬 관리 성과평가시스템을 구축하기에 앞서, 경영자는 아래와 같은 사항을 먼저 고려하고 이것이 전사적인 경영전략과 어떻게 연계되는지를 생각해보아야 한다. 최종소비자, 공급사슬 내의 파트너 기업들은 기업이 그 장·단기 전략을 구성하는 데 있어 가장 중요한 요소 중의 하나이므로, 기업은 이들의 요구사항에 대해 철저히 이해하고 이를 성과평가시스템에 반영하여야 한다. 궁극적으로는 이들이 공급사슬 관리 평가시스템에 의해 평가되는 대상이며 최고경영자가 원하는 구체적 경영행동들의 실행자이기 때문이다. 또한 기업은 자신의 공급사슬 관리가 시시각각 변하는 시장의 소비자 요구사항을 적절히 반영하고 있는가를 지속적으로 모니터하고, 필요한 경우 공급사슬 관리 역량을 조정하여야 한다.

(1) 최종소비자에 대한 이해

Anderson, Brit and Favre(1997)의 연구에 따르면 공급사슬을 설계함에 있어 기업은 먼저 최종고객의 서비스 요구사항에 따라 고객을 세분화하고 이들의 요구사항을 반영할 수 있는 네트워크를 구축해야 한다고 한다. 한 유형의 소비자만을 상정한 제품 개발과 배송시스템 등을 만들어 놓고 이를 모든 유형의 소비자에게 적용시기키보다는 세분화된 고객 세그먼트를 개별적으로 살펴보고 기업이 가장 잘 만족시킬 수 있는 고객 세그먼트들을 선택한 후에 이들의 차별화 된 요구에 따라 공급사슬을 설계하여야 한다는 것이다. 기업은 각 고객 세그먼트별로 아래의 사항들을 해당 고객이 어느 정도의 수준에서 요구하는지를 살펴보아야 한다.

- 제품의 다양성
- 제품 단위 배송의 적정량과 빈도
- 적정 서비스 수준
- 적정 제품 품질
- 제품 가격

물론 기업이 서비스를 제공하는 고객의 종류와 특성은 무궁 무진하며 해당 제품과 적정 서비스 수준, 품질 등이 동일할 수는 없다. 예를 들어 "Duck Tape"이라는 가정용 테이프로 유명한 Henkel-Manco사의 경우 가정 주부들을 대상으로 광범위한 소비 패턴 설문을 실시하고 이 결과를 바탕으로 제품을 디자인하고 Wal-Mart 등의 소매점을 통해 제품을 공급하고 있다. 소비자 포커스 그룹 조사, 전문가 패널의 조언, 소비자 핫-라인(customer hot-line) 등을 통해 취합된 고객의견은 Henkel-Manco사가 신제품을 디자인하고, 어떤 물류 채널을 통해 이를 유통시킬 것인가를 결정하는 데 반영되며 궁극적으로는 Manco사 제품에 대한 주부들과 유통 소매점들의 충성도를 유지하는 데에 결정적인 기여를 한다.[2)]

(2) 공급사슬 파트너 기업들의 요구사항에 대한 이해

최종 소비자들의 요구사항을 이해하였다면 이를 가장 잘 충족시킬 수 있는 공급사슬을 구축하는 것이 그 다음 과제이다. 예를 들어 공급사슬의 반응성(responsiveness)을 높이는 여러 가지 활동들 — 제품 적기 공급, 리드타임의 축소, 고객 서비스 수준 향상 — 은 아무런 비용 없이 수행할 수 있는 것들이 아니다. 기업이 최종소비자에게 원하는 수준의 반응성을 제공하려면 공급사슬 전반의 모든 기업들 역시 그 반응성을 높여야 하며, 해당 기업들은 생산 능력 증대, 수송 속도 단축 등을 위해 추가적인 투자를 실시하여야 한다. 마찬가지로 공급사슬 전반의 제품 품질과 안정성을 향상시키기 위해서는 생산설비에 대한 추가투자, 기술 개발, 보다 높은 품질의 원자재 사용 등이 필요하다. 반면에, 기업이 보다 낮은 가격이 당사의 핵심 경쟁력이며 고객이 원하는 가치라고 결정하였다면 기업은 공급사슬 내의 기업들에게 이에 적정한 역량만을 요구하고 대신 보다 낮은 가격에 제품을 공급할 것을 요청할 수도 있다. 기업의 공급사슬 구축전략에 따라 공급사슬 파트너 기업들에 대한 요구사항이 달라지는 것이다.

(3) 공급사슬 역량의 검토와 조정

서비스를 제공하고 있는 최종고객 그룹의 특성에 기반한 공급사슬 관리 전략이 설립되고, 이에 따라 공급사슬 파트너 기업들에 대한 요구 사항이 결정되면 기업은 자신의 공급사슬이 보유하고 있는 역량이 이러한 전략을 충분히 지원할 수 있는지를 검토하여야 한다. 공급사슬 내 개별 기업들의 역량을 취합하고 이를 최종고객의 요구사항과 하나 하나 맞추어 나가고 그 과부족을 조정하는 일은 쉬운 일이 아니다. 특히 공급사슬 내 파트너 기업들 간의 커뮤니케이션이 원활하지 못하고, 공급사슬이 서비스를 제공하고 있는 고객 그룹이 이질적 다수로 구성되어 있는 경우 이러한 어려움은 더욱 더 커진다.

---

2) Blackwell, R.D. and K. Blackwell, "The Century of the Consumer: Converting Supply Chains into Demand Chains," *Supply Chain Management Review*, Fall 1999: 22-32.

그림 14-1 • 전사적 전략 하에서의 공급사슬 관리 성과평가

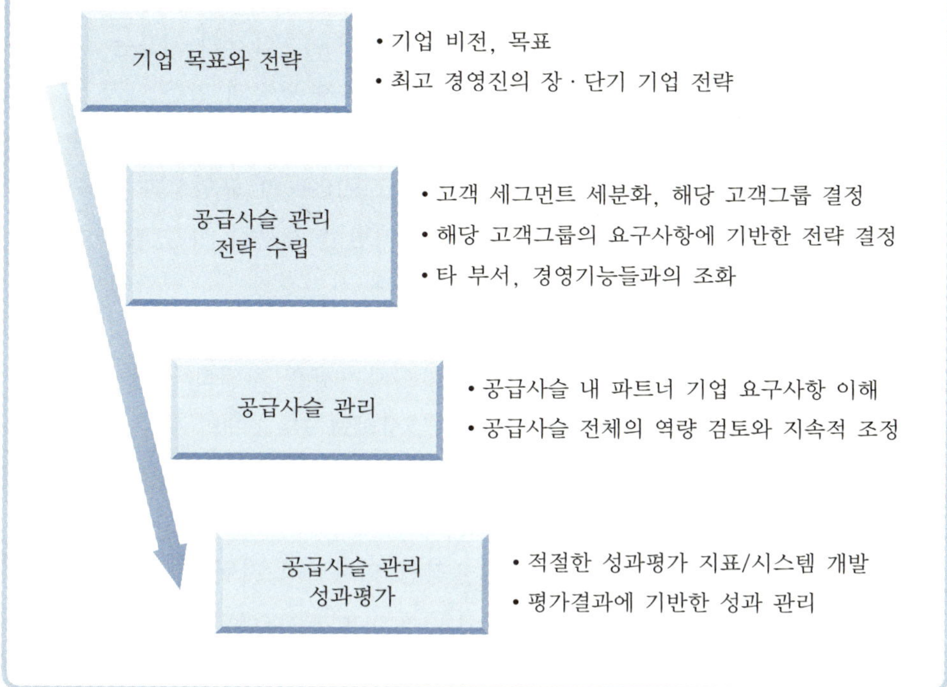

많은 경우, 공급사슬 역량의 검토와 조정은 공급사슬 내의 한 우세한 기업이 — Wal-Mart의 경우를 생각해보자 — 그 구매력을 바탕으로 자신의 전략을 공급사슬 내 하위 그룹의 공급자들에게 요구하는 식으로 이루어진다. 소비자의 취향과 시장의 경쟁상황이 계속 달라짐에 따라, 기업의 공급사슬 전략을 재검토하고 공급사슬의 역량을 재조정하는 것은 이러한 공급사슬 내 선도기업이 갖추어야 할 가장 중요한 역량이 되었다. 따라서, 공급사슬의 역량을 시시각각 변하는 최종소비자의 요구사항에 맞추어 재조정하기 위해서는 당사의 공급사슬이 해당 전략을 제대로 수행하고 있는가를 지속적으로 관리, 평가하는 것이 필수적이다. 이는 우리가 이번 장에서 살펴보고 있는 성과평가시스템과 전략의 조화의 중요성을 다시금 깨닫게 해준다.

2. 공급사슬 관리 성과평가 지표 간의 전략적 균형과 조화

경영 성과평가 지표에는 여러 가지 종류가 있으며, 각각의 지표는 그 나름의 특성을 가지고 있다. 전통적으로 비용, 수익, 투자 효율과 같은 재무적 평가 지표 들은 정량화의 용이성, 수치 결과에 기반한 객관성 등으로 기업들의 경영 성과평가에 널리 이용되었다. Kaplan and Norton(1996)의 균형성과 지표(BSC: Balanced Score Card)는 이러한 과거 데이터에 기반한 재무적 평가 지표 중심의 평가시스템에 대한 반성에서 시작된 것으로 현대 기업경영 성과평가에 일대 변혁을 가지고 왔다. 저자들은 전통적인 성과평가시스템이 과거의 데이터에만 의존함으로써 본질적으로 미래 지향적인 경영의사결정을 지원하는 데에 한계가 있으며, 더불어 경영일반의 다양한 관점을 무시하고 그 요약의 한 형태인 재무적 시각에만 의존함으로써 현대 기업경영의 다른 주요한 측면을 간과하고 있다고 비판하였다.

이러한 맥락에서 저자들은 보다 효율적인 의사결정 지원을 위하여 재무적 관점(Financial perspective) 외에 고객 관점(Customer perspective), 내부 프로세스 관점(Internal business perspective), 학습과 성장 관점(Learning and growth perspective)의 추가적인 세 관점을 도입하고 이 네 가지 관점 모두를 측정할 수 있는 성과측정 지표들을 개발하여야 한다고 주장하였다. 네 관점과 해당 지표들은 모두 유기적으로 관련되어 있으며 기업경영의 주요 부분을 모두 빠짐없이 반영하고 있으므로 저자들은 이러한 자신들의 성과평가시스템을 균형성과 지표라고 명명한 것이다. 더불어 Kaplan과 Norton 교수는 기업이 성과평가시스템을 구축하는 과정에서 기업의 장기적 전략과 성과 지표들 간의 일관성이 얼마나 중요한 것인가도 역설하고 있다.

Brewer and Speh(2000)의 연구는 균형성과 지표의 논리가 공급사슬 관리 평가시스템의 설계에도 그대로 반영되어야 한다는 것을 보여준다. 저자들은 대부분의 기업들이 공급사슬 관리의 중요성에는 공감하고 이를 어떤 식으로든 실행하고 있으나 기업구성원의 성과평가는 이러한 공급사슬 관리 전략과 유리되어 있어, 최고 경영자는 자신의 공급사슬 관리 전략적 주안점에 따라 조직을 움직일 수 없다고 꼬집었다. 〈그림 14-2〉는 저자들이 균형성과 지표의 네 관점에 따라 공급사슬관리 주요 성과 지표들을 배열한 것이다. 앞 절에서 살펴본 것과 마

그림 14-2 • 공급사슬관리 평가시스템과 균형성과 지표와의 연계[3]

[공급사슬관리 평가 항목]	[균형성과 지표 주요관점]
공급사슬 관리의 목표 · 공정 간 시간 단축 · 공급사슬 적응성 증대 · 단위 당 구매/공급 단가 절감	내부 프로세스 관점 (Internal Process Perspective)
고객 만족 증대 · 서비스, 제품 품질/가치 증대 · 납기 적시 율 증대 · 제품 납품 유연성 증대	고객 관점 (Customer Perspective)
재무 이익 · 제품 당 이익 극대화 · 현금흐름 개선 · 매출 개선 · 자산 회전율 증대	재무 관점 (Fmancial Perspective)
공급사슬 역량 개선 · 제품 / 공정 개선 · 공급사슬 내 파트너쉽 관리 · 공급사슬 내 지식/정보흐름 관리 · 외부 환경변화 대처능력 증대	학습과 성장 관점 (Learning and Growth Perspective)

찬가지로, 성공적인 공급사슬 관리 성과평가시스템은 기업이 선택한 최종소비자 세그먼트가 원하는 수준의 제품과 서비스를 아래의 네 관점 모두에서 지속적으로 제공할 수 있도록 지원하는 것이어야 한다.

---

3) Brewer, P.C. and Speh, T.W., "Using the balanced scorecard to measure supply chain performance", *Journal of Business Logistics*, Vol. 21, No.1, 2000: 75–93.

제 3 절 물류/공급사슬 관리 성과평가 지표의 개발

이어지는 절들에서는 본격적으로 물류/공급사슬 관리의 성과평가 지표들과 그 선택적 집합인 성과평가시스템에 대해서 알아보도록 하자. 기업의 성과평가 지표는 앞서 살펴본 기업 전략과의 일관성 유지 등을 고려하여 기업마다 다르게 설정될 것이며 기능적 성과평가 지표(Functional performance metrics), 고객 수용성 평가 지표(Customer accommodation metrics), 공급사슬 역량 평가 지표(Supply chain metrics) 중 해당 기업의 전략을 가장 잘 측정할 수 있는 것들로 선택되어야 한다.

1. 효율적 성과평가 지표의 특징

효율적 성과지표는 시스템 성과의 적절한 모니터링, 성과 결과에 기반한 적절한 통제, 조직원에 대한 방향 제시의 세 가지 특징을 모두 갖추고 있는 것이어야 한다.

첫째, 모니터링(Monitoring)은 공급사슬 관리 전략의 실행을 위해 경영진이 점검하고자 하는 사항들을 과거 자료들에 기반하여 지속적으로 보고할 수 있는 특징을 말한다. 선택된 성과평가 지표는 분기, 연간 등의 해당 성과평가 기간 동안 계속적으로 축적가능한 것이어야 하며 그 트랜드 곧 지표의 이행과정을 살펴볼 수 있는 것이어야 한다.

둘째, 통제(Controlling)는 선택된 성과평가 지표별로 적절한 수준의 기준을 정하고 이를 바탕으로 공급사슬 상의 해당 경영활동이나 시스템 특성을 변경할 수 있는 특징을 의미한다. 예를 들어 주문 충족률(delivery fill rate)을 하나의 공급사슬 관리 성과평가 지표로 정했다면 경영자는 해당 비율의 적정선을 정하고, 충족률이 이에 미달할 경우 물류 관리자에게 원인을 파악하고 해당 조치를 지시하여 성과 지표가 목표수준으로 돌아올 수 있도록 조치를 취할 수 있어야 한다.

마지막으로 조직원에 대한 방향 제시(Directing operations) 특징은 선택된 성과 지표가 조직원들의 성과 보상체계에 연계되어 궁극적으로 조직원들의 행동을 해당 성과 지표를 통해 경영진이 원하는 방향으로 이끌어갈 수 있도록 해 주는 것을 말한다. 예를 들어 재고관리 생산성을 하나의 성과 지표로 선정한 경우를 생각해보자. 이 성과 지표는 창고관리 직원의 표준 직무와 표준 근무시간을 기준으로 직원의 보상체계에 연계될 수 있다. 창고관리 직원이 정해진 하루 주어진 8시간 분량의 일을 해당 시간 내에 끝냈을 경우 남은 시간은 자유시간으로 갖게 해 주었다면, 이는 작업자의 인당 생산성을 시간당 임금에 연계한 간단한 예가 될 것이다.

2. 성과평가 지표 개발시의 유의점

경영 성과평가시스템 개발 전문가인 Mark Brown(1996)은 오늘날 많은 경영자들이 필수적인 계측기기들이 아예 없거나 있는 경우에도 잘못된 데이터들만을 보고하는 비행기를 운전하는 식의 경영을 하고 있다고 꼬집고 있다. 그는 대부분의 기업 성과평가시스템이 아래와 같은 결점에 노출되어 있다고 지적하고, 성과평가 지표를 개발할 때에 이러한 점을 특히 주의할 것을 당부하고 있다.

첫째, 성과평가 지표와 관련한 너무 많은 자료 혹은 잘못된 자료가 그것이다. 사실 너무 많은 자료의 문제점은 거의 대부분의 조직이 가지고 있는 일반적인 문제점이다. 그러나 더욱 심각하고 중요한 문제는 경영자들이 잘못된 자료에 근거하여 의사결정을 내릴 때 생겨난다. 개발된 성과평가 지표가 너무 많은 원자료에 기반하고 있거나, 다른 성과평가 지표와 상충되는 경우, 혹은 경영자가 너무 많은 성과평가 지표를 다루어야 하는 경우 경영자가 잘못된 의사결정을 내릴 가능성은 더욱 더 높아진다. 가능한 성과평가 지표들을 검토하고 우선 순위를 정하여 취합하여야 하는 것이다. Mark Brown은 일반적인 규칙으로서 한 경영자가 관리하는 성과평가 지표의 개수는 열 가지를 넘지 말아야 한다고 조언한다.[4)]

둘째, 단기적 성과에만 집착하는 근시안적 성과평가 지표를 들 수 있다. 이러한 잘못은 특히 중소기업 혹은 소규모 기업들에게서 빈번히 관찰된다. 일반적으로 소규모의 조직들이 관심을 갖는 데이터들은 재무, 운영 데이터

---

4) Mark Graham Brown, Keeping Score: Using the Right Metrics to Drive World-Class Performance, New York, American Management Association, 1996: 15-26.

(operating data)가 많다. 살펴보았듯이 이러한 과거 데이터는 기업의 장기적 전략 목표를 모니터, 통제하기에 적절하지 못한 경우가 많으며 경영자로 하여금 근시안적으로 단기의 작업목표 성취에만 관심을 집중하도록 하기 때문에 문제가 된다.

셋째로는 너무 정량적으로 요약된 나머지 의미 있는 통제를 할 수 있을 만한 자세한 정보가 부족한 성과평가 지표를 들 수 있다. 예를 들어 공급사슬 내 제품 불량률(Defect ratio)이라는 단 하나의 성과평가 지표만으로는 경영자는 의미 있는 통제를 할 수 있을 만한 충분한 정보를 얻지 못할 것이다. 경영자는 제품 불량의 형태나 그러한 품질 저하가 구매회사의 구매비용에 미치는 영향, 공급업자의 이제까지의 제품 품질 기록 — 현재의 품질 저하가 일시적인 것인지 아니면 고질적인 것인지를 살펴보기 위해 — 등에 대해 관심을 가질 것이다. 관리자가 요청하는 경우, 예를 들어 아래와 같은 보충 정보가 구매제품의 품질에 대한 성과평가 지표에 추가적으로 제공되어야 한다.

- 어떤 종류의 불량인가?(잘못된 부품의 사용인가? 손상된 부품인가? 특정 부품이 빠져있음으로 해서 생긴 불량인가?) 단기적으로 고칠 수 있는 문제인가, 혹은 근본적인 프로세스 등의 문제인가?
- 품질 문제를 최초로 제기한 고객은 누구인가? 얼마나 많은 고객들이 해당 문제를 인지하고 있는가?
- 공급사슬 내 어떤 기업 혹은 관리자의 책임인가?
- 품질 불량의 총 재무적 비용 효과는 어느 정도인가?

넷째, 적절한 성과측정 지표를 선택하였음에도 불구하고 성과측정 지표가 경영자가 의도하지 않았던 방향으로 공급사슬 구성원의 행동을 유도하는 경우가 있을 수 있다. 예를 들어, 구매자의 성과평가가 연간 구매 횟수로만 평가를 받는다면 구매자는 한 번에 구매할 분량을 주어진 1년 간 최대한 여러 번 분할해서 구매함으로써 높은 평가를 얻어 낼 수 있다. 이러한 것은 정량화 하기 어려운 활동들까지도 경영자가 측정하여 성과를 확인하고자 하기 때문에 일어나는 문제로 언제나 기대했던 옳은 결과를 주지는 않는다.

마지막으로 성과지표가 공급사슬 관리의 특정한 경영성과와 직접 연계되기보다는 부차적인 조직원의 행동만을 평가하여 경영자가 원하는 결과를 성취하지 못하는 경우가 있다. 특정 경영성과가 아니라 이에 관련된 조직원의 행동을 성과평가 지표로 삼는 경우의 문제는 평가대상이 되는 조직행동이 꼭 원하는 경영성과로 이어질 것이라는 보장이 없다는 데에 있다. 예를 들어 최근 많이 사용되고 있는 "부서 간 공동 구매계약(corporate-wide purchasing)당 구매량"이라는 성과평가 지표보다는 해당 공동 구매계약이 얼마만큼의 구매비용 절감으로 이어졌는가를 직접 살펴보는 것이 낫다. 마찬가지로 원자재 구매 팀이 매 분기 얼마나 자주 만나서 회의를 가졌는가라는 지표는 그러한 팀 미팅을 통해서 얼마만큼의 비용절감효과를 가지고 왔는가라는 구체적 성과평가 지표보다 못하다. 조직원의 행동을 통해 간접적으로 밖에 평가할 수 없는 성과 지표들이 존재하는 것이 사실이지만, 가능한 경우에 성과평가 지표는 해당 경영성과를 직접적으로 평가할 수 있는 것일수록 좋다.

3. 물류, 공급사슬 관리의 성과평가 지표의 종류와 특징

(1) 기능적 성과평가 지표(Functional performance metrics)

물류와 공급사슬 관리 관련 연구는 공급사슬 관리의 기능적 성과평가 지표를 비용, 고객서비스, 품질, 생산성, 자산 활용의 다섯 가지 분야로 나누고 있다. 〈그림 14-3〉은 이러한 공급사슬 관리 분야에서의 전형적인 기능적 성과평가 지표들을 보여준다.

그림 14-3 • 전형적인 기능적 경영 성과평가 지표들

비 용

- ✓ 총비용
- ✓ 제품당 비용
- ✓ 매출 대비 총비용
- ✓ 입고 운송비
- ✓ 출고 운송비
- ✓ G&A (행정 부대비용)
- ✓ 재고처리 비용
- ✓ 직접 노무비
- ✓ 예산 대비 실제 비용

고객서비스

- ✓ 주문 달성률 (Fill rate)
- ✓ 재고 품귀 비율 (Stockout)
- ✓ 배송 에러율
- ✓ 적시 배송률
- ✓ 미납 주문 (Back order)
- ✓ 주문 완수 기간 (Order cycle time)
- ✓ 주문 응대시간

품 질

- ✓ 제품 손상률 (Damage frequency)
- ✓ 주문 입력 정확성
- ✓ 재고 선택 및 배송 정확성
- ✓ 문서작성 및 운송장 취급 정확성
- ✓ 정보 이용가능성
  정보 정확성
- ✓ 품질불만 제기 비율
- ✓ 제품 반품 비율

생산성

- ✓ 인 당 생산성
- ✓ 직접 노무비당 생산성
- ✓ 영업사원당 주문획득 비율
- ✓ 생산성 지표
- ✓ 생산설비 가동률
  주문입력 생산성
- ✓ 창고 노동 생산성
- ✓ 운송 노동 생산성

		자산 활용
✓ 비용 트랜드 분석 ✓ 제품 수익성 ✓ 고객 세그먼트 별 수익성 ✓ 재고 비용 ✓ 반품 비용 ✓ 서비스 실패 비용 ✓ 이월주문 비용 (Back order cost)	✓ 주문 응대 정확률 ✓ 고객 불만율 ✓ 영업사원 불만율 ✓ 전반적 서비스 안정성 ✓ 전반적 고객만족	✓ 재고 수준, (전체 공급일 수) ✓ 진부화 재고 수준 (Obsolete inventory) ✓ 자산 활용률 (Capacity utilization)

1) 비용(Cost)

물류시스템과 공급사슬의 운영성과를 가장 직접적으로 반영하는 지표로 특정한 공정을 수행하는 데에 수반되는 비용을 들 수 있을 것이다. 〈그림 14-3〉에서 보듯이 비용 성과지표는 주로 특정 기능 당 사용된 총 금액의 합계로서 측정된다. 따라서 창고업무(warehousing), 출고(outbound transportation), 입고(inbound transportation), 주문 처리(order processing) 등 물류 전반의 기능별로 비용지표는 측정될 수 있으며, 필요한 경우 보다 세분화 된 재고 선택(warehouse picking), 주문품 적재(order loading) 등의 과업 별로도 측정될 수 있다.

비용 성과지표는 해당 기업의 전체 매출액에 대한 비율, 혹은 매출 한 건에 대한비율 등으로도 측정될 수 있다. 예를 들어 운송비의 경우 전체 매출액의 일정 비율이나, 매출 한 건 당 일정액 등으로 비용 처리되기도 한다. 창고비용 역시 총 매출액의 일정비율로 표시될 수도 있다. 이러한 비용 성과지표는 과거의 축적된 해당 데이터와 함께 비교되었을 때 현재의 물류시스템의 효율성에 관한 주요한 비교 성과지표로 활용되며, 현재의 시스템에 수정, 보완할 부분은 없는지를 나타내 준다. 비용 성과지표는 물류시스템과 공급사슬의 복잡다기 한 여러 활동들에 모두 적용이 가능하므로 경영자는 기업이 현재 가장 관심을 두어야 할 활동들을 중심으로 비용 성과지표를 측정할 수 있다.

〈그림 14-3〉의 비용 카테고리는 제품 수익성, 고객 세그먼트 별 수익성, 반품 비용 등 물류시스템의 성과와 관련한 다양한 비용 성과평가 지표를 제시하고 있다. 사실 대부분의 기업들은 이러한 지표들의 중요성과 필요성에 대해 공감하고 있으나 현재 해당 비용을 적절하게 측정할 수 있는 데이터와 시스템이

부족한 상황이다. 활동 중심 원가 회계(ABC: Activity-Based Costing)와 같은 최근의 회계정보시스템의 발전은 기업들로 하여금 비용 성과평가 지표를 보다 더 정확하게 측정할 수 있도록 하고 있다.

2) 고객서비스(Basic customer service)

고객서비스의 주요 요소로 제품의 이용가능성(availability), 운영 효율성(operational performance), 서비스 안정성(service reliability)의 세 가지를 들 수 있다. 효과적인 물류, 공급사슬 관리 성과평가 지표는 고객 서비스와 관련한 이러한 세 가지 요소를 모두 측정할 수 있는 것이어야 한다.

먼저 제품의 이용가능성(availability)은 주로 해당 물류 시스템의 주문달성률(fill rate)에 의해서 측정되는 것이 일반적이다. 하지만 주문 달성 율을 계산하는 데에는 아래와 같은 여러 가지 방식이 있으며 각 방식 간의 차이를 염두에 두어야 한다.

$$\text{제품 품목별 주문달성률 (Item fill rate)} = \frac{\text{고객에게 최종 배송된 주문 품목 개수}}{\text{총 고객 주문 품목 개수}}$$

$$\text{제품 라인별 주문달성률 (Line fill rate)} = \frac{\text{고객에게 최종 배송된 구매시(PO) 개수}}{\text{총 고객 구매시(PO, Purchase Order)개수}}$$

$$\text{주문 총액별 주문달성률 (Value fill rate)} = \frac{\text{고객에게 최종 배송된 주문총액(doller value)}}{\text{총 고객 주문총액(doller value)}}$$

$$\text{고객 주문달성률 (Order fill rate)} = \frac{\text{고객에게 최종 배송된 주문 개수}}{\text{총 고객 주문 개수}}$$

위의 여러 지표들 중에서 가장 엄격한 이용가능성 관련 성과평가 지표는 주문충족률(order fill rate)이다. 주문충족률을 사용하는 경우, 고객의 단위 주문 상의 하나의 품목이라도 배송이 되지 않은 경우 해당 주문은 배송이 완료되지 않은 것으로 간주된다. 실무에서는 정해진 기간 동안의 재고 품귀(stock out) 발생횟수, 혹은 미납 주문(back order) 발생회수 역시 광범위하게 사용되고 있다.

운영 효율성과 관련한 성과평가 지표로는 평균 주문 사이클 타임(order cycle time), 주문 사이클 타임 일관성(consistency of order cycle time) 등이 있다. 평균 주문 사이클 타임은 물류시스템에 주문이 입력된 후 실제로 그 주문이 최종 소비자에게 배송 되기까지 걸리는 평균 기간을 의미한다. 주문 사이클 타임 일관성은 일정 기간 동안 다수의 주문 사이클 타임을 관찰해 보았을 때 얼마나 일관성이 있는가를 평가하는 지표이다. 예를 들어 어떤 물류시스템의 평균 주문 사이클 타임이 5일이라고 하자. 만약 전체 주문의 20 % 가량이 2일의 주문 사이클 타임을 가지는 반면, 나머지 80%의 주문이 8일의 주문 사이클 타임을 가진다면 이는 주문 배송의 운영 효율성이라는 측면에서의 서비스 일관성이 아주 떨어지는 것이다. 주문 배송이 완성되어야 하는 특정 날짜나 기간이 고객에게 주어지는 경우 이용가능성과 관련한 가장 엄격한 성과지표는 적시 배송률(on-time delivery)이다. 이는 전체 주문 배송 중 고객이 명기한 날짜와 기간 내에 배송 되는 주문의 비율이다.

3) 품질(Quality)

서비스 안정성과 관련한 주요 성과지표가 물류시스템 전반의 서비스 품질이다. 〈그림 14-3〉에서 보듯이 다른 기능적 성과지표 들이 물류시스템 전반의 성과를 평가하고 있는 데 반해, 대부분의 품질관련 성과지표들은 개별 활동 들의 효율성을 모니터하고 있다. 주문 입력, 재고 선택 및 배송, 해당 문서작성 및 운송장 취급 등의 개별 활동에서의 정확성을 평가하는 것이다.

물류시스템 전반의 서비스 품질 역시 측정, 평가될 수 있다. 제품 손상률(Damage frequency)은 완제품이 물류시스템을 거쳐 최종 고객에게 배송되는 과정에서 손상을 입는 비율을 측정하며, 제품 손상이 일어나는 해당 프로세스의 제품 손상률에 계산된다. 예를 들어 창고 재고관리 손상률, 적재 손상률, 입/출고 손상률 등으로 계산되는 것이다. 간혹 이러한 제품 손상이 최종 고객들에게 배송된 이후에야 발견되거나, 배송 후 일정한 시간이 흐른 뒤에 보고되는 경우도 있다. 많은 기업들이 제품 반품 비율을 측정함으로써 이러한 품질관리 성과관리 지표로 삼고 있다.

품질과 관련한 또 다른 중요한 성과평가 지표는 정보이다. 최종 소비자나 혹은 기업의 내부 고객이 제품과 관련한 정보를 요청하였을 때 해당 정보가 이용가능하지 않거나 혹은 잘못된 정보가 제공되는 경우, 물류시스템의 전반적 품질에 문제가 있는 것이다. 예를 들어 재고물품 개수의 물리적 합계와 재고 데이터 베이스 상의 개수 정보가 일치하지 않는 경우, 재고시스템 관리 품질과 관련하여 문제가 있는 것이며 이는 신속히 고쳐져야 한다.

4) 생산성(Productivity)

생산성은 보통 투입물과 산출물 간의 비율로서 계산되는 것이 일반적이다.

만약 특정 물류시스템이나 공급사슬이 명확히 측정될 수 있는 투입물과 이에 해당하는 산출물을 가지고 있다면 이러한 일반적 의미의 생산성은 쉽게 계산될 수 있겠지만 실무에서는 투입-산출 관계를 명확히 추정할 수 없는 경우가 많으며, 투입물과 산출물의 조합 역시 계속 바뀌는 경향이 있다. 해당 데이터 역시 획득하기 어렵거나 아에 존재하지 않는 경우도 많다.

〈그림 14-3〉에서 보듯이 물류 담당 경영자들은 노동생산성에 많은 관심을 가지고 있다. 투입물로서의 노동을 측정하는 방법은 여러 가지가 있겠지만 주로 직접 노무비, 직접 노동 투여 시간, 작업 근로자 인원 수 등으로 측정된다. 따라서 해당 활동의 노동생산성은 해당 활동 산출을 이러한 노동 투입 요소로 나누어서 평가된다. 예를 들어 운송에서의 노동생산성은 종업원당 배송 건수, 직접 노무비 단위비용당 배송 건수, 단위 노동시간당 배송 건수 등으로 측정되는 것이다.

5) 자산 활용(Asset Management)

자산 활용과 관련된 성과평가 지표들은 주로 기업의 시설, 설비, 운전자본 등의 자본투자들이 얼마나 효율적으로 이용되고 있는가를 측정, 평가한다. 물류시스템과 관계된 시설, 설비, 재고투자는 기업 자산의 상당한 부분을 차지하므로 이러한 자산의 활용 효율성은 중요한 평가 지표가 된다. 예를 들어 일반적인 도매업자의 경우 재고자산이 전체 자본의 80%를 상회하는 경우도 많다.

기업 시설과 설비는 자산 활용과 관련하여 가장 빈번하게 측정되는 대상이다. 예를 들어 특정 재고창고가 하루 일만개의 재고를 배송할 수 있을 때 8천 개 재고를 배송하고 있다면 재고창고의 재고 처리 용량(capacity) 활용률은 80%로 측정되는 것이다. 실무에서는 해당 자산이 활용되지 않는 기간을 다운타임이라 일컫고 전체 자산 활용가능 시간 중 이 다운타임의 비율로서 자산 활용 효율성을 측정하기도 한다.

재고회전율과 같은 재고자산 활용 효율성 역시 주요한 성과평가 지표로 쓰인다. 재고회전율을 측정하는 주요 방법에는 아래의 세 가지가 있다.

$$\text{재고회전율} = \frac{\text{해당 기간 총매출 원가(Cost of goods sold)}}{\text{해당 기간 원가로 평가된 평균 재고총액}} \quad (1)$$

$$\text{재고회전율} = \frac{\text{해당 기간 매출 총액}}{\text{해당 기간 판매가로 평가된 평균 재고총액}} \quad (2)$$

$$\text{재고회전율} = \frac{\text{해당 기간 총판매 제품 수}}{\text{해당 기간 평균재고 제품 수}} \quad (3)$$

본질적으로 위의 세 성과측정 지표는 동일하게 측정될 것이지만, 자료 취합의 용이성 등으로 첫 번째 방식이 제일 많이 쓰인다. 원칙적으로 (1)과 (2)는 해당 기간 내에 기업의 매출이익이 급격히 변동하지 않는 이상은 동일하며, 판매가격이나 취득가액이 평가 기간 내에 급격히 변동한 경우에는 (3)의 계산 방식을 쓸 수 있다. 재고회전율은 단위 기간당 판매량을 기준으로 공급일(days of supply)의 형태로 계산될 수도 있다. 예를 들어 일 판매량이 100개이고 5,000개의 제품을 재고로 보유하고 있는 경우 50 공급일치의 재고를 보유하고 있는 것이다.

대부분의 기업들은 지난 십여 년 동안 새로운 지표를 개발하고, 관련 데이터의 질을 높임으로써 기존 성과 지표들을 개선시켜 왔다. 최근의 정보기술 발전은 이러한 성과 지표 개선에 크게 기여하였다. 예를 들어 몇 년 전까지만 하더라도 적시 배송률은 제품이 실제로 고객에게 배송되었는지를 최종 모니터한 결과에 기반하여 계산될 수 없었다. 대부분의 기업들이 이를 확인할 수 있는 어떠한 시스템도 갖추기 못했기 때문이다. 대신, 기업들은 정시에 제품이 적재되어 기업의 창고를 떠나면, 이에 따라 제품이 정시에 최종고객에게 배송되었을 것이라고 가정해야만 했다. 곧 주문 사이클 타임 상에서 출고 후 제품이 고객의 손에 직접 도착하기까지의 시간은 제외 되었던 것이다. 오늘날은 최신의 전자문서관리 시스템(EDI: Electronic Data Interchange), 위성과 인터넷을 이용한 배송추적 등을 이용하여 제품이 고객에게 정시에 인도되었는지를 실시간으로 확인할 수 있다.

오늘날 많은 기업들은 자신들이 최종소비자들의 요구사항을 제대로 반영하고 있는가를 평가하기 위해서 기능적 성과평가 지표 이외의 대안적인 성과평가 지표들에 주목해 왔다. 기능적 성과평가 지표의 가장 큰 문제점은 대부분의 지표들이 기업의 내부 프로세스의 효율성을 측정하는 데 초점이 맞추어져 있어 고객들의 요구사항을 반영하는 데에 한계가 있다는 것이다. 예를 들어 주문 달성률(fill rate)은 고객의 관점에서 하나의 주문이 완결되었다기보다는, 공급자로서의 기업이 자신의 입장과 기준에서 고객의 주문을 완결하였다는 가정 하에 측정되는 지표이다. 기존의 기능적 성과평가 지표에 고객의 관점과 이를 고객의 입장에서 만족시키기 위한 프로세스를 적절히 반영한 성과평가 지표가 필요한 것이다.

(2) 고객 수용성 성과평가 지표(Customer accommodation metrics)

앞서 살펴본 기능적 성과평가 지표들은 성공적인 물류시스템, 공급사슬 관리 평가를 위한 필요조건이기는 하지만 충분조건인 것은 아니다. 이에 따라 기업들은 고객의 요구사항을 보다 더 잘 반영할 수 있는 성과평가 지표를 개발하기 위해 무결점 주문처리(Perfect orders), 절대적 성과평가(Absolute performance), 고객 만족(customer satisfaction) 등과 같은 고객 수용성 성과평가 지표에 관심을 기울이게 되었다.

1) 무결점 주문처리(Perfect orders)

무결점 주문처리는 고객의 주문이 최초의 접수에서부터 배송, 제품의 최종결제에 이를 때까지 공급기업이 정한 엄격한 기준에 따라 한치의 실수도 없이 완벽하게 진행되는 것을 일컫는다. 이러한 무결점 주문처리는 물류시스템과 공급사슬 내에 특정 한 기능이 효율적이라고 해서 성취할 수 있는 것이 아니며, 통합된 시스템 전체가 효율적으로 맞물려 돌아갈 때에만 가능한 것이다.[5] 무결점 주문처리는 긴급주문 등의 경우에도 예외 없이 동일하게 적용되며 공급기업의 물류시스템이 단 한 가지 기준이라도 통과하지 못한 경우 무결점 주문 성과평가 지표에서 최종적으로 0점을 받게 된다. 사실 고객은 최초의 주문접수, 제품의 이용가능성, 적시 배송, 손상 없는 제품, 정확한 송장, 실수 없는 최종결제에 이르기까지 대략 20가지 정도의 엄격한 물류 평가 기준을 무결점 주문처리라는 지표에 요구하는 것으로 알려져 있다. 해당 기간 중 전체 고객 주문 중의 비율로 계산되는 무결점 주문처리 비율은 선도적인 물류시스템, 공급사슬 관리를 실시하고 있는 기업의 경우에도 60~70% 정도의 수준에 머무르고 있다.

2) 절대적 성과평가(Absolute performance)

대부분의 물류시스템 성과평가 지표들은 다수의 고객 주문과 일정 기간의 시간 상에서 하나의 비율로 정량화 하여 평가됨으로써 '평균적으로(on average)'

---

5) William C. Copacino, "Creating the Perfect Order," *Traffic Management*, February, 1993: 27.

혹은 '해당 기간 내에(over time)' 라는 꼬리표를 달게 된다. 이와 관련하여 몇몇 경영자들은 이러한 평균적 평가 지표들이 성공적이지 못한 주문 배송 등과 같은 부정적 성과가 고객에게 미치는 실제적인 영향을 과소평가할 수밖에 없다고 경고하였다. 예를 들어, 99.5%의 적시공급률을 보이고 있는 기업의 경우 적시 공급 실패율이 0.5%로 지극히 작기는 하지만 이러한 작은 비율이 절대 인원으로 보았을 때 약 5천명의 고객과 맞먹는다고 하면 시장에서의 그 기업에 대한 부정적인 평가는 무시할 수 없다는 것이다. 이와 같이 절대적 성과평가는 해당 성과평가 지표를 비율, 퍼센티지 등으로 나타내기 보다는 성과평가 지표 성취 여부를 절대적인 경우의 수로 표시하여 시장에서의 가능한 영향을 극대화하여 보수적으로 평가하고 이를 통해 보다 높은 수준의 성과 수준을 성취하고자 하는 것이다.

3) 고객 만족(customer satisfaction)

기업이 고객의 기대와 요구사항을 만족시키는 데 성공하였는가를 최종적으로 판단할 수 있는 사람은 사실 최종고객 밖에 없다. 이제까지의 기능적 평가 지표, 무결점 주문, 절대적 성과평가 등은 기업의 내부에서 임의로 만들어 낸 지표들인 것이다. 물류시스템, 공급사슬 관리의 최종목표는 기업이 서비스를 제공하는 고객 세그먼트에서 최고의 고객 만족을 이끌어내는 데이 있으며, 이러한 고객 만족 성취여부는 고객으로부터의 정보를 모니터하고, 측정함으로써 만 측정할 수 있다. 이러한 마케팅 조사기법은 이 책의 범위를 벗어나는 것이지만, 대부분의 경우 고객 만족 측정 지표들은 고객의 기대와 요구사항을 면밀히 검토하고, 기업의 물류시스템과 관련한 모든 측면에 대한 성과를 어떻게 인식하는지를 설문을 통해 알아낸다. 예를 들어 제품 이용가능성, 주문 사이클 타임, 정보의 이용가능성, 주문 정확성 등의 지표들을 설문을 통해 각 지표별로 고객 만족을 측정할 수 있다. 고객 만족을 측정하는 설문지에는 특정 성과 지표에 대한 만족도 이외에 물류시스템 전반에 대한 고객의 만족도, 경쟁사의 제품과 서비스를 경험한 경우, 이에 대비한 당사의 고객 만족도 등이 포함될 수 있다.

(3) 공급사슬 역량 평가 지표(Supply chain metrics)

최근 주목을 받고 있는 공급사슬 관련 성과평가 지표는 공급사슬 내의 기업들, 각 경영기능들 간의 통합적인 시각을 반영하고 있는 것들이다. 공급사슬 내의 다양한 기업과 기능들 간에 일관성 있는 통합적 시각이 공유되지 못한다면 경영자들의 개별적인 공급사슬 역량 평가는 의미가 없다. 공급사슬 역량 평가 지표로는 공급사슬 내 현금전환 기간, 공급사슬 재고공급일 수, 공급사슬 내 유휴기간, 매대 재고준비율, 공급사슬 총비용, 공급사슬 반응성 등이 있다.

1) 공급사슬 내 현금전환 기간(Cash-to-Cash conversion)

현금전환 기간이란 재고자산에 투자한 현금이 최종제품이 고객에게 판매되어 매출에 따른 현금의 형태로 다시 회수되기까지의 기간을 일컬으며, 주로 한 기업의 효율적인 현금 사용을 측정하기 위한 지표로 쓰인다. 통상 재고자산은 재무제표 상에 유동자산으로 보고되지만 재무제표 상의 재고자산 숫자가 재고에 묶여 있는 현금의 규모를 정확하게 반영하고 있는 것은 아니다. 그 중에는 고객에게 판매되었으나 매출 채권(Accounts Receivable)의 형태로 현금을 회수하지 못한 경우도 있고, 공급업자로부터 제품을 공급받았으나 대금 지급을 하지 않아 외상매입(Account Payable)의 형태로 남아 있는 것도 있기 때문이다. 따라서 현금전환 기간을 보다 정확하게 구하려면 현재 재고의 공급일(days of supply)에 매출채권 회수 기간을 더하고, 매입채권 지불 기간을 빼야 한다. 예를 들어 30공급일치의 재고를 가지고 있는 소매업자가 공급업자들에게는 30일의 매입채무 결제 신용기간을 가지고 있고 자신의 고객들에게는 현금 결제만을 요구한다면 이 소매업자는 이론적으로 0일의 현금전환 기간을 가지고 영업을 하는 것이 된다. 곧 이 소매업자의 재고자산에 투여 된 현금의 총액은 사실은 재무제표에 씌어진 것과는 관계없이 0원이 되는 것이다.

현금전환 기간은 사실 물류시스템뿐만 아니라 기업의 내부적 프로세스 전반에 의해서 영향을 받는다. 예를 들어 고객과 공급업자에 대한 판매대금, 구매대금 결제조건이 그것이다. 현금전환 기간은 재고자산에 투여되어 있는 기업의 재무적 자산이 어느 정도인지를 측정함으로써 재고시스템과 관련한 기업 내 다양한 기능 간의 통합적인 성과를 측정하며, 해당 기업과 공급업자, 구매자 간의 관계를 반영하는 성과평가 지표이기도 하다.

2) 공급사슬 재고 공급일 수(Supply chain inventory days of supply)

전통적인 재고 성과평가 지표로서 재고회전율과 공급일 수 등을 들 수 있는데, 이는 개별 회사의 재고 성과만을 평가한다는 점에서 공급사슬 관리의 관점에서는 다시 살펴보아야 할 필요가 있다. 예를 들어 공급사슬 내 한 회사가 자신의 재고분을 공급자나 고객에게 떠 넘기게 되면 자신의 재고 성과평가 지표는 곧바로 개선될 것이지만 공급사슬 전체를 보았을 때는 아무런 변동이 없는 것이다. 공급사슬 재고 공급일 수는 공급사슬 전반, 곧 모든 공장, 물류센터, 도매업자, 소매업자에 위치한 총 재고를 최근 단위 영업일 기간(calendar day of sales) 동안의 매출량을 기준으로 나눈 것이다. 공장과 공급업자들의 재고창고에 위치한 원자재나 재공품(WIP: work in process) 역시 완제품 단위로 환산되어 총재고에 포함된다. 구체적인 계산식은 재고 공급일 수와 동일하다.

공급사슬 재고 공급일 수는 공급사슬 전체의 재고비용 최소화에 대한 성과평가 지표로 유용하다. 예를 들어 미국 식품업계의 '효율적 고객 응대'(ECR: Efficient Consumer Response)라는 프로젝트는 포장 식자재(processed & packaged foods) 제품의 경우 평균적으로 제조업체, 도매업체, 소매업체를 통틀어 120일 가량의 공급사슬 재고 공급일 수를 가지고 있다고 밝히고 있다.

3) 공급사슬 내 유휴기간(Dwell time)

유휴기간 혹은 유지기간은 공급사슬 전체의 자산 활용도를 측정하는 또 하나의 성과 지표이다. 예를 들어, 재고 유휴기간은 재고가 공급사슬 전체를 통과하는 데에 걸리는 날짜 중에서, 품질 조사, 안전 재고 등의 비생산적인 이유로 재고자산이 묶여 있는 기간을 합한 날짜를 의미한다. 유휴기간은 운송 설비 등 다른 자산의 활용도 평가 지표로도 널리 쓰인다.

4) 매대 재고 준비율(On-Shelf In-Stock percent)

궁극적으로 공급사슬 내 모든 구성원들의 최종목표는 시장의 최종소비자가 제품을 구매하고자 하였을 때 해당 제품이 언제나 이용가능하도록 준비하는 것이다. 물류 센터 혹은 소매업자에서의 주문 충족률 등은 공급사슬 내 개별 기업의 성과 지표일 뿐, 최종고객이 상점에서 제품을 구매하려고 하는 바로 그 순간 해당 제품이 언제나 준비되어 있을 것이라는 것을 보증해 주는 것은 아니다. 예를 들어 평상시의 슈퍼마켓에서는 약 8%의 제품이 고객이 구매하려는 데에도 불구하고 매대 상에 재고로 준비가 되어 있지 않다고 알려져 있다. 매대 재고준비율은 공급사슬의 제일 마지막 단계인 소매점에서 불시에 고객이 제품을 구매하려 하였을 때 언제나 해당 제품이 매대에 준비되어 있을 확률이다. 높은 매대 재고준비율은 소매점만의 노력으로 성취할 수 있는 성과평가 지표가 아니며, 공급사슬 전반의 협조가 필요한 것이다. 매대 재고준비율은 고객 만족과 관련하여 매우 중요한 지표이며, 추가적인 매출 증대에도 직접적인 영향을 미친다. Anderson Consulting이 코카콜라 소매 연구회(Coca-Cola Retailing Research Council)의 의뢰를 받아 연구한 결과에 따르면 92% 수준의 매대 재고 준비율을 보이면 — 8%의 확률로 고객은 자신이 원하는 제품을 매대에서 찾지 못한다 — 광고를 통해 적극적으로 홍보한 제품인 경우 15% 정도의 총매출 감소 효과가 있으며, 평균 3.1% 가량의 고객들이 해당 제품을 다시 찾지 않게 된다고 한다.[6]

5) 공급사슬 총비용(Total supply chain cost)

〈그림 14-4〉는 공급사슬 내의 총비용이 하나의 기업뿐 아니라 공급사슬 내 모든 기업들의 물류비용의 총합으로 이루어진다는 사실을 보여주고 있다. 이러한 시각은 공급사슬 관리에 있어서 매우 중요한 것이다. 개별 기업의 비용최적화는 부분최적화의 결과를 낳을 수밖에 없으며, 한 기업의 비용 감소가 또 다른 기업의 비용 증가로 이어진다면 공급사슬 전체에서의 효율성 증대는 가능하지 않다. 공급사슬 총비용이 감소하려면 한 기업의 비용이 상대적으로 증가하더라도, 이러한 부분 비용 증가는 보다 큰 총비용 감소에 기여하는 것이어야 하며, 총비용 감소에 따른 이익은 공급사슬 내 구성원들에게 골고루 나누어져야 한다. 공급사슬 총비용의 관점에서 공급사슬의 손익을 고려하는 것은 진정한 공급사슬 관리에 있어 필수적인 요소이다.

6) 공급사슬 반응성(SCRT: Supply Chain Response Time)

공급사슬 반응성은 시장에서 고객 수요의 급격한 변화가 있을 때 이러한 변화를 감지하고, 기업의 경영활동을 재조정하여 최종적으로 소비자가 원하는 제

6) Donald J. Bowersox, David J. Closs, and Theodore P. Stank, 21st Century Logistics: Making Supply Chain Integration a Reality(Oak Brook, IL: Council of Logistics Management, 1999)

그림 14-4 • 공급사슬 총비용(Total supply chain cost)

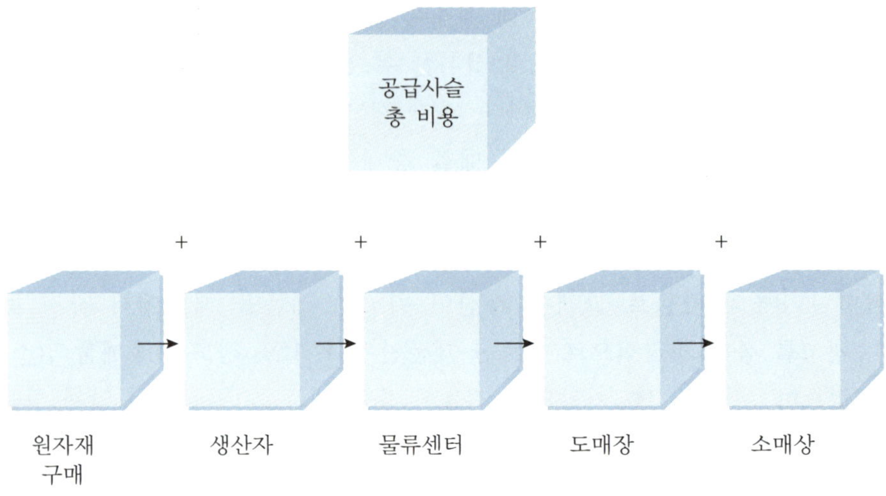

품을 다시 시장에 출시하기까지 소요되는 총시간이다. 예를 들어 시장에 레저용 차량(SUV: Sports Utility Vehicle)에 대한 고객들의 수요가 증대하고 있다는 사실을 자동차 업계가 인지하고, 제품을 개발하고, 생산시설과 관련 공급자들을 확보하고, 최종적으로 해당 제품을 고객에게 선보이기까지는 수 년의 시간이 걸렸다. 공급사슬 반응성의 경우 시장 수요가 예기치 않게 20% 증가하였을 때 전 공급사슬 전체가 이에 적응하여 증대된 수요를 만족시키는 데에 걸리는 시간 등의 특정 계산식으로 표현될 수도 있지만, 대부분의 경우 보다 개념적인 지표로 쓰이고 있다.

제 4 절 물류/공급사슬 관리 성과평가시스템

이번 장에서는 앞서 살펴본 다양한 물류/공급사슬 관리 성과평가 지표들을 바탕으로 성과평가시스템(PMS: Performance Measurement System)의 개발과 그 종류에 대해서 알아보도록 하자. 공급사슬 내의 다수 구성기업에 일관성 있는 하나의 성과평가시스템을 구축하는 것은 쉬운 일이 아니며, 기업의 전략 실행을 지원할 성공적인 성과평가시스템 구축을 위해서는 체계적인 시스템 개발 과정을 거쳐야 한다.

1. 물류/공급사슬 관리 성과평가시스템의 개발

성공적인 물류시스템, 공급사슬 관리 시스템을 갖추기 위해서는 가능하면 모든 해당 부서, 기업에서 동일한 시스템을 사용하는 것이 좋다. 이것이 모든 조직 구성원들이 동일한 성과 목표를 부여 받거나 동일한 평가 지표에 의해서 평가되어야 한다는 것을 의미하는 것은 아니지만, 시스템의 일관성은 물류, 공급사슬관리와 같은 상호 연계성이 높은 경영활동의 경우 보다 더 중요하게 요구되는 특성이다. 따라서 물류, 공급사슬 관리 성과평가시스템은 대부분 다수의 부서, 기업들을 대상으로 하게 되며 최고 경영진의 리더십과 지원, 그리고 재무적 투자에 대한 의지는 성공적인 시스템 구축에 필수적인 요소이다.

효과적인 성과측정 및 평가시스템 구축에는 일반적인 순서가 있다. 먼저 경영자는 물류 및 공급사슬 관리와 관련하여 어떤 범주의 성과를 측정할 것인가를 정하고, 정해진 범주의 성과평가를 위한 지표를 개발한 후, 해당 성과평가 지표에 목표치를 부여한다. 구체적 성과평가 지표와 목표치가 확정되고 나면, 이러한 정보를 실제 시스템에 반영하고 성과측정치를 지속적으로 모니터 하여야 한다. 성과평가시스템을 조직 전반에 전파하고, 조직원들을 교육시키는 것과 평가시스템을 계속 업데이트하는 것 역시 성공적인 성과평가시스템의 구축을 위한 활동에 포함된다. 〈그림 14-5〉는 성과평가시스템 구축의 큰 흐름을 보여주고 있다.

(1) 측정 성과 범주의 결정

효과적인 성과측정 및 평가시스템을 구축하는 첫번째 단계는 어떠한 성과 범주에 관심을 둘 것인지를 먼저 결정하는 것이다. 필요한 경우 다수의 범주를 선택하고 이에 가중치를 두어 평가할 수도 있다. 이 단계에서는 아직 구체적인 성과측정 지표에는 관심을 두지 않는다.

그림 14-5 • 물류 및 공급사슬 관리 성과평가시스템 구축

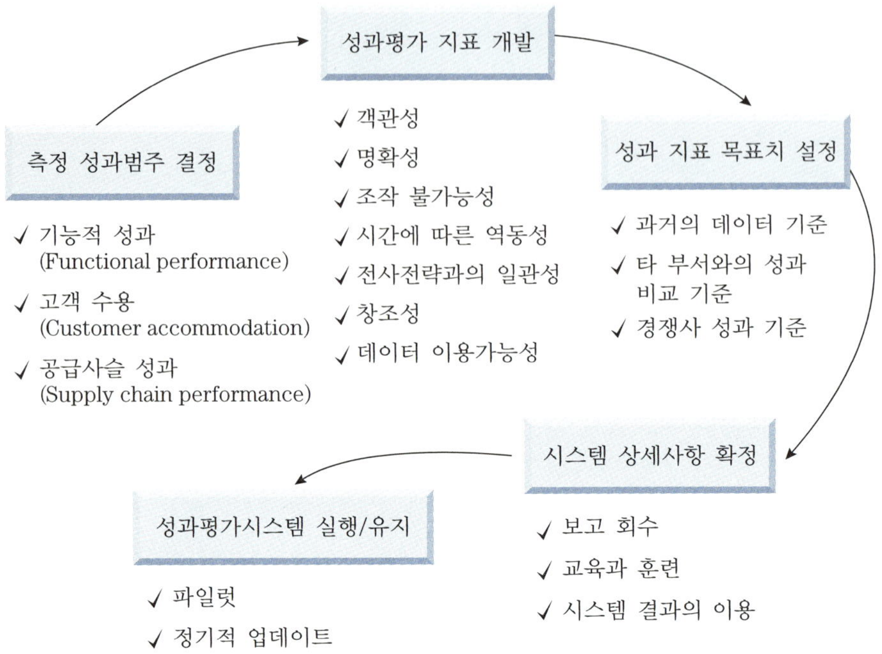

큰 범주로는 앞에서 살펴본 물류 및 공급사슬의 기능적 측면, 고객수용 성과 측면, 공급사슬 성과 측면 등을 생각해 볼 수 있다. 현 경영진이 가지고 있는 주요 관심점을 중심으로 성과 범주를 정하되, 각 범주들은 물류 및 공급사슬의 최종적인 목표와 일관성 있게 선택되어야 한다. 예를 들어 운영효율성을 단기 경영목표로 삼고 있는 기업이 있다면 공급사슬의 기능적 측면이라는 성과 범주에 보다 주목할 수 있다. 성과측정 범주를 선택하는 것은 구체적인 성과측정 기준을 개발하기 이전에 밟아야 할 매우 중요한 과정이다.

(2) 성과측정 지표 개발

경영진이 평가하고자 하는 물류 및 공급사슬의 주요 성과 범주가 정해졌다면 해당 범주 내의 구체적 성과측정 지표를 개발해야 한다. 성과측정 지표에 대해서는 3절에서 상세히 서술하였다. 1. 효율적 성과측정지표의 특징에서 살펴

본 모니터링, 통제, 조직원들에 대한 방향제시 이외에도 측정 지표들은 아래와 같은 특성을 가지고 있도록 계획되어야 한다.

• 객관성

성과 지표는 객관적 데이터에 기반하여 측정될 수 있는 것이어야 하며, 주관적인 평가를 배제하여야 한다. 평가 지표가 객관성을 잃는 경우 피평가자는 평가결과에 대한 의구심을 가질 수밖에 없다.

• 명확성

성과평가 지표의 평가사항이 명확하게 평가 대상자에게 전달되지 않는 경우 성과평가 시스템은 그 의도한 결과를 얻기 힘들다. 성과평가 지표의 의미와 해당 목표치, 목표치 성취를 위해 필요한 조직행동 등이 명확하게 전달되어야 한다. 좋은 성과평가 지표는 직설적이고 애매한 부분이 없어 누구에게나 동일한 의미로 이해되어야 한다.

• 정확하고 구하기 쉬운 데이터

너무 구하기 어렵거나 복잡하여 정확성이 떨어지는 데이터에 기반한 평가 지표는 바람직하지 않다. 혹은 평가 지표의 작성을 위하여 존재하지 않는 데이터를 추가적으로 가공하여 만들어내어야 한다면 그 비용이 적절한 평가가 가지고 올 수 있는 효익을 넘어서서는 안 될 것이다.

• 창조성

성과평가 지표 개발과 관련하여 가장 흔한 오해는 가능한 한 모든 활동들의 성과가 측정, 평가되어야 하며, 평가 지표는 많으면 많을 수록 좋다는 것이다. 이는 잘못된 생각이며 성과평가 지표는 공급사슬 관리의 핵심적인 활동들만 모티터하고 그 외의 활동들은 개인의 책임과 창조성에 맡겨두는 것이 좋다. 예를 들어 스무 가지가 넘는 두리뭉실한 평가 지표를 가지고 있는 것보다는 명확히 정의된 평가 지표 다섯 가지 정도를 정하고 이를 집중적으로 모니터하는 것이 낫다.

• 조직 목표와의 연계

앞서 제2절 평가시스템과 조직전략과의 연계에서 상세히 살펴 본 것처럼 성과평가 지표는 궁극적으로는 최고경영진의 전사적 전략과 일관성을 유지하며, 이를 반영할 수 있는 것이어야 한다.

- 공동 참여

가능하다면 성과 지표를 개발하는 과정에 각 성과 지표에 최종적인 책임을 질 임직원들을 참가시키는 것이 바람직하다. 이러한 성과 지표 개발 과정에의 공동 참여는 조직원들에게 성과지표에 대한 책임감을 높여주며, 궁극적으로는 지표 성취율을 높인다.

- 시간에 따른 역동성

경영진은 성과평가시스템의 각 평가 지표들이 현재 시의적절 한 것인지를 정기적으로 검토하고, 필요하다면 새로운 지표를 도입하거나, 기존 지표에 새로운 목표치를 부여하는 등 그 역동성을 유지할 수 있어야 한다.

- 조작 불가능성

성과평가 지표가 조작 불가능하다는 것은 성과 지표에 책임을 지는 피평가자, 평가자 모두가 성과평가의 결과에 어떤 식으로든 영향을 미쳐서는 안 된다는 것을 의미한다. 가능하다면 성과평가시스템을 자동화하여 피평가자의 접근 가능성을 차단하고, 최종 평가결과는 경영진에게 직접 보고되도록 하는 것이 바람직하다.

(3) 성과 지표 목표치 설정

구체적인 성과평가 지표가 정해졌으면 이에 대한 목표치를 잘 설정하는 것이 매우 중요하다. 이러한 목표치들은 성과 목표에 대한 의지를 정량화 시켜준다. 목표 수준을 설정하는 데 있어 중요한 것은 너무 쉽거나 어려운 목표치를 설정하지 말아야 한다는 것이다. 너무 쉬운 목표치들은 기본적으로 성취되어 있어야 하는 기준치 정도로 설정해 놓을 수 있을 것이다. 평가 기준이나 목표치가 너무 어려워 책임자가 아에 노력도 하지 않고 포기하게끔 해서도 안 된다. 따라서 성과 기준은 약간 어려워 보일지라도 노력을 통해 성취가능한 것으로 여겨지는 것이 적당하다. 마지막으로 성과평가시스템의 목표치는 그 기업이 처한 경쟁환경의 현실을 잘 반영한 것이어야 한다. 경쟁환경을 고려하지 않은 시스템 목표는 잘 정의된 목표라 보기 어렵다.

구체적으로 경영자들이 성과평가시스템의 목표를 설정할 때에는 (1) 과거 자료 (2) 타 부서와의 성과기준 비교 그리고 (3) 외부 경쟁사와의 성과 기준 비교의 세 가지 기준을 보통 사용한다.

• 과거 자료

이 방법은 과거의 활동자료를 기업의 성과평가 목표치 선정의 기초자료로 삼는다. 과거의 성과에 일정 성과개선요소(performance improvement factor)를 곱하여 현재의 목표치를 구하는 것이다. 구매 공급사슬 관리자들은 효율성 관련 성과지표 들의 목표치 설정에 주로 과거의 구매가격 내역 등을 사용한다. 예를 들어 이제까지의 구매가격이 100의 수준이었다면 올해는 5%의 구매 성과개선요소를 적용하여 95의 구매가격을 목표치로 삼는 식이다. 하지만 과거자료에 너무 의존하여 현재의 성과측정 목표치로 삼게 되면, 과거의 잘못된 관행이 반영된 결과가 지속적으로 현재, 미래에 영향을 미치며 이를 개선할 여지가 없어질 수 있다는 단점이 있다. 뿐만 아니라 이 방식은 경쟁자나 산업 내 다른 선두 기업들의 성과 역량에 대한 통찰이 없이 과거의 자료에만 의존하게 된다는 문제점도 있다.

• 내부 타 부서와의 성과기준 비교

기업은 내부 부서나 사업 단위들끼리 성과를 비교해 보고 가장 높은 내부 성과 수준을 회사 전체의 성과 목표의 기준으로 설정할 수 있다. 내부적으로 여러 다른 성과 범주에 대해 여러 사업 단위들의 성과를 비교하고 평가하여 순위를 매겨 볼 수 있다. 그러나 이 방법도 기업이 내부 기준에만 초점을 맞출 경우 외부 경쟁을 고려하지 않은 근시안적 목표 설정을 하게 되며 불건전한 내부 과다 경쟁이 초래될 수도 있다는 단점이 있다. 기업 내부에서 최고의 성과를 냈던 어떤 사업 단위의 성취 수준이 경쟁자의 최고 성취 수준과 일치하리라는 보장이 없는 것이다.

• 외부 경쟁사와의 성과기준 비교

이 접근 방식은 기업의 경쟁자나 산업 내 다른 선도 기업의 실행 및 성과 목표를 분석하여 자신의 성과평가 목표치를 설정하는 데 참고 하는 것이다. 이 방식은 외부 경쟁기업이나 선도기업의 상세한 평가 기준을 알아야 한다는 단점이 있다. 또한 성과기준을 비교하고자 하는 외부 경쟁사의 상황이 현재 자신의 내·외부 사정과 어떻게 다른지 등을 고려하여야 한다. 벤치 마킹기법이 본질적으로 이와 동일하다.

(4) 시스템 상세사항 확정

성과평가 지표마다 구체적인 목표치가 설정하였으면, 경영자는 그 다음 단계로 얼마나 자주 평과 결과를 보고하게 할 것인가, 성과평가시스템 사용자를 어떻게 교육훈련할 것인가, 그리고 평가시스템의 결과물을 어떻게 활용할 것인가에 대한 의사결정을 하여야 한다.

• 성과평가 결과보고 빈도

정기적인 성과평가 결과보고는 성과평가시스템의 필수적인 요소이다. 결과보고 빈도는 각 성과평가 지표마다 다를 수 있으며, 경영자는 자신의 정보 요구 정도, 주요 의사결정 빈도 등에 따라 이를 다르게 설정하면 된다. 예를 들어 입고 운송 결과 대한 결과는 실시간이나 일별로 보고될 것이며, 주요 공급자의 품질 성과 보고 등은 주별, 혹은 월별로 보고될 수 있을 것이다.

• 교육 및 훈련

기업 내부 구성원들과 주요 공급업자, 필요한 경우 고객들도 성과평가시스템의 개념과 목표 등에 대한 교육을 받아야 한다. 그 결과로 각 구성원들은 자신의 성과평가 지표에 대해 명확히 이해하고 성과평가시스템이 제공하는 평가 결과와 피드백을 자신의 업무를 개선하는 데에 사용할 수 있어야 한다.

• 시스템 결과물의 활용

경영자는 성과평가시스템의 결과물을 여러 가지 방법으로 활용할 수 있다. 예를 들어 구매담당 직원의 구매업무 관련 효율성을 평가할 수도 있으며, 공급기업의 목표 대비 실제 품질 평가 결과를 보고 추후에 그 기업과 계약을 지속적으로 가져갈 것인가에 대한 참고자료로 삼을 수도 있다. 문제는 성과평가시스템의 결과물이 조직 내에서 보다 적극적으로 활용되어야 한다는 것이다.

(5) 성과평가시스템의 활용과 유지

모든 시스템은 일정한 적응 기간을 가지고 파일럿이나 연습 단계를 거쳐 시스템이 계획한 바대로 잘 수행하고 있는지를 확인하는 것이 필요하다. 또한 시스템에 대한 정기적인 검토 역시 필수적이라 하겠다. 설치는 해 두었으나 활용하지 않거나 부적절한 측정 기준에 의해 잘못된 정보나 이미 쓸모 없어진 정보를 제공하는 평가시스템은 경영자의 의사결정을 적절히 지원하지 못하며 궁극적으로 기업의 경쟁력 강화에 아무런 도움이 되지 못한다.

2. 성과측정시스템의 종류

이번 장에서는 실무에서 널리 쓰이고 있는 물류, 공급사슬 관리와 관련한 두 가지 성과측정시스템을 살펴보려 한다. 세계적 수준의 성과평가시스템(World-Class Performance Measurement System)과 공급사슬 운영 참조 모델(SCOR Model: Supply Chain Operations Reference Model)이 그것이다.

(1) 세계적 수준의 성과평가시스템(World-Class Performance Measurement System)

기업 간의 경쟁이 전 세계 시장을 대상으로 확장되고, 갈수록 그 경쟁의 압력 역시 세어짐에 따라 효율적인 성과평가시스템의 구축은 기업 경쟁력 유지의 핵심적인 요소가 되었다. 글로벌 과점 시장 하에서 다수의 고객들을 동시에 만족시키기 위해 다국적 기업이 글로벌 공급사슬(Global supply chain)을 구축하는 일도 보다 빈번해졌다. 세계적 수준의 성과평가시스템은 이러한 기업들의 공급사슬 관리 성과평가시스템으로 보다 엄격한 수준의 성과평가 지표들을 포함한다.

〈표 14-1〉은 이러한 세계적 수준의 성과평가시스템이 주로 채택하는 성과평가 범주들과 성과평가 지표를 보여준다. 세계적 수준의 기업은 품질, 비용, 유연성, 안정성, 혁신의 5 가지 기업 역량 범주에서 성과평가 지표를 설정하고 시장에서의 소비자 요구사항이 바뀔 때마다 기업전략을 재 검토하는 한편 성과평가 지표가 이러한 기업전략을 실현하는 수단이 될 수 있도록 항상 노력하고 있다.

표 14-1 • 세계적 수준의 성과 평가시스템의 주요 성과 평가지표

기업 역량의 범주	성과 평가지표
품질(Quality)	1. 생산 제품당 불량률/구매 제품 당 불량률 2. 판매 제품당 반품률 3. 판매 제품당 보증 수리 청구률 4. 공급업자의 총 수 5. 제품 불량 인지에서 교정까지의 소요시간 6. 통계적 공정관리를 실시하는 공장의 개수 7. 품질 인증을 받은 공급업자의 개수 8. 품질 관련 수상 내역
비용(Cost)	1. 각 공장별 제품 수율 2. 평균 재고 회전율 3. 평균 공정 준비 시간 4. 종업원 이직률 5. 평균 안전재고 수준 6. 긴급 주문(rush order) 비율 7. 설비 고장에 의한 다운타임
유연성(Flexibility)	1. 평균 숙련 노동자 수 2. 평균 생산 로트 사이즈 3. 주문 생산(customized orders) 비율 4. 긴급 주문 처리 소요 시간
안정성(Dependability)	1. 평균 서비스 대응 기간, 혹은 생산 리드타임 2. 배송 성공률(fill rate) 3. 평균 지연 배송률 4. 제품당 재고 품귀 현상(Stockout) 발생 수 5. 보증 수리 처리 기간 6. 엔지니어가 고객과 함께 보낸 평균시간
혁신(Innovation)	1. 연 총연구 개발비 2. 자동화 공정비율 3. 신제품/서비스 출시 수 4. 제품당 생산 프로세스 수

(2) SCOR 모델(Supply Chain Operations Reference Model)

최근 공급사슬 관리의 성과평가시스템과 관련하여 가장 주목을 받고 있는 것은 약 800여 회원사로 구성된 전미 공급사슬 위원회(Supply Chain Council)에서 발표한 SCOR 모델이다. 공급사슬 위원회는 1996년 SCOR 모델을 발표한 후에 지속적으로 그 모델을 업데이트하였으며 SCOR 모델 소프트웨어를 개발하기도

하였다. 〈그림 14-6〉에서 보듯이 SCOR 모델은 해당 기업을 중심으로 공급자의 배송 프로세스와 고객의 구매 프로세스를 통합한 하나의 공급사슬 모형을 기반으로 하고 있다.

SCOR 모델은 자사의 공급사슬 관리의 실행을 점검하고, 타사의 공급사슬 관리 현황을 벤치마킹하며, 또한 관련 프로세스를 개선하기 위한 도구로서, Intel, 3M, Cisco, Siemens, Bayer 등과 같은 세계 유수의 기업에 의해서 사용되고 있다. Alcatel 사의 경우 통신산업 공급사슬에서의 점증하는 복잡성을 극복하기 위해 2001년 이후 SCOR 모델을 도입하여 배송 성과, 구매 사이클 타임, 공급사슬 총비용, 재고 공급일 등의 성과측정 지표에서 상당한 성과를 거둔 것으로 알려져 있다.

SCOR 모델은 공급사슬 내의 활동을 계획, 구매, 제조, 배송, 반품의 다섯 가지 프로세스 범주로 나누고, 공급자, 해당 기업, 고객의 세 분석 단위에서 이러한 프로세스가 어떻게 연계되어 일어나는지를 살펴보고 있다. 각 프로세스를 보다 자세히 살펴보면 아래와 같다.

• 계획: 생산 소요계획처럼 예상 수요와 공급량에 따라 계획을 짜는 것을 의미한다. 이러한 계획 프로세스는 공급사슬 전반에 걸쳐 통합적으로 운영되며, 관련 데이터는 가능한 경우 공유된다. 계획의 범주에는 재고 수준 감시, 자본 자산의 활용 계획, 운송 계획 등도 포함된다.

• 구매: 주문 생산(make-to-order 혹은 engineered to order) 등의 방식으로 생산된 완제품 혹은 원자재, 반제품 등을 구매하는 것을 일컫는다. 제품의 검수, 공급업자 선택, 공급업자 성과평가와 모니터링, 공급자와의 계약 관리 등이

그림 14-6 • SCOR 모델에서의 공급자 – 해당 기업 – 고객 연계

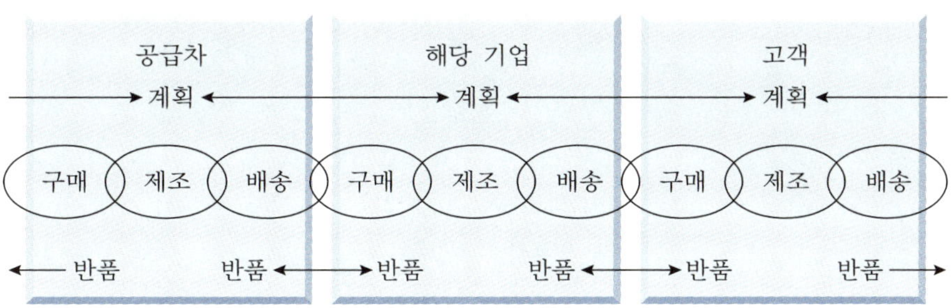

모두 이 범주에 속한다.

• 제조: 주문 생산 등의 방식으로 제품을 생산하는 과정이다. 생산 소요계획 등에 따른 작업 스케줄링, 생산, 포장, 배송 준비 등의 활동이 여기에 속한다.

• 배송: 주문 처리, 창고업무, 제품 적재, 운송 등의 과정이 여기에 속한다. 운송업체 선정, 창고관리, 고객 송장관리, 완제품 재고관리 등의 활동이 있다.

• 반품: 공급자로부터 구매한 원자재, 반제품 등을 반품하거나, 고객으로부터 완제품을 반품받는 일이다. 반품 승인, 반품관련 운송 스케줄링, 반품 제품 검수, 송장 재교부, 반품 재고분석과 관리 등의 활동이 있다.

위와 같은 체계적인 3분석 단위-5 프로세스의 구조 외에, SCOR 모델은 3가지 표준화된 프로세스 분석 레벨 역시 제공하고 있다. 레벨 1은 사용자에게 5가지 성과 범주, 13가지의 성과 특성을 기준으로 자신의 공급사슬 전반의 성과를 평가하고 보다 중점을 두어야 하는 사항을 파악할 수 있도록 한다(표 14-1). 레벨 2에서는 프로세스 종류(계획, 실행, 준비)별로 일반적 프로세스 카테고리를 나누고(표 14-2), 최종적으로 레벨 3에서는 레벨 2의 프로세스 카테고리 별로, 프로세스 요소(process element)와 과업(task) 등을 제시하고 가능한 평가치를 찾

표 14-2 • SCOR Level 1

[SCOR Level 1] 성과평가 카테고리와 주요 특성	
성과평가 카테고리	주요 성과 특성
신뢰성(Reliability)	1. 배송 성과 2. 배송 성공률(fill rates) 3. 무결점 배송(Perfect order fulfillment)
반응성(Responsiveness)	1. 배송 리드타임
유연성(Flexibility)	1. 공급사슬 반응 기간(SCRT) 2. 생산 유연성
가격(Cost)	1. 공급사슬 관리 총비용 2. 매출 원가(COGS) 3. 가치 증대 생산성(value-added productivity) 4. 보증수리 비용, 반품 처리 비용
자산(Assets)	1. 현금전환 기간(Cash-to-cash cycle time) 2. 재고 공급일(Inventory days of supply) 3. 자산 회전율(Asset turns)

는다. 〈표 14-3〉은 스케줄링이라는 프로세스 요소가 다섯 가지 성과 범주에서 어떤 성과 측정치를 이용하여 평가될 수 있는지를 예시하고 있다.

성공적으로 SCOR 모델을 도입, 실행하는 것은 쉬운 일이 아니며 상당한 조직 역량 투자가 필요하다. 하지만 SCOR 모델을 도입한 대부분의 기업은 공급사슬 관리의 모든 영역에서 괄목할 만한 성과를 거두었다고 보고하고 있다. 성공적인 SCOR 모델의 실행은 공급사슬 내의 의사소통을 보다 효율적으로 만들며, 공급사슬 내의 구성기업들의 개별 프로세스를 통합하는 것을 도와 준다.

표 14-3 • SCOR Level 2

[SCOR Level 2] 프로세스 타입과 카테고리			
SCOR 프로세스 타입	특 징	프로세스 카테고리	
계획(Planning)	고객 수요의 요구사항에 맞게 공급사슬의 자원들을 조직화하는 프로세스	P1: 공급사슬 계획 P2: 구매계획 P3: 제조 계획 P4: 배송 계획 P5: 반품 계획	
실행(Execution)	계획에 의한 활동을 실제로 실행하는 프로세스이다. 구매 (source, S1-S3), 제조 (make, M1-M3), 반품 (return, R1-R3)의 세가지 실행 프로세스가 있다.	S1: MTS 제품을 구매 S2: MTO 제품을 구매 S3: ETO 제품을 구매 M1:Make-to-stock M2:Make-to-order M3:Engineer-to-order	D1: MTS 제품을 배송 D2: MTO 제품을 배송 D3: ETO 제품을 배송 R1: 불량품 반품 R2: 소모품 (MRO)반품 R3: 과다재고 반품
준비(Enable)	계획과 실행 프로세스에 필요한 관계를 정립하거나 정보를 관리	EX1: 규칙의 정비 EX2: 성과를 평가 EX3: 데이터의 관리 EX4: 재고 관리 EX5: 자산 관리 EX6: 운송 관리 EX7: 공급사슬 관리 구성 관리 EX8: 당국 규정 준수 EX9: 사안 처리 (에를 들어 공급업자 계약) (X=P, S, M, D, R)	

표 14-4 • SCOR Level 3

[SCOR Level 3] 성과평가 카테고리와 주요 성과지표	
프로세스 요소 (Process element): 배송 프로세스의 스케줄링	
성과평가 카테고리	주요 성과 지표
신뢰성(Reliability)	공급자 리드타임 내에서 잡힌 스케줄 비율 공급자 리드타임 내에서 변동된 스케줄 비율
반응성(Responsiveness)	평균 제품 출시 싸이클 변동
유연성(Flexibility)	스케줄 변동당 평균 기간 엔지니어링 변동당 평균 기간
가격(Cost)	전체 제품 취득가 중 제품 관리와 플래닝 비용의 비
자산(Assets)	해당 사항 없음

요 약

1. 성공적인 물류, 공급사슬 관리 성과평가 시스템은 첫째, 성과평가 지표들의 결과를 시각적으로 제시함으로써 경영자들이 보다 나은 의사결정을 하는 데에 도움을 주고, 둘째, 공급사슬 내 커뮤니케이션을 더욱 원활하게 해 주며, 셋째, 성과평가 결과에 관한 피드백을 당사자들에게 제공하여 평가과정 중에 발견된 문제점들을 예방하고 수정할 수 있도록 한다. 그리고 넷째, 공급사슬 내 조직 구성원들에게 성과 측정을 통해 목표로 하는 결과에 도달하도록 동기를 부여하고 경영자가 의도하는 조직 행동을 이끌어낼 수 있게끔 해준다.
2. 공급사슬 관리 성과평가 시스템을 구축하기에 앞서, 경영자는 최종소비자에 대한 이해, 공급사슬 파트너 기업들의 요구사항에 대한 이해, 공급사슬 역량의 검토와 조정 등의 과정이 선행되어야 하며 이것이 전사적인 경영전략과 어떻게 연계되는지를 생각해보아야 한다.
3. 효율적 성과지표는 시스템 성과의 적절한 모니터링(Monitoring), 성과 결과에 기반한 적절한 통제(Controlling), 조직원에 대한 방향 제시(Directing operations)의 세 가지 특징을 모두 갖추고 있는 것이어야 한다.
4. 물류 및 공급사슬 관리 성과평가 시스템 구축

토의 사례

DaimlerChrysler사 Mopar 사업부의 공급사슬 성과평가 개선 사례[7)]

Mopar 사업부는 DaimlerChrysler사의 Chrysler 브랜드 자동차 부품 사업부이다. 수 많은 공급업자와 딜러들을 동시에 연결해야 하는 자동차 부품 사업은 공급사슬 내 정보 공유의 복잡성, 최종고객에 대한 적시 서비스(timely service)와 고객 만족의 중요성 등으로 말미암아 공급 사슬관리가 특히 중요한 사업으로 지목된다.

Mopar 사업부는 Chrysler, Dodge, Jeep 등의 부품과 악세사리를 미국의 딜러들에게 공급하며, 28만 가지가 넘는 부품을 약 3천 개의 부품 공급업자들로부터 구매하고 매일 22만 건 가량의 딜러 주문을 처리하고 있다. 미국 전체에 네 개의 전국 중앙 창고(National Central Warehouse)와 15개의 지역 부품 창고(Domestic Field Parts Distribution Center)를 두고 있는 Mopar는 지난 5년간 딜러의 주문내역에 기반한 수요 예측 데이터 베이스를 구축하였다. 지역 부품창고 수준에서 180만 개 가량의 SKU(Stock Keeping Unit)를 일,주,월 별로 유지하고, 중앙 창고에서는 이에 기반하여 지역 부품창고를 지원하기 위한 적정 재고수준을 산출, 이에 따라 부품 공급자들에게 매주 6만 5천 건에 이르는 부품을 발주한다. 중앙 창고와 지역 부품창고 간 물류, 지역 부품 창고와 딜러 간의 물류는 UPS Logistics의 제3자 물류(3rd Party Logistics)를 이용한다.

Mopar 사업부는 2년 전부터 공급사슬 관리의 전략적 중요성을 깨닫고 고객 수요정보 취합과 예측, 주문 처리, 재고와 창고관리 등 공급사슬 관리 전반의 효율성 개선을 위해 노력했고 그 결과 상당한 성과를 거두었다.

7) Anderson D.L., Britt F.F., and Favre D.J., "The Seven Principles of Supply Chain Management," Supply Chain Management Review, Spring 1997: 31-43.
Blackwell R.D. and Blackwell K., "The Century of the Consumer: Converting Supply Chains into Demand Chains," Supply Chain Management Review, Fall 1999: 22-32.
Kaplan, R and Norton D. the Balanced Scorecard. Boston, MA:Harvard Business School Press, 1996.
Supply Chain Council; available from http://www.supply-chain.org.

사업부의 최종목표는 수요예측 정확성을 높여서 재고비용을 최소화하는 동시에 고객이 딜러를 방문하였을 때 필요한 부품 재고가 항상 준비되어 있을 수 있도록 하는 것이다. 일련의 공급사슬 관리 프로젝트를 통해 Mopar는 시스템 안정성은 확보하였으나, 공급사슬 내 파트너 간의 협력, 예상치 못했던 급격한 수요 변동에 대한 신속한 대응에 있어서는 여전히 취약하다는 점을 깨닫고 그 해결책에 대해 고민하던 중이었다. 두 가지 문제의 핵심은 공급사슬 전반의 다양한 정보가 구성원 간에 공유되지 못하고, 의사결정자가 신속하고 정확한 의사결정을 위해 필요한 정보를 쉽게 얻을 수 없다는 데에 있었다.

공급사슬 관리의 세 가지 측면을 완결하는 성과평가시스템

아래의 그림은 공급사슬 관리가 계획－실행－평가(Plan-Execute-Measure)의 세 가지 측면을 모두 갖추었을 때 비로소 완전해질 수 있다는 것과 Mopar사업부의 고민이 이 중 어느 부분에 위치하고 있는 것인지를 잘 보여준다.

기업 간의 경쟁이 갈수록 치열해지고, 이에 대응하기 위해 지속적 개선, 신속한 신제품 개발 등의 중요성 역시 커지고 있지만 의사결정자가 이러한 과제를 효과적으로 추진할 수 있도록 지원하는 공급사슬 관리 성과평가시스템은 그 솔루션 제공사가 적었던 것이 사실이었다. SeeCommerce 사의 SeeChain 솔루션은 SeeChain Supplier, SeeChain Demand, Seechain Materials, Seechain Production, SeeChain Fulfillment, SeeChain Logistics

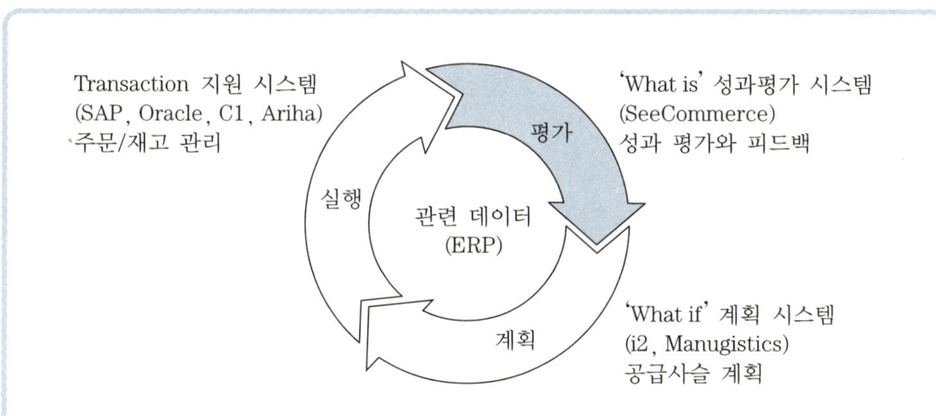

등의 모듈로 구성되어 있으며, 전체 모듈을 웹 기반으로 실현하여 최종 의사결정자가 언제 어디서나 공급사슬의 원하는 정보 보고서를 받아볼 수 있도록 디자인되어 있다. 2000년 3월 Mopar는 SeeChain 솔루션을 이용하여 기존 공급사슬 관리 시스템을 보완하는 프로젝트를 진행하였다.

Mopar 사업부의 공급사슬 관리 성과평가시스템 도입과 성과

프로젝트 이전의 주문 충족률은 고객 주문 첫날 89%, 고객 주문 5일 째에 이르러도 96.5% 수준에 머물러 있었으며, 나머지 3.5% 가량은 재고가 없어 서비스가 불가능한 경우(stock out)로 처리되었다. 이는 곧 고객 불만족으로 이어졌으며, 각 부품 센터 간의 긴급 주문 역시 공급사슬 비용을 상승시키는 주요한 요소였다. 1998년 Mopar에서는 기존의 legacy ERP 시스템을 이용하여 고객 만족도를 주요 성과평가 지표로 하는 평가시스템을 자체적으로 구축하려는 시도를 하였으나, 개별 시스템 간의 호환성, 사용자 교육 및 훈련의 어려움 등으로 크게 성공하지 못하였다.

새로운 프로젝트가 초점을 맞춘 것은 크게 두 가지였다. 먼저 프로젝트 팀은 기존의 IBM mainframe legacy ERP 시스템에 산재해 있던 여러 시스템을 웹 기반의 하나의 시스템으로 통합하고, 공급사슬 구성원들이 개인 대 개인(Peer to Peer) 방식으로 웹 상에서 커뮤니케이션 할 수 있도록 하였다. 또한 시스템의 사용자 친화성을 높였다. 성과평가 경고 메세지, e-mail, 사용자가 원하는 대로 디자인된 보고서 등을 통해서 의사결정자는 실시간으로 자신이 관심을 두고 있는 성과평가 지표 들의 현황을 파악할 수 있다. SeeCommerce 도입 후, 공급사슬 내의 모든 구성원들이 자신의 성과 평가에 관련된 정보에 곧 바로 접근할 수 있게 되어 공급사슬 전체의 의사결정 속도는 매우 빨라졌다.

새로운 프로젝트의 성과는 Mopar의 기대 이상이었다. SeeChain 솔루션이 사용된 지 세 달 내에 주문 공급율이 고객 주문 첫날 92.5%, 고객 주문 5일 째에는 98.5%에 이를 정도로 개선되었을 뿐만 아니라, 딜러가 최초에 주문했던 지역 부품 센터에 부품이 없는 경우 부품 센터 간에 재주문을 하는 이른바 내부 위탁주문(referral order)의 비율이 현저히 줄어들게 되었다. Mopar는 이러한 내부 위탁주문 감소가 연간 천만달러 정도의 운송비용 감소효과가 있다고 보고하고 있다. 뿐만 아니라, SeeChain 솔루션은 담당자가 지정한 성과지표가 미리 정한 범위에서 벗어날 경우 이를 곧바로 담당자들에게 알려주는 조기 경보시스템으로 지표 담당자로 하여금 문제를 조기에 발견하고 조치를 취하게 해 주었다. 이는 의사결정 시간의 단축, 지역 부품 센터 안전 재고비용의 획기적 감소, 최종 딜러 재고분 감소 등의 효과로 이어졌다.

추가적인 과제 성과평가 지표의 개발

이러한 성과평가시스템 성공적 도입에 Mopar 사업부는 크게 만족하고 있었지만, 추가적인 고민이 하나 더 있었다. 현재 Mopar가 운용하고 있는 공급사슬 관리 성과평가 지표는 아주 방대하여 수요예측 관련 12가지, 재고 관리 관련 17가지, 공급업자 성과측정 관련 30가지에 달하고 있었다. SeeCommerce사와의 프로젝트 후에 기술적인 문제는 대부분 해결이 되었지만 어떤 성과평가 지표를 선정할 것인가는 여전히 의사결정권자의 결정 몫이었다. 날로 심해지고 있는 경쟁사와의 고객 유치와 서비스 경쟁은 자동차 사업이 가격, 품질과 같은 전통적인 제조업체의 평가 지표뿐만 아니라 고객 만족 등의 서비스 지표 역시 중요하다는 사실을 깨우쳐주고 있었다.

Q 토의문제

❶ 위 사례에서 Mopar 사업부와 공급사슬 관리 성과평가시스템의 도입으로 얻는 성과는 무엇인가.

❷ Mopar 사업부의 추가적인 성과평가 지표개발 과제는 무엇인가.

❸ 보다 효과적인 공급사슬 성과평가시스템의 구축을 위해서 현재 50가지에 달하는 성과측정 지표를 Mopar는 어떻게 재구성할 수 있을까?

참고 문헌

Adams, B.L., "Performance Measures and Profitability Factors of Successful African-American Entrepreneurs: An Exploratory Study," Journal of American Academy of Business 2, no.2 (2003): 418-24.

Anderson, D.L., F.F. Britt, and D.J. Favre, "The Seven Principles of Supply Chain Management," Supply Chain Management Review (Spring 1997): 31-43.

Blackwell R.D. and K. Blackwell, "The Century of the Consumer: Converting Supply Chains into Demand Chains," Supply Chain Management Review (Fall 1999): 22-32.

Kaplan, R. and Norton D. (1996) the Balanced Scorecard. Boston, MA: Harvard Business School Press.

Brewer, P.C. and Speh, T.W. (2000) 'Using the balanced scorecard to measure supply chain performance', Journal of Business Logistics, Vol. 21, No.1, pp. 75-93.

Mark Graham Brown, Keeping Score: Using the Right Metrics to Drive World-Class Performance (New York, American Management Association, 1996), 15-26.

William C. Copacino, "Creating the Perfect Order," Traffic Management, February, 1993, p.27.

Donald J. Bowersox, David J. Closs, and Theodore P. Stank, 21st Century Logistics: Making Supply Chain Integration a Reality (Oak Brook, IL: Council of Logistics Management, 1999).

Anonymous, "Out-of-Stocks Prove Costly," Frozen Food Age, March 1996, p. 4.

Supply Chain Council; available from http://www.supply-chain.org.

국문색인

ㄱ

ㄴ

ㄷ

ㄹ

ㅁ

ㅇ

ㅈ

ㅊ

영문색인

A

B

C

D

E

F

G

H

I

Q

R

S

T

U

V

W

공저자소개

김재일
서울대학교 경영학과(학사)
서울대학교 경영학과(석사)
미국 University of California at Berkeley(박사)
현재) 서울대학교 경영대학 교수

남익현
서울대학교 경영학과(학사)
서울대학교 경영학과(석사)
미국 Stanford University(산업공학 석사)
미국 Stanford University(박사)
현재) 서울대학교 경영대학 교수

박상욱
서울대학교 경영학과(학사)
서울대학교 경영학과(석사)
미국 Purdue University(박사)
현재) 서울대학교 경영대학 교수

김수욱
서울대학교 경영학과(학사)
서울대학교 경영학과(석사)
미국 Michigan State University(박사)
현재) 서울대학교 경영대학 교수

물류 및 공급사슬관리의 전략적 이해

2009년 2월 20일 초판발행
2012년 6월 15일 중판발행

공저자 김재일 · 남익현 · 박상욱 · 김수욱
발행인 안 종 만
발행처 (주) 박영사
서울특별시 종로구 평동 13-31번지
전화 (733)6771 FAX (736)4818
등록 1959. 3. 11. 제300-1959-1호(倫)

www.pybook.co.kr e-mail: pys@pybook.co.kr

정 가 35,000원 ISBN 978-89-7189-581-8